# 中国酿酒工业年鉴

# Yearbook of China Alcoholic Drinks Industry

# 2003

中国酿酒工业协会　编著

中国轻工业出版社

# 《中国酿酒工业年鉴》

## 2003年版编委名单

# 序

继2001年版《中国酿酒工业年鉴》出版之后，2003年版年鉴又和大家见面了。这本年鉴详尽地记述了2001~2002两年来，中国酿酒工业走过的历程。两年来，酿酒行业在党的“十六”大精神的鼓舞下，坚持与时俱进，开拓创新的精神，取得了更加可喜的进步：啤酒产量名列世界第一；葡萄酒、啤酒两个酒种，有14个产品被评为中国名牌；各酒种的产业、产品结构逐步得到调整，进而使我国的酿酒行业朝着健康、合理、有序的方向发展。

为进一步贯彻科技兴国的战略，走新型工业化道路，本《年鉴》新增了科技篇、名牌篇等栏目。记录了近年来我国酿酒工业的科技成果、科研方向，进一步提高了《年鉴》的可读性、实用性和收藏性，相信会成为广大读者的良师益友。

在2003年版《中国酿酒工业年鉴》的编辑工作中，中国酿酒工业协会各分会、各省、市、自治区酿酒协会、各骨干企业、各有关部门及酿酒界的专家学者给予了大力支持，编撰和工作人员付出了艰苦努力和辛勤劳动。在此，致以衷心的谢意。

中国酿酒工业协会理事长

耿兆林

# 编 辑 说 明

一、《中国酿酒工业年鉴》2003年版全面系统地记述了2001～2002年中国酿酒工业发展的基本情况。全书设有九个篇目：

（一）概况篇，主要包括2001～2002年酿酒工业综述和2001、2002年中国酿酒工业发展的大事。（二）行业篇，分白酒行业、啤酒行业、葡萄酒行业、黄酒行业、果露酒行业、酒精行业等栏目，主要具体介绍每个行业在2001、2002年的发展情况。（三）地方篇，主要记录了中国各省、市、自治区酿酒工业的发展状况（四）统计篇，通过有关酿酒工业的发展公报及相关统计数字，反映酿酒工业2001、2002年的发展状况。（五）企业篇，介绍酿酒工业重点优秀企业及为酒业服务的相关重点企业。（六）政策法规篇，包括酿酒工业的政策法规。主要记载了与酿酒工业发展相关的政策法规、酒类生产的相关标准以及相关标准的制定和发展情况。（七）科技篇，介绍两年来酿酒工业中出现的新工艺、新技术、新设备等高科技文献及相关材料。（八）名牌篇，介绍酿酒工业中被评为中国名牌的名牌产品企业情况及有关领导讲话。（九）附录，介绍了国外酿酒工业产销的市场情况，发达国家酿酒工业的发展趋势及中国酿酒工业部分企业名录。

二、关于本期《年鉴》中计量单位的说明。

（一）根据中华人民共和国国家统计局，国统函（2002）161号《国家统计局关于同意进行全国酿酒工业一次性统计调查的函》的文件精神，国统局同意在全国酿酒工业一次性统计调查中使“升”（L）和“千升”（KL）的计量单位。（二）年鉴统计篇中所有的数据及计量单位，均是由国家统计局提供。（三）在年鉴企业篇中，许多企业提供的产量和商品量的度数不统一。鉴于上述原因，在本年鉴中维持资料原貌，暂不统一计量单位。

三、因台湾省的资料未收集，所以，本期《年鉴》暂未登录。

四、在本期《年鉴》组稿、编辑、出版过程中，各省、市、自治区酿酒协会、各行业专业委员会的领导、作者给予了积极配合和热情指导。同时，还得到了贵州茅台酒厂有限责任公司、中粮集团、青岛啤酒有限公司、燕京啤酒集团公司、深圳金威啤酒公司、哈尔滨啤酒集团有限公司、北京红星股份有限公司等企业的支持、在此，一并表示衷心的感谢。

中国酿酒工业年鉴编委会

中国轻工业出版社《年鉴》编辑部

2004年3月

# 目　　录

# 地 方 篇

## 统 计 篇

## 企 业 篇

## 政策法规篇



## 科　技　篇

## 名 牌 篇

## 附　　录

MOUTAI
国酒茅台 至尊至美
玉液之冠 香飘五洲
AGED 50 YEARS
KWEICHOW
MOUTAI
MOUTAI DISTILLERY
中国贵州茅台酒厂出品
中国贵州茅台酒厂有限责任公司
地址：中国贵州省仁怀市茅台镇
电话：0852-2386001 2386000
传真：0852-2386005 邮编：564501

# 中国贵州茅台酒厂有限责

ZHONGGUOGUIZHOU MAOTAIJIUCHANG YOUXIAN

董事长：季克良

## 茅台酒主要获奖项目

### 国际获奖

1915 年 获美国巴拿马万国博览会金奖
1985 年 获国际美食旅游大赛金桂叶奖
1986 年 获法国巴黎第十二届国际食品博览会金牌奖
1986 年 获香港“亚洲之星”包装奖
1987 年 获香港第三届世界广告大会、中国出口广告一等奖
1989 年 获首届北京国际博览会金奖
1991 年 获第二届北京国际博览会金奖
1992 年 获首届美国国际名酒大赛金奖
1992 年 获香港国际食品博览会最高金质奖
1992 年 获日本东京第四届国际名酒博览会金奖
1992 年 “汉帝茅台酒”包装获法国巴黎“世界之星”国际包装奖最高奖
1993 年 获法国波尔多葡萄酒烈性酒展览会特别奖
1994 年 飞天牌、五星牌系列茅台酒获第五届亚太国际贸易博览会金奖
1994 年 获美国纪念巴拿马万国博览会 80 周年名酒品会特别金奖第一名

### 国内获奖

1930 年 获贵州实业博览会特等奖
1935 年 获四川西南各省物资展览会特等奖
1952 年 评为全国土产交流会名酒
1953 年 评为全国第一届评酒会国家名酒
1963 年 评为全国第二届评酒会国家名酒

国酒门

厂区一角

# 公司

GONGSI

公司领导班子

1979 年　在全国第三届评酒会上获国家质量金质奖
1979 年　获全国食品优质产品奖
1983 年　茅台酒评为贵州省优质产品
1984 年　在全国第三届评酒会上获国家质量金质奖
1984 年　飞天牌贵州茅台酒获国家质量金质奖
1984 年　获轻工部酒类质量大赛金杯奖
1986 年　低度茅台酒获贵州省优质产品奖
1988 年　获国家轻工部产品展览会“金龙腾飞”金质奖
1988 年　获贵州省第四届名酒金樽奖
1989 年　获首届中国食品博览会金奖
1989 年　评为第五届评酒会国家名酒
1989 年　飞天牌贵州茅台酒获国家质量金质奖
1989 年　获首届中国酒类包装装潢特级金杯奖
1990 年　39%(v/v)茅台酒获首届轻工博览会金奖
1991 年　茅台酒系列获全国出口优质产品称号
1992 年　获中华百绝博览会特别奖

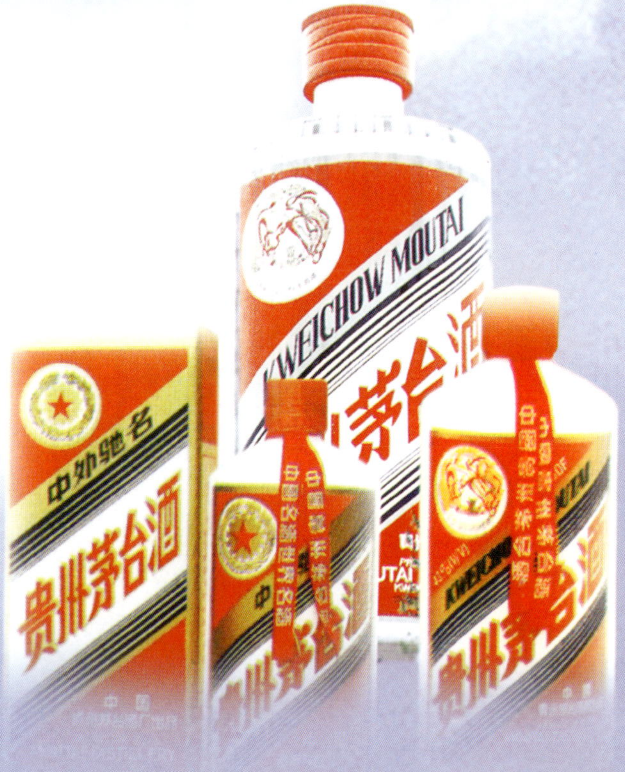

地址：贵州省仁怀市茅台镇
邮编：564501
电话：0852-2386051
传真：0852-2386005
http://www.moutai.com.cn

# 国酒茅台的辉煌

系列茅台酒

四十年代

# 酒香飘万里

作为国家特大型企业，白酒行业国家一级企业，中国贵州茅台酒厂有限责任公司不失时机大力发展营销网络，积极拓展销售区域，设立32家总经销，72家特约经销，173家专卖店，进一步完善了营销网络。

中国贵州茅台酒厂有限责任公司积极开拓国际市场，迄今，茅台酒已行销100多个国家和地区，更多的外国友人得以品尝到来自东方文明古国的传世佳酿——茅台酒，

80年陈年茅台酒

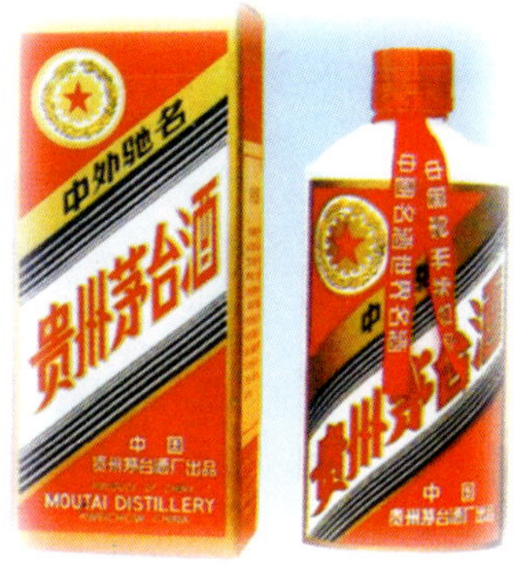


53%(v/v)茅台酒

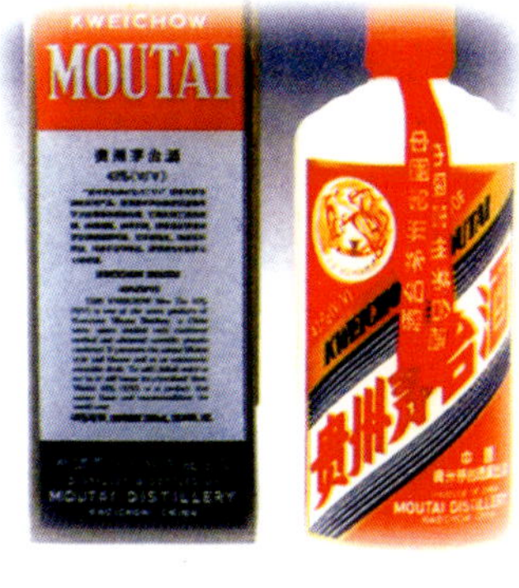


43%(v/v)茅台酒

汉帝茅台酒

50年陈年茅台酒

30年陈年茅台酒

# 国酒茅台辉煌的历程

生产车间一角

包装车间

新建酒库

酒库车间

办公大楼

现代化灌瓶生产线

水泵房

坐落于赤水河畔的茅台酒厂

七十年代后期酿造酒用的过气管冷凝器

七十年代后期建成的三车间二号生产房

坐落于赤水河畔的中国贵州茅台酒厂有限责任公司是一个历史悠久、知名度较高的国有酿酒企业。经过国酒人50多年的顽强拼搏，已逐渐成为集农、工、技、贸于一体的跨行业、跨地区、跨所有制的企业集团。公司现年产茅台酒及各种系列产品上万吨，总资产50多亿元，拥有全国白酒行业的国家级技术中心、3家全资子公司、3家控股公司和4家参股公司。

多年来，一代又一代的国酒人始终以高度的政治责任感，发扬“我爱茅台，为国争光”的企业精神，切实加强全面质量管理，增强职工的主人翁意识，建立和完善质量保证体系。国酒茅台五次摘取中国名酒金牌，五次蝉联国际金奖。

在市场经济浪潮的冲击下，茅台酒厂在市场调研的基础上，分析市场变化的趋势，找准自己的市场定位、价格定位，确定新的营销策略。国酒人以“一业为主、多种经营，一品为主、多品开发”为战略思想，始终坚持发展茅台酒生产这一传统产业，坚持以质求存、以人为本、继承创新的指导原则，并充分利用品牌优势，开展延伸战略，开发出多种高档、中低档酱香型白酒及浓香型白酒、啤酒和果酒，丰富酒类市场，尽量满足社会多方面的消费需求。国酒人还以高效率的工作，高质量的服务、严谨求实的工作作风赢得了消费者和经销商的一致好评，提高了企业在国际上的知名度，塑造了茅台酒良好的国际形象。

近五年全国白酒行业利润普遍下滑的情况下，茅台酒厂连续实现了产量、销售量、销售收入、利润、利税等主要经济指标两位数增长。2002年，公司白酒产量16020.5吨（其中茅台酒产量8640吨），销量13869吨，实现销售收入25.04亿元，实现利润69578万元，利税3.78亿元，其各项经济指标列全国同行业第二，主营业额利润率、利税居全国同行业前列，真正实现了跨越式的发展。

中国加入世界贸易组织后，又为国酒再次腾飞创造了契机。茅台酒厂将在“三个代表”重要思想的指引下，一如既往地做好酒的文章，着力走出酒的天地，永远直视明天，勇敢地面对未来，再创国酒新的辉煌。

# 四川省宜宾五粮液集团有限公司

五粮液集团有限公司是以五粮液及其系列酒的生产、销售为主要产业，同时经营生产精密塑胶制品、大中小高精度注射和冲压模具现代制造产业，以及生物工程为发展产业，药业工业、印刷业、电子器件产业、物流运输和相关的服务业的具有深厚企业文化的现代化企业集团。

五粮液集团有限公司的成名产品“五粮液酒”是浓香型白酒的杰出代表，其以“香气悠久、味醇厚，入口甘美、入喉净爽、各味谐调、恰到好处、酒味全面”的独特的风格闻名于世。自1915年代表中国产品首获“巴拿马万国博览会”金奖以来，五粮液又相继在世界各地的博览会上共获38次金奖，1995年在“第十三届巴拿马国际食品博览会”上又再获金奖，铸造了五粮液“八十年金牌长城”的辉煌业绩。同时，五粮液酒还四次蝉联“国家名酒称号”，四度荣获国家优质产品金质奖章；其商标“五粮液”品牌连续在中国白酒制造业和食品行业“最有价值品牌”中排位第一，2002年其品牌价值达201.20亿元，具有领导市场的影响力。

五粮液集团公司至今已经发展成为包括19个全资或控股子公司，具有规模效益优势和巨大发展潜力的多元化特大型企业集团。

地址：中国四川省宜宾市岷江西路150号　邮编：644007　电话：0831-3553988　传真：0831-3552624

中国驰名商标 中国名酒
剑南春
中国名酒
中国驰名商标
剑南春
JIAN NAN CHUN CHIEW
Chinese Famous Liquor
Ingredient: Sorghum, Rice, Glutinous Rice, Wheat, Corn.
四川省绵竹剑南春酒厂
THE JIANNANCHUN DISTILLERY MIANZHU SICHUAN
酒精度：52%(V/V) 净含量：500ml
剑南春
JIAN NAN CHUN CHIEW
四川剑南春集团有限责任公司
地址：四川省绵竹市春溢街
邮编：618200
电话：0838-6202206
传真：0838-6202221

【釣魚臺国宾馆特供酒】
國窖
1573
中国白酒鉴赏标准级酒品
A CONNOISSEUR'S GUIDE OF LIQUOR IN CHINA
國窖
1573
瀘州老窖股份有限公司
LUZHOULAOJIAO CO., LTD

品不够的京味
京城三乐：登长城
红星二锅头酒
五十六度
北京红星股份有限公司
红星
二锅头酒
北京红星股份有限公司
BEIJING RED STAR CO.,LTD.
红星
始创于1949年
珍品
红星
二锅头酒
北京红星股份有限公司
摘自《北京青年报》记者贾婷摄

离不开的红星
吃烤鸭、品红星
北京红星股份有限公司成立于2000年8月，是由北京红星酿酒集团公司通过改制并联合北京京泰投资管理中心等五家单位组建而成。红星酿酒集团公司又名北京酿酒总厂，始建于1949年5月，是我国著名的大型国有酿酒企业。
北京红星股份有限公司拥有红星、夜光杯、古钟、六曲香等著名商标，生产白酒、葡萄酒、果露酒、白兰地及营养保健酒等系列产品的大型酿酒企业。公司主导产品红星二锅头以其气味香馥、醇厚甘冽的特点深受消费者的厚爱，五十年畅销不衰，被誉为“百姓当家酒”。公司开发的红星珍品（青花）二锅头品味高雅，气味香馥、醇厚甘冽、清香纯正、回味悠长，包装古朴典雅，京味文化底蕴深厚。
红星系列白酒为北京市名牌产品，红星、夜光杯、古钟商标被评为著名商标，中国红葡萄酒连续四届获国家金奖。
公司苦练内功，实施全面目标管理和全面预算管理，坚持走“质量—名牌—效益”之路。2000年公司通过ISO9001质量管理体系认证和绿色食品认证；2001年通过计量保证能力“C”认证；2003年通过ISO14001环境管理体系认证。
公司外抓市场，创新营销，调结构，上规模。据中国商业联合会等公布的统计数据：2001年至2002年度，“红星”连续两年位居全国白酒市场综合占有率第四名。公司产品不仅遍及全国各地，而且出口至世界五大洲。
近年来，公司酒类产品年销量近5万吨，年实现利税2亿多元，被评为“北京市纳税百强企业”，荣获“中国食品行业百强企业”称号。
红星
北京红星
北京红星股份有限公司
BEIJING RED STAR CO.,LTD.
公司地址：北京市怀柔区红星路1号
服务电话：(010)65676597
销售公司：北京朝阳区建国路90号
红星网址：www.redstarwine.com

四川沱牌曲酒股份有限公司
TUOPAI YEAST LIQUOR CO., LTD. SICHUAN
悠悠岁月酒
滴滴沱牌情
名酒
沱牌麯酒
金酒
中国 名酒
沱牌麯酒
地址：四川省射洪县柳树镇
邮编：629209
电话：0825-6766338
传真：0825-6766868
http：//www.chinatuopai.com

# 山西杏花村汾酒集团有限责任公司

山西杏花村汾酒集团有限责任公司董事长、党委书记：郭双威

山西杏花村汾酒集团有限责任公司，是以中国名酒——汾酒、竹叶青酒及其系列产品的生产经营为主的综合性国家大型企业，国家520户重点企业及山西省12户被授权经营企业之一。公司资产总额达22亿元，占地面积230万平方米，年名优酒酿造能力5万吨，拥有国家驰名商标“杏花村”品牌和精湛、悠久的传统酿酒工艺，拥有一流的酿酒、品评、勾兑、科研开发队伍和配套设备，并且拥有系统完善的ISO9001：2000质量管理体系，公司早在1986年就荣获国家质量管理奖，1988年白酒行业中率先通过了国家方圆标志委员会产品质量认证。

汾酒集团公司生产主体——山西杏花村汾酒厂股份有限公司是全国第一家白酒上市公司。公司位于山西汾阳杏花村，此地具有得天独厚的酿酒自然条件，拥有丰富清洁的地下水源，拥有数千年培育的独特的微生物体系，拥有优质原料的就近供应，保证了汾酒系列高品质和独特风格。据考古发现，杏花村在原始社会末的龙山文化时期就已开始酿酒。二十四史之一的《北齐书》记载着北齐武成帝对杏花村美酒的赞誉之词，杜牧的一首《清明》诗更使杏花村名满天下，1915年汾酒荣获巴拿马万国博览会甲等金质大奖章，这是公司拥有的三大酒文化财富。而汾酒、竹叶青酒、杏花村品牌则是汾酒人继承下来的三大宝贵历史遗产。

汾酒为中国清香型白酒的典型代表，解放后蝉联全部五次国家名酒称号。竹叶青酒是以汾酒为基酒加十余味名贵中药材配制而成的，具有改善人体肠道菌群，提高人体免疫力等功效，曾连续三次荣获中国名酒称号，1987年荣获法国巴黎国际酒类展评会金奖第一名，1998年被国家卫生部批准为保健酒。

2003年是汾酒集团发展史上具有重要意义的一年，公司实现销售收入11.8亿元，实现利税3.9亿元，实现利润5000万元，出口创汇3700万美元。市场竞争，优胜劣汰。汾酒人有信心，有能力打好杏花村驰名商标这张王牌，借助汾酒、竹叶青酒这两大传统历史名酒的超群品质，内抓管理，外拓市场，把汾酒集团有限责任公司建设成为全国名酒基地，保健酒基地，酒文化特色旅游基地，把汾酒集团公司做优、做强、做大，把中国传统名白酒及蕴含深厚的酒文化继承下去，并进一步发扬光大。

汾酒

“牧童遥指”是杏花村的主题雕塑

地址：山西省汾阳市杏花村
邮编：032205
电话：0358-7229026　7320829（办）　7229611（销售）
传真：0358-7229026
http://www.fenjiu.com.cn
E-mail:info@fenjiu.com.cn

# 概况篇

Yearbook of China
Alcoholic Drinks Industry

## General Condition

# 与时俱进的中国酒业

## ——2001～2002 年酿酒工业综述

2001～2002 年是全国各行各业积极应对加入世贸组织，认真贯彻实施第十个五年计划的关键年。在这两年中，中国酿酒行业的广大职工根据党的“十六大”精神，按照十五规划提出的“控制总量，调整结构，技术进步，提高质量，治理污染，增加效益”的总体要求。紧紧抓住酿酒行业结构、产品结构和所有制结构调整这一主线，以改革开放和科技进步为推动力，以满足、丰富人民生活需求为出发点，全面促进酿酒行业经济发展和酒类生产、消费文明的不断进步。取得了可喜的成绩，行业发展态势健康合理。主要表现在以下几个方面：

### 酿酒工业的可喜成绩

#### 1. 速度增长适度合理 经济效益有所提高

根据国家统计局统计资料表明（全部国有及销售收入 500 万元以上非国有企业）

**表 1　　各酒种产量　　单位：万吨**

| 酒种 | 2001 年 | 2002 年 |
|---|---|---|
| 酒精 | 198.40 | 378.47 |
| 啤酒 | 2233.81 | 2386.83 |
| 白酒 | 420.97 | 378.47 |
| 葡萄酒 | 26.88 | 28.81 |

**表 2　　各酒种利润总额　　单位：亿元**

| 酒种 | 2001 年 | 2002 年 |
|---|---|---|
| 酒精 | －0.57 | －0.07 |
| 同比增长率(%) | －34.33 | 88.10 |
| 啤酒 | 14.94 | 20.09 |
| 同比增长率(%) | 4.44 | 34.46 |
| 白酒 | 39.57 | 33.28 |
| 同比增长率(%) | －9.22 | －15.91 |
| 葡萄酒 | 5.67 | 6.35 |
| 同比增长率(%) | 20.03 | 12.00 |
| 黄酒 | 1.85 | 2.29 |
| 同比增长率(%) | －6.20 | 23.60 |
| 果露酒 | 0.40 | 0.73 |
| 同比增长率(%) | －29.52 | 84.22 |

**表 3　　各酒种税金总额　　单位：亿元**

| 酒种 | 2001 年 | 2002 年 |
|---|---|---|
| 酒精 | 4.57 | 4.42 |
| 同比增长率(%) | 3.21 | －3.16 |
| 啤酒 | 102.07 | 114.93 |
| 同比增长率(%) | 1.10 | 12.60 |
| 白酒 | 127.82 | 126.24 |
| 同比增长率(%) | －0.94 | －1.23 |
| 葡萄酒 | 12.58 | 14.39 |
| 同比增长率(%) | 17.43 | 14.40 |
| 黄酒 | 4.98 | 5.65 |
| 同比增长率(%) | 2.19 | 13.43 |
| 果露酒 | 2.15 | 2.78 |
| 同比增长率(%) | 2.38 | 29.23 |

从上述指标可以看出这两年中我国饮料酒生产的速度和效益都呈上升趋势，已成为酿酒大国。酒类产品总产量2001年为2919.93万吨，2002年为3006.97万吨。除白酒持续下降之外，其它酒种都有不同程度增长，其中葡萄酒增长最快，啤酒产量则在2002年成为世界第一，酒精稳中有升，白酒产量虽然下降，但其在饮料酒中的比例已趋合理。

全行业的六个酒种2001年共实现利润83.68亿元，2002年实现利润85.54亿元。除白酒因政策原因持续亏损外，啤酒、葡萄酒、黄酒、果露酒都有明显提高。酒精亏损幅度明显缩小，2002年比2001年减亏4000余万元。

税金总额，除酒精在2002年同比略有下降外，全行业都有可喜增长。白酒行业虽然连续两年亏损，但上缴税金却逐年增加。2001年税金总额为254.17亿元，2002年达到268.41亿元。

**2. 结构调整步伐加快　资源配置更趋合理**

两年来，随着改革开放的深入发展和消费市场的不断变化，酿酒行业通过联营、收购、兼并等方式，对外实施资本扩张，资产重组，对内进行技术改造，组建了各种形式的酒类集团。目前有大型啤酒集团37家，大型白酒集团20家，大型葡萄酒集团10家，年产20万吨以上的酒精企业正在增加，我国酿酒工业已从成长期步入成熟期。

白酒技术水平的提高为白酒行业的工业化和规模化创造了必要的条件，而白酒管理体系的确定，多项政策的贯彻落实，特别是激烈的市场竞争促使白酒业加快了产业结构的调整。从骨干企业的各项经济指标看，我国白酒生产向着大型企业集中。2002年，前20位的骨干企业的销售收入基本占全行业的49.49%，利税占全行业的64.06%。

啤酒企业的集团化，规模化的速度明显加快，全国啤酒企业数不断减少，企业规模不断扩大。仅青岛、燕京、华润、哈啤、珠江、金星、重啤等18个啤酒集团的产量已占全国总产量的59%以上。大集团的生产厂的品牌相对较少，管理更为集中，质量容易控制，一般经济效益较好。同时大集团的建立不可避免地出现了市场互相渗透，使市场的产品更加丰富，扩大了消费者的选择空间，加剧了竞争力度，促进了产品质量的提高和营销体系的完善。

葡萄酒的产量也逐步趋向相对集中，全国50家主导企业统计资料表明：在葡萄酒生产企业中，年产量超过万吨以上的企业6家，占全国总产量的一半以上。产量万吨的大型企业约占企业比例数的5%，随着2002年三家长城公司的整合完成和东部企业到西部投资建厂或者进行集团化管理，将更有利于原料优势和企业品牌优势的进一步发挥。

黄酒行业通过深化改革，不少企业进入了上市公司，有的企业则转制为民营企业。如上海金枫酿酒公司进入上海“食品一店”后，“上海一店”将配股获得资金，投入黄酒扩建年产4万吨黄酒工程。浙江三门善好酒业有限公司改制后，计划扩建年产二万吨黄酒生产线。湖州乾昌酒业转制为民营企业后，产量从几千吨，发展到一万多吨，每年为国家创利税1000多万元，成为当地的利税大户。改制、改革给企业注入了发展资金，带来了新思路、新形象，使黄酒这一古老行业焕发了新机。

此外，在这两年中，白酒、啤酒、葡萄酒等行业中的部分企业为寻求新的经济增长点，开始产业转型，有的投资信息产业、生物工程、金融、机械制造、房地产和相邻酒种等行业。而其它业外行业、有实力的国内外企业也相继强势进入酿酒行业。这种相互交融不仅给酿酒企业带来新观念、新机制，同时也会促进原有的企业结构和产业。

**3. 产品花色品种增加　产品质量继续提高**

为了满足市场需要，适应市场竞争，酒类产品的产品结构和产品质量也得到明显的改进和提升：

白酒酒度低度化，传统固态白酒高档精品化已成为主流，液态酒、固液结合白酒成为主导产品。

啤酒品种增多，包装形式多样化，小容量瓶，异形瓶包装增加。在淡色贮藏啤酒的基础上，啤酒风味向低浓度，低色泽，淡口味方向发展。具有一定技术水平的纯生啤酒生产逐步扩大。

葡萄酒逐渐形成以全汁葡萄酒为主的产品结构，其中：干型、半干型葡萄酒已占总产量的50%～60%。红白葡萄酒的比例为：红葡萄酒占80%左右，白葡萄酒占20%左右。高档次起泡酒、年份酒、产地命名酒相继出现，并得到国内外的关注和认可。

黄酒作为古老的酒种，破除了传统观念的约束，向兄弟酒种学习、取经，在产品、包装、质量上迈出系列化、风格化、高档次的新步伐。2002年11月，黄酒分会召开会议，会上展示了43种新产品、新品种。这些新上市的新产品各具特色，深受消费者欢迎，经济效益明显好于老产品。

果露酒在艰难的条件下，坚持技术交流，勇于创新，在夹缝中闯生路，创名牌，走向广阔的国际市场。

酒精产品结构改善，优级和特级食用酒精比率增加，燃料酒精的开发和应用试点，为我国酒精工业开辟了新的途径。

经国家监督检验疫总局及国家食品检测中心多次抽查，优质品率基本保持在80%左右，饮料酒的安全性和可靠性基本得到保证。

为了适应市场竞争，加速酒类产品与国际接轨，酿酒企业格外重视品牌的培育与发展，强化品牌策划，实施名牌战略。2002年，经中国酿酒工业协会组织专家审查推荐，由中国名牌发展战略推进委员会推出了青岛、燕京、雪花（SONW）、珠江、哈尔滨、金威、金星、金龙泉8个啤酒名牌和张裕、王朝、长城、威龙、丰收、通化6个葡萄酒名牌。名牌产品的推出，得到广大消费者的认可和喜爱，加强了参于国际竞争的竞争力，加快了我国经济发展的步伐。

**4. 科技开发和技术创新能力不断提高**

酒类生产工艺和技术水平也在不断提高和创新。生物技术中的遗传工程、酶工程、发酵工程方面的新技术在酿酒行业中的广泛应用：在啤酒方面，围绕保持风味稳定性和高浓度啤酒酿造开展了技术开发和研究；先进的过滤技术、微生物检测技术、控制技术水平明显提高；装备逐步国产化。在葡萄酒方面，开展了红葡萄浸渍特性的研究；酒石酸钙沉淀机理的研究；生物工程技术在苹果酸一乳酸发酵中的应用等围绕提高生产技术和产品质量的科研项目。中法合营王朝葡萄酿酒有限公司的“高档干红葡萄酒酿造技术与原料设备保障体系的研制与开发”项目获2001年度国家科技进步二等奖。在黄酒生产方面，针对瓶装黄酒的沉淀物这一难题，开展了多方位的研究，比如：瓶装黄酒酒脚成分的测定；黄酒蛋白质的测定及其沉淀原因探讨等等。在酒精生产方面，酒用活性干酵母应用技术取得新进展；耐高温酿酒高活性干酵母得到较为普及的应用，在使用方法上发展了分割主发酵法、大酒母罐驯化法、不经复水活化直接投入法等新技术；在酒精生产的淀粉液化工艺中，喷射液化得到逐步应用与发展；液化、糖化用酶制剂的性能有新的发展与提高；在白酒方面，以食用酒精为基料的新型白酒工艺日渐成熟，随着调香、调味物质的丰富和优级食用酒精产量的增加以及勾兑技术的日益进步，酒的质量水平有了明显的提高。新工艺，新技术的广泛应用，有力地推动了酿酒行业的技术进步。企业机械化、自动化水平不断提高，优良品种的选育得到相应的推广。企业科技人员更加注重对微生物的研究，发酵机理的研究等等，为生产率和优质率的提高做出了保证。近几年，经国家有关部门批准，在白酒和啤酒企业中已建立了3个国家级企业技术研究中心，为带动全行业的技术创新和提升酿酒行业整体水平创造了条件。

**5. 出口创汇能力增强　出口量高于进口量**

各种酒类出口总量明显高于进口总量。酒精、白酒、啤酒和其它酒精出口幅度增长较大，进口数量减少。

出口情况：

**表4　　2001年酒种的出口情况**

| 项目 | 出口（千升） | 同期增长率（%） | 金额（万美元） | 同期增长率（%） |
|---|---|---|---|---|
| 酒精及白酒 | 26920.53 | 55.59 | 14101.0 | 56.82 |
| 啤酒 | 8345.26 | －1.15 | 4060.5 | 2.54 |
| 葡萄酒 | 416.09 | －18.13 | 630.8 | －7.71 |

**表5　　2002年酒种的出口情况**

| 项目 | 出口（千升） | 同期增长率（%） | 金额（万美元） | 同期增长率（%） |
|---|---|---|---|---|
| 酒精及白酒 | 144000 | 41.1 | 12900 | 62.25 |
| 啤酒 | 130463 | 63.97 | 6812.8 | 59.6 |
| 葡萄酒 | 5087.6 | －22.9 | 492.15 | －18.12 |

这是我国加入WTO后酒类产品的明显亮点，说明酒类企业在竞争面前主动出击，围绕做大、做强，拓展市场空间，寻求新的发展道路取得的成果，也说明我国酒类产品质量逐步适应国际水平。

## 酿酒工业协会的工作

政府机构改革后，行业发展中的具体管理工作已逐步过渡到行业协会。两年来，中国酿酒工业协会在中国轻工业联合会的领导下，始终坚持：接受政府委托，反映行业意见，开展行业管理，全心全意为行业服务的宗旨。按照中央确定的经济工作方针，充分发挥行业协会的职能、职责。在加强自身建设的同时，坚持“加快行业结构、产品结构调整和优化升级；加快行业技术进步和科技创新；研究熟悉世贸规则，充分利用国内外两种资源和两个市场；提高生产综合利用程度，实施清洁生产，防治环境污染；配合主管部门，加强行业管理和人才培养工作”的指导思想，开展了协会工作。

**1. 充分发挥桥梁和纽带作用**

积极向上级有关部门反映行业情况和企业的意见，同时将国家的有关政策法规、行业动态在全行业内宣传贯彻，两年中做了以下工作：

1.1 2001年5月，《财政部、国家税务总局关于调整酒类产品消费税政策的通知》下发后，对白酒实行从价、从量相结合的计征办法，对白酒企业冲击很大。根据企业的要求，针对行业中出现的新情况，我们多次组织召开了大、中型骨干企业座谈会进行了广泛的调查研究，形成了《关于对调整消费税对行业影响的调研和建议的报告》。从白酒行业的特征、新税制对白酒行业的影响、已实施新税制企业的现状、从量计征造成的后果等方面对消费税政策调整提出建议，充分反映了企业的情况和呼声。报告引起了国家经贸委、财政部、国家税务总局的高度重视。经贸委向国务院进行了专门汇报，国家税务总局进行了专项调研。2002年年初，白酒分会向全国人大代表和国家有关部门发送了《关于调整白酒消费税对行业影响的调查报告》。5月又请政府有关部门领导参加行业会议，听取行业意见。这些工作赢得上级领导的重视，2002年6～9月，国家税务总局在全国调集200多名稽查人员组成30多个检查组，以山西、山东、河南、四川为重点，对287个企业进行了调查。通过调查，摸清了白酒企业的纳税情况，对今后合理调整白酒行业税收政策起到了积极作用。

1.2 2002年11月，针对某个媒体发表了“中国葡萄酒80%是从国外进口的垃圾酒，中国自产葡萄做出的酒只占市场总容量的20%”的问题，中国酿酒工业协会及葡萄酒专业委员会的负责人邀请记者，以采访和刊登文章方式，做出澄清，并严正声明“中国葡萄酒产业主流是健康的”，先后发表了《中国葡萄酒不是洋垃圾》、《中国葡萄酒业已步入可持续发展轨道》、《中国葡萄酒业步履稳健》等67篇文章，以大量篇幅对洋垃圾问题进行了强烈反驳。协会和企业以有力的数据说明，我国近几年来葡萄酒质量不断提高；与国际葡萄酒差距愈来愈小；自己栽培的葡萄品种比例逐步增大；采用的技术及设备愈来愈先进；与国际接轨的速度愈来愈快。协会积极的工作态度及时地扭转了虚假失实报导的影响，还广大消费者一个真实的中国葡萄酒产业的现状，挽回了可能造成的影响。

1.3 两年多来，协会参加了国家计委、国家粮食局召开的全国用粮分析研讨会，为会议提供了酿酒行业用粮及今后用粮趋势的资料；

针对我国啤酒生产集团化、规模化中产生的问题向国家经贸委提交了“中国啤酒工业集团化现状及发展建议”，希望发展中的一些实际问题能得到政府的引导和支持。并召开了“中国啤酒集团发展高层研讨会”，就我国啤酒集团的现状、发展方向及存在问题进行深层次的探讨，国家有关部门负责人参加会议并作了重要讲话；

啤酒分会协助江西、福建、山东等省组织技术培训和交流活动；对16家生产纯生啤酒的企业发出了“对纯生啤酒添加氧化酶的意见”的通知；参加了青岛啤酒集团科研中心承担的国家重点技术创新项目“啤酒生产中污染微生物的快速检测及鉴定（PCR）技术开发”的鉴定及广州珠江啤酒集团公司“复合糖浆在啤酒中应用的研究项目鉴定会”。

2000年4月，国务院批示国家计委组织对燃料酒精生产与应用建议的研究。国家计委要求对玉米为原料加工燃料酒精的可行性，市场需求及政策支持等进行研究。按照上级有关部门的安排，我会积极参加了推广使用燃料酒精工作领导小组；参与了吉林燃料酒精试点新项目、中国国际工程咨询公司组织对河南天冠集团公司和安徽丰原集团公司两个30万吨级燃料乙醇项目的可行研究的评估和论证；对广西柳州凤山糖业集团和南宁糖业集团的“十五”技改投资方案进行了评估；参与了燃料酒精产品和应用标准的审定；编制了“十五”应用规划研究报告等工作。为发展燃料酒精的国家立项提供了各种有关情况、意见和建议。

**2. 配合并协助政府主管部门搞好行业管理、技术交流**

2.1 积极参与酒类产品国家标准的修订和实施。为落实啤酒、白酒、黄酒、食用酒精等国家标准的修订计划，各分会在全行业内认真开展了对各酒种国家标准的修订。经过两年的努力工作，啤酒、酒精的国家标准已通过审查可以执行；白酒标准已提出修改意见；发酵酒卫生标准的修改意见也向有关管理部门呈报。受国家经贸委的委托，协会牵头成立了专门小组编制了《中国葡萄酒酿酒技术法规》及“葡萄酒产品质量分级管理办法”。这些标准的制订执行，加强了行业管理，提高了产品质量，加快了与国际接轨。

2.2 受国家劳动和社会保障部及中国轻工业联合会职业技能鉴定指导中心委托，协会负责编写了《啤酒酿造工国家职业技能标准》、《白酒酿造工国家职业技能标准》、《果露酒酿造工国家职业技能标准》、《酒精酿造工国家职业技能标准》、《黄酒酿造工国家职业技能标准》，并于2002年10月份进行了终审。职业技能标准的制订是我国酿酒行业人员实行国家职业资格证书制度的一项基础工作，同时也是企业用人和劳动者求职的依据，它将有效地保护企业和职工的合法权益。中国酿酒工业协会已受权成立“酿酒行业特有工种职业技能鉴定总站”，逐步开展全行业职业技能的培训、考评和等级鉴定工作。

2.3 为个规范行业发展，压缩不合格企业。2002年7月国家质量技术质量监督检验检疫总局正式批准在中国酿酒工业协会白酒分会设立“全国工业产品生产许可证办公室白酒产品生产许可证审查部”，承担白酒生产许可证审查、验收等工作。半年来，协会组建了由协会秘书长兼白酒分会理事长王延才任主任，苗盅铭、高景炎任副主任等10人组成的白酒产品审查部。针对各地执行标准不统一的现状，首先制订了《全国白酒企业生产条件验收抽查办法》。推荐了白酒分会副秘书长赵建华，黑龙江省酒业协会会长粟永清，河北省白酒分会会长范长秀，泸州老窖股份有限公司沈才洪副总四位同志参加了生产许可证教师培训班，通过严格考试取得了教师资格。举办了两期全国工业产品审查员培训班，对来自全国28个省、市、自治区、直辖市的86个单位的95名学员进行了培训。经严格审核，其中88人具备审查员条件。通过半年来的工作，白酒审查部建立了一套规范的管理办法如：白酒产品生产许可证申报材料审查表；待发证登记表（盘）；计算机网络传输系统等，强化了白酒行业的行业管理。到目前为止，审查整理已发证企业材料3000余份，审查400多个申请企业材料，报全国工业产品生产许可证审查中心。

2.4 2001年协会向国家质检总局和“名推委”呈文，要求将啤酒、葡萄酒纳入2002年名牌产品评价计划。在向有关企业进行技术经济指标调查的同时，协助“名推委”起草了“中国名牌产品（啤酒、葡萄酒）评分细则《草案》，2002年6月国家名推委啤酒、葡萄酒专业委员会正式批复成立后，积极组织名牌产品的审定工作。最后经“名推委”批准，公布了8个名牌啤酒、6个名牌葡萄酒。

2.5 两年来啤酒会共参加了13项政府委托的啤酒项目审查和企业委托的鉴定工作；对“三河”、“三湖”流域，淘汰生产能力在5万吨以下的啤酒生产线提供资料，并提出行业意见；向全国食品发酵标准化中心申报制订了酿酒工业用单宁的行业标准，使单宁在啤酒工业中的应用质量得到保证和保护。

2.6 酒精分会在2001年参加了“上海石化90万吨乙烯工程可行性研究报告”的评估。参加了国家计委高新技术产业司组织召开的“西部高科技术产业发展项目”（有关酒精项目）的评估论证。配合中国轻工业食品工业管理中心对各地省级投资限额单批权限以上的项目进行立项审查工作，支持了酒类骨干企业的发展。

**3. 组织国际、国内技术交流、技术培训和产品质量检评**

3.1 2001年协会同中国轻机协会组织了第二届上海国际啤酒饮料制造技术及设备展览会与技术交流会；协会同轻机总公司酿酒饮料机械分公司组织赴欧考察团参加德国慕尼黑国际啤酒饮料技术博览会，学习和了解了世界啤酒技术和装备发展的新动向。

3.2 2002年协同中国轻机业机械总公司酿酒饮料分公司举办了“2002年中国国际啤酒、饮料制造技术与设备展览会及高层论坛会”，协会负责人主持了会议并作了《中国酿酒工业现状与发展前景》的报告。

3.3 2002年9月协会与国际葡萄·葡萄酒组织（OIV）、烟台市人民政府联合主办，烟台张裕集团有限公司承办了“2002年国际葡萄与葡萄酒发展论坛暨葡萄酒技术贸易博览会”。会议就葡萄与葡萄酒技术、葡萄酒微生物、葡萄酒与健康、葡萄酒经济、葡萄酒法规与标准、葡萄酒市场发展等问题进行了研讨，参加会议代表有1500名，这是新世纪在中国举办的较大规模的国际性行业盛会。

3.4 2002年10月，啤酒分会与英国BP公司组织了聚脂啤酒瓶工艺和技术研讨会。

3.5 协会和相关单位组织了多次国外考察活动：有“俄罗斯第八届酒类博览会”、“美国芝加哥国际包装博览会和国际食品技工技术博览会”、“赴南非酒类产销管理和技术考察团”、“赴南美酒类考察团”、“赴美国啤酒大麦、麦芽考察团”。拜访了有关政府机构及酒类协会领导，建立了联系渠道，参观了工厂，进行了生产、管理及技术交流活动。

3.6 两年来，先后举办了“2000届国家级白酒评委培训班”，“全国果露酒评酒员培训考核班”、“啤酒风味稳定性分析实验方法培训班”、“黄酒评酒员培训班”，通过培训提高了专业技术人员的理论水平和技术能力。

3.7 根据企业的要求和行业中存在的问题先后举办了形式多样的技术交流活动：2001年先后举办了“酿造单宁应用研究专家研讨会”、“第八届全国葡萄、葡萄酒学术研讨会”、“全国果露酒发展研讨会”、“黄酒酿造工艺和机械设备技术研讨会”、“振兴鲁酒”、“振兴鄂酒”研讨会。

2002年举办了“全国酒精糟液的治理与装备国产化经验交流研讨会”、“奥淳酒鉴评会暨白酒新品种讨论会”、“中国白酒香型暨沱牌技术研讨会”、“市场营销关系研讨会暨2002年国家级白酒评酒委员年会”、“酿酒新技术交流会”、“2000届国家级啤酒评酒委员2002年年会”、“2002年黄酒工艺及装备创新学术交流暨新世纪中国黄酒研讨会”、全国黄酒新世纪创新经验交流会”、“中国葡萄酒业前景研讨会”暨“与时俱进，中国葡萄酒发展宣言”主题发布会、“名牌白酒培育与发展研讨会”等经验技术交流活动。通过开展这些活动，使企业开阔了眼界，交流了信息，提高了技术水平和竞争能力。

**4. 加强了信息交流和刊物出版工作**

为了加强信息交流，实现资源共享，促进企业经营管理水平的提高。协会主办了《中国酒业》、《啤酒科技》、《酒精》、《中国黄酒》、《中国酿酒工业协会行业信息》等月刊和季刊。及时刊登国家有关行业政策、法规，各省市协会工作情况，国内外市场动态，科技动态和当月酒类产量、销售收入、资金利税等主要经济指标。

协会还主办和协办了《华夏酒报》、《中国酒》、《中外葡萄与葡萄酒》、《啤酒工业快报》、《全国啤酒信息》。出版编辑了《中国酿酒工业年鉴》、《五十年白酒生产技术发展纪实》等书报刊。这些刊物的编纂出版比较全面地传达和宣传了党和国家的方针政策、记述了我国酿酒行业的发展历程、反映了我国酿酒企业的精神风貌、介绍了国内国外的科技信息、市场信息，成为了勾通政府、企业、市场、消费者的桥梁，受到了人们的青睐和欢迎。

**5. 进一步完善和加强了协会的自身建设**

为了适应行业管理的需要，协会相继设立了“酒精分会”、“白酒分会”、“啤酒分会”、“黄酒分会”、“葡萄酒分会”、“果露酒分会”、“中国酿酒工业协会科教设计装备委员会”、“中国酿酒工业协会饲料及综合利用委员会”、“中国酿酒工业协会技术委员会”9个分支机构。经过不断的加强和完善这些分支机构，机构的组织结构、人员配备、工作程序初具规模，基本上满足工作需要。随着经济体制改革和市场经济的不断深入，协会将在解放思想，实事求是，与时俱进精神的指导下，进一步完善和加强协会的的自身建设，将凭借广泛的行业代表性，以服务为宗旨，充分发挥政府与企业间的桥梁纽带作用，为促进中国酿酒工业的发展，为加强国内与国际间的交流与合作而努力。

# 2001年中国酿酒工业大事记

3月6日，啤酒分会会同中国轻机协会组织了“2001年第二届上海国际啤酒、饮料制造技术及设备展鉴会与技术交流会”。

4月2日，国务院召开“全国整顿和规范市场经济秩序工作会议”，饮料酒行业产销清理整顿被提到议事日程上来，国家质量技术监督局颁发了首批白酒产品生产许可证，共有337家白酒生产企业获得第一批证书。至此，我国白酒产品没有生产许可证的历史宣告结束。

5月，啤酒分会向国家经贸委等有关部门提出“中国啤酒工业集团化现状及发展建议”希望政府能引导和支持发展中的一些问题。

5月11日，《财政部、国家税务总局关于调整酒类产品消费税政策的通知》（财税［2001］84号）文件正式下发，规定从5月1日起对白酒实行从价计征与从量计征相结合的复式计征方法。

5月31日，葡萄酒委员会在合肥举办全国葡萄酒行检暨国家级葡萄酒评酒员年会。

6月7日，白酒分会在重庆召开“全国白酒行业工作会暨中国酿酒工业协会白酒分会理事会”。

7月，国家经贸委公布了我国工业“十五”行业发展规划，酿酒工业继续贯彻“优质、低度、多品种、低消耗、少污染、高效益”的方针，积极实施“四个转变”。重点发展葡萄酒、水果酒，积极发展黄酒，稳步发展啤酒，控制白酒总量。

7月，全国葡萄酒研讨会在云南召开，国内葡萄酒业著名专家及企业就我国葡萄酒业发展问题进行了深入探讨并达成共识。

7月25日，酒精分会二届二次理事会暨酒精行业发展大会在广西贵港市召开，对燃料酒精的发展和我国酒精行业的实际情况提出了建设性的意见。

8月8日，烟台张裕葡萄酿酒股份有限公司与法国最大的葡萄酒企业卡斯特集团公司在北京签订战略合作协议，双方将在技术、管理、品牌共享、市场开发、优良葡萄品种引进等方面进行全方位的战略合作，共同推进我国乃至世界葡萄酒行业发展。

9月1日，《中国名牌产品评价管理方法（试行）》发布实施，规定中国名牌产品的市场评价指标主要体现为市场占有率、用户满意度和出口创汇率三项指标。

9月3日，啤酒分会在京召开“中国啤酒集团发展高层研讨会”，就中国啤酒工业的发展趋势、中国啤酒集团的现状、发展方向以及发展中的问题进行了深层次的探讨和经验交流。

9月13日，全国食品工业标准化技术委员会酿酒分技术委员会、全国食品发酵标准化中心、中国酿酒工业协会联合组织的“全国白酒标准研讨会”在太原召开，会议围绕白酒标准的修订问题进行了讨论。

9月18日，由中国轻机总公司与中国酿酒工业协会、中国饮料工业协会共同组织的中国啤酒饮料技术及设备考察团对欧洲进行了访问，对世界啤酒饮料技术装备的发展方向和最新科技、最新产品及国外公司的管理情况有了新的了解和认识。

9月20日，国家经贸委贸易市场局在京组织召开“加强酒类产销管理工作座谈会”，地方行业主管部门、行业协会、企业对“关于实行酒类产销许可证管理意见”进行讨论。

9月22日，吉林燃料乙醇有限责任公司60万吨燃料乙醇工程正式动工。

9月25日，国家计委对山东九九有限公司“年产50万吨能源酒精工程项目”的主项和工程技术情况进行了调研。

10月10日，中国酿酒工业协会主办的“全国新品啤酒质量检评”在河南郑州举办，对全国新品牌啤酒质量进行了包括理化指标、卫生指标、标签、感官质量在内的全面检查，一批新风味、新品牌的啤酒脱颖而出。

10月11日，中国轻机协会与黄酒分会在浙江绍兴市联合举办了“黄酒酿造工艺和机械装备技术研讨会”，使轻机行业对黄酒酿造工艺与装备有了系统认识，决心帮助他们提高装备水平，黄酒行业也找到了实现机械化的途径。

10月22日，果露酒委员会在广西北海召开“全国果露酒发展研讨会”，对果露酒生产、技术、销售等方面进行交流，并对全国果露酒评委组织了培训。

10月28日，四川蓝剑集团、香港华润创业有限公司、南非国际酿酒集团（SAB）在成都宣布成立“四川华润蓝剑啤酒有限责任公司”，合资经营其12家在川的啤酒公司，此公司总资产20亿元，年生产能力50万吨，年产销量超过70万吨。是我国啤酒行业有史以来最大的中外合资项目。

10月29日，清华大学与美国BBI公司联合主办的国际燃料酒精技术交流会在京举行。

12月1日，新《商标法》开始实施。

12月4日，修订的《啤酒》国家标准GB/4927—2001及《啤酒分析方法》国家标准GB/4928—2001正式发布，将于2003年1月1日实施。

12月，新疆维吾尔自治区酿酒工业工作会议暨新疆自治区酿酒工业协会第三届会议在乌鲁木齐市召开，会议通过选举产生了新疆维吾尔自治区酿酒协会第四届理事会，戚升科任理事长，沈祥武任秘书长。

12月10日，由中国酿酒工业协会葡萄酒专业委员会主办、新牟国际集团烟台国际葡萄酒区发展有限公司协办的“中国—美国葡萄酒行业专题研讨会”在烟台召开。

12月12日，中国酿酒工业协会、贵州茅台酒厂有限责任公司、贵州茅台酒股份有限公司在茅台举办“中国贵州茅台酒科技试点回顾暨中国名白酒发展研讨会”

12月19日，啤酒分会在桂林召开一届七次常务理事会议。

# 2002年中国酿酒工业大事记

1月10日，中国酿酒工业协会在北京召开了理事长办公会议。耿兆林理事长主持会议。会议的主要内容是检查二届二次常务理事会工作计划落实情况，分析当前行业发展趋势，研究目前存在的问题，并对有关工作进行了决议。

3月24日，贵州省酿酒工业协会正式成立。季克良当选理事长，高士敏为秘书长。

3月26日，葡萄酒专业协会在北京召开了“葡萄酒行业统一计算方法”修订会。对第二稿统计方法进行了讨论、修改和定稿并报国家统计局。

3月28日，中国名牌战略推进委员会公告，啤酒、葡萄酒等21种工业产品被列入2002年中国名牌产品评价范围。

4月1日，《全国白酒工业主要经济技术指标统一计算方法》发出试行通知，要求重点骨干企业认真落实执行“统一计算方法”，逐步健全行业统计网络。

4月2日，内蒙古自治区在合并自治区白酒协会、啤酒协会的基础上成立了自治区酒业协会。

4月25日，由白酒分会组织的“国家级白酒评酒委员与市场营销关系研讨会暨2002年国家级白酒评酒委员年会”在四川省泸州市召开。与会代表106人，其中2002届国家级白酒评酒委员75人。中国酿酒工业协会理事长耿兆林，副理事长兼秘书长王延才，白酒分会副秘书长赵建华参加了会议。著名酿酒专家周恒刚，梁邦昌，曾祖训，胡永松，粟永清，四川省酿酒工业协会副会长陈远铭，泸州市常务副市长王一新，泸州老窖集团副总裁蔡秋全，张良等出席了会议并作了讲话。

5月9日，中国酿酒工业协会酒精分会，饲料及综合利用委员会联合召开了“酒精糟液治理与装备国产化经验交流、研讨会”。会议受到各有关单位的重视和欢迎，有58个单位的82名代表参加，会议总结交流国产装备，进口装备干酒糟及其深加工的经验与比较；酒精糟液通过厌氧—好氧处理，实施达标排放及综合利用深加工的经验与体会等内容。

5月14日，白酒分会在湖北省武汉市召开了“白酒分会理事会暨白酒行业会议”，与会代表184名。湖北省周卫坚副省长出席了会议，并讲了话。中国酿酒工业协会理事长耿兆林主持了会议，王延才副会长做了《适应形势，开拓创新，为我国白酒行业健康发展而努力》的工作报告。此次会议受到国家有关部门的高度重示，国家经贸委市场司、财政部税政司、国家质量监督检验检疫总局质量监督司都派人参加。

5月17日，由中国酿酒工业协会与烟台

市人民政府联合举办，国家葡萄酒质量监督检验中心和华夏酒报支持协办，山东烟台海滨国际会展有限公司承办的“首届中国（烟台）国际葡萄酒果露酒暨包装交易博览会”在烟台市成功召开。参加本届会议的参展商有300余家，展位260多个，参会人数达2万余人，据不完全统计成交额达3亿多元人民币。近百家生产企业与国内外包装企业签定了设备、原料等方面的订货协议。

5月24日，浙江省黄白酒行业协会三届四次理事扩大会议在杭州市召开。参加会议的有29家企业41名代表。协会理事长曹力诚向与会理事报告了协会秘书处的工作情况，介绍了行业现状和省食品工业总公司的改制情况，秘书处董惠娟向会议汇报了财务状况。

5月29日，中国轻工机械协会与中国酿酒协会黄酒分会联合举办的“2002年黄酒工艺与装备创新技术交流暨新世纪中国黄酒研讨会”在重庆召开。研讨会由中国轻工机械协会秘书长文杰主持，来自黄酒行业、轻机行业、德国沙多利斯的代表、江南大学的赵光鳌教授、广东轻工机械集团有限公司的代表等在会上做了发言，通过会议加深了黄酒行业与轻机行业的相互了解，架起合作的桥梁。

6月，《五十年白酒生产技术发展纪实》出版面世，该书由中国酿酒工业协会白酒分会汇编，周恒刚、沈怡芳、高月明、熊子书、曾祖训、粟永清等六位专家合著。该书是以几位专家的亲身经历所著，是五十年来白酒工业生产技术发展的总结，对我国白酒业的发展具有现实指导意义。

7月22日，全国首例葡萄酒原产地域保护产品——昌黎葡萄酒国家标准在京通过了中国标准化协会组织的专家审定。

8月，在中国酿酒工业协会设立“全国工业产品生产许可证办公室白酒产品生产许可证审查部”（简称“白酒产品审查部”），受全国工业产品生产许可证办公室的委托，承担白酒产品生产许可证工作的有关事宜。

8月11日，华北五省、市、区酿酒协会干红葡萄酒技术研讨会在河北省抚宁县召开。全国著名酿酒专家王秋芳，葡萄酒专业委员会副主任高美书应邀参加，华北五省、市、区酿酒协会领导，华北地区国家级葡萄酒评酒委员及华北地区葡萄酒企业代表出席了会议。会议进行了技术交流，并对华北区和国外共23个葡萄酒样品进行了认真的品评。

8月11日，华北干红葡萄酒技术研讨会在昌黎召开。来自华北区的葡萄酒企业领导，技术人员出席了会议。会议广泛交流了各生产企业有关葡萄原料栽培及干红葡萄酒工艺研究的经验等，对提高干红葡萄酒产品的质量有一定的提高。

8月28日，酒精分会二届三次理事会暨酒精行业发展交流大会在黑龙江省肇东市召开，有86个单位170人出席了大会。中国酿酒工业协会理事长兼酒精分会理事长耿兆林在会上做了工作报告，代表们就当前行业发展等问题形成如下共识：酒精企业结构、产品结构、所有制结构已发生了积极的变化，这种变化将持续发展；酒精消费市场变化不大，生产大于销售，供需不平衡进一步扩大，竞争将更加激烈；行业掌握了国际燃料酒精发展情况，其试点生产和应用将深入进行。

8月26日，国家税务总局发布“关于酒类产品消费税政策问题的通知”对酒类生产企业利用关联企业间关联交易规范消费税问题；粮食白酒的适用税率问题；关于“品牌使用费”征税问题；关于外购应税消费品税款抵扣问题，进行了明确。

8月31日，啤酒分会第二届会员代表大会暨理事会在北京召开，会议实到141个理事单位168人。耿兆林理事长出席开幕式并向大会致词，中轻联副会长、中轻食品管理中心主任潘蓓蕾到会做了重要讲话。副理事长王延才代表“换届工作委员会”向大会汇报了换届工作经过，经全体与会代表选举产生了中国酿酒工业协会啤酒分会第二届理事会，共有199个理事单位，93个常务理事单位。第二届理事会选举肖德润为二届理事会理事长，王延才为常务副理事长，选举青岛啤酒股份有限公司、北京燕京啤酒集团公司、华润啤酒（中国）有限公司、广州市珠江啤酒集团公司、哈尔滨啤酒有限公司、金星啤酒集团有限公司、福建惠泉啤酒集团股份有限公司、重庆啤酒集团有限责任公司、湖北金龙泉啤酒集团公司、山东省啤酒协会、浙江省啤酒工业协会、辽宁省啤酒协会、广东省啤酒专业协会、黑龙江省啤酒协会、中国食品发酵工业研究所，中国轻工业广州设计院和杜绿君同志为副理事长，由肖德润理事长提名，代表一致同意，杜绿君担任第二届理事会秘书长。聘请第一届理事长刘正德为啤酒分会高级顾问。大会还通过了第一届理事会的工作报告和2003年的工作计划，《中国酿酒工业协会章程》啤酒分会实施细则。

9月，由中国酿酒工业协会和新华出版社联合编辑出版的《中国酿酒工业年鉴》（2001版）正式出版发行。这部年鉴是建国以来第一部全面、系统记载我国酿酒行业生产、销售、科研、管理等基本情况，主要成就和发展趋势的大型综合性行业年鉴。全书设有特载专文、组织机构、分类行业、质量评比、中国酿酒发展史、统计资料、地方酒业、重点和优秀企业、政策法规、行业大事记、部分企业介绍等11个部类，总字数100余万字，是一部具有权威性、综合性、专业性和较高史料价值和实用价值的工具书。

9月1日，中国名牌战略推进委员会公告（2002年第3号）确定120家企业生产的123个品牌的产品为2002年中国名牌产品。其中酿酒行业有14个产品名列其中。啤酒产品有：湖北金龙泉集团股份有限公司生产的金龙泉牌啤酒；青岛啤酒股份有限公司生产的青岛牌啤酒；粤海啤酒集团有限公司生产的金威牌啤酒；河南金星啤酒集团有限公司生产的金星牌啤酒；哈尔滨啤酒有限公司生产的哈尔滨牌啤酒；广州市珠江啤酒集团有限公司生产的珠江牌啤酒；华润啤酒有限公司生产的雪花啤酒；北京燕京啤酒集团公司生产的燕京牌啤酒。葡萄酒产品有：北京丰收葡萄酒有限公司生产的丰收牌葡萄酒；中国长城葡萄酒有限公司，华夏葡萄酿酒有限公司生产的长城牌葡萄酒；中法合营王朝葡萄酿酒有限公司生产的王朝牌葡萄酒；烟台张裕集团有限公司生产的张裕牌葡萄酒；烟台威龙葡萄酒股份有限公司生产的威龙牌葡萄酒；通化葡萄酒股份有限公司生产的通化牌葡萄酒。

9月2日，由中国轻工机械总公司和工商业展览有限公司主办，中国酿酒工业协会和中国饮料工业协会协办的中国国际啤酒、饮料制造技术及设备展览会在北京中国国际展览中心召开。展场面积3万多平方米，参展人数达5万多人次，参展商及供应商共计360多家。

9月8日，由国际葡萄·葡萄酒组织(OIV)、中国酿酒工业协会和山东省烟台市人民政府联合主办，张裕公司承办的“2002国际葡萄与葡萄酒发展论坛”在烟台召开。论坛围绕世界葡萄酒经济、葡萄酒质量、葡萄酒与健康、中国葡萄栽培与葡萄酒经济的现状与展望等问题进行了研讨。耿兆林理事长做了《中国葡萄酒行业的现状与发展》主题发言，论坛期间就中国加入国际葡萄·葡萄酒组织（OIV）的相关问题与国际葡萄·葡萄酒组织的官员进行了磋商。

11月14日，备受企业关注的《中国葡萄酿酒技术规范》（以下简称“规范”）由国家经贸委2002年第81号文发布公告，并于2003年1月1日起开始执行。该“规范”是参照了“国际葡萄酿酒法规”并结合中国葡萄酒业国情制定的我国第一部关于葡萄酒酿造技术的较为完善的行业规范文件，它的颁布将对我国葡萄酒行业健康发展并与国际接轨产生重要的促进作用。

11月17日，经国务院批准的河南天冠集团年产30万吨变性燃料乙醇项目正式开工兴建。国家计委、国家经贸委、国家粮食局、中国石油化工集团总公司、中国酿酒工业协会、省计委和相关企业、河南省、南阳市政府领导及有关部门的代表参加了开工奠基仪式。

11月18日，中央电视台2003年黄金时段广告标王被葡萄酒业的新军——印象酒业有限公司以总投入8250万元，摘得桂冠，紧随其后的是葡萄酒业的新秀——新天酒业也以4290万元的投入位居亚军。

# 中国酿酒工业协会简介

中国酿酒工业协会 CHINA ALCOHOLIC DRINKS INDUSTRY ASSOCIATION（英文缩写 CADIA）是由应用生物工程技术和有关技术的酿酒生产企业及为其服务的有关部门和相关单位自愿组成的全国性行业组织。

中国酿酒工业协会于 1992 年 6 月 22 日经原国家轻工业部批准、国家民政部登记注册成立。

中国酿酒工业协会接受业务主管部门国家经济贸易委员会的业务指导，接受社团登记管理部门国家民政部的监督管理。

中国酿酒工业协会的宗旨是：遵守中华人民共和国的宪法，接受政府委托，开展行业管理工作；反映行业情况和意见，维护会员的合法权益，全心全意为行业服务；适应社会主义市场经济发展需要，推动酿酒行业生产、管理、装备、流通、科技水平的逐步提高；协调与其他行业之间的合作与交流；不断扩大国际间的交往；为促进行业的健康发展和国民经济发展作出应有的贡献。

中国酿酒工业协会的工作职能是：1. 对行业改革和发展中的问题进行调查研究，向政府提出有关改革、发展、产业政策、经济和技术政策、立法等方面的意见和建议；2. 受政府部门授权或委托，参与制定行业规划，对本行业新办企业申报进行前期咨询调研，向有关部门提出决策建议；3. 加强行业的经济和技术信息网建设，经政府主管部门同意和授权开展行业统计工作，做好信息的收集和研究，发布行业信息，进行市场预测，创办刊物，开展信息指导与服务，为政府制订产业政策提供依据；4. 受政府部门委托，参与制定国家标准、行业标准、组织贯彻实施并进行监督；5. 配合有关部门对本行业的产品质量开展行检、行评和产品认证以及质量管理、监督工作；发布行业产品质量信息，扩大优质名牌产品的宣传，向国内外用户推荐优质产品和新产品；6. 受政府部门委托，参与本行业生产许可证的发放和企业资质审查工作；7. 受政府有关部门委托，参与行业内重大投资和合资合作项目的前期论证、初步审查并提出建议；为政府和用户采购、项目招标提供推荐意见；8. 制定行业行规、行约等管理规定，建立行业自律机制，并组织实施，监督检查；9. 根据国家有关法律、法规，协调同行价格争议，做好价格自律工作，维护行业公平竞争，维护行业整体利益和消费者的合法权益；10. 举办或组织企业参加本行业的国内外展览会、订货会，为企业开拓国内外市场创造条件，参与建立和培育国内的相关产品专业市场；11. 组织和联合企业、科研单位，院校开展科学交流与开发、创新工作；受委托组织行业科技成果鉴定和推广应用，为企业提供技术咨询和各种形式的技术服务，促进行业整体科技水平的提高；12. 参与制订行业人才发展规划，组织行业技术培训、专业技能培训和人才交流工作，接受委托组织行业职工等级考核；13. 配合有关部门，指导、帮助企业改善经营管理，深化改革，建立现代企业制度；14. 开展国内外经济技术合作与学术交流，推动技术创新；15. 反映会员要求，协助政府解决和处理行业在改革与发展中遇到的困难和问题，维护其合法权益；16. 积极发展行业公益事业；17. 承担政府和有关部门委托的其他工作。

本协会下设分支机构有：酒精分会、白酒分会、啤酒分会、黄酒分会、葡萄酒专业委员会、果露酒专业委员会、科教装备专业委员会、饲料和综合利用委员会、技术委员会。

中国酿酒工业协会注册会址为：
北京市西城区阜外大街乙 22 号
邮政编码：100833
电话：010－68396513、68396514
68396518、68396584
传真：010－68023239

# 中国酿酒工业协会分支机构

民政部为了规范和加强对社会团体分支机构、代表机构的管理，于 2002 年开始，在全国范围对社会团体所属分支机构、代表机构进行复查，对符合条件的颁发《社会团体分支机构登记证书》，中国酿酒工业协会长期以来全力为行业服务，工作得到了充分的肯定，第一批完成了分支机构的复查登记工作。

中国酿酒工业协会所属分支机构名单、证书：

| | |
|---|---|
| 酒精分会 | 社证字第 3266－1 号 |
| 啤酒分会 | 社证字第 3266－2 号 |
| 白酒分会 | 社证字第 3266－3 号 |
| 黄酒分会 | 社证字第 3266－4 号 |
| 葡萄酒分会 | 社证字第 3266－5 号 |
| 果露酒分会 | 社证字第 3266－6 号 |
| 科教设计装备委员会 | 社证字第 3266－7 号 |
| 饲料及综合利用委员会 | 社证字第 3266－8 号 |
| 技术委员会 | 社证字第 3266－9 号 |

喝一杯
丰谷
FORGOOD
三百年古窖
丰谷
特曲
喝一辈子

# 江西四特集团

地址：江西省樟树市药都北大道7号　邮编：331201
电话：0795-7333932　传真：0795-7332205

董事长、总经理：廖昶

江西四特集团自1952年建厂以来，现已发展成为国家大型企业。集团拥有职工2094人，其中大专以上毕业生171人，专业技术人员108人。固定资产1.7亿元，占地面积19.58万平方米，建筑面积16万余平方米。1991～1993年度被评为全国500家最佳经济效益企业之一，多次评为江西省优秀企业，全国“五一”劳动奖章获得单位，樟树市优秀工业企业。

樟树市酒文化史可上溯到3000年前殷商时代，南宋爱国诗人陆游在江西任官时曾咏叹“名酒来清江，嫩色如新鹅”（樟树市原为清江县）。明清之际，樟树为江西四大名镇之一，酒肆药行遍布城中，“娄源隆”号酒店员工在其酒坛子封笺上写上4个“特”字，因酒好人们争相购买，声名远播，“四特”品牌由此诞生。解放后，特别是改革开放以来，四特集团博采众长，将传统工艺与现代科技相结合，使四特酒质量不断提高，风格独树一帜。1988年由全国著名白酒专家周恒刚等组成的专家组在考察四特酒的生产工艺后，总结四特之特在于“整粒大米为原料，大曲面麸加酒糟，红褚条石垒酒窖，三型具备犹不靠”（三型指酱、浓、清型），确定了四特酒为“特”型酒。目前，四特酒已形成“高、中、低”不同档次，不同系列100多个品种。

四特酒为历届江西名酒，并先后获得“轻工部酒类大赛银杯奖”、“第五届全国白酒质量评比银奖”、“江西名牌产品”等诸多殊荣。1959年周恩来总理在庐山会议上品尝四特酒之后赞誉道“清香醇纯、回味无穷”。1972年，邓小平同志在樟树考察时赞誉四特酒是“酒中佳品，味道独特”。

通过“六五”、“七五”等几次技术改造，四特酒的产量和质量都有大的提高。目前已形成年产四特酒基1.5万吨，成品酒3万吨的能力，经济效益逐年攀升，1988～2000年为国家创税收7亿多元。2002年实现销售收入3.73亿元，实现利税1.07亿元。上交税利7530.63万元。

# 陕西西凤酒股份有限公司

董事长、厂长兼党委书记：张中屹

陕西西凤酒股份有限公司是1999年10月以陕西省西凤酒厂为核心组建成立的，属轻工行业国有控股大型企业，是西北地区规模大型的国家名酒制造商。

西凤酒是凤香型白酒的典型代表，具有“醇香典雅、甘润挺爽、诸味协调、尾净悠长”的独特风格。“不上头、不干喉、回味愉快”被世人称为“三绝”。曾4次荣获中国名酒称号，8次夺得国际金奖。

近年来，公司以市场需求为导向，将传统工艺与现代科技相结合，在原凤香型白酒的基础上，开发了具有凤兼浓风格特点系列西凤酒、凤浓酱风格特点系列西凤酒和浓香型系列西凤酒，从而使西凤酒产品呈现出四大系列、高中低酒度和高中低档次、近百种产品的格局，西凤家族“人丁兴旺”，企业迈上了良性发展的快车道。

地址：陕西省凤翔县柳林镇
邮编：721406
电话：0917-7421001
传真：0917-7421100
Http://www.xifengjiu.com
E-mail:sxxfj@163.com

董事长　徐勇辉

# 新疆伊力特
# 实业股份有限公司

“新疆第一酒”是新疆维吾尔自治区前任主席铁木尔达瓦买提在1992年12月品尝“伊力”牌“伊力特曲”后的亲笔提词。

“伊力”牌“伊力特曲”是新疆伊力特实业股份有限公司（简称伊力特）生产的系列产品之一，公司位于新疆西部天山山麓，伊犁河谷上游伊犁州新源县境内的肖尔布拉克。前身为新疆伊犁酒酿酒总厂，创业于1955年，半个世纪以来，伊力特人用服务于各族人民的热情和爱心，创造着全疆人民乃至全国人民心中的品牌——“伊力”，使伊犁河谷一个酿酒小厂崛起，成为拥有资产10亿元，西北五省一家白酒上市公司。公司是以白酒酿造为核心，集多种产业为一体的企业集团。拥有员工2011人，占地96万平方米，下辖两办五部一中心、一个科研所、四个酿酒分厂、热电厂、伊力特经销公司、伊力特印务有限责任公司、伊力特野生果综合开发有限公司、伊力特酒店、伊力特中草药科研开发有限公司等10家分厂、全资子公司；拥有伊犁南岗建材有限责任公司等12家控股、参股子公司。

公司将以伊力特股票发行上市为契机，致力于伊力特品牌的延伸和扩张，在更广泛的领域投资发展，多层面的提高公司的业绩，伊力特愿与各界同仁、广大投资者竭诚合作，携手共创辉煌的明天。

地址：新疆新源县肖尔布拉克　邮编：835811　电话：0999-5266888　传真：0999-5266014

洋河藍色经典
世界上最宽广的是海
比海更高远的是天空
比天空更博大的是 男人的情怀
天之蓝
执行标准:GB/T10781.1-1989(优级)
生产许可证号:XK16-030 0829
宿准印:321300907
TRADE MARK
YANGHE DAQU
中国驰名商标
酒精度:46%(V/V)
净含量:480mL
洋河藍色经典
绵柔型
江苏洋河酒厂股份有限公司出品
原料:泉水、高粱、小麦、大麦、豌豆
香型:浓香型 生产日期、批号:见盒内
江苏洋河酒厂股份有限公司
免费服务: 8008281589

中国酿酒工业年鉴

# 行业篇

Yearbook of China Alcoholic Drinks Industry

## Industry

# 2001年中国白酒行业情况

赵建华

## 行 业 概 况

### 1. 市场总量继续下降

2001年全国白酒产量420.19万吨，比2000年减产55.92万吨，下降11.75%。全国有24个省、市、自治区同比下降，下降幅度超20%以上有8个省。产酒10个大省（占全国总产量80%）中，有8个省下降，其中山东下降12.31%，四川下降6.66%，安徽下降21.76%，河南下降18.06%，河北下降23.71%，广东下降7.86%，辽宁下降5.10%，湖北下降2.05%，仅两个省稍有增长，江苏增长2.36%，广西增长3.9%。

2000年全国统计476.11万吨，当时行业抽样调查估算500万元以下非国有企业约有120万吨的总量，2001年这一部分变化相对较小。四川的小型企业数量有所减少，主要是原酒产销量有所下降所致。现购买原酒，基本转向高档的基酒、调味酒，普通的原酒购销减少；直接用现金方式结算的部分贸易的购买量也较小，但贴牌生产方式正在逐渐扩大。其它一些省、区小型企业数量有所上升，江苏、山西等省小酒厂增加明显，主要填补了由于税制变化，大型企业空出的低价低档产品市场，产量相对稳定。

2001年全国白酒销售收入499.41亿元，比2000年减少13.84亿元，下降2.77%，10个产酒大省7个下降，下降幅度较大的有广西19.59%，安徽19.48%，河北19.32%，河南17.45%。

### 2. 行业的经济运行确实受政策影响较大

2001年全国白酒利润总额40.39亿元，比2000年减少2.89亿元，下降7.13%。全国有22个省比2000年下降，亏损省有8个。利润总额中，四川25.53亿元，贵州6.13亿元，其它合计8.72亿元。四川、贵州两省比2000年增长2.21亿元，两省占全国行业利润总额的78.4%。

2001年全国白酒税金总额88.2亿元，比2000年增收5.8亿元，上升6.58%。四川增收3.8亿元，贵州增收1.79亿元。两省合计增收5.6亿元，占全国实际增加的96.55%，两省外其他省、市、区实际税金基本未增加。

### 3. 大中型企业构成行业的主体

2000年国家统计局统计全国白酒行业重点企业1253个，亏损企业297个，占总统计企业的23.7%，2001年全国白酒行业亏损企业超过50%。而利润只是集中在几个大型企业集团，四川五粮液集团一个企业利润占全国利润总额的43.09%，贵州茅台酒集团企业利润为6.4亿元，比贵州省白酒行业其它企业利润总和还高出2700万元，占全国白酒企业利润总额的15.85%；山西汾酒集团企业利润是该省白酒行业其它企业利润总和的2.1倍；湖南湘泉集团企业利润是该省白酒行业其它企业利润的总和。大多数企业亏损，利润集中几个大型企业集团。

利税分配也可以看出，大中型企业仍主导着我国白酒市场，利税前20位企业占全行业利税总额61%，其中利润占全行业94%。

**表1　　2001年白酒行业税利总额良好的部分企业**　　单位：万元

| 序号 | 企业名称 | 税利合计 |
|---|---|---|
| 1 | 四川宜宾五粮液集团有限公司 | 280869 |
| 2 | 中国贵州茅台酒厂(集团)有限责任公司 | 128365 |
| 3 | 四川剑南春集团有限责任公司 | 53619 |
| 4 | 四川泸州老窖集团有限责任公司 | 41784 |
| 5 | 四川省成都全兴酒厂 | 32030 |
| 6 | 安徽古井贡酒股份有限公司 | 29032 |
| 7 | 湖南湘泉集团有限公司 | 25566 |
| 8 | 山西省杏花村汾酒集团公司 | 24953 |
| 9 | 四川沱牌集团有限公司 | 20029 |
| 10 | 北京红星股份有限公司 | 19310 |
| 11 | 新疆生产建设兵团农四师伊犁酿酒总厂 | 18715 |
| 12 | 淄博中轩实业集团总公司 | 15822 |
| 13 | 山东兰陵企业(集团)总公司 | 12569 |
| 14 | 广东省九江酒厂有限公司 | 11909 |
| 15 | 顺德酒厂有限公司 | 11793 |
| 16 | 江苏双沟酒业集团有限公司 | 11714 |
| 17 | 安徽迎驾酒业股份有限公司 | 11700 |
| 18 | 四川绵阳丰谷酒业有限责任公司 | 11616 |
| 19 | 江苏洋河集团有限公司 | 10621 |
| 20 | 安徽金种子集团有限公司 | 10526 |

### 4. 上市公司利润降低，股民收益减少

上市公司在2001年年度报告中，都报告了国家调整消费税政策对公司利润影响很大，8家上市公司其中6家主营业务利润、净利润比同期降低。主营业务利润降幅最大是：沱牌36.99%，古井33.95%，兰陵

**表2　　2001年白酒企业上市公司年报表**

| 序号 | 公司股票简称 | 主营业务利润（万元） | | | 净利润（万元） | | | 每股收益（元） | |
|---|---|---|---|---|---|---|---|---|---|
| | | 2001年 | 2000年 | 增长率（%） | 2001年 | 2000年 | 增长率（%） | 2001年 | 2000年 |
| 1 | 泸州老窖 | 48407.2 | 49207.6 | −1.63 | 8509.7 | 16197.6 | −47.46 | 0.17 | 0.34 |
| 2 | 沱牌曲酒 | 15732.8 | 24967.7 | −36.99 | 3085.6 | 10247.5 | −69.89 | 0.09 | 0.30 |
| 3 | 古井贡A、B | 23239.7 | 35185.1 | −33.95 | 6704.7 | 14714.8 | −54.44 | 0.29 | 0.63 |
| 4 | 湘酒鬼 | 19555.0 | 15405.4 | 21.22 | 10187.5 | 5837.9 | 42.70 | 0.34 | 0.284 |
| 5 | 兰陵陈香 | 3332.3 | 4240.6 | −21.40 | 1206.8 | 1838.2 | −34.30 | 0.078 | 0.154 |
| 6 | 五粮液 | 164120.0 | 180831.0 | −9.24 | 81141.0 | 76811.0 | 5.64 | 0.933 | 1.60 |
| 7 | 全兴股份 | 40036.0 | 35514.0 | 12.73 | 17278.0 | 17613.0 | −1.90 | 0.33 | 0.35 |
| 8 | 皇台酒业 | 5040.8 | 5599.2 | −11.08 | 191.5 | 1411.1 | −637.04 | 0.0137 | 0.19 |

21.40%；净利润降幅最大是：皇台637.04%，沱牌69.89%，古井54.44%，泸州47.46%。五粮液在报告中分析了净利润增长的原因："本年度公司税赋水平较上年增幅较大，使净利润较上年同期降低41.02%，同时所得税返还款较上年同期增长60.7%，从而确保净利润较上年同期仍然增长。"湘酒鬼"坚持走高品位、高附加值、高档次的精品战略之路"，从量计税影响不大，本年度影响利润总额350万元左右。

2001年以前上市公司按照国家有关规定，享受执行先征（33%）后返（18%）的所得税优惠政策，2002年1月1日起上市公司将不再享受此政策，预计白酒行业上市公司在今年更加困难。

**5. 产品结构调整力度加大**

找准产品市场定位，开发新产品，调整产品价格，构成2001年白酒业的主流。

白酒产量虽然下降幅度很大，为11.75%，减少56万吨。但销售收入只下降2.77%，说明企业在产品结构上进行了大幅度调整。老牌名酒企业在产品结构调整方面更快一步，五粮液产量增长8.82%（4月份后比2000年同期减少1.9万吨），销售收入达到89.89亿元，增加15.47%，利税增长21.63%；茅台产量、销售收入增长幅度不大，但利税增长达到了31.79%；全兴产量、销售收入都有所下降，但利税都有增加；泸州老窖压缩了产量，其它各项经济指标增长幅度较大。

2001年面对行业前所未遇的困难，企业为适应经济政策的调整，在产品结构上有较大的调整，使行业经济效益大大好于预期情况，仍然取得了较好的成绩。

## 行 业 政 策

**1. 调整白酒消费税**

《财政部国家税务总局关于调整酒类产品消费税政策的通知》财税84号：白酒在原从价计征定额消费税不变情况下，增加从量计征定额消费税，即每斤（500克）征收定额消费税0.5元；停止执行外购或委托加工代收代缴税款准予抵扣政策；停止执行对小酒厂定额、定率双定征税办法，一律实行查实征收。执行时间从2001年5月1日起。

**2. 实行酒类产销许可证准入制度**

针对我国酒类现状，为了规范酒类产销秩序，创造平等竞争环境，提高酒业的社会效益和经济效益，国家确定了实行酒类产销许可证管理，以产销准入制度将酒类行业导入法治的轨道。生产许可证已经先行一步，2001年底由全国工业产品生产许可证办公室共批准约2000个白酒生产许可证。

## 分 会 活 动

**1. 发挥好政府和企业的桥梁和纽带作用**

在这一年中，白酒分会围绕着国家财政部、税务总局调整白酒新税制的政策，为了维护企业利益，做了一系列工作。此项工作是白酒分会2001年重要工作，大量时间和精力都放在了这项工作上。

2001年4月初，当媒体发布了国家调整白酒消费税政策，分会通过认真测算，此项政策将使白酒行业全面亏损，给行业发展带来严重问题，协会马上与国家经贸委、财政部、税务总局进行沟通。

鉴于此项政策对于行业的重大影响，根据行业的实际问题，分会在这一年中，进行了三次新税制对行业影响的调查，组织召开了邀请国家经贸委、财政部、税务总局参加的三次座谈会，向国家有关部门写了两次专项报告。从白酒行业的特征、新税制对行业的影响、实施新税制后企业状况、加征从量消费税造成不良后果等方面进行全面的通报，并提出了我们的建议。同时与地方协会积极配合推动企业调整产业和产品结构，努力适应新政策，谋求行业的生存和发展。

**2. 配合并协助政府主管部门搞好行业管理**

2.1 参与白酒“三大香型”产品国家标准的修订工作。为落实白酒国家标准的修订工作计划，白酒分会在行业中开展对清香、浓香、米香型白酒国家标准修订的调查，并与国家食品发酵标准化中心、全国食品标准化技术委员会联合召开了“全国白酒标准研讨会”，提出了具体修改意见。

2.2 按照国家劳动部的要求，在辽宁省白酒协会、河北省白酒协会的大力支持下，完成了《白酒酿造工》职业技能标准初稿的编制工作。

2.3 在分会积极主动工作下，2001年10月全国工业产品生产许可证办公室发出通知要求，中国酿酒工业协会白酒分会协助做好白酒生产许可证发放工作。根据要求分会组织了河北省白酒协会为主起草了《白酒企业生产条件验收抽查办法》和黑龙江省酒业协会为主起草了《白酒生产许可证实施细则补充意见》，对“抽查办法”和“补充意见”初稿，分会征求部分地方协会和部分企业意见后，上报全国生产许可证办公室。

2.4 1990年原轻工业部发布了“全国酒类主要经济指标统一计算方法”，历时十余年，酒类的生产发生很大变化，结构调整使企业经济指标的考核内容相应变更。经与国家统计局协商，协会决定对酒类统一计算方法进行修改。白酒分会组织了地方协会、企业、检测单位、行业专家对“统一计算方法”进行修改。历时一年多，本计算方法已经国家统计局主管单位同意，在行业内试行。

**3. 召开全国白酒行业工作会议**

全国白酒行业工作会暨中国酿酒工业协会白酒分会理事会于2001年6月7～9日在重庆召开，出席会议的有208个单位的268名代表，其中有白酒分会理事（单位）92名。会议由中国酿酒工业协会理事长耿兆林致开幕词，宣读了中国轻工业联合会副会长、中国酿酒工业协会名誉会长潘蓓蕾书面讲话；这次会议受到有关政府管理部门的重视，国家经贸委（贸易市场局、经济运行局)、财政部（税政司)、国家质量监督检验检疫总局（质量司)、国家统计局（工交司）等都派员到会指导并就整顿规范市场经济秩序、制定酒类产销管理办法、建立酒类产销许可制度、酒类产品税制改革和行业信息统计分析等作了讲话。重庆市政府商委领导出席开幕式并致词，对这次白酒行业会议在重庆召开表示热烈的欢迎。

潘蓓蕾副会长在讲话中指出：我国已是世界酿酒大国，酿酒行业是个大行业，它与农业产业化密切相关，与提高人民生活水平密切相关，在国民经济中发挥着积极的重要作用，年利税达250亿元。而白酒行业是酿酒行业中的主要行业，年产白酒600万吨左右，经济效益居酒类产品之首位，年利税总计超过125亿元（占酿酒行业的50%）。但白酒企业分散，小企业众多，在质量保证、税款征收、打击假冒等方面的问题较多，加强管理，整顿、规范白酒产销秩序日显迫切，任务繁重。酿酒行业在轻工业中有着重要的地位。随着政府管理体制改革的深化，现在已经没有专职管理轻工业的政府管理部门，因此行业协会的工作和中介作用就显得越来越重要。按国家有关规定，1999年底，中国酿酒工业协会完成了换届工作。按照会议精神，中国酿酒工业协会完善了白酒分会理事会的组织建设，同时开展了一系列卓有成效的工作。一年来，中国酿酒工业协会白酒分会在上为政府服务、下为行业和企业服务方面做了大量的工作，有的是不可替代的工作。对白酒分会取得的成绩，我们表示祝贺。

国家质量监督检验检疫总局郤建平副司长对白酒生产许可证工作的安排作了全面介绍并强调在下阶段发证中委托中国酿酒工业协会承担发证审查部的技术工作，以保证圆满地完成发证任务。

国家经贸委贸易市场局郑文处长介绍了在国务院整顿市场经济秩序的基础上，对白酒行业进行规范、清理整顿、制定酒类产销管理办法的指导思想和工作进度。

财政部税政司王刚处长围绕我国白酒产品税政实际问题，介绍了2001年白酒税制政策调整的主导思想。指出针对目前白酒税政征管难度大，漏税严重的实际情况国家将加大力度，努力为企业创造公平竞争的环境。王刚处长也提出，新的税制政策的贯彻执行也是一个系统工程，必须有行业管理和清理整顿各方面的配合。

国家统计局工交司耿勤处长针对如何充分利用国家信息库资源帮助企业科学决策的问题，向大会作了详尽的报告。

会议由副秘书长高寿清作了“中国酿酒工业协会白酒分会工作报告”。报告归纳了当前白酒行业的发展形势，汇报了近年来白酒分会的工作开展情况并提出了下半年开展主要工作的建议。

中国酿酒工业协会副理事长兼秘书长、白酒分会理事长王延才作了“中国白酒行业发展报告”，报告回顾了我国白酒行业的发展历史，分析了白酒行业当前的实际状况和存在的主要问题，概括了新形势下白酒行业的任务和发展的总体趋向，提出了白酒行业今后发展的导向性建议。

有下列单位（代表）在会上进行了经验交流，他们是：

山东省白酒工业协会（会长　黄业立）——抓住机遇，振兴鲁酒；

中国贵州茅台酒厂有限责任公司（技术顾问　汪华）——为中国白酒谱写新的篇章；

泸州老窖股份公司（副总裁　张良）——管理出效益，创新求发展；

剑南春集团公司（总工程师、剑南春酒厂厂长　徐占成）——技术创新，企业之魂；

邯郸丛台酒业股份公司（纪委书记　汲书祥）——实行职业持股，促进快速发展；

重庆诗仙太白集团、重庆市太白酒厂

（董事长、厂长　朱治平）——抓住机遇，发展壮大太白酒业；

四川沱牌集团有限公司（副总经理兼总工程师　李家民）——走进沱牌。

会议期间还组织参观了“中国白酒技术设备及原辅料展览会”；组织进行了成品白酒生产自控系统工业清洁设备展示以及制酒设备开发情况交流等活动。

**4. 认真贯彻履行为行业、为企业服务的宗旨**

在 2001 年，分会多次参加地方协会、企业举办的行业会议，各种研讨会，新产品鉴定会。

2001 年 3 月 10～18 日，分会组织白酒著名专家周恒刚等人，先后对广东太吉酒业有限公司、九江酒厂、顺德酒厂、飞霞酒业有限公司等进行了调研，就加强行业管理、整顿生产和流通秩序，提高产品质量和市场竞争能力、促进白酒行业健康发展提出了意见，参加调研的还有分会理事长王延才、赵建华高级工程师和广东省酒类专业分会正、副会长。

2001 年 11 月，分会与中国贵州茅台酒集团共同组织“贵州茅台酒科技试点回顾”讨论会。会议回顾了 1964、1966 年两期茅台试点所取得的科研成果，肯定了试点对行业重大的影响。参加当时科技试点的人员周恒刚、季克良等 17 名老专家参加了会议，中国酿酒工业协会理事长耿兆林出席会议，并讲了话。

**5. 组织培训班、推动技术和产品质量水平的提高**

2001 年 2 月 20～25 日，在哈尔滨市举办了“2000 届国家级白酒评酒委员培训班”。组成技术组全面负责培训（技术组由梁邦昌、栗永清、季克良、徐占成、邓少平、刘洪晃、洪永凯等专家和专业人士组成）。特邀几位著名白酒专家到班讲课：周恒刚老先生为本次培训班编写了教材并讲授了“味和味觉”；沈怡方讲授了“白酒香味的发展、作用、特征和展望”；高月明讲授了“白酒品评的演进”。经过 6 天的培训和考核，学员们的水平得到很大提高。

**6. 准确掌握行业基本情况，开展专项调查**

6.1　为了尽快提高白酒的国际市场竞争能力，适应加入 WTO 的形势。2001 年 6 月，分会向有关白酒生产企业发函，调查我国白酒出口情况，通过调查我国白酒出口基本情况如下：

出口量近 3 年都在 1.5 万吨左右。出口面广，全世界五大洲均有中国白酒，但主要集中地区为：东南亚地区，中国港、澳、台地区和前苏联各国；出口主要品种为：清香型豉香型和高纯度酒精降度酒，其它各种香型白酒也有少量出口；出口酒度从最低的 18 度到最高的 62 度白酒，多达 20 余种酒度。

6.2　通过调查，了解了我国市场销售白酒的酒度基本情况是：50 度以上占 14％，40.1～50 度占 50％，40 度以下占 36％。

6.3　通过对我国白酒各种价格在市场所占比例的调查，结果表明，每瓶出厂价格 5 元以下占 61％，5～10 元占 23％，10～50 元占 12％，50～100 元占 2％，100 元以上占 2％。

**表 1** **2001 年白酒制造业主要财务指标（一）**

| 地区 | 资产总计（万元） | | 负债总计（万元） | | 利润总额（万元） | |
|---|---|---|---|---|---|---|
| | 本期 | 比 2000 年同期增长率（%） | 本期 | 比 2000 年同期增长率（%） | 本期 | 2000 年同期 |
| 全国总计 | 9975406.2 | 10.85 | 5583752.3 | 3.26 | 403911.7 | 432550.5 |
| 北京 | 133119.9 | 1.06 | 74611.2 | −4.52 | 6016.4 | 11087.3 |
| 天津 | 46372.2 | 35.42 | 23547.9 | 50.74 | −764.3 | 243.7 |
| 河北 | 372678.6 | 6.00 | 254976.8 | 6.38 | 6214.6 | 10826.2 |
| 山西 | 303584.2 | 4.91 | 160717.6 | 13.65 | 1476.8 | 1714.7 |
| 内蒙古 | 287871.2 | 7.55 | 167823.2 | 6.03 | 7583.3 | 9106.5 |
| 辽宁 | 137377.1 | −2.08 | 118095.2 | 1.01 | 514.5 | 2060.2 |
| 吉林 | 88657.3 | −1.47 | 79953.5 | 4.13 | −3534.2 | −2007.6 |
| 黑龙江 | 122777.0 | 15.06 | 75319.5 | 7.60 | −1814.6 | 2310.5 |
| 上海 | 15653.6 | −8.84 | 6599.3 | −14.50 | 133.7 | 140.1 |
| 江苏 | 384035.3 | 4.60 | 260398.3 | −2.29 | 4608.4 | 4689.1 |
| 浙江 | 27356.7 | 3.84 | 14979.3 | 4.36 | 60.4 | −79.8 |
| 安徽 | 949681.8 | −2.17 | 610748.9 | −1.54 | 16217.3 | 41302.0 |
| 福建 | 21839.3 | −6.24 | 10491.4 | −13.47 | 168.2 | −235.2 |
| 江西 | 130461.6 | 1.98 | 99686.8 | 5.93 | 1579.8 | 2111.7 |
| 山东 | 1085422.1 | 3.44 | 763052.6 | 1.95 | 20709.5 | 23312.2 |
| 河南 | 593763.5 | −6.66 | 375635.4 | −9.08 | −2742.9 | −1577.2 |
| 湖北 | 202352.7 | 0.63 | 153270.3 | 0.60 | 7276.0 | 8645.3 |
| 湖南 | 416448.3 | 3.43 | 256185.2 | 10.21 | 10198.1 | 6002.5 |
| 广东 | 132861.7 | 5.95 | 72970.0 | −0.96 | 3370.6 | 4470.2 |
| 广西 | 42887.1 | −9.84 | 33796.7 | −6.92 | −1031.4 | 1028.0 |
| 海南 | 2880.9 | −2.97 | 1252.9 | −10.32 | 45.6 | 42.4 |
| 重庆 | 45246.4 | −0.68 | 28493.0 | −16.77 | 906.6 | −6.7 |
| 四川 | 2831915.0 | 25.18 | 1134816.4 | 16.33 | 255360.3 | 247630.7 |
| 贵州 | 820925.9 | 40.98 | 363533.0 | 1.74 | 61296.0 | 46892.2 |
| 云南 | 33655.8 | 6.57 | 28091.2 | 3.47 | −1400.9 | −329.6 |
| 西藏 | 841.9 | | 62.1 | | 47.1 | 47.1 |
| 陕西 | 116480.7 | 9.12 | 95977.2 | −8.82 | −71.0 | 1072.5 |
| 甘肃 | 321556.6 | 7.48 | 188978.3 | 6.08 | 1159.6 | 1958.6 |
| 青海 | 36679.0 | 6.47 | 29520.0 | 9.85 | 1035.5 | 960.1 |
| 宁夏 | 19941.6 | −4.74 | 15555.7 | 6.86 | −1284.9 | −864.5 |
| 新疆 | 250081.2 | 21.28 | 84613.4 | −28.84 | 10577.6 | 9996.8 |

表 2

## 2001 年白酒制造业主要财务指标（二）

| 地区 | 税金总额（万元） | | 资金利润率（%） | | 资产负债率（%） | |
|---|---|---|---|---|---|---|
| | 本期 | 比 2000 年同期增长率（%） | 本期 | 比 2000 年同期增长率（%） | 本期 | 比 2000 年同期增长率（%） |
| 全国总计 | 881986.7 | 6.58 | 4.05 | 4.81 | 55.98 | 60.09 |
| 北京 | 22429.4 | 44.62 | 4.52 | 8.42 | 56.05 | 59.33 |
| 天津 | 6410.9 | －15.47 | －1.65 | 0.71 | 50.78 | 45.62 |
| 河北 | 42536.6 | －12.20 | 1.67 | 3.08 | 68.42 | 68.17 |
| 山西 | 28604.9 | 4.09 | 0.49 | 0.59 | 52.94 | 48.87 |
| 内蒙古 | 30290.8 | －0.04 | 2.63 | 3.40 | 58.30 | 59.13 |
| 辽宁 | 13573.3 | 5.18 | 0.37 | 1.47 | 85.96 | 83.34 |
| 吉林 | 11211.1 | 36.75 | －3.99 | 2.23 | 90.18 | 85.33 |
| 黑龙江 | 11223.8 | －16.11 | －1.48 | 2.17 | 61.35 | 65.60 |
| 上海 | 1253.8 | 9.66 | 0.85 | 0.82 | 42.16 | 44.95 |
| 江苏 | 49155.2 | 7.18 | 1.20 | 1.28 | 67.81 | 72.59 |
| 浙江 | 794.8 | 15.94 | 0.22 | －0.30 | 54.76 | 54.49 |
| 安徽 | 72072.4 | 3.98 | 1.71 | 4.25 | 64.31 | 63.90 |
| 福建 | 1380.0 | －25.99 | 0.77 | －1.01 | 48.04 | 52.05 |
| 江西 | 13226.2 | 17.82 | 1.21 | 1.65 | 76.41 | 73.56 |
| 山东 | 113791.9 | 5.88 | 1.91 | 2.22 | 70.30 | 71.32 |
| 河南 | 21719.6 | －36.91 | －0.46 | 0.25 | 63.26 | 64.95 |
| 湖北 | 19564.8 | 19.99 | 3.60 | 4.30 | 75.74 | 75.76 |
| 湖南 | 20218.2 | 2.89 | 2.45 | 1.49 | 61.52 | 57.73 |
| 广东 | 31481.0 | 15.45 | 2.54 | 3.56 | 54.92 | 58.76 |
| 广西 | 4813.1 | －17.46 | －2.40 | 2.16 | 78.80 | 76.33 |
| 海南 | 159.4 | 2.91 | 1.58 | 1.43 | 43.49 | 47.05 |
| 重庆 | 3198.8 | －6.32 | 2.00 | －0.01 | 62.97 | 75.15 |
| 四川 | 238013.7 | 13.75 | 9.02 | 10.95 | 40.07 | 43.12 |
| 贵州 | 77591.1 | 26.76 | 7.47 | 8.05 | 44.28 | 61.36 |
| 云南 | 1878.2 | 33.52 | －4.16 | －1.04 | 83.47 | 85.97 |
| 西藏 | 5.4 | | 5.59 | | 7.38 | 7.38 |
| 陕西 | 10284.1 | －17.86 | －0.06 | 1.00 | 82.40 | 98.61 |
| 甘肃 | 12840.9 | －3.61 | 0.36 | 0.65 | 58.77 | 59.55 |
| 青海 | 5586.0 | －6.71 | 2.82 | 2.79 | 80.48 | 78.00 |
| 宁夏 | 2220.9 | －6.95 | －6.44 | －4.13 | 78.01 | 69.54 |
| 新疆 | 14456.4 | 11.32 | 4.23 | 4.85 | 33.83 | 57.67 |

表3 **2001年白酒企业主要经济指标**

| 企业名称 | 产品销售收入（万元） | 资产总计（万元） | 销售收入利润率（%） | 人均利润（万元） |
|---|---|---|---|---|
| 四川省宜宾五粮液集团有限公司 | 818912.3 | 1239440.5 | 21.25 | 9.67 |
| 中国贵州茅台酒厂（集团）有限责任公司 | 174732.2 | 577724.1 | 36.63 | 9.76 |
| 泸州老窖集团有限责任公司 | 134666.8 | 261607.0 | 10.78 | 2.36 |
| 四川剑南春集团有限责任公司 | 118100.9 | 250234.0 | 22.61 | 4.33 |
| 四川省成都全兴酒厂 | 116113.4 | 241454.0 | 17.09 | 5.0 |
| 四川沱牌集团有限公司 | 97825.5 | 279576.8 | 4.31 | 0.34 |
| 山西省杏花村汾酒集团公司 | 85313.1 | 208841.5 | 3.67 | 0.47 |
| 安徽古井贡酒股份有限公司 | 84047.8 | 149025.3 | 11.69 | 1.62 |
| 江苏凤鸣集团股份有限公司 | 65860.0 | 23874.0 | —0.03 | —0.01 |
| 安徽金种子集团有限公司 | 62266.0 | 198625.0 | 2.83 | 0.52 |
| 山东兰陵企业（集团）总公司 | 58207.4 | 134306.6 | 4.10 | 0.39 |
| 湖南湘泉集团有限公司 | 54769.0 | 307192.0 | 18.70 | 2.72 |
| 北京红星股份有限公司 | 50395.8 | 36856.1 | 6.20 | 2.53 |
| 湖北稻花香集团 | 47676.9 | 38764.5 | 3.47 | 1.55 |
| 安徽迎驾酒业股份有限公司 | 46800.0 | 37000.0 | 9.62 | 2.27 |
| 蚌埠市皖酒制造有限公司 | 46002.6 | 18197.4 | | 0.001 |
| 湖北枝江酒业股份有限公司 | 45414.5 | 32204.5 | 7.38 | 2.77 |
| 江苏洋河集团有限公司 | 44015.0 | 89001.3 | 0.45 | 0.05 |
| 宁城集团 | 41344.9 | 112027.2 | 4.06 | 0.33 |
| 河南仰韶集团有限公司 | 40857.7 | 62429.6 | 1.20 | 0.22 |
| 山东天府集团公司 | 40156.9 | 24594.9 | 4.02 | 1.08 |
| 淄博中轩实业集团总公司 | 39744.3 | 29570.2 | 28.50 | 17.09 |
| 安徽口子集团公司 | 39457.3 | 95515.1 | 0.18 | 0.03 |
| 泗洪县双沟酒业集团有限公司 | 39036.7 | 66019.4 | 4.64 | 0.56 |
| 山东景芝集团有限公司 | 34335.2 | 33854.5 | —7.92 | —1.06 |
| 新疆兵团农四师伊犁酿酒总厂 | 34000.0 | 180832.0 | 27.29 | 4.46 |
| 江西樟树四特酒厂 | 30695.6 | 43610.5 | 3.33 | 0.63 |
| 四川郎酒集团有限责任公司 | 29602.8 | 146622.1 | 4.41 | 0.58 |
| 安徽省沙河酒厂 | 27765.0 | 50319.8 | 1.84 | 0.41 |

续表

| 企业名称 | 产品销售收入（万元） | 资产总计（万元） | 销售收入利润率（%） | 人均利润（万元） |
|---|---|---|---|---|
| 顺德酒厂有限公司 | 26627.7 | 22975.8 | 6.22 | 3.14 |
| 山东泰山生力源集团股份有限公司 | 26431.6 | 49441.3 | | |
| 河北衡水老白干酿酒（集团）有限公司 | 26306.7 | 46474.1 | 4.47 | 0.33 |
| 青岛琅琊台酒业股份有限公司 | 23600.0 | 22725.1 | 1.01 | 0.13 |
| 山东景阳岗酒厂 | 23599.7 | 18798.5 | 8.40 | 3.54 |
| 内蒙古河套酒业集团股份有限公司 | 23354.4 | 25169.5 | 10.36 | 2.11 |
| 广东省九江酒厂有限公司 | 22841.3 | 18253.7 | 6.35 | 2.48 |
| 四川省绵阳市丰谷酒业有限责任公司 | 22350.1 | 46542.7 | 28.05 | 5.31 |
| 山东省武城古贝春有限责任公司 | 21176.3 | 16796.5 | 2.56 | 0.74 |
| 陕西省西凤酒厂 | 20010.2 | 40153.2 | 5.07 | 0.56 |
| 北京市牛栏山酒厂 | 19740.3 | 36956.4 | 20.87 | 3.89 |
| 山东省金贵集团 | 19726.0 | 23420.3 | 1.67 | 0.6 |
| 甘肃滨河食品工业有限责任公司 | 18790.6 | 48244.0 | 2.09 | 0.51 |
| 内蒙古凉城县鸿茅集团有限责任公司 | 18356.0 | 18307.9 | 17.34 | 2.65 |
| 青海青稞酒集团有限公司 | 18148.6 | 33706.9 | 3.33 | 0.34 |
| 江苏今世缘酒业有限公司 | 17793.8 | 19375.8 | 3.23 | 0.28 |
| 江苏分金亭集团有限公司 | 17708.1 | 38392.0 | −0.37 | −0.03 |
| 滨州裕华集团实业总公司 | 17651.1 | 36031.1 | 13.76 | 2.79 |
| 襄阳虹景酒业集团 | 17463.0 | 4489.6 | 8.00 | 4.09 |
| 江苏汤沟酒业有限公司 | 17372.5 | 32059.7 | −1.54 | −0.08 |
| 重庆市太白酒厂 | 17254.7 | 15171.1 | 6.31 | 1.45 |

**表 4　　2001 年酒种海关进口统计**　　单位：万元

| 项目 | 计量单位 | 累计进口量 | 同比增长率(%) | 累计进口额 | 同比增长率(%) |
|---|---|---|---|---|---|
| 酒种总量 | 万升 | 9735.89 | −16.90 | 14025.2 | −10.10 |
| (1)酒精及白酒 | 万升 | 812.45 | 36.48 | 688.4 | 38.29 |
| (2)啤酒 | 万升 | 5375.74 | −24.96 | 6942.8 | −25.29 |
| (3)葡萄酒 | 万升 | 3134.92 | −14.77 | 5025.2 | 4.45 |
| (4)其它酒 | 万升 | 412.78 | 48.08 | 1368.8 | 37.07 |

# 2002年中国白酒行业情况

赵建华

2002年对白酒行业来说，是国家宏观管理凸现成效的一年，也是国家产业政策调整显现成果的一年。

## 行 业 概 况

### 1. 市场总量继续下降

2002年全国白酒产量378.47万吨，同比下降6.08%。全国有19个省、自治区、直辖市同比下降。下降超过30%的有：宁夏32.99%、北京32.65%；下降超过20%的有：西藏26.67%、天津23.17%、河北21.63%、安徽20.75%；下降超过10%的有：河南16.66%、云南16.13%、福建14.17%。总产量超过10万吨的有12个省、自治区，其中有8个同比下降。

我国白酒产量2002年上半年为181.02万吨，比2001年同期下降12.34%，但全年产量为378.47万吨，比2001年同期下降6.08%，说明白酒产量已经基本停止了下滑，12月比2001年同期增长9.18%。

### 2. 产品结构调整已见成效

2002年全国白酒销售收入495.88亿元，比去年同期增长3.78%。总产量比去年同期全国减产41.78万吨，说明企业进行产品结构调整已见成效。

### 3. 行业的经济运行确实受到政策影响较大

2002年全国白酒行业利润总额32.43亿元，比2001年同期减少5.04亿元，下降13.45%。四川23.3亿元占全国白酒行业利润总额71.85%，贵州6.25亿元占全国白酒行业利润总额18.15%；两省占全行业利润总额的90%。

2002年全国白酒行业税金总额94.35亿元，比2001年同期增长8.61%，实增收税金额8.11亿元，行业利润减少5.04亿元。国家税收政策的调整，行业经济运行确实受重大影响。

销售收入、利润总额、税金总额为酿酒行业各酒种之首。

### 4. 白酒进出口情况

2002年酒精及白酒出口1.44亿升，比2001年减少41.1%。出口额为1.29亿美元，比2001年同期增长62.25%。

2002年酒精及白酒进口956.65万升，比2001年同期增长15.07%。进口额为766.7万美元，比2001年同期增长10.21%。

酒精及白酒进出口海关统计在一起，从2002年出口统计上看，出口量虽然比2001年减少41.1%，但出口额确增长65.25%。

**5. 白酒骨干企业的生产和效益情况**

白酒行业虽然有很多企业仍然未走出低谷，但是白酒行业的经济效益却避免了滑坡，这主要是大型企业的经济效益提高，规模的扩大，稳定并带动了全行业。

从白酒行业2002年骨干企业的各项经济指标来看，我国白酒生产集中度向着大型企业集中，前二十位的骨干企业的销售收入基本上占全行业的49.49%，利税占全行业64.06%，其中利润占全国利润总额的104.54%、税金占全国税金总额的52.49%。这说明重点企业是目前带动白酒发展的直接动力，另一方面标志着白酒行业内部整合力度加大，白酒企业的改组改造已成为白酒行业发展的主流。同时，也可以看出我国白酒企业两极分化的程度进一步加大，强者愈强，弱者愈弱。

2000年国家统计局统计全国白酒行业重点企业1253个，亏损企业297个，占总统计企业的23.7%，2001年全国白酒行业亏损企业超过50%，2002年亏损企业又比2001年有所增加。而利润只是集中在几个大型企业集团，2002年四川五粮液集团一个企业利润占全国白酒行业利润总额的51.88%；贵州茅台酒集团企业利润6.67亿元，比贵州省白酒行业其它企业利润总和还高出4200万元，占全国白酒行业利润总额的20.56%；五粮液、茅台两个企业占全国白酒行业利润总额72.44%。

**表1　2002年白酒行业税利总额良好的部分企业**　单位：万元

| 序号 | 企业名称 | 税利合计 |
|---|---|---|
| 1 | 四川宜宾五粮液集团有限公司 | 318824 |
| 2 | 中国贵州茅台酒厂(集团)有限责任公司 | 132336 |
| 3 | 四川剑南春集团有限责任公司 | 63989 |
| 4 | 四川泸州老窖集团有限责任公司 | 40221 |
| 5 | 山西省杏花村汾酒集团公司 | 31263 |
| 6 | 四川省成都全兴酒厂 | 24532 |
| 7 | 北京红星股份有限公司 | 22892 |
| 8 | 四川沱牌集团有限公司 | 21975 |
| 9 | 安徽古井贡酒股份有限公司 | 19899 |
| 10 | 新疆兵团农四师伊犁酿酒总厂 | 19051 |
| 11 | 广东省九江酒厂有限公司 | 14793 |
| 12 | 内蒙古河套酒业集团股份有限公司 | 13818 |
| 13 | 安徽迎驾酒业股份有限公司 | 13720 |
| 14 | 顺德酒厂有限公司 | 12316 |
| 15 | 湖南湘泉集团有限公司 | 12292 |
| 16 | 山东泰山生力源股份有限公司 | 11322 |
| 17 | 安徽口子集团公司 | 11140 |
| 18 | 江西樟树四特酒厂 | 10634 |
| 19 | 湖北枝江酒业股份有限公司 | 10632 |
| 20 | 江苏双沟酒业集团有限公司 | 9138 |

**表2　2002年白酒企业上市公司年报表**

| 代码 | 公司简称 | 每股收益(元) | 每股净资产(元) | 净资产收益率(%) | 分配预案 |
|---|---|---|---|---|---|
| 000568 | 泸州老窖 | 0.1 | 2.83 | 3.4570 | 10转6股 |
| 000596 | 古井贡A | 0.2 | 4.94 | 4.0506 | 10派1元(含税) |
| 000799 | 湘酒鬼 | −0.48 | 3.683 | −12.9647 | |
| 000858 | 五粮液 | 0.543 | 4.697 | 11.5551 | 10转2股 |
| 000860 | 顺鑫农业 | 0.24 | 3.55 | 6.8672 | 10派1.5元(含税) |

续表

| 代码 | 公司简称 | 每股收益(元) | 每股净资产(元) | 净资产收益率(%) | 分配预案 |
|---|---|---|---|---|---|
| 000995 | 皇台酒业 | 0.0155 | 3.31 | 0.4698 | 10转1股 |
| 600199 | 金牛实业 | 0.05 | 2.84 | 1.8414 | |
| 600579 | 贵州茅台 | 1.37 | 10.37 | 13.2078 | 10送1股派2元(含税) |
| 600702 | 沱牌曲酒 | 0.03 | 4.76 | 0.6385 | |
| 600735 | 兰陵陈香 | -0.39 | 1.55 | -25.2667 | |
| 600779 | 全兴股份 | 0.03 | 2.42 | 1.2973 | |
| 600809 | 山西汾酒 | 0.037 | 1.8117 | 2.0192 | 10派0.24元(含税) |
| 600197 | 伊力特 | 0.358 | 3.428 | 10.4324 | 10派2.8元(含税) |

## 行业活动

**1. 发挥好政府和企业的桥梁和纽带作用**

2002年白酒分会围绕着国家财政部、税务总局调整白酒新税制的政策，为维护企业利益，做了一系列工作。2002年2月白酒分会向白酒行业的全国人大代表发送了《关于调整白酒消费税对行业影响调研报告》，在九届人大五次会议上，各位代表采用了不同方式向大会进行反映，四川泸州老窖股份公司吴晓萍代表用提案方式向大会反映，得到了国家有关部门的重视。3月份白酒分会再次向国家有关部门送发《调整白酒消费税对白酒行业影响的调查报告》。5月份又请国家财政部王钢处长参加行业会议，听取了部分企业的意见。6～9月份，国家税务总局在全国调集200多名稽查人员组成30多个检查组，以山西、山东、四川、河南4省为重点，对287个企业进行了调查。此次调查对白酒行业可以说是一件好事，通过调查，摸清了白酒企业纳税情况，对合理调整白酒行业税收政策起到积极促进作用。

**2. 配合并协助政府主管部门搞好行业管理**

2.1　在分会的积极努力工作下，国家质量监督检验检疫总局2002年7月11日以(国质检监函［2002］459号)正式批准了在中国酿酒工业协会白酒分会设立“全国工业产品生产许可证办公室白酒产品生产许可证审查部”，受全国工业产品生产许可证办公室的委托，承担白酒产品生产许可证工作的有关事宜。截止2002年底全国共发白酒生产许可证3737个。

白酒产品审查部成立以来开展的主要工作：

①建立组织机构，配备办公设施。

中国酿酒工业协会白酒分会接到国家质量监督检验检疫总局在白酒分会设立白酒产品审查部文件后，马上组建了由中国酿酒工业协会秘书长兼白酒分会理事长王延才任主任，苗盅铭、高景炎任副主任和赵建华、栗永清、范长秀、黄业立、魏夕和、郑衍立、何钊7名委员组成10人白酒产品审查部，并上报全许办批准(全许办函［2002］93号)。安排4人具体负责日常工作，并配备了必要的办公设施。

②制定《全国白酒企业生产条件验收抽查办法》。

根据目前全国白酒企业生产条件审查情况，各地方执行标准不统一，制定一个统一抽查办法非常必要。审查部通过反复广泛征求意见后，完成《全国白酒企业生产条件验收抽查办法》的报批稿。

③参加全国工业产品生产许可证教师培训班。

为了做好全国工业产品生产许可证审查员培训工作，白酒审查部推荐了中国酿酒工业协会白酒分会赵建华副秘书长、黑龙江省酒业协会栗永清会长、河北省白酒协会范长秀会长、泸州老窖股份有限公司沈才洪副总经理四位同志参加全国工业产品生产许可证教师培训班，四名同志通过了严格考试，取得了教师资格，为培训全国白酒审查员做好师资准备工作。

④举办两期全国工业产品审查员培训班。

2002年10月14～18日、10月21～24日，分别在四川遂宁和北京举办了两期“全国工业产品生产许可证审查员培训班”。来自全国28个省、自治区、直辖市86个单位（其中25个省、自治区、直辖市酿酒协会主要领导，11个检验机构从事白酒检测人员，40个大中型白酒企业技术骨干）95名学员参加了培训和严格考试。经我部严格审核，其中88人具备审查员条件。

⑤档案整理。

将全部企业申报白酒生产许可证取证材料3600余份，按要求分检，一份交全国工业产品生产许可证办公室归档，一份存白酒审查部备案。由于各地标准不统一，材料参差不齐，整理分检工作费工费时，为尽快完成这项工作，在完成协会工作任务的同时，审查部人员在周日、节假日加班加点，目前已经全部完成。对于存在的问题，提出了建议及处理办法。

为了便于将来工作，将所有发证企业按省、区、市分别建立了通讯地址和登记企业生产规模。

⑥审核各地上报的白酒取证申请书。

根据上级有关要求，建立了一套规范的管理办法。如：白酒产品生产许可证材料收文登记制度；白酒生产许可证申报材料审查表；待发证登记表（盘）；报送企业申请材料函；计算机网络传输系统等。

按国家质量监督检验检疫总局对生产许可证管理办法，全国工业产品生产许可证办公室的具体要求，严格执行《酒类生产许可证实施细则》（白酒类）和全许办［2002］16号文《关于白酒产品发放生产许可证工作有关问题补充意见的通知》中的条件，采取了严格审查，对申报材料存在严重不合格的问题，通知所在地方许可办复查整改，对一般问题，要求补充材料或出具文字说明材料等办法。

2.2　按照国家劳动部的要求，在河北省白酒协会的大力支持下，《白酒酿造工》职业技能标准2002年10月份通过由国家劳动部组织的专家评审，并定稿。

2.3　1990年原轻工业部发布的“全国酒类主要经济指标统一计算方法”，历时十余年，酒类的生产发生很大的变化，结构调整使企业经济指标的考核内容相应变更，经以国家统计局协商，协会决定对酒类统一方法进行修改。白酒分会组织了地方协会、企业、检测单位、行业专家进行对“统一计算方法”六稿修改，历时一年多。

2002年4月1～3日在河南郑州举行了宣传贯彻会，地方协会和48家大中型白酒企业参加了会议，国家统计局耿勤处长到会指导工作。为了更好地落实试行计算方法，白酒分会发文（中酒协白［2002］13号），要求地方协会和白酒生产企业认真落实执行“统一计算方法”。全国有13个省、自治区、直辖市协会分别组织了本地白酒生产企业参加的培训班。

2.4 参与白酒“三大香型”产品国家标准的修订工作，为落实白酒国家标准修订的工作计划，白酒分会在行业中展开对清香、浓香、米香白酒国家标准修订的调查，并与国家食品发酵所标准化中心、全国食品标准化技术委员会联合召开了“全国白酒标准研讨会”，提出了具体修改意见。目前清香型白酒普查工作正在进行中。

2.5 根据卫生部“对蒸馏酒卫生标准进行修订”的要求，由卫生部食品卫生监督检验所、全国食品发酵标准化中心、全国食品工业标准化技术委员会酿酒分会委员会、中国酿酒工业协会白酒分会联合组织的“蒸馏酒卫生标准修订会议”6月6日在北京召开，全国白酒行业不同香型企业代表参加了会议，对此标准提出具体修改意见。

**3. 认真贯彻履行为行业、为企业服务的宗旨**

3.1 在2002年中，分会多次参加地方协会、企业举办的行业会议、各种研讨会、新产品鉴定会、发布会等。

对地方协会、企业来电、来函、来人要求分会提供文件、资料、证明以及生产技术都及时认真地给予协助。国家工商局在审批驰名商标时，需要分会提供企业效益证明材料，分会均及时出具。对各地省级投资限额审批权限以上的项目进行立项审查工作，积极支持行业骨干企业的发展。

3.2 近年来，在行业内出现了采用科技手段在白酒中加入功效成份来增加白酒功能性的新的白酒品种。为促进白酒产品结构调整、开辟新途径、规范此类产品，白酒分会于2002年4月6日在北京组织召开了“奥淳酒鉴评会暨白酒新品种讨论会”。周恒刚、沈怡方、高月明、高景炎等7名专家建议：此类产品应归属于功能型白酒，并做好标准制定、归属分类、宣传推广等工作，使此类白酒健康有序的发展。

3.3 为探索各种香型白酒特色的发展趋势，创新白酒风格，10月12～13日白酒分会在四川沱牌集团公司组织召开了“中国白酒香型暨沱牌技术研讨会”，周恒刚等十位业内知名专家和十一位国家级白酒评酒委员参加了会议。与会代表认为，正如香型的出现和界定是白酒业的一大技术进步一样，在市场呼唤白酒质量个性化、白酒香型多样化以及消费口味从重香逐渐转向重味的当今时代，现在香型组合的创新探索并取得成功也是一种技术进步，应坚持深化以取得更大突破。

3.4 为总结建国以来我国白酒工业发展历程，由中国酿酒工业协会白酒分会组织汇编，潘蓓蕾名誉会长作序，周恒刚等六位专家合著的《白酒发展纪实》一书出版。此书是几位专家用自己亲身经历所著，是五十年来白酒生产技术发展的科学总结，对我国白酒工业发展不但有历史意义，更具有现实的指导意义。

3.5 由中国酿酒工业协会白酒分会组织召开的“国家级白酒评酒委员市场营销关系研讨会暨2002年国家级白酒评酒委员会”

于2002年4月25～27日在四川泸州市隆重举行。来自全国各地的参会代表共计106人，其中2002届国家级白酒评酒委员75人。会议围绕三方面内容紧凑高效地进行：一是白酒分会今年对评委工作的安排和要求以及行业形势分析；二是内容丰富的专题报告；三是鉴评全部从市场购取而又保证非假冒的17种国家名酒。通过这次会议，大家对如下一些问题取得了共识：第一、加入WTO后，白酒将遇到机遇和挑战。为此必须尽快对白酒的质量以及与此有关的标准予以修订和规范，这已成为当务之急。同时白酒要想走出国门，它在保留传统风格上，对产品作适应性调整都应当探索实践。第二、要研究白酒专业勾调人员、评员与消费者对白酒的认知差异，注意把握好主导和反主导的辩证关系。研究由前者与后者这对因果关系的互动而形成的市场美誉度，这有利于改变目前市场营销中的不正常做法，维护企业和消费者的利益。第三、功能性新类型白酒具有很大的市场潜力，更标志传统白酒的一个发展方面。对保护消费者健康、改变白酒的社会形象，以及白酒个性化发展都是十分重要而有效的。应当加强研究和开发。

3.6 中国酿酒工业协会白酒分会理事会暨白酒行业会议于2002年5月14～15日在湖北省武汉市召开。出席会议的有157个单位184名代表。这次会议受到国家有关管理部门的重视。国家经贸委贸易市场局、财政部税政司、国家质量监督检验检疫总局质量监督司等都派员到会指导并就酒类产销管理意见、白酒生产许可证工作进度及安排作了报告。全国食品发酵标准化中心对白酒标准修订工作情况进行了介绍。中国酿酒工业协会副理事长兼秘书长、白酒分会理事长王延才作了《适应形势、开拓创新、为我国白酒行业健康发展而努力》——2001年中国酿酒工业协会白酒分会工作报告。报告回顾了2001年我国白酒行业状况，分析了2001年白酒行业的经济运行受到政策影响的情况；2001年面对行业前所未遇的困难，企业为适应经济政策的调整，在产品结构上有较大的调整，使行业经济效益大大好于预期情况。报告对2002年白酒行业进行客观预测，产销总量将相对稳定；政策管理力度加强，将使酒类产销竞争秩序有所改善；白酒产业结构将有所改变；产品结构调整步伐将进一步加快。报告总结了一年来白酒分会在中国酿酒工业协会领导下，在地方协会和企业的大力支持下，为全国白酒行业的发展做了大量工作。王理事长在报告最后提出了2002年度白酒分会工作思路。湖北省酒业协会、泸州老窖集团、中国轻工机械协会在会上进行经验交流和开拓国外白酒市场的情况介绍。与会代表围绕着当前白酒行业发展形势及存在问题，以及关于白酒生产许可证发放的问题，执行新税制后行业所遇问题等方面进行了热烈讨论。国家经贸委鲁纹处长、财政部王刚处长参加了会议讨论，并就代表提出的有关问题进行解释和说明。代表们认为：2001年白酒行业在国家政策影响下，遇到前所未有困难之时，中国酿酒工业协会白酒分会及时召开白酒分会理事会暨白酒行业会议，共商行业发展大计，这对白酒行业的发展具有十分重要的意义。通过讨论，大家认为，目前白酒行业的主要问题仍然是：行业管理薄弱、市场竞争不规范、多种原因造成税收流失严重，它不但损害了国家利益，也损害了守法经营白酒企业利益。代表一致呼吁国家有关部门尽快出台“国家酒类产销管理办法”，必须尽快建立国家酒类产销管理行政审批制度，建立行业准入管理体系。加快国家立法进度，依法治酒。代表们一致认为：白酒分会结合行业实际情况，分析研究行业形势，掌握动向，明确问题和发展方向；积极配合并参与政策主管部门加强管理，发挥好政府和企业的桥梁纽带作用；对国家调整白酒消费税政策进行大量调查研究，积极向国家有关部门报告行业情况；积极主动参与白酒生产许可证发放工作，发挥行业管理优势和地方协会作用；组织培训班，健全行业统计网络，为准确掌握行业信息打下了基础；组织国家级评委与市场营销关系研讨，提高了评委技术和开拓市场的能力；开展专项调查，准确掌握行业基本情况等方面开展了大量工作。这些工作对白酒行业的健康发展起到了积极促进作用，其成绩应予以肯定。同时对分会的工作提出了进一步要求，要把为企业、行业服务的工作做得更深、更好。

3.7 中国酿酒工业协会 2002 年 12 月 26～27 日在北京召开了白酒行业重点企业“中国名牌白酒培育与发展研讨会”。出席会议的有 35 个单位 45 名代表。会议代表一致认为：贯彻十六大精神，全面建设小康社会，为实现 21 世纪头 20 年国内生产总值翻两番的目标，白酒行业必须有所作为，以产品结构调整、培育和发展名牌产品为突破口和新的经济增长点，做出应有的贡献。在白酒行业内培育名牌、发展名牌、规范名牌评价体系，对行业的发展将有重要的推动作用。

**4. 中国酿酒工业协会白酒分会人事任免**

根据工作情况变化，中国酿酒工业协会同意高寿清同志辞去中国酿酒工业协会白酒分会副秘书长职务。根据工作需要，聘赵建华同志担任中国酿酒工业协会白酒分会副秘书长职务。

**5. 中国白酒行业健康发展的八个标志**

耿兆林理事长在中国白酒名牌培育与发展研讨会上代表中国酿酒工业协会提出了“中国白酒行业健康发展的八个标志”。

①有法可依，执法严格。

目前，我国尚没有一个统一的酒法，与国外比还有差距。今后，我们要利用一切机会督促政府部门尽快制定酒法、技术标准、技术规范等一系列法律、法规，并认真贯彻执行，使行业发展纳入法制轨道。

②实现税赋公平合理，可操作性强。

税赋公平合理，起跑线统一，这是公平竞争的先决条件。所以要合理制定各酒种的税率、税额，制定中要充分考虑到对国家和相关行业的关联和影响；对以农副产品为原料的产品税赋如何抵扣；对商业、流通环节的税赋如何分配。税赋的征管办法要可操作性强，做到大、中、小型企业一视同仁，不能抓住大的，放掉小的。

③白酒总量控制在合理水平的基础上，全面提高经济效益。

根据“四个转变”的方针和十五规划提出的“控制总量，调整结构，技术进步，提高质量，治理污染，增加效益”的总体要求。今后白酒的产量，要做到既能满足需求，又不能或高或低的歧形发展。在总量控制的基础，要在增加花色品种和升级创优上下功夫，尽量满足不同消费需要，增加市场占有率，做到优质优价；要依靠技术进步，提高产品产量、质量，降低生产成本，全面提高经济效益。

④产品结构合理，花色品种适应市场需求。

随着社会主义市场经济的不断深入和成熟，我们的企业，特别是国有大中型企业，要加快转轨变型，彻底摆脱计划经济的影响，以市场为导向，在产品的酒度、口味、包装、价格、个性化等方面做文章、下功夫，以适应国内市场和国际市场的需求。

⑤产品质量优良，真正形成能代表中国传统特点的名牌产品。

任何品牌要取得消费者的长久忠诚，质量是唯一至关重要的因素。企业品牌通过人际传播提高美誉度，质量是唯一促使消费者传播的条件。也就是说，要有良好的品牌信誉，必须有高品质的产品和全面系统的服务，现在，我们的一些企业在品牌运营中，在新闻传播营销网络，标识等等方面下大功夫，但真正应该下大功夫的地方仍然应该是产品的内在质量。离开优良的产品质量，企业的一切工作即成为空中楼阁和无源之水。质量不但对企业，甚至对整个国家都是生存的生命线。所以，我们一定要通过技术创新，品牌运营等新技术、新概念，提高我们产品的质量等级和文化内涵，创造一批能代表中国传统特点的名牌产品。

⑥初步形成以大企业集团为主导的规模经济。

我国加入世贸组织之后，外国资产将纷纷进入我国争夺市场份额。如何能在激烈的竞争中生存状大，立于不败之地。这就要求我们的企业要迅速做强做大。啤酒行业在这方面已经先走了一步，白酒行业在这方面也有五粮液、茅台带了头，但这还远远不够。我们充分利用我们的关系、资源、品牌和地域优势，形成规模出效益，利用规模出知名度，以应对全球经济的到来。

⑦实现企业间的竞争有序化。

企业间的竞争是市场经济的必然结果，但我们要反对恶性竞争，不公平竞争，提倡有序竞争，通过竞争做到四个有利：一有利于国家税收增加；二有利于保护消费者的利益；三是有利于企业的可持续性发展；四有利于农、工、商利益的合理分配。总之，要通过有序竞争，提高经济效益，提高产品质量，提高企业素质。

⑧按照 WTO 的基本原则运行。

加入世贸组织后，我们的经济活动都要逐步遵守统一的国际游戏规则，所以，我们的企业要尽快学习、熟悉、运用 WTO 的基本原则。

这八项标志也是一段时间内白酒行业努力的目标，其中有些是企业、行业通过自身努力能实现、改善，有些则是通过政府行为来实现。希望在学习贯彻十六大精神的过程中，使全行业实际领会执行。把我国的白酒事业发扬光大，为实现党中央提出的奋斗目标做应有的贡献。

**表 1　　2002 年地区白酒产量**　　单位：万吨

| 地区 | 累计 | 累计增长（%） |
|---|---|---|
| 总计 | 378.47 | －6.08 |
| 北京 | 6.27 | －32.65 |
| 天津 | 3.35 | －23.17 |
| 河北 | 14.24 | －21.63 |

续表

| 地区 | 累计 | 累计增长（%） |
| --- | --- | --- |
| 山西 | 10.12 | 15.66 |
| 内蒙古 | 8.24 | 1.73 |
| 辽宁 | 17.23 | −5.28 |
| 吉林 | 9.56 | 40.18 |
| 黑龙江 | 9.96 | −8.54 |
| 上海 | 0.64 | −4.48 |
| 江苏 | 26.08 | −2.40 |
| 浙江 | 1.26 | 1.61 |
| 安徽 | 27.96 | −20.75 |
| 福建 | 1.09 | −14.17 |
| 江西 | 9.27 | 0.98 |
| 山东 | 65.07 | −9.03 |
| 河南 | 19.96 | −16.66 |
| 湖北 | 12.50 | 2.46 |

续表

| 地区 | 累计 | 累计增长（%） |
| --- | --- | --- |
| 湖南 | 2.53 | −5.60 |
| 广东 | 14.11 | −6.18 |
| 广西 | 34.20 | −1.61 |
| 海南 | 0.34 | 9.68 |
| 重庆 | 4.00 | 9.59 |
| 四川 | 55.23 | 0.56 |
| 贵州 | 12.67 | 8.38 |
| 云南 | 0.78 | −16.13 |
| 西藏 | 0.11 | −26.67 |
| 陕西 | 2.65 | 1.15 |
| 甘肃 | 2.15 | −8.12 |
| 青海 | 1.72 | 4.88 |
| 宁夏 | 0.65 | −32.99 |
| 新疆 | 4.53 | −2.16 |

**表 2　　2002 年白酒制造业主要财务指标（一）**

| 地区 | 资产总计（万元） | | 负债总计（万元） | | 利润总额（万元） | |
| --- | --- | --- | --- | --- | --- | --- |
| | 本期 | 比 2001 年同期增长率（%） | 本期 | 比 2001 年同期增长率（%） | 本期 | 2001 年同期 |
| 全国总计 | 9913746.8 | 3.56 | 5599108.9 | 3.10 | 324346.1 | 374740.4 |
| 北京 | 106672.7 | 3.49 | 61278.0 | 10.89 | 4762.5 | 6962.9 |
| 天津 | 32603.5 | 2.74 | 18040.5 | 1.48 | 1468.3 | 676.1 |
| 河北 | 345367.3 | −1.02 | 236758.0 | −1.78 | 1833.8 | 5228.2 |
| 山西 | 295415.8 | −1.90 | 158140.6 | 0.91 | 1833.8 | 1080.7 |
| 内蒙古 | 277548.4 | 3.41 | 165217.9 | −6.01 | 6987.2 | 7357.8 |
| 辽宁 | 105674.7 | 7.04 | 94063.6 | 7.64 | −738.2 | 30.2 |
| 吉林 | 70963.9 | −19.96 | 69358.0 | −13.25 | −3090.9 | −3534.2 |
| 黑龙江 | 95326.5 | −13.49 | 59988.1 | −1.28 | 83.6 | −1534.9 |
| 上海 | 9406.1 | −6.08 | 3019.3 | −16.29 | 35.1 | 64.1 |
| 江苏 | 361785.9 | 0.08 | 247317.9 | 4.51 | −10393.2 | 4764.7 |
| 浙江 | 30446.6 | −0.20 | 13356.4 | −3.67 | 60.9 | 1047.0 |
| 安徽 | 1018217.2 | 8.51 | 643943.1 | 6.34 | 10909.7 | 14574.4 |

续表

| 地区 | 资产总计（万元） | | 负债总计（万元） | | 利润总额（万元） | |
|---|---|---|---|---|---|---|
| | 本期 | 比2001年同期增长率（%） | 本期 | 比2001年同期增长率（%） | 本期 | 2001年同期 |
| 福建 | 16801.0 | 6.59 | 7231.8 | 19.69 | 359.5 | 358.3 |
| 江西 | 137838.1 | 3.65 | 103880.8 | 2.58 | 911.6 | 2491.3 |
| 山东 | 986685.5 | 5.44 | 709820.8 | 6.90 | 8147.3 | 7515.7 |
| 河南 | 469412.6 | −14.32 | 347587.2 | −12.40 | 1689.8 | −2506.8 |
| 湖北 | 184289.9 | 4.48 | 135246.4 | 1.30 | 6955.1 | 5739.0 |
| 湖南 | 399411.9 | −4.35 | 260810.2 | 1.54 | −12065.9 | 9314.0 |
| 广东 | 103900.3 | −12.52 | 63449.8 | −8.59 | 2933.6 | 3502.7 |
| 广西 | 43855.0 | 2.23 | 30998.7 | −7.93 | 688.2 | −1164.1 |
| 海南 | 7006.2 | 167.13 | 997.9 | −0.20 | 16.9 | 45.7 |
| 重庆 | 56465.3 | 18.32 | 34173.1 | 9.32 | 1327.2 | 380.3 |
| 四川 | 3140219.6 | 9.98 | 1219238.9 | 7.11 | 232953.1 | 249540.7 |
| 贵州 | 856694.7 | 8.05 | 365197.1 | 7.92 | 62533.3 | 51707.3 |
| 云南 | 27079.8 | −6.40 | 24965.3 | 4.40 | −1569.4 | −1311.4 |
| 西藏 | | | | | | |
| 陕西 | 108644.8 | 1.35 | 98422.8 | 6.97 | −735.7 | −65.4 |
| 甘肃 | 280871.1 | −9.38 | 199982.0 | 8.28 | −2009.1 | 752.5 |
| 青海 | 36064.1 | −9.47 | 31894.7 | −0.65 | 122.9 | 904.4 |
| 宁夏 | 31382.2 | 53.67 | 26099.0 | 72.39 | 587.2 | −869.9 |
| 新疆 | 277696.1 | −3.96 | 168631.0 | −5.17 | 7747.9 | 11689.1 |

**表3　　2002年白酒制造业主要财务指标（二）**

| 地区 | 税金总额（万元） | | 销售收入（万元） | | 销售费用（万元） | |
|---|---|---|---|---|---|---|
| | 本期 | 比2001年同期增长率（%） | 本期 | 比2001年同期增长率（%） | 本期 | 比2001年同期增长率（%） |
| 全国总计 | 943513.6 | 8.61 | 4958819.3 | 3.78 | 477363.5 | 3.49 |
| 北京 | 23655.6 | 4.83 | 59489.8 | −25.45 | 2281.2 | −62.80 |
| 天津 | 6071.2 | −6.80 | 28966.1 | 2.99 | 1763.4 | −14.24 |
| 河北 | 33416.1 | −10.46 | 154019.5 | −3.53 | 17315.0 | 13.14 |
| 山西 | 35093.0 | 22.76 | 129162.4 | −1.59 | 14075.9 | 10.17 |
| 内蒙古 | 31506.3 | −0.49 | 126938.4 | −11.68 | 16467.9 | 6.33 |
| 辽宁 | 11889.2 | −8.67 | 57840.4 | −17.47 | 4844.8 | 24.32 |
| 吉林 | 11190.7 | −0.18 | 41249.6 | −9.61 | 3253.5 | 39.49 |

续表

| 地区 | 税金总额（万元） | | 销售收入（万元） | | 销售费用（万元） | |
|---|---|---|---|---|---|---|
| | 本期 | 比2001年同期增长率（%） | 本期 | 比2001年同期增长率（%） | 本期 | 比2001年同期增长率（%） |
| 黑龙江 | 11651.5 | 4.75 | 85481.4 | 5.48 | 3760.6 | －3.85 |
| 上海 | 944.3 | 12.03 | 5035.2 | －26.90 | 697.3 | 33.35 |
| 江苏 | 47262.5 | －0.25 | 257903.4 | －5.12 | 28928.5 | 14.38 |
| 浙江 | 2039.6 | 35.43 | 15056.6 | 5.78 | 1396.4 | －36.23 |
| 安徽 | 62207.8 | －13.62 | 332371.3 | －17.55 | 41114.2 | －10.34 |
| 福建 | 1881.4 | 35.38 | 6961.0 | －4.14 | 1424.9 | 47.81 |
| 江西 | 17006.9 | 14.12 | 77470.8 | 8.03 | 6929.5 | －19.56 |
| 山东 | 101465.4 | －1.91 | 611158.0 | 5.48 | 45962.2 | －9.98 |
| 河南 | 26792.8 | 8.05 | 204937.6 | －6.75 | 15489.2 | －45.05 |
| 湖北 | 20364.0 | 5.92 | 180074.2 | 2.96 | 15502.6 | －12.27 |
| 湖南 | 17669.7 | －13.29 | 87557.1 | 5.06 | 14825.0 | 190.01 |
| 广东 | 35181.4 | 15.45 | 98122.4 | －0.49 | 2431.4 | －15.06 |
| 广西 | 4033.0 | －15.69 | 11629.8 | －22.54 | 486.9 | －35.20 |
| 海南 | 91.3 | －42.72 | 972.2 | －46.79 | 61.2 | －54.26 |
| 重庆 | 3868.2 | 34.58 | 39162.1 | 9.91 | 8507.1 | －15.07 |
| 四川 | 306653.6 | 29.32 | 1826363.3 | 16.67 | 156045.0 | 11.80 |
| 贵州 | 78760.5 | －1.45 | 269086.5 | 5.65 | 44121.9 | 14.78 |
| 云南 | 847.0 | －50.53 | 3253.0 | －44.18 | 279.1 | －48.10 |
| 西藏 | | | | | | |
| 陕西 | 13045.8 | 14.70 | 56237.7 | －0.80 | 11159.8 | 24.95 |
| 甘肃 | 11696.6 | 5.27 | 56250.5 | 2.89 | 3754.1 | 9.97 |
| 青海 | 7776.5 | 25.41 | 24128.5 | 6.77 | 1078.8 | 30.92 |
| 宁夏 | 3260.7 | 40.11 | 20640.5 | 66.48 | 4739.6 | 223.88 |
| 新疆 | 16191.0 | 27.14 | 91300.0 | 10.00 | 8666.5 | 24.45 |

**表4　　2002年白酒制造业主要财务指标（三）**

| 地区 | 销售收入利润率（%） | | 资金利润率（%） | | 资产负债率（%） | |
|---|---|---|---|---|---|---|
| | 本期 | 2001年同期 | 本期 | 2001年同期 | 本期 | 2001年同期 |
| 全国总计 | 6.54 | 7.84 | 3.27 | 3.91 | 56.48 | 56.73 |
| 北京 | 8.01 | 8.73 | 4.46 | 6.76 | 57.44 | 53.61 |
| 天津 | 5.07 | 2.40 | 4.50 | 2.13 | 55.33 | 56.02 |
| 河北 | 1.19 | 3.27 | 0.53 | 1.50 | 68.55 | 69.08 |

续表

| 地区 | 销售收入利润率（%） | | 资金利润率（%） | | 资产负债率（%） | |
| --- | --- | --- | --- | --- | --- | --- |
| | 本期 | 2001年同期 | 本期 | 2001年同期 | 本期 | 2001年同期 |
| 山西 | 1.42 | 0.82 | 0.62 | 0.36 | 53.53 | 52.04 |
| 内蒙古 | 5.50 | 5.12 | 2.52 | 2.74 | 59.53 | 65.49 |
| 辽宁 | －1.28 | 0.04 | －0.70 | 0.03 | 89.01 | 88.51 |
| 吉林 | －7.49 | －7.74 | －4.36 | －3.99 | 97.74 | 90.18 |
| 黑龙江 | 0.10 | －1.89 | 0.09 | －1.39 | 62.93 | 55.15 |
| 上海 | 0.70 | 0.93 | 0.37 | 0.64 | 32.10 | 36.01 |
| 江苏 | －4.03 | 1.75 | －2.87 | 1.32 | 68.36 | 65.47 |
| 浙江 | 0.40 | 7.36 | 0.20 | 3.43 | 43.87 | 45.45 |
| 安徽 | 3.28 | 3.62 | 1.07 | 1.55 | 63.24 | 64.53 |
| 福建 | 5.16 | 4.93 | 2.14 | 2.27 | 43.04 | 38.33 |
| 江西 | 1.18 | 3.47 | 0.66 | 1.87 | 75.36 | 76.16 |
| 山东 | 1.33 | 1.30 | 0.83 | 0.80 | 71.94 | 70.96 |
| 河南 | 0.82 | －1.14 | 0.36 | －0.46 | 74.05 | 72.43 |
| 湖北 | 3.86 | 3.28 | 3.77 | 3.25 | 73.39 | 75.69 |
| 湖南 | －13.78 | 11.18 | －3.02 | 2.23 | 65.30 | 61.51 |
| 广东 | 2.99 | 3.55 | 2.82 | 2.95 | 61.07 | 58.44 |
| 广西 | 5.92 | －7.75 | 1.57 | －2.71 | 70.68 | 78.49 |
| 海南 | 1.74 | 2.50 | 0.24 | 1.74 | 14.24 | 38.12 |
| 重庆 | 3.39 | 1.07 | 2.35 | 0.80 | 60.52 | 65.50 |
| 四川 | 12.76 | 15.94 | 7.42 | 8.74 | 38.83 | 39.87 |
| 贵州 | 23.24 | 20.30 | 7.30 | 6.52 | 42.63 | 42.68 |
| 云南 | －48.24 | －22.50 | －5.80 | －4.53 | 92.19 | 82.66 |
| 西藏 | | | | | | |
| 陕西 | －1.31 | －0.12 | －0.68 | －0.06 | 90.59 | 85.83 |
| 甘肃 | －3.57 | 1.38 | －0.72 | 0.24 | 71.20 | 59.59 |
| 青海 | 0.51 | 4.00 | 0.34 | 2.27 | 88.44 | 80.59 |
| 宁夏 | 2.84 | －7.02 | 1.87 | －4.26 | 83.16 | 74.13 |
| 新疆 | 8.49 | 14.08 | 2.79 | 4.04 | 60.73 | 61.50 |

**表5　　2002年白酒企业主要经济指标**

| 企业名称 | 产品销售收入（万元） | 资产总计（万元） | 销售收入利润率（%） | 人均利润（万元） |
| --- | --- | --- | --- | --- |
| 四川省宜宾五粮液集团有限公司 | 1006536.1 | 1436552.7 | 16.72 | 8.74 |
| 中国贵州茅台酒厂（集团）有限责任公司 | 210394.8 | 649133.2 | 31.69 | 9.31 |
| 四川剑南春集团有限责任公司 | 149343.0 | 290430.0 | 16.34 | 3.36 |

续表

| 企业名称 | 产品销售收入（万元） | 资产总计（万元） | 销售收入利润率（%） | 人均利润（万元） |
|---|---|---|---|---|
| 泸州老窖集团有限责任公司 | 148565.4 | 280533.9 | 8.28 | 2.29 |
| 四川沱牌集团有限公司 | 103585.7 | 270299.5 | 3.87 | 0.37 |
| 四川全兴股份有限公司 | 100807.4 | 268458.5 | 8.01 | 1.93 |
| 山西省杏花村汾酒集团公司 | 95460.1 | 202265.1 | 3.07 | 0.41 |
| 湖北枝江酒业股份有限公司 | 63265.4 | 38026.5 | 6.54 | 5.64 |
| 山东天府集团公司 | 62202.8 | 38303.2 | 6.06 | 2.09 |
| 安徽金种子集团有限公司 | 61139.0 | 201174.0 | 2.96 | 0.55 |
| 湖南湘泉集团有限公司 | 57833.1 | 314467.3 | −17.29 | −3.03 |
| 安徽古井贡酒股份有限公司 | 53761.5 | 150749.9 | 14.43 | 1.46 |
| 新疆兵团农四师伊犁酿酒总厂 | 53748.1 | 213702.9 | 15.07 | 1.17 |
| 安徽口子集团公司 | 43849.3 | 99641.0 | 0.22 | 0.03 |
| 山东兰陵企业（集团）总公司 | 43574.0 | 130732.9 | −8.38 | −0.59 |
| 安徽迎驾酒业股份有限公司 | 43100.0 | 37600.0 | 8.93 | 2.14 |
| 北京红星股份有限公司 | 40945.5 | 47933.2 | 8.45 | 1.64 |
| 江苏双沟酒业集团有限公司 | 39583.6 | 63119.7 | −0.90 | −0.11 |
| 四川郎酒集团有限责任公司 | 39380.0 | 162700.0 | 4.79 | 1.26 |
| 江西樟树四特酒厂 | 37282.3 | 48520.0 | 0.06 | 0.01 |
| 内蒙古河套酒业集团股份有限公司 | 36783.1 | 30679.4 | 15.39 | 5.06 |
| 湖北稻花香集团 | 36521.6 | 41454.9 | 4.13 | 1.70 |
| 山东泰山生力源集团股份有限公司 | 35600.0 | 49000.0 |  | 0.001 |
| 江苏洋河集团有限公司 | 31582.0 | 93976.1 | −22.74 | −1.94 |
| 河北衡水老白干酿酒（集团）有限公司 | 30304.0 | 63887.0 | 1.87 | 0.16 |
| 青岛琅琊台酒业（集团）股份有限公司 | 30066.0 | 26305.2 | 1.27 | 0.21 |
| 四川省绵阳市丰谷酒业有限责任公司 | 29420.6 | 56217.1 | 19.17 | 3.47 |
| 山东省景阳岗酒有限公司 | 28224.6 | 20701.1 | 8.43 | 3.67 |
| 宁陵县张弓集团有限公司 | 27268.7 | 58179.7 | 1.40 | 0.18 |
| 广东省九江酒厂有限公司 | 25102.2 | 17979.2 | 3.56 | 1.44 |
| 顺德酒厂有限公司 | 24667.1 | 14082.0 | 3.82 | 1.80 |
| 青海青稞酒集团有限公司 | 22847.0 | 29833.9 | 0.94 | 0.15 |
| 青竹酒厂 | 22547.8 | 8651.9 | 6.61 | 3.97 |
| 山东景芝集团有限公司 | 22157.6 | 32502.8 |  |  |
| 蚌埠市皖酒制造有限公司 | 20333.4 | 13578.0 | −0.01 | −0.004 |
| 甘肃滨河食品工业有限责任公司 | 19532.6 | 42674.5 | 1.61 | 0.38 |

续表

| 企业名称 | 产品销售收入（万元） | 资产总计（万元） | 销售收入利润率（%） | 人均利润（万元） |
|---|---|---|---|---|
| 临清市卫河酒业有限责任公司 | 19502.8 | 6590.4 | 9.23 | 3.85 |
| 河南四五酒厂 | 19192.4 | 17114.9 | 1.22 | 0.23 |
| 江苏今世缘酒业有限公司 | 18991.6 | 20445.9 | 3.61 | 0.34 |
| 济南趵突泉酿酒有限责任公司 | 18908.0 | 26099.6 | 0.90 | 0.19 |
| 重庆市太白酒厂 | 18632.8 | 19062.8 | 6.00 | 1.50 |
| 陕西省西凤酒厂 | 18071.5 | 36750.1 | 1.68 | 0.17 |
| 山东省金贵集团 | 18007.2 | 22175.8 | 1.65 | 0.55 |
| 四川小角楼酒业有限责任公司 | 17000.3 | 10081.2 | 0.94 | 0.31 |
| 天津津酒集团有限公司 | 16171.5 | 20757.1 | 1.58 | 0.27 |
| 湖北白云边股份有限公司 | 16131.3 | 28233.2 | 6.98 | 1.37 |
| 新泰市酿酒总厂 | 16110.0 | 13496.8 | 1.24 | 0.17 |
| 安徽双轮酒业股份有限公司 | 15968.1 | 82195.1 | 2.65 | 0.32 |
| 四川省江口醇酒业集团 | 15747.0 | 9935.1 | 0.94 | 0.24 |
| 双城市五家白酒集团公司 | 15598.0 | 833.2 | 2.31 | 0.4 |

# 2001～2002 年中国啤酒行业情况

杜绿君

## 行业基本概况

2001 年我国啤酒工业的发展概况是：啤酒产量继续增长，发展模式迥异；企业规模扩大，啤酒集团进一步优化；对低价有认识，扭转措施不力，啤酒价格持续走低，经济效益依旧滑坡；企业发展不平衡，两极分化趋势明显；质量稳定，品种增多，包装形式多样化。

2002 年我国啤酒工业的发展概况是：啤酒总产量在连续 9 年世界第二位后超过美国，成为世界第一位；企业规模进一步扩大，集团化稳步发展；初步遏制了啤酒低价，扭转了经济效益滑坡，行业利税同比上升；产品质量稳定提高，花色品种增多；进出口总量大幅度上升，改变了外贸逆差；外资出现二次高潮，投资方式发生变化；2002 年下半年世界啤酒大麦供应紧张，啤酒生产转向使用国产啤麦，推进了啤酒大麦种植业的发展。

### 1. 啤酒产量稳定增长，跃居世界首位

表 1　　2001～2002 年全国啤酒产量

| 项目＼年份 | 国家统计局数（万吨） | 比上年增长（%） | 行业统计数（万吨） | 比上年增长（%） |
|---|---|---|---|---|
| 2001 年 | 2273.86 | 1.9 | 2300.76 | 4.1 |
| 2002 年 | 2386.83 | 5.0 | 2446.92（2417.91 万千升） | 6.35 |

备注：①国家统计局数的统计范围为国有企业和销售收入 500 万元以上的非国有企业

②增长（%）为当年公布数和上年公布数计算的增长率

2002 年我国啤酒总产量已跃居世界首位，成为世界第一啤酒大国，但在技术、效率水平等方面，尚有差距，今后的目标是要做啤酒强国。

至 2002 年，啤酒产量超过 100 万千升的省市已有 12 个，依次为山东、浙江、广东、河南、辽宁、黑龙江、河北、福建、北京、安徽、江苏、湖北。在国家西部大开发政策的支持下，西北地区啤酒产量增长较快，2001 年增长 12.2%、2002 年增长 20.2%，为全国平均增长率的 2～4 倍。2002 年全国啤酒人均消费量为 19 公斤。

### 2. 啤酒企业规模不断扩大，集团化稳步发展

2001～2002 年全国啤酒生产企业分类统计见表 2、表 3。

近年来，随着啤酒集团通过收购、控股等方式的低成本扩张，以及一些弱势企业的自然淘汰，全国啤酒企业数、工厂数不断减少，企业（工厂）规模不断扩大。2001 年平均每个企业产量 6 万吨，2002 年上升到 6.8 万千升；2001 年平均每个工厂生产啤酒 4.3 万吨，2002 年上升到 4.5 万千升。企业规模变化中，1 万吨以下的小企业数减少并不多，2002 年占企业总数的 35.7%。企业规模呈两极分化的趋势，啤酒集团产量和规模越来越大，小企业转民营，保持小规模，产品地产地销，满足了地方市场需求。

当前，啤酒行业的主体是 5 万吨以上的啤酒厂，2001 年全国啤酒产量 20 万吨以上的啤酒企业 23 家（见表 4），仅占企业总数的 6%，但产量占全国的 50.4%；5 万吨以上的企业 102 家，占企业总数的 26.6%，产量占全国的 81.2%。2002 年全国啤酒产量 20 万千升以上的啤酒企业 18 家（见表 5），产量达 1388.6 万千升，占全国的 58.9%；其中青啤、华润、燕京三大集团产量均超过 200 万千升，合计产量已占全国的 31.6%；5 万千升以上的企业 84 家，比上年减少 18 家，但产量占全国的比例上升到 82.8%。

表 2　　2001 年全国啤酒生产企业分类统计表

| 排行 | 省市名 | 国家统计局产量（万吨） | 行业统计产量（吨） | 企业数（个） | 工厂数（个） | 啤酒企业分类（万吨） | | | | | |
|---|---|---|---|---|---|---|---|---|---|---|---|
| | | | | | | 20 以上 | 20～10 | 10～5 | 5～3 | 3～1 | 1 以下 |
| 1 | 山东省 | 296.51 | 2826489 | 28 | 49 | 4 | 2 | 3 | 1 | 15 | 3 |
| 2 | 浙江省 | 165.38 | 1755663 | 43 | 53 | 1 | 4 | 5 | 5 | 15 | 13 |
| 3 | 广东省 | 170.73 | 1601411 | 10 | 15 | 1 | 2 | 5 | 1 | | 1 |

续表

| 排行 | 省市名 | 国家统计局产量（万吨） | 行业统计产量（吨） | 企业数 | 工厂数 | 啤酒企业分类（万吨） | | | | | |
|---|---|---|---|---|---|---|---|---|---|---|---|
| | | | | | | 20以上 | 20～10 | 10～5 | 5～3 | 3～1 | 1以下 |
| 4 | 河南省 | 118.63 | 1528831 | 25 | 27 | 1 | 3 | 4 | 7 | 7 | 3 |
| 5 | 辽宁省 | 144.17 | 1417772 | 29 | 33 | 1 | 1 | 8 | 3 | 4 | 12 |
| 6 | 安徽省 | 124.94 | 1268183 | 20 | 24 | 1 | 2 | 8 | 3 | 5 | 1 |
| 7 | 黑龙江 | 139.65 | 1255390 | 36 | 44 | 1 | 1 | 3 | 4 | 6 | 21 |
| 8 | 北京市 | 124.39 | 1243059 | 3 | 5 | 1 | | 1 | 1 | | |
| 9 | 福建省 | 115.25 | 1240748 | 36 | 38 | 2 | | 2 | 1 | 9 | 22 |
| 10 | 河北省 | 134.86 | 1235050 | 19 | 25 | 2 | 2 | 3 | 3 | 8 | 1 |
| 11 | 江苏省 | 90.78 | 1027275 | 22 | 31 | | 1 | 2 | 6 | 9 | 4 |
| 12 | 湖北省 | 103.07 | 1002973 | 6 | 19 | 2 | 1 | | | | 3 |
| 13 | 吉林省 | 84.79 | 835590 | 14 | 17 | 2 | 1 | 2 | 1 | 3 | 5 |
| 14 | 四川省 | 79.86 | 799996 | 3 | 18 | 1 | | | | 1 | 1 |
| 15 | 江西省 | 40.96 | 496981 | 19 | 25 | | 1 | | 2 | 8 | 8 |
| 16 | 陕西省 | 51.69 | 489063 | 2 | 7 | | 1 | | | 1 | |
| 17 | 内蒙古 | 40.69 | 399681 | 14 | 16 | | | 1 | 4 | 3 | 6 |
| 18 | 重庆市 | 40.31 | 382650 | 2 | 9 | 1 | | | | 1 | |
| 19 | 上海市 | 36.21 | 341518 | 4 | 5 | 1 | | 1 | 1 | 1 | |
| 20 | 广西 | 33.01 | 337010 | 5 | 6 | 1 | | | | 1 | 3 |
| 21 | 湖南省 | 27.98 | 308592 | 12 | 16 | | | 2 | 1 | 1 | 8 |
| 22 | 甘肃省 | 20.68 | 223000 | 3 | 6 | | 2 | | | | 1 |
| 23 | 新疆 | 20.32 | 204837 | 3 | 9 | | 1 | 1 | | | 1 |
| 24 | 山西省 | 14.87 | 183595 | 6 | 8 | | | | 2 | 2 | 2 |
| 25 | 云南省 | 17.92 | 176755 | 8 | 9 | | | 1 | | 4 | 3 |
| 26 | 贵州省 | 9.47 | 149988 | 5 | 8 | | | | | 2 | 3 |
| 27 | 天津市 | 13.59 | 139702 | 2 | 2 | | 1 | | 1 | | |
| 28 | 宁夏 | 5.31 | 57909 | 2 | 4 | | | 1 | | | 1 |
| 29 | 海南省 | 4.62 | 46158 | 1 | 1 | | | | 1 | | |
| 30 | 西藏 | 2.75 | 27525 | 1 | 1 | | | | | 1 | |
| 31 | 青海省 | 0.42 | 4219 | 0 | 1 | | | | | | |
| 合计 | | 2273.81 | 23007615 | 383 | 531 | 23 | 26 | 53 | 48 | 107 | 126 |
| 企业数所占比例（%） | | | | 100 | | 6.0 | 6.8 | 13.8 | 12.5 | 27.9 | 32.9 |

备注：①统计各省市区啤酒产量时，以啤酒企业所在地区计

②企业数为独立一级法人的啤酒企业；生产工厂数包括集团下属的啤酒生产厂

**表 3**　　**2002 年全国啤酒生产企业分类统计表**

| 排行 | 省市名 | 国家统计局产量（万吨） | 行业统计产量（千升） | 企业数 | 工厂数 | 啤酒企业分类（万千升） | | | | | |
|---|---|---|---|---|---|---|---|---|---|---|---|
| | | | | | | 20 以上 | 20～10 | 10～5 | 5～3 | 3～1 | 1 以下 |
| 1 | 山东省 | 310.35 | 2941454 | 28 | 50 | 3 | 4 | 2 | 1 | 14 | 4 |
| 2 | 浙江省 | 174.25 | 1877748 | 42 | 54 | 1 | 4 | 4 | 3 | 15 | 15 |
| 3 | 广东省 | 188.62 | 1760710 | 9 | 15 | 2 | 1 | 3 | 2 | | 1 |
| 4 | 河南省 | 112.19 | 1509542 | 24 | 28 | 1 | 3 | 4 | 4 | 7 | 5 |
| 5 | 辽宁省 | 137.07 | 1440816 | 17 | 27 | | 1 | 5 | 3 | 2 | 6 |
| 6 | 黑龙江 | 175.32 | 1409493 | 37 | 51 | 1 | | | 2 | 9 | 25 |
| 7 | 福建省 | 113.85 | 1338832 | 35 | 39 | 2 | | | 2 | 13 | 18 |
| 8 | 北京市 | 131.16 | 1303964 | 5 | 6 | 2 | | | 1 | 2 | |
| 9 | 河北省 | 128.52 | 1220527 | 18 | 25 | 1 | 3 | 4 | 3 | 5 | 2 |
| 10 | 安徽省 | 121.05 | 1214561 | 19 | 24 | | 1 | 7 | 5 | 4 | 2 |
| 11 | 江苏省 | 102.13 | 1100819 | 19 | 29 | | 1 | 5 | 1 | 9 | 3 |
| 12 | 湖北省 | 104.95 | 1071493 | 2 | 17 | 2 | | | | | |
| 13 | 吉林省 | 85.74 | 841485 | 16 | 22 | 1 | | 1 | 1 | 3 | 10 |
| 14 | 四川省 | 84.46 | 812848 | 2 | 18 | | | | | 1 | 1 |
| 15 | 陕西省 | 60.89 | 535987 | 3 | 7 | | 1 | | | | 2 |
| 16 | 江西省 | 40.61 | 456231 | 18 | 25 | | 1 | | 2 | 6 | 9 |
| 17 | 内蒙古 | 41.10 | 414609 | 12 | 15 | | | 1 | 4 | 2 | 5 |
| 18 | 重庆市 | 41.77 | 413387 | 2 | 7 | 1 | | | | 1 | |
| 19 | 上海市 | 39.31 | 391157 | 4 | 5 | 1 | | 2 | | 1 | |
| 20 | 湖南省 | 37.90 | 384718 | 12 | 17 | | | 1 | | 2 | 9 |
| 21 | 广西 | 36.89 | 376676 | 4 | 6 | | | | | 2 | 2 |
| 22 | 新疆 | 21.30 | 249615 | 3 | 9 | | 2 | | | | 1 |
| 23 | 甘肃省 | 21.66 | 232065 | 3 | 6 | | 1 | 1 | | 1 | |
| 24 | 山西省 | 16.73 | 231802 | 5 | 8 | | | | 1 | 2 | 2 |
| 25 | 云南省 | 18.47 | 177732 | 8 | 9 | | | 1 | 1 | 3 | 3 |
| 26 | 贵州省 | 10.86 | 164121 | 4 | 7 | | | | | 3 | 1 |
| 27 | 天津市 | 14.51 | 156946 | 1 | 2 | | | 1 | | | |
| 28 | 宁夏 | 7.40 | 73565 | 2 | 4 | | | 1 | | | 1 |
| 29 | 海南省 | 4.57 | 44369 | 1 | 1 | | | | 1 | | |
| 30 | 西藏 | 2.91 | 29005 | 1 | 1 | | | | | 1 | |
| 31 | 青海省 | 0.29 | 2866 | 0 | 1 | | | | | | |
| 合计 | | 2386.83 | 24179143 | 356 | 535 | 18 | 23 | 43 | 37 | 108 | 127 |
| 企业数所占比例（%） | | | | 100 | | 5.1 | 6.5 | 12.1 | 10.4 | 30.3 | 35.7 |

备注：①统计各省市区啤酒产量时，以啤酒企业所在地区计

②企业数为独立一级法人的啤酒企业；生产工厂数包括集团下属的啤酒生产厂

**表 4 2001 年全国啤酒产量 20 万吨以上啤酒企业**

| 序号 | 省市区 | 企业名称 | 产量(吨) |
|---|---|---|---|
| 1 | 山东省 | 青岛啤酒股份有限公司 | 2511922 |
| 2 | 北京市 | 燕京啤酒集团股份有限公司 | 1700346 |
| 3 | 广东省 | 珠江啤酒集团公司 | 751135 |
| 4 | 四川省 | 四川华润蓝剑啤酒有限责任公司 | 683838 |
| 5 | 河南省 | 金星啤酒集团有限公司 | 609168 |
| 6 | 黑龙江 | 哈尔滨啤酒有限公司 | 549194 |
| 7 | 重庆市 | 重庆啤酒(集团)有限责任公司 | 531683 |
| 8 | 辽宁省 | 沈阳华润雪花啤酒有限公司 | 413456 |
| 9 | 福建省 | 惠泉啤酒集团股份有限公司 | 400796 |
| 10 | 湖北省 | 金龙泉集团股份有限公司 | 398069 |
| 11 | 福建省 | 雪津啤酒集团公司 | 310668 |
| 12 | 浙江省 | 中国金狮啤酒集团 | 296916 |
| 13 | 湖北省 | 武汉欧联东西湖啤酒有限公司 | 281152 |
| 14 | 山东省 | 蒙阴银麦啤酒有限公司 | 241000 |
| 15 | 广西 | 桂林漓泉股份有限公司 | 232215 |
| 16 | 河北省 | 宣化钟楼啤酒集团有限公司 | 221700 |
| 17 | 上海市 | 三得利啤酒(上海)有限公司 | 220039 |
| 18 | 河北省 | 唐山欧联豪门啤酒有限公司 | 215456 |
| 19 | 山东省 | 华中琥珀啤酒有限公司 | 215244 |
| 20 | 吉林省 | 金士佰啤酒有限公司 | 208460 |
| 21 | 吉林省 | 吉林华润啤酒有限公司 | 203412 |
| 22 | 山东省 | 烟台朝日啤酒有限公司 | 201808 |
| 23 | 安徽省 | 安徽华润啤酒有限公司 | 200320 |

**表 5 2002 年全国啤酒产量 20 万千升以上企业**

| 序号 | 省市区 | 企业名称 | 产量(千升) |
|---|---|---|---|
| 1 | 山东省 | 青岛啤酒股份有限公司 | 2987249 |
| 2 | 北京市 | 华润啤酒(中国)有限公司 | 2374036 |
| 3 | 北京市 | 燕京啤酒集团股份有限公司 | 2085543 |
| 4 | 黑龙江 | 哈尔滨啤酒有限公司 | 977668 |
| 5 | 广东省 | 珠江啤酒集团公司 | 793929 |
| 6 | 重庆市 | 重庆啤酒(集团)有限责任公司 | 745889 |
| 7 | 河南省 | 金星啤酒集团有限公司 | 727551 |
| 8 | 福建省 | 雪津啤酒集团公司 | 433668 |
| 9 | 福建省 | 惠泉啤酒集团股份有限公司 | 413514 |
| 10 | 湖北省 | 金龙泉集团股份有限公司 | 391866 |
| 11 | 浙江省 | 金狮啤酒集团有限公司 | 341567 |
| 12 | 山东省 | 蒙阴银麦啤酒有限公司 | 238639 |
| 13 | 吉林省 | 四平金士百啤酒有限公司 | 228903 |
| 14 | 上海市 | 三得利啤酒(上海)有限公司 | 228554 |
| 15 | 广东省 | 深圳金威啤酒有限公司 | 223299 |
| 16 | 河北省 | 宣化钟楼啤酒集团有限公司 | 219184 |
| 17 | 山东省 | 烟台朝日啤酒有限公司 | 205800 |
| 18 | 湖北省 | 百威(武汉)国际啤酒有限公司 | 205104 |

**3. 啤酒价格和行业经济效益出现转机**

两年中啤酒行业的经济效益指标见表 6。

**表 6 2001～2002 年啤酒行业经济指标汇总**

| 经济指标 | 2001 年 | | 2002 年 | |
|---|---|---|---|---|
| | 单位 | 指标完成数 | 单位 | 指标完成数 |
| ★产品销售收入 | 亿元 | 426.6 | 亿元 | 473.8 |
| ★税金总额 | 亿元 | 87.8 | 亿元 | 95.8 |
| ★利润总额 | 亿元 | 17.3 | 亿元 | 18.9 |
| ★单位产品销售收入 | 元/吨 | 1854 | 元/千升 | 1959 |
| ★单位产品税金 | 元/吨 | 382 | 元/千升 | 396 |
| ★单位产品利润 | 元/吨 | 75 | 元/千升 | 78 |
| ☆销售费用 | 亿元 | 56.4 | 亿元 | 60.2 |
| ☆单位产品销售费用 | 元/吨 | 248 | 元/千升 | 252 |
| ☆资产总额 | 亿元 | 914.94 | 亿元 | 901.42 |
| ☆负债总额 | 亿元 | 535.07 | 亿元 | 514.66 |
| ☆资产负债率 | % | 56.48 | % | 57.09 |
| ☆资金利润率 | % | 1.86 | % | 1.92 |
| ★工业总产值 | 亿元 | 445.4 | 亿元 | 489.5 |

备注：①☆为国家统计局数；★为行业统计数

②千升和吨的换算系数为 1.012，即千升＝吨÷1.012（国际上液体食品以体积为计量单位，2002 年啤酒行业经济指标已开始试行以体积为计量单位）

和上年相比，因产量增加，2001年啤酒行业的税金、利润总额是增长的，但单位产品的利税指标却下降，吨酒税金下降了3.78%，吨酒利润下降了15.73%，说明行业的经济效益依然在降低。而2002年则有转机，经济效益有所提高，不但指标总额增加，单位产品指标也在上升，税金上升了2.5%，利润上升了3.0%。经济效益比较好的啤酒企业见表7～表10。

**表7　2001年税金总额亿元以上啤酒企业**

| 序号 | 省市区 | 企业名称 | 税金总额（万元） |
|---|---|---|---|
| 1 | 山东省 | 青岛啤酒股份有限公司 | 99242.00 |
| 2 | 北京市 | 北京燕京啤酒集团公司 | 66868.51 |
| 3 | 广东省 | 广州市珠江啤酒集团公司 | 37162.00 |
| 4 | 四川省 | 四川华润蓝剑啤酒有限责任公司 | 26870.39 |
| 5 | 黑龙江 | 哈尔滨啤酒有限公司 | 21389.00 |
| 6 | 河南省 | 金星啤酒集团有限公司 | 19608.00 |
| 7 | 福建省 | 惠泉啤酒集团股份有限公司 | 19300.00 |
| 8 | 重庆市 | 重庆啤酒集团有限责任公司 | 19291.00 |
| 9 | 辽宁省 | 沈阳华润雪花啤酒有限公司 | 17807.00 |
| 10 | 福建省 | 雪津啤酒集团公司 | 15300.00 |
| 11 | 湖北省 | 湖北金龙泉啤酒集团公司 | 15065.00 |
| 12 | 湖北省 | 百威（武汉）国际啤酒有限公司 | 13465.00 |
| 13 | 浙江省 | 金狮啤酒集团有限公司 | 12513.90 |
| 14 | 广西 | 桂林漓泉股份有限公司 | 11422.00 |
| 15 | 湖北省 | 武汉欧联东西湖啤酒有限公司 | 10832.10 |

**表8　2001年利润总额5000万元以上啤酒企业**

| 序号 | 省市区 | 企业名称 | 利润总额（万元） |
|---|---|---|---|
| 1 | 北京市 | 北京燕京啤酒集团公司 | 33534.10 |
| 2 | 山东省 | 青岛啤酒股份有限公司 | 27959.00 |
| 3 | 广东省 | 广州市珠江啤酒集团公司 | 27481.00 |
| 4 | 黑龙江 | 哈尔滨啤酒有限公司 | 13524.00 |
| 5 | 辽宁省 | 沈阳华润雪花啤酒有限公司 | 12620.00 |
| 6 | 福建省 | 惠泉啤酒集团股份有限公司 | 10604.00 |
| 7 | 四川省 | 四川华润蓝剑啤酒有限责任公司 | 10381.17 |
| 8 | 辽宁省 | 大连华润啤酒有限公司 | 9868.00 |
| 9 | 湖北省 | 百威（武汉）国际啤酒有限公司 | 9400.00 |
| 10 | 重庆市 | 重庆啤酒集团有限责任公司 | 7483.00 |
| 11 | 广东省 | 深圳金威啤酒有限公司 | 6890.50 |
| 12 | 广西 | 桂林漓泉股份有限公司 | 5357.00 |
| 13 | 浙江省 | 金狮啤酒集团有限公司 | 5318.80 |

**表9　2002年税金总额亿元以上啤酒企业**

| 序号 | 省市区 | 企业名称 | 税金总额（万元） |
|---|---|---|---|
| 1 | 山东省 | 青岛啤酒集团有限公司 | 130551.80 |
| 2 | 北京市 | 华润啤酒（中国）有限公司 | 95476.90 |
| 3 | 北京市 | 北京燕京啤酒集团公司 | 84523.80 |
| 4 | 广东省 | 广州市珠江啤酒集团公司 | 41077.00 |
| 5 | 黑龙江 | 哈尔滨啤酒有限公司 | 36423.00 |
| 6 | 重庆市 | 重庆啤酒（集团）有限责任公司 | 33600.00 |
| 7 | 河南省 | 金星啤酒集团有限公司 | 23087.00 |
| 8 | 湖北省 | 百威（武汉）国际啤酒有限公司 | 22775.80 |
| 9 | 福建省 | 雪津啤酒集团公司 | 21906.00 |
| 10 | 福建省 | 惠泉啤酒集团股份有限公司 | 19545.00 |
| 11 | 湖北省 | 湖北金龙泉啤酒集团公司 | 15078.00 |
| 12 | 浙江省 | 金狮啤酒集团有限公司 | 14244.26 |

**表10　2002年利润总额5000万元以上啤酒企业**

| 序号 | 省市区 | 企业名称 | 利润总额（万元） |
|---|---|---|---|
| 1 | 山东省 | 青岛啤酒集团有限公司 | 35555.00 |
| 2 | 北京市 | 华润啤酒（中国）有限公司 | 31058.50 |
| 3 | 北京市 | 北京燕京啤酒集团公司 | 28836.00 |
| 4 | 广东省 | 广州市珠江啤酒集团公司 | 26270.00 |
| 5 | 湖北省 | 百威（武汉）国际啤酒有限公司 | 25524.50 |

续表

| 序号 | 省市区 | 企业名称 | 利润总额（万元） |
|---|---|---|---|
| 6 | 黑龙江 | 哈尔滨啤酒有限公司 | 18249.00 |
| 7 | 福建省 | 惠泉啤酒集团股份有限公司 | 10119.50 |
| 8 | 重庆市 | 重庆啤酒（集团）有限责任公司 | 9807.00 |
| 9 | 广东省 | 深圳金威啤酒有限公司 | 9186.00 |
| 10 | 浙江省 | 金狮啤酒集团有限公司 | 6069.70 |
| 11 | 福建省 | 雪津啤酒集团公司 | 5213.20 |

这两年中，对行业经济效益产生影响的主要因素有以下一些：

（1）啤酒价格变化

在几年的低价风潮中，一些企业体验到了低价竞争造成的恶性循环，开始重视调整产品结构、提高产品附加值，促进了啤酒价格的提高。2001年啤酒全行业平均吨酒销售收入1854元，比2000年降低了1.7%，而且低于全国工业品价格降低率（1.3%），这就压缩了啤酒企业的利润空间；2002年扭转了全国啤酒平均价格多年下滑的走势，开始抬头，产品销售收入总额比上年增长11.06%，单位产品销售收入上升到1959元/千升（1936元/吨），比2001年提高了82元。啤酒企业产品销售收入排序见表11、表12。

**表11　2001年销售收入3亿元以上啤酒企业**

| 序号 | 省市区 | 企业名称 | 销售收入（万元） |
|---|---|---|---|
| 1 | 山东省 | 青岛啤酒股份有限公司 | 534834.00 |
| 2 | 北京市 | 北京燕京啤酒集团公司 | 289584.15 |
| 3 | 广东省 | 广州市珠江啤酒集团公司 | 190764.00 |
| 4 | 四川省 | 四川华润蓝剑啤酒有限责任公司 | 167997.80 |
| 5 | 湖北省 | 百威（武汉）国际啤酒有限公司 | 103668.00 |

续表

| 序号 | 省市区 | 企业名称 | 销售收入（万元） |
|---|---|---|---|
| 6 | 重庆市 | 重庆啤酒集团有限责任公司 | 97431.00 |
| 7 | 福建省 | 惠泉啤酒集团股份有限公司 | 94390.00 |
| 8 | 黑龙江 | 哈尔滨啤酒有限公司 | 84497.00 |
| 9 | 辽宁省 | 沈阳华润雪花啤酒有限公司 | 74520.00 |
| 10 | 河南省 | 金星啤酒集团有限公司 | 68491.00 |
| 11 | 广西 | 桂林漓泉股份有限公司 | 63958.00 |
| 12 | 福建省 | 雪津啤酒集团公司 | 63227.00 |
| 13 | 上海市 | 三得利啤酒（上海）有限公司 | 62135.00 |
| 14 | 湖北省 | 湖北金龙泉啤酒集团公司 | 60936.00 |
| 15 | 广东省 | 深圳金威啤酒有限公司 | 60394.38 |
| 16 | 浙江省 | 金狮啤酒集团有限公司 | 53602.00 |
| 17 | 广东省 | 蓝带集团股份有限公司 | 52263.00 |

**表12　2002年销售收入3亿元以上啤酒企业**

| 序号 | 省市区 | 企业名称 | 销售收入（万元） |
|---|---|---|---|
| 1 | 山东省 | 青岛啤酒股份有限公司 | 686970.70 |
| 2 | 北京市 | 燕京啤酒集团股份有限公司 | 478664.00 |
| 3 | 北京市 | 华润啤酒（中国）有限公司 | 429173.90 |
| 4 | 广东省 | 广州市珠江啤酒集团公司 | 207553.00 |
| 5 | 湖北省 | 百威（武汉）国际啤酒有限公司 | 177363.00 |
| 6 | 黑龙江 | 哈尔滨啤酒有限公司 | 167357.00 |
| 7 | 重庆市 | 重庆啤酒（集团）有限责任公司 | 137847.00 |
| 8 | 河南省 | 金星啤酒集团有限公司 | 119133.00 |
| 9 | 福建省 | 雪津啤酒集团公司 | 90997.00 |
| 10 | 福建省 | 惠泉啤酒集团股份有限公司 | 90073.80 |
| 11 | 广东省 | 蓝带集团股份有限公司 | 72318.00 |
| 12 | 广东省 | 深圳金威啤酒有限公司 | 67159.90 |
| 13 | 上海市 | 三得利啤酒（上海）有限公司 | 63345.20 |
| 14 | 湖北省 | 金龙泉集团股份有限公司 | 60405.00 |
| 15 | 浙江省 | 金狮啤酒集团有限公司 | 59390.16 |

（2）销售费用增长

近几年，产品促销过程的销售费用一直

逐年增长，2001年在销售费用比上年增长8.19%，2002年又增长6.74%，都高于产量增长比例，单位产品销售费用达252元/千升，占销售收入的12%以上。销售费用的增长对行业经济效益产生了负面影响。

(3) 啤酒税负增加

2001年5月，国家调整了啤酒消费税，从全国来说，其影响不明显，北方地区啤酒价格低，基本不受影响，但对酒价相对较高的南方地区则有明显影响。以2001年广东省为例，年啤酒产量增长8.1%，税金总额提高了30%，利润总额降低了37.1%，如以单位产品的利税相比，影响更为明显。

(4) 行业亏损额减少

以省市范围比，2001年全省啤酒行业亏损的省市有11个，2002年减少到8个，总亏损额减少了1亿元，促使全行业经济效益的提高。

(5) 消耗和成本变化

啤酒生产的各项消耗指标逐步降低，如：啤酒总损失率从2000年的6.62%降低到2002年的6.09%，降幅9%；单位产品综合能耗从162公斤降低到157公斤，降幅也在9%以上。由于各项消耗指标的降低，啤酒生产过程中辅料比例的提高、原麦汁浓度的降低等，都有利于降低成本。但由于原辅材料提价和其它费用（如销售费用）上升，使啤酒生产总成本不显降低。

**4. 企业体制变更，股份制呈现优势**

几年前，国家提出了改组国有企业的指导方针，引导一些失去竞争力的国有企业退出市场。啤酒行业的国企改革步伐较快，通过产权变更的方式向股份制和民营企业方向过渡。这两年来，国有和集体（乡镇）啤酒企业的比例不断下降，在全行业中已退居次要地位；而股份制和民营（私人资本为主）企业比例上升，在2002年分别占企业总数的35.5%和23%，成为主流；中外合资企业在数量上没有明显变化，但在股权上外资比例加大，集团下属的中外合资生产厂个数增加。

**5. 外资出现二次高潮，投资重点发生变化**

中国啤酒工业是外资进入较早、投资较多的行业之一，1995年前后曾掀起合资高潮，1999～2000年间有一些经营较差的外资企业转让股本，退出市场。继我国加入WTO后，为外资营造了一个市场更加透明、运作风险更低的投资环境，又吸引外资重新回到中国啤酒业。2002年协议投入中国啤酒业的外资合计2.43亿美元和6.1亿人民币，主要有以下五项：

(1) 2002年10月，青啤集团决定向美国AB公司分三次发行金额为1.82亿美元的定向可转换债券，该债券在7年内将全部转化成股权，使AB公司在青岛啤酒的股权从4.5%→9.9%→20%→27%；

(2) 2002年11月，比利时英特布鲁集团以1950万美元收购珠江啤酒24%的股权；同时又以3500万美元收购浙江开开集团其啤酒业务70%的股权；

(3) 2002年6月，中港合资的哈啤集团在香港创业板挂牌上市，发售2.4亿股，募集资金3亿～3.5亿元；

(4) 2002年6月，由香港华润集团和南非SAB集团合作的华润啤酒公司在天津投资3.1亿元，扩大生产能力20万吨；同年12月，又收购香港亚洲啤酒集团在北京丽都的股份，丽都70%的外方股东发生变更；

（5）2002年2月，美国AB公司决定对武汉百威投资，两年后生产能力将由25万吨增加到50万吨。

过去外资对中国啤酒业的投资重点是啤酒工厂的发展，他们要控股、要直接参与企业管理。几年来，运营的经验教训使外方资本向属地化转变，合资企业不急于更换品牌，仍以原有地方品牌为主；投资的重点转向提高外方公司知名度，以长远占领中国啤酒市场为目标，而不是着眼于短期投资回报。

**6. 啤酒进出口形势明显好转**

随着我国加入WTO，2002年啤酒产品的进出口形势明显好转，出口量和出口额大增，进口量和进口额减少，改变了1998年以来啤酒进出口逆差的局面，且出口价格呈上升趋势，而进口单价开始下降。

我国啤酒主要出口到中国香港、中国台湾、中国澳门及东南亚，价格都比较低（出口台湾价格相对较高）；进口啤酒主要来自于德国、墨西哥、荷兰，多数为世界著名品牌，价格比一般啤酒高得多。因此，我国啤酒在国际市场上仍很低廉，在品牌和价格上缺乏竞争力。

青啤、嘉士伯、金威、燕京、哈啤为前五位啤酒出口企业，其中青岛啤酒出口量超过全国出口量的50%。

**7. 啤酒行业上市企业情况**

和啤酒行业有关的上市企业共8个，除新疆啤酒花外，其他公司主产品均为啤酒，两年内上市公司的情况见表15。

**表13　　2001～2002年我国进出口啤酒统计表**

| 指标＼年份 | 出口量（千升） | 出口额（万美元） | 出口单价（美元/千升） | 进口量（千升） | 进口额（万美元） | 进口单价（美元/千升） |
|---|---|---|---|---|---|---|
| 2001年 | 83452.6 | 4060.5 | 486.56 | 53757.4 | 6942.8 | 1291.51 |
| 2002年 | 130463 | 6812.8 | 522.20 | 43585.2 | 5246.1 | 1203.64 |

**表15　　啤酒行业上市公司2001～2002年年报摘要**

| 代码 | 公司简称 | 上市日期 | 上市地点 | 每股收益（元） | | 每股净资产（元） | | 净资产收益率（%） | | 分配预案 |
|---|---|---|---|---|---|---|---|---|---|---|
| | | | | 2001 | 2002 | 2001 | 2002 | 2001 | 2002 | |
| 600600 | 青岛啤酒 | 93.6.16 | 沪市 | 0.1029 | 0.2307 | 2.96 | 2.98 | 3.47 | 7.7471 | 10派2.2元（含税） |
| 600239 | 红河光明 | 93.1 | 沪市 | 0.21 | 0.06 | 3.37 | 1.93 | 6.10 | 3.14 | |
| 000929 | 兰州黄河 | 93.12 | 深市 | −1.2918 | 0.03 | 2.8757 | 2.9079 | −44.92 | 0.9031 | 10转4股 |
| 600132 | 重庆啤酒 | 93.12.23 | 沪市 | 0.201 | 0.2607 | 3.33 | 3.49 | 5.95 | 7.4811 | 10转5派1.5元（含税） |
| 000752 | 西藏发展 | 97.6.20 | 深市 | 0.18 | 0.21 | 1.99 | 2.17 | 9.02 | 9.5693 | 10派0.3元（含税） |
| 000729 | 燕京啤酒 | 97.7.8 | 深市 | 0.428 | 0.301 | 5.38 | 5.56 | 7.96 | 5.4228 | 10派1.2元（含税） |
| 600090 | 新疆啤酒花 | 93.4.26 | 沪市 | | 0.131 | | 1.618 | | 8.0863 | |
| 600573 | 惠泉啤酒 | 03.2.26 | 沪市 | | 0.37 | | 2.36 | | 15.761 | |

**8. 中国名牌产品**

国家质检总局通过中国名牌战略推进委员会开展“中国名牌产品”的评价工作。啤酒被列为2002年名牌产品的推荐范围，通过以市场评价为基础、企业多项技术经济指标完成情况为内容的综合评价，推出了8个“中国名牌啤酒”，分别是：

湖北金龙泉啤酒集团股份有限公司的“金龙泉啤酒”；

青岛啤酒股份有限公司的“青岛啤酒”；

深圳金威啤酒有限公司的“金威啤酒”；

河南金星啤酒集团有限公司的“金星啤酒”；

哈尔滨啤酒集团有限公司的“哈尔滨啤酒”；

广州市珠江啤酒集团公司的“珠江啤酒”；

华润啤酒（中国）有限公司的“雪花啤酒”；

北京燕京啤酒股份有限公司的“燕京啤酒”。

**9. 科技创新工作**

近几年，啤酒品种增多，包装形式多样化，小容量瓶、异形瓶包装增加，在淡色贮藏啤酒的基础上，啤酒风味向低浓度、低色泽、淡口味方向发展。具有一定技术水平的纯生啤酒生产逐步扩大，2002年一些企业提出了生产全过程的纯生化管理，将纯生啤酒生产的严格微生物管理推广到其它啤酒的生产，优化了啤酒的纯净口味，提高了质量水平。

2002年底，广州市珠江啤酒集团公司被批准为国家级技术中心，至此，啤酒行业已有三个国家级企业技术中心。2002年青岛啤酒股份有限公司承担的“啤酒生产中污染微生物的快速检测及鉴定（PCR）技术开发”项目通过鉴定，该项目达到了国际先进水平，获得全国科技进步二等奖。

**10. 啤酒大麦供求变化对啤酒业的影响**

2002年，世界大麦遭灾减产，出口量减少，澳大利亚和加拿大两个世界主要啤酒大麦出口国基本没有当年的啤酒大麦供出口。中国虽是农业大国，但啤酒大麦生产尚未形成产业化，且种植分散、规模小、田间管理不统一、收获缺少机械化等，因此，国产啤酒大麦质量差，不能满足啤酒生产的需要。中国是世界上最大的啤酒大麦进口国，2002年下半年，进口啤酒大麦量少价升，对我国啤酒生产产生一定威胁。通过加强信息、技术交流，开发新的原料资源，提高辅料比例，降低麦芽用量，不但没有影响2002年下半年的啤酒生产，啤酒企业还贮存了一定数量的大麦和麦芽，为2003年的生产做好了准备，又促进了国产大麦种植业的产业化发展。

## 行业有关的法规、标准及质量检查结果

（1）国家调整啤酒消费税：财政部和国家税务总局于2001年5月公布了关于调整酒类产品消费税的通知，啤酒产品的消费税继续保持从量计税原则不变，适当调整了税额，每吨啤酒出厂价格在3000元以上的，单位税额为250元/吨；吨酒价格在3000元以下的，单位税额仍为220元/吨。

（2）发布《啤酒》国家标准GB 4927—2001：2001年12月13日，国家质量监督检验检疫总局发布了《啤酒》国家标准GB 4927—2001和《啤酒分析方法》国家标准

GB/T 4928—2001，于2003年1月1日实施。原标准GB/T 4927—1991和GB/T 4928—1991在新标准实施后即废止。此次修订后的GB 4927由“推荐性”变为“条文强制性”，其中“4.1净含量负偏差、4.4卫生指标、7.1标志、7.2包装”四条为强制条文。《啤酒分析方法》除采用国际等效方法作相应修改外，并以附录形式提供了生产企业需要自行控制的一些指标的分析方法。

（3）啤酒产品国家质量抽查：这两年的二季度，国家质量监督检验检疫总局均委托国家食品质量监督检验中心在市场上抽样检查啤酒质量。2001年抽查了12个省市49家啤酒厂的50种啤酒，抽样合格率82%，其中大中型企业的产品质量比较稳定；“品牌公司”的产品质量没有保证，抽检4种，有3种不合格。2002年在北京等5省市的市场抽取了41家企业生产的42种产品，抽样合格率83.3%。其中27家大中型企业的产品，抽样合格率100%；15家小企业的产品，抽样合格率仅为53.3%；5种“品牌公司”的产品，有4种不合格。啤酒质量和企业的规模、装备、管理密切相关，充分反映出企业的综合水平。

（4）国家抽查啤酒瓶质量：啤酒瓶是生产啤酒的重要包装材料，其质量又和瓶啤酒爆炸伤人有关，因此，啤酒行业对啤酒瓶的质量较为关注。2001年2季度，国家质监局组织了生产领域的啤酒瓶质量抽查，共抽查了61家企业生产的61种啤酒瓶，抽样合格率为83.6%，和2000年相比，合格率上升了6.8%。2002年国家质监局又组织抽查了玻璃厂的新啤酒瓶质量和啤酒厂的回收瓶质量，其结果没有对外公布。

（5）经国家统计局同意，由中国酿酒工业协会发布，《全国啤酒工业主要经济技术指标统一计算方法》自2002年1月1日起在啤酒行业内试行。该计算方法中，啤酒产量的计量单位由吨改为千升（kL），吨＝千升/相对密度。

## 协会在行业管理方面的主要工作

（1）宣传贯彻《啤酒》国家标准：《啤酒》国家标准GB 4927—2001发布后，啤酒分会迅速购买一批文本下发各会员单位，并和食品发酵标准化中心共同举办了三期宣传贯彻培训班，有260人参加了培训。

（2）啤酒分会起草的《啤酒酿造工》国家职业技能标准于2002年10月通过劳动部审定，将于2003年发布。

（3）协助国家清洁生产中心和环境科学研究院于2002年启动了《啤酒工业清洁生产标准》和《啤酒工业水污染物排放标准》的制订工作，在行业内展开了有关方面的调查。

（4）对卫生部《发酵酒卫生标准》的制订，组织一些企业进行指标检测，积极提出行业意见。

（5）组织全国新品啤酒质量检评：2001年10月，啤酒分会在河南郑州组织了一次“全国新品啤酒质量检评”，检评范围是自1999年以来生产的、2000年或2001年上半年产量超过3000吨的新品啤酒（包括新品种、新品牌、新商标）。理化指标委托国家食品质量监督检验中心检测，感官指标由啤酒分会组织“2000届国家级啤酒评酒委员”进行暗码打分评定。经评定、统计、审查，对理化、卫生指标合格、标签符合规定、感官质量优等的新品啤酒，授予“优质新品啤酒”称号。

(6) 每年组织一次“2000届国家级啤酒评酒委员”年会活动，练习啤酒感官品评技术，交流啤酒新技术，以培养评酒委员成为工厂技术管理的骨干。

(7) 2001年举办了两期“啤酒风味稳定性分析试验方法培训班”，召开了“中国啤酒集团发展高层研讨会”和“啤酒生产装备新技术研讨会”等；2002年举办了“聚酯瓶工艺研讨会”；组织了两次酿造单宁应用技术研讨会。

(8) 换届成立啤酒分会二届理事会：经两次整理，淘汰了已经停产的企业会员，同时发展新会员。至2002年8月，中国酿酒工业协会啤酒分会共有会员单位490个，其中啤酒厂会员401个，省市协会会员26个，相关单位会员63个。2002年8月31日～9月1日召开了啤酒分会第二届会员代表大会暨理事会，产生了中国酿酒工业协会啤酒分会第二届理事会和常务理事会，选举产生了二届理事会的理事长、副理事长、秘书长共19人，由肖德润任理事长、王延才任常务副理事长、杜绿君任副理事长兼秘书长。

# 2001～2002年中国葡萄酒行业情况

## 行业基本情况

2001、2002年葡萄酒行业仍处于稳步发展时期，虽然在2002年出现了劣质山葡萄酒暴光，洋垃圾的不实报导使葡萄酒的销售受到一些干扰，而葡萄酒行业整体发展是健康的。无论从产量、效益、效益新产品开发、原料供应等方面仍一年好于一年，这说明葡萄酒行业已步入一个稳定、健康、可持续发展的轨道。

**1. 产量情况**

从国家统计局统计的数据来看，2001年全国葡萄酒产量为25.05万吨。2002年全国葡萄酒产量为28.86万吨。

葡萄酒产量占前三位的省市仍为山东省、河北省、天津市，这三省市产量之和占总产量的70%左右。山东、河北两省仍为葡萄酒生产大省。

**表1　2001～2002年三省市葡萄酒产量情况**

| 省(市)名称 | 2001年产量(万吨) | 比去年同期增长率(%) | 2002年产量(万吨) | 比去年同期增长率(%) |
|---|---|---|---|---|
| 山东省 | 11.06 | 12.82 | 12.47 | 12.7 |
| 河北省 | 3.84 | 20.48 | 5.13 | 33.5 |
| 天津市 | 2.65 | 9.45 | 2.75 | 3.7 |

葡萄酒企业的产量逐步趋向相对集中，据统计局2002年统计资料（对全国50家葡萄酒企业）表明：在葡萄酒企业中产量较高，

经济效益较好的前5家有：

表2　2002年葡萄酒企业中前5家情况

| 企业名称 | 年产量（万吨） | 利润总额（万元） | 上交税收（万元） |
|---|---|---|---|
| 烟台张裕集团公司 | 52866 | 22431.0 | 30931.0 |
| 天津王朝葡萄酿酒公司 | 26716 | 17836.0 | 20291.6 |
| 烟台威龙葡萄酒股份有限公司 | 26746 | 3390.0 | 5600.0 |
| 中国长城葡萄酒公司 | 20696 | 233.9 | 7920.3 |
| 华夏葡萄酿酒公司 | 18630 | 4846.8 | 7212.6 |

**2. 行业技术经济指标**

2001、2002年葡萄酒行业主要经济指标得到同步增长，截止2002年末，葡萄酒行业总资产达99.2亿元，比2001年增长11.07%；行业销售收入达55.71亿元，比2001年增长9.91%；行业利润总额达6.3亿元，比2001年增长12.5%；行业税金总额达7.8亿元，比2001年增长13.98%。

在销售利润率方面仍高于其它酒种。

表3　各酒种销售利润率

| 酒种 | 2001年（%） | 2002年（%） |
|---|---|---|
| 白酒 | 8.09 | 6.54 |
| 啤酒 | 3.79 | 3.55 |
| 黄酒 | 7.40 | 7.78 |
| 果露酒 | 1.44 | 4.73 |
| 葡萄酒 | 11.07 | 11.36 |

**3. 葡萄酒进出口情况**

据海关进出口统计资料数据：2001年葡萄酒进口3134.92万升，与2000年比下降14.77%；2002年葡萄酒进口3340.51万升，与2001年比增长6.56%。

2001年葡萄酒出口508.76万升，与2000年比下降18.21%；2002年葡萄酒出口392.14万升，与2001年比下降22.9%。

从进口葡萄酒看主要是2升以上大包装，占进口总量的80%左右，在进口国家中以新世界葡萄酒占80%；2升以下小包装占进口总量的20%左右，进口国家比较分散，以法国为主。

从出口葡萄酒看2升以上大包装出口以泰国、法国、西班牙为主的8个国家；2升以下小包装出口以中国台湾、西班牙、比利时、荷兰、日本、中国香港等29个国家与地区为主。

**4. 葡萄酒产品质量情况**

国家质检总局每年对葡萄酒质量进行了抽检，据国家葡萄酒质量监督检测中心的检测2001年合格率为96.1%；2002年产品抽样合格率为80.8%，虽然平均合格率低于2001年，但知名品牌，知名企业的葡萄酒产品合格率一直稳定在较高水平，另外，干酒、全汁酒抽样合格率，明显高于半汁酒和山葡萄酒合格率。

**5. 产品结构进一步调整，企业管理水平逐步提高**

我国葡萄酒逐渐形成以全汁葡萄酒为主的产品结构，其中干型、半干型葡萄酒已占总产量的50%～60%。红白葡萄酒比例为：红葡萄酒占80%左右，白葡萄酒占20%左右，高档次产品品种日益丰富，高档次起泡葡萄酒，产地命名酒、年份酒也相继出现，得到国内消费者认可，同时也得到国际上关注。

葡萄酒企业的经营管理水平也不断提高，到目前为止已有12家企业产品获得免检证。分别是：

表 4　　2001 年度干红(白)葡萄酒免检产品及其单位

| 企业名称 | 省份 | 品牌 | 规格型号 |
|---|---|---|---|
| 中国长城葡萄酒有限公司 | 河北省 | 长城 | 750ml、650ml、500ml、375ml、187ml　干红(白) |
| 华夏葡萄酿酒有限公司 | 河北省 | 长城 | 750ml　干红(白) |
| 北京丰收葡萄酒有限公司 | 北京市 | 丰收 | 375ml、500ml、750ml |
| 安徽古井集团有限公司 | 安徽省 | 古井 | 干红(白) |
| 烟台威龙葡萄酒股份公司 | 山东省 | 威龙 | 750ml　11.5(v/v)干红(白) |
| 宁夏西夏王葡萄酒有限公司 | 宁夏自治区 | 西夏王 | 750ml　干红(白) |
| 新天国际葡萄酒业有限公司 | 新疆自治区 | 新天 | 375ml、750ml　干红(白) |
| 烟台张裕集团有限公司 | 山东省 | 张裕 | 750ml　12%(v/v)干红(白) |
| 中法合营王朝葡萄酿酒有限公司 | 天津市 | 王朝 Dynasty | 干红(白) |

2002 年度又增加 3 家企业免检产品：有烟台中粮葡萄酒有限公司，烟台白洋河酿酒有限公司，天津孟庄园葡萄酿酒有限公司。

通过名牌产品的培育，2002 年由中国名牌战略推进委员会经过综合评价、审议，有 6 个葡萄酒品牌获得名牌称号。

表 5　　葡萄酒名牌企业

| 企业名称 | 注册商标 |
|---|---|
| 烟台张裕集团有限公司 | 张裕 |
| 中法合营王朝葡萄酿酒有限公司 | 王朝 |
| 中国长城葡萄酒有限公司<br>华夏葡萄酿酒有限公司 | 长城 |
| 烟台威龙葡萄酒股份有限公司 | 威龙 |
| 北京丰收葡萄酒有限公司 | 丰收 |
| 通化葡萄酒股份有限公司 | 通化 |

## 科研获奖情况

2001 年度荣获国家科技进步二等奖的项目：王朝高档干红葡萄酒酿造技术与原料设备保障体系的研制与开发。

该项目是全国轻工类产品中唯一获奖的葡萄酒项目，是王朝公司在葡萄栽培技术、葡萄酒酿造工艺、设备创新三位一体有机结合的基础上，根据市场需求和学科发展导向，采用引进、吸收、创新的方法对高档干红葡萄酒生产的各个环节进行了深入细致研究，制订出王朝干红葡萄酒生产技术体系。在国内首次进行了规模化的干红酒用葡萄品种，梅鹿辄无病毒良种优质的推广工作；率先进行了酿酒葡萄地理区域化方面的研究；细致探讨了酿酒辅料的合理使用及酿造工艺；进行了相应设备的引进创新，成功地走出了一条有中国特色的技术创新之路。

该项目填补了我国高档陈酿型干红葡萄酒空白，促进了我国葡萄酒酿造业的进步。同时带动了农村产业结构的调整，促进了山区绿化和脱贫致富，取得了巨大的经济、社会和生态效益。

## 酿酒葡萄原料情况

经过这几年的酿酒葡萄栽培发展，我国酿酒葡萄面积已达 4.67 万公顷，占全国葡萄总面积的 20%左右。酿酒葡萄品种以红葡萄品种为主约占 80%，白葡萄品种约占 20%。国际酿酒品种的种植如赤霞珠、霞多丽等国际品种已占酿酒葡萄的 80%以上，赤霞珠品种已成为我国第一主栽品种。国际品种的发展加快了我国酿酒葡萄品种国际化的进程。

目前，全国酿酒葡萄的种植正在逐步形成的渤海湾、怀涿盆地、清徐、银川、武威、新疆吐鲁番、石河子、云南弥勒、黄河故道等产区。这些葡萄产区的形成为我国葡萄酒可持续发展奠定了原料基础，同时国内绝大部分老企业及新建企业都有自己的葡萄基地，近两年酿酒葡萄有60%进入盛果期，因此，原料供应充足，葡萄价格稳定。

在葡萄基地管理方面，不少企业正在积极稳妥地改进管理，如新疆制订了地区酿酒葡萄标准及高效栽培技术在区内推行。烟台中粮葡萄酒公司万亩葡萄园一系列管理保障体系在各方面专家的评审中得到一致好评。王朝葡萄酿酒公司、古井双喜葡萄酒公司等企业的基地管理无论从葡萄育苗、整形、修剪、平衡施肥、病虫害防治方面所采取的措施，都有很好的推行价值。葡萄原料质量的逐年提高，为我国生产高档葡萄酒提供了高品质原料来源。

## 行 业 活 动

(1) 2001年8月葡萄酒专业委员会与中国农学会葡萄分会联合举办了第八届全国葡萄、葡萄酒学术研讨会，来自全国22个省、市、自治区的200多名葡萄栽培和葡萄酒酿造科技工作者和生产者在天津蓟县会聚一堂，研讨我国葡萄栽培与葡萄酒酿造方向的有关问题，会议主题是在新形势下，我国葡萄和葡萄酒科技工作者紧密团结起来，抓紧以提高质量为中心；从生产管理，质量标准，流通网络等方面尽快与国际接轨，奋力开拓国际市场，将质量提高到一个新的水准。

(2) 特邀美国葡萄酒业联盟总裁、美国葡萄栽培协会会长、弗吉尼亚州葡萄酒协会会长格登·马斯先生。前美国白宫总统经济政策委员会副主任、美国酒业商会会长道路·迈兹先生及美江卫民投资公司董事长卫先生进行了讲解，通过讲座使企业进一步了解美国葡萄酒的情况和中国葡萄酒应如何进入美国市场。

(3) 2001年5月在合肥市组织举办葡萄酒评酒委员活动，通过采取试评、讨论等多种形式来提高评委的品评水平，并检评了企业的优质产品，肯定了成绩，提出了提高产品质量的建议。

(4) 编制、讨论、审定、完成了《中国葡萄酿酒技术规范》。这是自2000年《我国葡萄酒生产管理办法》制订后的又一个企业自律性的规范文件。

由于目前酒类立法及管理尚不完善，葡萄酒行业的发展较晚，在质量管理方面不规范，只有终端产品标准，不能从原料种植到葡萄酿酒在整个过程中进行管理。我国加入WTO，直接面临着国际葡萄酒的竞争和挑战。法规规范不健全也是我国葡萄酒参与国际竞争中最不利的因素，为此，在中国酿酒工业协会的带领下，组织有关老专家、企业成立编制小组，开展《中国葡萄酿酒技术规范》的制订工作，并报原国家经贸委进行立项，经过2年多时间的制订工作，圆满完成。

该规范是一个参照《国际葡萄酿酒法规》并结合我国葡萄酒生产国情制订的行业

规范文件，规范从原料到葡萄酿酒整个过程都作了明确的技术性规定。并针对我国葡萄酒生产中乱加添加物的做法，规定了生产中不允许的添加物，单列条文以引起重视，通过规范的实施使葡萄酒酿造做到规范化。对葡萄酒质量的提高起到推动作用。

（5）举办 2002 年国际葡萄、葡萄酒发展论坛

由国际葡萄·葡萄酒组织（OIV）、中国酿酒工业协会及山东省烟台市人民政府联合主办，张裕公司承办，在烟台张裕集团公司建 110 周年之际于 9 月 8～10 日在烟台召开。参加会议的人员有 OIV 官员、国外驻华使馆参赞、政府官员，国内外专家、企业、经济商、新闻媒体等，是本世纪在中国举办的一次大规模，国际性的葡萄酒行业盛会。

本次论坛的主题是：加强中国葡萄酒与国际葡萄酒合作与交流，促进共同发展。参加本次论坛的国内外葡萄酒专家共同围绕：葡萄酒经济、葡萄栽培、葡萄酒生产技术、葡萄酒与健康、葡萄酒质量、葡萄酒法规与标准等问题进行研讨。

本次论坛会期间就中国加入国际葡萄·葡萄酒组织（OIV）的问题，中国酿酒工业协会与国际葡萄·葡萄酒组织的官员进行了磋商，达成了中国加入 OIV 组织的意向。

（6）为消除有关“洋垃圾”的不真实报道余毒，2002 年 12 月 21 日中国酿酒工业协会与经济日报共同主办了“中国葡萄酒业前景研讨会暨与时俱进，中国葡萄酒业发展宣言”主题发布会。

会议由政府部门、宣传媒体、葡萄酒生产主要企业、专家等参加，研讨的主题是：从总结葡萄酒行业发展道路、现状分析，研讨中国葡萄酒在新形势下今后发展方略。

本次研讨会上还进行了葡萄酒业《与时俱进、中国葡萄酒业发展宣言》主题发布。

通过这次研讨会使葡萄酒企业进一步增加社会透明度，已得到社会支持，营造一个积极、健康、诚信有利于行业发展的大环境，同时也进一步消除不负责任“洋垃圾”的报道对葡萄酒业带来的负面影响。

# 2001～2002 年中国黄酒行业情况

陈靖显　沈振昌

2001～2002 年是我国经济高速增长的两年，对我国黄酒行业来说，也是持续稳步前进的两年，在产品销售、结构调整以及经营观念上都发生了较大的变化。

## 行 业 成 绩

**1. 黄酒产量稳定，销售额上升**

全年黄酒产量，由于没有纳入国家统计

局统计范围，缺乏完整的统计数字，据估计2001年和2002年黄酒年产量仍稳定在140万吨左右。

在黄酒产量趋于稳定的同时，由于几家大企业相继调整产品结构，新颖、优质黄酒在黄酒销售总量中比重不断上升，形成销售量平稳，销售额上升的情况，据83家主要黄酒企业统计2000年黄酒销售收入为22.99亿元，2001年为25.83亿元。

**2. 企业盈利水平上升**

随着产品结构调整，中、高档次酒种增加，长期以来黄酒的低档次、低价格、低盈利的“三低”现象有所突破，使企业盈利水平上升。据对83家企业的统计，2000年利润总额为2.01亿元，2001年为1.91亿元。

**3. 经营理念有所转变**

黄酒行业由于经济实力薄弱，产品利润低，对宣传广告一直以来很少投入。主要还是没有摆脱工场手工业的守旧思想，自进入新世纪以来，这个局面有所突破，不少企业认识到“广告不是万能，但不做广告是万万不能的”，注意做好市场传播工作，特别是新产品上市，以广告为先导，从而获得了成功。如云南香格里拉酒业公司推出藏秘青稞干红和青稞干白酒，在中央电视台进行广告宣传；浙江古越龙山绍兴酒股份有限公司推出状元红酒，在电视台等通过媒体作宣传广告；上海金枫酿酒公司推出石库门酒，以广告开路，均取得很好的效果。

从近年来产品销售费用的上升，也折射了广告费用的增加，2000年83家主要企业的产品销售费用为1.39亿元，占产品销售收入6.05％；2001年产品销售费用为1.84亿元，占产品销售收入7.12％；2002年产品销售费用为2.33亿元，占产品销售收入7.96％。两年来，产品销售收入增长7.32％，产品销售费用增长67.62％。

**4. 黄酒出口平稳发展**

我国加入世贸组织后，为黄酒出口打开了广阔的空间，出口渠道增加，具有出口经营权的企业，以浙江为例，从原先只有浙江省粮油进出口公司和中国绍兴黄酒集团有限公司两家，现在已发展到东风绍兴酒有限公司、中粮绍兴酒公司、大越酒业公司等20多家，黄酒的出口量也有所增加，黄酒行业出口交货值2001年为2.05亿元，折合美元为2479万美元，2002年黄酒出口比2001年略有增长。

**5. 黄酒新品种不断上市**

2002年11月，中国酿酒工业协会黄酒分会在浙江省湖州市召开了“全国黄酒新世纪创新经验交流大会”，会上展示了43种新产品和新品种，这些新上市的产品各具特色，如云南香格里拉酒业公司推出的“藏秘”青稞酒（干红、干白），上海金枫酿酒公司推出的“石库门上海老酒”（男用、女用）、上海冠生园的“和酒”、古越龙山的“状元红”、东风酒厂的“帝聚堂”、湖州乾昌酒业公司的“虫草酒”等等，市场销势较好，获得了广大消费者的青睐，经济效益也明显好于老产品。

**6. 机制转换营造酒业勃勃生机**

国家实行改革开放政策以来，黄酒行业进行了体制改革，有一些大中企业进行了股份制改制，如浙江古越龙山绍兴酒股份有限公司、东风绍兴酒有限公司、浙江嘉善黄酒股份有限公司、上海金枫酿酒有限公司、绍兴女儿红酿酒公司等；也有不少企业改制成了民营企业，如安徽古南丰酿酒有限公司、浙江乾昌公司、浙江善好酒业集团公司、浙江东海酒业有限公司、浙江中朝酒业有限公司、江苏张家港酿酒有限公司、江苏无锡振太酿酒有限公司、浙江安吉乌毡帽酒业有限公司、绍兴大越酒业有限公司等，这些企业经营理念符合市场经济的发展要求，对黄酒行业的发展多具前瞻性眼光、决策审慎，行动果断、快捷，成为黄酒行业发展的主力。如古越龙山、食品一店（上海金枫酿酒公司是其成员）、轻纺城（东风绍兴酒有限公司是其成员）是黄酒行业中的上市公司，近年发展也很快，纷纷加大了投资力度。古越龙山绍兴酒股份有限公司用1.2亿元改造调整黄酒生产线，上海金枫酿酒公司投资2.2亿元建造年产黄酒4万吨新厂。东风绍兴酒公司业已建成年产黄酒2万吨的黄酒城。浙江善好酒业集团公司，看到黄酒行业发展的远景，征用土地2.53万平方米，建设年产2万吨的黄酒厂。绍兴大越酒业公司不到3年时间，就建起了新厂，生产和外贸有了很好发展。

这些都表明，由于企业机制的转换，为黄酒业的发展带来勃勃生机。

此外，黄酒行业完成了《全国黄酒工业主要经济技术指标统一计算方法》和《黄酒酿造工国家职业标准》的编制工作。为行业在这两个领域中的规范化发展创造了条件。

## 行业存在的问题

（1）黄酒消费地域没有扩大，黄酒消费区域仍在浙江、江苏、上海一带。黄酒的地域性消费抑制了黄酒的发展速度。

（2）黄酒的宣传投入仍然不足，在电视广告中很少露面，除浙、苏、沪以外的地区，公众对黄酒的认知度较低。

（3）科技投入不足。除中国绍兴黄酒集团有限公司每年有若干科研项目鉴定外，很少见黄酒最新科技成果。

（4）黄酒的出口势头，并没有预期那样强劲，只占黄酒总销量2%。

（5）黄酒行业无序竞争问题没有解决，一些低质、低价产品、伪劣产品，仍然充斥市场，败坏黄酒声誉。目前尚未实施生产许可证制度，尚无象葡萄酒行业由国家经贸委发布的《中国葡萄酿酒技术规范》的那种行业准则。

（6）2000年修订GB/T 13662—2000黄酒标准争议较大，其中固形物一项，多数由小分子蛋白质组成，但不同工艺、不同配方其含量差距较大，江苏和浙江的部分地区的黄酒企业执行有困难。由于对黄酒的某些理化指标缺乏深层研究，难以达成共识，黄酒的标准有待进行系统治理。

## 行业健康发展的若干对策

（1）黄酒行业要提高集中度，要鼓励企业采取自我发展或企业兼并的方式，扩大规模，目前上海金枫酿酒公司兼并了上海中国酒厂、施格兰（洋酒）酒业公司，并投资2.2亿元建设4万吨黄酒生产车间；浙江善好酒业公司扩建2万吨黄酒生产线，湖南岳阳建设湖南黄酒生产基地等，这是黄酒发展好兆头。

（2）把传统老产品用国家强制性标准，原产地域标准保护起来，与此同时制订烹饪黄酒、淡爽型黄酒、加香黄酒系列标准，促进黄酒品种的扩大和新产品研制。

（3）我国已进入WTO，要探讨黄酒如何对外开放，黄酒产业是目前国家禁止外商涉足的产业。黄酒这一国粹如何开放，有待进行多方面的评估和研讨。

# 中国果露酒行业情况

高美书　白镇江

## 行业概况

果露酒行业在各酒种中是一个小酒种。目前，年产量不足20万吨，销售收入12.3亿元，年利税2.4亿元。

果露酒行业在20世纪90年代，由于受到税收调整的影响，消费税由15%调整为25%，企业税收负担加重，有部分原为盈利产品而变为亏损产品，企业效益滑坡亏损面达30%左右，再加上保健品市场混乱，果露酒产品有不少是保健酒，产品销售受到一定影响，因此，果露酒行业产量与效益逐年下滑。

近两年国家对保健品市场进行整顿，人民保健意识逐步增强，果露酒企业采取了一系列措施，如：通过技术创新对产品进行结构调整、企业进行改制，加强宣传力度等等，涌现出一批新产品。老产品企业的产量效益也有明显上升。

从全国有果露酒产量的省市看，利润和税金增加辐度较大的省份有湖北省和海南省：

海南省2002年税金5203.6万元，比2001年同期增长14.07%；

湖北省2002年税金7059.7万元，比2001年同期增长31.61%；

海南省2002年利润3891.0万元，比2001年同期增长15.36%；

湖北省2002年利润3252.7万元，比2001年同期增长82.9%。

2002年露酒总产量列前茅的单位有：

烟台张裕保健酒公司2002年产量23227吨，与2001年持平；

湖北劲牌酒厂2002年产量13000吨，比2001年增长23%；

浙江致中和酒业公司2002年产量8841吨，比2001年增长31.38%；

海南椰岛股份公司2002年产量7259吨，比2001年增长28.32%；

广西梧州动植物酒总厂2002年产量4121吨，比2001年增长8.13%。

果酒行业除了葡萄酒以外其它果酒生产的产品都列入果露酒中。由于果类品种多，果露酒品种也多，但产量很小，企业年产以几百吨、几十吨为主，千吨以上的企业很少。国家鼓励农村经济发展，支持水果的种植和深加工，因此，果露酒的新产品研制势头良好，各地根据地区水果的优势开发了不少新产品如杨梅酒、柿子酒、桑椹酒、荔枝酒、菠萝酒等带地方色彩的果露酒，但产量还达不到规模产量品牌影响很小，产品还趋于地产地销，由于产量资金的不足对开发市场难度较大，消费者对果露酒的认知度比其它酒种差。

## 行业活动

（1）果露酒专业委员会根据果露酒行业产量小，市场竞争剧烈，更好地引导行业，向着健康的发展，专业委员会及时召开了果露酒营销研讨会，就果露酒现状存在问题，以及如何运作品牌，开拓市场，进行了研讨，通过研讨大家达到共识：果露酒行业要发展必须塑造行业声誉，以团队的力量，振兴古老传统酒种，果露酒行业需要进行品牌宣传，加大宣传力度，提高消费者对果露酒的认识水平，扩大果露酒市场占有率。

（2）制订果露酒（水果蒸馏酒）生产行业规定

果露酒生产企业和品种在逐年增加，但生产比较乱、生产不规范，影响到果露酒的发展。果露酒专业委员会组织企业制订了行业内部的生产规范，大家统一了认识，企业进行自律，为规范果酒生产及果露酒与国际接轨打下一个基础。

（3）组织行业内技术交流和技术讲座

组织行业内技术交流这是提高果露酒评委技术水平的途径之一。组织评委就各自从事的生产、技术工作、撰写论文等相互交流，取得理论与实践的双丰收。

并邀请法国埃普斯勒饮料公司技术专业来华为行业技术人员进行苹果酒现代加工技术讲座，并对加工中的材料进行实地试验，就生产中的问题和产品质量改进工作进行了技术交流，获得较满意效果。

（4）修订果露酒评分标准，果露酒原料广，产品跨度大，对新评委来说，要正确打好每个产品的分级难度较大，因此，专业委员会及时对果露酒评分标准重新进行修订，尽量做到用词、用语规范化，并且，对评酒员进行培训，以提高品评能力。

## 行业发展趋势

果露酒行业是一个朝阳工业。虽然目前是一个小酒种，但前景广阔，根据目前酒类发展情况，啤酒虽然产量最大，但已基本饱和，白酒产量在下降，发展空间最大的就是果露酒，果露酒有着丰富的原料基地保证，可以走持续发展的道路。果露酒的取材多样，生产比较灵活，可以在品种上多样化，更能满足餐饮和保健的需求，发展面广，而且果露酒生产废渣、废水的污染少，符合清洁生产的要求。因此，果露酒企业只要抓住机遇，进行创新，开发市场，特色服务，在酒类生产与市场中都会有一席之地。

# 2001年中国酒精行业情况

高寿清

## 全国酒精产量情况

据有关部门对产品销售收入500万元以上酒精生产企业的初步统计（月报累计），2001年发酵法酒精产量200.83万吨（较2000年略有减少），主要生产省份依次为：山东32.62万吨（增2.1%），黑龙江29.82万吨（持平），江苏19.98万吨（增15.7%），河南15.89万吨（减7%），广西14.83万吨（减30%），吉林14.12万吨（增4%），四川14.03万吨（增8.7%），天津12.84万吨（增5.4%），云南11.12万吨（减23%），安徽9.6万吨（持平），广东7.45万吨（增25%），河北4.62万吨（减5%），新疆2.67万吨（减21%），海南2.26万吨（增46%）。

行业的总体生产概况是：酒精产量与1999年基本持平，其中江苏、海南和广东有较大幅度增长，四川、天津、吉林有一定增长，山东、黑龙江、安徽无多大变化；河南、河北有所下降，广西、云南、新疆、辽宁下降幅度较大。

另外，酿酒企业自产自用的酒精产量85万吨左右、化学合成酒精产量7万吨。

## 经济、技术指标情况

### 1. 行业经济指标情况

行业资产总计99.1亿元（较2000年略有增加），行业负债总计89.99亿元（2000年89.97亿元），利润总额－0.49亿元（2000年－0.42亿元），税金总额5.6亿元（增20%），销售收入65.55亿元（增20%），销售费用2.29亿元（减14%），销售收入利润率－0.75%（2000年－0.7%），资金利润率－0.5%（2000年－0.42%），资产负债率90.81%（2000年91.27%）。

行业的总体经济情况是：资产略有增加，负债持平，税金总额有较大增长，销售费用下降，销售收入有较大增长，销售收入和资金利润率以及利润总额进一步下降而全行业仍处于亏损状态，资产负债率仍高居酿酒行业各酒种之首。

酒精出口量有较大增长达到近20万吨（2000年12万吨），每吨出口价370～420美元。

〔参考：据2000年工业统计年报，2000年被统计酒精企业单位147个，其中亏损企业55个（占37.4%），亏损企业亏损总额1.13亿元，管理费用3.06亿元，

利息支出1.9亿元，应缴增值税2.44亿元〕

**2. 主要酒精生产企业及经济指标情况**

酒精产量较大的企业有：华润金玉实业公司24万吨（增7%），天冠集团南阳酒精总厂6.63万吨（增26%），冠达实业公司5.84万吨（增1.6%），兰陵企业集团总公司6.9万吨，龙口市振龙酒精公司5.25万吨，新太酒精有限公司4.87万吨（增25%），挂月集团星月酒精公司4.23万吨（增10.8%），滕州荆河酒业公司4.52万吨（增29%），新沂酿酒厂4.43万吨（增21%），哈尔滨酿酒总厂4.34万吨（减4%），新龙酿酒公司4.32万吨（增16%），房亭酒业公司4.24万吨，天合农产品开发公司3.85万吨（减2%），绵竹鸿志酒业公司3.44万吨。

酒精产量超过3万吨的企业共计14家（其中超过4万吨的12家、超过5万吨的5家、超过20万吨的1家）。这些产量较大的企业中，除3家的产量与前年持平外，其余均有增产，增幅达7.4%～29%。

酒精生产企业的经济效益情况大体上是：年产3万吨以上企业中经济效益亏损的有3家（均系20世纪90年代中期投产而投资偏大的厂），其余有几十万至几百万元利润；而被统计的年产1万～3万吨以下的23家企业中，亏损的10家，所占比例较大（达43.5%），产量有增加的不多，大都持平，部分下降。

**3. 其他经济、技术指标情况**

3.1 酒精产品仍以普级食用酒精为主导，含税出厂价一般4000元左右/吨，低的3700～3800元，最低3600元，高的4200～4300元，最高4700元。

3.2 玉米到厂价1000元左右/吨，低的800元左右，高的1100元左右；瓜干950元左右/吨，低的800元，高的1000元，木薯干950元左右/吨，低的800元左右，高的1150元，木薯干的进口量有较大幅度增加（为前年的十几倍），达200万吨左右。

3.3 全干酒精糟（DDGS）总产量约50万吨，其中用国产装备生产的占60%。出厂价800～900元/吨，低的600～700元，高的近1000元。

3.4 综合利用年产玉米油1.7万吨，出厂价3500～4000元/吨，低的2000元左右。

3.5 普级食用酒精制造成本一般3000～3100元/吨，低的2900元左右（最低2775元），高的3200～3300元（最高3500元）。

3.6 淀粉出酒率一般53%左右，高的55%，（最高56.7%），低的52%（最低51%）。

3.7 吨酒精标煤耗量750公斤左右，高的900～1000公斤（最高1200公斤），低的550公斤（最低450公斤）。

3.8 吨酒精（淀粉质原料）耗电200度左右，低的150度（最低100度），高的300度（最高超过400度）。

3.9 吨酒精水耗50吨左右，低的25吨（最低12吨），高的80吨（最高超过200吨）。

3.10 年产二氧化碳制品约15万吨。

## 燃料酒精生产和应用试点的进展

2001年4月18日国家计委和国家质量监督检验检疫总局联合召开新闻发布会，宣布：《变性燃料乙醇》（GB 18350—2001）和《车用乙醇汽油》（GB 18351—2001）两项国家标准，已于2001年4月2日批准发布，并于2001年4月15日起实施。

鉴于变性燃料乙醇、车用乙醇汽油是我国即将在汽车燃料推广使用的一种特殊产品，为保证汽车正常行驶，根据《中华人民共和国标准化法》的有关规定，把这两项国家标准确定为强制性国家标准。

九届全国人大四次会议批准的《中华人民共和国国民经济和社会发展第十个五年计划纲要》中指出，“抓紧解决好粮食、水、石油等战略资源问题，把贯彻可持续发展战略提高到一个新的水平。”“通过加工转化、扩大出口多种方式，解决粮食等农产品阶段性供过于求的问题”。“开发燃料酒精等石油替代产品，采取措施节约石油消耗。”因此，车用乙醇汽油的开发应用有利于促进农业发展，消化陈化粮，增加农民收入；对节约石油资源、减少外汇进口石油和改善环境的质量，具有重大的战略意义。制定“变性燃料乙醇”、“车用乙醇汽油”国家标准，将为在我国积极、稳妥地推广使用乙醇汽油，规范这两种产品的生产、混配、使用和质量监督将起到技术保证作用。

标准起草工作组由以下单位组成：中国食品发酵工业研究所、中石化石油化工科学研究院（为组长）、中国汽车技术研究中心、长春汽车材料研究所、清华大学及酒精生产企业（河南天冠企业集团公司、吉林天河酒精公司、黑龙江华润金玉实业公司、安徽丰原生物化学公司）、汽油生产企业（中石化燕山分公司、中石油大连分公司）。

两项标准在整体上达到了国际水平。两项标准的技术要求如下：

（1）变性燃料乙醇

①变性剂添加量

燃料乙醇与变性剂的体积混合比例应为100∶2～100∶5，即变性剂在变性燃料乙醇中的体积分数为1.96%～4.76%。

②理化要求

表1　变性燃料乙醇的技术要求

| 项目 | | 指标 |
|---|---|---|
| 外观 | | 清澈透明，无肉眼可见悬浮物和沉淀物 |
| 乙醇，%(V/V) | ≥ | 92.1 |
| 甲醇，%(V/V) | ≤ | 0.5 |
| 实际胶质，mg/100mL | ≤ | 5.0 |
| 水分，%(V/V) | ≤ | 0.8 |
| 无机氯(以 $Cl^-$ 计)，mg/L | ≤ | 32 |
| 酸度(以乙酸计)，mg/L | ≤ | 56 |
| 铜，mg/L | ≤ | 0.08 |
| pHe值[1)] | | 6.5～9.0 |

1)2002年4月1日前，pHe值暂按5.7～9.0执行。

备注：应加入有效的金属腐蚀抑制剂，以满足车用乙醇汽油铜片腐蚀的要求。

（2）车用乙醇汽油

①本标准包括的产品只允许加入符合GB 18350—2001的变性燃料乙醇，加入量为10.0%±0.5%（V/V）。

②本标准的其它技术要求见表2。

**表 2　　车用乙醇汽油的其它技术要求**

| 项目 | | 质量指标 | | | 试验方法 |
|---|---|---|---|---|---|
| | | 90 号 | 93 号 | 95 号 | |
| 抗爆性： | | | | | |
| 研究法辛烷值(RON) | 不小于 | 90 | 93 | 95 | GB/T 5487 |
| 抗爆指数(RON+MON)/2 | 不小于 | 85 | 88 | 90 | GB/T 503　GB/T 5487 |
| 铅含量[1]，g/L | 不大于 | 0.005 | | | GB/T 8020 |
| 馏程： | | | | | GB/T 6536 |
| 10%蒸发温度,℃ | 不高于 | 70 | | | |
| 50%蒸发温度,℃ | 不高于 | 120 | | | |
| 90%蒸发温度,℃ | 不高于 | 190 | | | |
| 终馏点,℃ | 不高于 | 205 | | | |
| 残留量,%(V/V) | 不大于 | 2 | | | |
| 蒸气压，kPa | | | | | GB/T 8017 |
| 从 9 月 16 日至 3 月 15 日 | 不大于 | 88 | | | |
| 从 3 月 16 日至 9 月 15 日 | 不大于 | 74 | | | |
| 实际胶质，mg/100mL | 不大于 | 5 | | | GB/T 8019 |
| 诱导期[2]，min | 不小于 | 480 | | | GB/T 8018 |
| 硫含量[3],%(m/m) | 不大于 | 0.10[4] | | | GB/T 380<br>GB/T 11140<br>SH/T 0253 |
| 硫醇(需满足下列要求之一)： | | | | | |
| 博士试验 | | 通过 | | | SH/T 0174 |
| 硫醇硫含量,%(m/m) | 不大于 | 0.001 | | | GB/T 1792 |
| 铜片腐蚀(50℃，3h)，级 | 不大于 | 1 | | | GB/T 5096 |
| 水溶性酸或碱 | | 无 | | | GB/T 259 |
| 机械杂质 | | 无 | | | 目测[5] |
| 水分,%(m/m) | 不大于 | 0.15 | | | SH/T 0246 |
| 乙醇含量,%(V/V) | | 9.0～10.5 | | | SH/T 0663 |
| 其他含氧化合物,%(V/V) | | 未检出[6] | | | SH/T 0663 |
| 苯含量,%(V/V) | 不大于 | 2.5 | | | SH/T 0693 |
| 芳烃含量,%(V/V) | 不大于 | 40 | | | GB/T 11132 |
| 烯烃含量,%(V/V) | 不大于 | 35[7] | | | GB/T 11132 |

备注：1　锰含量，其检出限量为不大于 0.018g/L。

2　铁不得人为加入，考虑到在炼油过程和运输、储存产品时铁的污染，其检出限量为不大于 0.01g/L。

3　本标准实施之日起，试点地区使用的车用乙醇汽油中都应加入有效清净剂。

1)本标准规定了铅含量最大限值，但不允许故意加铅。

2)诱导期允许用 GB/T 256 方法测定，仲裁试验以 GB/T 8018 方法测定结果为准。

3)硫含量允许用 GB/T 11140、SH/T 0253 方法测定，仲裁试验以 GB/T 380 方法测定结果为准。

4)为适应大城市环保的需要，从本标准实施之日起，在北京、上海和广州执行硫含量不大于 0.08%(m/m)；从 2003 年 1 月 1 日起，在全国范围内执行硫含量不大于 0.08%(m/m)。

5)将试样注入 100mL 玻璃量筒中观察，应当透明，没有悬浮和沉降的机械杂质及分层。在有异议时，以 GB/T 511 方法测定结果为准。

6)不得人为加入，但允许加入作为助溶剂的高级醇。

7)从本标准实施之日起，在北京、上海和广州市实施；从 2003 年 1 月 1 日起在全国范围内实施。

国家计委把搞好车用乙醇汽油推广使用试点作为 2001 年调整和优化产业结构的重点工作来抓。

吉林的燃料酒精项目，经国务院批准由国家计委于 2001 年 8 月 3 日以计产业[2001] 1437 号文批复，同意建设吉林燃料乙醇有限责任公司年产 60 万吨燃料乙醇项目。产品方案为：年产燃料乙醇 60 万吨、蛋白饲料（DDGS）57 万吨、精制玉米油 4.5 万吨；固体废弃物综合利用车间暂按年产 30 万吨规模方案中空心砖、筑路材料的方案建设；燃料乙醇的市场范围包括吉林、辽宁、北京、天津、河北、内蒙、山东、山西等省、市的部分城市。

项目建设总投资 28.9 亿元。项目资本金（12 亿元）比例为：中石油公司 55%、吉林天河酒精有限公司 25%、中国华润总公司 20%。由中石油公司牵头成立吉林燃料乙醇有限责任公司，组织实施该项目的建设和经营。该公司已于 2001 年 9 月 22 日在吉林市举行了开工典礼。

除吉林新建项目外，在原有酒精厂中选择两家进行了技术改造：河南天冠企业集团公司南阳酒精厂增设一套规模为 20 万吨/年燃料酒精生产的脱水装置（于 4 月 8 日建成）；黑龙江华润金玉实业公司增设一套 10 万吨/年的脱水装置。

由中石化和中石油集团公司承担的“变性燃料乙醇作为汽油调合组分的可行性试验研究”项目已于 2001 年 10 月完成。通过国内 3 种典型轻型车（夏利、桑塔纳、富康）燃用车用乙醇汽油的 8 万公里行车试验等研究结果表明，在我国推广使用燃料乙醇含量为 10%（V/V）的车用乙醇汽油在技术上是完全可行的，汽车尾气中 CO、HC 排放量分别降低 30%和 13%，氮氧化物略有上升。

制订了车用乙醇汽油调配中心建设和加油站改造的企业设计规范（暂行）；并在试点城市改造了一批加油站，建设了调配中心。于 2002 年 6 月 20 日在河南省郑州、洛阳、南阳三市 15 个加油站进行了车用乙醇汽油的试用，共有 2000 多辆汽车参加，试用量 1000 多吨。黑龙江省也在哈尔滨和肇东市开展了小规模试用。

河南省和安徽省提出申请新建 2 个 30 万吨级的燃料酒精项目。于 2002 年 12 月 13 日由中咨公司组织对这两个项目的可行性研究报告进行评估。

12 月 26 日国务院批准正式启动车用乙醇汽油使用的试点，周期 9～12 个月，进行使用试点的 5 个城市为郑州、洛阳、南阳、哈尔滨和肇东。试点期间实行三项扶持政策。使用试点由国家经贸委会同有关部门组织实施。

四季度由国家计委产业发展司牵头组织编制了《十五发展变性燃料乙醇变项规划》。

2003 年 4 月 24 日科技部生物技术开发中心召开了如何加强对酒精工业科研和技术

开发的研讨会，建议将发展燃料酒精的科研与开发列入国家科技攻关项目，以提高其经济性和开辟新的资源。

## 行 业 活 动

中国酿酒工业协会酒精分会二届二次理事会暨酒精工业发展交流大会于 2001 年 7 月 25～26 日在广西贵港市召开，出席大会的有 82 个单位的 122 名代表，其中有酒精分会理事（单位）25 个。中国酿酒工业协会理事长兼酒精分会理事长耿兆林作了《为开创酒精工业新纪元而奋斗》的工作报告。有以下单位（代表）在会上进行了经验、技术交流：

（1）燃料酒精生产与应用情况介绍——天冠集团公司

（2）糖蜜酒精糟液浓缩制复混肥——贵糖公司酒精厂

（3）玉米半湿法粉碎提胚制油技术、经济情况分析——华润金玉实业公司

（4）国产装备生产 DDGS 情况与经验——冠达实业公司

（5）DDGS 浸油及酒精大罐连续发酵技术——天合农产品开发公司

（6）复合萃取精馏生产燃料酒精——清华大学化工系

（7）新型酶制剂在酒精生产上的应用——无锡杰能科生物工程有限公司

（8）生产高纯度酒精，探索酒业发展新方向——山东地球村纯净酒业公司

（9）燃料酒精发展的国际情况与分析——酒精分会高寿清

（10）固定化酵母在淀粉质原料酒精生产中的应用研究——新野汉华集团公司

（11）酒精糟液综合治理及沼气利用实践与经验——藤州荆河酒业有限公司

（12）糖蜜酒精糟液零排放治理技术——南宁实力锅炉设备公司

（13）酒精生产中喷射液化技术的应用——东潮科技

通过讨论，大家认为：面对新世纪和我国加入 WTO 在即，要在新形势下促进我国酒精生产与应用的健康发展，当前在总体上应遵循严控新增生产能力、改进结构、技术进步、提高质量、增加效益，治理污染、实施可持续发展战略的指导思想，以调整酒精产品等结构为主线，以改革开放和科技进步为动力，以促进农产品转化满足社会和经济发展中对酒精产品的需要为基本出发点，朝着高水平、高质量、多用途、低消耗、高效益、无污染的方向发展。

与会代表分析了当前我国酒精行业的形势和存在的主要问题，酒精行业已连续几年处于全行业亏损状态，目前仍未走出低谷，其主要原因在于供、求状况严重失衡，市场竞争激烈，酒精价格低迷，就是在这样的情况下，仍然不断有新的生产能力产生，进一步扩大了供、求之间的矛盾，这种盲目性严重影响了行业的健康发展，应引起有关方面的高度重视，建议政府有关部门加强宏观调控。部分酒精企业的酒精糟液（尤其是糖蜜酒精糟液）治理尚缺乏有效措施，急需改进。

代表们对我国启动燃料酒精发展十分关心，对我国当前应如何发展燃料酒精提出了许多建设性意见。大家认为：

（1）国家从贯彻可持续发展战略、从调

整农产品及加工业的结构保证农民收入、从保护环境等方面出发，将“燃料乙醇”添加(10%左右)到汽油中制成“车用乙醇汽油”作为汽车燃料的决策是完全正确的。国家决定先试点（已定天冠、华润金玉、吉林），在试点成功的基础上再推广的步骤也是非常科学、必要和稳妥的。

(2) 燃料酒精的发展和生产力的形成，应走建设新厂与对有条件的现有酒精企业加以改扩建相结合的道路，尽量避免不必要的重复建设。

巴西和美国发展燃料酒精都有其密切结合国情的具体特点，我们则应吸取国外经验的基础上密切结合我国的具体情况走出一条具有中国特色的发展之路。

近十年来，我国有一批企业引进了国际上先进的酒精生产技术，并通过消化吸收使我国的酒精生产技术和装备水平取得很大提高。

在原料集中并有产品消费市场的地区，可适当建些新厂，但按发酵法制造酒精的专业特性以及当前酒精生产和建设水平的实际情况，新建厂由于规模、工艺和综合利用上的相对优势并不显著，其经济上可能的提高总值在250元左右/吨酒精，但是新建厂每吨酒精需新增投资4500元，其每年的还本付息值将是上述可能提高值的2倍，因而从全局看，其综合经济性能并不及有闲置生产能力的老厂改造。

我国现有剩余酒精生产能力约200万吨，其中规模3万吨以上企业中配套齐全的闲置能力有几十万吨，稍加改造（增设脱水器）即可生产燃料酒精，因此在现阶段我国发展燃料酒精，应采取新建与有选择地利用部分老厂及现有剩余生产能力加以改造相结合的发展方式，这样做投入少、见效快、风险小，要注意防止忽视现实一哄而上建新厂、建大厂（认为只有建新厂、建大厂才有经济意义）的片面性。

努力提高酒精生产技术和综合利用水平，降低生产成本，增强燃料酒精的竞争能力，这是当前燃料酒精能否持续顺利发展的关键，应通过政府、社会有关各方和酒精企业的共同努力积极加以推进。

与会代表要求中国酿酒工业协会酒精分会将以上意见、建议及时向政府有关部门反映，并取得理解和支持。

## 国际交流活动

2001年10月28～31日，国际燃料酒精技术交流会议在北京饭店召开。由清华大学与美国BBI公司联合主办，16个有关国家200多位专家、学者、政府官员参加了会议。从不同方面介绍了：世界燃料酒精发展的历史、现状及趋势；中国及亚洲的能源、农业和环境状况；中国及亚洲燃料酒精技术的发展进程和机遇；过剩粮食及纤维素原料（待开发）的酒精生产技术。并分析了开发燃料酒精对农村经济的影响。

2001年10月27日奥高布殊公司在北京台湾饭店举行了奥高布殊酒精生产技术交流会，着重介绍了该公司的酒精（包括燃料酒精）生产技术在国际上（主要在美国）的应用情况以及在中国的应用业绩。有关酒精生产、设计、教学等单位的60余人参加会议，并进行了技术咨询与业务洽谈。

## 有关粮食原料政策

经国务院批准，国家粮食局、财政部、中国农业发展银行等部门研究决定，按陈化粮的规定用途，在郑州、大连粮食批发市场组织两个专场公开竞价销售200万吨陈化粮。于2001年10月29～30日在郑州粮食批发市场对普通酒精生产企业进行了陈化粮的竞价销售；于2001年11月6～7日在大连北方粮食交易市场对饲料生产企业等进行了陈化粮的竞价销售。

## 综 合 分 析

(1) 综观2001年的酒精生产与消费市场情况变化不大，但在企业结构、产品结构、所有制结构和生产水平等方面都在发生着积极的变化，这种变化将继续发展，推动着酒精行业的健康发展。

(2) 原有酒精产品（不包括燃料酒精）的需求没有大的变化，但新的酒精生产能力还在不断形成，加上原来闲置的部分生产能力，供、需之间的不平衡扩大，市场竞争更趋激烈。

(3) 燃料酒精生产和应用的试点正有计划的组织实施。

(4) 燃料酒精的发展，对农业产业化、环境保护和实施国民经济的可持续发展战略有利，已在国民经济十五发展计划中有所反映，这将引起各有关方面的重视，积极开发酒精生产新技术、新原料，降低生产成本，提高综合利用和清洁生产水平。无疑，这对整个酒精行业生产技术水平的提高和结构调整等大为有利。

(5) 随着加入WTO后进口关税的下降，玉米和木薯干的进口机会增加，酒精原料来源增多；此外，酒精的进口关税目前仍维持在40%。这些均对我国酒精生产有利。

# 2002年中国酒精行业情况

## 全国酒精产量情况

全国酒精产量（发酵法）213万吨（系销售收入500万元以上企业统计数，以下包括小厂及大部分自产自回量），较2000年增长7.3%（见表1）。

行业的总体生产情况是：酒精产量较2000年有所增加（优级和特级酒精比例有较快增长，主产省份中山东有较大幅度增长，黑龙江、江苏、四川、河北没有大的变化，吉林、河南、广东有所下降。）

表 1 各地酒精产量 单位：万吨

| 地区 | 产量 |
|---|---|
| 山东 | 45.7 |
| 黑龙江 | 29.8 |
| 江苏 | 22 |
| 广西 | 16 |
| 天津 | 14.5 |
| 河南 | 14 |
| 四川 | 13.5 |
| 吉林 | 13 |
| 云南 | 13 |
| 安徽 | 8.7 |
| 广东 | 5.9 |
| 河北 | 4.4 |
| 新疆 | 3.4 |
| 海南 | 1.3 |
| 陕西 | 1.3 |
| 辽宁 | 1.3 |
| 内蒙古 | 1 |
| 山西 | 0.9 |
| 浙江 | 0.88 |
| 宁安 | 0.82 |
| 甘肃 | 0.41 |
| 湖北 | 0.36 |
| 贵州 | 0.28 |
| 湖南 | 0.24 |

表 2 酒精主要生产企业的产量情况

单位：万吨

| 企业 | 产量 |
|---|---|
| 黑龙江华润酒精有限公司 | 21.95 |
| 山东九九有限公司 | 11.91 |
| 天津冠达实业总公司 | 7.51 |
| 山东龙口市振龙酒精公司 | 6.96 |
| 河南天冠酒精化工集团公司 | 5.13 |
| 山东兰陵企业（集团）总公司 | 5.01 |
| 哈尔滨酿酒总厂 | 5.00 |

续表

| 企业 | 产量 |
|---|---|
| 江苏新太酒精有限公司 | 4.88 |
| 徐州房亭酒业有限公司 | 4.69 |
| 天津挂月集团酒精公司 | 4.60 |
| 江苏新沂花厅酒业有限公司 | 4.05 |
| 吉林新龙酿酒有限公司 | 3.95 |
| 四川绵竹鸿志酒业有限公司 | 3.21 |
| 广东中能酒精有限公司 | 3.12 |
| 山东滕州荆河酒业有限公司 | 3.01 |
| 吉林沱牌农产品开发公司 | 2.92 |
| 河北避暑山庄实业集团公司 | 2.87 |
| 山东酒精总厂 | 2.36 |
| 天津市天尊酒业有限公司 | 2.32 |
| 河南新野汉华酒业有限公司 | 2.24 |
| 四川内江山酒业有限公 | 2.16 |
| 四川内江黎山酒精厂 | 1.84 |
| 吉林梅河口阜康酒精有限公司 | 1.78 |
| 江苏东海县顺泰酒精有限公司 | 1.76 |
| 安徽特酒总厂 | 1.67 |
| 河南赊店酒厂 | 1.66 |
| 山东泗水泉林酒精厂 | 1.50 |
| 山东泗水圣通酒精有限公司 | 1.48 |
| 南宁糖业集团公司（蒲庙造纸厂） | 1.47 |
| 吉安生化乾安酒精有限公司 | 1.40 |
| 徐州常青酒业有限公司 | 1.40 |
| 山西纪元玉米产业有限公司 | 1.38 |
| 牡丹江上京酒业有限公司 | 1.36 |
| 安徽丰原宿州生物化工有限公司 | 1.38 |
| 四川新兴酒业有限公司 | 1.33 |
| 河南孟州市酒精总厂 | 1.29 |
| 河南新分酒精厂 | 1.13 |
| 广西贵糖（集团）股份公司 | 1.03 |
| 广西柳州凤山糖业集团有限公司 | 1.00 |
| 渑池县乔岭集团有限公司 | 0.91 |

续表

| 企业 | 产量 |
| --- | --- |
| 安徽种子酒总厂 | 0.86 |
| 湖北襄樊酒精厂 | 0.82 |
| 元阳糖厂 | 0.79 |
| 广西柳兴实业开发总公司 | 0.77 |
| 伊犁四方糖业有限公司 | 0.76 |
| 吉林榆树金河酿酒公司 | 0.71 |
| 河南百泉春酒业公司 | 0.69 |
| 成都蜀酒业有限公司 | 0.65 |
| 重庆柏林酒业有限公司 | 0.59 |
| 平果县酒厂 | 0.57 |
| 陕西宝鸡酒精厂 | 0.51 |
| 锣圩镇锣圩酒精厂 | 0.50 |

年产酒精3万吨以上的企业15家，其中超过5万吨的7家，超过10万吨的2家，超过20万吨的1家。这些产量较大的企业中，产量与前年基本持平的6家，增长15～32%的5家，下降8%～26%的4家。此外，吉林石油化学工业公司生产合成酒精7.2万吨。

在发酵法酒精生产的综合利用方向，全年生产全干酒精糟（DDGS）约60万吨；干酒精糟（DDG）12万吨；玉米油2万吨；液体二氧化碳12万吨。薯类原料酒精糟液的处理中，有相当数量的沼气产生，用作能源；糖蜜原料酒精糟液的处理中，有一定数量肥料产品产出。

## 行业经济情况

全国酒精行业税金总额4.77亿元（较2001年下降0.6%），利润－852万元（2001年－3274万元），销售收入61.8亿元（增12.3%），销售费用2.4亿元（增43%），销售收入利润率－0.14%（2001年－0.59%），资产负债率78.6%（2001年85%）。

酒精生产有少量盈利的主产省份有：黑龙江、山东、河南、江苏和北京。

酒精生产亏损的主产省份有：广西、广东、吉林、四川和安徽。

酒精价格呈下降趋势，每吨普级食用酒精由年初的3700元左右降到3500元左右；全干酒精糟的价格在总体上呈上升趋势，每吨由年初的670元上升到830元左右。

原料价格基本稳定：玉米每吨850～1000元；地瓜子每吨920元左右；木薯干每吨930元左右（江苏、山东）～1100元左右（四川）。

行业的总体经济情况是：原料供应价格相对稳定而数量最大的普级食用酒精价格下滑，全干酒精糟价格上扬，总资产增加，负债率有所减少，税金总额持平，销售收入有一定增长，但销售费用却有大幅度增加；全行业利润仍呈负数，但亏损值减少；资产负债率有所降低。酒精出口量（约10万吨）由前年的突发增长回落到略高于前几年通常年景。

酒精生产企业的经济效益情况大体是：被统计14家年产量3万吨以上的企业中，经济效益亏损的3家（占21%），基本持平的3家，有几百万元利润的6家，有千万元以上利润的2家。在被统计的年产1万～3万吨酒精的17家企业中，基本持平的8家，亏损的6家（占35%）。在被统计的年产酒精万吨以下的21家企业中，基本持平的7家，亏损的14家（占67%）。

# 酒精的进出口情况

## 1. 出口情况

表 3　　2002 年酒精出口情况

| 产品名称 | 国家和地区 | 数量（千升） | 金额（万美元） |
|---|---|---|---|
| 未改性已醇 | 日本 | 81914.27 | 2510.67 |
| 未改性已醇 | 中国台湾 | 10160.48 | 311.60 |
| 未改性已醇 | 韩　国 | 5177.82 | 155.15 |
| 未改性已醇 | 朝　鲜 | 1805.50 | 69.19 |
| 未改性已醇 | 缅　甸 | 341.92 | 11.58 |
| 未改性已醇 | 中国澳门 | 204.03 | 10.81 |
| 未改性已醇 | 印　度 | 44.00 | 7.71 |
| 未改性已醇 | 马达加斯加 | 32.64 | 2.08 |
| 未改性已醇 | 尼日利亚 | 32.4 | 3.52 |
| 未改性已醇 | 中国香港 | 24.68 | 1.25 |
| 未改性已醇 | 越　南 | 5.5 | 0.96 |
| 未改性已醇 | 也　门 | 2.94 | 0.18 |
| 未改性已醇 | 蒙　古 | 1.01 | 0.39 |
| 未改性已醇 | 伊　朗 | 0.80 | 1.30 |
| 未改性已醇 | 苏　丹 | 0.18 | 0.04 |
| 合　计 |  | 99747.7 | 3086.5 |
| 改性乙醇 | 韩国 | 13695.95 | 441.64 |
| 改性乙醇 | 中国香港 | 554.20 | 36.93 |
| 改性乙醇 | 新加坡 | 372.20 | 24.75 |
| 改性乙醇 | 缅　甸 | 281.04 | 8.64 |
| 改性乙醇 | 朝　鲜 | 247.86 | 10.08 |
| 改性乙醇 | 哈萨克 | 201.57 | 7.76 |
| 改性乙醇 | 泰　国 | 60.16 | 2.82 |

续表

| 产品名称 | 国家和地区 | 数量（千升） | 金额（万美元） |
|---|---|---|---|
| 改性乙醇 | 日　本 | 56.47 | 4.24 |
| 改性乙醇 | 中国台湾 | 16.20 | 1.06 |
| 改性乙醇 | 加　纳 | 10.9 | 0.52 |
| 改性乙醇 | 美　国 | 1.8 | 0.57 |
| 改性乙醇 | 捷　克 | 1.4 | 0.12 |
| 改性乙醇 | 英　国 | 0.2 | 0.07 |
| 改性乙醇 | 毛里塔尼亚 | 0.05 | 0.015 |
| 改性乙醇 | 苏　丹 | 0.04 | 0.073 |
| 合计 |  | 15437 | 539.3 |

## 2. 进口情况

表 4　　2002 年酒精进口情况

| 产品名称 | 国家和地区 | 数量（千升） | 金额（万美元） |
|---|---|---|---|
| 未改性乙醇 | 巴　西 | 1334.75 | 37.37 |
| 未改性乙醇 | 日本 | 18.10 | 14.13 |
| 未改性乙醇 | 中国台湾 | 17.15 | 1.34 |
| 未改性乙醇 | 新加坡 | 12.75 | 0.20 |
| 未改性乙醇 | 荷兰 | 12.64 | 0.52 |
| 未改性乙醇 | 韩国 | 12.43 | 4.51 |
| 未改性乙醇 | 澳大利亚 | 14.00 | 1.61 |
| 未改性乙醇 | 英国 | 9.36 | 0.38 |
| 未改性乙醇 | 德国 | 3.4 | 1.19 |
| 未改性乙醇 | 中国香港 | 0.61 | 0.14 |
| 未改性乙醇 | 捷克 | 0.24 | 0.024 |
| 未改性乙醇 | 美国 | 0.043 | 0.0676 |
| 合计 |  | 1435.4 | 61.5 |
| 改性乙醇 | 日本 | 1746.59 | 96.34 |

续表

| 产品名称 | 国家和地区 | 数量（千升） | 金额（万美元） |
|---|---|---|---|
| 改性乙醇 | 中国台湾 | 117.22 | 11.07 |
| 改性乙醇 | 中国香港 | 116.55 | 6.80 |
| 改性乙醇 | 中国澳门 | 74.30 | 2.60 |
| 改性乙醇 | 新加坡 | 19.23 | 1.66 |
| 改性乙醇 | 美国 | 9.34 | 1.21 |
| 改性乙醇 | 韩国 | 8.16 | 1.51 |
| 改性乙醇 | 澳大利亚 | 6.01 | 0.181 |
| 改性乙醇 | 德国 | 3.61 | 1.21 |
| 改性乙醇 | | 1 | 2.00 |
| 改性乙醇 | 荷兰 | 0.42 | 0.017 |
| 改性乙醇 | 瑞士 | 0.042 | 0.039 |
| 改性乙醇 | 越南 | 0.020 | 0.0005 |
| 改性乙醇 | 法国 | 0.014 | 0.033 |
| 改性乙醇 | 马来西亚 | 0.012 | 0.017 |
| 改性乙醇 | 匈牙利 | 0.012 | 0.0013 |
| 改性乙醇 | 意大利 | 0.004 | 0.0041 |
| 改性乙醇 | 南非 | 0.004 | 0.0003 |
| 改性乙醇 | 英国 | 19.69 | 0.84 |
| 合计 | | 2122 | 125.5 |

## 重 要 记 事

（1）河南天冠集团年产30万吨变性燃料乙醇项目，经国务院批准国家计委于2002年10月16日以计产业〔2002〕1999号文批复河南省，正式立项。产品方案：年产变性燃料乙醇30万吨、小麦谷朊粉4.5万吨、液体二氧化碳2万吨、小麦麸皮10万吨、小麦胚芽1350吨、DDGS蛋白饲料15万吨，加气混凝土砌块8万立方米，粉煤灰砖1000万块。

30万吨燃料乙醇的市场范围包括河南、湖北、陕西、山西、山东等5个省的部分城市。车用乙醇汽油的推广使用将制定相关的法规强制执行。

项目总投资12.86亿元（铺底流动资金0.57亿元）。项目资本金占总投资的41.5%，其中：河南天冠集团出资占60%，中石化集团公司和河南省建设投资公司分别出资各占20%。其余申请中国工商银行长期贷款。

废水处理排放要求达到《综合污水排放标准》（GB 8979—1996）表4酒精行业一级标准。

借鉴国外的通行做法，在燃料乙醇生产、应用试点期间实行减免税和价格外贴等政策。

2002年11月17日本项目在南阳建设基地举行了开工典礼，河南省张以祥副省长、国家计委产业发展司刘铁南司长、国家经贸会原领导杨昌基、中石化集团公司副总裁王天普以及国家粮食局、中国国际工程咨询公司、中国酿酒工业协会等单位的代表参加。

（2）关于安徽蚌埠丰原生物化工集团公司32万吨变性燃料乙醇项目的可行性研究报告，由中国国际咨询公司组织进行评估，继2001年12月13日的初评估于2003年3月1日在该公司进行了该项目的现场评审会；并于4月12日进行了再评审。

（3）2002年3月22日国家经贸委等9部（局）委印发了关于《车用乙醇汽油使用试点方案》和《车用乙醇汽油使用试点工作实施细则》的通知（见本书《政策法规

篇》)。

(4) 燃料酒精使用试点情况

①河南省正式启动车用乙醇汽油使用的试点

使用试点于3月8日首先在南阳市开展，在后于6月8日、6月18日分别在郑州市和洛阳市进行。所用变性燃料乙醇，由河南天冠酒精化工集团公司生产提供。为使试点的顺利进行，编制了《乙醇汽油使用常识》、《司机必读》、《车辆清洗办法》、《车辆清洗程序》、《乙醇汽油夏季使用注意事项》、《乙醇汽油冬季使用注意事项》、《摩托车使用乙醇汽油注意事项》等宣传材料和使用手册；并对有关乙醇汽油调配、储存、配送、使用等有关人员组织进行了专业培训。

到2002年底，试点运行基本取得成功，车用乙醇汽油（含变性燃料乙醇10%）销量近10万吨。计划于下年度将使用试点深入推进。

②黑龙江也先在肇东市进行了《车用乙醇汽油》的试用。

(5) 山东济宁市的九九酒精有限公司建成投产。该公司酒精生产的设计能力的年产酒精50万吨，8月份投产至年底共计生产酒精11.9万吨。开工率不及50%。

(6) 吉林燃料乙醇股份有限公司的建设项目按计划进行建设，分别进行了有关设备供应和废水处理等事项的招标活动。

(7) 安徽蚌埠丰原生物化工集团公司的6万吨燃料乙醇并联产酵母的技术革新试验建设项目基本建成。

(8) 广西在制糖产业结构调整中，组建了三个大型制糖企业集团（即南宁糖业集团公司、贵糖集团公司、柳州凤山糖业集团公司），用废糖蜜生产酒精的格局也随之发生了变化，如南宁糖业集团将蔗渣造纸与糖蜜酒精生产集中于原蒲高糖厂。

## 重要行业活动

(1) 全国酒精糟液利用治理与装备国产化经验交流研讨会在天津市宁河县召开。

会议纪要如下：

随着酒精工业的发展，酒精糟液的数量愈来愈多，随着社会的发展，国家对环境保护的要求愈来愈高，酒精糟液的有效利用治理已成为酒精生产中不可缺少的内容，它的现状影响着酒精行业的健康发展。另一方面，燃料酒精的发展，也在很大程度上取决于酒精糟液处理、综合利用水平的提高和生产成本的降低。

近十几年来，有一大批酒精企业先后通过引进国外先进技术和消化吸收后的国内装备技术以及自主研究开发，提高了我国酒精糟液治理与综合利用的水平，取得了很大进步，也取得了许多经验。

为适应当前我国酒精工业发展形势的需要，促进酒精糟液利用治理与装备国产化水平的进一步提高，中国酿酒工业协会酒精分会、饲料及综合利用委员会联合于5月9~11日在天津市宁河县芦台镇召开了“全国酒精糟液利用治理与装备国产化经验交流研讨会”。会议内容：

①总结、交流国产装备、进口装备生产干酒精糟及其深加工的经验、体会与比较；

②总结、交流酒精糟液通过厌氧一好氧处理实施达标排放及综合利用深加工的经验与体会；

③国产装备制造的发展状况与改进；

④研讨进一步提高治理和综合利用水平，降低治理费用、提高经济效益的途径。

这次会议受到各有关单位的普遍欢迎与重视，有58个单位的82名代表参会，大大超出了原来的计划安排。主要酒精生产单位和装备制造单位都积极参与，华润金玉实业公司、冠达实业公司、天冠集团、山东酒精总厂、哈尔滨酿酒总厂、挂月集团酒精有限公司等大型酒精企业都是总经理或总工程师亲自参加。

有14个单位的代表在会上作了专题发言，交流了各自取得的经验与体会，以及有关装备制造技术水平提高的最新情况。与会代表普遍反映会议内容很好，针对性强，它是近阶段我国酒精糟液治理与装备国产化发展情况的较为全面的总结，从实际生产中得出的许多经验和体会都是十分宝贵的，受益匪浅。

代表们普遍认为：近十几年来，我国酒精生产与糟液利用治理以及装备制造水平有了很大提高，只能依靠用高价引进同类装备的时期已经基本结束了！今后要向清洁生产、资源充分利用、经济有效的更高水平发展；在利用治理装备制造方面，要在节能、节约投资、做好售后服务等内容上进一步改进、提高。

从交流的经验和体会中，可概括出以下几点：

①搞治理和技改，一定要立足于本企业的技术现状和生产实际，从根本上找出原因和解决问题。而技术的改造仅是完成了工作的一半，还要靠健全的制度和有力的管理来实现有效的运行。

②要充分利用企业自有条件，综合利用，走可持续发展道路，化害为利，综合施治。

③要吃透引进装备的技术特点和要求，发挥其最佳效果。

④对引进装备不能迷信，要选择好对象，科学合理，严格的把好试车关。

⑤要从整个酒精生产的工艺路线，统盘考虑酒精糟液的治理与综合利用。

⑥DDGS生产技术装备的关键在于降低汽耗、减少投资、方便维修。

⑦在DDGS生产中要注意做到：浓缩蒸发部分要尽量开足，开好；强化整个酒精生产的统一调度指挥，避免出现大的波动，滤液返还和蒸发残液的输送管道应一次性选用不锈钢材。

⑧DDGS、DDG产品质量标准的深化与统一以及产品的分等分级应提到议事日程，需要建立按质论价的公平竞争条件，以促进先进生产工艺技术的发展和产品质量水平的提高。

⑨选择工艺、技术路线要有前瞻性，要考虑到环境保护要求的进一步提高和处罚的严厉性。

⑩科学技术是前进的动力，要加强科技开发力度和投入，不断创新、不断提高，以增强企业的市场竞争实力。

（2）中国酿酒工业协会第二届三次理事会暨酒精行业发展交流大会在黑龙江省肇东市召开

①中国酿酒工业协会二届三次理事会式作报告。（见本篇附件1）。

②会议纪要（见本篇附件2）。

## 国际交流情况

(1) 2002年4月25日泰国木薯商业协会一行人与中国酿酒工业协会酒精分会进行了有关酒精生产与原料情况的究流。

表1　　2001年泰国往中国出口的木薯产品　　单位：万吨

| 地区 | 木薯粒 | 木薯干块 | 木薯淀粉 | 木薯变性淀粉 |
|---|---|---|---|---|
| 中国(大陆) | 6.50 | 163.87 | 3.10 | 3.23 |
| 中国香港 | | | 4.85 | 0.06 |
| 中国台湾 | 1.59 | | 25.0 | 0.92 |

泰国每年出产约2000万吨鲜木薯，其一半被加工成木薯干块及木薯粒，剩余一半被加工成本薯淀粉。泰国木薯产量居世界第三位，是世界最大木薯产品出口国。

表2　　泰国木薯产品标准

| 项　目 | | 含量 |
|---|---|---|
| ①特级木薯干 | | |
| 水分 | 最高 | 13% |
| 粗纤维 | 最高 | 4% |
| 泥砂 | 最高 | 2% |
| 淀粉（无氮浸出物测定） | 最低 | 75% |
| 淀粉（旋光测定） | 最低 | 70% |
| ②普通木薯干 | | |
| 水份 | 最高 | 14% |
| 粗纤维 | 最高 | 5% |
| 泥砂 | 最高 | 3% |
| 淀粉（旋光测定） | 最低 | 65% |
| ③木薯粒 | | |
| 水份 | 最高 | 14% |
| 粗纤维 | 最高 | 5% |
| 泥砂 | 最高 | 3% |
| 淀粉（旋光测定） | 最低 | 65% |

木薯干用作酒精等发酵产品生产的原料，木薯粒用作饲料。

(2) 2002年10月16日日本合成酒精株式会社与日本酒精株式会社一行6人与中国酿酒工业协会酒精分会进行了有关情况的交流。

①日本现有酒精生产能力35.5万千升，其中发酵酒精21万千升，合成酒精14.5万千升；2001年实际生产29.8万千升，其中发酵法酒精19.4万千升，合成酒精10.4万千升。

②生产企业地点

合成酒精——神奈川县的川崎（属日本合成酒精株式会社，能力7.5万千升）；三重县的四日市（日本酒精株式会社，7万升升）。

发酵酒精——属日本新能源与工业技术发展组织（NEDO），生产厂分布在：千叶县（3.48万千升）；茨城县（6.0万千升）；静岗县（4.02万千升）；熊本县（1.5万千升）；鹿儿岛县（6.0万千升）。

③2001年日本进口酒精38万吨，其中从中国进口量最多达12万吨，其他国家依次为泰国、巴西、美国、印度尼西亚、巴基斯坦、阿根廷、澳大利亚、沙特阿拉伯和印度。

## 行业存在的主要问题与前进方向

### 1. 供需严重失衡，缺乏制约机制

酒精生产能力（已超过500万吨/年）在几年前已远大于市场的正常需求，但由于市场经济运行机制尚不完善等因素，生产能力的过度膨胀得不到有效控制，新的生产单位还在增加，供需的不平衡进一步扩大，致使酒精产品的市场竞争更趋激烈，酒精价格

低（今年每吨普级食用酒精已从年初的3700元下降到目前的3500元左右），开口率严重不足，经济效益不佳，全行业的利润状态在微利与亏损之间徘徊。

**2. 酒精行业实现清洁生产尚需很好努力**

《中华人民共和国清洁生产促进法》已于2002年6月29日颁布，于2003年1月1日起施行，国家对环境保护的要求愈来愈高，管理日趋严格，并将陆续出台针对各行业的相关政策、具体要求和实施办法，酒精行业是可能产生有机污染物的重要对象，目前在一定程度上的仍然是对环境的一个污染源。它表现在以下几个方面：

（1）以玉米等谷物为原料的酒精生产，一般是将酒精糟液经分离、浓缩、干燥制成干全糟（DDGS），部分分离清液加以回用(40％～50％)。这样处理，解决了酒精糟液本身的污染问题，并使大部分有用资源得到回收，但尚存在着酒糟滤液浓缩中产生的冷凝液、蒸馏余馏水和洗罐水的污染问题。解除这部分废水的污染，需要通过另设装置(如厌氧一好氧处理等)，现在对这部分废水能这样完善处理的企业尚属少数。

部分企业在酒精糟液的处理中，只制成普通的干糟（DDG），这样处理的滤液部分所含有机物会因回收不彻底而产生更多的污染物。

（2）以薯类等原料的酒精生产，一般是将酒精糟液粗滤后，经厌氧一好氧处理，粗渣以鲜糟形成出售或制成干糟。这类处理，因装置和工艺的不同，处理水平相差悬殊，很多企业还处在低水平治理状态。

（3）以糖蜜为原料的酒精生产，因其酒精糟液的成分复杂而处理难度大、费用高，实际治理状况不佳，尚存在着较严重的环境污染问题。近来试用以下几种处理方法：酒精糟液经浓缩干燥制成肥料（或复合肥料）；酒精糟液经浓缩后喷入锅炉燃烧；酒精糟液与制糖滤泥、次蔗渣混合，经微生物技术处理后作肥料。这些方法有待在实践中取得经验，普及推广。

酒精行业实施清洁生产有着十分重要的现实意义和紧迫性，酒精糟液的治理水平及其经济性能是影响我国酒精工业健康发展的重要因素。

**3. 提高酒精生产的科技含量，实现酒精工业现代化**

近十几年来，通过引进国际酒精生产的先进技术和自主研究开发，我国的酒精制造技术装备制造技术、酒精糟液处理技术以及酒精产品质量等方面的水平有了很大提高；行业结构、企业结构和产品结构得到改善；利用酒精糟生产DDGS的能力已超过100万吨，实际年产量达60万吨左右，通过厌氧发酵获得沼气回收了大量能源，对减少环境污染取得很大进步。但是在行业的总体现代化，特别是清洁生产方面还有相当大的距离。

科学技术是生产发展的动力，要增加科技投入，不断加强科技开发，不断革新，不断提高，以增强企业的市场竞争能力并保持环境的清洁，从而实现提高整个行业的生产与管理水平，获取良好的经济与社会效益。

按照中共十六大提出的要走新型工业化发展之路的精神，酒精行业要在提高酒精生产的科技含量上狠下功夫，向着科技含量高、经济效益好、资源消耗低、环境污染少的新型酒精工业方向努力前进。

附件 1：

# 认清形势，积极对策，促进酒精行业健康发展

## ——中国酿酒工业协会酒精分会二届三次理事会工作报告

中国酿酒工业协会理事长　耿兆林

2002 年 8 月 29 日

## 近年来酒精行业概况

### 1. 酒精生产情况

1.1　2001 年情况

据对产品销售收入 500 万元以上酒精生产企业的统计，去年发酵法酒精产量 200 余万吨（加上小厂及自产自用总计约 300 万吨）。主要生产省份（10 万吨/年以上）依次为山东、黑龙江、江苏、河南、广西、吉林、四川、天津、云南、安徽。

行业的总体生产情况是：酒精产量与前年基本持平，其中江苏、海南和广东有较大幅度增长，四川、天津、吉林有一定增长；山东、黑龙江、安徽无多大变化；河南、河北有所下降；广西、云南、新疆、辽宁下降幅度较大。

行业的总体经济情况是：资产略有增加，负债持平，税金总额有较大增长，销售费用下降，销售收入有较大增长，销售收入和资金利润率以及利润总额进一步下降而全行业仍处于亏损状态，资产负债率仍高居酿酒行业各酒种之首。

酒精出口量有较大增加，达到近 20 万吨。

酒精产量较大的企业依次为：华润金玉实业公司、天冠集团南阳酒精总厂、冠达实业公司、兰陵企业集团公司、龙口市振龙酒精公司、新太酒精有限公司、挂月集团星月酒精公司、滕州荆河酒业公司、新沂酿酒厂，哈尔滨酿酒总厂、新龙酿酒公司、房亭酿酒公司、天合农产品开发公司、绵竹鸿志酒业公司。以上 14 家企业的酒精产量均在 3 万吨以上，其中超过 4 万吨的 12 家，超过 5 万吨的 5 家，超过 20 万吨的 1 家。这些产量较大的企业中，除 3 家的产量与前年持平外，其余均有增加，增幅 7%～29%。

酒精生产企业的经济效益情况大体上是：年产 3 万吨以上企业中经济效益亏损的有 3 家（均系 90 年代中期投产而投资偏大的厂），其余有几十万至几百万元利润；而被统计的年产 1 万～3 万吨酒精的 23 家企业中，亏损的 10 家，所占比例较大（达 43.5%），产量有增加的不多，大都持平，部分下降。

在原料方面，因天气影响地瓜干供应减少，而木薯干的进口有较大幅度增加达 200 万吨（为前几年的十几倍）。目前，江苏、四川基本上都使用木薯，山东、安徽部分使

用。木薯干的到厂价略低于地瓜干。

酒精干全糟（DDGS）产量约 50 万吨；玉米油产量近 2 万吨；$CO_2$ 制品约 15 万吨。

1.2 今年上半年情况

全国酒精产量 109.84 万吨（销售收入 500 万元以上企业统计数），较去年同期增 5.6%。其中：山东 18.6 万吨（增 16.9%），黑龙江 15.36 万吨（减 2.3%），江苏 10.53 万吨（增 14.5%），云南 12.08 万吨（增 14.9%），广西 10.09 万吨（增 12%），四川 7.88 万吨（增 16.4%），吉林 7.19 万吨（减 7%），天津 6.14 万吨（减 5.7%），河南 6.71 万吨（减 12%），安徽 3.92 万吨（减 5%），广东 2.88 万吨（增 3.9%），河北 2.27 万吨（减 4.6%），新疆 1.36 万吨（增 43%），海南 1 万吨（减 7%）。

全国酒精行业税金总额 2.55 亿元（增 10%），销售收入 31.36 亿元（增 17%），销售费用 1.08 亿元（增 14%），销售收入利润率 0.08%（同期 0.14%），资金利润率 0.03%（同期 0.05%），资产负债率 80.4%（同期 83.5%）。

酒精生产盈利的省份：黑龙江、天津、江苏、山东、河南、河北。

酒精生产亏损的省份：吉林、广西、安徽、四川、广东。

酒精价格呈下降趋势，每吨普级食用酒精由年初的 3700 元左右下降到 3500 元左右，干全糟（DDGS）价格呈上升趋势，每吨由年初的 670 元左右上升到 830 元左右。

原料价格：玉米 850～1000 元/吨；瓜干 920 元左右/吨：木薯干 930 元左右/吨（江苏、山东）～1100 元左右/吨（四川）。

出口酒精 4 万多吨，较去年同期大幅度下降。

酒精产量较大的企业为：华润金玉 11.5 万吨，龙口市振龙 3.45 万吨（增 32%），冠达 3.12 万吨（增 6%），山东兰陵 2.88 万吨（减 23%），太仓新太 2.46 万吨（增 2.7%），哈尔滨酿酒总厂 2.43 万吨（增 4.2%），天冠 2.42 万吨（减 15%），房亭 2.1 万吨（增 33%），新龙 2.07 万吨（减 7%），天合 1.96 万吨（减 1.6%）。

据销售收入 1000 万元以上 50 家酒精企业统计，亏损企业率 26%。

概括今年上半年度酒精行业的总体情况是：产量有一定增加（优级酒精比例增加），税金总额、销售收入、销售费用都有 10%以上的增长，但销售收入和资金利润率均稍低于去年，资产负债率有所降低；原料价格相对稳定，但酒精价格呈下滑趋势而干酒糟价上扬，酒精出口量由去年的突发增长回落到略高于前几年的通常年景。

**2. 有关燃料酒精生产、应用试点情况**

2.1 《变性燃料乙醇》和《车用乙醇汽油》两项国家标准已颁布实施。

2.2 吉林的 60 万吨燃料酒精项目批准后，正在分阶段加紧实施，由中石油、吉林省和华润三方组成吉林燃料乙醇有限责任公司。

2.3 河南天冠集团公司的 30 万吨燃料酒精项目和安徽丰原集团公司的 32 万吨燃料酒精项目进入可行性研究阶段。

2.4 由中石化和中石油集团公司承担的“变性燃料乙醇作为汽油调合组分的可行性研究”项目于去年 10 月完成，并制订了“车用乙醇汽油调配中心建设和加油站改造企业设计规范（暂行）”；在河南和黑龙江的

5城市开展了车用乙醇汽油的初步试用。

2.5 由国家计委产业发展司牵头组织编制“十五推广使用变性燃料乙醇专项规划”。

2.6 去年12月经国务院批准，在今年正式启动车用乙醇汽油生产、使用的试点，周期9～12个月，试用试点城市5个，试点期间施行三项扶持政策。有关《车用乙醇汽油使用试点方案》和《车用乙醇汽油使用试点工作实施细则》已由国家经贸委等八部门联合发文给有关省政府和两大石油公司。

3. 其他情况

修订后的《食用酒精》国家标准已于今年3月5日正式颁布，将于9月1日起实施（标准号为GB 10343—2002）。

## 对近年内酒精行业发展趋势的分析

（1）近年来，酒精生产和消费市场情况变化不大，但在企业结构，产品结构、所有制结构和生产水平等方面都发生着积极的变化，这种变化将继续发展。

（2）原有酒精产品（除燃料酒精）的需求在总体上不会有大的变化，但新的酒精生产能力还在不断形成，供、需间的不平衡，进一步扩大，市场竞争尤其是价格竞争将更趋激烈。

（3）燃料酒精生产和应用的试点将有计划的实施。

（4）通过各种调研、讨论，掌握了国际上燃料酒精发展的确切情况，有关各方对我国如何发展燃料酒精有了比较实际、积极而客观的理性认识，这有助于我国酒精工业的健康发展。

（5）燃料酒精的发展，已在国民经济“十五”发展计划中得到反映，这将促使引起各有关方面的重视，积极开发酒精生产新技术、新原料，降低生产成本，提高综合利用和清洁生产水平。这对整个酒精行业生产技术水平的提高和结构调整等大为有利。

（6）随着加入世贸组织后进口关税的下降，玉米和木薯干的进口机会增加，酒精原料来源增多；此外，酒精的进口关税目前仍维持在34%～40%。这些，均对我国酒精生产有利。

（7）修订后的《食用酒精》国家标准将于9月1日起实施，它标志着我国酒精生产和产品质量已发展到一个新水平；增加了一个特级；优级和普级的质量水平也有提高。这对部分中、小型酒精生产企业提高蒸馏技术水平提出了新的要求。

（8）《中华人民共和国清洁生产促进法》已于2002年6月29日颁布，于2003年1月1日起施行。国家对环境保护的要求愈来愈高，管理也日趋严格并将进一步采取与经济挂钩的管理手段，酒精企业对这一趋势要有清醒认识，作好思想准备并尽快采取应对措施。

## 本年度酒精分会的工作情况

根据国民经济总体发展的方针政策和酿酒行业的具体情况，中国酿酒工业协会提出协会的工作应围绕着以下主导思想相应开展，即：为加快酿酒行业生产和酒类消费的健康发展，要与全国经济结构战略性调整相适应，紧紧抓住酿酒行业结构、产品结构和所有制结构调整这一主线，以改革开放和科技进步为推动力，以满足人民生括水平日益提高过程中对酒类产品的需要为基本出发点，全面促进酿酒行业经济发展和酒业生产、消费文明的不断进步；要尽快适应加入WTO后的新形势，注重做好服务。协会要在这个发展过程中，充分发挥积极作用。

酒精分会按此要求开展了以下工作：

**1. 完善协会组织**

1.1 按照分会二届二次理事会决议，将《中国酿酒工业协会酒精分会理事会工作规则》（见附件）正式发各理事单位执行。

1.2 按照分会二届二次理事会决议，将原行业内刊改名《酒精》，组建了《酒精》刊物的编委会和工作班子（编辑、刊印和发行等实际工作委托河南天冠集团公司承办）。

**2. 积极组织行业信息交流**

2.1 继续组织“全国酒精行业经济技术指标”交流，扩大交流单位，按季刊印发各有关单位。

2.2 按照分会二届二次理事会议要进一步加强行业信息交流工作的决议精神，除继续做好季报交流外，增加每月一次的有关酒精市场行情的信息交流，交流形式定名为《酒精市场行情快讯》，内容包括原料、酒精及综合利用产品的产销价格等几方面。此《快讯》信息的汇总、编印和分发交流等具体操作，由秘书处委托黑龙江华润金玉实业公司承办。从去年12月开始至今已按时编印、交流了八期。

2.3 《酒精》行业内刊在克服了交替过程中的困难后，已于去年第四季度按时出刊，今年已出第二期。

**3. 组织专题研讨，推动技术进步**

酒精糟液的有效治理已成为酒精生产不可缺少的重要内容，它的状态在很大程度上影响着酒精行业的健康发展。近十几年来，有一批酒精企业先后通过引进国外先进技术和消化吸收后的国内装备技术以及自主研究开发，提高了我国酒精糟液治理与综合利用的水平，取得了很大进步，也取得了很多经验。

为适应当前我国酒精工业发展形势的需要，促进酒精糟液治理与装备国产化水平的进一步提高，酒精分会与中国酿酒工业协会饲料及综合利用委员会联合于今年5月9～11日在天津市芦台镇召开了《全国酒精糟液的利用治理与装备国产化经验交流研讨会》。

这次会议受到各有关单位的普遍欢迎与重视，有58个单位的82名代表参会，大大超出了原定计划安排。有代表性的主要酒精生产和装备制造单位都积极参与，华润金玉、冠达、天冠、山东酒精总厂、哈尔滨酿酒总厂、挂月等大型酒精企业都是总经理（或总工程师）亲自参加。

有14个不同类型的酒精生产和设备制造单位代表在会上作了专题发言，交流了各自取得的经验、体会以及有关设备制造技术水平提高的最新情况。

代表们普遍反映会议内容针对性强，是近阶段我国酒精糟液利用治理与装备国产化发展情况的一次总结，受益匪浅。同时认为：近十几年来，我国酒精生产与糟液利用治理以及设备制造水平有了长足进步，只能依靠用高价引进此类装备的时期已经基本结束。今后要向清洁生产、资源充分利用、经济有效的更高水平发展；在糟液利用治理装备制造方面，要在节能、节资、做好售后服务等内容上进一步提高。

表1　　中国酿酒协会酒精分会二届三次理事会上发言的内容与单位索引

| 序号 | 发言题目 | 单位 |
|---|---|---|
| 1 | 酒精生产清洁工艺及成套设备的创新与发展 | 天津冠达实业公司 |
| 2 | DDGS 装置发展过程与发展方向 | 华润金玉实业公司 |
| 3 | 薯类酒精糟液综合治理达标排放的实践 | 天冠集团公司 |
| 4 | 引进 DDGS 工艺在我厂玉米酒糟处理过程中的应用 | 济南山东酒精总厂 |
| 5 | 酒精蒸发冷凝液的处理技术 | 吉林天合农产品开发公司 |
| 6 | 浅谈 DDGS 生产工艺及设备国产化的尝试 | 蚌埠迎客松酿造公司 |
| 7 | 内循环厌氧反应器处理酒精糟液的研究 | 星月酒精有限公司 |
| 8 | 抓住根本搞治理，环保达标增效益 | 承德避暑山庄集团公司 |
| 9 | 酒糟脱水用卧螺离心机的研制和技术特点 | 4819 厂 |
| 10 | B 系列离心分离酒精糟液 | 重庆江北机械厂 |
| 11 | 国产装备处理酒糟工艺模式及设备制造的经验与改进 | 肥城金塔机械公司 |
| 12 | 酒精生产环保节能工艺 | 诺维信中国 |
| 13 | 国产化 DDGS 装备使用情况与对 DDGS 生产发展的研讨 | 哈尔滨酿酒总厂 |
| 14 | 改造通用离心机更适用于酒精行业 | 苏州优耐特机械制造公司 |

**4. 积极配合并参与有关酒精行业发展的业务工作**

4.1　2001 年 8 月参与中国国际工程咨询公司组织编制《燃料乙醇“十五”推广使用前期研究报告》的讨论。

4.2　2001 年 9 月和 11 月先后两次参与国家计委产业发展司组织编制《“十五”推广使用变性燃料乙醇专项规划》的讨论。

4.3　2001 年 9 月 25 日分会秘书长随同国家计委产业发展司司长等 4 人赴山东济宁对山东九九有限责任公司“年产 50 万吨能源酒精工程”的立项和工程技术情况进行调研，对所用新技术的成熟程度、可行性及可能遇到的问题提出了意见。

4.4　配合国家计委和国家粮食局对陈化粮用于酒精生产提出了建设性意见，并提供了有关酒精生产企业情况，经国务院批准于去年 10 月 29～30 日在中国郑州粮食批发市场开展了对普通酒精生产企业的陈化粮竞价销售。

4.5　去年 12 月至今年 4 月，先后几次参加了中国国际工程咨询公司组织对河南天冠集团公司和安徽丰原集团公司两个 30 万吨级燃料乙醇项目可行性研究的评估。

4.6　今年 3 月，参加中国国际工程咨询公司组织对广西柳州凤山糖业集团“十五”技改投资规划方案（含 5 万吨高纯度食用酒精）和南宁糖业集团“十五”技改投资规划方案（含 30 万吨燃料酒精工程）的评估。

4.7　为做好全国粮食总量平衡和宏观

调控工作，国家计委（国民经济综合司）和国家粮食局（调控司）于去年9月召开了全国工业用粮分析讨论会，我协会参加并提供了近年来酒精等酿酒行业用粮情况及今后用粮趋势。

**5. 行业发展咨询服务**

5.1 及时为政府各有关部门提供行业情况、建议与材料；为酒精行业各有关方面提供咨询服务。

5.2 接待泰国木薯淀粉商业协会代表团（以会长为首一行19人）的来访，交流了泰国木薯及其制品的生产和销售情况以及我国酒精行业企业结构，原料结构、木薯进口使用和今后发展趋势等情况。我们也乘机反映了进口木薯中存在的一些问题（如重量短缺、碎块粉质偏多等），希望改进。

泰国年产鲜木薯1800～2000万吨。其中一半加工成淀粉；另一半晒成薯干并有部分再加工成薯粒（出口欧洲）。去年往中国出口薯干160万吨，到岸价70～75美元/吨，今年略有上涨为72～78美元/吨。

## 存在的主要问题

（1）协会组织建设有待加强，酒精生产企业的变化很大，需要及时掌握并发展入会；尚有部分会员单位不能按时缴纳会费。

（2）行业信息统计与交流方式尚需进一步改进。

（3）秘书处工作人员有待加强。

## 下年度酒精分会开展的主要工作

（1）配合组织做好新修订《食用酒精》国家标准的贯彻执行。

（2）继续配合并参与做好燃料酒精发展工作，促进试点项目的实施和健康发展，积极向有关部门提出建议。

（3）宣传、推广、实施及监督《清洁生产促进法》的贯彻执行；在国务院《排污费征收使用管理条例》正式出台后，配合做好在酒精行业的贯彻实施并积极促进酒精行业清洁生产水平的进一步提高。

（4）继续做好《全国酒精行业经济技术指标》的季度交流和《酒精市场行情快讯》的月度交流，进一步扩大交流范围，提高信息数据的准确性和及时性。

（5）努力做好《酒精》内刊的编印、交流，在保证质量和期数的基础上，积极创造条件，申请成为正式刊物。

（6）继续做好行业咨询等服务工作。

（7）组织深化综合利用、清洁生产、节水节能等专题研讨交流会。

（8）组织好酒精分会二届四次理事会暨行业大会。

（9）其他协会工作。

以上工作报告，请各位审核。

认清形势，积极对策，促使我国酒精行业在新形势下健康发展，这有待于有关各界同仁的共同努力！

## 附件 2：

# 第二届三次理事会暨酒精行业发展交流大会纪要

中国酿酒工业协会酒精分会

中国酿酒工业协会酒精分会二届三次理事会暨酒精行业发展交流大会于 2002 年 8 月 28～30 日在黑龙江省肇东市召开，出席大会的有 86 个单位的 150 名代表（另有 20 名列席代表），其中有酒精分会理事（单位）26 个。黑龙江省肇东市政府和华润酒精有限公司的领导出席开幕式并致词，对这次酒精行业会议在黑龙江肇东召开表示热烈欢迎。

会议首先由中国酿酒协会理事长兼酒精分会理事长耿兆林作《认清形势，积极对策，促进酒精行业健康发展》中国酿酒工业协会酒精分会工作报告。报告归纳了当前全国酒精行业的生产、经济情况，有关燃料酒精生产、应用试点情况，近年来酒精分会的工作开展情况，并对近年内酒精工业的发展趋势进行了分析，相应提出了下年度拟开展的主要工作。有以下单位（代表）在会上进行了经验、技术交流，对《食用酒精》新标准和《清洁生产促进法》的实施进行了宣传贯彻，他们是：

（1）我国酒精行业的思考——华润酒精有限公司；

（2）河南省推广使用车用乙醇汽油及燃料乙醇项目——天冠企业集团公司；

（3）利用高新技术改造传统产业，促进企业跨越式发展——哈尔滨酿酒总厂；

（4）国产化 DDGS 设备的实践与应用——冠达实业公司；

（5）吉林燃料乙醇项目实施情况介绍——吉林燃料乙醇有限公司；

（6）酒精发酵的染菌问题——奥特奇生物制品（中国）有限公司；

（7）酒精生产中的精品酶法工艺——诺维信（中国）公司；

（8）喷射液化在酒精生产中的应用——上海兆光生物工程设计院；

（9）酿酒活性干酶母的性能指标与应用技术新进展——湖北安琪酵母公司；

（10）酒精分离提纯技术的新进展——天津大学石化中心；

（11）酒精生产新工艺技术（简介）——肥城金塔机械公司；

（12）实施《食用酒精》新国家标准的宣传贯彻——全国食品发酵标准化中心；

（13）实施《清洁生产促进法》的宣传贯彻与废水排放管理新动向——分会秘书长；

（14）水热器用于酒精生产淀粉液化工艺条件的优化——蚌埠迎客松酿造公司；

（15）应用 6S－CIMS 体系实现企业管理升级——华润酒精有限公司。

代表们围绕着当前全国酒精行业发展形

势及存在的问题、《清洁生产促进法》和《食用酒精》新标准的实施、燃料酒精试点等问题进行了热烈讨论。通过讨论，对近年内我国酒精工业的发展趋势形成以下共识：

(1) 近年来，酒精生产和消费市场情况变化不大，但在企业结构、产业结构、所有制结构和生产水平等方面都发生着积极的变化，这种变化将继续发展。

(2) 原有酒精产品（除燃料酒精）的需求在总体上不会有大的变化，但新的酒精生产能力还在不断形成，供、需间的不平衡，进一步扩大，市场竞争尤其是价格竞争将更趋激烈。

(3) 燃料酒精生产和应用的试点将有计划的实施。

(4) 通过各种调研、讨论、掌握了国际上燃料酒精发展的确切情况，有关各方对我国如何发展燃料酒精有了比较实际、积极而客观的理性认识，这有助于我国酒精工业的健康发展。

(5) 燃料酒精的发展，已在国民经济“十五”发展计划中得到反映，这将促使引起各有关方面的重视。积极开发酒精生产新技术、新原料，降低生产成本，提高综合利用和清洁生产水平。这对整个酒精行业生产技术水平的提高和结构调整等大为有利。

(6) 随着加入世贸组织后进口关税的下降，玉米和木薯干的进口机会增加，酒精原料来源增多；此外，酒精的进口关税目前仍维持在34%～40%。这些，均对我国酒精生产有利。

(7) 修订后的《食用酒精》国家标准将于9月1日起实施，它标志着我国酒精生产和产品质量已发展到一个新水平；增加了一个特级；优级和普级的质量水平也有提高。这对部分中、小型酒精生产企业提高蒸馏技术水平提出了新的要求。

(8) “中华人民共和国清洁生产促进法”已于2002年6月29日颁布，于2003年1月1日起施行。国家对环境保护的要求愈来愈高，管理也日趋严格并将进一步采取与经济挂钩的管理手段，酒精企业对这一趋势要有清醒认识，作好思想准备并尽快采取应对措施。

鉴于酒精产品供大于求的不平衡局面还在不断地扩大，加上税负又偏重，酒精企业的经济效益普遍不佳。代表们强烈呼吁：

(1) 各有关方面不要再支持盲目的增加酒精生产能力；

(2) 积极向有关部门反映，应合理酒精生产税负，以利于农业产业发展。

(3) 出口酒精单位应加强信息沟通与协调，以避免在价格上被经销商利用。

市场竞争机制促进着酒精生产技术和管理水平的不断提高，也促进着酒精行业结构、企业结构和产品结构的调整。十几个单位的经验、技术交流，反映着我国酒精生产技术方面的最新进步，也反映着企业要在激烈的市场竞争中求得生存和发展，必须紧紧抓住技术进步，体制改革和管理现代化的重要性。

8月30日上午召开了酒精分会二届三次理事会议，审议了分会上年度的工作报告，一致认为：在分会秘书处人员不多的情况下。紧紧依靠各副理事长和理事单位的大力支持，结合酒精行业发展的实际情况，按照中国酿酒工业协会开展协会工作的指导原则和酒精分会二届二次理事会议的决议，加强和发展了酒精行业的信息交流，调整并加强了行业会刊的编辑，组织了酒精糟液治理经验交流和发展的专题研讨，积极配合并参与主管部门和企业有关发展酒精生产的业务活动，对促进酒精行业的健康发展起了积极作用，这些成绩应予肯定。同时讨论研究了下年度的协会工作重点，在秘书处提出的工作计划草案基础上作适当修改后执行。在目前开展工作的基础上着重把为会员、为行业服务的工作做得更深、更好，将协会工作提高到一个新水平。

为健全理事会的工作秩序，按照《中国酿酒工业协会酒精分会理事会工作规则》作出了以下决议：

鉴于新疆八一糖厂、福建漳州糖厂、石家庄制酒厂和大连盛泰海化实业有限公司四个单位近年来已不生产酒精，并明确不能正常出席理事会，故暂停其理事单位资格。

理事会同意：

①将华润酒精有限公司兼任酒精分会副秘书长的人员更换为陈世忠；

②山东宁津县又一春酿酒厂等5家单位在例行规定手续后吸纳为会员；

③原天津酒精厂的理事单位由天津绿原生态能源公司继任。

关于下年度行业年会的地点与承办单位，有肥城金塔机械公司、诺维信（中国）、冠达实业公司等积极争办，理事会责成秘书处根据具体条件和实际情况商定。

会议期间，还参观了华润酒精有限公司。

最后，理事长耿兆林作会议小结：

这次年会，事前作了充分准备，内容丰富，有深度也有广度，受到有关方面的热烈欢迎。与会代表讨论热烈，开诚布公，不同意见自由争鸣，是团结、积极，高效的一次会议，也是近几年来规模最大的一次专业活动。

根据当前酒精行业的发展形势和存在的突出问题，协会要着重围绕着《食用酒精》新国家标准和《清洁生产促进法》的宣传与贯彻执行、燃料酒精试点的健康发展、酒精行业税负情况的调研与反映、促进控制低水平的重复建设、深化行业信息交流、酒精与副产物的深加工等，把协会工作做得更好。

我们要认清形势，积极对策，共同努力，促进我国酒精行业在新形势下健康发展。

本次会议得到黑龙江省肇东市政府和各参会单位的大力支持，特别是华润酒精有限公司做了大量的组织准备等会务工作，为会议的顺利召开作出贡献，与会代表对此表示衷心感谢！

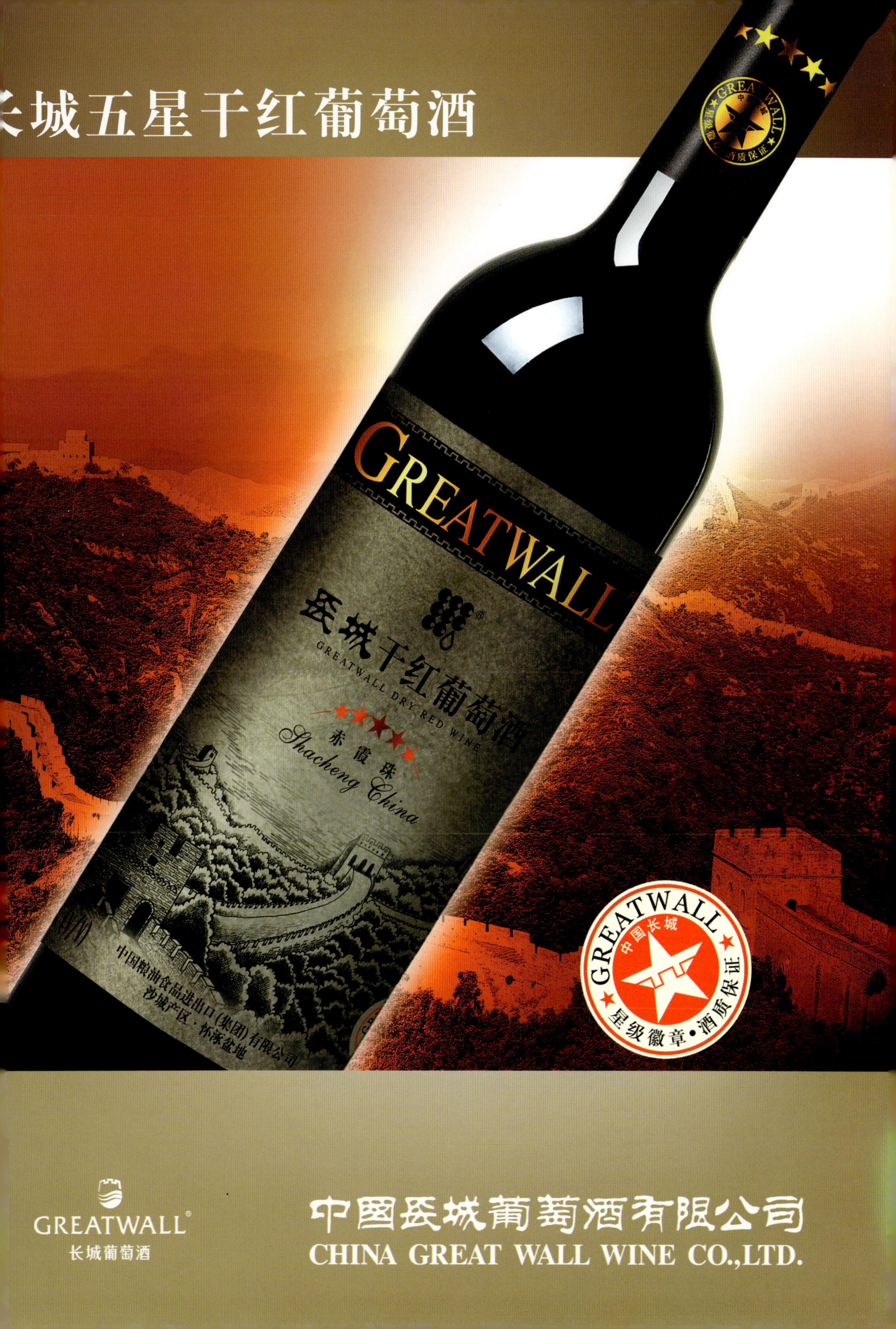

长城五星干红葡萄酒
GREATWALL
长城干红葡萄酒
GREATWALL DRY RED WINE
赤霞珠
Shacheng China
中国粮油食品进出口(集团)有限公司
沙城产区·怀涿盆地
GREATWALL
中国长城
星级徽章·酒质保证
GREATWALL
长城葡萄酒
中国长城葡萄酒有限公司
CHINA GREAT WALL WINE CO.,LTD.

## 世界500强——中粮集团

- 1994-2002年，连续9年入选美国财富杂志全球企业500强
- 集贸易、实业、金融、信息、服务和科研为一体的大型企业集团，横跨农产品、食品、酒店、地产等众多领域
- 中国大型的进出口公司之一，从事农产品和食品进出口贸易历史悠久、实力雄厚的中国企业，中国粮油食品市场与国际市场之间的重要桥梁
- 中国政府直接管理的44家国有重要骨干企业之一
- 作为可口可乐在中国的三家装瓶商之一，中粮参股兴建了11家可口可乐装瓶厂
- 所属凯莱酒店集团在北京、三亚、大连、沈阳、苏州等地拥有10家酒店，并已跻身世界酒店企业300强行列
- 旗下拥有长城、福临门、梅林、金帝等二十余个国内国际知名品牌

## 美酒荟粹——中粮酒业有限公司

- 运用中粮集团的全球资源与现代化的生产及营销管理技术，提供中国人更多元、更高质量的饮酒享受，将中国的酒类介绍给世界，将世界的酒类介绍给中国
- 以长城葡萄酒为核心品牌的中粮酒业有限公司，是中粮集团酒类业务生产及销售的专营机构，经营包括葡萄酒、黄酒、洋酒等众多品种的销售
- 其麾下拥有的中国长城葡萄酒有限公司、华夏葡萄酿酒有限公司、烟台中粮葡萄酿酒有限公司，分别位于沙城、昌黎和烟台等中国三大重要的葡萄产地
- “长城”牌是中国葡萄酒著名品牌，2003年国内葡萄酒产销量第一
- 远销法、德、英、日等20多个国家和地区，享有“中国出口名牌”和国内产销量第一的殊荣。

烟台长城系列
烟台长城红色庄园
高级干红葡萄酒
RED VINEYARD
Red Vineyard
長城
Cabernet
GREATWALL
烟台长城系列
红色庄园 高级干红葡萄酒
1998
中国粮油食品进出口(集团)有限公司
烟台产区 南王山谷
中粮集团·烟台长城
http://www.ytcofco.com

GREATWALL®
長城

# 中粮集团
# 烟台中粮葡萄酿酒有限公司

烟台中粮葡萄酿酒有限公司是世界500强之一的中国粮油进出口（集团）有限公司为了著名品牌“长城”的发展和延伸，与烟台隆华投资发展有限公司在素有“中国波尔多”之称的胶东半岛蓬莱产区共同投资兴建专业生产和销售“长城”系列葡萄酒的企业。

集长城20年的专业酿造技术，结合国际先进的改良工艺，“烟台中粮”取众之所长，全心诠释“烟台长城”的专业品质。引进了世界一流的生产设备，再经进口橡木桶的藏酿，将庄重、经典、浪漫的葡萄酒文化倾注其中，真正体现了“酿造”的精髓。

烟台中粮率先按国际化标准建立起自有种植基地——烟台长城葡萄庄园，现拥有一体化样板基地400万平方米，紧密型生产基地666.7万平方米，引种的赤霞珠、霞多丽、梅鹿辄、蛇龙珠、雷司令等世界公认的酿酒葡萄品种均达到了高品质的要求。烟台长城“南王山谷”，以其良好的种植环境，更是得到专家们的一致赞赏。在2002年9月召开的中粮集团·烟台长城葡萄庄园评审会上，与会的国内专家对于烟台长城葡萄庄园的建设模式、管理模式和葡萄品质均给予了极高的评价。2001年，烟台长城葡萄庄园达到了国家绿色食品生产标准，被认定为国家绿色食品示范基地。2002年被评为山东省农业产业化先进龙头企业。2003年又被评为国家级农业产业化重点龙头企业。

烟台中粮在成立伊始就一直致力于葡萄酒文化的推广。并注重将葡萄酒文化与高雅文化艺术及社会公益事业的完美结合。同时，开创性地为消费者提供了“个性化服务”，满足了消费者日益增长的个性化需求。

烟台中粮自成立以来，先后通过了ISO9002国际质量管理体系认证、ISO14001环境管理体系认证和绿色食品认证，2002年公司产品成为国家免检产品。2003年长城牌葡萄酒又被中国消费者协会评为葡萄酒类中率先使用3·15标志的品牌。

高级解百纳
干红葡萄酒

地址：山东省蓬莱市长城路1号 邮编：265608
电话：0535-5963996 传真：0535-5963777
市场营销中心地址：中国山东烟台市芝罘区市府街35号5层
电话：0535-6632169 传真：0535-6632191
http://www.ytcofco.com

华夏长城92年份干红

中华人民共和国原产地域产品
养人黄酒
黄中皇
皇
绍兴花雕
二十年陈酿
绍兴花雕
十二年陈
中粮绍兴酒有限公司
地址：浙江绍兴市福东路

張裕

自 1892 年创办至今，张裕有幸与三个世纪结缘，风雨兼程 110 年，创立了中国葡萄酒第一品牌——百年张裕，并为亚洲赢得了第一个“国际葡萄·葡萄酒城”的美誉。

百年张裕 成就经典

张裕解百纳干红葡萄酒
张裕·卡斯特酒庄干红葡萄酒

台张裕葡萄酿酒股份有限公司 电话：0535-6602715

通化
雅仕樽冰葡萄酒
通化
ICE WINE
A GENTLEMAN'S GOBLET ICE WINE
OAK AGED
1937
375mL
PRODUCT OF CHINA
通化葡萄酒股份有限公司
TONG HUA GRAPE WINE CO.,LTD.
通化
TONG HUA ICE WINE
雅仕樽冰葡萄酒
1937
ICE WINE
A GENTLEMAN'S GOBLET ICE WINE
OAK AGED
375mL
通化葡萄酒股份有限公司
TONG HUA GRAPE WINE CO.,LTD.
通化葡萄酒股份有限公
地址：吉林省通化市前兴路 28
邮编：13400
电话：0435-39499
传真：0435-39488
http://www.thptj.com.

DYNASTY
您的选择
们的承诺
王朝双瓶葡萄酒礼品盒系列
DYNASTY
DYNASTY
中法合营王朝葡萄酿酒有限公司
地址：天津市北辰区兴淀公路 邮编：300402
电话：022-26998888 26990838
传真：022-26990996

▶质量管理部对葡萄酒质量进行监控

◀新天酒业公司引进的全自动控温发酵罐

▼ 新天国际葡萄酒业有限公司玛纳斯酒厂

# 新天国际葡萄酒业有限公司

新天国际葡萄酒业有限公司于1998年成立，目前，公司固定资产已达6.01亿元，总资产达12.63亿元，酿酒葡萄种植面积达9800万平方米，已建成5.5万吨玛纳斯酒厂、1.5万吨伊犁霍尔果斯酒厂和0.5万吨石河子西域葡萄酒业有限公司，葡萄酒加工能力达5.5万吨。2002年收购葡萄5.8万吨，酿造葡萄酒4万余吨，销售收入达1.4亿多元，已成为中国乃至亚洲较大的现代化葡萄酒企业。1999年底，公司通过了ISO9002国际质量体系认证，新天干红、干白葡萄酒获得了国家绿色食品认证中心颁发的绿色食品证书，被评为新疆名牌产品的国际质量免检产品，在国内外葡萄酒评酒会屡获大奖。2002年，新天国际葡萄酒业有限公司被国家农业部等5个部委联合认定为国家农业产业化重点龙头企业。

**地址：新疆玛纳斯县乌伊路51号　　邮编：832200　　电话：0994-6633905　6633638**

# 山西怡园酒庄有限公司

Shanxi Grace Vineyard Co., Ltd.

山西怡园酒庄有限公司(Shanxi Grace Vineyard Co.,Ltd.)始建于1997年，从进口种条、育苗和葡萄基地的建设开始，并采用世界先进的酿酒工艺和设备，聘请有着40多年酿酒经验的法国酿酒师负责生产和酿造技术，一步一个脚印地打造中国的优质葡萄酒。

**一、从基地建设入手，提供高质量的葡萄原料**

按照葡萄园是"第一生产车间"和"七分原料、三分工艺"的酿酒理念，该公司1998年从法国引进赤霞珠、梅鹿辄、霞多丽等5个著名酿酒品种，种植于国内四大葡萄产区之一的山西晋中地区。这里年平均降水量450mm，日照时间长，昼夜温差大，葡萄着色好、糖度高、酸度适中、多酚物质均衡。再加上基地精心选择在向阳坡地、沙性土质，使得通风、排水良好，并实施全面的限产措施(400Kg/亩)，保证葡萄原料的高质量。葡萄园种植半径约2公里，既方便管理，又确保了原料的新鲜度。该公司同时建有试验园地，进行品种的优选和科学的病虫害防治试验，为优产、长寿的基地管理目标积累经验。

**二、精益求精，以德酿酒**

自2001年公司试产伊始，从葡萄成熟度检验、葡萄人工分选、每户果农葡萄的综合指标监控，到发酵、陈酿、装瓶，均体现一丝不苟和认真负责、诚信为本的精神。此外，该公司还特聘法国波尔多著名酿酒师Mr. Colin实地指导酿造，以进口橡木桶陈酿生产优质的珍藏酒为主，酿造出被业内专家广为赞誉的法国典型传统风格的庄园葡萄酒。在2002和2003年上海国际葡萄酒及烈酒品酒会上，该公司所产的"霞多丽干白"和"珍藏品丽珠干红"分别荣获金奖，在欧洲多次试酒会上，也获得多项殊荣。此外，多位世界著名的评酒家也给予高度评价。


**地址：山西省太谷县绿色生态农业示范园区**
**(太长公路37公里处)**
**邮编：**030800
**电话：**0354-6449318 6449188
**传真：**0354-6449319
E-mail：contact@grace-vineyard.com
http://www. grace-vineyard.com

中国酿酒工业年鉴

# 地方篇

# Yearbook of China Alcoholic Drinks Industry

## Area

# 北京市酿酒工业概况

北京酿酒协会

## 酿酒工业情况

2002年是各行各业以优异成绩迎接中国共产党第十六次代表大会胜利召开的一年；是我国加入世贸组织后的第一年；是国家政治体制改革、经济体制改革继续深入的一年；是白酒、啤酒产品实施全年度消费税调整的第一年。一年来，北京酿酒工业两万多名员工全面学习、贯彻“三个代表”重要思想，以喜迎“十六大”为动力，以改革创新为手段，克服了诸多困难，取得了可喜的成绩。

2002年全市饮料酒产量合计247.4万吨，比上年增长18%；实现销售收入614963.7万元，比上年增长39.6%；实现工业总产值410176.2万元，比上年增长16.3%；上缴税金总额122083.7万元，比上年增长20.5%；实现利润总额30511万元，比上年下降7%。

2002年北京啤酒产量继续高速增长，再创历史新高。2002年全市啤酒总产量239.4万吨，比上年增长17.5%，高于全国10个百分点。北京燕京啤酒集团公司2002年啤酒产量208.6万吨，比上年增长22.6%；实现工业总产值33.78亿元，比上年增长34%；实现销售收入47亿元，比上年增长35%；上缴税金8.4亿元，比上年增长26%。集团公司主导企业北京燕京啤酒股份公司2002年啤酒产量99.6万吨，比上年增长17%；高中档啤酒5万吨；纯生啤酒4万吨；全年出口啤酒7000吨。企业综合经济效益继续处于国内领先地位。2002年北京地产啤酒总量131万吨，比上年增长4%，低于全国平均水平，增速趋缓。主要原因是：北京丽都亚洲啤酒公司股权变动和北京朝日北京啤酒公司厂区迁址等原因，造成啤酒产量大幅下降。2002年北京地区市场消费啤酒100万吨左右，北京燕京啤酒仍占据85%以上的份额。北京五星青岛啤酒公司产量增加，市场份额略有扩大。华润集团公司已正式收购北京丽都亚洲啤酒公司的股份，今后青岛啤酒、燕京啤酒、华润啤酒等国内啤酒三强，竞争北京市场会更加激烈。北京消费者会得到更大的实惠，北京啤酒企业在竞争中会得到更快的发展。

北京白酒连续八年产量下降，2002年又是下降幅度最大的一年。白酒瓶装酒产量72647吨，比上年下降28%，其中：瓶装二锅头酒产量67415.4吨，比上年下降24%；中高档酒产量5232.4吨，比上年下降56%；实现工业总产值21502.7万元，比上年下降47%；实现销售收入68322万元，比上年下降21%；销售收入综合税率达到34%，比上年增加10个百分点；上缴税金23282万元，比上年增长8.9%；实现利润总额4274.4万元，比上年下降37.4%。2002年也是北京地区白酒企业停产、破产最多的一年。在北京84个白酒企业中，有37家申请领到了“白酒生产许可证”。在37个领证企业中，2002年，又有9家企业全年停产或已申请破产。在18个国家统计的白酒企业中，北京大兴酒厂依靠增产“醉流霞酒”和“京王子酒”，经济效益增加，北京东方京都酒业公司依靠降低费用、降低成本、增加中档酒产量，实现增产增收。其余企业都出现不同程度的效益下降。

北京红星股份公司、北京牛栏山酒厂、北京华都酿酒食品责任有限公司等几个大、中型白酒企业，2002年白酒的平均销售价格提高后，出现了白酒产、销量下降，销售收入、利润下降，但上缴税金反而增加的情况。

北京红星股份公司，2002年白酒总产量32506吨，比上年下降34%；其中二锅头酒产量31525吨，比上年下降31.6%；销售收入45693万元，比上年下降11%；销售利润5414万元，比上年增长41.9%；实现利润总额2543万元，比上年下降12%。但上缴税金18566万元，比上年增长21%；销售收入综合税率45.34%，比上年增长15%；其中：上缴消费税金14293万元，比上年增长18.3%，销售收入消费税率35%，比上年增长10%。

北京牛栏山酒厂，2002年白酒总产量22406吨，比上年下降21.6%；其中：二锅头酒产量21274吨，比上年下降17.4%；销售收入13500万元，比上年下降32%；销售利润3218万元，比上年下降50%；实现利润总额1772万元，比上年下降57%；但销售收入综合税率比上年增长5%；销售收入消费税率比上年增长4%。

北京华都酿酒食品责任有限公司，2002年白酒总产量5014吨，比上年下降46%；其中：二锅头酒3282吨，比上年下降49%；销售收入3554万元，比上年下降32%；销售利润558万元，与上年持平；实现利润总额比上年下降40%；但销售收入综合税率比上年增长9%，销售收入消费税率比上年增长5%。

北京白酒产量、效益下降的原因是多方面的，其中主要原因是：①北京酿酒工业不是北京的重点行业，白酒产品不是重点产品，行业的主管部门与其他省市比较，对白酒扶植政策少。②2001年5月白酒消费税调整后，加大了白酒企业的税赋。2002年国家统计的白酒企业每吨酒平均税额比2000年增加2500多元，综合税率提高15%。③小白酒企业仍然存在税收征管不到位现象，大企业税赋增加后产品被迫提价，小企业借机扩大产量、低价销售、挤占市场，使大企业在竞争中处于劣势。2002年北京地区民营小白酒企业的白酒产量3万多吨，比2001年增加近1万吨。④企业产品结构调整跟不上市场需求，缺乏核心竞争力，产品同质化，营销手段及其灵活性不足，致使竞争力减弱。⑤一部分白酒企业生产费用大，产品成本高。以二锅头酒为例，小白酒企业“5500毫升桶装二锅头酒”每桶出厂价22～25元，每吨酒利润可到400～500元以上，个别企业出厂价30～35元一桶，每吨酒就能有1000元以上的利润。而有的企业产品提价后，吨酒利润仍不足 300 元，在竞争中失去价格优势。

2002 年北京中高档葡萄酒产量上升，低档葡萄酒产量下降，出现了总产量下降效益提高的好兆头。2002 年北京葡萄酒总产量 17131 吨，比上年下降 2%；销售收入 18263.5 万元，比上年增长 15.5%；实现税金 2758.8 万元，比上年增长 23%；利润总额 1506 万元，比上年增长 30%。北京丰收葡萄酒公司葡萄酒产量 12310 吨；销售收入 11384 万元；上缴税金 1893 万元；利润总额 1300 万元，在全市仍处在领先地位。北京龙徽葡萄酒公司葡萄酒产量 3907 吨，销售收入 5727.5 万元，上缴税金 816.2 万元，利润总额 206 万元，各项指标均有大幅度增长，其产品质量处于行业先进水平。

2002 年是北京市评审啤酒、白酒、葡萄酒等产品地方名牌产品的年份，同时也是国家评审啤酒、葡萄酒等产品国家名牌产品的年份。经过企业申请，市工经联、市食品协会、北京酿酒协会等部门及专家评审。经北京市技术监督检验检疫局的批准，北京“燕京牌”啤酒、北京“五星牌”啤酒、北京“红星牌”系列白酒、北京“牛栏山牌”系列二锅头酒、北京“华灯牌”系列北京醇酒、北京“华都牌”系列白酒，北京“丰收牌”葡萄酒、北京“龙徽牌”葡萄酒等产品被评为 2002 年度北京名牌产品。其中北京“燕京牌”啤酒、北京“丰收牌”葡萄酒被评为 2002 年度国家名牌产品。

## 协会的工作

北京酿酒协会在行业喜忧参半的形势下，2002 年做了自己力所能及的工作。按照 2002 年第三届第二次常务理事会通过的工作计划，结合 2002 年出现的新情况、新问题，较好地完成了政府及上级主管部门交办的任务，较好地完成了为行业服务的工作。

2002 年协会完成的主要工作是：

（1）组织行业大、中型企业的统计人员参加了“市经委数据库”培训班。

（2）参加了市经委行管办组织的“振兴北京食品工业计划”的调研，并向市经委写出了“振兴北京酿酒工业”的调研报告。

（3）参加了全国白酒生产技术指标统一计划方法的设计、起草工作，并协助进行了推广、应用工作。

（4）参加了全国浓香型白酒“清洁生产技术要求”的修改工作。

（5）参加了北京市名牌产品的评审工作。帮助申报企业完善了申报材料。在评审中，对申报企业的历史、现状及发展前景做了补充说明和解释。使申报企业全部通过了评审，获得了国家级、市级“名牌产品”称号。

（6）组织召开了北京市葡萄酒技术工作会，推荐了三篇技术论文参加华北五省市干红葡萄酒技术研讨会。

（7）组织参加了华北五省、市、区干红葡萄酒技术研讨会。品评了国内、外的干红葡萄酒，研讨了干红葡萄酒的工艺及发展趋势。

（8）组织了北京二锅头酒技术研讨会，结合对白酒评酒员的再培训，品评了北京市的二十几种二锅头酒，找出了不同品牌二锅头酒的差距，从技术方面进行了分析、探讨，对提高北京二锅头酒的整体质量水平有一定的促进作用。

（9）协会参加了北京轻工行业酿酒系统

高级工程师的评审工作和轻工行业酿酒系统科技进步奖的评审工作。

(10) 协会参加了全国白酒生产许可证审查员培训，为协会参与生产许可证审查工作做了人员方面的准备。

(11) 协会较好地完成了行业统计汇总工作，并按照协会章程召开了常务理事会，向常务理事会报告了协会工作，汇报了协会财务收支情况，通过了2002年协会会费收取办法；提交了2002年协会工作计划安排意见；协会监事长对协会工作给予了肯定的评价；体现了协会民主办会的原则。

2002年，由于政府机构改革的深入，交给协会办理的事务和要求协会参与办理的事情越来越多。同时行业企业也在进行改制，使得协会在2002年出现两个突出问题：第一，协会经费来源严重不足。每年协会会费收入只有5万元左右，已应付不了协会全年费用支出，2002年协会出现2.8万元的亏损。第二，协会现在的三位专职工作人员年龄都在60岁以上，为了协会的可持续发展，需要配备年轻的专业人士，逐步接任协会工作，以促进行业发展。

2002年，由于人员和经费不足，原工作计划中出刊“北京酿酒”简讯、组织考察等任务没有实施。

## 2003年协会工作计划

江泽民同志在党的十六大报告中指出：要坚持以信息化带动工业化，以工业化促进信息化，走出一条科技含量高、经济效益好、资源消耗低、环境污染少，人力资源优势得到充分发展的新型工业化路子。”北京酿酒协会将按照十六大的要求，安排今年的工作。

2003年要继续和加强协会自身建设，以适应新形势对协会的要求；要继续贯彻十五规划中对酿酒工业提出的“控制总量，调整结构，技术进步，提高质量，治理污染，增加效益”的总体要求。结合北京酿酒工业的实际情况，为行业企业做几件实际事情；要继续做好上级交办的各项工作。

**1. 继续加强协会自身发展**

随着改革的深入，协会承担的任务越来越多，工作的范围越来越广，政府及职能部门需要协会承办和参与的工作量也越来越大。因此，需要不断地加强协会自身建设，做到与时俱进，协会才会有生命力。

**表1　2002年北京市酿酒协会会员企业生产完成情况**　单位：吨

| 项　目 | 2002年生产量 | 2001年同期 | 增长率(%) |
|---|---|---|---|
| (1) 全市饮料酒合计 | 2433748.5 | 2121021.2 | 15 |
| ①白酒自产量 | 39467.5 | 61472.5 | -36 |
| 粮食酒 | 27089.5 | 40633.5 | |
| 曲　酒 | 3348 | 2336 | |
| 新工艺酒 | 9030 | 18503 | |
| ②啤酒 | 2374775 | 2038604 | 16 |
| 瓶啤酒 | 2212056 | 1894506 | |
| 易拉罐 | 111217 | 89922 | |
| 桶啤酒 | 49277 | 54176 | |
| 散啤酒 | 2225 | | |
| ③葡萄酒 | 17131 | 17557.5 | -2 |
| ④果露酒 | 26 | 136 | -81 |
| ⑤黄酒 | 2349 | 3251 | -28 |
| ⑥食用酒精 | | 3552 | |
| ⑦麦芽 | 133013 | 133173 | |
| (1) 白酒瓶加工 | 72647.8 | 100601.9 | -28 |
| ①二锅头酒 | 67415.4 | 88701.5 | -24 |
| ②其它白酒瓶加工 | 5232.4 | 11900.4 | -56 |

2003年要做好以下几项工作：

第一，加强协会信息化建设，为做到网上读取有关文件和信息，网上申报材料，并且与有条件的企业实现网上填报生产数据，网上传递信息做好基础工作。

第二，吸收取得“白酒生产许可证”的民营白酒企业及相关企、事业单位加入协会。

第三，联络、召开直辖市酿酒协会工作研讨会，向上海、天津、重庆等直辖市酿酒协会学习，探讨新形势下发展直辖市酿酒工业的经验，解决新问题。

第四，做好2004年协会换届的各项准备工作。

第五，研究解决协会经费问题。

第六，创办“北京酿酒”简讯。

**2. 继续为行业企业服务，做好几件实事**

第一，继续为行业企业提供政策信息、行业信息，继续做好行业统计工作。

第二，帮助北京牛栏山酒厂建立“白酒职业技能鉴定站”

第三，组织白酒新产品推介会暨第三届白酒评酒员年度培训活动。

第四，组织召开华北地区清香型白酒技术研讨会。

第五，关注北京酿酒企业的发展和变化，为酿酒企业提供必要的协调和服务，为政府主管部门提供准确的行业信息。

第六，宣传、贯彻《中国葡萄酒酿酒技术规范》，促进北京葡萄酒企业与国际接轨，提高葡萄酒质量，提高企业竞争力。

第七，关注2002年度北京名牌产品的发展变化，为2004年以后名牌产品评审收集数据资料，帮助企业实现名牌发展战略，使北京酿酒工业能有更多的产品进入名牌产品行列。

第八，组织行业企业到外省、市、区学习考察。

**3. 完成政府部门及上级主管部门交办的各项工作。**

## 科研获奖情况

2002年北京龙徽葡萄酒公司生产的“怀来珍藏”干红葡萄酒低温发酵工艺获北京市科学进步三等奖。

2002年北京五星青岛啤酒公司的新产品——五星保鲜啤酒获北京市科技进步三等奖。

**表2** **北京市白酒产品主要经济指标**

| 企业名称 | 二锅头酒吨酒成本（元/吨） | | 原酒耗标粮（公斤/吨） | | 耗标煤（公斤/吨） | 耗电（度/吨） | 耗水（立方米/吨） |
|---|---|---|---|---|---|---|---|
| | 普通 | 特制 | 大曲 | 大曲 | | | |
| 北京红星股份有限公司 | 4289.49 | 7699.62 | | | 0.13 | 47.58 | 16.86 |
| 北京牛栏山酒厂 | | 6692.45 | | | 893 | 183 | 98 |
| 北京华都酿酒食品公司 | 3489.6 | 1339.6 | 2003 | | 785 | 150 | 80 |
| 北京东方京都酒业有限公司 | 4920 | 5890 | 2870 | | 610 | 62 | |

表 3　　北京市啤酒产品主要经济指标

| 企业名称（简称） | 11度标准浓度啤酒耗粮（公斤/千升） | 耗电（千瓦小时/千升） | 耗水（立方米/千升） | 耗标煤（公斤/千升） | 综合耗能（公斤/千升） | 总损失（%） |
|---|---|---|---|---|---|---|
| 燕京 | 158.73 | 91.23 | 10.3 | 97.82 | 129 | 4.75 |
| 五星 | 165.66 | 123.67 | 8.11 | 132.54 | 177.96 | 5.4 |
| 三环 | 159.68 | 121.55 | 7.96 | 99.33 | 138 | 4.62 |
| 丽都 | 160.36 | 160.77 | 11.45 | 123.79 | 121.5 | 6.35 |

# 上海市酿酒工业概况

上海市酿酒专业协会

吴建华

上世纪末，上海确立了建成国际“四大经济中心”的国际化大都市的宏伟目标。进入21世纪，特别是我国加入WTO后，其发展步伐加快，2001～2002年上海GDP持续两位数增长，上海市民的生活质量和消费水平进一步提高，在此经济大环境的带动下，这两年上海的酒业获得了较快发展空间。据统计资料显示，2002年上海食品工业总产值为462亿元，同比增长10.5%，其中饮料与酒占16.7%，同比增长12.9%。

## 酒业产销情况

2001～2002年上海饮料行业具体情况为：啤酒继续领导消费潮流；葡萄酒消费优势突出；黄酒总量平稳，但地产黄酒强势猛升；白酒总量趋降，名酒趋升。

据上海市酒类专卖管理局统计，截至2002年底，上海注册的酿酒生产企业100家（2001年为97家，下同），其中啤酒20家，白酒4家，黄酒24家，葡萄酒3家，米酒（老白酒）42家，其他酒7家。批发酒类产品企业894家（902家），零售商38000家（37600家）。

据协会统计，截至2002年底，上海酿酒工业全年生产各类饮料酒共计57.18万千升（2001年为49.98万千升，下同），同比增长14.4%；其中啤酒47.32万千升（41.82万千升），同比增长13.15%，占总产量的82.75%；黄酒8.95万千升（6.98万千升），同比增长28.22%，占总量的15.65%；葡萄酒0.32万千升（0.31万千升），同比增长3.22%，占总量的0.6%；白酒0.59万千升（0.87万千升），同比减少32.18%，占总量的1.1%。另外，崇明老白酒1.8万吨，同比下降10%（不完全统计，未包括在总量中。）

据协会不完全统计，截至 2002 年底，上海各类饮料酒总销量突破 80 万千升，达到 84 万千升（77.47 万千升），同比增长 8.7%，沪产酒占总销量的 68.2%（65.4%），其余为外地及国外进口饮料酒。其中地产啤酒在沪优势明显，占全市啤酒销量的 75%，黄酒占了 47%，而葡萄酒和白酒则大部分来自外地或国外，其沪产葡萄酒和白酒仅占销量的 16%和 19.4%。上海的啤酒销量突破 60 万千升，达到 62 万千升，占上海全部饮料酒总销量的 73.8%，所占比重增长超过 10%，领先与优势地位无可比拟；黄酒 15.6 万千升，占总销量 18.5%，所占比重略有上升，但沪产黄酒在黄酒总消费量中的比例上升较大，占到 57.3%，其一年的增幅达到 28.22%，对黄酒来说可谓惊人，这对上海黄酒行业的发展具有极强的刺激作用；而葡萄酒虽仅占总销量的 2.73%，但其增幅是各酒种中最大的，达到 16.75%（16%），足见其未来的市场潜力巨大；而白酒正好相反，其销量连年萎缩至去年仅占饮料酒总消费量的 5%左右，但五粮液、剑南春、神仙、双沟等名优白酒的销量不降反升，说明质量、品牌过得硬的白酒市场增量空间还有。

**2001～2002 年上海市酒业产销情况**

| 酒种 | 产量（万千升） | | 同比增长 | 销量（万千升） | | 同比增长 |
|---|---|---|---|---|---|---|
| | 2001 年 | 2002 年 | 率（%） | 2001 年 | 2002 年 | 率（%） |
| 白酒 | 0.87 | 0.59 | −32.18 | 4.5 | 4.3 | −4.44 |
| 啤酒 | 41.82 | 47.32 | 13.15 | 56 | 62 | 10.71 |
| 黄酒 | 6.98 | 8.95 | 28.22 | 15 | 15.6 | 4.00 |
| 葡酒 | 0.31 | 0.32 | 3.22 | 1.97 | 2.3 | 16.75 |
| 总计 | 49.98 | 57.18 | 14.40 | 77.47 | 83.9 | 8.69 |

## 名牌产品优势凸显

经过多年的努力，上海的酒类产销形势日益趋好。而其中一个主要原因是上海是一个名牌产品市场，在激烈的市场竞争中，无疑名牌产品是具有极大的优势。因此在全行业中带动增长的都是名牌产品，无论是消费量最大的啤酒还是消费量最小的葡萄酒。上海的啤酒产销量主要集中在三四个名牌产品，连续数年获上海市名牌的三得利、力波啤酒和全国名牌青岛啤酒，占了上海啤酒产量的 90%。高档的则属于国际名牌百威啤酒，占了高档啤酒市场的 50%。连续数年获得上海市名牌的金枫黄酒，其产量是地产黄酒的 60%，华佗和酒的销量则在高端市场握有 50%。白酒是五粮液、茅台，中低端则是上海的名牌神仙和江苏的名牌双沟，葡萄酒更是集中在王朝、张裕、皇轩、长城等名牌上，它们的销量占上海市场的四分之三，其中王朝占三分之一。这是名牌企业实力和运作的结果，也是市场竞争的必然趋势。

## 企业重振雄风

在上海产业结构调整和国内外企业的激烈竞争中，上海的酿酒工业曾经进入低潮，有人甚至说过上海没有好酒的话。但上海的酿酒企业并没有沉沦，在经过优胜劣汰市场竞争的洗礼，资本与市场的运作，上海一些有实力有品牌的企业 2001、2002 年重新崛起，使地产酒的优势在上海重又显现出来。

啤酒：上海三得利啤酒公司继在沪扩建的工厂投产之后，2001 年 4 月日本三得利株式会社投资6000万美元兴建的三得利啤酒（昆山）有限公司由正式投产，使其2001～2002年的产销量达到22万多千升，继续稳占市场第一。力波啤酒2001年由控股方新加坡亚太酿酒集团收购原民乐公司中方股权后，将公司改名为上海亚太酿酒有限公司。通过此次资本重组，加大了市场营销力度，在连年下降的境况下，2002年不仅扭转了颓势，而且猛增30%以上，重新回到10万千升的平台上。青岛啤酒在沪的产量连续递增25%，实现了其在沪销量的50%在沪生产的目标。上海唯一全内资的东海啤酒公司在2002年对原有设备进行了改扩建，使产能提高到8万千升，其在市郊的销量也随之增长40%左右。

黄酒：2001～2002年地产酒中除了沪产啤酒优势之外，沪产酒中突显优势的当属于上海的黄酒。黄酒的故乡在浙江省，上海又是浙江省的近邻，因此，上海的黄酒市场一直是浙江黄酒的天下，尤其是高档黄酒市场，更是绍兴黄酒占据绝对优势，历史一直如此。但是2001～2002年，这种局面被根本扭转了。首先是华光酿酒药业公司的和酒在2001年的基础上，2002年将产销量翻番，达到1.6万千升，在高端黄酒市场超越龙头品牌古越龙山、沈永和，成为领先品牌。其次，地产黄酒总量第一的金枫黄酒，2002年总产量突破5万千升，占全市黄酒产量近60%，总产量跃居全国第二。尤其值得提一下的是：金枫公司纳入“第一食品”上市公司后，在成功的资本运作下，投入3500万元进行技术改造，促进了黄酒生产技术的进步，运用科技提高黄酒生产的规模和质量，在此基础上推出“石库门上海老酒”系列，打品牌、提档次，在市场上一举获得成功，受到业内人士和广大消费者的赞许和欢迎，第一年上市就获得高端市场20%的份额，更使业界感到不可思议又感叹的是：年底上市的“石库门上海老酒”二十年陈精品礼盒黄酒，在高贵典雅的外包装下，350毫升酒居然卖308元，超过了五粮液白酒的售价，为黄酒创造了一个新的价值理念。其它相对较小的黄酒厂通过转制和资产重组，也得到了长足的发展，获得了平均10%以上的增量，使地产黄酒的总量历史性地接近9万千升，在高中低端黄酒市场上全面超越绍兴黄酒，成为上海消费者餐桌上和送礼的主要产品，市郊的富金、淀宾等一些传统的黄酒企业，在2001～2002年内先后进行了改制和内部机制的转换，使这些企业均获得了不同程度的发展。

白酒和葡萄酒：同样如此，神仙白酒和皇轩葡萄酒在外地产品一通天下的市场下，也有10%的发展。这些反映了上海酒业在竞争中的发展和壮大，与时俱进，大有前途。

## 新产品不断涌现

新产品不断在市场涌现是近两年上海酒业一大特点，它也是上海酒业的一个重要增长点。啤酒：三得利公司针对市场消费追求，适时推出“三低”特性的“清畅”啤酒，在夏季领导了啤酒消费的新潮流，也使公司赢得了更多的消费者；亚太公司推出力波系列啤酒，以满足不同消费者的需求：青岛啤酒的冰爽型啤酒，凝聚了其百年精湛的酿酒工艺；富仕达公司引进澳洲品牌Sub zero的苏打酒，具有浓郁的异国口味，在酒吧推出获得良好的评价。黄酒：上面提到的金枫公司推出“石库门”上海老酒系列以及二十年陈精品礼盒老酒，在高端市场一炮打响；冠生园华光公司在连年畅销的和酒基础上，又开发了“冰和”加气黄酒，这是对“天下一绝”黄酒的继承和发扬；白酒有神仙公司的“申酒”、“沪酒”；葡萄酒有皇轩的“喜庆干红”等。层出不穷的新品在不断制造市场热点的同时也给了企业丰厚的回报。既繁荣了市场，满足了消费需求，又促进了酒业的发展。

## 规范的市场保证了酒业的繁荣

在认真贯彻执行国务院和市府关于整顿规范市场经济秩序工作会议的精神中，上海的市场更为规范，竞争更为有序，在良好的市场大环境中，上海的酒类产品市场进一步纯净，在激烈的竞争中名牌优质产品市场拥有率不断提高，对假冒伪劣产品给予坚决的打击，为消费者购买放心酒提供了有力的保障。据市酒类专卖局反映：其 2001～2002 年打假查处力度增加，查处率却在下降，包括查处的企业和个人、收缴罚没款数等。2002 年共查获假冒伪劣酒 18837 瓶，捣毁制假窝点 11 个，查处各种案件 425 起，收缴罚没款 98 万元。分别比 2001 年有不同程度的下降。被仿冒的企业向协会反映和工商机关、消费者来协会求证的事件，同比也有大幅下降趋势，协会 2001 年遇到九起，2002 年只遇到五件此类事件。

上海市酿酒专业协会为了协助做好市场规范，保护企业和消费者的利益，2001 年启动了评酒工作，在全市范围内组建一支各酒种的感官品评队伍，对市场和企业的酒类产品组织检评活动，优胜劣汰，以引导消费。2001 年首先组织了黄酒评酒员的培训和考评，在此基础上，于 2002 年组建了上海第一届黄酒评酒委员会，并对市场的黄酒商品进行了检评，得到政府有关方面和行业内外及消费者的好评。

上海市场的规范有序来自各方的坚持不懈的努力和配合。一是政府有关部门特别是酒类专卖局对产销企业和酒类市场的管理力度的加强；二是产销企业自觉执行《上海市酒类商品产销管理条例》；三是行业协会积极组织酒类商品质量检评活动，引导消费；四是消费者的消费行为的日趋成熟等。

**表 2　　2001 年上海市酒业主要经济指标**

| 项目 | 啤酒 | 黄酒 | 白酒 | 葡萄酒 | 合计 |
|---|---|---|---|---|---|
| 企业数(个) | 20 | 22 | 3 | 3 | (其它 49)97 |
| 产量(万千升) | 41.82 | 6.98 | 0.87 | 0.31 | 49.98 |
| 销量(万千升) | 56 | 15 | 4.5 | 1.97 | 77.47 |
| 产值(万元) | 91183.23 | 44737.55 | 5179.08 | 8704.5 | 149804.36 |
| 增加值(万元) | 9731.7 | 1273.92 | 1066.76 | 185.58 | 12257.96 |
| 利税额(万元) | 3553.35 | 9069.14 | 712.35 | −2210.13 | 11124.71 |
| 行业基本投资总额(万元) | | 542.35 | 18.05 | | 550.40 |

续表

| 项目 | 啤酒 | 黄酒 | 白酒 | 葡萄酒 | 合计 |
|---|---|---|---|---|---|
| 产品出口量(千升) | 172.4 | 1082 | | | 1254.4 |
| 创汇额(万元) | 320 | 68.11 | | | 388.11 |

**表3　　2002年上海市酒业主要经济指标**

| 项目 | 啤酒 | 黄酒 | 白酒 | 葡萄酒 | 合计 |
|---|---|---|---|---|---|
| 企业数(个) | 20 | 24 | 4 | 3 | (其他49)100 |
| 产量(万千升) | 47.32 | 8.95 | 0.59 | 0.32 | 57.18 |
| 销量(万千升) | 62 | 15.6 | 4.3 | 2.3 | 83.9 |
| 产值(万元) | 92605.95 | 64985.72 | 5107.95 | 5003.10 | 167702.72 |
| 增加值(万元) | −3597 | 17565.46 | 1072.67 | 554.56 | 19192.69 |
| 利税额(万元) | 4972.53 | 12039.86 | 808.97 | −810.49 | 1701.87 |
| 行业基本投资总额(万元) | | 176.91 | 28.14 | | 205.04 |
| 产品出口量(千升) | 693.1 | 2162 | | | 2855.1 |
| 创汇额(万元) | 0.49 | 143.74 | | | 144.23 |

# 天津市酿酒工业概况

天津市酿酒工业协会

## 酒业生产总趋势

2001～2002年天津酿酒业总体情况是：年年困难，年年过，年年过得还不错。从1999年至今，天津酿酒工业有七个品牌成为天津市著名商标。由于经营好、贡献大，2002年王朝公司获得“全国五一劳动奖状”，天津市人民政府授予中法合营王朝葡萄酿酒有限公司和总经理高孝德、天津挂月集团有限公司和董事长兼总经理贾连、天津孟庄园葡萄酿酒有限公司和总经理张良熹为2002年度天津市优秀企业和优秀企业家称号，冠达实业总公司崔永良总经理获“天津市特等劳动模范”称号。2002年有七项经济指标创造了历史最好水平，但发展不平衡，酒精、啤酒、葡萄酒、调料酒都有发展。由于市场无序竞争、假冒伪劣严重存在，使正规白酒企业仍在走低，特别是国有企业仍难摆脱困境。

## 主要经济指标完成情况

（1）总产值完成12.1亿元，与同期11.1亿元增9%，是历史最好水平。（注：完成数为2002年与同期数为2001年数，下同）

（2）利税完成5.06亿元，与同期4.63亿元增9.28%，是历史最好水平。其中：利完成1.83亿元与同期1.38亿元增33%，是历史最好水平；税完成3.23亿元与同期3.38亿元减4%，主要是白酒税减少。

（3）销售收入完成18.2亿元，与同期16.5亿元增10%，是历史最好水平。

（4）产量：

①酒精完成14.5万吨，与同期12.7万吨增14%，是历史最好水平；

②啤酒完成15.8万吨，与同期14.1万吨增12%，是历史最好水平；

③葡萄酒完成3.1万吨，与同期2.7万吨增15%，是历史最好水平；

④调料酒完成3241吨，与同期2775吨增16.8%，是历史最好水平；

⑤白酒完成2.55万吨，与同期3.23万吨减20%（以上数字均为协会统计数）。

## 酒业发展关键在于科技改制和人才

科技改制和人才是发展的关键，所以取得上述成绩，行业各厂发挥各自的优势、对内挖潜、转换经营机制、实行股份制，调动员工积极性，领导者善用人才，科技兴厂已成共识，用高科技提高产品技术含量，强化名牌战略，提高原材料利用率降低成本、争强市场竞争力。对外搞好销售服务、诚信取人，及时把市场变化需求准确的反馈给企业。根据市场需求生产适销产品，循环往复螺旋式推动企业不断走向新辉煌，成功的经验是多方面的，我们仅从几个侧面加以探讨。

**1. 善用人才科技铸辉煌**

“王朝”始建于1980年至今仅22年，生产由初建时年产量10万瓶左右，到加入世贸后的2002年年产量达3200余万瓶，保持了强劲的发展势头，年利税高达3.35亿元。业内人士都称“王朝”的发展是中国合资企业的一个奇迹，奇迹的创造者是有才干、懂科学的人。“王朝”的领导者就是善用人才和重视科技，他们不仅对在职人才的重用，而且对退休中的管理、科技人员仍聘为公司的顾问，发挥他（她）们的才能。由于先进的管理，早在1996年王朝公司就通过了ISO9002质量管理体系认证，2000年成为中国酿酒业第一获得ISO14001环境管理体系国内、国际双重认证企业。公司曾获国家和国际金奖二十二枚之多，2002年3月被国家质量检验总局认定为国家免检产品。王朝人从不满足已取得的成就，总是孜孜不倦攀登新高峰，由于工艺先进独特，红葡萄酒中对人有延缓意志作用的白藜芦含量在行业中处于领先水平，这不仅给消费者身体健康、延缓衰老提供了有益产品，而对企业今后的发展也奠定了物质基础。

天津冠达实业总公司也是科技铸辉煌的典范，酒精行业近几年总体是产大于销、发展缓慢，而天津冠达实业酒精生产却不断发展，2002年完成7万吨，比2001年5.83万吨增长20％。“冠达”人博采众长自行设计高纯度酒精工艺——差压蒸馏法彻度解决酒精质量问题。产品质量有了保证，产品才有了大发展的基础，为了解决酒精糟液污染环境变废为宝，他们用高科技自行设计“酒精生产清洁工艺成套设备”达到国际水平，成为行业科技推广项目，不仅满足自己需要并可对外承揽加工设备。由于原材料综合利用率高、降低成本，增强了市场竞争力，企业得以发展。

**2. 改制给企业带生机**

为了适应不断完善的市场经济和世贸发展的要求，协会很多国有企业都进行了改制，探索多种改制方式适应发展要求。直沽酿酒2001年实行了股份制，也有的企业将部分产品承包经营等方式给企业带来生机。改制后的天津市绞股兰酒业有限公司就是一例证。绞股兰酒业前身是天津宴宾酿酒厂，始建于解放初期，隶属天津市静海县供销社领导下的集体企业。1995年推出了绞股兰白酒，1997年获国家卫生部保健食品证书，1999年成为天津市名牌产品。但由于资金不足、销售渠道不畅、经营状况不尽人意，2001年12月本着平等、合作、互惠互利、共同发展原则，“宴宾”以土地、厂房、设备、技术、债权债务等入股与有着多年经销酒经验具有经济实力的私营企业家姚文红以现金45％入股，组成天津市绞股兰酒业公司。一年多的实践证明改制是成功的，由于体制的变化，员工的积极性得到提高，以新思想新观念积极投入工作，重新制定了绞股兰保健白酒、男士酒、杞子酒、三参酒、玫瑰露酒、普通白酒等六大系列产品标准，同时研制开发了兰花青瓷绞股兰保健白酒、酒中珍等七个新品种投放市场，销售渠道进一步理顺，一年多增加销售网点一百多个，销售收入大幅度增加，产值、利税比改制前增加了两倍，由于资金的注入，企业的厂房、设备、环境、职工收入均得到很大改善，今后随着市场的扩大、信誉的提高，绞股兰保健白酒一定会走向更大的辉煌。

# 重庆市酿酒工业概况

重庆市酒类管理协会

董义明

## 行业简况

2002年重庆市酒类生产仍以白酒、啤酒为主，其它酒类几乎无生产，不成气候。全市有白酒生产企业3000余家，白酒年产量约20万吨，销售收入约12亿元。啤酒生产企业5家，年产量75万吨，销售收入约14

亿元。

全市白酒生产呈小而散状态，小酒厂众多，2002年万吨企业只有3家。以浓香型为主的太白酒厂年产1.41万吨。尽管与全行业比较产量不算太大，但对于重庆酒业而言，却具有历史性意义。该厂2001年产量首破万吨，是重庆酒业历史上第一个浓香型年产万吨企业。小曲清香为主的重庆江津酒厂年产1.78万吨，重庆三峡酒业年产2.1万吨（含散酒）。

全市啤酒生产已步入现代化行列，形成规模化、集约化生产，重啤集团设备先进，技术一流，一枝独秀，一统天下，年产量71万吨，占全市啤酒产量95%以上，其余四家啤酒生产企业年产总量不足4万吨，占全市啤酒产量5%不到。

## 酒业大事记

2001年1月7日，太白酒厂3万吨包装生产线竣工剪彩。

2001年1月，重庆三峡酒业“巴渝老窖”酒被重庆市人民政府授予“重庆名牌”称号。

2001年4月，北京大通万润科贸有限公司全资收购重庆露华浓酒厂

2001年6月，重庆江津酒厂李俊同志被中国酿酒工业协会评定为国家果酒评委，成为重庆市历史上第一位果酒国家评委。

2001年9月，重庆力帆摩托介入酒业，其白酒品牌“力帆酒”上市。

2001年11月，重庆市首届酒类行业产品质量评比，评出：重庆太白酒厂诗仙太白牌39度诗仙太白特曲等22个品牌为质量金奖。重庆笛女酒业笛女牌35度笛女液等10个品牌为质量优秀奖。

2001年太白酒厂成为重庆市历史上第一个年产浓香型白酒万吨企业，产量1.12万吨。

2001年太白酒厂首进重庆工业五十强，重啤集团、江津酒厂保持重庆工业五十强地位。

2002年，太白酒厂朱治平厂长获2002年重庆“争光奖”提名。

2002年2月，重庆长安汽车集团介入酒业，其白酒品牌“长安星酒”上市。

2002年8月，重庆市白酒评委换届，产生第二届重庆市白酒评委共35名。

2002年重啤集团、江津酒厂、太白酒厂继续列为重庆工业五十强。

**2001～2002年重庆名酒名牌酒企业主要经济指标**

| 企业名称 | 工业总产值(现价)(万元) | | | 产品销售收入(万元) | | | 产品产量(吨) | | | 利税总额(万元) | | |
|---|---|---|---|---|---|---|---|---|---|---|---|---|
| | 2002年 | 2001年 | 同比(%) | 2002年 | 2001年 | 同比(%) | 2002年 | 2001年 | 同比(%) | 2002年 | 2001年 | 同比(%) |
| 太白酒厂 | 21753 | 16354 | 33.0 | 18633 | 17109 | 8.9 | 14173 | 11236 | 26.1 | 3256 | 2576 | 26.4 |
| 江津酒厂 | 9869 | 9723 | 1.5 | 14806 | 12850 | 15.2 | 17804 | 17070 | 4.3 | 1425 | 1247 | 14.3 |
| 笛女酒业 | 275 | 390 | −29.5 | 1896 | 2085 | −9.1 | 384 | 417 | −7.9 | −52 | −33 | 57.6 |

续表

| 企业名称 | 工业总产值(现价)(万元) | | | 产品销售收入(万元) | | | 产品产量(吨) | | | 利税总额(万元) | | |
|---|---|---|---|---|---|---|---|---|---|---|---|---|
| | 2002年 | 2001年 | 同比(%) | 2002年 | 2001年 | 同比(%) | 2002年 | 2001年 | 同比(%) | 2002年 | 2001年 | 同比(%) |
| 合川酒厂 | 632 | 515 | 22.7 | 594 | 585 | 1.5 | 999 | 651 | 53.5 | 5 | －373 | －101.3 |
| 石松酒业 | 9887 | 12498 | －20.9 | 10183 | 12152 | －16.2 | 8739 | 12805 | －31.8 | 427 | 457 | －6.6 |
| 露华浓厂 | 1192 | 247 | 382.6 | 503 | 215 | 134.0 | 564 | 157 | 259.2 | 87 | －167 | －152.1 |
| 古佛集团 | 270 | 347 | －22.2 | 287 | 366 | －21.6 | 233 | 349 | －33.2 | 9 | 22 | －59.1 |
| 三峡酒业 | 4774 | 4466 | 6.9 | 4576 | 4422 | 3.5 | 21700 | 20300 | 6.9 | 312 | 276 | 13.0 |
| 潼南酒厂 | 1006 | 750 | 34.1 | 1025 | 718 | 42.8 | 192 | 174 | 10.3 | 128 | 56 | 128.6 |
| 白酒合计 | 49658 | 45290 | 9.6 | 52503 | 50502 | 4.0 | 64788 | 63159 | 2.6 | 5597 | 4061 | 37.8 |
| 重啤集团 | 91658 | 70254 | 34.8 | 135266 | 106556 | 26.9 | 714961 | 531206 | 34.6 | 31738 | 28645 | 10.8 |
| 合　　计 | 144326 | 115544 | 24.9 | 187769 | 157058 | 19.6 | 779749 | 594365 | 31.2 | 37335 | 32706 | 14.2 |

备注：有关啤酒行业的情况由重啤集团向中国酿酒工业协会提供。

# 河北省酿酒工业概况

河北省食品学会、河北省啤酒工业协会、河北省白酒工业协会

河北省酿酒工业在省各有关部门的重视和支持下，在中国酿酒工业协会的指导下，经过全省酿酒工业广大干部、职工的艰苦努力、在市场竞争十分激烈的情况下，虽然有的酒种2002年比2001年有所下降，但总的情况还是取得了稳步、持续、健康发展的较好成绩，特别是葡萄酒在总产量、效益以及产品质量，都有了增长和提高，这都是各酿酒企业高举改革、发展的旗帜，不断开拓、创新为河北省酒业发展作了大量的工作，现分酒种简述如下：

## 啤酒行业

2002年，河北省啤酒总产量实际完成128.52万吨，比上年下降5.17%；销售收入完成17.11亿元，比上年下降8.4%；税金完成4.2亿元比上年微有下降；利润完成－1.5亿元与上年基本持平；河北省啤酒产量在全国排第七名。省啤酒协会对13个企业统计，其中3个企业盈利，2个企业持平，8个企业亏损，亏损面占61%。

近年来，河北省啤酒工业首先在企业改制方面，为适应市场经济的要求，转变经营机制，以市场为导向，走改革、联营、重组、兼并、合资低成本扩张之路，使企业焕发新的活力，如石家庄、唐山啤酒企业2001年取得较好的经济效益和社会效益。其次，各企业加强企业管理，向管理要效益，依靠科技进步，加快产品结构调整，提高产品质量，增加市场竞争能力，企业技术改造、装备水平有了较大提高。如河北宣化钟楼啤酒企业通过技术改造不仅提高了装备水平，使产量规模增大，而且质量提高，消耗低、品种多、包装美使企业管理向规模化、制度化、科学化方面迈进，并增强了在市场竞争能力。石家庄市三九啤酒公司引进先进的纯生啤酒生产线，使啤酒质量稳定提高。此外，河北省啤酒企业在逐步建立起市场经济的运行机制，以市场为龙头向市场要效益，努力开拓市场，利用各种宣传形式，开展适合企业实际的广告宣传，宣传品牌、宣传企业，根据当前市场上出现的无序竞争问题，努力做好各自的工作，取得较好的效果。

目前，河北啤酒除在质量、生产技术、包装、品牌等方面存在不同的程度问题外，主要是当前生产过剩，供大于求，市场竞争激烈的条件下，各企业不同程度开展无序的价格竞争，价格竞争只会使企业越来越被动，要改变行业亏损的局面，要考虑以下几个方面：

①建立品牌竞争概念，实施品牌发展战略，通过向市场提供高质量的产品，完善销售服务和整体形象来吸引消费者。②继续走企业集团化、规模化的道路，进一步通过改造、合资、重组、兼并等方式状大企业实力，建立适应市场经济的经营机制。③深化企业改革、强化企业管理，提高企业整体素质和竞争力。④走工艺技术创新之路，培养人材，调整产品结构，开拓创新，提高产品质量，尤其是消费者对啤酒新鲜度要求日益提高，深入研究纯生啤酒工艺技术，开发新产品，满足市场要求。⑤改变营销思路，走出无序的价格竞争，宣传产品、宣传企业。在消费者中树立良好的企业信誉形象，提高效益。

## 白酒行业

2002年，河北省白酒行业广大职工的努力下，较好完成了全年任务，特别是衡水老白干、乾隆醉，宁晋酒厂等企业的经济效益比2001年有了大幅度提高，但是，由于大环境和企业（特别是中小型企业）自身的原因，使2002年河北省白酒产量和效益下降。2002年河北省白酒总产量完成14.24万吨，比2001年下降21.63%；销售收入完成15.40亿元，比2001年下降3.53%；税金完成3.34亿元，比2001年下降10.46%；利润完成1830万元，比2001年下降65.4%，由连续10年保持全国白酒产量排名第七位下降到第八位。

为了进一步发展河北省白酒工业，应做好如下几方面的工作：

（1）加强产品结构的调整步伐，使产品、产品结构与市场相适应，要更新老产品，开发市场需要的新产品。产品结构调整，要提高低度酒比例，重点开发适合不同消费层次，不同消费口味的高、中、低档产品，增加不同香型，不同口感的新产品，以适应白酒市场消费群体多样化的需要。

（2）创名牌、树品牌，河北省酒文化历史源远流长与酒相关的诗歌、历史人物，名胜古迹，历史古酒等不胜枚举，要充分利用酒文化历史，树立新品牌，打出名产品。老名牌，要大力宣传酒的历史和酒的独特风格，如“衡水老白干”创“老白干”香型，在全国独树一帜；新品牌，如“板城烧”、“泥坑”等，要进一步扩大省内外的知名度，提高企业的经济效益和社会效益；老的品牌如“丛台”、“刘伶醉”、“沙城老窖”、“山庄老酒”等要焕发新的活力，创出新的品牌后来者居上。

（3）进一步优化企业管理体制和机制，完善企业内部各项规章制度，重视人才培养。

（4）完善企业的营销环境，牢牢控制企业营销的主动权，企业要培养一支了解市场，有丰富的营销经验，与客户关系融洽，有开拓创新精神的营销队伍，同时要完善企业生产经营的外部环境，不能全部买断经营权，而要牢牢控制经营权，当然，企业本身应做好维护市场经济秩序的模范，要诚信为本，合法经营，不搞不正当竞争，只有不断优化小环境，才能完善大环境，永立不败之地。

（5）要抓好包装装璜创新和广告宣传工作，各企业在创名牌树品牌，进行品牌创新的同时，应抓好包装装璜的创新，包装装璜包括酒器材质、形状、造型、容量等多方面的选择，并对内外包装、标签等进行综合设计，使之更加新颖、大方，典雅，同时各企业应根据本企业的实际情况，开展适度的宣传广告工作，花最少钱，达到最好的宣传效果。

## 葡萄酒行业

2002 年，河北省完成葡萄酒总产量 5.13 万吨比 2001 年增长 15.80%；销售收入完成 9.43 亿元比 2001 年同期增长 12.7%；税金完成 1.63 亿元比 2001 年同期增长 14.10%，利润完成 0.81 亿元比 2001 年同期增长 15.70%。葡萄酒总产量居全国第二。

葡萄酒工业是河北省从 1958 年在昌黎县建立第一个葡萄酒厂开始，经 45 年的风雨历程。特别是 1978 年到 1984 年在各级政府和主管部门的关怀和支持下，中国食品发酵研究所先后在河北沙城、昌黎和企业一起进行干白葡萄酒、干红葡萄酒新工艺新技术科研试点，先后生产出中国第一瓶干白葡萄酒和第一瓶干红葡萄酒，开创了中国生产干型葡萄酒的先河。1995 年以后全国葡萄酒发展很快，河北省从酿酒葡萄原料基地建设，引进酿酒葡萄品种，新建葡萄酒厂，老企业进行技术改造，在原料基地建立发酵站，引进国内外先进葡萄酒前处理、贮存、后处理、灌装等先进设备，同时注重人材培养，挖掘老企业的现有人材，积极通过大学有关专业代培，参加培训班，走出去，请进来进行学习和人材培养。经过几年的发展，河北省葡萄酒工业有了突飞猛进的发展，成为当地主导产业。河北省葡萄酒工业有以下几方面的特点：

**1. 利用优异的地理和气候条件，大力发展酿酒葡萄品种**

河北省葡萄主要产于河北省沙城和昌黎：沙城产区包括宣化、涿鹿和怀来。这是地处长城以北，光照充足，热量适中，昼夜温差大，土壤为褐色，质地偏沙，多丘陵山地，十分适宜葡萄的生长。昌黎产区地处河北东北部，日照、降雨量，昼夜温差，无霜期等都与法国的葡萄酒产地波尔多较为相似。优异的地理气候条件为种植酿酒品种葡萄奠定了基础。2002 年全省葡萄种植面积已达到 2 万公顷（其中酿造干红葡萄酒的赤霞珠、品丽珠、梅鹿辄等占 1.3 万公顷，酿造干白葡萄酒的龙眼葡萄占 0.6 万公顷）河北省已向种植区域化、区域基地化、基地良种化、良种规划化的模式发展。

**2. 调整产品结构，适应国内外市场需要**

河北省葡萄酒生产在 20 世纪 60～80 年代生产规模小、产量低。主要以甜型或半甜型的半汁葡萄酒为主，进入 20 世纪 90 年代以后干型和半干型的葡萄酒已占河北省葡萄酒总产量的 90%以上，而且从单品种葡萄命名的葡萄酒外，高档起泡葡萄酒、年份酒、产地命名酒也相继出现。

**3. 更新技术装备，完善生产工艺**

20 世纪 90 年代后期随着葡萄酒行业的发展，河北省葡萄酒企业的技术装备通过引进国外先进的关键设备，使技术装备水平达到了先进国家的水平。中国长城葡萄酒有限公司和华夏葡萄酒公司引进国外除梗破碎机、速冻机、膜过滤机、橡木桶，酒泥处理机和意大利 1500 瓶/小时的灌装线等。在工艺方面积极采用国外先进酿酒工艺和我国具体情况相结合，采用控温发酵：苹果酸—乳酸发酵，橡木桶贮存，连续冷冻去酒石，膜过滤等进一步提高了河北省葡萄行业的酿造水平。

**4. 注意产品质量，开拓消费市场**

河北省葡萄酒行业很注意产品质量，从原料、运输、加工、发酵、贮存、灌装等都把产品质量放在第一位，从感观上保持干型白葡萄、红葡萄酒的色、香、味及其典型特点，在理化和卫生指标上都达到了国家标准。长城葡萄酒公司和华夏葡萄酿酒公司在多次的国际大赛上获奖并在 2001 年获中国名牌称号，与此同时企业重视产品宣传，以稳定的质量占领市场，取得较好的经济效益和社会效益。

为了更好地发展河北省葡萄酒行业，今后在工作中，各级领导部门和企业要更好地统筹兼顾，合理安排。特别是对发展酿酒葡萄的种植对改良土壤，保护环境的作用；对调整农业产品结构，有利于农民收入增长等方面的积极作用；同时根据市场葡萄酒需求及本地企业生产能力和销售能力，既要保证有充足高质量的原料又不能无限制发展、造成葡萄过剩，拙伤农民种植的积极性。在市场上也要认识到由于生活习惯和消费水平的影响，我国葡萄消费市场仍处于初级阶段，因此，培育葡萄酒消费市场，也是发展行业的关键。在产品上更要重视质量，确实认识到质量是企业的生命，有了好的原料、设备和工艺就需要人来掌握、操作，需要进一步提高广大干部、科技人员和职工的素质，严格操作规程，把好各道工序，各个环节质量关，使河北省葡萄酒行业有一个更快的发展，为社会作出更大贡献。

**2001～2002 年河北省酒业主要经济指标**

| 项目 | 2001 年 | 2002 年 | 增长率（%） |
| --- | --- | --- | --- |
| 汇编企业数（个） | 53 | 53 | |
| 其中：亏损企业数（个） | 18 | 16 | －11.1% |
| 从业人数（万人） | 2.6 | 2.6 | |
| 商品酒总产量（万吨） | 162.84 | 152.25 | －6.5% |
| 其中：白酒（万吨） | 19.64 | 14.24 | －21.63% |
| 啤酒（万吨） | 134.86 | 128.52 | －5.17% |
| 葡萄酒（万吨） | 3.84 | 5.13 | 15.80% |
| 酒精（万吨） | 4.50 | 4.36 | －2.90% |
| 工业总产值（亿元） | 30.07 | 27.36 | －9.01% |
| 利润总额（亿元） | －0.27 | －0.51 | －88.9% |
| 税金总额（亿元） | 10.07 | 9.22 | －8.4% |
| 销售收入（亿元） | 43.07 | 42.52 | －1.3% |

# 山西省酿酒工业概况

山西省酿酒协会

2001 年国家对白酒企业实行生产许可证制度，山西省第一批共核发白酒生产许可证 131 个，职工人数约 2.8 万人，小企业占 90%以上。

2001 年山西省酿酒企业是企业改革、转换企业经营机制的时期，杏花村汾酒集团、梨花春酿酒集团、长治潞酒公司等一批大、中型国有企业逐步改制成有限责任公司、股份公司等。国家二级企业国家银奖获得者祁县六曲香酒厂被北京红星酿酒集团兼并，重组为北京红星股份有限公司二分厂。

## 基本情况

山西省有酿酒企业约 200 多个，除白酒厂外，有啤酒厂 12 个，葡萄酒厂 3 个，黄酒厂 7 个，果露酒厂 10 个（有的兼营）。据山西省统计局统计（一定规模以上）2002 年全省饮料酒总产量完成27.1万吨，比上年增长15%。其中白酒10.1万吨，比上年增长15.7%；啤酒16.7万吨，比上年增长15.4%；葡萄酒0.1万吨；保健配制酒0.23万吨。

**1. 白酒行业**

山西省龙头企业杏花村汾酒集团是全国最知名白酒生产基地之一。国家名酒汾酒，国家名酒保健酒竹叶青酒驰名中外，葡萄酒"山西红"也在全国葡萄酒评比中荣获第四名。2002年白酒销售量达三万吨，销售收入9.5亿元，利税总额3亿多元，比上年均有较快增长。其利润和税收各占全省酿酒工业的60%以上。山西梨花春酿酒集团公司2002年销售收入4500万元、利税1500万元，经营较好；但其他白酒企业如长治潞酒公司、太原酒厂、天镇县酒厂、交城玄中酒业公司、山西恒山酿酒集团有限责任公司、忻州地区酒厂、汾阳市汾州酒业公司、隰县午城酿酒集团等中型企业白酒产销量有所下降，经营利润低，个别企业亏损严重。

**2. 啤酒行业**

山西啤酒厂有12个，生产规模偏小，大都年产能力在3万吨以下，较大的有大同云岗啤酒集团、山西天龙啤酒饮料集团生产能力各8万吨，实际年产啤酒各4万多吨，生产普啤、干啤、鲜啤等供应当地及周边地区很受欢迎。但由于品牌知名度不高，宾馆、饭店进入量偏小，在低价位的市场竞争中不能满负荷生产（以销定产），税后基本无利润。另有小啤酒厂，因经营不善亏损，设备无力维修、更新而停产。如阳泉娘子关酒业公司、侯马啤酒厂、翼城酿酒总厂。2000年河南金星啤酒集团，河南月山啤酒分别在山西省洪洞和晋中新建啤酒分公司。

**3. 葡萄酒行业**

杏花村汾酒集团生产干红、干白葡萄酒已多年，品种优良，产销量在扩大；清徐葡萄酒有悠久历史，生产过甜葡萄酒、干葡萄酒，但企业变动大，产量也不大。

2000年在太谷新建山西怡园酒庄2001～2002年生产干红、干白、桃红葡萄酒共1200吨；2002年3月在上海第三届中国国际葡萄酒及烈酒评比会上获一金二银两个奖项，其中2001年霞多丽干白获金奖，2001年赤霞珠干红、混合干红获银奖，有了好开头。

**2001～2002年山西省酒业主要经济指标**

| 项目 | | 2001年 | 2002年 | 增长 |
|---|---|---|---|---|
| 汇编企业数(个) | | 16 | 18 | 白酒厂14个<br>啤酒厂3个<br>葡萄酒厂1个 |
| 其中亏损企业数(个) | | 5 | 6 | |
| 从业人数(人) | | 13429 | 13451 | 平 |
| 商品酒总量(万千升) | | 16.57 | 16.83 | 1.57% |
| 其中：白酒(万千升) | | 6 | 6.7 | 11.6% |
| 啤酒(万千升) | | 10.2 | 9.8 | −4% |
| 葡萄酒(万千升) | | 0.1 | 0.1 | 平 |
| 配制酒(万千升) | | 0.27 | 0.23 | −14% |
| 利润总额(万元) | | 2121 | 3101 | 46%不包括亏损企业亏损数额 |
| 税金总额(万元) | | 32149 | 38908 | 21% |
| 销售收入(万元) | | 121869 | 136295 | 11.8% |
| 产品销售率 | 白酒(%) | 97 | 91 | |
| | 啤酒(%) | 98.4 | 99.6 | |

# 内蒙古自治区酿酒工业概况

## 综　述

2001年，内蒙古自治区全年白酒产量15.16万吨，同比减少3.29%；实现销售收入14.09亿元，同比减少2.63%；实现利润0.76亿元，同比减少15.56%；实现税金3.03亿元，同比增长1.34%。全年啤酒产量41.23万吨，同比下降0.89%；实现销售收入6.25亿元，同比下降1.26%；实现利润0.52亿元，同比增长15.56%；实现税金1.53亿元，同比下降3.16%。规模以上酿酒企业49家，职工2.6万人，总资产40亿元，负债22亿元，实现利税5.8亿元，占全区规模以上工业企业利税的7.4%。

由于受国家新税收政策影响，2001年，内蒙古自治区白酒产量削减，销售收入随之减少，由于税金的增加，行业利润下降幅度较大，行业整体税收比去年略有增长。啤酒行业受市场影响，生产集中度向大型企业集团集中，包头雪鹿啤酒厂及赤峰啤酒厂加入燕京啤集团麾下，其他几家大中型啤酒生产企业积极发挥自己企业的特长，挖掘自身的潜力，不断开发适销对路的新产品，在激烈的市场竞争中，努力寻找自己的生存、发展点，基本都实现了稳步增长。小啤酒厂则日益萎缩。

全区利税超过2000万元以上的企业有河套酒业集团、宁城老窖集团、骆驼酒业股份有限公司、蒙古王酒业有限责任公司、海拉尔啤酒集团有限责任公司、燕京啤酒（赤峰）有限责任公司、燕京啤酒（包头雪鹿）股份有限公司、金川保健啤酒总厂。

2002年，内蒙古自治区全年白酒产量15.99万吨，其中，规模以上白酒产量8.24万吨，同比增长1.84%；实现销售收入12.69亿元，同比减少9.94%；实现利润0.7亿元，同比减少7.89%；实现税金3.15亿元，同比增长3.96%。全年啤酒产量42万吨，其中，规模以上啤酒产量41万吨，同比增长1.91%；实现销售收入6.89亿元，同比增长10.24%；实现利润0.57亿元，同比增长9.62%；实现税金1.59亿元，同比增长3.92%。规模以上酿酒企业49家，职工3万人，总资产45亿元，负债22亿元，白酒生产能力20万吨，啤酒生产能力60万吨，实现利税近7亿元，占全区规模以上利税的8%左右，转化粮食近40万吨。

2002年，内蒙古自治区白酒行业与全国总体情况有所差别，由于内蒙古自治区白酒企业的产品主要以中低档为主，因此受国家新税收政策影响较大，企业虽然也在积极进行产品结构调整，但由于受消费水平、市场等影响，产品仍以中低档为主，所以尽管白酒总量没有下降，但销售收入、利润总额在下降。啤酒行业与全国总体情况相差不大，只是啤酒产量增幅小于全国。尽管如此，一批重点骨干企业在激烈的市场竞争中，努力挖潜改造，开拓市场，依然取得了较好成绩。

全区利税超过2000万元以上的企业有河套酒业集团、鄂尔多斯酒业有限责任公司、骆驼酒业股份有限公司、蒙古王酒业有限责任公司、海拉尔啤酒集团有限责任公司、燕京啤酒（赤峰）有限责任公司、燕京啤酒（包头雪鹿）股份有限公司。内蒙古河套酒业集团是其中的佼佼者，2002年全年，实现销售收入51701万元，比上年增长56.41%，其中白酒主业实现43036万元，比上年增长57.5%，利税达到15202万元，比上年增长85.7%，其中实现利润6126万元，比上年增长139.67%。也有个别重点生产企业由于种种原因，产量、利税下滑严重，对全行业经济指标有所影响。

## 酒业大事记

2001年4月11日，内蒙古百年酒业有限责任公司研制开发的生命动力素系列白酒通过专家鉴定，其研究成果填补自治区同类产品空白。

2001年4月17日，内蒙古巴特罕酒业股份有限公司生产的纯生啤酒通过技术鉴定。

2001年7月10日，金川保健啤酒总厂纯生啤酒生产线技改项目正式投产。

2002年4月3日，内蒙古自治区酒业协会成立。

2002年4月6日，以奥淳酒为代表的功能型白酒新品种在北京通过国家专家鉴评。

2002年4月28日，内蒙古河套酒业被自治区人民政府评为“全区管教创新先进企业”。

2002年5月9日，内蒙古河套酒业进入自治区20户大企业集团。

2002年7月26日～8月4日，内蒙古自治区酒业协会举办了自治区级评酒员培训班，并组成了内蒙古自治区第五届评酒委员会。

2002年8月5日～9日，为弘扬内蒙古酒文化，增加内蒙古酿酒企业的知名度，自治区酒业协会与自治区经贸委共同举办了内蒙古民族美食节酒文化活动，进行了内蒙古首届名酒评选。同时举行了内蒙古啤酒饮酒大赛。

2002年9月19日，赤峰蒙野山葡萄酒业有限责任公司生产的双红山葡萄酒通过专家鉴定。

2002年9月29日，内蒙古自治区酒文化博物馆正式开馆，博物馆占地面积为1200平方米，是内蒙古第一家由企业（内蒙古河套酒业集团）兴办的行业性博物馆。

# 辽宁省酿酒工业概况

郭建国　王　革

## 综　　述

进入21世纪，辽宁省酿酒工业继续保持了稳定的发展趋势，企业结构、产品结构及企业内部组织结构均有了较大的改善，逐步发展成为辽宁食品工业的重要行业。两年的时间里，辽宁省酿酒企业改制工作成效显著，啤酒企业整合速度明显加快，沈阳华润雪花啤酒集团在成功对辽阳、鞍山等啤酒企业实施兼并收购后，成为行业规模最大、集团优势最强的啤酒企业，在全国啤酒行业也位列前四；在白酒行业，承接上世纪末企业的改制工作，大批具有一定规模的白酒企业完成了改转制，白酒厂家多以有限公司的形式出现，更有沈阳老龙口酒厂完成了合资相关工作，成为国内白酒行业首家合资企业，该企业还在辽宁省内率先实现企业化经营运做，在2002年成功与朝阳凌塔酒业集团实现合作，并在四川省建设分厂，受到业内的关注，使得天江老龙口成为辽宁省首屈一指的集白酒和食用酒精生产为一体的大型白酒生产企业；果酒行业，辽宁亚洲红酿酒有限公司，在果酒激烈竞争的严峻形势下，不断完善自身经营管理制度，下大手笔投入酿酒葡萄原料基地的建设，为企业长久发展奠定基础。

在行业获得一定发展成绩的同时，酒类市场的有序化和净化成为广大生产经营者广泛关注的问题，为加强酒类商品管理，规范酒类生产销售秩序，破除地方封锁，促进酒类商品流通，保护消费者的合法权益，经过广泛征求意见，反复酝酿修改，2001年3月30日，辽宁省省长薄熙来签发了辽宁省人民政府第126号令，《辽宁省酒类管理办法》经2001年3月27日辽宁省人民政府第77次常务会议通过，予以发布实施。

办法指出，所称酒类是指各种白酒、果酒、黄酒和其他酒（不含医用酒）。在辽宁省行政区域内从事酒类生产和经营活动的单位和个人，必须遵守本办法；省、市、县（含县级市、区）经贸、质量技术监督、商品流通、工商等行政部门依据法定职责，负责酒类的监督管理工作；经济贸易行政部门负责酒类生产的管理和综合协调，依据国家产业政策，制定本行政区域的酒类生产规划；质量技术监督行政部门负责酒类商品质量的监督、生产许可证管理和酒类商品质量违法行为的查处；商品流通行政部门负责酒类商品流通的监督管理；工商行政管理部门负责酒类商场和经营企业注册登记、广告商标管理和酒类市场违法行为的查处。

办法规定，白酒生产实行许可证制度，从事酒类批发经营的经营者，必须取得酒类批发经营许可证，取得酒类生产许可证的企业可以从事其自产酒类商品的批发业务。办法还就许可证发放有关程序、散装酒类管理、违法处罚、执法人员责任以及其他地方法规、规定的行止等做出了相关规定。

酒类管理办法的发布实施，是辽宁省酿酒工业的一项重要事件，对规范酒类生产经营活动，起到了积极的作用。

## 协 会 工 作

辽宁省酿酒工业的协会管理工作在辽宁省食品工业办公室指导下开展，具体业务工作分属于辽宁省白酒工业协会和辽宁省食品工业协会的啤酒分会和果酒分会。根据本地区酿酒工业发展的具体实际，2001～2002 年的行业工作在统一部署下有序进行。

2001 年，根据国家白酒生产许可证要求“白酒企业要具备一定的自检能力”的精神，省白酒工业协会举办了气相色谱培训班。内容包括色谱的构成、原理、操作、应用等。通过培训使学员对气相色谱有了全面的了解，进一步提高了实际操作的熟练程度，同时也确保了企业白酒质量生产的稳定性。

为推进全省果酒行业的健康发展，完成了对果酒分会的换届工作；省白酒协会举办 2001 年产品质量竞赛活动。此次活动对参评的酒重新命名，并宣布原名优酒称号期满作废。全省有 27 家企业的 56 种产品参评，其中 35 种产品获得名优酒称号，21 种被评为优质酒；2001 年国家开征了新的白酒税种，由于辽宁省的白酒企业大多规模小，产品档次低，因此对其经济效益影响很大。为应对国家通过增加税赋进行产业调整的政策，省白酒专业协会召开了会员大会，商讨如何通过积极的产品结构调整、扩大规模、提高质量、创立名牌、开拓市场，适应新形势的需要。

为落实省领导对发展辽宁果酒（含葡萄酒）行业的指示精神，省食品工业办公室对部分重点果酒生产企业情况进行了书面调查，并组织人员对重点骨干果酒企业进行了实地调研。

根据省政府《关于重点支持辽宁十大轻工名牌产品和地方精品发展的意见》的精神，为扩大企业品牌影响，培育我省经济发展新的经济增长点，在市场竞争中产生的具有地域特色，能够体现辽宁形象的一批名优产品确定为辽宁省地方精品，省政府在财政、税收、工商及宣传和促销、整治市场环境等方面提出了 23 条优惠政策，促进名牌产品市场竞争力的提高。其中：沈阳雪花啤酒等被评为了十大轻工名牌产品。锦州道光廿五系列白酒、本溪五女山冰葡萄酒等 11 种产品被确定为食品、酒水类地方精品产品。

2001 年 10 月，在国家食品协会组织召开的国家食品行业科技进步优秀企业、优秀项目、优秀个人的表彰大会上，盘锦鹤乡酒业集团有限公司被评为优秀企业，盘锦兴达酒业有限公司冬虫夏草营养酒被评为优秀产品。

2001 年，辽宁省食品行业一批重点食品企业、项目、产品相继建成投产、获得鉴定。如抚顺千台春与深圳一公司合资生产高温淀粉酶；辽阳亚洲红葡萄酒完成省级新产品鉴定。

根据中国食品工业协会中食协发[2001] 012号文件，《关于召开＜全国食品行业质量效益型先进企业质量管理工作优秀领导者、模范工作者表彰会暨质量管理经验交流会＞的通知》精神，经过对全省食品企业的认真筛选，推荐上报的阜新三沟等5家企业荣获全国质量效益型先进企业称号，本溪啤酒厂柴勇等8人获模范工作者称号。

在庆祝中国食品工业协会成立20周年的系列活动中，中国食品工业协会表彰了一批二十年来为中国食品工业做出突出贡献的企业。盘锦鹤乡王酒业集团有限公司荣获1981—2001中国食品工业突出贡献企业。

2002年，辽宁省食品工业协会啤酒分会按照工作安排计划如期开展质量研讨等日常工作，并通过多种形式为企业进步组织专家开展咨询服务等工作。为提高全省白酒企业技术人员水平，进而提升白酒产品的质量口感水平，省白酒工业协会举办品评人员训练暨产品质量竞赛活动。

在进行促进食品企业加强质量管理工作的同时，开展了相关行业技术人员的培训活动。组织5家啤酒企业的技术骨干参加中国食品工业协会开展的第五届啤酒国家评委培训选聘活动，经多方沟通协调和努力，有4名同志被聘为国家评委、2人获得评委资格、2人被聘为特邀评委，壮大了辽宁省啤酒行业高级技术人员实力，提升了技术专业人员的水平和在行业的知名度。

## 名优产品

**表1　全国安全优质承诺食品**

（辽宁省酒类部分）

| 企业名称 | 产品名称 |
|---|---|
| 新宾满族自治县东星葡萄酒有限公司 | 东星葡萄酒 |
| 锦州道光廿五满族酿酒有限责任公司 | 道光廿五白酒 |
| 阜新三沟酒业有限责任公司 | 三沟老窖酒 |
| 阜新市啤酒厂 | 梅雪啤酒 |
| 灯塔市铧子酒厂 | 磨齐山牌营养型铧子佳酿 |
| 朝阳天江老龙口酿造有限公司 | 凌塔纯净酒 |
| 建平松林集团公司 | 松林牌11度啤酒 |
| 盘锦市盘山酒业有限责任公司 | 盘锦牌盘锦佳酿 |
| 本溪龙山泉啤酒有限责任公司 | 龙山泉啤酒 |
| 辽宁铁刹山酒厂 | 铁刹山白酒 |

**表2　辽宁省安全优质承诺食品**

（酒类部分）

| 企业名称 | 产品名称 |
|---|---|
| 新宾满族自治县东星葡萄酒有限公司 | 东星葡萄酒 |
| 锦州道光廿五满族酿酒有限责任公司 | 道光廿五白酒 |
| 黑山县明泉酒业有限公司明星酒厂 | 明泉牌白酒 |
| 营口吉利红酒业有限公司 | 旺运红原汁山葡萄酒 |
| 灯塔市铧子酒厂 | 磨齐山牌营养型铧子佳酿 |
| 朝阳天江老龙口酿造有限公司 | 凌塔纯净酒 |
| 建平松林集团公司 | 松林牌11度啤酒 |
| 铁岭龙赐酒业有限公司 | 铁岭老窖酒 |
| 盘锦市盘山酒业有限责任公司 | 盘锦牌盘锦佳酿 |
| 盘锦大米王酒业有限公司 | 康海牌大米酒 |
| 盘锦鹤乡酒业集团有限公司 | 锦鹤牌鹤乡王白酒 |
| 本溪龙山泉啤酒有限责任公司 | 龙山泉啤酒 |
| 辽宁铁刹山酒厂 | 铁刹山白酒 |

为促进企业间的互相学习，取长补短，彼此交流，提高产品质量，加强企业管理，增强企业综合实力，辽宁省白酒工业协会定期开展行业内质量检评活动，并评出名酒和优质酒，这些产品主要有：

**表 3　　辽宁省白酒质量竞赛名酒**

**（1999 年）**

| 企业名称 | 产品名称 |
|---|---|
| 辽宁省朝阳凌塔酒业集团 | 凌塔白酒(53 度) |
| 辽宁省朝阳凌塔酒业集团 | 凌塔白酒(45 度) |
| 辽宁省朝阳凌塔酒业集团 | 凌塔大团圆(45 度) |
| 辽宁省朝阳凌塔酒业集团 | 凌塔老窖(41 度) |
| 辽宁省朝阳凌塔酒业集团 | 凌塔老窖(53 度) |
| 辽宁省朝阳凌塔酒业集团 | 凌塔情(45 度) |
| 大连市金州酒厂 | 金州王牌(46 度) |
| 抚顺千台春酿酒有限公司 | 千台春特酿(38 度) |
| 抚顺千台春酿酒有限公司 | 千台春精品(43 度) |
| 抚顺千台春酿酒有限公司 | 千台春曲酿(38 度) |
| 抚顺千台春酿酒有限公司 | 满圆春(40 度) |
| 抚顺千台春酿酒有限公司 | 抚顺白酒(38 度) |
| 阜新三沟酒业有限公司 | 三沟白酒(40 度) |
| 凤城老窖酒厂 | 凤城老窖(42 度) |
| 凤城老窖酒厂 | 凤城老窖(45 度) |
| 凤城老窖酒厂 | 贵族老窖(38 度) |
| 辽宁省绥中县酒厂 | 绥中特酿(45 度) |
| 辽宁铁刹山酒厂 | 铁刹山老窖(39 度) |
| 东港市安民酒厂 | 酒千岁(35 度) |
| 东港市安民酒厂 | 酒千岁(48 度) |
| 辽宁昌图县制酒一厂 | 山雁王(46 度) |
| 沈阳市老龙口酒厂 | 老龙口陈酿(38 度) |
| 大连龙泉股份有限公司龙泉酒厂 | 龙酒(44 度) |
| 盘山县酿酒厂 | 关东醇(38 度) |
| 辽阳千山酒厂 | 千山白酒(50 度) |
| 辽宁盘锦鹤乡酒业有限公司 | 鹤乡王酒(36 度) |
| 锦州凌川酒业有限责任公司 | 新道光廿五 |
| 阜新三沟酒业有限公司 | 三沟特曲(45 度) |
| 大连市金州酒厂 | 金州五牌(46 度) |
| 锦州凌川酒业有限责任公司 | 凌川白酒(45 度) |

**表 4　　辽宁省白酒质量竞赛优质酒**

**（1999 年）**

| 企业名称 | 产品名称 |
|---|---|
| 锦州凌川酒业有限责任公司 | 王牌凌川(39 度) |
| 抚顺千台春酿酒有限公司 | 抚顺白酒(40 度) |
| 辽宁省绥中县酒厂 | 绥中老窖(43 度) |
| 辽宁铁刹山酒厂 | 铁刹山佳酿(39 度) |
| 辽宁铁刹山酒厂 | 铁刹山特液(39 度) |
| 东港市安民酒厂 | 小窖王(49 度) |
| 辽宁昌图县制酒一厂 | 山雁王(38 度) |
| 大连龙泉股份有限公司龙泉酒厂 | 龙泉老窖头曲(38 度) |
| 盘山县酿酒厂 | 盘锦佳酿(35 度) |
| 辽阳千山酒厂 | 千山醇(38 度) |
| 辽宁盘锦鹤乡酒业有限公司 | 鹤乡王(38 度) |
| 丹东酒厂 | 国门宴(42 度) |
| 丹东酒厂 | 辽宁醇(40 度) |
| 辽宁盘锦大米王酒业有限公司 | 大米王(36 度) |
| 辽宁红梅盛京酒业有限公司 | 新小金斗(42 度) |
| 沈阳新民酒厂 | 帅泉特曲(39 度) |
| 铁岭龙赐酒业有限公司 | 福泉酒(38 度) |
| 灯塔市铧子酒厂 | 铧子佳酿(53 度) |
| 灯塔市铧子酒厂 | 铧子佳酿(42 度) |
| 大连市长兴葡萄酒有限公司 | 大连仙酒(45 度) |
| 大连金州渤海酒厂 | 金州新醇(39 度) |

续表

| 企业名称 | 产品名称 |
|---|---|
| 阜新三沟酒业有限公司 | 三沟老窖(35度) |
| 凤城老窖酒厂 | 鸿祯一品(42度) |
| 灯塔市铧子酒厂 | 铧子陈仙(53度) |
| 东港市安民酒厂 | 酒千岁(39度) |

**表5　　辽宁省白酒质量竞赛名酒**

**(2001～2003年)**

| 企业名称 | 产品名称 |
|---|---|
| 朝阳凌塔酿酒有限责任公司 | 凌塔大团圆、浓香(45度) |
| 朝阳凌塔酿酒有限责任公司 | 凌塔白酒、清香(53度) |
| 朝阳凌塔酿酒有限责任公司 | 凌塔纯净酒、其它(32度) |
| 辽宁凤城老窖酒厂 | 红梅牌凤城老窖酒、酱香(42度) |
| 辽宁凤城老窖酒厂 | 凤山牌凤城老窖酒、酱香(42度) |
| 辽宁凤城老窖酒厂 | 鸿祯一品酒、浓香(42度) |
| 大连市金州酒厂 | 金州王牌、浓香(46度) |
| 大连市金州酒厂 | 金州老窖、浓香(46度) |
| 沈阳天江老龙口酿造有限公司 | 老龙口二十年陈酿、兼香(54度) |
| 沈阳天江老龙口酿造有限公司 | 精品陈酿、浓香(38度) |
| 抚顺千台春酿酒有限公司 | 千台春特酿、浓香(38度) |
| 抚顺千台春酿酒有限公司 | 千台春精品、浓香(43度) |
| 抚顺千台春酿酒有限公司 | 精酿抚顺白酒、兼香(38度) |
| 盘锦鹤乡酒业集团有限公司 | 锦鹤福酒、浓香(43度) |
| 盘锦鹤乡酒业集团有限公司 | 精品鹤乡王、营浓(42度) |
| 盘锦鹤乡酒业集团有限公司 | 鹤乡王、营浓(35度) |
| 盘锦鹤乡酒业集团有限公司 | 鹤乡王、营浓(38度) |
| 锦州凌川酒业有限责任公司 | 道光廿五、陈香(39度) |
| 辽宁铁刹山酒厂 | 铁刹山佳酿、浓香(39度) |
| 辽宁铁刹山酒厂 | 铁刹山福酒、浓香(36度) |

续表

| 企业名称 | 产品名称 |
|---|---|
| 辽宁铁刹山酒厂 | 铁刹山陈年窖、兼香(48度) |
| 阜新三沟酒业有限责任公司 | 三沟特曲、浓香(45度) |
| 阜新三沟酒业有限责任公司 | 三沟老窖、浓香(35度) |
| 辽宁忠华酒业一绥中县酒厂 | 绥中特酿、酱香(45度) |
| 辽宁忠华酒业一绥中县酒厂 | 绥中老窖、兼香(45度) |
| 辽宁山雁王酒业有限公司 | 山雁王、浓香(38度) |
| 辽宁山雁王酒业有限公司 | 山雁王牌、浓香(38度) |
| 盘锦市盘山酒业有限责任公司 | 盘锦佳酿、浓香(35度) |
| 丹东市安民酒厂 | 酒千岁、浓香(35度) |
| 丹东市安民酒厂 | 酒千岁、浓香(39度) |
| 丹东市安民酒厂 | 酒千岁、兼香(48度) |
| 大连龙泉股份有限公司龙泉酒厂 | 龙酒、浓香(44度) |
| 辽阳千山酒厂 | 千山白酒、酱香(50度) |
| 盘锦大米王酒业有限公司 | 大米王酒、酱香(36度) |
| 西丰县御林酒厂 | 鹿茸酒、营养清(42度) |

**表6　　辽宁省白酒质量竞赛优质酒**

**(2001～2003年)**

| 企业名称 | 产品名称 |
|---|---|
| 抚顺千台春酿酒有限公司 | 抚顺白酒、浓香(40度) |
| 沈阳天江老龙口酿造有限公司 | 老龙口酒、营浓(42度) |
| 辽宁凤城老窖酒厂 | 凤城老窖佳酒、营兼(45度) |
| 辽宁铁刹山酒厂 | 铁刹山老窖酒、浓香(39度) |
| 锦州凌川酒业有限责任公司 | 酒中仙、浓香(32度) |
| 盘锦市盘山酒业有限责任公司 | 关东醇、营浓(38度) |
| 盘锦市盘山酒业有限责任公司 | 鸿运白酒、兼香(36度) |
| 盘锦大米王酒业有限公司 | 宴王特酿、浓香(35度) |
| 沈阳市新民酒厂 | 玉米香、兼香(36度) |
| 沈阳市新民酒厂 | 辽河大曲、浓香(38度) |

续表

| 企业名称 | 产品名称 |
| --- | --- |
| 大连金州鑫醇酒厂 | 金九福、浓香(52 度) |
| 大连市长兴葡萄酒有限公司 | 大连仙酒、兼营(45 度) |
| 灯塔市铧子酒厂 | 铧子佳酿、营酱(45 度) |
| 灯塔市铧子酒厂 | 铧子白酒、营酱(38 度) |
| 建平县红山酒厂 | 红山老窖、浓香(38 度) |
| 北宁闾山酒业有限责任公司 | 甘泉白酒、浓香(38 度) |
| 沈阳大龙酒业有限公司 | 马三白酒、兼香(38 度) |
| 辽宁红梅盛京酒业有限公司 | 诗仙醉、酱香(46 度) |
| 喀左塔城陈醋酿造有限公司 | 特制凌峰玉液、清香(39 度) |
| 西丰县御林酒厂 | 御林春酒、营兼(38 度) |
| 阜新茅台分厂 | 一九一五醇、酱香(45 度) |

## 各酒业情况

### 1. 白酒行业

辽宁省白酒工业在 2001～2002 年度发展平稳，企业通过产品开发调整经营思路；通过加强内部管理提升自身竞争力，通过改革调动职工积极性；通过强化市场开拓适应激烈的市场竞争，企业经营管理水平普遍得到提高，通过实施生产许可证制度，规范了白酒生产秩序，酒类管理办法经省政府发布，对净化酒类经营市场秩序起到了有益的作用。已经获得国家生产许可证的企业已达 250 余户，重点骨干企业均获得了生产许可，一部分不符合基本生产条件的生产单位被依法取缔，从生产方面讲，出现了良好的局面，但对无证从业的查处和禁绝尚需加大力度。

2001 年，辽宁省白酒行业面对调税、消费萎缩、市场竞争激烈化等因素的影响，并没有出现较大的滑坡，保持了平稳运行的发展势头。2001 年，白酒生产总量为 30.1 万吨，其中规模以上企业产量为 18.2 万吨，比去年略有下降，但受酒税调整影响利润降幅较大。

白酒行业面对较大压力，2001 年行业却没有出现大起大落，主要归功于一批大型骨干企业稳步增长。沈阳天江老龙口酿酒有限公司实现生产经营的正常规范化，使其重新回到全省行业排头的位置；道光廿五酒业集团重视品牌文化内涵的创新和提升，强化品牌文化的影响力和辐射力，并以此作为企业的发展之本，大做酒文化文章，并被评为中国十大文化名酒；鹤乡王酒业集团以科技为先导，致力于产品开发创新、营销管理创新，实现了营养型和专利防伪两大突破，通过科学的产品市场定位使企业和品牌在省内外获得较大的影响；盘山酒业公司、丹东凤城酒厂、阜新三沟酒业公司等企业也通过完善产品结构、强化现代企业管理制度，保持了稳定的发展。

2002 年，全省规模以上白酒产量为 17.2 万吨，同比下降 5.5%。从重点统计的 40 多家企业看，完成总产量 5.29 万吨，同比下降 8.5%，销售收入 6.11 亿元，同比下降 2.3%，上缴税金 1.45 亿元，同比增加 26%，完成利润－296.7 万元，同比下降 120%。从统计结果看，40 多家重点企业产量虽有下降，销售收入不降反增说明产品结构调整已见成效，但税金和利润出现的翘翘板效应，说明现行的白酒税收政策对企业的效益影响很大。

**2. 啤酒行业**

啤酒行业一直是辽宁食品工业的重要产业，2001～2002年度，辽宁啤酒行业企业间的整合步伐进一步加快，青岛、哈尔滨等国内知名啤酒品牌也加入行业企业的收购兼并行列，行业品牌竞争日益激烈，竞争的局面给企业带来了机遇和挑战，规模、实力、品牌和服务成为企业占有市场、不断壮大的根本保证和前提。规模化品牌竞争促成了辽宁啤酒以华润为中心和骨干，大雪、鸭绿江、天湖等几个地方知名品牌企业共同占据90％市场的格局。

2001年，辽宁省啤酒行业受经济环境、消费水平及部分骨干企业调整等因素影响，产品和效益与2002年相比略有下降。全省啤酒完成年产量144.2万吨，工业总产值18.9亿元，销售收入23.1亿元，实现利税总额8.5亿元，分别比2002年下降3.43％、4.64％、9％和3.71％。从地域上看大连、锦州、盘锦、营口产量降幅相对较大。

2001年，全省啤酒行业五项消耗指标完成较好，对企业降低成本、增加效益贡献较大。啤酒总损失率最低3.33％，最高11.26％，平均5.77％，比上年下降0.3％。按全年啤酒总产量计算共节约啤酒液4243吨；耗粮指标最低158公斤/吨，最高194公斤/吨，平均173公斤/吨，比上年每吨下降0.96公斤，共节约工业粮1358吨；耗煤指标最低35.5公斤/吨，最高244.5公斤/吨，平均96.6公斤/吨，比上年每吨下降8.2公斤，共节约11541吨；耗电指标最低57.4度/吨，最高419度/吨，平均91.3度/吨，比上年每吨上升1.96度，多消耗用电277万度；耗水指标最低5.26吨/吨，最高23吨/吨，平均10吨/吨，比上年下降0.21吨/吨，共节约工业用水29.7万吨。2002年，辽宁省啤酒行业经过去年调整后恢复良性发展，产量恢复增长，效益情况开始回升。据不完全统计，全年实际完成总量143.3万吨，比上年增长2.54％，实现工业总产值24.3亿元，利税总额8.08亿元，下降1.29％，净利润2.5亿元，下降1.57％。2002年，年产5万吨以上的企业为11家，其中沈阳华润雪花达到40.7万吨；从地区上看，锦州、葫芦岛、鞍山等市产量增幅较大，其中锦州增幅较大系锦州中策被哈啤收购后恢复良性发展，盘锦、丹东产量降幅相对较大。

**表1　2001年辽宁省产量、经济效益居前的啤酒企业**

| 企业名称 | 实际产量(万吨) | 利税总额(万元) |
|---|---|---|
| 沈阳华润雪花啤酒有限公司 | 413456 | 30427 |
| 大连华润啤酒有限公司 | 182674 | 18073 |
| 大连大雪企业集团啤酒有限公司 | 90232 | 5483 |
| 本溪市化工集团有限责任公司啤酒厂 | 75078 | 3904 |
| 丹东鸭绿江啤酒有限责任公司 | 70112 | 3900 |

2002年，全省啤酒行业五项消耗指标完成较好，为企业降低成本，增加效益做出了有益的贡献。啤酒总损失率最低3.01％，最高8.68％，平均5.51％，比上年下降0.26％。按全年啤酒总产量计算共节约啤酒液3725吨；耗粮指标最低151.78公斤/吨，最高178.85公

斤/吨，平均159.55公斤/吨，比上年每吨下降1.29公斤，共节约工业粮1849吨；耗煤指标最低51公斤/吨，最高298公斤/吨，平均85.87公斤/吨，比上年每吨下降11.92公斤，共节约17082吨；耗电指标最低67.82度/吨，最高248度/吨，平均86.71度/吨，比上年每吨下降5.69度，共节约工业用电815万度；耗水指标最低4.93吨/吨，最高25吨/吨，平均8.16吨/吨，比上年下降2.01吨/吨，共节约工业用水288万吨。

**表2　2002年辽宁省产量、经济效益居前的啤酒企业**

| 企业名称 | 实际产量(万吨) | 利税总额(万元) |
|---|---|---|
| 沈阳华润雪花啤酒有限公司 | 406678 | 27859 |
| 大连华润啤酒有限公司 | 147015 | 13116 |
| 大连大雪企业集团啤酒有限公司 | 104254 | 7326 |
| 大连华润棒棰岛啤酒有限公司 | 52875 | 4437 |
| 鞍山华润啤酒有限公司 | 83679 | 3584 |

沈阳华润雪花啤酒被中国名牌产品战略推进委员会确认为国家名牌，这是辽宁省继红梅味精后第二个获此殊荣的产品。

**3. 葡果酒行业**

辽宁的果酒曾经出现过一批独有特色的品牌产品，并有过相当的辉煌历史，但由于体制和管理等因素，虽然近年来一批新兴企业利用地方资源优势发展起来，行业一直处于相对低落的水平。辽宁果酒行业总体生产能力具有较大的发展空间，实际生产总量基本保持在8000～10000吨的水平，辽南地区的果汁成为国内特别是东北地区果酒产品的重要原料供应源之一。

目前，辽宁全省有一定规模葡果酒企业20余家，总生产能力在4万吨以上，但多采取季节性生产的方式，产量以市场需求为准；2001年实际总产量在8000吨左右，其中葡萄酒占60%。较大的企业有辽宁亚洲红酿酒有限公司、沈阳天江老龙口酿造有限公司（控股原沈阳酿酒厂股份）、大连北方酿酒有限公司、大连长兴酿酒有限公司、熊岳葡果酒厂、本溪五女山酿酒有限公司等10余家，产量占全省总量的70%以上。

# 吉林省酿酒工业概况

新世纪头两年，吉林省酿酒产业面对复杂的经济环境，激烈的市场竞争态势和严峻的生产经营形势，克服各种困难，紧紧围绕深化企业改革这一重点，以转换企业经营机制，建立现代企业制度为中心，坚持以市场为导向，以提高经济效益为目标，强化企业内部管理，提高产品质量，调整产品结构，提高产品档次，使吉林省酿酒工业整体实力得到进一步增强，经济效益得到进一步的提高，已成为吉林省食品工业的重要组成部分。

特点突出：

吉林省酿酒工业已经形成了以白酒、啤酒、葡萄酒、果露酒和酒精为主的饮料酒行业，其中山葡萄酒是采用吉林省长白山特有的山葡萄为原料酿制，是具有民族特色产品，酒精是发挥吉林省粮食资源优势而重点发展的产品，新建的60万吨燃料酒精项目，这是我国规模最大的酒精企业。2002年规模以上葡萄酒企业完成葡萄酒产量2.34万吨，居全国第四位，酒精产量13.08万吨，居全国第七位。

初步形成了一批骨干企业：

经过近二十几年的发展，吉林省酿酒工业已经形成了一批具有一定生产规模的骨干企业。通化葡萄酒股份公司是吉林省第一家上市酿酒企业，现已形成了年产葡萄酒3万吨的生产规模，在全国葡萄酒行业名列前茅；吉林华润啤酒公司、四平金士百啤酒公司经过近几年的嫁接改造，生产能力分别达到28万吨和25万吨；长春榆树大曲集团公司、白城洮儿河酒厂、辽源龙泉春酒业股份有限公司等企业，通过采取股份、收购、租赁等方式，深化企业体制改革，使企业重新焕发了活力。

依靠技术进步，装备水平普遍提高：

吉林省酿酒企业为适应新的形势，增强产品的竞争力，积极的采用当今世界的新技术、新工艺、新装备，提升企业的整体水平。吉林天合农产品开发有限公司引进奥地利奥高布殊公司的低温蒸煮、连续糖化和发酵、六塔压差蒸馏、酒糟清液50%回用等技术和设备，使企业的产品质量处于国内领先水平；吉林省新龙酿酒有限公司从法国、德国引进了电脑程序化管理模式，使企业的酒精生产程序管理处于国内领先水平。白酒企业采用微机勾兑技术，使产品质量稳步提高。

加大科技投入，新产品层出不穷：

经过全省酿酒工业科技人员的不懈努力，吉林省近几年开发生产了纯生啤酒、超干啤酒、黑啤酒、红啤酒、果味啤酒、螺旋藻啤酒、山葡萄干红酒、五味子干红酒、高山越桔酒、新工艺白酒、无水酒精等新产品。

技术人才优势明显：

吉林省现有一批大专院校、科研院所和企业的技术骨干人员从事酿酒工业的科研和产品开发工作。同时吉林省拥有国家级白酒评委八名，国家级啤酒评委五名，国家级葡萄酒评委数名。

## 2001年酒业基本情况

### 2001年酿酒工业主要经济指标完成情况

吉林省酿酒工业2001年实现销售收入24.86亿元，同比增长18%，实现利税4.88亿元，同比增长29%。完成饮料酒产量为93.54万吨，同比增长2.65%；其中啤酒产量84.79万吨，同比增长2.65%；葡萄酒产量为2.4万吨，同比增长79.68%；白酒产量为6.2万吨，同比减少13.5%；酒精产量为14.1万吨，同比增长4%。

### 2001年协会的主要工作

完善机构，健全组织：

在喜迎新世纪第一个新春佳节的前夕，

吉林省召开了吉林省酿酒协会第三届会员代表大会。会上总结了第二届会员代表大会以来的协会工作，确定了新世纪吉林省酿酒工业的思路和工作目标。通过各位代表的提名、审查、表决、诞生了吉林省酿酒协会第三届理事会和新的协会领导班子。吸收了行业骨干企业和个人参加了理事会。本次会议还经各位会员代表的认真讨论，并举手表决通过了修改后新的《吉林省酿酒协会章程》。此次会议，总结了过去，明确了目标，增添了活力，为更好的做好协会工作奠定了基础。

今年通过企业申请，协会考核，发展了吉林省九台市新九台酒业有限公司为吉林省酿酒协会新会员。

充分发挥协会的政府与企业间的桥梁与纽带作用，努力当好政府参谋，更好的为企业服务：

（1）针对吉林省葡萄酒行业近几年来的快速发展，与葡萄酒行业存在着企业生产不规范，产品品牌杂，产品质量良莠不齐等实际问题，根据省食品行业管理办公室领导的指示，协会组织人员，先后到重点地区、企业，就原料基地建设、生产经营、市场销售、未来发展等情况，开展了深入的调查研究，完成了《吉林省葡萄酒行业发展意见》调研报告，并且上报了省政府及有关部门，为吉林省葡萄酒行业的健康发展提出了好的建议。

（2）经国务院批准，国家于2001年5月调整白酒消费税赋，即："白酒实行从价和从量相结合的复合计税方法，对现有粮食酒在维持按出厂价的25%和15%的税率从价征收消费税的基础上，再对每斤白酒按0.5元从量征收一道消费税；取消原勾兑生产白酒可以扣除购进酒已纳消费税的抵扣政策。"此政策出台后，协会在组织企业认真学习、贯彻的同时，也听取了白酒企业的意见，了解到由于吉林省白酒企业生产规模小，在国内没有叫得响的知名品牌，因此产品的附加值低，企业的效益差的特点，使企业很难消化由于税赋的增加而增加的产品成本，将直接影响企业的效益和行业的发展，为此，协会及时的向中国酿酒工业协会汇报了国家调整白酒税赋将严重影响吉林省白酒行业的生存与发展，并提出了白酒实行优质、优价和加强规范全国白酒生产企业的建议和意见，得到了国家有关部门的重视。

（3）积极认真的组织企业学习贯彻国家新的啤酒统计方法。首先协会选派了吉林华润啤酒公司周柏松统计师参加全国举办的国家新的啤酒统计方法培训班，回来后，协会在长春市举办了全省新的啤酒统计方法培训班，贯彻落实国家新的啤酒统计方法。

组织举办技术培训班，为企业服务：

（1）根据吉林省葡萄酒企业技术力量比较薄弱，技术人员业务水平参差不齐的实际情况，协会于5月在长春市组织举办了全省葡萄酒生产技术与品评培训班，聘请了省内葡萄酒专家吉林省长白山葡萄酒集团公司的金俊济总工程师主讲，重点讲授了葡萄酒生产的基本理论和基础知识，葡萄酒生产方面的新工艺、新技术应用，葡萄酒产品品评方法、品评与产品质量的关系和葡萄酒品评训练；同时又聘请了省食品行业质量检测站的杨家顺站长和省卫生防疫站的科技工作者授课，重点讲授了葡萄酒产品理化、卫生指标的检测和产品质量控制。由于本次培训班组织比较严密，授课内容丰富切合实际，针对性强，取得了良好的效果，受到企业和参加培训班学员的好评。

(2) 为了提高吉林省啤酒生产企业评酒员的水平，促进吉林省啤酒产品质量的提高，同时也为了选拔优秀评酒员参加由中国食品工业协会组织的全国啤酒评委考试，11月协会在长春市举办了全省啤酒评酒员品评培训班。聘请了国家啤酒专家陈喜文老师主讲，通过具有针对性的啤酒品评方法和技巧的学习与培训，提高了学员的评酒水平，通过严肃认真的十轮理论和感官品评考试，选送了六位同志参加全国啤酒评委考试。

组织企业间的经验交流，推广先进经验：

(1) 针对吉林省啤酒行业经济效益不佳，全行业连续七年亏损，部分企业生产经营管理落后的状况，4月份协会在四平金士百啤酒公司召开了全省啤酒行业扭亏增盈现场会。会上，延吉冰川啤酒公司、通化啤酒公司、四平金士百啤酒公司分别介绍了本企业加强企业产品质量管理、降低啤酒生产原料消耗、减少非生产人员、强化企业员工凝聚力等扭亏增盈的经验。经过全省啤酒企业的共同努力，吉林省啤酒行业今年终止了连续七年全行业亏损的被动局面，2001年实现扭亏为盈，为“十五”开了好头。

(2) 7月份协会在珲春市组织召开了第五届东北三省白酒行业联席会，东北三省白酒行业的领导、白酒行业的专家和重点企业的领导参加了会议。会议就国家调整白酒消费税后如何应对展开了积极热烈地讨论，专家和企业家分析了该政策对行业将产生的影响发表了个人看法和见解，对行业今后的发展趋势进行了展望；同时部分企业介绍了本企业在加强企业管理从管理上要效益、依靠科技进步开发新产品、采用新技术提高产品质量、转换企业机制建立现代企业制度、开拓国内外市场等方面的经验。本次会议在与会代表的共同努力下，在交流、合作、团结、友好的气氛中，圆满的完成了会议的各项议程，达到了预期目的。

组织行业评比，不断提高产品质量：

为了提高吉林省酿酒工业产品质量和档次，促进产品销售，9月协会利用中秋节和国庆节前的有利时机，举办了全省名优酒类产品评比活动。本次活动得到省内酒类产品生产企业的高度重视和大力支持，全省共有100种白酒、啤酒、葡萄酒、露酒产品报名参评。为了做好这项工作，协会本着“公开、公正、公平”的原则，制定了评比活动方案、评比标准、评比方法、评酒员守则等规章制度。通过理化指标检测和感官品评，评选出一批吉林省名优酒产品。达到了扩大吉林省名、优酒产品的影响，满足消费者的需求的目的。

组织产品展销，开拓省内外市场：

为了搞好吉林省酒类产品的销售工作，协会积极的想办法、找渠道，引导企业参加省内外各种酒类产品展销会、洽谈会和商品交易会等活动。协会先后组织企业参加了由省经贸委、省食品行办在长春市举办的吉林省首届金秋美酒节，在北京举办的吉林省特色、绿色食品展销会、天津交易会等各种大型展销活动。通过这些展会，不仅推销了企业的产品，而且极大的扩大了吉林省酿酒工业的对外影响和企业产品的知名度，促进了吉林省酿酒工业健康稳步的发展。

## 2002年酒业基本情况

### 全省酿酒工业经济运行情况

2002年全省规模以上酿酒工业企业89户，职工2.2353万人。资产总额50.1亿元，占食品工业的21.9%；流动资产平均余额17.2亿元，占食品工业的18.87%；固定资产平均余额25.8亿元，占食品工业的23.96%；实现工业总产值23.1亿元，同比下降5.44%；实现销售收入22.4亿元，同比下降9.82%；实现利税4.2亿元，同比下降14.3%，其中税金4.59亿元，同比下降9.64%。其中啤酒行业完成产量85.7万吨，实现工业总产值103211万元，实现销售收入109358万元，实现利税30674万元，其中税金总额29984万元。白酒行业完成产量9.6万吨，实现工业总产值39738万元，实现销售收入41911万元，实现利税6695万元，其中税金总额9702万元。葡萄酒行业完成产量2.3万吨，实现工业总产值26921万元，实现销售收入30058万元，实现利税5475万元，其中税金总额3009万元。

### 2002年协会工作

配合国家酿酒工业协会完成《中国山葡萄酒技术规范》的起草工业：

为使山葡萄酒行业能够在有序的环境中发展壮大，使《中国山葡萄酒技术规范》与《中国葡萄酒技术规范》共同发布执行，协会在得到中国酿酒工业协会授权的基础上，组织吉林省山葡萄生产企业和相关的科技人员组成了山葡萄酒技术规范起草小组，走访了部分不同类型的山葡萄酒生产企业，多次召开不同形式的研讨会，研究编写方案；召开座谈会，听取企业和专家对《中国山葡萄酒技术规范》（草稿）的修改意见，最终形成《中国山葡萄酒技术规范》（征求意见稿）上报中国酿酒工业协会。

组织召开“吉林省山葡萄酒技术研讨会”：

省酿酒协会受省食品行业办公室的委托，邀请中国酿酒工业协会理事长耿兆林、中国酿酒工业协会副理事长兼秘书长王延才等领导和我国著名葡萄酒专家郭其昌等十八位国内葡萄酒知名专家参加“吉林省山葡萄酒技术研讨会”。会上，领导和专家踏察了吉林省山葡萄种植基地和吉林省长白山酒业集团公司，品尝了吉林省山葡萄酒产品。

通过本次研讨会，使国家行业领导和专家更深入的了解了吉林省山葡萄酒的产品特点和优势，肯定了山葡萄酒是我国特有的葡萄酒品种，山葡萄能够酿造好的高档次的葡萄酒，明确了山葡萄酒的发展方向，为山葡萄酒企业营造了一个良好的发展氛围。

采取吉林省山葡萄酒企业编号管理办法，落实中国葡萄酒技术规范：

为发展吉林省山葡萄酒行业，规范企业的行为，使贯彻《中国葡萄酒技术规范》落在实处，协会采取对具备生产山葡萄酒企业实施编号制度，为此起草了《吉林省山葡萄酒企业编号管理办法》、《吉林省山葡萄酒企业验收实施细则》等文件，为2003年实施奠定了坚实的基础。

实施名牌战略，推介吉林名酒：

协助省技术监督局开展了吉林省酒类产品参加国家名牌产品的评选工作，最终通化葡萄酒股份公司生产的通化牌和天池牌葡萄酒被国家命名为中国名牌。为了提高吉林省酒类产品的知名度，扩大吉林省酒类产品的影响，向消费者推荐吉林省名优酒类产品，协会在去年评选的行业名优产品的基础上，与省技术监督共同开展了吉林省十大名酒的评审工作。通化葡萄酒股份有限公司、吉林省长白山酒业集团公司、吉林华润啤酒有限公司、四平金士百啤酒集团公司、吉林省粤海银瀑啤酒有限公司、吉林冰川实业股份有限公司、长春榆树大曲（集团）股份有限公司、辽源市龙泉春酒业股份有限公司、吉林省金福酒业有限公司、洮南市馨蜀源制酒厂等十户企业的十个产品被省政府命名为吉林省十大名酒。

举办学习班，为企业服务：

为提高吉林省白酒、酒精企业化验员的业务素质，协会在长春职业技术学院举办了全省白酒、酒精化验员培训班，聘请吉林大学分析化学系教授、省食品工业产品质量检测站和职业技术学院的老师授课，学习了白酒、酒精化验的基本理论、化学分析方法和仪器分析方法等基础知识，并进行了实际操作。由于办班准备比较充分，授课内容切合实际，因此取得了比较好的效果，受到学员的肯定和好评。

积极的组织企业参加各种宣传展示活动：

组织吉林省长白山酒业公司、吉林省哈尔滨银瀑啤酒公司等企业参加中央电视台举办的“白山松水、生态吉林”的采访报导工作；组织酿酒企业参加吉林—香港友谊周的展示；中国国际农产品深加工——食品工业成果展览等展示活动，通过上述活动，达到了宣传吉林省酒类产品，扩大吉林省酒类产品影响的目的。

**表 1　　2001 年吉林省酒业主要经济指标**

| 项目 | 酒精 | 白酒 | 啤酒 | 葡萄酒 | 合计 |
|---|---|---|---|---|---|
| 企业数（个） | 8 | 52 | 16 | 13 | 89 |
| 产品产量（吨） | 141185 | 62044 | 847944 | 24061 | 1075234 |
| 工业总产值（不变价）（万元） | 68575.5 | 44792.8 | 109821 | 20426.7 | 243616 |
| 产品销售收入（万元） | 54472.3 | 49143 | 116369.8 | 28614.9 | 248600 |
| 利润总额（万元） | －1503.2 | －3804.8 | 39.9 | 3267 | －2001.1 |
| 利税总额（万元） | 3902.2 | 7566.7 | 30474.4 | 6877.7 | 48821 |

**表 2　　2002 年吉林省酒业主要经济指标**

| 项目 | 酒精 | 白酒 | 啤酒 | 葡萄酒 | 合计 |
|---|---|---|---|---|---|
| 企业数（个） | 8 | 43 | 21 | 14 | 89 |
| 产品产量（吨） | 130786 | 95575 | 857369 | 23351 | 1107194 |
| 工业总产值（不变价）（万元） | 59585 | 39738 | 103211 | 26921 | 230358 |

续表

| 项目 | 酒精 | 白酒 | 啤酒 | 葡萄酒 | 合计 |
|---|---|---|---|---|---|
| 工业总产值（当年价）（万元） | 455909 | 49337 | 113600 | 33609 | 243729 |
| 工业增加值（万元） | 11804 | 20201 | 48408 | 12629 | 93398 |
| 产品销售收入（万元） | 42216 | 41911 | 109358 | 30058 | 224165 |
| 利润总额（万元） | －3942 | －3007 | 690 | 2466 | －4012 |
| 利税总额（万元） | －850 | 6695 | 30674 | 5475 | 41840 |

备注：上述数据为全省规模以上酿酒企业的统计结果

# 黑龙江省酿酒工业概况

黑龙江省酒业协会

刘文俊

## 酿酒工业情况

黑龙江省地处祖国东北，土地肥沃，盛产高粱、玉米、大麦，具有发展酿酒工业得天独厚的物质资源。黑龙江省酒业在这特定资源优势的引导下，重点发展了白酒、酒精和啤酒。2002 年全省白酒产量 9.96 万吨，酒精产量 29.86 万吨，啤酒产量 175.32 万吨。实现销售收入 449，577.5 万元，利税 94，803.6 万元。

黑龙江省的酒业与全国同行一样，受到各种困惑的影响。经过努力，基本渡过了最困难的时期，机遇和优势正在不断的显现出来。

**1. 企业改制基本完成**

原有国营白酒企业 30 多家，除 4 家外，已全部转变成股份或民营公司。尽管转变付出了很高代价，减缓了发展步伐，但却放下了包袱，增强了活力，为下步发展打下了基础。目前取得生产许可证的 165 家企业中，民营企业占 70%，企业结构已相当于先进省份的水平。2002 年，有指标统计的 56 家白酒企业中，只有 9 家亏损，亏损面由 45.45%下降到 16.07%。产量增加了 13%，销售量增加了 10%，总资产贡献率平均增长 1.58%，销售收入增加率提高了 12.96%，吨酒利税增加 18.31%；质量合格，优质品率达 76.6%以上；综合耗能下降了 2.75%。

啤酒经过几年的重组，购并改制等一系列战略性的调整，已经形成了哈尔滨、华润、青岛三大啤酒集团为主体，民营及股份制企业为辅的格局。这种格局的形成具备了相对的稳定性和平衡性，表明黑龙江省啤酒行业已进入基本适应市场规律的发展新阶段。2002年全省啤酒产量175.32万吨，同比增长27.48%，已跃居全国第一位。除利润略有下降外，销售量、销售收入、税金等指标全部好于上年。

**2. 白酒市场稳定、外埠看好**

白酒企业生存与发展完全取决于市场占有情况，经市场调查，70%的市场份额被省内产品所占领。哈尔滨市饭店60%的白酒是本省产品，其中"龙江龙酒"的覆盖率达95%。

2002年黑龙江省白酒产量为9.96万吨，比上年同期9.40万吨增长6%，是全国13个增长省份之一。其主要增长点是以"黑土地"为代表的东北品牌，在河南、河北、北京、天津、山西、内蒙等地都具有良好的市场信誉，"喝东北酒跟喝啤酒一样成箱搬"。

**3. 优势得到发挥**

白酒优势得到发挥的主要因素是：一、民营企业多，占90%以上，享受到了优惠政策；二、原料好，主要是黑龙江盛产高粱、玉米，食用酒精质量好，产量高；三、勾兑合理，酒体适宜消费者；四、品牌代表性强，深受省内外消费者的喜爱。

啤酒的战略性调整，促成了哈尔滨啤酒集团及民营、股份制企业的形成。这种格局使龙江啤酒行业适应了市场规律的发展。国家调整啤酒消费税政策出台后，由于黑龙江省啤酒的价位较低，影响不大。集团经济、特别是哈尔滨啤酒集团为全行业的经济增长起到了大幅度的拉升作用。

## 协会工作

黑龙江省酒业协会在省经贸委及有关部门的正确指导下，在各会员单位的密切配合和积极支持下，充分发挥政府与企业的桥梁、纽带作用，积极开展工作，宣传贯彻党的方针政策，反映行业情况，反映企业要求，为政府部门当好参谋，开展学术、技术交流，努力提高为行业和企业服务的质量。

**1. 行业会议走出去，先进经验学进来**

黑龙江省酒业协会的行业年会每年都在不同地区或城市召开。2001年为了学习兄弟省市酿酒工业的先进经验，同时也为了将黑龙江省的酒业推向全国，在四川省成都邛崃市召开了白酒工作会议，确定了"调整结构，转变机制，开发新品，积蓄实力，迎接挑战"的主题；在大连市召开了啤酒行业工作会议，会议精而尖，集中全力解决1～2个行业里较为突出、尖锐的问题，并实施到位，如白酒的生产许可证申报准备工作、啤酒的价格自律问题等等。通过行业会议走出去，先进经验学进来，促进了庆安县委建酒都，企业积极建协会。

**2. 加强行业管理，组建专业委员会**

为了加强行业的专业化管理，便于与国家协会分支机构及企业沟通，筹备组建了白酒、啤酒专业委员会及组织机构。2002年4月于哈尔滨市分别召开了白酒、啤酒专业委员会成立及首届会员代表大会。大会通过民主协商选出黑龙江省酒业协会白酒专业委员会理事长、副理事长单位及常务理事单位14个，理事单位98个；选出黑龙江省酒业协会啤酒专业委员会理事长、副理事长单位及常务理事单位10个，理事单位36个。

**3. 开展评酒委员的培训、考核活动，选拔、推荐国家级评委**

2001年以来，强化了技术人才的培养、培训和质量提高管理方面的工作。为配合中国酿酒工业协会啤酒分会全国啤酒质量评比、中国食品工业协会评委考试换届，组织了全省啤酒评酒委员的培训、考核和推荐、选拔活动。先后共选拔推荐18名同志代表黑龙江省参加了中国酿酒工业协会和中国食品工业协会啤酒分会啤酒评委的考试，有14名同志入选为国家级啤酒评委，占参试人员的77.8%。并于2002年对省内啤酒评委进行换届培训、考核，参加培训者63人，经考核有33人被聘为黑龙江省第五届啤酒评委。

白酒省级评委换届工作于2001年7～8月份进行，历时两个月。培训方法以面授改为函授，参加培训的人员有充分时间自学和在岗实践，集中面授时统一解答疑难问题。这次培训自学和实践时间长，集中和考核时间短。参与参加的单位有36个，总人数达86人，经过严格的考核，有44人被聘为黑龙江省第六届白酒评委。至此，黑龙江省的白酒评委总人数已达54人，其中中国酿酒工业协会和中国食品工业协会国家级评委10人。

此外，黑龙江省酒业协会还受中国酿酒工业协会的委托，接待和组织了全国白酒国家级评委培训班，全国各地白酒专家云集黑龙江，顺利地完成了2000年全国白酒国家级评委的考核工作。

**4. 重视人才培养，开展技术培训**

结合国家酿酒工业协会关于“全国白、啤酒工业主要经济技术指标统一计算方法”的贯彻实施，先后举办了3届“统一计算方法”培训班，以贯彻和落实统一计算方法，推动和加强行业统计工作规范化、标准化，为加强行业管理、监督服务起到了一定的作用。

近年来，由于企业改制、转轨变型，民营、私企成份迅速扩大，多数民营、私企技术水平明显不足，以致产品质量批差较大，质量不稳，加之家族管理成份大，产品质量缺乏管理。为提高企业技术水平和技术骨干素质，协会与黑龙江大学生命科学院联合举办了黑龙江省2002年白酒勾调技术培训班。参加人员61人，其中黑大应届毕业生27人。

**5. 推广应用新技术、新工艺、新装备，提高技术进步水平**

2002年9月，黑龙江省酒业协会与天津市长城过滤设备厂联合举办了白酒过滤技术交流会。专家专题技术讲座，讲解白酒过滤工艺过程中的技术问题和知识；应用企业的工程技术人员先后介绍和交流了过滤设备应用经验，以及过滤工艺过程中的小改小革、提高效率的窍门，还宣讲了两篇有关白酒过滤设备应用的技术论文，现场参观了华润酒业有限责任公司的过滤设备和实际操作、运行情况，给如何提高清爽型白酒质量、节能降耗提供了一个良好的技术交流环境和论坛，深受与会者的欢迎和满意。参加这次交流会的企业共有44个，与会人员51人，多数是企业工程技术人员及部分管理人员。

2001年初，配合中国酿酒工业协会啤酒分会举办了哈尔滨全国啤酒新设备技术研讨会，会议交流和介绍了国内外啤酒工业的最新技术装备和发展趋势。参加会议的有全国各地的啤酒厂及工程技术人员120多人，会议取得了园满的成功。

此外，黑龙江省酒业协会还组织了省内啤酒企业技术交流会。与会企业相互交流和介绍各厂现有技术状况和所采用的新技术、新工艺、新装备等情况，促进和提高了啤酒企业的技术进步水平。

**6. 举办评委年会，积极开展学术交流**

为了提高专业人才素质，加强学术、技术交流，促进人才不断进行自我教育，提高评委的学术、技术水平，于2002年10月分别举办了白酒、啤酒省级评委（包括省内的国家级评委）年会。年会传达了国家协会活动精神，听取了专家报告，公布和制定了年会活动方案。年会期间，评委共发表学术论文68篇，其中有29篇被评为优秀论文。在年会公开宣讲的论文由黑龙江省酒业协会、《酿酒》杂志社编撰成《黑龙江酒业2002年学术交流论文集》即《酿酒》2003年增刊（总第三十卷增刊）。期间，评委还品评了8种国内最高档的白酒和10多种高档啤酒，以及企业自带的典型样品酒。

**7. 开发LCX－白酒品评和测试系统，推进品评技术革命**

2000年以来，黑龙江省酒业协会针对白酒品评过程环境因素、社会因素、人为心理因素对评酒活动的影响，结合计算机技术，经过多次反复试验、研究，开发LCX－白酒品评和测试的新方法，经过多次改进，实现了“人机结合”的新法评酒系统，并在2001年全国白酒国家级评委培训班上试用，同时召开了有各省白酒评委代表参加的“人机结合”评酒系统座谈会，各省与会代表反映积极，取得了一致的好评。LCX－白酒品评系统成功的对传统白酒品评方法进行了改革，并编制出了先进适用的感官品评表，经多次校正，评分结果与传统方法结果相近或一致，对样品不仅可以进行综合感官评价，指导产品改进，同时也考核了评委的品评能力和水平。

**8.《清爽型白酒》地方标准的制定和宣传贯彻**

《清爽型白酒》标准是2002年由黑龙江省酒业协会起草，黑龙江省技术监督局批准的地方标准。该标准代替了DB23/T 074－1996《营养型复制酒》标准，于2002年10月1日发布，2002年12月1日开始执行。

《清爽型白酒》DB23/T 308－2002标堆明确了“以液态法发酵精馏酒为主体”的概念，突出了“低度、低酸、低酯、低卫生指标值”的特点，产品分级采用了国际上惯用的A、B分级法，可与国际标准接轨，感官指标在色、香、味、风格的基础上，又增加了酒体项目，突出了《清爽型白酒》的个性，与传统工艺白酒有了更明显地区别，卫生指标A级产品比营养型复制酒下降了50%，低于国家的标准值规定，实现了与国际酒类卫生标准接轨，也突出了安全、卫生的特色。

《清爽型白酒》地方标准与《浓酱兼香型白酒》、《食用酒精》一并进行了宣传和贯彻。

**9. 支持地方成立县级协会，发展龙江酒业**

庆安县地处松嫩平原，土地肥沃，盛产高粱、玉米，是国家著名的商品粮基地、“绿色食品之乡”，为酒业发展提供了丰富的资源优势。黑龙江庆泉绿色产业集团代表了该县酒业发展的水平：1995年实现销售收入1.2亿元，利税1500万元，成为全省白酒行业的排头兵企业。“庆泉”系列大高粱和“金庆泉”系列白酒先后荣获国家和省消费者协会的“推荐产品”、两届“绿色食品”酒，在省内外享有较高的知名度和信任度。以庆泉酒业为龙头的企业已经有20多个，“大高粱”品种多达40多个，“推荐产品”就有8个，年产商品酒量可达8万吨以上。

2001年，县委在听取了庆泉绿色产业集团关于在四川省成都邛崃市召开的全省白酒行业工作会议及邛崃市发展酒业的经验汇报后，立即率领五大班子主要领导考察了四川省成都邛崃市的酒业发展情况，并根据庆安县的具体情况提出了建设“北方酒都”的战略目标，县委建“酒都”的决策得到了上下一致的支持，特别是酒业。“联合起来、齐心协力、共同发展”已经成为酒业同行的共识，认为只有成立协会才能共同发展。省协会适时介入，充分肯定和支持了县委的决策，并提供资料，及时指导，积极支持，帮助审察企业状况，经过酝酿准备，终于在2002年4月28日，庆安县酒业协会宣告成立，会员单位18个，产量占总量的98%以上，推选庆泉绿色产业集团董事长刘守源同志为会长。

协会组建以来，先后开展了建章建制、规范市场、促进公平竞争，加强领导，不断提高企业素质，推进技术改造，不断扩大生产规模。会员全部取得了白酒生产许可证，为稳定和提高产品质量提供了可靠保证。2002年全县白酒商品量超过了3万吨，入库税金比上年增长30%以上，为增加地方财政收入做出了新贡献。

同时，黑龙江省酒业协会为发展龙江酒业，还先后对酒业发达地区的齐齐哈尔、双城、阿城等市、县进行考察，帮助成立市县级酒业协会，强化协会的行业管理工作。

**10. 支持国家酿酒工业协会工作，加强行业管理**

根据中国酿酒工业协会关于白酒从价从量征收消费税的通知，协会对全省近两年来的白酒产量、税收、利润进行了测算，并提出了建议和意见。在充分调查和准备的基础上，召开了全省重点白酒企业领导专题座谈会。会议形成了“黑龙江省白酒产品消费税增加后的情况预测及建议”和会议纪要，上报国家酿酒工业协会、省国家税务局、省经贸委食品办，下发各企业。

根据中国酿酒工业协会和全国工业产品生产许可证办公室的要求，提出了“关于白酒发证工厂审查条件的补充意见”，参与了“白酒生产许可证工厂审查条件”稿的修改。并积极指导企业改进生产条件建设，以便顺利获取生产许可证。到2002年末，全省已经有165个白酒厂获得了白酒生产许可证，其中有109个企业是协会会员单位。

**11. 建设网络窗口，宣传龙江酒业**

黑龙江省酒业协会为了对外宣传龙江酒业，方便沟通，为企业服务，为省内外酒业提供一个了解龙江酒业、酒业科学、技术和酒文化的窗口，开通了黑龙江省酒业协会主办的龙酒网 www.long9.com 的龙江酒类专业网站，已经发表各类信息300多条。

**12. 创办《龙江酒业信息》，沟通全省酒业**

2002年协会创办了《龙江酒业信息》，

以大量的国内外及省内酒业信息为主，配发行业主要经济技术活动运行情况，每月出版一期。各企业都十分关注，有的企业规定《龙江酒业信息》必须在有关人员中传阅；有的企业设立了专门人员管理《龙江酒业信息》，并对信息进行记录整理、装订存档等。同时也建议“扩大信息量和信息面，多报道企业信息和龙江酒业新面貌”等。根据企业的要求，协会组织有关人员专门进行研究后进行了调整。使信息量增加一倍，同时新增“每期一个企业”、“每期一个相关企业”、“每期介绍一种白酒新品”的栏目，并及时报道行业、企业的生产经营、管理、技术开发、市场营销等方面的活动情况，沟通了全省酒业的信息，为行业和企业的信息交流建起了新的桥梁。

为了快速获得企业的真实和有价值的信息，还招聘了《龙江酒业信息》的企业通讯员，让企业参与《龙江酒业信息》的编辑与发行，以得到企业的大力支持，使其信息更多、更新，内容更全、更精，作用更大、更好。

**黑龙江省酒业主要经济指标**

| 项目 | 酒精 | 同比(+-) | 白酒 | 同比(+-) | 啤酒 | 同比(+-) | 葡萄酒 | 同比(+-) | 合计 | 同比(+-) |
|---|---|---|---|---|---|---|---|---|---|---|
| 资产总计(万元) | 81961.1 | 97.67% | 95326.5 | -13.49% | 442126.6 | 28.92% | 2795.0 | 36.64% | 622209.0 | 50.97% |
| 负债总计(万元) | 66488.0 | 68.07% | 59988.1 | -1.28% | 281882.1 | 16.15% | 2575.9 | 25.89% | 410934.1 | 37.04% |
| 利润总额(万元) | 2470.1 | 503.0 | 83.6 | -1534.9 | 11644.3 | 10271.8 | -48.6 | -34.2 | 14149.4 | 9205.7 |
| 税金总额(万元) | 7838.6 | 358.50% | 11651.5 | 4.75% | 61158.3 | 22.50% | 5.8 | -85.05% | 80654.2 | 5260% |
| 产品产量(万吨) | 29.86 | -0.17% | 9.96 | -8.54% | 175.32 | 27.48% | 0.08 | 33.33% | | |
| 销售量(万吨) | | | 9.42 | | 171.78 | | | | | |
| 销售率(%) | | | 94.53% | | 97.98% | | | | | |
| 销售收入(万元) | 95303.7 | 517.30% | 85481.4 | 5.48% | 268210.9 | 29.25% | 581.5 | -1.46% | 449577.5 | 128.28% |
| 销售费用(万元) | 9639.3 | 5813.68% | 3760.6 | -3.85% | 26027.1 | 6.98% | 58.8 | 129.69% | 39485.8 | 6.97% |
| 销售收入利润率(%) | 259 | 3.26 | 0.10 | 1.89 | 4.34 | 4.95 | -8.36 | -5.80 | -0.33 | 1.08 |
| 资金利润率(%) | 3.01 | 1.21 | 0.09 | 1.39 | 2.63 | 3.00 | -1.74 | -1.67 | 1.00 | 0.98 |
| 资产负债率(%) | 81.12 | 95.41 | 62.93 | 55.15 | 63.76 | 70.77 | 92.16 | 100.03 | 74.99 | 80.34 |

# 江苏省酿酒工业概况

江苏省酿酒协会

2002年江苏省酿酒业紧紧围绕党的十六大会议精神，坚持与时俱进深化企业改革，转换经营机制，坚持以市场为导向，建立现代化企业制度，狠抓产品质量，实施品牌战略，强化内部管理，研发新产品，酿酒工业整体实力得到进一步增强，经济效益有所提高，是江苏食品工业的支柱行业。

江苏酿酒工业中以啤酒、白酒、黄酒为主要产品，2002年全省啤酒产量为96.8万吨，白酒产量26万吨，为全国第五位，黄酒产量20万吨，为全国第二位。酿酒企业向规模化、集团化、多元化发展，全行业企业数量在减少，企业规模逐年增大，产品质量、档次也不断得以提高，在原有国家名优酒洋河、双沟、高沟、汤沟等品牌基础上，先后又涌现一批省名牌产品，如大富豪、天目湖啤酒、沙洲优黄、白蒲黄酒、丹阳黄酒，五琼浆、品王白酒等，苏酒的占有率得到巩固提高，满足了社会的需求。

近几年内，全行业作了许多基础工作，各酒种相继举办了各种类型的培训班，检测人员的培训班，统一了检测方法，规范操作程序，使产品质量得到保证。也举办了省级评酒员培训班，经过理论学习和实践品评，通过考试选拔了各酒种的省级评酒员，壮大了江苏酒类评酒人员的队伍，为提高江苏酒类的感观品评和指导生产良好的基础。

在良好的发展趋势中，江苏省酒类生产也存在着规模普遍偏小，市场抗风险能力偏弱，发展不平衡，生产管理体制不够健全，无序竞争等问题。这些问题近几年来虽有改观，但在一定程度上制约着产销机制的有效运行和市场公平竞争的秩序，给全行业的健康发展带来了一定的影响，虽然这些都是行业的通病，但在今后的工作中必须予以重点关注、克服、改正，以促使江苏酒业健康发展。

## 啤 酒 行 业

江苏目前啤酒生产企业27家。2002年啤酒总产量96.8万吨，比上年度增长10.73%。应当说江苏的啤酒工业正处于发展期。从啤酒品种上看，江苏啤酒以瓶装淡色啤酒为主，有少量黑啤酒桶装酒约占2%，淡爽型干啤酒约占市场94%，纯生啤酒也有所发展。

现在江苏已经形成了包括啤酒生产、工程设计、研究开发、设备制造、人才培养、大专院校、质量检测等在内的完整的啤酒工业体系，已逐步适应江苏经济大省发展的需要。

综上所述，江苏啤酒工业的概况主要是：啤酒产品质量稳中有升；新产品层出不穷；啤酒集团和企业间的并购和重组不断传出新消息；啤酒市场营销之争更加激烈；啤酒销售上的低价竞争没有改变。

现将啤酒主要经济指标完成情况汇总如下：

产量：2002年96.8万吨，全省10万吨以上企业两家，产量237330吨，占全省产量25.5%，5万～10万吨企业6家，产量418953.3吨，占全省产量43.28%。

销售收入（不含税）：2002年销售收入173397.39万元。

税金总额：2002年税35420.48万元，每吨酒平均税金为365.89元。

利润总额50万元，在统计的19家企业中，亏损企业10家，亏损面达50%以上，亏损额为6576.83万元。

总体来讲，江苏啤酒发展不尽人意，今后应在规范市场、开发高附价值产品、提高品牌形象等方面要加大力度。

## 白酒行业

近几年，在白酒市场竞争异常激烈的情况下，江苏的白酒保持稳步发展总量基本持平，白酒产品的质量提高、品种丰富。全省的白酒企业在加强经营管理，提高产品质量，完善产品结构，建立健全服务体系，扩大产品知名度和占有率，追求经济效益和社会效益方面，进行了不懈的努力和探索，并取得了可喜的成绩。

在省委省政府的领导下，白酒行业经过清理整顿，振兴苏酒等活动，行业在体制创新、管理创新、市场创新、技术创新上步伐加快了，经营水平不断提高，高档、高质适应消费需求的产品明显增加。

省酿酒协会配合省技术质量监督局，参加白酒企业生产许可证工厂条件的审查工作，全省470家白酒申证企业，工厂条件审查已结束，已有362家企业领到白酒生产许可证。通过许可证的发放，白酒企业在生产条件、厂房、设备、仪器、计量、检测等方面，企业整体水面有较大提高，淘汰了一些达不到要求的生产企业，使江苏白酒行业的发展提高了一大步。

江苏的白酒企业在各级领导支持帮助下，绝大多数已完成了股份制改制工作，多种经济组份在加大，洋河、双沟两大酒厂，为达到符合市场经济要求的企业产权制结构和新体制，加快产权制度改革，规范国有企业的运作，提升企业经营实绩，经过评估、审计、确定了总体改制方案，经江苏省人民政府批准，先后成立了江苏洋河酒厂股份有限公司和江苏双沟酒业有限公司，为苏酒的振兴迈上新的台阶，打下了基础。

## 黄酒行业

江苏黄酒产量在全国排行第二位，产量20多万吨。近年来发展态势良好，盈利企业比率增加，龙头企业优势名显，产品结构发生变化，高附价值的瓶装酒，小包装逐步代替了22.5公斤传统坛装酒，市场覆盖面向省外渗透，不少企业的产品已打入上海、浙江、山东等地，出口黄酒的数量也在逐步增加。体制改革激活了机制的更新，行业中股份制企业、民营企业、私营企业构成了新的企业格局。新的营销理念、新技术、新科研成果推动行业整体技术水平的提高，技术改造的投入加大，增添了黄酒发展后劲。近几年，江苏的黄酒行业改造落后的生产技术，采用大罐发酵，提高机械化程度，提高产品质量和产量；采用添加酶剂剂、活性干酵母、红曲等工艺，提高出酒率，产品实现小包装，形成以干型、半干、半甜型为主体的产品结构。江苏黄酒以清醇、淡雅、清爽的口感赢得了市场。

江苏黄酒万吨以上的企业有6个，如皋白浦酒业有限公司、张家港酿酒有限公司、无锡振太酒业有限公司、常州三春酒业有限公司、吴江百花漾酒厂、启东大富豪啤酒分公司，全年产量达9万多吨，占全省统计报表产量的45%以上。这些企业的产品有的是省名牌产品，有的是省重点企业保护产品，大多经过ISO9002的国际质量管理体系认证，其经济效益及管理水平在全省也名列前茅，这些企业带动了江苏黄酒业的发展，成为江苏黄酒行业中的龙头企业。

江苏省黄酒业在发展的同时，面临的问题和困难也是不容忽视的。首先是黄酒业小企业多的格局没有受到遏制，不少企业仍然处于传统小作坊的生产，生产条件差，产品质量低，千吨以下的小黄酒厂占江苏黄酒生产企业的80%左右（如500万元以下厂都统计，江苏黄酒产量实际达40万吨以上）。这些企业自己没有品牌，所在地区大厂怎么做，他们就仿效做怎么，加上帐册不全，税收上采取定额征收办法，导致这些企业以低质、低价进行倾销，严重扰乱市场，坑害消费者利益，影响全省规模效益的实现。另外产品品质和档次偏低，行业中专业技术人员的缺乏，无序竞争等制约了江苏黄酒业骨干企业、龙头企业的发展。

**2002年江苏省酒业主要经济指标**

| 项目 | 啤酒 | 白酒 | 黄酒 |
|---|---|---|---|
| 工业总产值（万元） | | | 12759.0 |
| 产量（万吨） | 96.8 | 26.08 | 17 |
| 利润总额（万元） | 50 | －10393 | 2677 |
| 税金总额（万元） | 35420.2 | 47262.5 | 3752 |
| 资产总计（万元） | | 361785.9 | |
| 销售收入（万元） | 173397.4 | 257903.4 | |

备注：1. 此数按行业报表统计，不包括500万吨产量以下企业

2. 行业协会会员报表统计

# 安徽省啤酒工业概况

## 安徽省啤酒协会

孙光辉

随着时代的前进，国民经济的不断发展，在国家政策的指导下，安徽省啤酒从无到有，

从小到大，随时代的步伐，不断地演变。但也不断地有所进化、有所发展。

## 啤酒历史进程

安徽省啤酒始建于1958年，是轻工业部核准投资，在蚌埠酒精厂建设了一个年产2000吨的啤酒车间，1959年建成投产，并向建国十周年大庆献礼。到三年自然灾害时停产，直到1979年党的十一届三中全会，全国实施改革开放政策以后，才恢复生产。进入1980年后，全国掀起啤酒热，安徽省啤酒也随之兴起，通过规划倡导，依照市场经济发展规律，按“三点两线”的生产布局，先后在全省16个地市，25个市县城镇，历时10年建成25家啤酒厂，这种格局，既有紧密的结合，又有宽阔的市场空间。“三点两线”是指江南、江淮之间、淮北三个片和长江、淮河流域两条线。三点的江南片：有黄山、休宁、宣城3个啤酒厂；江淮之间片：有合肥、六安、舒城、庐江、含山、滁州、明光、天长8个啤酒厂；淮北片：有阜阳、淮北、宿州、固镇4个啤酒厂。两条线的长江沿线：有安庆、池州、铜陵、芜湖、马鞍山5个啤酒厂。淮河沿线：有淮南、凤台、怀远、蚌埠、五河5个啤酒厂。其中有国家专项3个3万吨的厂，轻工部和省立项6个5万～10万吨的厂，余为地方立项建设。由于各地在建设中贪大，1万吨的厂按3万吨铺底，3万吨的厂按5万～10万吨铺底，因而建设总规模约在百万吨以上。安徽省啤酒的这些厂，隶属多头，有轻工、冶金、化工、税务、乡镇、商业、粮食、供销等多部门领导，虽各自为政，但在指导思想上还是一盘棋。安徽省啤酒由于自知经济能力薄弱，因而采取稳步发展、稳中求进、稳中求快的策略，安徽省啤酒在20年的时间里，一直没有大起大落。这种点多面广的格局，虽不尽合理，但照顾到省内山区、平原、工矿区、旅游区的各种特点，大体上还可适应市场经济形势的发展。

安徽省啤酒由1980年生产啤酒1900吨，1985年生产7.64万吨，1990年生产17.49万吨，1998年达到121.74万吨，进入全国百万吨以上的啤酒生产大省行列。安徽省啤酒起步较晚，前10年是建设期，1987年建成16家，投产的只15家，从1980年到1992年才全行业建成。1992年迄今是更新改造调整期，初步配套完成生产体系。

## 两年来的啤酒简况

安徽省啤酒进入新世纪后，随着集团化、规模化、现代化和兼并、整合的深化改革进程，各啤酒企业都针对自身的不足，向先进企业学习，在学好用好“三个代表”精神基础上，积极进行人才开发，狠抓科技攻关。同时采取了内抓管理、强化自身、提高素质，外抓市场、扩展经营运行能力，顺应改革、转换机制、挖潜改造、狠抓技术进步、提高产品质量、适应市场、不断地进行产品的更新换代工作，两年来取得较好成绩，促进了行业持续发展。

2001年，全省列入统计的有20个企业，24个生产厂家，共生产啤酒1268183万吨，较上年增2.34%。按18家有资料的企业统计，啤酒销售总量1181625万吨，销售收入168619万元，与上年同比增长1.97%，实现税金41688万元，同比增长38.92%。盈利的14家，盈利总额1652.1万元，同比增长35.86%，亏损的4家，亏损额2065万元，同比下降1.44倍，盈亏相抵，全行业倒亏394.9万元，同比下降8.69倍，如果扣除三个破产和濒临破产企业的亏损1479万元因素，全行业还是盈利的。

2002年全省列入统计的19个企业，24个生产厂家，共生产啤酒1214567万吨，销售160427万吨。按16家有资料的企业统计，销售收入172453万元，实现税金45089万元，盈利的有15家，盈利额2001.53万元，亏损的1家277万元，盈亏相抵后，盈利1724.53万元。

2002年是安徽省啤酒生产经营较好的一年，呈现了全行业转亏为盈的大好局面，从1995年起，全省全行业一直是倒亏，亏损额都在千万元或数千万元。亏损的原因，虽是多方面的，最主要的是经营管理不善，产品档次低，又低价销售和负债经营，如黄山啤酒厂，3万吨规模，生产从未达标，负债加利息高达一亿多元，造成了资不抵债。

2002年能取得较好的成绩，除各企业奋力改善方方面面的工作以外，还有一个突出的特点，是企业转变了价值观念，如五河天井啤酒厂，2000年生产啤酒10.82万吨，累了一年也没赚到钱，2002年只生产啤酒5.5万吨，反而赚了十几万元，这是他们转变了价值观后，取得的效应。

## 解放思想、与时俱进、转变观念、勇于改革

改革是推动企业进步的一次重大变革，是解决制约企业发展的产权制度和劳动关系两大瓶颈问题，是摆脱企业冗员、企业办社会、历史债务三大负担，使企业注入新的活力，适应市场竞争机制，实现企业职工根本利益和长远利益，促进企业发展的金光大道。

安徽省啤酒鉴于自身的脆弱环节和制约关系，一直采取比较开放的做法，在20世纪的80年代和90年代里，先后进行一系列的外联尝试，拟通过外联，强化省内啤酒企业。与省外联合协作的有五河、安庆与上海华光啤酒厂协作，阜阳与北啤协作，黄山、芜湖、马鞍山与上海啤酒厂协作，休宁与北京五星啤酒协作，合肥与广州珠江啤酒协作，天长与青啤协作，明光与山东文莱啤酒协作，庐江与济南趵突泉啤酒协作，黄山与浙江钱江啤酒协作，凤台与辽宁雪花啤酒协作。在省内以安徽省啤酒排头兵圣泉集团为主体，先后与六安、庐江、芜湖、滁州、九华山、黄山等啤酒厂协作和兼并，对这些啤酒厂发挥过起死回生的作用，由于圣泉自身的经济实力不足，带不动这些沉重负荷。经过多年尝试，这些松散的协作，在一定时间内对被协作的企业，有些帮助和促进提高，但未解决根本问题，效果不佳。

随着改革的深入发展，企业经过改制，资产重组，大集团进行兼并、整合，安徽省啤酒的格局产生了深刻变化，也尝到了甜头。明光啤酒厂、古泉啤酒厂、天井啤酒厂、安庆啤酒厂实施股份制以后，产生了蓬勃发展的生机，取得不亏损或转亏为盈的好景象；金太阳含山啤酒厂和庐江啤酒厂，滁州啤酒厂和九华山啤酒厂，改制整合加入集团后都扩大了生产，开拓了市场；合肥、怀远啤酒厂通过华润兼并注入资金六个亿；芜

湖、马鞍山加入了青啤，雪地啤酒加入古井集团，六安加入龙津集团，都盘活了资产，加大了投入，每年都为技改，投入千万元以上，大大提高技术进步水平，促使这些啤酒厂得以不断的改进和提高。

**表1 改制、兼并和资产重组的安徽省啤酒状况**

| 项目 | 占全省比例 | |
|---|---|---|
| | 2001年 | 2002年 |
| ①兼并型的6个集团 | 61.84% | 62.44% |
| 安徽华润啤酒公司包括合肥、怀远二个厂 | 15.79% | 16.73% |
| 青啤芜湖、马鞍山二个公司 | 9.2% | 9.59% |
| 金太阳含山、庐江二个啤酒公司 | 7.2% | 5.67% |
| 古井雪地啤酒公司 | 6.62% | 7.17% |
| 龙津集团啤酒公司包括六安厂 | 14.62% | 13.29% |
| 圣泉集团啤酒公司包括滁州、九华山二个厂 | 8.97% | 9.99% |
| ②改制后生产4万吨以上的7个厂，包括蚌埠、古泉、天井、天长、淮北、宿州、安庆 | 31.12% | 30.67% |
| ③改制后生产2万吨以下6个厂，包括明光、凤台、休宁、淮南、铜陵、固镇 | 7.03% | 6.86% |

根据以上3种情况集团可能逐渐扩大，改制后的中小企业可能会逐渐集中或退出。预计“十五”期末，仍将会发生变化。按集团企业的规划设想，安徽华润由现在向50万千升起步，龙津集团省列入重点扶持，向80万千升推进，青啤原有意图发展芜湖20万千升，马鞍山30万千升，加上尚有生存空间的企业，那就有200万千升的水平，安徽省啤酒的人均水平在30升以上，完全可供全省城乡居民小康生活水平的需求。

## 创新机制、强化管理、提高企业素质

企业成败三要素的核心，是企业的灵魂——人才发挥作用，企业的活力，来自企业管理工作的有效推行。管理的实质在于创新，只有创新，企业才能爆发活力，推动企业发展。安徽省啤酒在整合改革，资产重组进程中，首当其冲的是创新机制，强化企业内部管理工作。龙津啤酒公司，对企业内部产、供、销各个环节的业务流程，进行重组，使之接近于现代化管理模式，实施流程的支撑体系，ERP系统的模拟运行，使信息管理再上一个台阶，并进行ISO9000体系的升级换版工作，使企业内部管理变革与体系认证实现对接，达到管理水平、技术水平、产品质量的快速提升。各企业在强化生产管理的同时，开展技术创新，进行产品结构调整，提高产品档次，开发新产品，古井雪地啤酒公司，开发了雪地、古井、金盛年华三大系列产品，中高产品比例由5%提高到15%，古泉啤酒的中高产品比例，2002年又提高6%，为企业赢得声誉和效益。各企业根据各自特点，有针对性的严格执行人事管理制度，惩恶扬善，量才善用，竞争上岗，摆脱冗员，全省由2001年14336人的全员，2002年调整为12477人，减少1889人，相当于提高13%的效能。各企业为加强技术管理，量力而行进行技术改造，提高了技术水平，保证了产品质量，降低了消耗，节约了资源，优化了成本。蚌埠迎客松啤酒，技改投入1500万元，提高了能力，降低了成本，古井雪地啤酒技改立项41个，投入760万元，杜绝了跑、冒、滴、漏，获得直接经济效益220万元。

通过管理的加强，企业素质的提高，也升华了全省啤酒技术经济各项消耗指标水平。

**表2　2001年～2002年安徽省啤酒行业各项消耗指标**

| 项目 | 计量单位 | 2001年 | 计量单位 | 2002年 | 增长率（%） |
|---|---|---|---|---|---|
| 啤酒总损失率 | % | 5.16 | % | 4.34 | －0.82 |
| 耗粮 | kg/kL | 174.84 | kg/kL | 160.57 | －14.27 |
| 耗电 | KWH/kL | 97.05 | KWH/kL | 88.24 | －8.51 |
| 耗水 | $m^3$/kL | 11.80 | $m^3$/kL | 9.74 | －2.06 |
| 耗煤 | kg/kL | 115.01 | kg/kL | 101.16 | －13.85 |
| 综合能耗 | kg/kL | 157.90 | kg/kL | 139.37 | －18.53 |

如按吨、升比例折算，节约还要多一些，仅酒损一项的节约数，就相当于一个万吨小啤酒厂的全额收入水平。

## 创新营销理念，调整营销策略<br>啤酒市场向规范化、法制化发展

社会经济进入商品化，就会形成各类的商品交换市场，价值和使用价值的交换，形成了市场经济，市场经济的商品余缺，造成了优胜劣汰，这就产生了竞争机制，竞争是市场经济内在本性的外在强制表现。竞争具有客观性、必要性和合理性，竞争也是一种激励机制，既能以经济利益调动经济活动中的积极性和创造性，也能造成负面影响，导向毁灭，因而人们对市场经济十分关注。

近年新闻媒体对硝烟弥漫的安徽省啤酒市场竞争，有不少的报导和评价，引起了企业和社会的重视。安徽省啤酒市场表现出的主要不良竞争形象，是低价倾销和无序竞争，愈演愈烈，甚至发生暴力文化竞争表演。

安徽省啤酒的大多数企业是理智的，认识到竞争的对手不是敌人，真正能打垮企业的敌人，是企业自身的落后，他们面对激烈的市场竞争，采取了积极措施，开拓创新营销理念，全方位、立体化实施营销策略，紧跟市场节拍，调整营销组织结构和运作模式，提升营销运作水平。古井雪地等啤酒企业，一手抓今天市场（低档酒），一手抓明天市场（中高档酒），调整了产品结构，开发了应市新品，加强营销渠道和通路建设，建立健全代理制、终端制的分销和终端网点，形成逐步掌控终端市场为核心的营销模式，同时强化营销人员的培训和管理，提高了售前、售中、售后三服务功能，也提高应对市场变化的能力，升华了营销水平。应市新品不断地扩大和提高，也为市场营销产生了良好的效应。2001年安徽省啤酒参加全国啤酒新品检评，就有6个企业9个产品：蚌埠的迎客松，龙津的龙津纯和龙津纯生，安徽华润的零点、喜宝、雪花，古井雪地的金质雪地，古泉的奥思，淮北的相王，都荣获全国优质新品啤酒的光荣称号，赢得市场信誉，也促使啤酒产品销售率大有提高。2001年全省产品销售率为73.25%，2002年上升到132%的良好水平。

对低价倾销问题，进行了法律法规和“饮鸩焉能止渴”的舆论告知行为，又两次通过组织手段，在怀远、芜湖两地，召集企

业法人代表共商，并签订了限价公约，限定最低出厂销售价，12度640毫升啤酒，每瓶不得低于1.20元（人民币）出厂。这种限价虽不具法律约束性，但产生了商业道德、企业利益的制约和自律作用。

对安徽省啤酒市场的无序竞争和暴力文化竞争，惊动了政府、市场监督管理部门进行了干预，市工商行政管理局为打击不正当竞争行为，保护经营者和消费者的合法权益，维护公平竞争，事后曾出台了《关于规范啤酒市场经营》的四点通告：①经营者不得以“赞助费、进店费、买断费”等名义或以有奖回收啤酒瓶盖等方式进行贿赂，推销其产品。禁止以不正当手段限定他人只能经营其指定的啤酒；②经营者不得采取胁迫他人手段进行强制交易，扰乱或者妨碍竞争对手的正常经营活动；③经营者不得利用广告贬低其他经营者的商品，或捏造散布虚伪事实，损害竞争对手的商业信誉、商品声誉；④对违反上述规定的经营者，我局将依据《中华人民共和国反不正当竞争法》、《中华人民共和国广告法》、《安徽省反不正当竞争条例》等法律法规予以查处，情节严重的，吊销营业执照。这将对规范啤酒市场，制止无序竞争发挥制约作用，促使安徽省啤酒市场向规范化、法制化发展，形成市场的良性循环，促进了社会主义市场经济的健康发展。

## 瞻前顾后，再创新篇

回顾两年来的安徽省啤酒生产经营情况，安徽省啤酒各企业面对风险挑战，顶风破浪、拼搏求进，做了大量的卓有成效的工作，但也还存在诸多需要认真的进一步的要做好的工作。

(1) 安徽省啤酒无“巨头”，除6个集团外，大多是中小企业，生产经营软硬件条件不够理想，与现代化水平距离甚远。改革中搞兼并，大集团看不上，自我改组，缺乏发展实力，似乎处于进退“无为”的“维谷”状态，在生命线上挣扎，久而久之会退出圈外。对行业来说，不能“望洋兴叹”，应有个导向策划，不能任其自然淘汰，应从有利于国民经济着想。

安徽省啤酒原圣泉啤酒兼并于华润·圣泉集团失去主产企业依托，现集团生产啤酒的是滁州醉翁、池州九华山两家，是存留还是解除束缚，放飞发展，值得思考。龙津集团发展要增强实力，能走上市的路，扶持发展，当是良策，如能早日发展壮大，这将有助于安徽省啤酒行业的进步。外资啤酒集团（国外、省外）的在皖企业，成败取决于集团，虽地处皖地，但受条条约束，地方块块难能左右。小啤酒企业，破产民营，地方虽甩掉了包袱，但选择条件差，经营乏力，企业难走发展之路，安徽省啤酒就有一例。应正确的理解“国退民进”的精神实质。

(2) 管好用好培养好人力资源，仍是安徽省啤酒发展的瓶颈课题，不少企业尚未健全责、权、利相统一的有效激励和约束机制。在商品化、市场化的竞争机制中，市场竞争实质上是人才竞争，岗位就是市场，要深层次的改变思维，既要注意有马无伯乐，又要避免指鹿为马的佞才当道，要细致的明智的做好这项工作，才能真正促进企业更好更快的健康发展。

(3) 数10年计划经济模式残存的固化思维，必须彻底打破，要重塑企业员工的现代化价值观念，由上而下，由下而上，反复提升，既要认清形势，正视现实，又要励精图治，勇于进取，促进企业素质不断提升，推动安徽省啤酒企业的现代化进程。

# 福建省啤酒工业概况

福建省啤酒专业协会

## 啤酒行业情况

2001～2002年福建省啤酒工业在激烈的市场竞争中不断发展，总量继续增长，行业技术装备水平和产品质量水平稳步提高；产品结构趋于优化，生产集中度不断提高；企业改革继续深化，现代企业制度建设不断推进；强势企业继续向规模化、集团化、现代化方向发展。

据福建啤酒专业协会统计，截止2002年底福建省啤酒生产企业达35家左右，2001年产量122.6万千升，2002年产量133.88万千升，同比增9.2%。2002年人均占有量38.57升/人，在全国名列前茅。2002年产量在10万千升以上有雪津啤酒有限公司、惠泉啤酒集团股份有限公司、青啤东南事业部3家，产量分别为43.37万千升、41.35万千升和13.03千升，这3家企业的啤酒产量占全省啤酒产量的73%。我省啤酒工业发展的主要成绩体现在以下几个方面：

**1. 加大企业体制改革力度、积极推进企业重组和整合**

2001年6月～2002年3月，青岛啤酒股份有限公司通过购并和竞拍先后收购第一家（福建）啤酒有限公司、漳州啤酒厂、厦门银城股份有限公司。2002年9月燕京啤酒集团股份有限公司收购福建惠源啤酒有限公司。青岛啤酒集团和燕京啤酒集团入闽加剧了福建省啤酒市场竞争，同时也提高了福建省啤酒行业整体素质和竞争能力，加快福建省啤酒行业规模化、集团化、现代化发展步伐。

2001年11月，惠泉啤酒公司占有75%股权的福建惠泉啤酒福鼎有限公司隆重奠基，该公司总体规划20万吨，占地面积10万公顷，首期工程投资8000万元，年产6万吨，于2002年11月投产。2002年8月，经中国证券批准，惠泉啤酒公司惠泉A股发行，总额6300万股，发行价为每股7.44元，募集资金4.68亿元。惠泉投票的成功上市，为该公司规范经营管理、提高效益、做大做强，奠定了良好的基础。也标志着福建省啤酒工业进入一个新的发展阶段。

2001～2002年福建雪津啤酒公司的企业改制和兼并扩张工作也取得了实质性成果。在企业改制方面，2001年福建雪津啤酒有限公司成立。在有限公司成立的基础上雪津啤酒公司2002年又进行了股份制改造，完成了优化股权工作，实现了公司股权结构从国有控股到非国有控股的实质性转变，企业改制工作取得突破性进展。在企业兼并扩张方面，2002年11月雪津啤酒公司兼并福建日月星啤酒有限公司并对其进行全面技改，完成年增3万吨技改项目，使生产、配套能力达到超过10万吨，福建雪津啤酒（三明）有限公司的成立，为雪津啤酒从“产地销”向“销地产”的战略转变创造了条件。

**2. 实施名牌战略，竞争走向高层次**

在市场竞争越来越激烈，啤酒供大于求的环境下，2001～2002年福建省啤酒行业在塑造企业形象，锻造品牌上狠下工夫，营销策略不断创新，服务意识不断加强。雪津啤酒公司与智威汤逊广告公司合作，惠泉啤酒公司与盛世长城广告公司联手，他们都借助国际性公司人才、信息和资源优势，进行品牌战略和营销策略。其它骨干企业也纷纷加大宣传力度、积极引导消费、注重营销策略、搞好营销管理、竞争走向高层次。

**3. 调整产品结构，提高市场竞争力**

根据市场需求的不断变化，积极开发新产品，2001年2月惠泉厂推出14°P醇香型葡萄红啤酒，3月通过科技厅成果鉴定。2002年3月青岛啤酒（福州）有限公司推出9°P金质榕城啤酒。2002年12月福建惠泉集团股份有限公司研发无菌化处理技术生产啤酒新工艺、抗日光型生啤酒新产品项目，并通过省科技厅产品鉴定。

**4. 强化质量管理，加大质量投入，产品质量稳步提高**

2001年惠泉啤酒公司在全省啤酒行业中率先通过ISO9001：2000版国际质量管理体系升级认证，2001年引入建立HACCP体系，成功开发惠泉纯生啤酒，并被人民大会堂指定为“国宴特供酒”。雪津啤酒公司生产的“雪津啤酒”系列产品被国家绿色食品发展中心认定为绿色食品。2001年福建省有4家企业的8个产品经全国新品啤酒质量检评，荣获“中国优质新品啤酒”称号。

2002年惠泉、雪津啤酒公司双双荣获2002年度“福建省质量管理奖”，雪津啤酒公司还荣获全国质量管理先进企业；惠泉啤酒公司、青啤（漳州）公司先后通过出口食品生产注册现场认证HACCP体系认证；泉州清源啤酒公司取得ISO14001环境管理认证证书；青啤（漳州）公司、青啤（福州）公司先后通过ISO9001：2000版国际质量管理体系证；惠泉啤酒公司技术中心被认定为省级技术中心。

**5. 加大技改投入，进一步扩大强势企业生产规模**

2001年技改工作重点放在现有规模设备挖潜改造，提高产量，配备必要的生产监控设备、自控装置工艺控制更加稳定，保障产品质量，提高生产效率。2002年福建省啤酒行业强势企业加快扩张步伐，提高企业竞争能力，推进技术进步。主要技改项目有：惠泉啤酒福鼎公司首期6万千升啤酒生产线建设，引进国内外先进啤酒装备技术，生产全程实现计算机自动控制；惠泉啤酒公司北厂新增两条灌装线；雪津公司引进一台德国冰啤机及AFALAF脱氧水、高浓稀释装置，新增3万千升技改项目；青啤（厦门）公司恢复生产、导入青岛啤酒生产工艺的技术改造；青啤（福州）公司生产青岛啤酒及平衡12万千升生产能力技改项目；永定全德公司的技改扩建项目等等。技改扩建使我国啤酒生产规模进一步扩大，装备水平也得到提高。

## 酒业大事记

2001年5～11月福建省啤酒专业协会组织开展首届酿酒师、高级酿酒师的评审，经由本人申请、单位初审、专家评审和协会批准，共有15人被评为高级酿酒师，30人被评为酿酒师。

2001年6～8月福建省啤酒专业协会组织开展2001年全省啤酒质量检评工作，参加此次检评活动的共有37家企业53个样品。

2001年6月，青啤公司出资8500万元购并第一家（福建）啤酒有限公司51%股权；7月青啤公司又出资7000万收购漳州啤酒厂，青岛啤酒（福州）有限公司、青岛啤酒（漳州）有限公司相继成立。

2001年8月，福建省啤酒专业协会与福建省饮料工业协会、福建食品科学技术学会和摩迪国际认证有限公司（中国）联合在福州举办“食品、啤酒、饮料、行业HACCP内审员培训班”，省内啤酒、食品、饮料等行业共30个单位47人参加培训，并获得了HACCP培训证书。

2002年3月青啤公司通过竞拍以1.42亿元拍价收购厦门银城公司。7月1日青岛啤酒东南事业总部在厦门成立。该事业部下辖青岛啤酒（福州）有限公司、青岛啤酒（厦门）有限公司、青岛啤酒（漳州）有限公司和厦门青岛啤酒销售有限公司。

2002年7～8月福建省啤酒专业协会组织开展2002年全省啤酒质量检评工作。共有35个企业49个酒样参加本次检评。

2002年8月获中国证券会批准，惠泉啤酒公司惠泉A股发行，总额6300万股，发行价为每股7.44元，募集资金4.68亿元。

2002年9月燕京啤酒集团股份有限公司通过拍卖会以2450万元的价格成功收购福建惠源啤酒公司。

2002年初，福建省轻工协会联合省罐头协会、省啤酒协会、省造纸协会等共同建立福建省轻工协会职业技能鉴定站，并于2002年4月得到福建省劳动和社会保障厅的同意批准。该职业技能鉴定站在惠泉公司设立了啤酒行业职业技能培训中心。2002年11月该站开展了全国推销员统一鉴定工作，举办了一期啤酒行业推销员培训班，有100人参加了培训，经统一考试，98人获得高级或中级推销员证书。

# 江西省酿酒工业概况

许敬文

按江西省统计局统计口径，2001年江西白酒总产量9.18万吨，2002年9.27万吨，

2002年比2001年增长0.98%；江西啤酒总产量2001年41.23万吨，2002年40.67万吨，比2001年减少1.5%。

## 白酒行业

江西省现有白酒企业100余家，统计规模以上白酒厂40家，经过多年产业结构调整，改制改革，企业所有制发生重大变革，除四特集团是国有制、赣州酒业分公司是上市股份制公司的子公司外，其余白酒厂绝大部分完成民营股份制改造。

江西白酒产量在全国居中，历年总产量约占全国总产量之2.5%，规模及综合效益在全国各省市中排第十四位、十五位。2002年在全国白酒仍产大于销，市场竞争异常激烈，以及增加从量征税的双重压力下，全国白酒产量下降8%，江西白酒业经过艰苦努力，保持了产量不下降，还略有增加，达到9.27万吨，并且在四特集团等骨干企业带动下，江西白酒业各项经济指标均向良性发展。四特集团、临川贡酒、赣州酒业、上饶全良液集团、吉安堆花酒业这5家企业是全省白酒利税超千万元的骨干企业，这5家企业的白酒产量占全省总产量的45%，销售收入占75%，实现利税占103%，实现利润是全省的三倍。四特酒是国家优质名酒、江西历届名酒，这几年四特酒产销量一再创新高，各项指标均超历史最好水平。2002年产量达2.37万吨，销售收入3.73亿元，实现利税在江西酿酒工业首家突破亿元大关达1.07亿元，分别占全省白酒的25.9%、48.1%、60%，成为江西工业企业前二十位的利税大户，并且各项指标均进入全国白酒二十强，成为全国为数不多、逆势向上，快速发展的大型白酒企业。2002年四特集团淘汰52种亏损产品，同时又开发76个新品投放市场，新增销售收入6000多万元，平均销售价达到15615元/吨，同比增加11.3%。2002年全省白酒平均价格为8357元/吨，比上年提高7%，其中5家骨干企业吨酒平均价为14613元/吨比上年提高16.28%。

## 啤酒行业

江西省现有啤酒企业28家，纳入省统计口径的啤酒企业2002年18家。近年来，啤酒企业所有制发生重大变化，通过破产、兼并、出让股权、收购、租赁等形式进行整合、重组、改革改制，已形成多种所有制成份的结构，其中属国有制的企业有8家，占啤酒企业总数的28.6%，中外合资5家，占17.9%，租赁民营企业5家占17.9%，民营企业7家占25%，暂不明所有制的有3家。从企业规模看到2002年，具有20万吨规模1家，5万~10万吨4家，3万~5万吨4家。全省有半数以上的啤酒企业是万吨以上的小厂，规模前五位的企业是南昌亚洲啤酒有限公司、江西燕京啤酒有限公司、九江啤酒有限责任公司、九江市啤酒厂、燕京（赣州）啤酒有限公司，这5家企业2001年产销量及销售收入（不含税）之和分别占本省全行业的61%和83%。江西省啤酒行业整体状况仍是小而散，但是行业发展形式，已从过去单一的产量增加，发展到质量品种和服务的提高以及技术装备水平的提升。省质量技术监督局每年对全省啤酒产品统检合格率和重要指标稳中有升，协会每年一次的啤酒产品感官质量检评反映出来的质量状况大有改善，几个骨干企业的省产优质啤酒正在向国内先进水平靠拢，南昌亚洲啤酒有限公司生产的11度浪潮啤酒、九江啤酒有限公司生产的8度珍珠啤酒、10度九江精品啤酒荣获2001年中国优质新品啤酒称号。在提高质量的同时，为适应市场需求，各厂都努力开发新品种、新包装、新花色。按工艺分有淡色啤、干啤、冰啤、特色啤，南昌亚啤还推出瓶装鲜啤，江西燕京、燕京赣州推出白瓶啤酒；按原麦汁浓度分有12度、11度、10.5度、10度、9度、8.5度、8度等，按包装分有大瓶、小瓶，特制瓶、桶装、二片易拉罐等，从保健角度有珍珠啤酒、黑米啤酒、蜂蜜啤酒、银杏啤酒等；2002年少数企业试制了小麦啤酒等等。这些新品种问世，成为省产啤酒进一步丰富市场、开拓市场取得效益的有生力量。在技术装备水平的提升方面，各厂普遍重视技术进步，淘汰落后设备，提升技术装备水平。以南昌亚啤为例，该厂在20万吨技改项目中，引进了标志着国际先进水平的施耐德公司的自动计量装置、阿伐拉法公司的麦汁充氧装置、APV公司的全自动酵母扩培装置、PALL公司的深层过滤和膜过滤装置、KHS公司的全自动包装线等等，技术装备水平已进入全国先进行列。

## 酒业大事记

2001年1月江西省酿酒工业协会换届，选举成立第二届理事会。

2001年5月南昌亚洲啤酒有限公司20万吨技改工程竣工典礼，中共江西省委常委、南昌市委书记吴新雄到会祝贺。

2002年2月江西燕京啤酒集团成功收购江西新余啤酒厂。

2002年3月5月分别聘请国家著名啤酒专家杜绿君高工、徐斌高工、张五九高工来赣讲座。

2002年4月香港恒经投资有限公司全资收购李渡酒厂。

2002年6月收购后的李渡酒厂在改建老厂时，发现了距今700年的古老烧酒作坊遗址。经江西省和国家文物部门4个月封闭式考古发掘，并于同年11月召开了国家级专家论证鉴定会确认。目前已发现遗址面积达1.5万平方米，发掘面积为350平方米，场地中央有一口4.25米深的远古水井、蒸粮烧酒的炉灶、晾场、元代发酵窖池、其他酿酒设施和器具，发掘出来的350件文物中，包括已修复完好的酒具及大量陶器碎片，其中酒杯数量达173个，形状及大小不一，分属元代、明代、清代及民国时期，同时还有2个南宋大碗。这些考古文物及遗址的发现，佐证了白酒固态发酵的时间为元代甚至更早。此次考古发掘，显示了古代南方白酒生产技术工艺的先进，是现今我国发掘时代最早，遗迹最全、文物最多、延续时期最长、最具地方特色的烧酒作坊，已列为2002年全国十大重大考古发现之一。

2002年12月江西省啤酒工业协会换届，选举成立了第五届理事会，中国酿酒工业协会秘书长王延才、中国酿酒工业协会啤酒分会理事长肖德润、秘书长杜绿君发来贺信热烈祝贺。

表 1　2001 年江西省酒业主要经济指标

| 项目 | 白酒 | 啤酒 |
| --- | --- | --- |
| 企业数（个） | 40 | 18 |
| 亏损企业数（个） | 17 | 10 |
| 总产量（万吨） | 9.27 | 40.67 |
| 工业总产值（不变价）（万元） | 40076.1 | 45921.7 |
| 现价产值（万元） | 75093.4 | 60152.1 |
| 销售产值（万元） | 76300.6 | 59034.1 |
| 工业增加值（万元） | 28737.3 | 23577.6 |
| 固定资产（万元） | 38719.2 | 73124.1 |
| 固资净值（万元） | 35259.1 | 67662.7 |
| 销售收入（万元） | 74258.2 | 56648.4 |
| 产品销售税金及附加（万元） | 12181.6 | 7255 |
| 产品销售利润（万元） | 7240.2 | 6693.9 |
| 利润总额（万元） | 1492.8 | 6.4 |
| 利税总额（万元） | 18583.5 | 11911.3 |

表 2　2002 年江西省酒业主要经济指标

| 项目 | 白酒 | 啤酒 |
| --- | --- | --- |
| 企业数（个） | 45 | 22 |
| 亏损企业数（个） | 17 | 8 |
| 总产量（万吨） | 9.18 | 41.23 |
| 工业总产值（不变价）（万元） | 39580 | 56547.3 |
| 现价产值（万元） | 72812.2 | 68558.6 |
| 销售产值（万元 | 71983.2 | 67385.4 |
| 工业增加值（万元） | 27648.8 | 31191.8 |
| 固定资产（万元） | 40182.3 | 89008.3 |
| 固资净值（万元） | 36848.5 | 82437.1 |
| 销售收入（万元） | 68649.4 | 60552.8 |
| 产品销售税金及附加（万元） | 10287.3 | 8504.5 |
| 产品销售利润（万元） | 8369.8 | 6201.5 |
| 利润总额（万元） | 3319.6 | 212.2 |
| 利税总额（万元） | 19009 | 13976.2 |

# 河南省酿酒工业概况

蒋　辉

## 酒业基本情况

2001～2002 年度河南省酿酒工业坚持以市场为导向、以经济效益为中心、以调整产品结构为重点，在提升品牌、质量、服务、管理、营销上下功夫。通过不断努力，扭转了豫酒下滑势头，行业形势出现明显转机。从经济指标分析看，虽然全省各类酒的产量仍有下降，但销售收入普遍提高，利润有较大幅度增长，不仅白酒已经扭亏，啤酒、葡萄酒正在减亏，而且各酒在全国的位次有所上升，除啤酒外，其它酒种的税金均有增长。上述情况表明：河南省酿酒工业的产品结构调整已初见成效，企业体制改革的活力正显露端倪。

2001～2002 年度河南省酿酒工业出现以下显著特点：

（1）企业改革出现突破性进展。国内资本、民间资本纷纷入驻豫酒业，如辅仁药业控股宋河酒业、健力宝牵手宝丰、姚花春拍卖个人收购、维雪（鸡公山）转为民营、赊店、汝阳杜康、伊川杜康等企业体制出现重大改组，企业体制渐趋合理，行业面貌发生较大变化。

(2) 从产量效益型向质量效益型转变。根据国家税收政策的改变，全省酿酒企业及时调整产品结构，大量压缩低档酒生产，努力提高中高档酒产量，不断开发新产品，不仅适应了市场需求，还提高了经济效益。

(3) 企业规模化、集团化进程加快。如啤酒行业：金星不仅在省内的安阳、信阳、周口、漯河布点设厂外，在省外的贵州安顺、山西洪洞、陕西咸阳等地建立了分厂，还计划在近期投资兴建邓州、郾城和昆明等分厂。在“龙头”企业的带动下，维雪（鸡公山）、奥克、月山等企业纷纷建立分厂；新乡亚洲、驻马店悦泉、洛阳亚洲等企业也都扩大了产量和规模。

(4) 企业品牌意识增强。经营观念的转变，营销水平的提高，使企业从单纯的价格竞争转向了品牌和服务的竞争。四五酒厂荣获“全国五一劳动奖状”先进集体，金星啤酒荣获中国名牌产品称号，为豫酒争得了殊荣。永城皇沟酒业公司、淮滨乌龙酒业有限公司荣获全国“重合同守信用企业”称号、汝阳杜康获原产地域保护产品等扩大了品牌的知名度、美誉度、忠诚度，得到了消费者和社会的认可。

2001～2002 年河南省酿酒工业产销量持续下降，经济效益无明显改观，形势依然严峻的原因：一是税收政策的调整，使企业税赋加重，利润减少，生产经营步履艰难；二是结构性矛盾依然十分突出，多数企业因低档机酒比重较大，职工多又难以分流；结构调整压力大，且调整措施乏力；尽管大大压缩了白酒产量，但效益没有上去，使经营状况更加困难；三是豫酒文化资源没有充分挖掘，广告宣传力度较少，品牌美誉度、忠诚度仍然较低，市场竞争明显不强，使省外品牌乘虚而入，本地产品市场萎缩；四是企业经营观念、管理水平和运作机制仍不适应形势发展需要，营销手段缺乏创新，严重制约豫酒的市场开发。

## 2002 年协会工作

**1. 上传下达，宣传国家的法律、法规和政策，反映行业情况和意见**

(1) 为配合省人大对河南酒业立法，省酒协向有关部门提供了行业基本情况、分析及发展建议等文字材料，客观反映了行业现状，为立法提供依据。

(2) 请省人大代表在省九届人大五次代表大会期间提出议案，反映白酒税赋过重等问题。

(3) 4 月份在新乡召开了 GB 4927—2001《啤酒》新标准宣传贯彻会，宣传贯彻国家质监总局发布的新《啤酒》标准，就标准核心内容及河南省啤酒行业共性问题——取消捆扎啤酒问题重点进行了讨论。

(4) 召开全省白酒行业《全国白酒工业主要经济技术指标统一计算方法》宣传贯彻会议，以会代训，由有关同志对新计算方法逐章进行讲解，对疑难问题开展讨论，使与会者弄懂、弄通，收到了较好效果。

(5) 及时将企业反映强烈的白酒税赋、啤酒恶性竞争等问题向有关部门书面反映。

**2. 积极开展行业活动，促进行业进步发展**

(1) 4 月底在新乡市举办了全省啤酒产

品质量检验、品评和诊断活动。全省 17 个企业的 38 个产品参加了检评诊断，共评出优质产品 32 个，合格产品 6 个。检评诊断活动首次购买国内名酒青岛、蓝带、百威等品牌掺入其中供大家品评、对比、找差距，并组织专家、评委对提高河南省啤酒工艺、质量水平进行了专题研讨。

（2）组织全省白酒勾调技术培训活动。为提高河南省白酒企业勾调人员专业技术水平，适应市场需求，全面提高豫酒产品质量，于 5 月份在郑州举办了全省白酒勾调技术培训活动，采取理论辅导、感官训练、实际勾调、现场解答问题的培训方式，让学员们在短期内既掌握了理论知识，又提高了实际勾调水平。

（3）组织白酒企业去山东考察学习。6 月底，组织河南省 25 家白酒企业，17 位企业一把手共 30 多位同志赴山东省青岛海尔集团、淄博市中轩集团、泰安市泰山生力源股份有限公司等三家企业参观考察。通过参观考察，大家对海尔集团管理及山东省白酒行业情况有了深入了解，同时加强了河南省同山东白酒行业的联系。

（4）为适应加入 WTO 和日趋激烈的市场竞争需要，提升河南省酒业整体营销水平，于 7 月底在郑州举办 2002 酒业市场营销培训研讨班，邀请我国知名营销专家李笑天、范云峰作系统营销培训，此外，与会人员还就酒业现状开展了座谈讨论。代表普遍感到，参加此次培训研讨，开阔了视野，拓宽了思路，受益匪浅。

（5）为了解河南省白酒新产品质量状况，研究探索豫酒的质量特点和发展趋势，培养和选拔评酒的后备人才，于 2002 年 9 月中旬在郑州召开了全省白酒新品质量检评及省级白酒评酒委员、特邀评酒委员集训会议，邀请全国白酒著名专家沈怡方教授及河南省知名白酒专家做理论辅导，对集训人员进行了基本风味物质鉴别训练及考核，对 35 家参检企业的 46 个新产品进行了品评打分，并对其理化指标进行检验，34 个产品获“河南省新品白酒优质产品”称号。

（6）10 月底，在民权县召开 2002 届省级葡果露酒评酒委员换届考聘暨技术研讨会，经过培训和理论品评考试，按照公正、公平、科学和择优录取的原则，聘任了 20 位同志为 2002 届河南省葡果露酒评酒委员，5 位同志为特邀评酒委员，完成了新一届葡果露酒评委队伍的组建工作。

（7）8 月上旬，省酒协在南海群英等六家企业的协助下，在新乡小冀镇举办了首届中原中小糖酒企业联谊会。本届联谊会共有近 200 家参展企业，参展产品共有 13 大类 1500 多个品种，参加交易联谊会的经销企业共有 700 多家 1000 多人，不仅有本省经销企业，还有许多外省企业。本次联谊会引起各有关方面的关注与支持，为糖酒企业的产、供、销沟通建立了渠道。

**3. 加强信息统计工作**

（1）开展了全省 2001 年白酒、啤酒行业统计，并把统计结果向有关部门及企业进行了反馈。

（2）开展啤酒行业季报统计工作向有关部门上报，向企业反馈，整理了 2001 年全国啤酒行业与河南啤酒业对比分析，并向企业反馈。

（3）开展了上半年河南重点白酒企业统计工作。

（4）编辑出版《河南酒业》6 期，内容更丰实，实用性更强。

**4. 宣传推介豫酒**

（1）省酒协将 2002 年全省啤酒产品质量检验、品评和诊断结果在河南省发行量最大的报纸《大河报》上向社会公告，推荐了 10 个企业的 26 个产品。

（2）趁全国秋季糖酒商品交易会在长沙召开之际，协会在《长沙晚报》上公告了在 2002 年河南省白酒新品质量检评中荣获优质新产品的 11 个企业的 28 种产品，在全国尚属首家。

**5. 配合有关部门开展工作**

（1）3 月 30 日至 4 月 4 日配合中国酿酒工业协会在郑州组织“全国白酒工业主要经济技术指标统一计算方法宣传贯彻班”，做好会务组织工作。

（2）按中酒协啤酒分会的要求，推荐啤酒分会第二届理事会理事、常务理事侯选单位。

（3）7 月 25 日，配合省质监局召开全省啤酒行业 GB 4927—2001《啤酒》标准宣传贯彻会。

**6. 加强组织建设**

省酒协于 3 月 26～28 日在郑州召开了协会二届二次理事会暨专家委员会工作会议，110 名代表参加了会议。会议总结了 2001 年的工作，通过了 2002 年工作计划。会议还邀请中国酿酒工业协会秘书长王延才同志作全国酒业形势报告，并举办了营销讲座。

**7. 专家委员会工作情况**

2002 年专家委员会发挥自身优势，配合协会做了大量工作。主要有：①配合做好全省啤酒、白酒质量品评诊断。②配合做好 2002 届省级葡果露酒评酒委员换届考聘暨技术研讨会。③配合做好白酒勾调技术培训、评委集训。④参与组织宣传贯彻新《啤酒》标准。⑤开展技术咨询服务，先后为淅川昌盛、鸡公山酒业公司、西平棠河酒业公司等企业开发新产品、迁厂设计、设备选型提供服务。⑥参加了南街村啤酒公司 10 度高辅料啤酒、伊川杜康青梅酒、君利白酒等新产品鉴定会。

## 酒业大事记

（1）职业技能竞赛活动。

2001 年 5 月 26～28 日，由省酿酒工业协会组织的“2001 河南省曲酒装甑技术比武”大赛在南阳天冠卧龙酒厂举办。此次技术比武大赛共有 18 人荣获省轻工行业管理办公室和省总工会联合颁发的“河南省曲酒装甑技术能手”证书、9 人荣获“河南省曲酒装甑优秀选手”证书。马喜庆、李炳正、徐长法三人被省劳动保障厅授予“河南省技术能手”荣誉称号；大冠卧龙酒厂的马喜庆被省劳动竞赛委员会授予一枚“河南省五一劳动奖章”。

（2）专家委员会成功换届。

2001 年 11 月 27 日，河南省酿酒工业协会专家委员会换届会议在赊店集团隆重召开。会议总结报告了上届专家委员会在省酒协领导下，开展的一系列富有成效的服务活动和取得的主要成绩，提出了目前还存在的问题和不足，并对下届专家委员会提出了工作建议。会议选出了新一届专家委员会领导成员、审议通过了设立白酒、啤酒、葡果露酒和酒精等四个专业委员会的议案和各专业委员会主任、副主任人选，审议通过了《专家委员会条例》修正案。

(3) 辅仁介入宋河酒业。

2002年3月，辅仁集团以承担债务，注入资金、收购股权的方式，终于以75%的股份介入宋河酒业。辅仁集团是周口市新近崛起的以医药生产为主的民营企业，目前可控资产近10亿元。宋河更是全国的知名品牌。虽然宋河一度陷入困境，但它所拥有的品牌资源、市场基础、科技优势等，是一般企业难以企及的。辅仁集团以独特的视角找到了盘活存量，运作市场的杠杆，找到了对宋河进行资本运营的切入点。

(4) 鸡公山啤酒变民营。

2002年4月，由韦万根等11名出资人发起组建的民营企业——河南鸡公山啤酒有限公司，是通过一次性买断河南信阳啤酒集团有限公司的全部生产性资产重组而成的。信阳市国有股份制企业——信啤集团，由1982年名不见经传的小厂，发展为今天年产啤酒20万吨的国家大型一类企业，由于国有体制下企业投资主体不明确，资本保值增值缺乏足够保证，无法铲除长期困扰企业生存发展的“顽疾”，所以，鸡公山啤酒有限公司的成立是市场经济发展的必然选择。

(5) 伊川老杜康重组新生。

2002年9月19日，闻名中外的伊川杜康酒厂发生重大变化：“老杜康”宣告破产，原杜康酒厂申伟民等5人看中伊川杜康酒厂的品牌优势和市场前景，以资金入股形式买走了“杜康牌”商标，成立了伊川杜康酒业有限公司。

(6) 赊店技改列入国家重点。

2002年9月赊店酒业申报的“玉米（小麦）深加工10万吨/年啤酒专用糖浆技改项目”经国家经贸委、国家计委批准，列入国家重点技术改造项目。该项目建成后，预计年可新创税利4410.6万元，农民增收3520万元，经济效益和社会效益将十分显著。

(7) 健力宝牵手宝丰酒。

2002年11月4日，由广东省健力宝集团、香港辉远投资公司和县国有资产管理公司共同投资组建的宝丰酒业有限公司正式挂牌成立。此次合作三方的出资额分别为1650万元、900万元和450万元，股权比例分别为55%、30%和15%，健力宝集团为新公司的控股方。

(8) 金星啤酒荣获中国名牌产品殊荣。

国家质检总局授权的中国名牌战略推进委员会2002年9月1日在人民大会堂公布了中国名牌产品名单，全国有8个啤酒企业的产品获中国名牌产品称号，金星啤酒名列其中。同时，金星、鸡公山、奥克三品牌啤酒荣获首批河南省名牌产品称号。

(9) 天冠年产30万吨燃料乙醇项目奠基。

2002年11月17日河南天冠年产30万吨燃料乙醇项目在南阳市苑城区正式开工建设。该项目投资12.8亿元，预计2004年建成投产，投产后年处理“陈化粮”100多万吨，产变性燃料乙醇30万吨，将在国内能源、农业及环保领域产生积极影响。

(10) 四五喜获“全国五一劳动奖状”。

中华全国总工会表彰的2002年“全国五一劳动奖状”先进集体，河南四五酒厂名列其中，这是2002年河南省酿酒工业获此殊荣的一家白酒生产企业。

表 1 2001 年河南省酒业主要经济指标

| 项目 | 酒精 | 白酒 | 啤酒 | 葡萄酒 | 果露酒 | 总计 |
|---|---|---|---|---|---|---|
| 产量（万吨） | 15.89 | 23.86 | 118.63 | 0.83 | | 159.21 |
| 销售收入总额（亿元） | 10.87 | 21.2 | 13.27 | 1.36 | 0.94 | 47.64 |
| 税金总额（亿元） | 0.59 | 2.17 | 2.76 | 0.08 | 0.06 | 5.66 |
| 利润总额（亿元） | 0.18 | −0.27 | −0.28 | −0.02 | 0.10 | −0.29 |
| 销售收入利润率（亿元） | 1.67 | −1.14 | −2.29 | −2.95 | 1.82 | |
| 资金利润率（亿元） | −0.46 | −1.1 | −2.37 | 1.96 | 1.41 | |

表 2 2002 年河南省酒业主要经济指标

| 项目 | 酒精 | 白酒 | 啤酒 | 葡萄酒 | 果露酒 | 总计 |
|---|---|---|---|---|---|---|
| 产量（万吨） | 4.01 | 19.96 | 112.19 | 0.73 | | 146.89 |
| 销售收入总额（亿元） | 10.84 | 20.4 | 14.8 | 1.49 | 0.76 | 48.47 |
| 税金总额（亿元） | 0.73 | 2.68 | 2.4 | 0.07 | 0.03 | 5.91 |
| 利润总额（亿元） | 0.21 | 0.17 | −0.13 | −0.005 | 0.03 | 0.28 |
| 销售收入利润率（亿元） | 1.90 | 0.82 | 0.84 | −0.35 | 4.31 | |
| 资金利润率（亿元） | −0.36 | −0.48 | −0.31 | 4.82 | 1.54 | |

备注：资料来源国家统计局。

# 湖北省酿酒工业概况

## 酒业基本情况

2001 年湖北酿酒工业首次实现了“三个突破”，即全省啤酒总产量突破 100 万吨；枝江酒业在全省白酒行业中首家利税总额突破 1 亿元；全省酿酒工业利税总额突破 10 亿元。2002 年，湖北酿酒工业继续保持和巩固了稳步、健康发展的良好态势。

据湖北省酒业协会统计，2002 年全省啤酒总产量 109.18 万吨，比 2001 年增长 9%。其中金龙泉啤酒集团 39 万吨，与上年持平；武汉华润啤酒有限公司 26 万吨，比上年下降 6%；百威（武汉）国际啤酒有限公司 20 万吨，比上年增长 20%；燕京啤酒（襄樊）有限公司 9 万吨，比上年增长 55%；青岛啤酒（黄石）有限公司 7 万吨，比上年增长 38%。

全省 12 家重点白酒（露酒）企业总产量 99916 吨，比上年增长 3%。枝江、白云边、稻花香、劲酒等几个龙头骨干企业除稻花香产量有所下降外，其它几个企业都有较大幅度的增长，其中白云边增长48%；枝江酒业、劲牌公司一直保持着强劲的发展态势：枝江酒业的销售收入已稳居全国白酒行业前十名，而且进入全国工业企业五百强，排名第三百二十一位；劲酒改制五六年来发展势头方兴未艾，2002年各项经济指标继续大幅度增长，有望成为中国保健酒第一品牌。稻花香在开拓巩固省外市场，特别是江苏市场方面取得很好的成效。

2002年，全省酿酒工业的经济效益稳步增长，啤酒行业和12家重点白酒（露酒）企业利税总额12.08亿元，比2001年净增1.38亿元，增长12%。其中百威啤酒47991万元，金龙泉16314万元，武汉华润12235万元，枝江酒业11794万元，劲酒9952万元，稻花香6648万元，白云边5232万元，突破历史最好水平。3家啤酒和4家白酒（露酒）企业的利税总额达到110166万元。

2002年湖北酿酒工业的产品质量也继续保持了稳定提高的态势。从协会组织的一年一度的啤酒、白酒行业内部质量检评情况看，全省啤酒的产品质量比上年又有新的提高，啤酒的风味缺陷明显减少，参检的33个酒样，感官评分90分以上的26个，占参检产品的78.8%，比上年增长了16.3%。特别可喜的是经过多年的艰苦努力，2002年金龙泉啤酒荣获“中国名牌”称号，实现湖北省中国名牌零的突破。全省白酒的内在质量及产品风格稳定提高，参检的38个酒样，感官评分90分以上的34个，占参检产品的89.9%，与上年基本持平。

湖北酿酒工业，特别是白酒（露酒）行业中的四大龙头企业能有这种持续强劲发展的形势确实来之不易，是这些企业在各级党委、政府领导下，坚持改革改制和进行结构调整的结果。正因为有这四个龙头企业的支撑，湖北白酒（露酒）行业在全国白酒总产量逐年下降、市场竞争白热化的情况下，仍保持了稳步健康发展的势头。这也说明2001年召开的鄂酒发展战略研讨会上所形成的湖北白酒（露酒）行业的发展要充分发挥龙头骨干企业的优势作用的共识是完全正确的。

2002年湖北酿酒工业总的形势不错，但也存在一些值得高度重视和关注的问题：一是金龙泉、稻花香等大企业增幅明显趋缓，有些指标还有不同程度的下降，如不及时采取有力措施防止出现大的滑坡，将会直接影响湖北酒业的健康发展。二是由于酒税调整，企业改制、市场竞争等诸多因素的影响，大部分中小国有酿酒企业经营困难，亏损严重，处于停产半停产状态。三是全省酿酒工业无论是啤酒还是白酒虽然产品质量稳定提高，但从总体上讲，高档次、高质量、高价位的精品名牌在全行业中所占比重太小，影响了行业经济效益的提高。

## 协会的工作

### 1. 召开全省酿酒工业工作会议暨酿酒协会理事会

为实现湖北酒业新世纪的良好开局，2001年3月省轻工行办、省酿酒协会在武汉召开了全省酿酒工业工作会议暨酿酒协会理事会。主管工业的副省长周坚卫、中国酿酒工业协会理事长耿兆林、省直11个部门（省振兴酒业协调小组成员单位）的领导、省酿酒工业协会理事单位的主要负责人共70余人参加了会议。周坚卫副省长对振兴湖北酒业作了重要讲话。耿兆林理事长就全国酿酒工业的发展情况及对湖北酿酒工业发展建议作了专题报告。省轻工行办张明修主任作了工作报告。协会对2000年工作做了总结，对2001年工作做了安排。这次会议虽然时间短，但会议规格高，内容丰富，效果好。通过这次会议，大家进一步认清了湖北酒业的形势、明确了发展思路和目标，为2001年乃至整个“十五”期间湖北酒的稳步、健康发展奠定了基础。

**2. 组织召开了鄂酒发展战略研讨会**

面对新的世纪，面对改革的深化和市场的激烈竞争，面对中国即将加入WTO给酿酒工业可能带来的新情况、新问题、新挑战、新机遇，协会经过充分准备于2001年4月18～19日在枝江召开了鄂酒发展战略研讨会。全省重点白酒企业的主要负责人及有关工程技术人员参加了会议。全国著名白酒专家周恒刚、梁邦昌先生，省轻工行办、枝江市政府领导出席了会议。省酒协在会上发表了《认清形势，加快发展——对振兴鄂酒的几点思考》的论文。著名白酒专家周恒刚、梁邦昌先生就白酒行业发展方向及振兴湖北酒业的措施建议作了重要论述。白云边、劲酒、枝江、稻花香、园林青、梨花村、石花等酿酒企业在研讨会上发言或交流了论文。通过这次研讨会，代表们对鄂酒的振兴发展必须充分发挥龙头企业的优势作用；面对激烈竞争，必须下大力气抓好两头：一头是科技创新和产品开发，一头是开拓市场；以及重视人才培养和坚持质量为本等6个方面形成了共识。会后我们编印了《鄂酒发展战略研讨会论文集》，不仅在省内，而且与全国兄弟省市协会及有关企业进行了广泛交流。

**3. 邀请全国著名白酒专家到湖北调研、指导工作**

应协会邀请，2001年全国著名白酒专家周恒刚、梁邦昌先生先后两次到湖北省枝江、劲酒、白云边、稻花香等几个龙头骨干企业进行调研和现场技术指导。他们不仅对这几个企业技术、质量、人才培养等方面提出了许多极具针对性的意见和建议，而且对湖北白酒的发展也提出了许多极为宝贵的指导意见。这对湖北酒业的健康发展影响深远。

**4. 协助省轻工行办及时向省政府提出了调整“省振兴酒业协调小组”的建议**

湖北省振兴酒业协调小组是1997年8月省长办公会议决定成立的，但并未正式行文，且近几年来由于政府机构改革人员变动较大，针对这种情况，协会协助省轻工行办向省政府提出了调整省振兴酒业协调小组的建议。省政府对这一建议非常重视，根据振兴湖北酒业的需要和人员变化情况，对振兴酒业协调小组作了适当调整，并以鄂政办发［2001］33号正式行文。省振兴酒业协调小组由省政府副秘书长任组长、省经贸委、省轻工行办领导任副组长、省计委、财政厅、地税局、工商局、技术监督局、贸易物资行办、广电厅、湖北日报社等省直有关部门各一位领导为成员组成。该文还同时明确规定了协调小组四个方面的职责：根据国家关于酿酒工业的产业政策和行业发展规划，协调指导全省酿酒工业的结构调整；规范酒业市场管理，打击制假、售假违法行为；组织工商联手开拓市场，提高湖北酒的市场占有率；利用新闻媒体宣传湖北酒，提高湖北酒在省内外的知名度。

**5. 有计划有步骤地做好协会的变更登记和换届工作**

为适应中国加入WTO后同类行业协会与国际接轨的需要和政府机构改革后行业协会工作内涵的变化及延伸的要求，2001年3月在全省酿酒工业工作会议暨酿酒工业协会理事会上通过了将湖北省酿酒工业协会更名为湖北省酒业协会的决议，随后协会积极向省民政厅申报并于8月份获批复同意。11月份协会按照批复要求并从实际出发完成了湖北省酒业协会第一届理事会的组建和章程修订等有关工作，至年底全部完成了变更登记手续，经湖北省民政厅核准，湖北省酿酒工业协会正式更名为湖北省酒业协会。

**6. 召开了协会更名为湖北省酒业协会以来的首次会长办公会**

湖北省酿酒工业协会更名为湖北省酒业协会后，副会长单位按照必须是行业的排头兵或龙头企业、酒种有代表性、积极参加协会活动并大力支持协会工作的三个原则，由原来的14家精简为7家，于2002年3月26日召开了首次会长办公会。省轻工行办主任、省酒业协会名誉会长张明修出席会议并为省酒业协会会长、副会长、秘书长颁发了省民政厅社会团体负责人当选证。会议总结了协会2001年的工作，讨论通过了2002年工作意见和组建省酒业协会技术委员会的有关决定，并着重研究、讨论了如何做好全国酿酒（白酒）行业会议在鄂召开的有关会务筹备工作等问题，张明修主任对此十分重视，各副会长单位领导非常支持。

**7. 积极准备，精心组织，全力为全国白酒行业会议在汉召开搞好服务**

2002年5月13～15日，中国酿酒工业协会在武汉召开中国酿酒工业协会白酒分会理事会暨白酒行业会议。这次会议精神重要、内容丰富。中国酿酒工业协会对这次会议非常重视，并作了充分准备工作。国家技术监督总局、财政部等有关部门还派人参加了会议并就有关问题作了讲话或组织座谈。这次会议在湖北召开，无疑对扩大湖北酿酒工业的影响、推动湖北酿酒工业的发展有着重要的作用和意义。湖北酒业协会和各企业把这次会议作为向全国酿酒大省、强省和先进企业学习的极好机会，程业涛会长亲自抓会务筹备工作，包括会址的选择、会场内外的布置、工作人员的配备、接待工作的安排，以及会议组织等。在省轻工行办领导的重视和四大龙头企业大力支持下，会议的各项服务工作总体上是好的，保证了会议的圆满成功。会议期间，省人民政府周坚卫副省长出席会议并作了重要讲话，程业涛会长在会上作了《发挥桥梁纽带作用，促进行业稳步发展》的典型发言，重点介绍了湖北酿酒工业的情况和湖北酒业协会的工作，受到与会代表的赞许。

**8. 组建湖北省酒业协会技术委员会**

为充分发挥我省酿酒工业专业技术人员的作用，更好地做好酿酒工业的技术咨询服务工作，开展酿酒工业内部的技术交流，推动酿酒工业的技术进步和科技创新。2002年3月经湖北省酒业协会会长办公会研究决定，成立了湖北省酒业协会技术委员会。随后组织起草了技术委员会工作条例。2002年12月19日在汉召开了酒业协会技术委员会全体委员会议。程业涛会长给技术委员会主任委员、副主任委员及委员们颁发了聘书；讨论通过了湖北省酒业协会技术委员会工作条例；交流了有关酿酒工业的最新技术信息；讨论了技术委员会2003年的工作。

**9. 坚持做好行业内部的质量检评与交流**

多年实践证明，协会组织一年一度的行业内部的产品质量检评与交流，对促进全省酿酒工业产品质量上水平、上档次、搞好企业产品结构调整和提高评酒员的评酒技术水平大有益处，协会分别于2001年、2002年6月和12月组织了全省啤酒和白酒行业内部的质量检评与交流。检评工作坚持严格按国家正规的酒类感官检评办法进行，并采取专业评酒委员品评与企业主管质量的领导、工程技术人员相结合的办法，深受评酒委员和企业代表的欢迎。

**10. 坚持做好行业统计信息交流**

在各企业领导及统计人员的重视和支持下，2001年、2002年协会继续坚持做好啤酒全行业和重点白酒企业的月报统计汇总和交流工作，对啤酒行业的新统一计算方法进行了宣传贯彻。做到及时、准确、全面为有关行业主管部门和各企业领导提供行业信息。协会还不定期印发振兴湖北酒业简报，向省委、省政府主要领导和省直有关部门通报湖北酒业情况。

**11. 配合中国酿酒工业协会做好酿酒工业职业技能鉴定站的组建工作**

根据全国酿酒工业特有工种职业技能鉴定站工作会议精神，协会与湖北轻工职业技术学院、湖北枝江酒业股份有限公司、劲牌公司等单位进行了认真研究和协商，按中国轻工业职业技能指导中心、中国酿酒工业协会的要求，上报了在湖北轻工职业技术学院组建酿酒工业职业技能鉴定站的申请和有关申报资料。

**12. 配合中国酿酒工业协会做好开展清香型白酒普查工作**

为完成国家质量技术监督局下达的2001～2002年白酒标准修订计划任务，中国酿酒工业协会于2002年6月20日下发了中酒协白［2002］19号《关于开展清香型白酒普查工作的通知》。协会根据中国酿酒工业协会的要求及时将通知转发给有关企业，并认真进行落实，黄鹤楼、石花、劲酒三家清香型白酒生产企业按中国酿酒工业协会的要求报送了有关资料和酒样。

**表1　2001～2002年湖北省重点白酒企业主要经济指标**

| 企业名称 | 白酒总产量(混合量)(吨) | | | 销售收入(万元) | | | 利税总额(万元) | | | 其中：利润(万元) | | |
|---|---|---|---|---|---|---|---|---|---|---|---|---|
| | 2002年 | 2001年 | 同期±% | 2002年 | 2001年 | 同期±% | 2002年 | 2001年 | 同期±% | 2002年 | 2001年 | 同期±% |
| 湖北三峡稻花香酒厂 | 17142 | 20060 | －14.5 | 36522 | 47677 | －23.4 | 6031 | 8399 | －28.2 | 1510 | 1652 | －8.6 |
| 湖北枝江酒业股份有限公司 | 31742 | 29302 | 8.3 | 63265 | 58221 | 8.7 | 11794 | 10176 | 15.9 | 4138 | 3353 | 23.4 |
| 劲牌有限公司 | 18981 | 14177 | 33.9 | 29933 | 24448 | 22.4 | 9952 | 6648 | 49.7 | 3980 | 2061 | 93.1 |
| 湖北白云边(集团)股份有限公司 | 4981 | 3353 | 48.6 | 16131 | 13088 | 23.3 | 5232 | 2563 | 104.1 | 1126 | 251 | 348.6 |

续表

| 企业名称 | 白酒总产量(混合量)(吨) | | | 销售收入(万元) | | | 利税总额(万元) | | | 其中：利润(万元) | | |
|---|---|---|---|---|---|---|---|---|---|---|---|---|
| | 2002年 | 2001年 | 同期±% | 2002年 | 2001年 | 同期±% | 2002年 | 2001年 | 同期±% | 2002年 | 2001年 | 同期±% |
| 湖北省石花酿酒(集团)股份有限公司 | 706 | 552 | 27.9 | 2363 | 2406 | −1.8 | 815 | 837 | −2.6 | 0.4 | 1 | −60 |
| 湖北文峰酒业股份有限公司 | 1193 | 1309 | −8.9 | 1070 | 1723 | −37.9 | 381 | 330 | 15.5 | 75 | 68.5 | 9.5 |
| 湖北襄樊三九酿酒厂 | 7204 | 7199 | 0.1 | 4952 | 5003 | −1.0 | 707 | 735 | −3.8 | −1060 | −1287 | −17.6 |
| 湖北梨花村酒厂 | 1314 | 2038 | −35.5 | 1139 | 2389 | −52.3 | 272 | 459 | −40.7 | 15 | 58 | −74.1 |
| 湖北楚乡酒厂 | 1603 | 1770 | −9.4 | 1304 | 1620 | −19.5 | 283 | 189 | 49.7 | 41 | 34 | 20.6 |
| 湖北浠水天宝酒业有限责任公司 | 1871 | 1829 | 2.3 | 846 | 944 | −10.4 | 239 | 191 | 25.1 | −117 | 3.7 | −3262.1 |
| 枣阳市汉光酒厂 | 11106 | 13512 | −17.8 | 4487 | 3102 | 44.7 | −56 | 91 | −161.5 | −507 | −455 | 11.4 |
| 嘉鱼县牌洲湾酒业有限责任公司 | 2073 | 1846 | 12.3 | 1831 | 1595 | 14.8 | 258 | 228 | 13.2 | 54.5 | 48 | 13.5 |
| 合　计 | 99916 | 96947 | 3.1 | 163843 | 162216 | 1.0 | 35908 | 30846 | 16.4 | 9255.9 | 5788.2 | 59.9 |

**表2　　2001～2002年湖北省啤酒企业主要经济指标**

| 企业名称 | 啤酒总产量(千升) | | | 啤酒销售收入(万元) | | | 啤酒税金总额(万元) | | | 啤酒利润总额(万元) | | |
|---|---|---|---|---|---|---|---|---|---|---|---|---|
| | 2002年 | 2001年 | 同期±% | 2002年 | 2001年 | 同期±% | 2002年 | 2001年 | 同期±% | 2002年 | 2001年 | 同期±% |
| 湖北金龙泉啤酒集团公司 | 391866 | 393348 | 0 | 60405 | 60936 | −1 | 15078 | 15065 | 0 | 1236 | 2006 | −38 |
| 武汉华润啤酒有限公司 | 260949 | 277728 | −6 | 35464 | 40194 | −12 | 9559 | 10832 | −12 | 2676 | 2001 | 34 |
| 百威(武汉)国际啤酒有限公司 | 205104 | 170290 | 20 | 177363 | 129558 | 37 | 22758 | 18417 | 24 | 25233 | 9415 | 168 |
| 燕京啤酒(襄樊)有限公司 | 90333 | 58358 | 55 | 11495 | 7600 | 51 | 2532 | 1778 | 42 | 1499 | 679 | 121 |
| 青岛啤酒(黄石)有限公司 | 69294 | 50237 | 38 | 9517 | 6041 | 58 | 2944 | 1956 | 51 | 683 | −1100 | 162 |
| 湖北蓝带啤酒高利有限公司 | 22501 | 25741 | −13 | 5795 | 7791 | −26 | 1208 | 1436 | −16 | −488 | 24 | |

续表

| 企业名称 | 啤酒总产量(千升) | | | 啤酒销售收入(万元) | | | 啤酒税金总额(万元) | | | 啤酒利润总额(万元) | | |
|---|---|---|---|---|---|---|---|---|---|---|---|---|
| | 2002年 | 2001年 | 同期±% | 2002年 | 2001年 | 同期±% | 2002年 | 2001年 | 同期±% | 2002年 | 2001年 | 同期±% |
| 青岛啤酒(应城)有限公司 | 23360 | 11976 | 95 | 3200 | 1782 | 80 | 732 | 447 | 64 | −819 | −109 | 651 |
| 青岛啤酒(随州)有限公司 | 15417 | | | 1878 | | | 563 | | | −492 | | |
| 合　计 | 1078824 | 987678 | 9 | 305117 | 253892 | 20 | 55374 | 49931 | 11 | 29528 | 12916 | 129 |

# 湖南省酿酒工业概况

湖南省酒业协会

湖南酿酒工业是湖南的传统产业，也是湖南食品工业的支柱产业，对湖南省的经济发展和财政收入作出了突出贡献。湖南省委、省人民政府对发展湖南酿酒工业非常重视，并在1999年出台了135号政府令——《湖南省酒类管理办法》，把湖南酒业的发展放在湖南经济发展的重要战略位置上，湖南省各级酒类管理部门按照省委、省人大、省政府的要求，依法开展酒类产销管理工作，使湖南酒业在市场竞争十分激烈的情况下，取得了稳步、持续、健康发展的好成绩。

## 酒类产销情况

2002年，全省酒类产销管理工作取得了重大进展：酒类市场准入格局业已形成，无序竞争的市场秩序得到遏制，企业生产经营形式有所好转，经济效益保持平稳。已获白酒生产许可证和湖南省酒类准产证的企业有92家（其中，白酒企业47家，啤酒果露酒企业45家），全省共生产酒类产品56.52万吨，比上年增长4%。其中重点调度企业完成产量42万吨、白酒18万吨、啤酒38.2万吨、果露酒0.22万吨。共完成工业总产值23亿元，比上年增长4%，实现利税7.4亿元。流通企业全年共销售酒类136.27万吨，实现销售收入153.73亿元，比上年增长4.69%。其中白酒43.66万吨，比上年下降6.31%；啤酒85.98万吨，比上年增长8.42%；其他酒6.63万吨，比上年增长55.63%。流通环节上缴国家税收上亿元。特别是湖南省果露酒、黄酒行业也出现了良好势头，岳阳楼台酒业黄酒项目顺利实施，并和古越龙山合资成立了古越楼台有限公司，年产量将达2万吨。永州酿酒总厂的“五神酒”，宁乡千壶客酒业公司的“千壶客”酒，异军突起，年销售额都突破了2000万元。预示着湖南省酒业结构调整初见成效。湖南省果露酒、黄酒行业将在全国争得一席之地。总的来说，湖南酒业在产品的数量、质量、品种、产品结构与企业结构、经济效益等方面都发生了明显的变化，显示出良好的发展势头。

## 加强酒类产销管理，规范酒类产销秩序

**1. 完善行政法规，强化依法行政**

2002年湖南省政府颁发了《湖南省酒类管理办法》，并成立了湖南省酒类产销管理办公室，使湖南省酒类管理工作走上了规范化的道路。2002年，省酒类行政主管部门修订和完善了《〈湖南省酒类管理办法〉实施细则》，出台了《湖南省酒类管理行政执法规则》和《湖南省酒类准产证细则》。这些规章制度是规范酒类市场的前提条件，是指导全省各级酒管部门开展酒管执法和依法行政的重要依据与基本准则，现已成为指导各地开展酒管工作的操作手册。为了加强湖南省酒类执法队伍自身建设，规范执法行为，做到有法必依，执法必严，违法必究，树立良好的酒管执法形象，切实维护酒类商品生产者、经营者和消费者的合法权益，同时也是为了防止执法者在执法过程中有意无意的违法行为的发生，并举办了酒管执法人员培训班，学习了《中华人民共和国行政处罚法》等法律、法规，为依法治酒打下了良好的理论和实践基础。

**2. 实行“三证”管理，规范酒类产销秩序**

实行“三证”管理是规范酒类市场秩序、调整酒业结构的有效手段。全省已获白酒生产许可证企业47家，啤酒、果露酒、黄酒湖南省酒类准产证企业50家，办理批发许可证1446家，办理零售备案登记证28000家，全省酒类生产经营已基本纳入了规范化的管理轨道。一是生产结构得到了有效调整。通过生产许可证（准产证）制度，关闭了一批小酒厂，使名优酒企业得到了发展。二是对批发商全面实行许可证管理，实行质量保证和质量跟踪制度，批发商必须从正规渠道进货，并批发给合法的经销商，逐步建立起总代理制和总经销制。三是规范零售市场。零售企业要持证经营，特别是加强对宾馆、酒店、餐馆、歌舞厅、迪厅、酒吧、固定摊点等零售市场的管理。四是加大对无证生产，无证经营行为的查处。对没有酒类生产许可证（准产证）而从事酒类生产的，没有酒类批发许可证而从事酒类批发的，没有酒类零售备案登记而从事酒类零售的行为坚决进行查处。

**3. 加大稽查力度，打击假冒伪劣**

打击假冒伪劣是规范市场秩序的必要手段。2002年酒管部门加大了稽查打假力度：第一，对酒类批发市场进行重点整治，由于批发市场鱼龙混杂，很多假冒伪劣酒就是从此流向各地。必须下力气进行整治，整治合格的授予“湖南省酒类专业市场”牌匾，对于经常发生销售假酒事件的专业市场，坚决查处和关闭。第二，会同有关部门对酒类经销中的不正当竞争行为进行查处：一是对酒店和商家收取生产企业进

场费的；二是对酒类企业买断经营的；三是贿赂销售、搭配销售、买一送一和低价倾销等扰乱市场秩序的；四是不到酒管部门备案而擅自进行新闻发布、促销和广告行为的。第三，打击假冒伪劣酒类。经过近两年的整治和打击，制售假冒伪劣现象虽然受到重创，但没有得到彻底根治，必须加大打击力度，其具体做法：一是配合有关部门打击制假窝点；二是经常对市场上销售的酒类产品进行核查，对于假冒商标，以次充好以及一些低档劣质酒及时发现，及时查处；三是对走私进来的洋酒和不符合进口要求或进口手续不全的洋酒进行查处；四是对捆扎啤酒，非“B”瓶啤酒进行查处。据不完全统计，2002 年全省查处假冒名牌酒品种 30 多个，处理消费投诉 1000 多件，共打掉制假窝点 28 处，没收假酒 57784 箱。通过一系列的措施，目前，全省酒类市场有所规范，产销秩序明显好转。

## 深化企业改革，加快企业结构调整步伐

湖南省酒业不断深化改革，建立适应市场经济的经营机制，通过兼并联合，资产重组，为行业发展注入了新的活力。白酒行业：湖南成功集团入主湖南省酒鬼酒股份公司；通过一系列的改革措施，企业将在用人机制，人事制度，管理结构等方面进行探索和调整，并对经营战略，企业文化和市场营销策略进行改革。企业的管理模式，经营理念及员工的思想观念出现了可喜的变化。我省白酒行业进入了新的发展时期。啤酒行业通过外引内联，优化了企业组织结构。通过合资合作，大集团控股，湖南省啤酒生产的装备水平已进入了全国先进行列。燕京啤酒集团通过兼并，组建了湖南燕京啤酒有限公司，燕京啤酒（衡阳）有限公司；青啤集团收购原资兴啤酒厂，成立了青岛啤酒（郴州）有限公司；重庆啤酒公司与国人啤酒厂合资成立了重庆国人啤酒有限公司；其他小啤酒厂也通过租赁经营的形式进行了改制。通过兼并重组，目前湖南省啤酒行业生产能力已达到 80 万吨。2002 年全省啤酒产量达到近 40 万吨的历史最好水平。其设备装备水平也上了新台阶，产品质量得到大幅度提高，骄阳啤酒、白沙啤酒、国人啤酒、白冰啤酒、东江湖啤酒已成为湖南省响当当的知名品牌。在今后两年，资产重组将继续成为我省啤酒行业结构调整的主流。

## 围绕行业发展，积极开展协会工作

随着行业管理体制的改革不断深入，协会的地位进一步加强，湖南省酒协充分发挥协会的职能，积极开展协会工作，在贯彻实施政府的有关政策法令，维护行业利益，开展信息与技术的交流，促进技术进步和行业的发展等方面开展了一系列的活动。

(1) 贯彻行业政策，提出行业发展规划，对行业内重大的技术改造、技术引进、投资和开发项目进行论证和指导。

①围绕税制改革，根据行业情况提出合理化建议。2002 年国家出台了新税制。协会根据企业在新税制下负担过重的实际情况，组织了深入的调研，并在中国酿酒工业协会的统一安排下，向有关部门递交了详细的调

查报告。

②根据湖南省酒业结构的具体情况，协会提出了全省酒业发展趋势和对策。并于2002年5月召开了全省黄酒、果露酒发展研讨会，会议根据国家酒类发展产业政策和人们健康消费理念的增强，明确了将黄酒、果露酒列为湖南省今后重点发展方向，并向政府部门提出了在科研、技改方面向重点发展酒类产品倾斜的要求以及重点支持的企业名单。

③组织和参加了重点技改项目的可行性论证。全程跟踪了岳阳楼台酒业公司6000吨黄酒技改项目，并给予了具体指导，保证了该项目的顺利实施，并促成了该企业和古越龙山的合作，现已由古越龙山投资1亿元成立了岳阳古越楼台有限公司，该企业也是中南地区最大的黄酒生产企业。

④分别组织了全省已获白酒生产许可证和酒类准产证的企业宣传贯彻修订后的“主要技术指标统一计算方法”。并对企业统计人员进行了培训。按照国家统计局的要求统一了酒类产品的统计口径。

⑤协调行业内部关系，特别是在市场、价格等竞争与合作方面，做了大量的工作，维护了行业整体利益。去年协会在啤酒行业价格自律上做了大量的工作，并召开了啤酒企业的专题会议，对提高行业产品整体价格起到了一定的作用。

(2) 大力宣传湘酒品牌，树“酒业湘军”形象。

①2002年4月组织了全省黄酒、果露酒及啤酒行业产品质量检评活动。共有37个产品参加了检评，从检评结果来看，整体质量得到了很大的提高，特别是啤酒产品质量赶上了全国先进水平。产品的包装质量也有所突破，上了一个台阶。这次活动还授予了楼台酒、鹿宝酒、千壶客等8个黄酒、果露酒行业优质产品称号。授予湖南燕京、重庆国人、湖南兴华三个啤酒生产企业“2002年度湖南省啤酒行业优质品牌”的荣誉，并于世界杯期间在体育频道向社会进行了推介。

②利用全国秋季糖酒会在长沙举行的机会，协会和省酒办一起组织了全省酒类企业以“酒业湘军”展团整体参展，展会期间为充分展示“酒业湘军”形象，邀请了省内8家媒体进行了系列报道，并特邀了全国酒管部门的主要负责人、全国有影响力的经销商参加了全国秋季糖酒会的系列活动。省政府领导参观了“酒业湘军”展馆并对此次活动给予了高度评价。此次活动不仅展现了“湘酒文化”魅力，而且极大地提高了湘酒品牌整体形象，取得了较好的社会效益和经济效益。

(3) 开展行业调查与市场预测，做好行业生产统计资料与交换工作。为掌握行业生产发展情况和存在的问题，为企业的经营决策提供依据，协会建立了全省啤酒企业统计信息网络和信息反馈制度，并与兄弟省市建立了信息交流。并且不定期地向会员单位传递了有关酒业信息资料。

(4) 组织国内外业务技术考察，协助企业积极开拓国际市场，促进企业提高国际市场竞争力。去年协会利用有关渠道，将湖南省近十个优质产品带到了英国，并向有关客商推介，很多产品引起了客户的兴趣，并邀请协会和有关企业赴英考察和洽谈。

2001～2002 年湖南省酒业主要经济指标

| 项　目 | 2001 年 | 2002 年 | 增长 | 备注 |
|---|---|---|---|---|
| 汇编企业数（个） | 68 | 68 | | |
| 商品酒总量（万吨） | 54.34 | 56.52 | 4% | |
| 其中：白酒（万吨） | 27.7 | 18 | －22% | 18 个 |
| 啤酒（万吨） | 32.42 | 38.2 | ＋17.8% | 18 个 |
| 其它酒种（万吨） | 0.22 | 0.22 | | 32 个 |
| 利税总额（亿元） | 7.4 | 7.4 | | |
| 销售收入（亿元） | 22 | 23 | 4% | |

# 广东省酿酒工业概况

## 基本情况（啤酒除外）

### 1. 生产规模

根据资料提供，广东原国有酿酒企业115家，而目前大部分企业已转变机制，改为股份制或民营体制。另有个体成份或家庭作坊小酒厂4000多家。据1996年统计生产规模达到80万吨产量。其中生产能力1万吨以上有5家，5000～10000吨有6家，1000～5000吨有61家，其余均在千吨以下。至目前其实现生产能力为50%左右。生产品种主要有白酒，占总产量80%～86%，其中曲香型白酒约占15%～20%，豉香型白酒占50%，其余为米香型白酒。但白酒产量下降较大，例如从白酒完成产量看出，从1997年的33.46万吨已逐年下降，至2002年为14.11万吨，五年间下降了58%。其它品种如黄酒产量占3%～5%，果露酒占10%～15%。由于体制、政策、市场等因素也有所变化。

另据统计1999年已领酒精生产许可证企业有48家，生产能力达到25万吨左右。但随着广东制糖工业的萎缩，以糖蜜为生产原料的酒精企业有了很大变化，据2001～2002年统计，完成产量只有生产能力的30%左右。

### 2. 产品工艺及分布

粤东、粤北地区生产企业主要是以大米为原料配小酒饼丸作糖化发酵剂生产米香型为主的白酒。部分企业生产黄酒、露酒及果酒。较有历史和影响的产品品牌有五华的长乐烧，汕头的长春药酒，兴宁的珍珠红、客家娘酒，东江糯米酒，陆河的青梅酒，还有澄海的狮泉玉液和平远的南台酒等，它们在不同市场颇有名气。

粤中即珠江三角洲地区是以大米为原料配以大酒饼作糖化发酵剂，采用半固态发酵工艺生产的、豉香型为主的低度白酒，且规模产量占全省产量一半以上。具有名气的品牌为远航牌九江双蒸酒、石湾牌特醇米酒、红荔牌红米酒（这三个品牌占领全省规模的前三名）以及果露酒产量最大的红荔牌蛤蚧酒。其它如从化三花酒业有限公司、中山石岐酒厂有限公司、番禺酒厂有限公司、南海酒厂有限公司、鹤山酿酒厂等，其产品不仅能占领本地市场，同时也出口境外市场。

粤西的肇庆地区十个县市则以银曲作为糖化发酵剂生产的米酒，阳江、湛江市地区14个县市以麸曲作为糖化发酵剂生产的米酒。由于这两种米酒产品口感较差，到了1990年以后便基本没有企业采用。该地区生产果露酒品种比较突出，如肇庆西江酿酒厂生产的巴戟酒，阳春酒厂的春砂仁，湛江威力神酿酒公司的威力神酒，化州威威酒厂的十全大补，阳春嘉华公司的三蛇酒，等等。还有诸如龙虎凤、首乌酒、毛鸡酒、鹿龟酒等保健酒品，产品倍受广大消费者欢迎。

另外，称为广东名酒“三液”的顺德凤城液、清远飞霞液、吴川梅鹿液均为20世纪80年代比较有名的兼香型、酱香型和浓香型白酒。为适应市场变化，其中凤城液已在停产十年后又于去年恢复生产，并经更换新的包装，产品一面世便得到新老消费者的青睐。其它“三液”也正通过企业机制的转变而不断扩展市场。

**3. 行业存在的主要问题**

广东经过改革开放20多年，经济发展迅猛，目前已发展成为一个经济实力雄厚，生产力水平较高，外向型经济比较发达的经济强省。但唯独广东酒业发展滞后，处于行业管理薄弱，行业扶持力度不够，外来市场挤压等劣势环境下生存，在艰难中发展。具体存在以下三方面：

一是全省酿酒企业生产水平不高，中小型企业居多，生产技术水平偏低，工程技术人员比例小，与全国同行比排下游。从而致使企业技术创新意识不强，企业产品老化，市场竞争力不强，企业效益普遍较差，这是行业自身存在的弱点。

二是近年来，国家对酒类实施更严厉的税收政策，致使完全面对以老百姓为消费群体的广东白酒业无疑是雪上加霜。目前广东白酒企业在国家税收政策的压力下，2001～2002年白酒产量连续下降趋势，产品税收增加，利润却大幅度减少，如2002年比2001年下降近45%，2001年比2000年下降了24.6%。企业亏损面超过50%，总之广东与全国情况基本一致，广东酒业面临着严峻的考验。

三是当地政府部门对酒类行业管理薄弱，支持力度不够。在1999年前，原广东省轻纺工业厅是酒类生产管理的行政主管部门。政府机构改革，撤销省轻纺工业厅，政府职能划归省经贸委。于是，国家职能部门规定对白酒生产实施许可证制度，并从2000年便进入实际性阶段。至2002年底，全国已发放了3737张许可证，但唯独广东省无法开展此项工作。

在2002年9月份，省人大在提出修改《广东省酒类专卖管理条例》时，作为省轻工业协会酒类分会对《条例》进行了认真修改，并提出建议“白酒生产许可证按国家现有规定办理”的主要意见供省人大修改《条例》时考虑采纳，可惜没有被接受。所以造成省质量技术监督局和省酒类专卖管理局都无法实施受理全国白酒生产许可证工作，由于缺乏加强行业管理力度也带来目前市场经济秩序混乱，行业缺乏公平竞争等不良因素，也直接或间接影响着广东酒业健康有序发展的一个主要原因。

## 骨干企业介绍

（1）广东省九江酒厂有限公司创立于1952年，以生产九江双蒸酒而闻名于世。公司继承和发扬了当地近二百年酿酒工艺，使白酒年产量从原来的几十吨发展到现时近五万吨，公司现有员工近600人，拥有一批高素质的技术和管理人才，年创利税1.3亿元，2002年高达1.5亿元。公司占地面积10万平方米，建筑面积约10万平方米，成为我国豉香型白酒生产规模最大的国家二级企业和广东省最大的白酒企业，白酒出口量长期稳居全国之冠，并在全国同行中率先通过ISO9002国际质量管理体系认证。

公司坚持把塑造消费者心目中的一流品牌作为公司长盛不衰的动力和基础。在保持一贯的品质优势基础上，还较早引入现代营销理念，积极实施品牌战略和系统工程，成绩斐然，近年来被国家统计局列入全国白酒行业产销量前十名，并荣获“全国饮料制造业最佳经济效益企业百强”、“全国最佳企业形象”、“中国知名白酒信誉品牌”、“广东省名牌产品”、“广东省先进集体”称号等殊荣。

（2）顺德酒厂有限公司，建厂于1953年。企业经受了酒类市场低迷，酒类产品税赋大幅增长，市场激烈竞争的严峻考验，尤其是通过1993年企业转制后，公司投入2000多万元进行企业设备技术改造，公司在生产规模、销售产量、销售收入、利税总额及资产总额等均大幅度增长。如2001、2002年酒类商品总量分别达到4.78万吨和4.16万吨；总产值分别为26869万元和25048万元；总税利额分别为12360万元和13043万元，其中税收达到11302万元和12229万元。该公司是当地纳税大户之一，为国家、为社会作出较大贡献。

迈进新世纪，该公司以更稳健的步伐，与时俱进，迎接新挑战。全体员工将继续发扬艰苦创业，勤俭节约的优良传统，狠抓内部管理，建立完善ISO质量保证体系，加强员工的职业技能培训，提供企业整体素质，加快现代化企业建设进程。为广东酒业发展作出新贡献。

（3）佛山市太吉酒厂有限公司，该公司始于清朝道光十年的“陈太吉”酒庄，至今已有170多年历史。1952年由陈太吉酒庄等几家私营酒庄组成石湾酒联社，1956年4月，又改为公私合营陈太吉酒厂，1959年10月转为地方国营石湾酒厂。到了1999年，为弘扬石湾米酒悠久的酒文化，并宣传好品牌，将恢复改名为“佛山市太吉酒厂有限公司”。该公司并经过几十年的发展壮大，目前具备年产4万吨米酒的生产规模，并成为全国米酒产量和出口量较大的现代化酿酒企业之一，多年来一直是原佛山市的纳税大户。如2002年白酒产量达到19268吨，创税利5955万元。

尤其是始创“豉香型”白酒的石湾酒厂，经过10多年的不懈努力，终于使“豉香型”白酒获得国家白酒行业的认可，1996年“豉香型”白酒正式荣升为中国六大香型之一。从而提高了广东米酒在行业中的地位。石湾酒厂也成为“豉香型”白酒的主要代表厂家之一。石湾系列米酒是荣获国家银质奖称号的豉香型产品。

## 酒业大事记

2001年3月10～16日接待了由中国酿酒工业协会副理事长兼秘书长王延才高级工程师带领，我国白酒界著名的老专家周恒刚先生和国家白酒评委梁邦昌高级工程师、中国白酒工业分会赵建华高级工程师组成的专家考察组莅临广东省。专家组在协会原会长李绪清和会长郑衍立的陪同下，实地考察了佛山太吉酒厂有限公司、广东九江酒厂有限公司、顺德酒厂有限公司和清远市飞霞酒业有限公司等四家酒厂。

2001年4月20日由广东省酒类专业分会在中山市石岐酒厂召开了“广东果酒发展研讨会”，研讨会主题是：从广东果酒的发展状况及存在问题，探讨今后的发展趋势。参加研讨会除了部分果酒生产企业外，还有新闻媒体的记者。与会代表认为，广东是盛产水果的区域，并素有“岭南佳果”的美誉，早在20世纪60年代便开展盛产水果酒。

2001年6月19～20日召开分会第二届第二次常务理事扩大会议。会议任务有：传达重庆市召开的全国白酒行业会议精神；讨论国家调整白酒税收政策后将对广东白酒业带来的影响；小结通报上半年分会开展服务工作情况以及提出下半年的工作设想。参加会议有29个单位37名代表，会议在中山市石岐酒厂有限公司召开。另会议通过增补澄海市酿酒饮料协会会长陈焕然同志为酒类专业分会副会长。

2001年9月7日分会与省酒类专卖局、羊城晚报联合在羊城晚报社共同举办“广东酒类市场发展论坛”，旨在通过分析行业存在的不规范的经济秩序，提出在国家酒类管理法规出台之前，要修改和完善本省地方管理条例，以创造培育行业公平竞争的外部环境。同时为促进广东酒类市场发展，为保护广大消费者的健康和利益，与会骨干企业代表形成共识，发布了《广东酒业宣言》。

2001年12月3～22日分会原于7月12日以粤轻协字063号文《关于举办成品酒勾兑调味尝评人员技能培训班的通知》，随后协会陆续收到企业报名。但省酒类专卖管理局朱思旭副局长提出与分会联合举办。培训班在从化市荔圃宾馆举办二期，参加培训的有顺德酒厂、鹤山酿酒厂等91个企业93人。

2002年3月12～13日在广州燕岭大厦召开了2001年度会员大会。大会前先召开分会第二届第三次常务理事会议。出席本次年度大会的有省经贸委、省酒类专卖管理局、省轻工集团和协会会员单位以及行业相关的科研、教学单位的专家、教授和协会顾问，及有关新闻媒体记者共有50个单位78位代表出席此次大会。会议除完成有关议程外，并通过人事变动事项，即一是同意李绪清本人要求不再担任分会会长职务，改任分会顾问；二是大会通过由郑衍立接任会长职务，负责分会的全面工作；三是增选莫耀清高工担任分会副秘书长职务，以增强分会日常工作。

2002年4月27日开展“白酒质量信得过产品”宣传活动。通过组织省级评酒委员对企业送来的白酒样品进行客观、公平和准确的鉴评，并通过有关专家复评，最后推荐21家企业的29个品种，登载于《羊城晚报》上，过后企业反映比较满意。

2002年5月13～15日分会作为中国白酒分会副理事长单位参加在武汉市召开的中国白酒分会理事会暨白酒行业工作会议。

2002年5月20～23日分会与澄海市酿酒饮料协会联合举办第三期酒厂“米酒酿造工艺与勾兑技能”培训班，培训内容较前两期更具针对性和实用性

2002年6月4～5日根据中国酿酒工业协会白酒分会的工作安排，分会在广州举办第一期《全国白酒工业主要经济技术指标统一计算方法》宣传贯彻会，有40个企业参加。这与广东省尚未开展全国白酒生产许可证的申办工作有关。

2002年8月7日开展“广东黄酒、果酒信得过产品”推荐活动。通过组织省级黄酒评酒委员对企业送来的产品进行品评，要求送来样品须附有近期检测报告。通过综合评价并推荐15个企业16个产品于9月15日刊登《羊城晚报》向消费者推介。

2002年8月16日召开分会第二届第四次常务理事会议，主要一是报告上半年分会工作；二是通报全国白酒行业工作会议精神，三是审查讨论吸收6个新会员单位；四是讨论行业当前存在问题，主要是生产许可证问题困扰广东白酒业。

2002年9月份《广东酒业》是分会创办的内部刊物，至今已办36期，从37期起全面更换彩色版面。此期彩页由九江、顺德西江、东河、九里香和南海石硝设备厂六家企业大力支持提供。

2002年9月16日根据省人大财经委要求，省轻工业协会和酒类专业分会针对《广东省酒业专卖管理条例》做了书面修改，并附上三条书面意见。建议省人大针对《条例》修改，明确提出“白酒生产许可证按国家现有规定办理”。但结果没有被采纳。

2002年10月14～18日分会在珠海市白藤湖度假村举办广东省第二届评酒员培训班。来自全省各有关企业的36名学员参加了培训。其宗旨是：通过培训，为广东省第二届评酒委员会选送人才，另方面，他们学习后，将为企业产品的科学品评、勾兑工作发挥重要作用。培训班聘请全国评酒委员和有丰富实践经验的高级工程师讲评。

**表1 2001～2002年广东省酒业(啤酒除外)主要经济指标**

| 项 目 | 2001年 | 2002年 | 增长率(%) | 备注 |
|---|---|---|---|---|
| 汇编企业数(个) | 66 | 72 | 9.1 | 均为会员单位 |
| 其中：亏损企业数(个) | 35 | 37 | 5.7 | |
| 从业人数(万人) | 0.462 | 0.504 | 9.1 | |
| 商品酒总产量(万吨) | 24.484 | 21.904 | −10.5 | |

续表

| 项　目 | 2001 年 | 2002 年 | 增长率(%) | 备注 |
|---|---|---|---|---|
| 其中：白酒(万吨) | 15.04 | 14.11 | －6.2 | |
| 黄酒(万吨) | 0.44 | 0.39 | －11.3 | |
| 果露酒(万吨) | 1.744 | 1.534 | －12 | |
| 酒精(万吨) | 7.26 | 5.87 | －19.1 | |
| 工业总产值(万元) | 119，206 | 114，155 | －4.2 | |
| 工业增加值(万元) | 33，966 | 38，467 | 13.3 | |
| 利润总额(万元) | 3249.6 | 1791.6 | －44.8 | |
| 税金总额(万元) | 31，406 | 36，179 | 15.2 | |
| 销售利润率(%) | 2.73 | 1.57 | －42.5 | |
| 资金利润率(%) | 2.15 | 1.32 | －38.6 | |
| 资产负债率(%) | 60 | 66.19 | 10.3 | |
| 产品出口量(万吨) | 0.1011 | 0.1378 | 36.3 | 混合量 |
| 出口创汇(万美元) | 159 | 192.9 | 21.3 | |
| 企业亏损(万元) | 827.7 | 1161.3 | 40.3 | |
| 技改投资(万元) | 623 | 321 | －48.5 | |

备注：1. 根据《中国酿酒工业行业信息》统计资料为基础，参考骨干企业调查结果，以及日常掌握信息进行不完全统计；
2. 亏损企业数不含酒精行业，企业亏损额主要为酒精和果露酒行业。

## 啤 酒 行 业

2002 年是我国“入世”后的头一年，这一年，在世界经济不景气的一片哀叹声中，我国经济却取得了令世人瞩目的成就，无论是国民生产总值，还是进出口贸易、吸收外资等多项指标都刷新了历史记录。这一年，我国啤酒业也有不俗的表现，全国啤酒产量在连年高速增长的基础上，2002 年产量再创新高，达 2447 万吨（行业统计数据，国家统计局公布的产量为 2386.83 万吨），比上年增长 6.35%。与此同时，欧美等国的啤酒市场已基本处于饱和状态，产销量难有新的增长，美国 2001 年的产量就比 2000 年下降了 1.7%，2002 年又比 2001 年减少 0.3%，产量为 2368 万吨。由此可见，我国已把美国甩在后面而成为全球产量第一的啤酒生产大国。我国啤酒业的崛起与发展，见证了我国改革开放和经济发展的丰硕成果，无不令中国人民为之自豪，更令啤酒业界人士感到欣慰，吐气扬眉。

广东是我国改革开放的前沿阵地，经济发展在国内处于领先的水平，而经济的蓬勃发展为广东省啤酒业发展所起的拉动作用也是十分明显的，促进广东省啤酒业以前所未有的速度向前发展，产销量直线上升。统计资料显示，全省啤酒产量从 1997 年的 103.1 万吨增至 2001 年的 160.14 万吨，4 年的产量增长了 57.04 万吨，平均每年增加 14.26 万吨，平均年增长率为 11.7%。2002 年，广东省啤酒再上一个新的台阶，再创新佳绩，主要表现在以下几方面：

**1. 产量大幅飚升**

2002 年全省 12 家啤酒生产企业的 15 家啤酒厂完成产量 178.1838 万吨（176.07 万千升），比上年增长 11.26%，高于全国平均水平 4.9 个百分点，净增 18.04 万吨，刷新了历史记录。全省产量前五名的企业依次为：广州珠江啤酒集团公司以 76.6 万千升而名列榜首，占全省总产量的 43.5%，深圳金威啤酒有限公司，产量以 22.33 万千升而排名第二，第三位是广东蓝带集团股份有限公司，产量为 14.75 万千升，深圳青岛啤酒朝日有限公司以12.72万千升的产量而位居第四，紧跟其后的青岛啤酒（三水）有限公司则以12.31万千升而排在前五名中的第五位。以上5家企业的产量为138.71万千升，占全省总产量的78.8%。

为适应市场消费的需求，2002年广东省在产品包装结构方面作了适时的调整，增加高附加值的易拉罐装和500毫升以下的小瓶装产量，易拉罐装产品产量为12.13万千升，比上年增长27%，占全省总产量的6.9%，高于全国平均水平。其中蓝带啤酒的易拉罐装产品为5.43万千升，占其总产量的36.8%，是全国同行易拉罐装产品比重最大的厂家之一。全省500毫升以下的小瓶装产品为14.1万千升，占瓶装产品总量的8.7%，分别比上年增加0.9和2.2个百分点。易拉罐装和300～500毫升小瓶装产品的增长，展示了啤酒包装向小型化发展的一个新趋向。

**2. 产品出口量和增长速度大幅度提高**

广东省啤酒在注重发展国内市场的同时，抓住我国“入世”的新机遇，吹响了向海外（含港、澳、台地区）市场进军的号角，金威啤酒销往中国台湾一炮打响成为中国台湾市场畅销的祖国大陆三大品牌啤酒之一。2002年全省啤酒出口量已达3.9万千升，比上年增长25.4%，占全国啤酒出口量的30%，其中嘉士伯啤酒的出口量为2.4万千升，占其总产量的41%，也是全国同行出口量占其总产量比重最大的厂家之一。产品出口的大幅增长显示了企业竞争实力的提升，为今后拓展海外市场迈出新的可喜的一步。

**3. 创利水平有所长进**

2002年全省啤酒销售收入已超过50亿元，平均千升酒销售收入2842.3元，是全国同行千升酒销售收入最多的省份之一。啤酒利税总额14.25亿元，在全国排名第二位，平均千升酒利税809.12元，是除西藏之外全国最高的省份。其中实现利润5.41亿元，在全国排名榜首，占全行业利润总额的28.6%；平均千升酒利润为307.3元，仅次于西藏而位居第二，是全国平均千升酒利润的3.93倍。全省利润总额和平均千升酒利润分别比上年增长19.1%和21.9%。

**表2　2001～2002年广东省啤酒行业主要经济指标**

| 项目 | 2001年 | 2002年 | 增长率(%) | 备注 |
|---|---|---|---|---|
| 企业数(个) | 13 | 12 | | 减少1个 |
| 总产量(吨) | 1601411 | 1781838 | 11.26 | |
| 产品出口量(吨) | 31363 | 39314 | 25.4 | |
| 销售收入(万元) | 495765 | 504494 | 1.8 | |
| 吨酒销售收入(元) | 3096 | 2842.3 | －8.2 | |
| 利税总额(万元) | 119605 | 142462 | 19.1 | |
| 吨酒利税(元) | 746.9 | 799.5 | 7.0 | |
| 其中：利润总额(万元) | 36640 | 54109 | 47.7 | |
| 吨酒利润(元) | 228.8 | 303.7 | 32.7 | |

备注：1. 全省啤酒总产量指本省厂家产量，未包括外省分厂产量，包括外省分厂产量为：2001年1682539吨，2002年1843830吨；
2. 广东啤酒产量在全国同行排名第三位。

**4. 创名牌见成效**

2002年年国家质检总局和中国名牌战略

推进委员会将23种产品列入“中国名牌产品”的推荐评审计划，啤酒是其中的一种。评定结果，全国啤酒有八种产品被授予“中国名牌产品”光荣称号，广东省占有其二，珠江和金威2个产品双双评为“中国名牌产品”，是全国同行唯一有2个“中国名牌产品”啤酒的省（市、区）。2002年珠江和金威2家公司的生产和效益都取得了良好的业绩，显示了中国名牌产品企业的实力是雄厚的。

展望新的一年，广东省啤酒业将在科技创新、产品创新、管理创新和营销创新诸方面不遗余力，夺取生产与效益的新佳绩，推进啤酒业的发展提高到一个新的境界。

# 广西壮族自治区酿酒工业概况

## 基本情况

2002年度，广西酿酒工业面对国家酒业税制的重大调整，市场竞争加剧的严峻态势，加强市场调研，加大调整产品结构力度，扭转了2001年全行业亏损局面，稳步进入健康发展的轨道。

根据自治区统计部门统计，2002年全自治区饮料酒总产量73.82万吨，比2001年增长5.29%，发酵酒精产量16.05万吨，比2001年增长9.78%。据对39家全部国有及销售收入500万元以上非国有生产企业的统计，2002年完成工业总产值13.1678亿元，同比增长2.64%产品销售收入11.2375亿元下降6.97%，利税总额2.5765亿元，增长43.47%，其中利润总额0.3634亿元，与2001年亏损0.4726亿元相比，扭亏为盈。主要经济效益指标（见附表）均有明显好转和提高。

据对限额以上98家批发31家零售企业的统计，2002年自治区饮料酒销售总额7.3791亿元，比2001年增长7.49%，其中批发销售总额6.7937亿元比2001年增长3.43%，零售销售总额5854万元，比2001年增长96.18%。

## 主要行业

**1. 白酒行业**

2002年广西白酒产量34.20万吨，比2001年下降3.39%。国家统计资料显示，广西白酒产量在全国的排位从第四位上升到第三位。在国家增加计征白酒消费税而全国白酒竞争的混乱状况尚未得到全面遏止的情况下，以桂林三花股份有限公司，全州湘山酒厂为代表的广西白酒骨干企业，狠抓管理创新、技术创新和新产品开发，加快产品结构调整的步伐，在继续压缩产销规模的同时，实现了企业经济效益的持续增长。

桂林三花股份有限公司 2002 年完成工业总产值 5215 万元，实现销售收入 5654 万元，利税 3274 万元，其中税金 2505 万元。公司坚持维护小曲酒龙头品牌形象，积极开拓市场。从研究市场入手，新开发的“老桂林”、“三花醇”、“三花福”等新产品以其优良的品质和独特的风格一面市，就受到消费者的喜爱，销售与日俱增，迅速成为公司主导产品之一，从而更坚定了销售商的信心。2002 年公司实际销售达成率为 106.18%，其中 30%的客户合同达成率在 100%以上。连续两年，公司以“年度利税超千万元企业”荣获桂林市人民政府的嘉奖，赵瀛生总经理被桂林市人民政府授予“优秀企业家”称号。

全州湘山酒厂 2002 年完成工业总产值 3219 万元，实现销售收入 4347 万元，利税 1292.31 万元，其中税金 1047.89 万元。不仅扭亏为盈，还创建建厂以来的新高。从市场不同需求出发，两年中，企业开发不同规格、不同包装、不同口味的湘山品牌系列新产品共 86 个品种，投放市场以来，逐渐被消费者接受。并基本做到一区一品，一市一品，一客一品，一客多品，避免了市场冲突价格混乱的现象，维护了经销商的利益，稳定了市场。企业在强化内部管理上狠下功夫，出酒率的提高和企业成本控制的加强为企业节支增收 126 万元。

**2. 啤酒行业**

2002 年广西啤酒稳步发展。继 2001 年区啤酒产量 33.30 万吨比 2000 年增长 4.1%，2002 年啤酒产量 36.87 万吨，比 2001 年增长 10.78%，创历史新高。完成销售收入 9.0238 亿元，实现利税 2.0744 亿元，其中税金 1.6812 亿元，利润 3932 万元。虽产量位居全国第二十一位，但主要经济指标在全国居中上水平。吨酒销售收入居全国第七位，吨酒利税居第八位，吨酒税金居第九位，吨酒利润居十二位。

2001 年 11 月 16 日，青岛股份公司出资 9600 万元收购南宁万泰啤酒股份公司 30%股权，成立青岛啤酒南宁股份有限公司。公司重组后，采用青岛啤酒股份公司精细化管理模式，强化生产，销售内部管理已初见成效。2002 年生产啤酒 99642 吨，实现销售收入 99116 万元，比 2001 年分别增长 30.08%、32.18%，减亏 4000 多万元。产品质量稳定提高，消耗指标明显下降，综合能耗 105.84%千克/千升创自治区啤酒行业先进水平。

2002 年 7 月 18 日桂林漓泉啤酒股份公司和北京燕京啤酒集团股份公司实施强强联合，优势互补。燕京啤酒集团公司出资 10408.32 万元，受让桂林漓泉股份公司 38.4%的股份，成立了燕京啤酒（桂林漓泉）股份有限公司。双方在资金、技术管理、市场、人才和机制方面有机结合和整合，当年就呈现双赢的效果。2002 年生产啤酒 24.8529 万吨，比 2001 年增长 8.66%，上交税金 1.86 亿元，实现利润 5947 万元，分别比 2001 年增长 30.07%、11.01%，成为自治区五十强企业之一，桂林市第一纳税大户。产品在广西啤酒市场中所占的份额由 2001 年的 70%上升到 75%。漓泉牌漓泉啤酒荣获自治区技术质量监督部门授予的广西名牌产品称号。2002 年 10 月 18 日年产 5 万吨纯生啤酒包装生产线破土动工，不仅填补了我国西南地区纯生啤酒生产的空白，也为企业的健康发展创造了条件。

**3. 葡萄酒行业**

2002年广西生产葡萄酒1.4万吨，比2001年增长53.85％，在全国排位由第六位上升到第五位。广西是我国山葡萄酒的主产区之一，发挥地方自然优势，发展特色野生毛葡萄产业成为广西西部山区农业和农村经济结构调整的重点之一，得到地方政府的高度重视。被国家农业部门授予“中国野生毛葡萄之乡”的广西河池地区罗城仫佬族自治县，依靠科技进步，加大投入，积极开发野生毛葡萄产业。在指导帮助罗城山野葡萄酒厂做好万吨葡萄酒技术改造项目的前期工作的同时，强化对野生毛葡萄种植业的领导。开荒20多万平方米，请自治区农科院建立野生毛葡萄中心苗圃，年产组培苗20万～30万株。并在公路两旁实施“百里毛葡萄长廊示范工程”。在交通条件较好的村屯规划建设“千亩连片示范带”以带动千家万户种葡萄，强加农民收入。2002年，全县已建成连片千亩以上毛葡萄基地两个，百亩以上十六个，示范园三十个，基地种植面积333.33万平方米，为广西山葡萄的快速健康发展提供了保障。

**2001～2002年广西壮族自治区酒业主要经济指标**

| 项目 | 全部 | | 国有及控股 | | 大中型企业 | |
|---|---|---|---|---|---|---|
| | 2001年 | 2002年 | 2001年 | 2002年 | 2001年 | 2002年 |
| 企业数(个) | 51 | 39 | 37 | 29 | | |
| 企业亏损面(％) | 52.94 | 53.83 | 59.46 | 65.52 | 50 | 50 |
| 产值利税率(％) | 14 | 19.57 | －7.45 | 1.43 | 16.69 | 21.65 |
| 销售利税率(％) | 14.87 | 22.93 | －8.93 | 2.29 | 16.95 | 24.55 |
| 工业增加值率(％) | 31.46 | 36.56 | 40.98 | 42.12 | 32.41 | 37.48 |
| 资金利税率(％) | 8.25 | 12.51 | －2.47 | 0.49 | 10.95 | 15.09 |
| 百元固定资产原价实现利税(％) | 8.31 | 12.88 | －3.72 | 0.72 | 10.15 | 14.30 |
| 百元销售实现利润(％) | －3.91 | 3.23 | －30.84 | －17.52 | －2.79 | 4.05 |
| 成本费用利润率(％) | －4.23 | 3.73 | －28.07 | －16.33 | －3.06 | 4.75 |
| 流动资金周转次数(次/年) | 2.06 | 2.06 | 0.57 | 0.44 | 2.88 | 2.96 |
| 全员劳动生产率(元/年) | 63885 | 85406 | 27481 | 28893 | 90833 | 113511 |

# 陕西省酿酒工业概况

陕西省酿酒工业协会

白希智

## 基本情况

全省现有各酒种生产企业70多家，其中：白酒56家、啤酒6家、酒精3家、葡萄酒果酒5家、黄酒(含稠酒)有一定规模的6家。近年来陕西酿酒工业以改革和科技进步为动力，以市场需求为出发点，企业的规模和组织结构、产品结构、产销均发生了较为深刻的变化，全行业的经营管理水平和经济效益均有所改善。2002年全省饮料酒总产量完成了67.71万吨，同比增长了14.7%，实现销售收入20.75亿元，同比增长21.5%。

白酒行业受国家税收政策调整的影响，在省外白酒大量涌入，竞争激烈，全国白酒总产量下降的大环境下，经过全省白酒行业广大职工的共同努力，大力调整产品结构和产品开发，走出了一条多品种、多香型的新路子，扭转了单靠凤型打天下的被动局面。产量、销售收入、税利等经济技术指标均有所增长。

西凤酒股份有限公司是陕西省白酒行业的龙头企业。面对严酷的市场竞争，解放思想，转变观念，放下国家名酒的架子，走向社会，走向市场，积极调整产品结构，开发适销对路新产品，下决心提高凤型酒内在质量，调整工艺参数，延长发酵期，使主导产品西凤酒的香气更加典雅，口味更加醇绵。投资400万元改扩建了两个浓香白酒生产车间，形成了2000吨/年的生产能力，为调整产品结构奠定了物质基础。他们还积极稳妥的开发出凤兼浓、凤浓酱三合一等新的香型，形成了凤香型、凤兼浓型、凤浓酱三合一型、浓香型四大系列，共172个产品来满足不同市场，不同消费群体的需求，并很快得到了消费者的认可及好评。在此基础上认真调整了销售思路，集中全力攻营销，制定了“立足省内，开拓省外，以普通酒占领市场，以高档酒引导市场”的营销策略，实施全方位的多种促销手段，调动经销商的积极性，使西凤酒在激烈的市场竞争中站稳了脚根，企业步入了良性循环的发展轨道。

太白酒厂是陕西白酒行业的骨干企业。生产的太白酒是国家优质酒，前几年在由计划经济向市场经济转变过程中，一度蒙灰失色，截止1998年底企业累计亏损2228万元，潜亏1002万元，濒临破产。为摆脱困境，企业重组了厂领导班子，新班子围绕扭亏脱困、提高经济运行质量，摸索出了一条可持续发展之路，他们主要经验可概括为：一是“坚持思想创新，质量第一、严格管理、调整结构、扩产增效”的治厂方针，走凤香、兼香、浓香、三香并举以凤香为主的发展道路，先后有5个规格36个新产品投放市场，大大提高了太白酒的品牌形象。二是建立强有力的质量体系，连续四年通过国家方园委复审，太白酒先后荣获“中国知名品牌”、“国家达标食品”、“全国安全食品”等新荣誉。三是加快基础设施改造，先后投资1000万元，适度扩大生产规模为产销平衡奠定了基础。经过艰苦努力，太白酒厂实现了“一年脱险、两年脱困、三年步入良性循环、四年跳跃发展”的好局面，销售收入由四年前的2000多万元，增长到2002年的14000万元，企业驶入了发展快车道。

啤酒行业，是陕西近年来发展最快的酒种，近年来通过集团化，强强联合，走规模化发展的路子，产品逐步走向低度化、清爽化、饮料化和纯生啤酒的开发推广，提高了全行业的技术装备水平、管理水平、和产品档次。2002年全省产量60.89万吨，位居西北第一，全国第十五位。

由青岛啤酒股份有限公司与西安汉斯啤酒饮料总厂共同出资组建的青岛啤酒西安有限责任公司，通过资产重组，实现了东西部携手优势互补，重塑了汉斯啤酒品牌形象，满足了市场需求。新公司成立后，又投入2000万元置换了原渭南秦力啤酒公司72%的股份，组建了青啤渭南有限责任公司，新增汉斯啤酒年产7万吨的生产能力。还出资1500万元收购汉中啤酒厂，组建了青啤汉中有限责任公司，又为汉斯啤酒增加了年产5万吨的能力，使企业得到迅速发展和壮大。目前他们生产的二大类30个品种啤酒已成为省内外畅销的知名品牌，逐步占领了陕、甘、晋等省市的啤酒消费市场，为陕西酿酒工业树立了东西部合作的成功典范。

酒精行业中的商洛秦俑酒精公司在综合利用方面积极探索，对酒精生产过程中的副产品进行深加工，生产出的玉米油和颗粒饲料，深受市场欢迎，供不应求。目前他们已形成了2.2万吨酒精、1.5万吨颗粒饲料和300吨精炼玉米色拉油的综合生产能力，为酒精行业摸索出一条生存、发展的新路子。

葡萄酒、果露酒、黄酒行业的国有企业，由于在行业改制、改组和改造方面未能科学地调整思路，在市场经济条件下，没能敏锐的洞察市场变化，营销手段落后，出现了整体萎缩。但近两年民营企业发展出现了可喜苗头。西安星瑞果汁公司的民营资本成功引进北京国有红星集团资本，组成多元经济实体，企业得到壮大与发展，仅2002年一年就生产了2600吨葡萄原酒。铜川民营绿想集团投入巨资引进了一条年产3万吨的意大利果酒生产线，生产的高档苹果干酒，投放市场后受到好评。

稠酒是陕西独有的传统酒种，历史悠久，具有酒度低，口味鲜醇，营养丰富的独特风格，深受群众喜爱有着广阔的市场。以往多为前店后厂式的小作坊生产，质量不稳定，近年来在实现工业化生产、产品保鲜、防酸，增加花色品种和改进包装等方面取得了可喜进展，已出现了一批按工业化组织生产的稠酒企业，他们将成为陕西酿酒工业新的经济增长点。

## 酒业大事记

(1) 太白酒厂厂长张吉焕同志，受命于企业危难之时，勤奋工作，大胆改革，使一个连年亏损，资产负债率高达133%，严重资不抵债的企业，起死回生，企业发生了重大变化，经济技术指标成倍增长，成绩突出，2002年荣获全国“五一劳动奖章”。

(2) 西凤酒股份有限公司董事长李大信同志，强化企业管理，大力调整产品结构，开发新产品，使西凤酒在激烈的市场竞争中站稳了脚根，经济效益明显回升，2002年被授予“陕西省劳动模范”称号。

(3) 2002年4月举办了全省白酒评酒委员培训班，提高了评委的评酒能力和理论水平，在整体素质提高的基础上，对评委实行动态管理，通过考核，采取末位淘汰制，重新聘任组建了陕西省第六届白酒评酒委员会。

(4) 2002年8月召开了第三届陕西省酿酒工业协会会员代表大会，选举产生了协会新的领导班子组成人员，吴瑞林同志被选为会长，何钊、白希智等七位同志被选为副会长。规划了以“规范行业管理、增强服务意识、振兴陕西酒业”的工作目标。

(5) 省白酒骨干企业，洋县酒厂改制成功，从国有转制为股份制企业，更名为陕西秦洋酒业有限责任公司。

(6) 截止2002年底全省共有10家酿酒企业先后通过了国家认证机构的质量管理体系和产品质量认证，带动了全省酿酒业质量管理水平和产品质量的提高。

(7) 截止2002年底全省有56家白酒生产企业，通过了国家审核验收，取得了国家白酒生产许可证，使陕西白酒健康有序的发展，有了一个良好的开端。

(8) 2002年完成了陕西省酿酒工业劳动技能鉴定站的筹组工作。

**表1　　2001年陕西省酒业主要经济指标**

| 项目 | 白酒 | 啤酒 | 酒精 | 葡、果酒 | 黄酒 | 总计 |
|---|---|---|---|---|---|---|
| 企业数(个) | 57 | 6 | 4 | 4 | 6 | 77 |
| 产量(万吨) | 4.20 | 52.48 | 1.67 | | 0.0902 | 58.44 |
| 销售收入(万元) | 55787 | 107285.4 | 7264 | | 451.3 | 170787.7 |
| 上缴税金(万元) | 11128 | 18108 | 509.4 | 67.28 | 80.28 | 29892.96 |
| 实现利润(万元) | －65.4 | 3873 | －410 | | －616.1 | 2781.5 |

**表2　　2002年陕西省酒业主要经济指标**

| 项目 | 白酒 | 啤酒 | 酒精 | 葡、果酒 | 黄酒 | 总计 |
|---|---|---|---|---|---|---|
| 企业数(个) | 56 | 6 | 3 | 5 | 6 | 76 |
| 产量(万吨) | 5.08 | 60.89 | 1.28 | 0.403 | 0.1334 | 67.78 |
| 销售收入(万元) | 59085 | 137492.5 | 6179.2 | 4032 | 766.9 | 207555.6 |
| 上缴税金(万元) | 13045.8 | 21978.4 | 878.1 | 75.6 | 60.6 | 36038.5 |
| 实现利润(万元) | 532 | 9472.6 | －1119.8 | | －243.1 | 8641.7 |

备注：葡萄酒、果酒统计数据不详，仅供参考。

# 甘肃省酿酒工业概况

## 基本情况

甘肃省酿酒工业“十五”初期继续遵循国家产业政策导向，促进了行业企业快速发展和产业结构的优化调整，全行业突破了过去以白酒为主导的单一格局，形成了啤酒、白酒、葡萄酒等各具特色的产业结构。啤酒企业迅速发展，企业集约化程度提高；白酒行业的大中型骨干企业逐步向规模化、集约化、多元化方向发展；葡萄酒行业异军突起，市场份额不断扩大。行业的多种经济成分的发展呈现出良好的势头，股份制及民营企业份额大比例上升，企业的经营机制更加灵活，经营自主权得到有效落实，涌现出一批初具规模，有较高知名度的骨干企业和地方名酒。甘肃皇台酒业股份有限责任公司、兰州黄河啤酒有限公司、甘肃滨河食品工业集团有限责任公司、甘肃丝路春酒业集团有限公司、甘肃陇南春酒业集团有限责任公司、甘肃莫高葡萄酒业分公司等12个单位生产的13个品牌产品被授予甘肃省名牌产品称号，其中甘肃莫高葡萄酒业分公司、兰州黄河啤酒有限公司、甘肃皇台酒业股份有限责任公司等生产的5个产品被省政府命名为陇货精品称号，莫高冰葡萄酒填补了国内空白，2002年被认定为钓鱼台国宾馆特供酒。

截止2002年全省共有酿酒生产企业103家，资产总额50.83亿元，从业人员14935人，酿酒工业综合生产能力达68.8万吨，其中白酒7万吨，啤酒50万吨，葡萄酒3.85万吨，酒精8万吨。

**1. 甘肃省各酒种的发展变化、地区分布、生产能力分布情况**

（1）酒种的发展变化。

甘肃省白酒企业虽然数量增加，但由于受国家产业政策限制和市场因素的影响，近年来，产量基本在2万吨左右徘徊，是生产能力的30%左右。低酒精含量的酿造酒在酒类产量中的比例大幅度提高，啤酒生产以两大集团为主，年产量约22万吨左右，不足生产能力的50%。葡萄酒异军突起，至2002年底我省葡萄酒生产企业由原来的1家增至6家，生产能力3.85万吨，是1996年产量的3.67倍。

（2）地区分布情况。

甘肃省酿酒企业主要分布在河西地区，占酿酒企业总数的50%，酒类产品产量和利税均占全省70%以上，兰州、天水、陇东、陇南等东中部地区约占50%。呈现出河西地区发展迅速，而东中部地区稳中有进的态势。河西地区酒文化深厚，酿酒历史源远流长，是酿造葡萄、啤酒大麦、啤酒花种植基地，其葡萄种植条件可与法国波尔多地区媲美，啤酒大麦质量与澳麦相当，这种得天独厚的地域优势，为河西地区大力发展酿酒工业打下了坚实的基础。陇南地区气候湿润，适宜微生物的生长，是甘肃省传统酿造固态酒的老产区，陇南春酒业、成县红川酒厂是其典型代表企业。

（3）各酒种生产能力分布情况。

全省白酒生产能力 7 万吨，其中 3000 吨以上规模企业 8 家，河西地区 5 家，东中部地区 3 家。200 人以上企业 14 家，30～200 人 69 家，30 人以下 12 家。啤酒企业生产能力 50 万吨，主要分布在兰州、武威两市，其中兰州黄河企业集团有限责任公司 30 万吨，甘肃农垦啤酒股份有限公司 20 万吨，啤酒原材料种植分布在河西地区，啤酒大麦种植面积 7.9992 万公顷，产量 48 万吨，占全国产量 40%，啤酒花种植面积 2666.4 万公顷，产量 1 万吨。葡萄酒企业生产能力 3.85 万吨，其中莫高 1 万吨、皇台 1 万吨、国风 1 万吨、苏武庄园 0.5 万吨、祁连 3000 吨、敦煌 500 吨。

**2. 企业改革改制、优化产品结构情况**

甘肃省酿酒生产企业跨入新世纪后，企业改革改制工作稳步推进，表现在酒类生产企业在规模化发展上步伐加快，一些有资本、市场销售好的企业通过上市、联营、收购、兼并等方式，对外实行资本扩张，对内进行资产重组，加大投入进行技术改造，扩大生产能力，葡萄酒、啤酒的生产更注重了产业链的配套发展，使上下游产品的产销衔接更紧密，行业发展更具实力。现全省酿酒工业有上市公司两户（兰州黄河企业集团有限责任公司、甘肃皇台酒业股份有限责任公司），甘肃滨河集团、甘肃丝路春酒业有限公司、甘肃武酒集团、甘肃农垦啤酒股份有限公司等企业通过调整结构，改组改制，逐步向集团化、多元化方向发展，提升了行业集约化的发展水平。一些重点骨干企业通过管理创新、技术创新、利用自身品牌和规模优势不断开发出适应市场的不同规格和档次的新产品，酒类市场日渐丰富，满足了不同消费者的需求。高档次干型葡萄酒比例增大，莫高、国风、皇台等品牌的葡萄酒质量已达到国内先进水平；白酒品种丰富多彩，产品结构调整步伐加快，多种类型的白酒质量全面提高，液态发酵酒、固液结合的白酒逐渐成为主导产品；啤酒产品品种呈多样化，逐步向低度化、淡爽化、饮料化发展，兰州黄河啤酒有限公司和甘肃农垦啤酒有限公司完成了纯生啤酒生产线改造，纯生啤酒的投产提高了产品档次。兰州黄河啤酒有限公司年产 2 万吨的果汁、蔬菜汁等饮料线的投产也极大丰富了市场供应的饮料品种和花色。

## 重大技改建设项目

近两年，甘肃省酿酒企业的投资趋向发生了大的新变化，各地重点以区域优势、资源优势为依托，走多元化发展的路子。发展了葡萄种植和葡萄酒的生产，开发了新的啤酒品种，新上了饮料、食用酒精生产线等，通过实施产业转型，增加了新的经济增长点，提高了企业抵御市场风险的能力。据初步统计，2001～2002 年期间，甘肃省酿酒工业重点技改建设项目有 10 个，投入资金 6.75 亿元，建成了 3333 公顷的葡萄种植基地和4个葡萄酒生产厂，两条纯生啤酒生产线，5万吨/年饮料生产线，1.6万吨食用酒精生产线。

重点实施的技改建设项目如下：

①皇台酒业年产万吨优质葡萄酒项目。总投资2.2亿元，已完成1.7亿元，达产达标后年销售收入2.54亿元，利税1.48亿元，税后利润0.58亿元。完成土建7200平方米（实验室、库房、办公室、厂房四栋），引进意大利气囊压榨机、除梗破碎机、冷处理设备一套及6000B/h全自动灌装生产线一条。

②皇台酒业年产1.6万吨液态法白酒生产项目（配套一座发电量1500千瓦/时热电站）。总投资9230万元，年收入1.25亿元，利税0.3767亿元，已建成年产1万吨优级食用酒精生产线及1500千瓦/时热电站。

③兰州黄河啤酒有限公司2万吨饮料项目。总投资4000多万元，建成可生产果汁饮料、植物蛋白饮料、蔬菜汁饮料、茶饮料四大类八个品种产品，生产能力达50000吨/年。引进了意大利的注塑一步法咀瓶、灌装、贴标（套标）、纸包机等设备及中国台湾设备。

④甘肃武酒集团3000吨马铃薯项目。总投资1亿元，已完成投资7000万元，完成了厂房建设及设备购置。

⑤甘肃滨河酒业集团公司葡萄酒项目。共投资4000多万元，其中2000万元建成266.64公顷葡萄种植基地，2000多万元，完成土建及引进荷兰、意大利的生产设备，建成葡萄酒厂。

⑥甘肃滨河酒业集团公司白酒生产技术改造项目。总投资2000万元（自筹项目）完成了生产工艺及酒库技术改进。其中设备用款1000万元。

⑦甘肃农垦啤酒股份有限公司兰州公司纯生啤酒项目。总投资4000万元（自筹），2001年建成，2002年投产。完成土建1200万元，购置设备2700万元，其中引进德国、意大利关键膜过滤机、贴标机等，年产2万吨。

⑧兰州黄河啤酒有限公司纯生啤酒项目。总投资4000万元，2001年动工，当年建成投产，形成25000瓶/h生产能力。目前年生产1.5万吨。主要进口了德国的洗瓶、灌装、膜过滤、贴标等关键设备。

⑨甘肃苏武庄园葡萄酒业有限公司葡萄酒项目。继1999～2000年投入1300万元定植333.3公顷亩葡萄基地以来，2001～2002年期间又投入3300多万元，扩种了199.98公顷基地，建成了3000吨葡萄榨汁生产线。

⑩甘肃祁连葡萄酒业有限责任公司葡萄酒项目。该项目已投资1.3亿多元，于2001年建成5000吨葡萄酒生产线和万亩葡萄种植基地，全套引进法国、意大利最先进的酿酒技术与设备。

## 酒业大事记及协会重点工作

2001年甘肃省政府机关机构改革，甘肃省轻纺总会更名为甘肃省轻工纺织工业办公室，甘肃省酿酒工业协会的业务主管部门也由甘肃省轻纺总会变更为甘肃省轻工纺织工业办公室。

2001年以来，随着甘肃省武威市、张掖市葡萄基地的成功建成，甘肃省葡萄酒生产企业继甘肃莫高葡萄酒业分公司之后又陆续建成了甘肃国风葡萄酒厂、甘肃祁连葡萄酒业有限公司、甘肃皇台酒业葡萄酒分厂、甘肃苏武庄园葡萄酒业有限公司（系2002年9月与香港梁氏集团合股组建）、敦煌市阳关葡萄酒厂5家生产企业。

自2000年下半年甘肃省开始发放白酒生产许可证以来，已有103家取得生产许可证，其中2001～2002年取证数约70多家。

每年一次全省酒类产品质量品评（鉴评）会，省内的重点白酒企业、啤酒、葡萄酒生产企业到会参评。2001年会议在甘肃酒泉市召开，2002年会议在甘肃榆中县兴隆山召开。

2001年在甘肃酒泉市举办了评酒员培训学习班，经考试考核后，选拔聘任了甘肃省第五届省级白酒评酒员60人，其中，特邀评委9人，评委19人，资格评委32人；甘肃省第五届啤酒评酒员17人，其中，特邀评委1人，评委7人，资格评委9人；甘肃省第一届葡萄酒评酒员19人，其中，特邀评委3人，评委8人，资格评委8人。

2002年7月在兰州举办了《全国白酒工业经济技术指标统一计算办法》学习班，省内重点白酒生产企业的财务、生产统计人员参加了培训学习。

**表1　2001年甘肃省酒业主要经济指标**

| 项目 | 白酒 | 啤酒 | 葡萄酒 | 酒精 | 合计 |
|---|---|---|---|---|---|
| 工业总产值(现价)(万元) | 82143 | 86153 | 4401 | 750 | 173447 |
| 工业增加值(现价)(万元) | 36198 | 26542 | 1491 | 255 | 64486 |
| 产品产量(万吨) | 2.63 | 20.68 | 0.32 | 0.67 | 24.30 |
| 销售收入(万元) | 63871 | 50317 | 2260 | 437 | 116885 |
| 利税总额(万元) | 13832 | 7276 | 360 | －560 | 20608 |
| 实现利润(万元) | 1158 | －695 | 1 | －620 | －156 |
| 资产总额(万元) | 321559 | 238984 | 11921 | 10894 | 583358 |

**表2　2002年甘肃省酒业主要经济指标**

| 项目 | 白酒 | 啤酒 | 葡萄酒 | 酒精 | 合计 |
|---|---|---|---|---|---|
| 工业总产值(现价)(万元) | 73221 | 88375 | 9603 | 730 | 171929 |
| 工业增加值(现价)(万元) | 31779 | 27423 | 3360 | 248 | 62810 |
| 产品产量(万吨) | 2.25 | 21.66 | 0.66 | 0.522 | 25.09 |
| 销售收入(万元) | 56251 | 46986 | 2938 | 346 | 106521 |
| 利税总额(万元) | 9649 | 6531 | 443 | －496 | 16127 |
| 实现利润(万元) | －2009 | －1411 | 28 | －597 | －3989 |
| 资产总额(万元) | 280871 | 198769 | 14338 | 11385 | 505363 |

表 3　　甘肃省酿酒工业陇货精品产品

| 序号 | 产品名称 | 企业名称 |
|---|---|---|
| 1 | 黄河牌啤酒 | 兰州黄河啤酒有限公司 |
| 2 | 莫高牌干红、干白 | 甘肃莫高葡萄酒业分公司 |
| 3 | 凉州皇台牌白酒 | 甘肃皇台酒业股份有限责任公司 |
| 4 | 滨河牌白酒 | 甘肃滨河食品工业集团有限责任公司 |
| 5 | 陇南春牌系列白酒 | 甘肃陇南春酒业集团有限责任公司 |

表 4　　甘肃省酿酒工业省级名牌产品

| 序号 | 产品名称 | 企业名称 |
|---|---|---|
| 1 | 丝路春牌系列白酒 | 甘肃丝路春酒业集团有限公司 |
| 2 | 西凉牌系列啤酒 | 甘肃武威西凉啤酒有限责任公司 |
| 3 | 兰乐牌优级淡色啤酒 | 兰州黄河啤酒有限公司 |
| 4 | 滨河牌系列白酒 | 甘肃滨河食品工业集团有限责任公司 |
| 5 | 凉州皇台牌系列白酒 | 甘肃皇台酒业股份有限责任公司 |
| 6 | 条山牌系列白酒 | 甘肃条山酒厂 |
| 7 | 陇南春牌陇南春特曲系列酒 | 甘肃陇南春酒业集团有限责任公司 |
| 8 | 黄河牌啤酒 | 兰州黄河啤酒有限公司 |
| 9 | 彭阳春牌特曲 | 甘肃彭阳春酒厂 |
| 10 | 凉都牌系列白酒 | 甘肃武威酒业集团有限责任公司 |
| 11 | 莫高牌干红、干白、干桃红葡萄酒 | 甘肃莫高葡萄酒业分公司 |
| 12 | 吉良牌马岭黄酒 | 庆阳马岭黄酒厂 |
| 13 | 五山池牌黄酒 | 甘肃五山池黄酒厂 |

# 新疆维吾尔自治区酿酒工业概况

新疆酿酒工业协会

## 基本情况

酿酒工业是新疆轻工业支柱行业之一，也是多年来新疆维吾尔自治区人民政府重点支持发展的行业，长期以来为自治区的经济建设积累资金做出了重要的成绩。经过十几年的发展，新疆基本形成了包括白酒、啤酒、葡萄酒等品种在内的酿酒工业体系，其中仍以白酒、啤酒、葡萄酒在酿酒工业中占主导地位，已形成年产白酒15万吨，葡萄酒10万吨，啤酒41万吨的生产能力。随着生产工艺和技术水平不断提高，酒类产品花色品种丰富多彩，满足了不同层次消费者的需求。依据113个企业统计，2001年生产商品酒总产量29.62万吨，实际销售收入13.22亿元，上缴税金4.09亿元，企业净利润1.50亿元；2002年生产商品酒总量30.72万吨，实现销售收入15.92亿元，上缴税金4.5亿元，企业净利润1.24亿元（见2001～2002年新疆维吾尔自治区酿酒工业主要经济指标完成情况统计表）。与全国酿酒工业大省相比，新疆酿酒工业的规模较小，因此新疆酿酒工业仍有很大的发展空间，对新疆的经济发展必将有所作为。

**1. 白酒行业**

新疆拥有以伊力特实业股份公司为龙头，新疆三台酒业有限责任公司、石河子白杨酒厂、石河子新安酒业有限责任公司、肖尔布拉克酒业有限责任公司等一批骨干企业。新疆白酒各生产企业生产规模参差不齐，拥有资产10亿元，以白酒酿造为核心，集多种产业为一体的大型企业集团——伊力特实业股份公司；而更多的是企业厂房、设备简陋，家庭作坊式的生产仍然存在。据不完全统计，生产白酒企业有160家以上，截止2002年底新疆获取白酒生产许可证的企业有85家，产品的香型以浓香型为主。从2001年5月起，由于国家对白酒税收进一步调整，使得新疆白酒行业的整体效益下滑，在2002年得到了凸现。但是更多的企业是面对现实迎接挑战，克服重重困难，开拓进取，取得了令人鼓舞的成绩。面对变幻莫测的大市场，伊力特实业股份公司按照“技术创新、资源整合、分隔市场、提高品牌”的思路，积极调整产品结构，进一步发展以“伊力”牌为主导品牌的中高档粮食酒，以“伊牌”为辅助品牌的新型工艺酒；新疆三台酒业有限责任公司面对白酒市场重新洗牌，发展以高价位产品为盈利主体，中低价位产品占领市场，特别要占领广阔的农村营销策略。许多企业采取了的“东进西出”的营销策略，把白酒销售市场扩大到甘肃、陕西、河南、河北、江苏、广东等省市，取得了很好的经济效益。伊力特实业股份公司经济效益两年来进一步提高，2002年取得了综合效益在全国白酒行业排名第十位的好成绩，肖尔布拉克酒业有限责任公司等一批企业的经济效益也得到了提升。

**2. 啤酒行业**

经过近几年资产重组和改制，新疆啤酒生产企业现有6家，但是新疆98%的啤酒市场被新疆啤酒集团和乌苏啤酒有限责任公司所分割。新疆啤酒集团2002年5月28日成立，以原新疆啤酒（集团）有限责任公司与新疆啤酒花股份有限公司进行联合重组，下设昌吉啤酒等4个有限公司、奇台制麦有限公司、吐鲁番玻璃制品有限公司，集团生产能力达到15万吨/年，优级品麦芽生产能力4万吨/年，玻璃制品生产能力为2万吨/年，目前新疆啤酒集团已拥有333.3公顷酒花种植基地，6666公顷大麦种植基地及5000吨酒花加工能力。乌苏啤酒有限责任公司经过近几年的资本扩张和兼并，现有乌鲁木齐、乌苏、伊宁、吉尔吉斯乌苏—萨尔肯4个啤酒分公司，生产能力已达到目前20万吨/

年，是集啤酒酿造、麦芽生产、玻璃制品、国内国际贸易等为一体的跨行业跨区域的民营股份制企业。为了实现走出去的国际化战略，2002年乌苏啤酒有限责任公司选择投资环境相对较好的吉尔吉斯共和国，控股当地一家啤酒生产企业，组建了吉尔吉斯乌苏—萨尔肯啤酒有限公司，现在已形成了1万吨生产规模，当年销售3000吨乌苏啤酒，取得显著的经济效益。2002年新疆巴音郭楞蒙古自治州的对口支援河北沧州市的蓝梦酒业有限公司利用新疆和静县毛纺厂的闲置厂房投资建造了年产5万吨啤酒企业，做到了当年投资当年生产。在2001～2002年新疆啤酒业得到了进一步的发展，产量、销售额、利润稳步增长。

**3. 葡萄酒行业**

新疆素有“葡萄故乡”的美誉，是世界优质葡萄产区之一，新疆葡萄酒销遍全国各地，受到东南亚等国消费者的欢迎和青睐。新天国际葡萄酒业有限公司、鄯善楼兰葡萄酒业有限公司、和阗玫瑰酒业有限公司、西域酒业的产品在全国有一定影响。据不完全统计，新疆有葡萄酒厂40多家，其中新疆吐鲁番地区就有22家葡萄酒厂，而年生产能力5000吨以下的小葡萄酒厂占有很大的比例。新疆葡萄酒经过上世纪末和本世纪初的快速发展，生产规模在全国已占有重要地位，是我国乃至亚洲的重要葡萄酒生产基地。为了保证产品的质量抓好优质酒生产的基础，新天国际葡萄酒业有限公司、中法合资乡都酒业有限公司等企业都建立了酿酒葡萄种植基地，目前新疆种植酿酒葡萄近14665.2公顷。新天国际葡萄酒业有限公司经过几年的努力，已建立了酿酒葡萄种植、酿造、贸易、科研为一体的现代农业化企业；公司从国内外引进了赤霞珠、蛇龙珠、梅鹿辄、佳美、霞多丽、雷司令等10多个世界酿酒品种，在天山北麓和伊犁河谷已种植9999公顷；葡萄酒加工能力已达到8万吨，成为亚洲最大的葡萄酒生产企业，产品销售一直保持高速增长。中法合资新疆乡都酒业有限责任公司葡萄园占地2.8公顷，设计能力年加工葡萄酒3万吨，开发葡萄种植基地2666.4公顷；现一期工程已建成999.9公顷高档酿酒葡萄种植基地和正在建设年加工能力3000吨的法国酒堡。长期以来葡萄酒业是新疆资源优势明显而发展相对滞后的产业，在自治区人民政府的支持下，葡萄酒产业在新疆得到了应有的重视和地位，特别是新天国际葡萄酒业有限公司的建成，带动了新疆葡萄酒产业的全面发展，因此今后一段时期内葡萄酒将成为新疆经济发展新的经济增长点，是新疆酿酒工业发展进程中一个令人瞩目的亮点。

**4. 酒精行业**

新疆酒精产品主要是以糖蜜为原料加工生产的，其他以玉米等为原料加工生产酒精的企业数量及产量占据份额很小，根据1997年全国酒精产品生产许可证发放统计，新疆获取酒精生产许可证的企业为14家（其中糖厂12家），几年来，新疆酒精生产企业数量及产量相对稳定。新疆糖业2001～2002榨期，新疆各糖厂的酒精产量总计34917吨，主要集中在几大糖业集团。其中四方糖业（集团）公司下属新疆四方实业股份公司产酒精10425吨（其中新宁公司产酒精3720吨）、博乐甜源糖业、新源糖业、昌吉糖业，生产酒精9364吨；新疆天山糖业（集团）公司下属湖光糖业、西域糖业，生产酒精6232吨；新疆屯河投资股份糖业事业部下属焉耆糖厂、额敏糖厂，生产酒精3322吨；新疆奎屯糖厂生产1204吨，霍尔果斯糖厂生产1752吨，新疆纵横糖业有限公司2618吨。

## 依靠技术进步求发展

技术创新是企业发展不竭的动力，积极采用新技术、新工艺、开发新产品，增强了企业的活力，提高了企业产品在市场的竞争力。生物技术中的遗传工程、酶工程、发酵工程方面的新技术在新疆酿酒工业中被广泛应用，有力的推动了酿酒工业的技术进步；骨干企业的机械化、自动化水平的不断提高，提高了生产效率和产品的优极品率。2001～2002年新疆啤酒集团投入7000多万元，对酿造糖化、酵母扩培、酿造用水处理、节能降耗、对母公司和子公司包装等方面全面进行技术改造，满足了现代化啤酒生产工艺的要求。新天国际葡萄酒业有限公司在引进葡萄酒酿造的新工艺同时，也引进了具有世界先进水平的灌装线、电脑控温发酵罐技术、新型葡萄破碎机、果汁分离压榨机等设备，新设备、新工艺、新材料的引进与应用，提高了葡萄酒的档次，缩小了与国外葡萄酒的差距；葡萄酒原料的选育优化方面取得了巨大成绩，新天国际葡萄酒业有限公司2001年成立技术中心，连续对中心投入大量人、财、物等资源，建造了一栋600余平方米的实验中心，并建成了有100余个品种的种植资源圃，使中心成为公司技术创新的核心力量；2002年技术中心各种研究试验仪器和设备总值达398.2万元，其研究条件在国内同行中处于领先地位，技术中心筹集科技经费538万元，科技经费支出额占产品销售收入比例达3.56%；另外，公司还设立新天科研基金，2002年批复资助了二十四项科研课题。乌苏啤酒有限责任公司和江南大学、武汉中德啤酒学校建立了“产学研”关系，共同合作进行项目研究，投入100万元购买了300升/批小型啤酒生产设备，建立了技术中心试验车间，为公司新产品开发、新工艺的调整和应用提供了试验场所。近几年，经过自治区经贸委的批准，在伊力特实业股份公司、乌苏啤酒有限责任公司、新疆啤酒集团、新天国际葡萄酒业有限公司分别建立了自治区技术中心，为推动新疆酿酒工业的继续发展创造了条件。

在市场竞争激烈的情况下，根据市场需求积极调整产品结构已成为大部分企业共识，安全健康白酒新品种的研发和推广成为产品结构的新特点，伊力特实业股份公司提出了走“白酒的风格、果酒的工艺、功能酒的性质”发展道路，开发营养保健白酒、新型果露酒，取得了较好的效果；新疆三台酒业有限责任公司应用磁化新技术酿造营养保健型的“三台磁化酒”，产品深受广大消费者的好评。新品种、高档次干型葡萄酒比例逐渐增大，逐步和国际葡萄酒流行品种和类型靠近。尽管啤酒业是传统产品占主要地位，开发较为困难，但每年还是有几个新品种走向市场。为了满足不同层次消费者的需求，企业加快产品结构调整步伐，新疆酿酒工业每年推出花色品种达60多种以上，使得新疆酒类市场更加丰富。

## 质量管理工作得到了加强

质量是振兴企业的根本。建立健全质量管理体系，坚持以顾客至上为关注焦点，才能在激烈的市场竞争中求生存、求发展，才能走出一条适合企业的质量效益型道路。许多企业建立了产品质量保证体系，为产品顺利地走进市场创造了必备的条件。其中在2001～2002年伊力特实业股份公司、新疆三台酒业有限责任公司、石河子白杨酒厂、新疆啤酒集团、乌苏啤酒有限责任公司、新天国际葡萄酒业有限公司等企业先后通过了ISO9002：2000版国际质量管理体系认证，顺利的进行了转版和升级，质量管理体系的认证确保了企业质量管理水平的提高，确保了产品质量能力，为产品走向国际市场打下坚实的基础。由于产品质量好、良好的市场声誉和市场占有率，自治区人民政府从1995年实施名牌战略以来，伊力特实业股份公司、新疆三台酒业有限责任公司、石河子白杨酒厂、哈密班超酒厂、乌苏啤酒有限责任公司、新疆啤酒集团、新天国际葡萄酒业有限公司的产品先后被自治区人民政府授予“新疆名牌产品”；2002年伊力特实业股份公司“伊力”牌商标又被国家工商局授予“中国驰名商标”称号，成为中国白酒行业十个驰名商标之一，结束了新疆酿酒工业没有“中国驰名商标”的历史；新疆石河子白杨酒厂的“白杨、小白杨”牌商标被新疆维吾尔自治区工商局授予“新疆维吾尔自治区著名商标”。

## 继续深化企业改革

酿酒企业通过联营、收购、兼并等方式，对外实施资本扩张，进行资产重组，对内进行技术改造，提升竞争力，集团化、规模化已成为当前企业的发展趋势和发展方向。伊力特实业股份公司、新天国际有限公司通过上市筹集了资金，增加了实力，其主业白酒、葡萄酒产业得到了发展。新疆三台酒业有限责任公司、乌苏啤酒有限责任公司等企业经过改制，使国有企业变成了民营企业，企业所有制性质的变化使企业的面貌发生了根本的转变，生产经营得到了健康发展。2000年肖尔布拉克酒业有限责任公司在企业处于瘫痪的情况下，通过改制重组后企业重获新生，2001年和2002年产销连年登上新台阶；新疆呼图壁酒厂经过改制使企业起死回生。通过市场激烈竞争，新疆啤酒集团、乌苏啤酒有限责任公司分别兼并了新疆大多数小型啤酒厂，形成了新疆两大啤酒集团。经新疆国有资产投资经营有限责任公司批准，2002年5月新疆啤酒集团有限责任公司与新疆啤酒花股份有限公司联合重组，新疆啤酒花股份有限公司持有55％的股份，对新疆啤酒集团进行控股。目前，在新疆酿酒工业中多种经济成分的发展出现了良好的态势，中外合资、股份制、私营企业等各种结构的企业在新疆酿酒工业中已占有相当大的比例，新疆地方国有企业75％以上的经过改制后已成为民营企业或私人控股企业；新疆生产建设兵团由于其独特体制，酿酒企业目前改制进程缓慢。新疆酿酒工业中外合资、股份制、私营企业的不断涌现，改变了国有企业体制单一的模式，促进了行业的发展。

## 新疆酒文化的发展

新疆是中国酒的发源地之一，为了挖掘新疆酒文化，引导企业作好市场营销这篇文章，由新疆酒文化市场研究中心发起和组织编著的《新疆酒学》样书已于2001年出版，对新疆酿酒几千年的发展历史做了深刻的研究，从新疆奶酒、葡萄酒的酿造及蒸馏酒引进，啤酒的兴建，都以详实的历史资料为依据，编入《新疆酒学》。该书的出版对弘扬新疆酒文化、促进企业开拓市场、推进新疆酿酒工业的发展将会起到重要影响。许多企业为研究本企业的酒文化做了大量的工作，取得了很好的效果。根据史料记载，新疆奇台县从明永乐初年（1402年）就有酿造白酒的历史，是新疆最早的白酒生产地，奇台县白酒发展经历了酿酒作坊、奇台白酒厂、新疆古城酒业有限责任公司的演变，具今已有600年的历史。几年来新疆古城酒业有限责任公司在深挖奇台酿酒历史的同时大做文化营销文章，举办了几次大型的活动，使“古城”酒的品牌知名度在消费者中不断得到提高，取得了良好的社会效益和经济效益；2002年8月25日，新疆古城酒业有限责任公司隆重的举行了“奇台酒600周年，建厂50周年”大庆，后企业又改名为“新疆第一窖古城酒业有限责任公司”，使酒文化有机的融入到企业的名称中；为了进一步宣传新疆奇台县的酿酒历史，公司兴建了酒史馆，收集有关酿酒器械、文物50余件，有助我们了解新疆酿酒业发展历史。新疆哈密班超酒厂原名是哈密黄田酒厂，名不见经传，后来经营者考究西域文化的内涵并赋予酒中，改名为“新疆哈密班超酒厂”，响亮的提出了“喝班超酒，品西域文化”的口号。伊力特实业股份公司定期举行“文化沙龙”，邀请中国文化名流到企业进行酒文化的研讨，不断丰富伊力特酒的文化内涵。新疆许多酿酒大中型企业组织了艺术团，奔赴新疆各地和外省一些地区进行文艺演出，既展示了企业自身的形象又宣传了自己的产品。总之，新疆不少酿酒企业已经认识到开展酒文化活动给企业所带来的效益，自觉的加强了对本企业酒文化的研究。酒文化的基本载体是不断发展的酿造技术和各种名酒，随着时间的推移，酿造技术的提高，新疆将会出现更多的知名企业，有更多的名牌产品响誉国内外，使新疆酒文化的宝库更为充实，更为鲜艳夺目。

党的十六大为我国全面建设小康社会，确立了新时期的奋斗目标。酿酒工业主要以农产品为原料，对增加农民的收入有重要的意义，我们要根据新疆“十五”规划目标，尽快把新疆酿酒工业做强做大；同时要把握市场发展的方向，充分利用高新技术，积极推进企业的技术进步，提高企业经营管理信息化和生产自动化水平，提高酒类产品质量，增加花色品种，满足消费者日益增长的需要，为发展新疆的经济做出新的贡献。

## 酒业大事记

2001年9月8日新天国际葡萄酒业有限公司在新疆玛纳斯葡萄酒酿造基地举行了隆重的开业庆典。

2001年12月新疆酿酒工业协会在乌鲁

木齐召开了新疆酿酒工业工作会议暨第三届协会换届会议，会议通过选举产生了新疆第四届酿酒工业协会理事会、理事长、副理事长、秘书长、副秘书长。

2002年新疆伊力特实业股份公司“伊力”商标被国家工商局授予“中国驰名商标”。

2002年新疆啤酒集团有限责任公司与新疆啤酒花股份有限公司进行联合重组，并于5月28日在乌鲁木齐召开成立大会。

2002年8月25日新疆第一窖古城酒业有限责任公司隆重举行了“奇台酒600周年、建厂50周年”大庆活动。

2002年新疆乌苏啤酒有限责任公司收购了吉尔吉斯共和国萨尔肯啤酒股份公司，组建乌苏—萨尔肯啤酒有限公司。

2002年河北沧州蓝梦酒业有限公司在新疆和静县投资建造的5万吨啤酒厂竣工，新疆蓝梦酒业有限公司于8月12日隆重举行了开业典礼。

2002年新疆伊力特实业股份有限公司等8家酿酒企业被自治区技术监督局评为自治区质量管理先进企业，武化新、祁永福、欧树斌、姜小红、曹志强、林长明、马忠霞等11名同志被评为自治区质量管理先进工作者。

**2001～2002年新疆维吾尔自治区酒业主要经济指标**

| 项　目 | 2001年 | 2002年 | 增长率(%) | 备注 |
|---|---|---|---|---|
| 汇编企业数(个) | 113 | 119 | | |
| 商酒总产量(万吨) | 29.33 | 30.5 | 4.00 | |
| 其中：白酒(万吨) | 7.56 | 7.19 | −4.90 | 2001年汇编企业数83个 2002年汇编企业数80个 |
| 啤酒(万吨) | 20.48 | 21.82 | 6.54 | 2001年汇编企业数10个 2002年汇编企业数13个 |
| 葡萄酒(万吨) | 1.29 | 1.49 | 15.5 | 2001年汇编企业数20个 2002年汇编企业数22个 |
| 税金总额(亿元) | 4.09 | 4.05 | −0.98 | |
| 利润总额(亿元) | 1.5 | 1.24 | −17.3 | |
| 销售收入(亿元) | 13.22 | 15.92 | 5.92 | |
| 销售利润率(%) | 11.35 | 7.79 | −31.3 | |

备注：新疆啤酒集团、乌苏啤酒有限责任公司兼并的企业仍有法人资格，在统计中仍做为独立企业进行统计。

Since
1903
TSINGTAO BEER
TRADE MARK
青島啤酒
中國
青島啤酒股份有限公司
出品
TSINGTAO BREWERY CO., LTD.
TSINGTAO, CHINA
TSINGTAO
青島啤酒

# 青岛啤酒 百年历程

1903年8月，古老的华夏大地诞生了一座以欧洲技术建造的啤酒厂——日耳曼啤酒股份公司青岛公司。这就是后来闻名世界的“青岛啤酒”的生产厂，青岛啤酒股份有限公司。

青岛啤酒厂位于海上名山崂山脚下，清澈甘甜的泉水为其提供了源源不断的优质酿造用水，辅以德国传统酿制工艺，产品一面世，就以泡沫洁白细腻、酒液清亮透明、口味香醇爽口而享誉海内外。1906年，青岛啤酒为中国啤酒业捧回了一项国际大奖——德国慕尼黑国际博览会金奖。

建国后，青岛啤酒将传统的酿制工艺与现代生产设备相结合，不断改革创新，精益求精，创造了青岛啤酒卓越超群的品质和百年金牌不倒的现代奇迹。

20世纪60年代，著名的“青岛啤酒操作法”一举成为中国啤酒的技术经典，并在全国啤酒行业推广。

1963年，全国首次啤酒质量评比会上，青岛啤酒被评为国家名酒并获得金奖，从此一发而不可收，几乎囊括了国家啤酒评比的所有桂冠。

改革开放以后，青岛啤酒在世界各地举办的国际评比大赛中多次荣获金奖，成为中国产品在国际市场上极具知名度的品牌。20世纪80年代曾三次在美国国际啤酒大赛上荣登榜首；1991年、1993年、1997年分别在比利时、新加坡和西班牙国际评比中荣获金奖；1999年作为中国大陆产品入选亚洲五十大品牌。

早在20世纪20年代，青岛啤酒就开始出口东南亚地区，被誉为“国货精品”。新中国成立以后，出口规模不断加大，至今已畅销全球70多个国家和地区，占中国啤酒出口总量的50%以上，居国内同行业前列。

1991年青岛啤酒入选中国十大驰名商标，成为中国啤酒行业驰名商标。

1992年经国务院批准，青岛啤酒厂成为全国首批规范化股份制改革的试点单位，1993年在香港联交所挂牌上市，成为在海外公开发行股票并上市的中国大陆企业，同年又在上海联交所公开发行A股股票。

“九五”以来，公司在“大名牌战略”的带动下，以顾客为中心，确立并实施了“新鲜度管理”、“高起点发展、低成本扩张”、“市场网络建设”等战略决策，实现了跳跃式和超常规发展。运用自身的品牌、技术、管理等优势，青啤公司实施了“名牌带动”式的资产重组，率先在全国掀起了并购浪潮。

目前，青啤公司已在全国17个省市建立起自己的生产基地，并建立和完善了遍布全国的市场营销网络，抢占了战略制高点。啤酒生产能力、品牌价值、产销量、销售收入、市场占有率、利税总额等多项指标均居国内同行业前列，成为国内生产规模和出口量居前列的大型啤酒企业。

进入新世纪，公司提出了建设国际化大公司的目标，本着“快速发展和稳健经营相结合，重点发展和全面推进相结合”的原则，着力于“系统整合、机制创新、提高核心竞争力”，加速实施战略性调整，实现由“做大做强”，向“做强做大”转变，由以“外延式扩大再生产”为主，向以“内涵式扩大再生产”为主转变，由“粗放式管理”向“精细化管理”转变，实现主品牌销量与总销量、生产规模与企业经济效益同步增长。

2001年，公司被评为“中国最受尊敬企业”之一，2002年荣获全国质量管理奖。秉承“以品质树品牌，以品牌打市场”、“对质量投入就是对市场投入”的观念，青岛啤酒的管理水平日臻先进，品牌优势日趋明显。

面对加入WTO后愈加激烈的市场竞争，青岛啤酒主动出击，连连告捷。

抢得“入世”先机，青啤成功拓展了中国台湾市场，在短时间内销量猛增。在占得中国台湾近8%市场份额的同时，2002年8月，青啤公司与台湾三洋药业公司签署协议，开工建设年产10万吨规模的啤酒厂，以就近满足中国台湾市场需求。

2002年10月，公司与世界啤酒酿造商安海斯－布希公司（简称“AB公司”）在纽约正式签署了战略性投资协议。这一强有力的组合将协助青岛啤酒不断发展壮大，并将引导中国啤酒市场迅速变革的潮流，推进中国啤酒行业的改组与发展。

百年征程铸就了青岛啤酒的世纪丰碑。

面对新的百年，青啤公司将继续坚定不移地实施“大名牌”战略，打造学习型企业，增强学习力、创新力，提高核心竞争力，创建国际化大公司，作国际市场的价值专家、中国啤酒市场领导者和超级明星，为股东、员工及利益相关方创造最大价值。2003年进入世界啤酒十强，2005年产量达到500万吨，2010年实现800万吨，进入世界啤酒行业前列。

放眼未来，青岛啤酒正以宽阔的胸怀，扎实的工作，在与时俱进中先行一步，为着新的光荣与梦想而阔步向前。

青岛啤酒

# 百年宣言

公元1903年8月15日至公元2003年8月15日，青岛啤酒走过了整整一百年的风雨历程。

这是风云激荡而灿烂辉煌的百年！

很少有这样的企业，它的命运与祖国近代百年的荣辱兴衰紧紧地联在一起！很少有这样的产品，它的内涵如同一条血脉把天涯海角的华人紧紧地联在一起！很少有这样的品牌，它的未来获得国人如此热切的关注和如此宏伟的期望！

在青岛啤酒百年华诞之际，我们发表《百年宣言》，向世界敞开我们的心扉，抒发我们的壮志胸怀，宣示我们新百年的理想和承诺。

**（一）回顾百年——百年沧桑，百年拼搏，百年辉煌。**

难忘青岛啤酒问世充满的酸楚。晚清腐败，列强侵华，这个被叫作"日尔曼啤酒公司青岛股份公司"的企业，就是在这样一个战乱、动荡、屈辱的年代中诞生的。

难忘青岛啤酒成长的曲折。一次世界大战之后，德国人走了，东洋兵来了。日本人把青岛啤酒更名为"大日本麦酒株式会社青岛工场"，一直掌管了29年！日本投降，抗战胜利，国民党政府接收后的"青岛啤酒厂"，经常处于半停产状态。

最难忘青岛啤酒的新生。1949年6月2日，中国人民解放军解放青岛。至此，经历了近半个世纪的风雨洗礼，青岛啤酒终于回到了人民的怀抱！

在热火朝天的社会主义建设中，获得新生的青岛啤酒一马当先。1959年年产突破1万吨，1963年被评为啤酒行业的国家名酒，1964年国家轻工部提出“啤酒行业学青岛”，专家们编写的《青岛啤酒操作法》成为我国啤酒酿造技术的指南。

春风化雨，万象更新。伴随着改革开放的大潮，青岛啤酒步入空前发展的新时期。20世纪80年代两次获得国家质量金奖；三次在美国举行的国际啤酒评比会上荣登榜首；1991年被评为中国首批十大驰名商标，品牌价值历年高居行业榜首；1993年青岛啤酒股份有限公司成立，并成为首家在海外上市的中国大陆企业。

20世纪90年代后期，青啤公司开始全面实施“大名牌战略”。1999年，产销量在全国率先突破100万吨，2002年突破300万吨，全国市场占有率从2%增长到12%，在全国17个省市拥有了自己的啤酒生产企业，基本完成了全国性战略布局。尤其是在并购了上海嘉士伯和北京五星等外资控股企业后，轰动了业界内外，被称为中国啤酒业“从春秋到战国”行业整合潮流的引导者。

英德商人经营13年，日本人控制29年，国民党政府手中4年，新中国怀抱54年。——经过如此曲折起伏、风雨跌宕的一百年，青岛啤酒终于在我们自己的手中实现了历史的辉煌。

“国货精品，民族瑰宝”。这就是百年沧桑、百年拼搏，给予青岛啤酒的历史定位。

**（二）思考百年——百年征程，百年奋斗，百年积淀。**

一个“百年老店”，历经殖民、战火、动荡、阵痛、竞争，有如凤凰涅槃而屡获新生，常胜不衰。究其根源就在于她有一种内在的、深沉的力量在激励着我们奋斗不已。

百年青啤，酿造了酒香，酿造了历史，更酿造了文化。

——“锐意进取，奉献社会”是我们的核心理念。

——“超越自我，追求卓越”是我们的企业精神。

——“创世界驰名品牌，建国际一流企业”是我们的企业目标。

——“热爱青岛啤酒，献身青岛啤酒”是我们员工的精神写照。

——“精干高效的队伍，品质超群的产品，严明和谐的管理，优美整洁的环境，真诚奉献的服务”是我们的企业形象……

我们的企业文化不仅是青啤人信奉的理念，行为的准则，更熔铸成灵魂，化作了激情。在青岛啤酒的编年史上留下了一个个闪光的名字——朱梅、吴赓永、彭作义……就是这种精神和激情的化身，为了青岛啤酒的发展和未来，他们奉献了自己的智慧、汗水、心血，甚至生命！“让青岛啤酒这四个大字更加金光闪闪”已经成为青岛啤酒全体员工的心声。

百年锤炼出来的企业文化是我们青岛啤酒最为宝贵的财富，也必将成为今后企业发展的强大驱动力。

**（三）展望百年——百年希望，百年畅想，百年梦圆。**

站在新世纪之初了望，伟大祖国正在向全面建设小康进军，中国经济正在和世界经济全球化接轨。面对国际化、信息化、市场化的汹涌大潮，机遇和挑战并存。过去的百年，青岛啤酒抓住历史机遇得以发展，新的百年，我们将在战胜危机中不断成长。我们已经认识到在新百年征途上将充满坎坷和艰辛，我们深知与国际大公司的差距，因此，青岛啤酒必须“用未来思考今天，用今天创造未来”，保持基业常青，努力谱写新百年的辉煌篇章！

展望未来，我们将始终抓住发展不放松，把企业做强做大，逐步走向全球化采购，全球化生产，全球化销售，全球化融资，全球化管理，把青岛啤酒建设成为一个拥有国际竞争力和世界知名品牌的国际化大公司。2003年产销量进入世界啤酒十强，2005年实现产销500万吨，2010年产销量达到800万吨，进入世界啤酒行业前列，为中国啤酒工业和世界啤酒工业的发展，为祖国的繁荣富强做出应有的贡献。

展望未来，我们将不断适应市场、满足市场、发现市场、创造市场，不断完善营销体系，提升产品力、销售力、形象力，为广大消费者提供更快捷、更新鲜、更亲和、更便利的服务，做中国市场的领导者和超级明星，做国际市场的价值专家。

展望未来，我们将不断创新，将传统酿造工艺与现代高新技术完美融合，引领消费时尚，把握时代潮流，为消费者提供新鲜、健康、绿色、环保的产品，让消费者真正享受到青岛啤酒魅力四射的无限激情。

展望未来，我们将加大从资本到市场各种资源整合的力度，从竞争走向竞合，充分利用国际国内两种资源，致力于企业价值链的培育，拓展利润空间，通过品牌拉动、系统链动、信用推动，提升公司价值和品牌形象，成为令人尊敬的上市公司，为股东创造丰厚的价值回报。

展望未来，我们将全力打造一个智能型的“完美团队”，依托“严格科学的管理与和谐的人际关系相结合”的管理模式，通过机制创新，不拘一格地引进、培养、选拔和使用人才，为员工提供一个健康、安全、和谐的成长环境和具有竞争力和吸引力的工作回报，让员工与企业共同发展，在实现企业价值的基础上实现个人价值。

展望未来，我们将追求经济效益、环境效益和社会效益的统一，珍惜资源、保护环境、关心未来、协调发展。热心公益事业，恪尽公民义务，努力回报社会，成为让社会尊重的卓越企业。

这，就是我们青岛啤酒的庄重承诺！

历史凝练了深情，事业铸造了真情，我们要用深情和真情，让天下人放飞自己的激情，品位人间的豪情！

百年起点，百年憧憬，百年承诺，百年寻梦。我们满怀豪情送走一个汹涌激荡的百年；我们充满激情迎来一个更加辉煌的百年。让我们共同为新百年奋斗，为新百年欢呼吧！

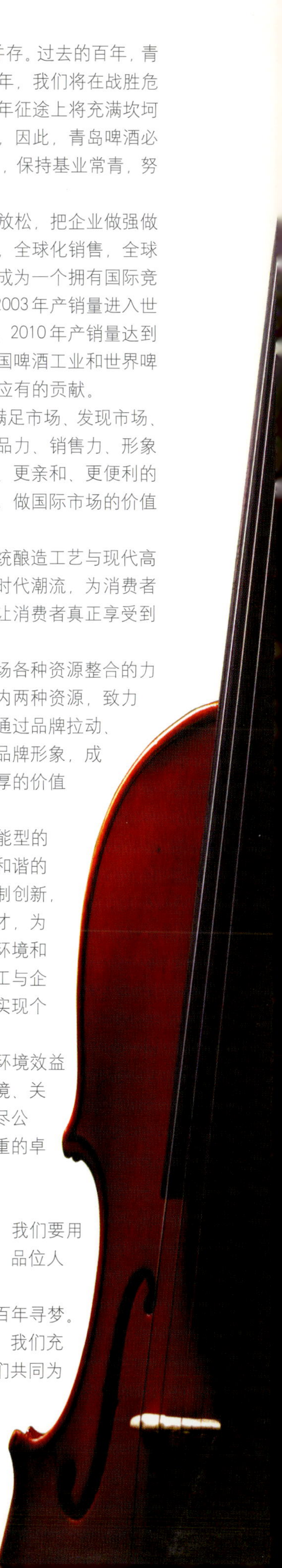

# 百年青啤 百年盛誉

- 1906 年日尔曼啤酒公司生产的啤酒在慕尼黑博览会上展出，获得金牌奖
- 1949 年产品参加天津工业展览会获纪念奖
- 1950 年产品参加武汉市首届工业展览会获优等奖
- 1963 年全国评酒金质奖
- 1980 年获国家质量金质奖证书、金牌
- 1981、1985、1987 年青岛啤酒在美国进口啤酒评比中三次获得第一
- 1992 年获中国消费者信得过优质奖
- 1986 年美国密西西比杰克逊市举行的国际啤酒评比中获杰出质量金奖
- 1987 年获轻工业部出口创汇先进企业（金龙腾飞奖）
- 1987 年获轻工业部酒类质量大赛金杯奖
- 1987 年全国对外经济贸易行业先进集体
- 1988 年中国食品博览会金奖
- 1988 年获中国科协优秀奖
- 1989 年全国先进党组织
- 1989 年全国评酒会金奖
- 1991 年布鲁塞尔大奖赛金奖
- 1991 年获中国驰名商标
- 1992 年获全国五一劳动奖状
- 1992 年消费者信得过优质酒
- 1993 年青岛啤酒荣获第七届全运会选用产品称号
- 1993 年荣获新加坡国际啤酒评比大赛金奖
- 1993 年全国畅销国产商品“金桥奖”第一名
- 1994 年中德啤酒品评金质奖
- 1994 年轻工业部出口创汇十佳企业
- 1995～1997 年世界名牌消费品认证（世界名牌消费品委员会发）
- 1996 年国际质量金星奖（国际金星主席 M．F．PLAEGER）
- 1996 年西班牙第二十三届国际金星奖——杰出公司形象和质量国际金奖
- 1997 年“八五”国家技术创新项目优秀项目奖（国家经贸委）
- 1999 年美国国际品牌咨询公司主办的亚洲著名品牌评选活动中，青岛啤酒是中国大陆入选的“亚洲五十大品牌”之一
- 1999 年中国食品工业优秀企业（中国食品工业协会）
- 1999 年中国企业最佳形象 AAA 级（中国企业形象认定委员会）
- 1999 年中国企业信誉 AAA 级单位（中国资信评价中心、中国工业涉及协会、中国调查统计事务所）
- 1999 年全国质量效益型企业（中国质量管理协会）
- 2000 年安全优质承诺食品证书
- 2000 年全国用户满意产品（中国质量管理协会）
- 2000 年全国质量管理先进企业（国家质量技术监督局）
- 2000 年维护消费者合法权益先进企业（国家质量技术监督局中国质量检验协会）
- 2000 年中国十大最具影响力企业（中国企业联合会）
- 2000 年啤酒稳定性、保鲜及抗老化研究一等奖
- 2000 年中华驰名品牌证书
- 2001 年中国最受尊敬企业
- 2001 年啤酒风味物质图谱技术的开发应用国家进步二等奖
- 2001 年全国用户满意企业（中国质量管理协会）
- 2002年 6 月全国质量效益型先进企业表彰暨经验交流会在青岛召开青啤获“效益型先进企业”特别奖
- 2002 年 6 月“中国儿童慈善活动日”。总结表彰会在北京举行，青啤公司被授予“公益明星单位”称号
- 2002 年青岛啤酒荣膺“中国名牌”称号
- 2002 年青岛啤酒荣获 2002 年全国用户满意产品
- 2002 年青啤公司荣获“中国企业文化优秀成果奖”
- 2003 年青岛啤酒品牌价值 104.8 亿元人民币
- 2002 年青啤公司等 30 家企业荣获中国企业文化优秀成果奖
- 2002 年“二〇〇二年度香港市场超级品牌”青岛啤酒榜上有名
- 2002 年全国质量管理奖

激情让青岛啤酒永远年轻！
百年华诞
1903-2003
青島啤酒
TSINGTAO
青岛啤酒股份有限公司
地址：山东省青岛市香港中路五四广场青啤大厦
邮编：266071
电话：0532－5711991
传真：0532－5714719

中国酿酒工业年鉴

# 统计篇

*Yearbook of China Alcoholic Drinks Industry*

Statistic

# 酿酒工业全部国有及销售收入500万元以上非国有工业企业2002年统计情况

（根据国家统计局2002年年报整理）

王延才　张立文

## 一、企业按地理区域分布状况

表1　　单位：个

| 序号 | 地区 | 酒精 | 白酒 | 啤酒 | 黄酒 | 葡萄酒 | 果露酒 |
|---|---|---|---|---|---|---|---|
| 1 | 北京 | 1 | 10 | 6 |  | 5 | 1 |
| 2 | 天津 | 6 | 11 | 2 |  | 6 | 1 |
| 3 | 河北 | 6 | 11 | 31 |  | 18 | 1 |
| 4 | 山西 | 1 | 21 | 9 | 1 | 1 | 2 |
| 5 | 内蒙古 | 1 | 35 | 16 |  |  | 1 |
| 6 | 辽宁 | 4 | 32 | 26 | 1 | 3 | 1 |
| 7 | 吉林 | 8 | 43 | 21 | 1 | 14 | 2 |
| 8 | 黑龙江 | 4 | 40 | 42 |  | 2 | 2 |
| 9 | 上海 |  | 1 | 5 | 6 | 3 | 2 |
| 10 | 江苏 | 23 | 67 | 34 | 6 | 2 | 2 |
| 11 | 浙江 | 1 | 9 | 43 | 42 |  | 1 |
| 12 | 安徽 | 9 | 56 | 21 | 3 | 2 | 1 |
| 13 | 福建 | 1 | 9 | 24 | 8 |  |  |
| 14 | 江西 |  | 40 | 18 | 2 |  | 2 |

续表

| 序号 | 地区 | 酒精 | 白酒 | 啤酒 | 黄酒 | 葡萄酒 | 果露酒 |
|---|---|---|---|---|---|---|---|
| 15 | 山东 | 17 | 122 | 45 | 3 | 17 | 2 |
| 16 | 河南 | 15 | 87 | 27 | 4 | 8 | 4 |
| 17 | 重庆 | 2 | 10 | 8 | 1 | | |
| 18 | 四川 | 8 | 113 | 18 | 3 | 1 | 1 |
| 19 | 贵州 | | 60 | 9 | 1 | | 1 |
| 20 | 云南 | 1 | 16 | 7 | | 2 | 2 |
| 21 | 西藏 | | 2 | 1 | | | |
| 22 | 陕西 | 2 | 19 | 6 | 3 | 3 | |
| 23 | 甘肃 | 1 | 43 | 9 | 4 | 2 | 1 |
| 24 | 青海 | | 5 | 1 | | | |
| 25 | 宁夏 | 1 | 5 | 2 | | 2 | 1 |
| 26 | 新疆 | | 13 | 9 | | 7 | |
| 27 | 湖北 | 3 | 52 | 19 | | | 5 |
| 28 | 湖南 | 4 | 31 | 14 | 1 | 1 | 5 |
| 28 | 广东 | 7 | 42 | 24 | 1 | | 6 |
| 30 | 广西 | 10 | 19 | 3 | | 5 | 2 |
| 31 | 海南 | 1 | 1 | 1 | 1 | | 5 |
| 合计 | 1954 | 137 | 1066 | 501 | 92 | 104 | 54 |

# 二、行 业 概 况

表 2—1 各行业主要经济指标

| 项目 | 酒精及饮料酒制造业 | 酒精制造业 | 白酒制造业 | 啤酒制造业 | 黄酒制造业 | 葡萄酒制造业 | 果露酒制造业 |
|---|---|---|---|---|---|---|---|
| 企业数（个） | 1954 | 137 | 1066 | 501 | 92 | 104 | 54 |

续表

| 项目 | 酒精及饮料酒制造业 | 酒精制造业 | 白酒制造业 | 啤酒制造业 | 黄酒制造业 | 葡萄酒制造业 | 果露酒制造业 |
|---|---|---|---|---|---|---|---|
| 其中：亏损企业数（个） | 582 | 44 | 294 | 189 | 16 | 26 | 13 |
| 工业总产值（当年价格）（亿元） | 1234.55 | 70.80 | 531.15 | 528.74 | 28.61 | 56.47 | 18.79 |
| 工业销售产值（当年价格）（亿元） | 1203.01 | 69.58 | 514.81 | 519.56 | 27.54 | 53.58 | 17.93 |
| 工业增加值（当年价格）（亿元） | 489.28 | 19.52 | 217.99 | 214.74 | 10.04 | 21.41 | 5.57 |
| 资产合计（亿元） | 2186.23 | 77.59 | 1002.21 | 917.29 | 59.76 | 102.61 | 26.77 |
| 负债合计（亿元） | 1239.33 | 59.78 | 559.45 | 527.31 | 30.18 | 49.26 | 13.36 |
| 所有者权益合计（亿元） | 946.91 | 17.81 | 442.77 | 389.99 | 29.58 | 53.36 | 13.42 |
| 产品销售收入（亿元） | 1154.65 | 60.89 | 502.21 | 491.69 | 29.21 | 56.56 | 14.07 |
| 产品销售利润（亿元） | 167.61 | 3.09 | 77.76 | 70.09 | 4.45 | 10.30 | 1.92 |
| 利润总额（亿元） | 62.67 | −0.07 | 33.28 | 20.09 | 2.29 | 6.35 | 0.73 |
| 亏损企业亏损总额（亿元） | 24.51 | 1.23 | 7.99 | 14.13 | 0.21 | 0.51 | 0.44 |
| 全部从业人员平均人数（万人） | 70.39 | 3.63 | 36.56 | 26.07 | 1.73 | 1.61 | 0.80 |

表 2—2 国有控股工业企业主要经济指标

| 项目 | 酒精及饮料酒制造业 | 酒精制造业 | 白酒制造业 | 啤酒制造业 | 黄酒制造业 | 葡萄酒制造业 | 果露酒制造业 |
|---|---|---|---|---|---|---|---|
| 企业数（个） | 777 | 52 | 451 | 176 | 38 | 36 | 24 |
| 其中：亏损企业数（个） | 290 | 20 | 175 | 63 | 11 | 12 | 9 |
| 工业总产值（当年价格）（亿元） | 681.13 | 23.38 | 366.06 | 232.68 | 17.97 | 30.73 | 10.30 |
| 工业销售产值（当年价格）（亿元） | 665.49 | 22.91 | 355.72 | 229.43 | 17.58 | 29.80 | 10.06 |
| 工业增加值（当年价格）（亿元） | 289.51 | 4.92 | 161.57 | 100.85 | 7.40 | 12.42 | 2.36 |
| 资产合计（亿元） | 1412.18 | 44.66 | 806.36 | 436.11 | 40.51 | 67.97 | 16.56 |
| 负债合计（亿元） | 767.40 | 37.81 | 432.35 | 241.66 | 19.20 | 28.74 | 7.63 |
| 所有者权益合计（亿元） | 644.78 | 6.85 | 374.01 | 194.45 | 21.31 | 39.23 | 8.93 |
| 产品销售收入（亿元） | 656.69 | 20.57 | 355.58 | 219.25 | 19.40 | 35.05 | 6.84 |
| 产品销售利润（亿元） | 108.24 | 0.67 | 61.10 | 35.50 | 3.25 | 6.95 | 0.77 |
| 利润总额（亿元） | 47.19 | —0.69 | 27.89 | 13.27 | 1.83 | 4.60 | 0.30 |
| 亏损企业亏损总额（亿元） | 11.46 | 0.86 | 6.24 | 3.61 | 0.14 | 0.16 | 0.27 |
| 全部从业人员平均人数（万人） | 39.87 | 1.61 | 24.85 | 11.11 | 1.07 | 0.88 | 0.36 |

表 2—3

## 集体工业企业主要经济指标

| 项目 | 酒精及饮料酒制造业 | 酒精制造业 | 白酒制造业 | 啤酒制造业 | 黄酒制造业 | 葡萄酒制造业 | 果露酒制造业 |
|---|---|---|---|---|---|---|---|
| 企业数（个） | 153 | 14 | 87 | 39 | 7 | 3 | 3 |
| 其中：亏损企业数（个） | 22 | 3 | 6 | 13 | | | |
| 工业总产值（当年价格）（亿元） | 66.11 | 6.50 | 25.12 | 31.56 | 0.78 | 1.62 | 0.53 |
| 工业销售产值（当年价格）（亿元） | 64.07 | 6.48 | 24.48 | 30.33 | 0.77 | 1.51 | 0.50 |
| 工业增加值（当年价格）（亿元） | 19.78 | 1.77 | 7.36 | 9.81 | 0.22 | 0.47 | 0.15 |
| 资产合计（亿元） | 58.85 | 2.77 | 21.94 | 32.86 | 0.66 | 0.45 | 0.17 |
| 负债合计（亿元） | 40.20 | 2.25 | 12.30 | 24.80 | 0.49 | 0.33 | 0.04 |
| 所有者权益合计（亿元） | 18.65 | 0.53 | 9.64 | 8.05 | 0.18 | 0.12 | 0.13 |
| 产品销售收入（亿元） | 57.14 | 6.31 | 22.94 | 25.29 | 0.58 | 1.54 | 0.49 |
| 产品销售利润（亿元） | 5.92 | 0.28 | 2.46 | 2.98 | 0.05 | 0.11 | 0.04 |
| 利润总额（亿元） | 3.07 | 0.18 | 1.35 | 1.43 | 0.01 | 0.07 | 0.03 |
| 亏损企业亏损总额（亿元） | 0.51 | 0.04 | 0.06 | 0.41 | | | |
| 全部从业人员平均人数（万人） | 3.34 | 0.22 | 1.44 | 1.59 | 0.05 | 0.02 | 0.02 |

表 2—4　　外商投资和港澳台商投资工业企业主要经济指标

| 项目 | 酒精及饮料酒制造业 | 酒精制造业 | 白酒制造业 | 啤酒制造业 | 黄酒制造业 | 葡萄酒制造业 | 果露酒制造业 |
|---|---|---|---|---|---|---|---|
| 企业数（个） | 168 | 7 | 13 | 108 | 6 | 26 | 8 |
| 其中：亏损企业数（个） | 62 | 2 | 2 | 45 | 2 | 8 | 3 |
| 工业总产值（当年价格）（亿元） | 230.32 | 13.11 | 4.38 | 186.70 | 2.42 | 22.86 | 0.85 |
| 工业销售产值（当年价格）（亿元） | 225.17 | 13.37 | 4.30 | 182.78 | 2.26 | 21.61 | 0.86 |
| 工业增加值（当年价格）（亿元） | 98.00 | 4.94 | 1.30 | 80.25 | 1.13 | 10.00 | 0.37 |
| 资产合计（亿元） | 401.20 | 11.22 | 4.91 | 343.48 | 6.77 | 32.37 | 2.44 |
| 负债合计（亿元） | 221.22 | 7.00 | 3.24 | 187.68 | 3.41 | 18.46 | 1.43 |
| 所有者权益合计（亿元） | 179.98 | 4.22 | 1.67 | 155.81 | 3.37 | 13.91 | 1.01 |
| 产品销售收入（亿元） | 216.91 | 12.31 | 3.90 | 175.96 | 2.23 | 21.61 | 0.91 |
| 产品销售利润（亿元） | 31.28 | 0.92 | 0.44 | 24.84 | 0.56 | 4.48 | 0.03 |
| 利润总额（亿元） | 7.32 | 0.31 | —0.01 | 3.39 | 0.25 | 2.98 | —0.14 |
| 亏损企业亏损总额（亿元） | 9.09 | 0.03 | 0.08 | 8.48 | 0.07 | 0.22 | 0.22 |
| 全部从业人员平均人数（万人） | 9.11 | 0.36 | 0.33 | 7.87 | 0.14 | 0.35 | 0.05 |

表 2—5 **大中型工业企业主要经济指标**

| 项目 | 酒精及饮料酒制造业 | 酒精制造业 | 白酒制造业 | 啤酒制造业 | 黄酒制造业 | 葡萄酒制造业 | 果露酒制造业 |
|---|---|---|---|---|---|---|---|
| 企业数（个） | 577 | 29 | 269 | 239 | 16 | 14 | 10 |
| 其中：亏损企业数（个） | 197 | 14 | 88 | 87 | 1 | 2 | 5 |
| 工业总产值（当年价格）（亿元） | 943.43 | 38.22 | 408.24 | 431.35 | 18.79 | 34.81 | 12.02 |
| 工业销售产值（当年价格）（亿元） | 926.18 | 37.94 | 398.45 | 426.56 | 18.34 | 33.25 | 11.64 |
| 工业增加值（当年价格）（亿元） | 391.13 | 9.85 | 177.11 | 179.09 | 7.50 | 14.04 | 3.55 |
| 资产合计（亿元） | 1778.27 | 45.01 | 855.17 | 764.86 | 43.95 | 51.35 | 17.93 |
| 负债合计（亿元） | 950.81 | 35.56 | 457.63 | 411.15 | 20.56 | 17.54 | 8.37 |
| 所有者权益合计（亿元） | 827.45 | 9.45 | 397.54 | 353.71 | 23.38 | 33.82 | 9.56 |
| 产品销售收入（亿元） | 909.59 | 32.65 | 398.54 | 412.34 | 20.32 | 36.94 | 8.81 |
| 产品销售利润（亿元） | 144.46 | 1.68 | 67.14 | 63.87 | 3.41 | 7.12 | 1.24 |
| 利润总额（亿元） | 59.07 | −0.32 | 31.10 | 20.81 | 2.00 | 4.92 | 0.56 |
| 亏损企业亏损总额（亿元） | 17.67 | 0.87 | 5.95 | 10.36 | 0.07 | 0.04 | 0.37 |
| 全部从业人员平均人数（万人） | 49.22 | 1.83 | 26.30 | 18.81 | 1.02 | 0.83 | 0.42 |

# 三、各行业不同规模企业的经济状况

表 3－1 酒精行业不同规模企业的经济指标

| 项目 | 大型 | 中型 | 小型 | 合计 |
|---|---|---|---|---|
| 企业数（个） | 19 | 10 | 108 | 137 |
| 其中：亏损企业数（个） | 9 | 5 | 30 | 44 |
| 从业人员数（人） | 14500 | 3810 | 17990 | 36300 |
| 销售收入（亿元） | 25.55 | 7.10 | 28.24 | 60.89 |
| 工业总产值（亿元） | 29.47 | 8.75 | 32.58 | 70.80 |
| 利税总额（亿元） | 2.00 | 0.74 | 1.69 | 4.43 |
| 其中：利润总额（亿元） | －0.35 | 0.03 | 0.25 | －0.07 |
| 亏损企业亏损总额（亿元） | 0.73 | 0.14 | 0.36 | 1.23 |
| 人均销售额（万元） | 17.62 | 18.63 | 15.70 | 16.78 |
| 人均利润额（万元） | －0.24 | 0.08 | 0.14 | 0.02 |
| 销售利润率（%） | －1.37 | 0.42 | 0.90 | 0.11 |
| 全员劳动生产率（万元/人） | 5.28 | 5.75 | 5.38 | 5.38 |

酒精行业不同规模企业的经济指标比例图

图 3－1

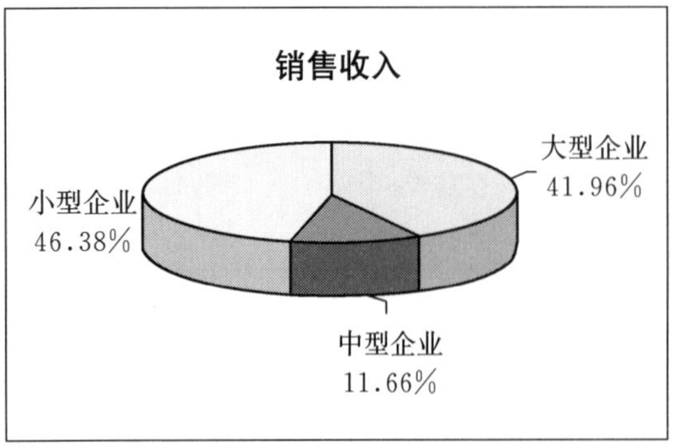


图 3－2

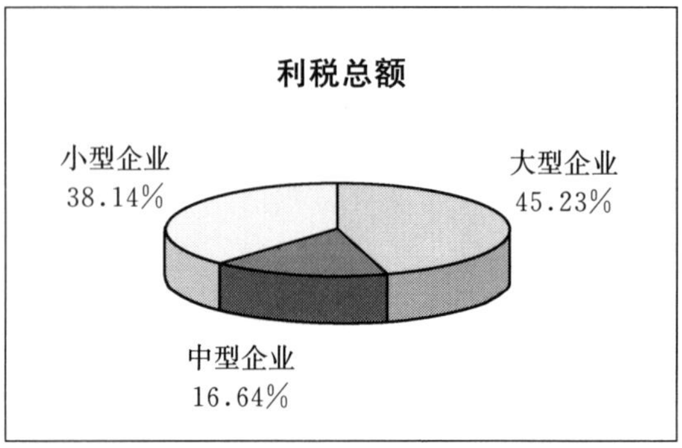

表 3—2 白酒行业不同规模企业的经济指标

| 项目 | 大型 | 中型 | 小型 | 合计 |
|---|---|---|---|---|
| 企数（个） | 108 | 161 | 797 | 1066 |
| 其中：亏损企业数（个） | 37 | 51 | 206 | 294 |
| 从业人员数（人） | 200419 | 62582 | 102558 | 365559 |
| 销售收入（亿元） | 329.31 | 69.23 | 103.23 | 502.21 |
| 工业总产值（亿元） | 328.66 | 79.58 | 122.90 | 531.15 |
| 利税总额（亿元） | 93.47 | 16.62 | 16.15 | 126.24 |
| 其中：利润总额（亿元） | 29.41 | 1.69 | 2.18 | 33.28 |
| 亏损企业亏损总额（亿元） | 4.74 | 1.22 | 2.03 | 7.99 |
| 人均销售额（万元） | 16.43 | 11.06 | 10.11 | 13.74 |
| 人均利润额（万元） | 1.47 | 0.27 | 0.21 | 0.91 |
| 销售利润率（%） | 8.93 | 2.44 | 2.10 | 6.63 |
| 全员劳动生产率（万元/人） | 7.42 | 4.53 | 3.99 | 5.96 |

白酒行业不同规模企业的经济指标比例图

图 3—3

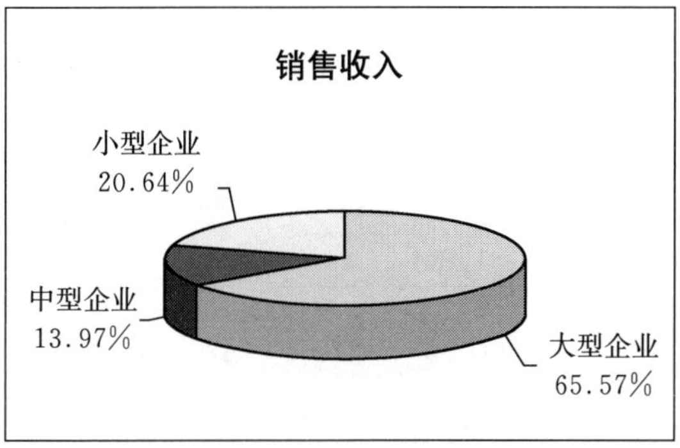


图 3—4

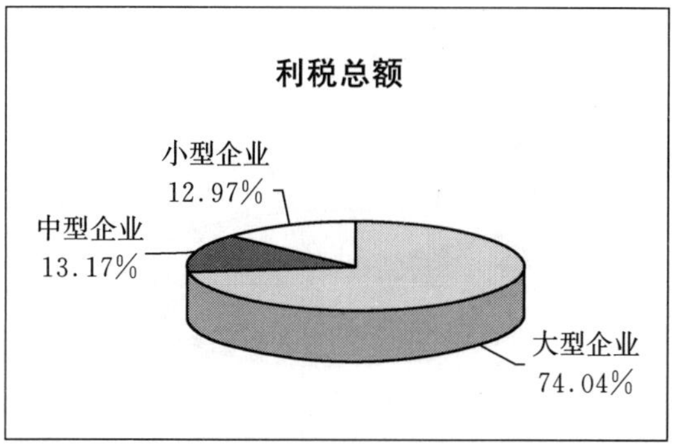

表3—3　　啤酒行业不同规模企业的经济指标

| 项目 | 大型 | 中型 | 小型 | 合计 |
|---|---|---|---|---|
| 企业数（个） | 97 | 142 | 262 | 501 |
| 其中：亏损企业数（个） | 28 | 59 | 102 | 189 |
| 从业人员数（人） | 116292 | 71846 | 72600 | 260738 |
| 销售收入（亿元） | 308.83 | 103.51 | 79.36 | 491.69 |
| 工业总产值（亿元） | 317.84 | 113.50 | 97.39 | 528.74 |
| 利税总额（亿元） | 77.85 | 24.44 | 12.64 | 114.93 |
| 其中：利润总额（亿元） | 19.25 | 1.56 | 0.72 | 20.09 |
| 亏损企业亏损总额（亿元） | 6.32 | 4.04 | 3.78 | 14.13 |
| 人均销售额（万元） | 26.56 | 14.41 | 10.93 | 18.86 |
| 人均利润额（万元） | 1.66 | 0.22 | —0.10 | 0.77 |
| 销售利润率（%） | 6.23 | 1.51 | —0.91 | 4.09 |
| 全员劳动生产率（万元/人） | 11.58 | 6.18 | 4.91 | 8.24 |

啤酒行业不同规模企业的经济指标比例图

图3—5

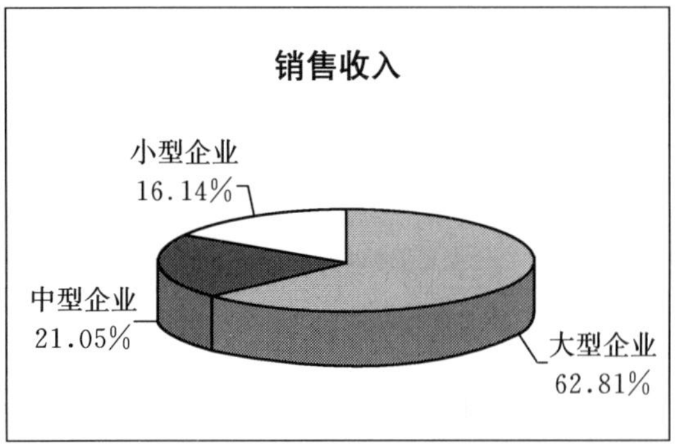


图3—6

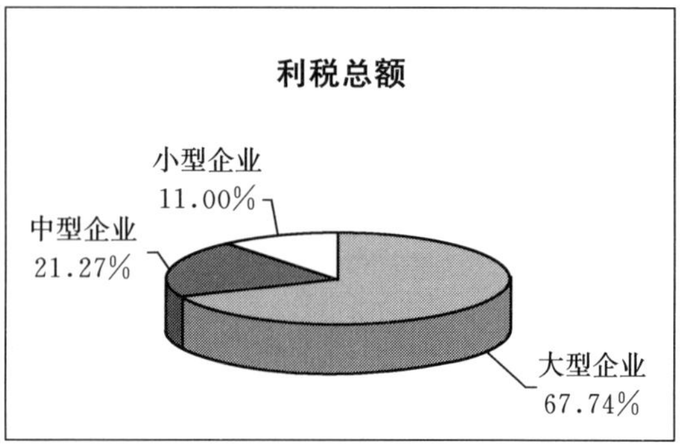

表 3—4 葡萄酒行业不同规模企业的经济指标

| 项目 | 大型 | 中型 | 小型 | 合计 |
|---|---|---|---|---|
| 企业数（个） | 5 | 9 | 90 | 104 |
| 其中：亏损企业数（个） | 1 | 1 | 24 | 26 |
| 从业人员数（人） | 5589 | 2679 | 7823 | 16091 |
| 销售收入（亿元） | 32.72 | | 19.63 | 56.56 |
| 工业总产值（亿元） | 29.59 | 5.22 | 21.66 | 56.47 |
| 利税总额（亿元） | 9.43 | 1.21 | 3.75 | 14.39 |
| 其中：利润总额（亿元） | 4.47 | 0.45 | 1.44 | 6.35 |
| 亏损企业亏损总额（亿元） | 0.03 | 0.01 | 0.47 | 0.51 |
| 人均销售额（万元） | 58.54 | 15.75 | 25.09 | 35.15 |
| 人均利润额（万元） | 7.99 | 1.68 | 1.84 | 3.95 |
| 销售利润率（%） | 13.65 | 10.64 | 7.32 | 11.23 |
| 全员劳动生产率（万元/人） | 21.27 | 8.04 | 9.42 | 13.31 |

葡萄酒行业不同规模企业的经济指标比例图

图 3—7

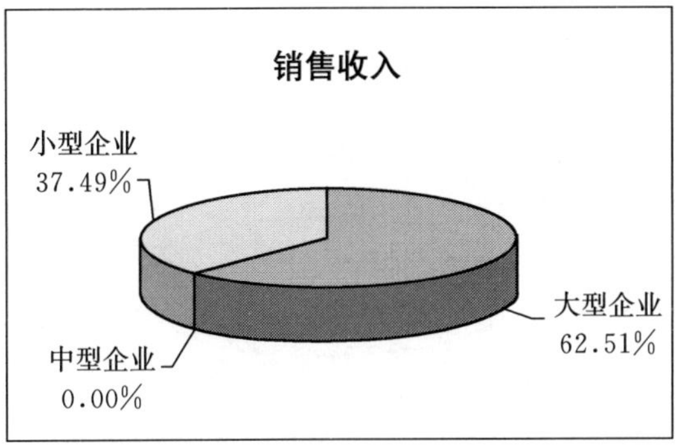


图 3—8

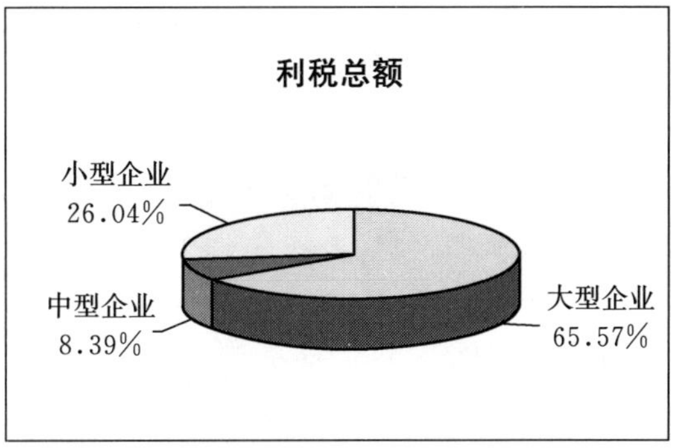

表 3－5　　黄酒行业不同规模企业的经济指标

| 项目 | 大型 | 中型 | 小型 | 合计 |
|---|---|---|---|---|
| 企业数（个） | 5 | 11 | 76 | 92 |
| 其中：亏损企业数（个） | 0 | 1 | 15 | 16 |
| 从业人员数（人） | 6137 | 4108 | 7047 | 17292 |
| 销售收入（亿元） | 14.39 | 5.93 | 8.89 | 29.21 |
| 工业总产值（亿元） | 12.31 | 6.48 | 9.82 | 28.61 |
| 利税总额（亿元） | 3.49 | 0.90 | 1.26 | 5.65 |
| 其中：利润总额（亿元） | 1.82 | 0.19 | 0.28 | 2.29 |
| 亏损企业亏损总额（亿元） | 0 | 0.07 | 0.14 | 0.21 |
| 人均销售额（万元） | 2.34 | 14.43 | 12.62 | 16.89 |
| 人均利润额（万元） | 2.96 | 0.46 | 1.40 | 1.32 |
| 销售利润率（%） | 12.62 | 3.17 | 3.18 | 7.83 |
| 全员劳动生产率（万元/人） | 8.69 | 5.27 | 3.62 | 5.81 |

黄酒行业不同规模企业的经济指标比例图

图 3－9

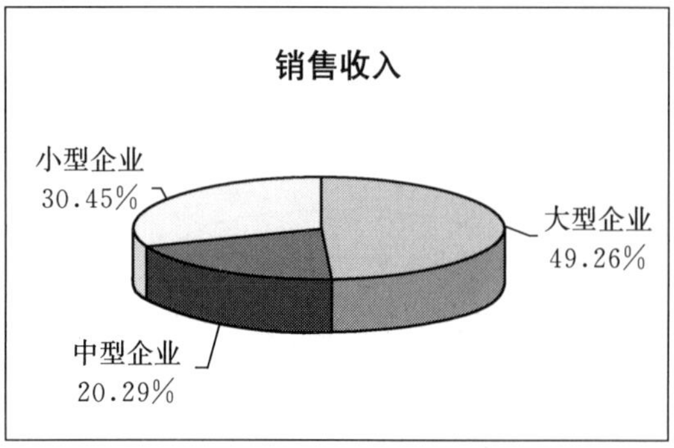


图 3－10

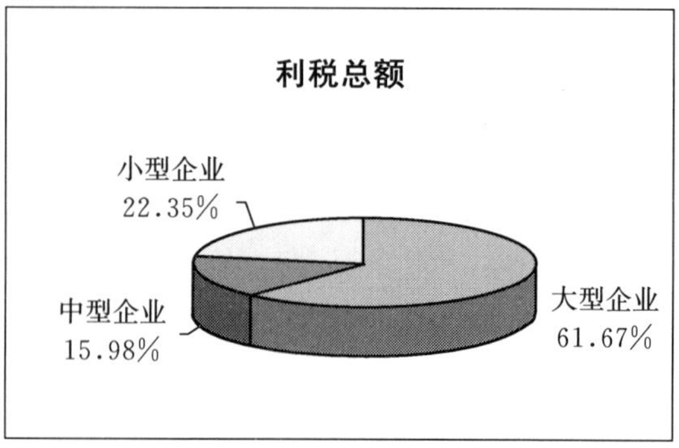

表 3－6　　果露酒行业不同规模企业的经济指标

| 项目 | 大型 | 中型 | 小型 | 合计 |
|---|---|---|---|---|
| 企业数（个） | 3 | 7 | 44 | 54 |
| 其中：亏损企业数（个） | 1 | 4 | 8 | 13 |
| 从业人员数（人） | 2770 | 1424 | 3761 | 7955 |
| 销售收入（亿元） | 8.02 | 0.79 | 5.27 | 14.07 |
| 工业总产值（亿元） | 11.05 | 0.97 | 6.76 | 18.79 |
| 利税总额（亿元） | 2.03 | 0.02 | 0.78 | 2.78 |
| 其中：利润总额（亿元） | 0.77 | －0.21 | 0.16 | 0.73 |
| 亏损企业亏损总额（亿元） | 0.11 | 0.27 | 0.07 | 0.44 |
| 人均销售额（万元） | 28.95 | 5.54 | 14.00 | 17.69 |
| 人均利润额（万元） | 2.79 | －1.46 | 0.44 | 0.92 |
| 销售利润率（%） | 9.63 | －26.42 | 3.13 | 5.17 |
| 全员劳动生产率（万元/人） | 11.16 | 3.23 | 5.37 | 7.00 |

果露酒行业不同规模企业的经济指标比例图

图 3－11

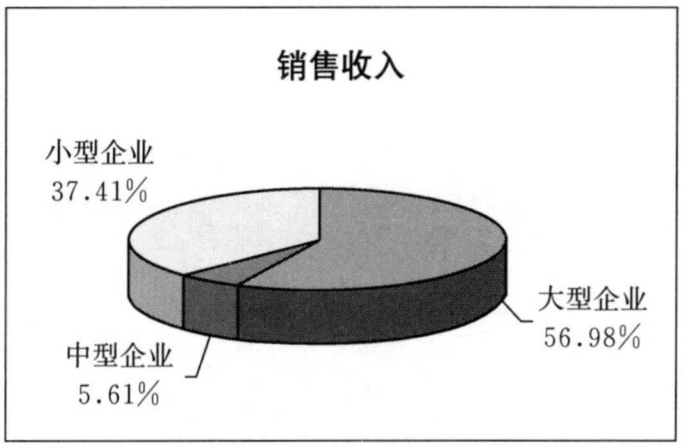


图 3－12

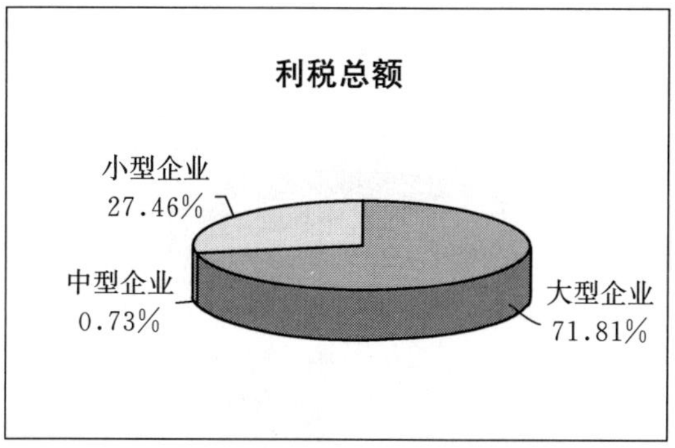

# 四、各行业不同经济类型企业的经济状况

表 4—1　　酒精行业不同经济类型企业的经济指标

| 项目 | 国有企业 | 集体企业 | 股份制企业 | 私营企业 | 三资企业 | 其他 | 合计 |
|---|---|---|---|---|---|---|---|
| 企业数（个） | 37 | 15 | 40 | 38 | 7 | | 137 |
| 其中：亏损企业数（个） | 15 | 3 | 15 | 9 | 2 | | 44 |
| 从业人员数（人） | 11284 | 2223 | 11606 | 7538 | 3649 | | 36300 |
| 销售收入（亿元） | 14.25 | 6.36 | 17.55 | 10.42 | 12.31 | | 60.89 |
| 工业总产值（亿元） | 16.86 | 6.55 | 21.68 | 12.59 | 13.11 | | 70.80 |
| 利税总额（亿元） | 0.89 | 0.39 | 1.18 | 0.66 | 1.31 | | 4.42 |
| 其中：利润总额（亿元） | —0.27 | 0.38 | —0.38 | 0.09 | 0.31 | | —0.07 |
| 亏损企业亏损总额（亿元） | 0.44 | 0.04 | 0.63 | 0.09 | 0.03 | | 1.23 |
| 人均销售额（万元） | 12.63 | 28.61 | 15.12 | 13.82 | 33.74 | | 16.78 |
| 人均利润额（万元） | —0.24 | 0.82 | —0.32 | 0.12 | 0.84 | | —0.02 |
| 销售利润率（%） | —1.9 | 2.85 | —2.14 | 0.88 | 2.48 | | 0.11 |
| 全员劳动生产率（万元/人） | 3.64 | 8.03 | 4.57 | 4.50 | 13.54 | | 5.38 |

酒精行业不同经济类型企业的经济指标比例图

图 4—1

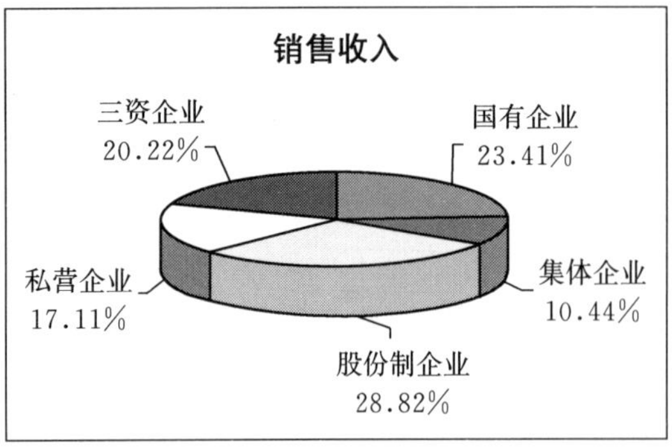


图 4—2

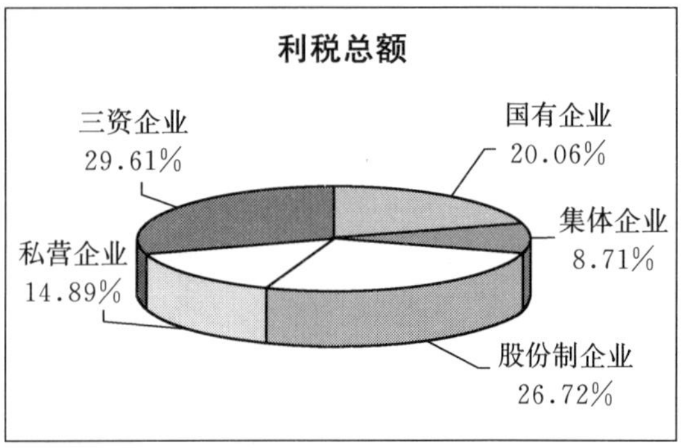

表 4—2　　白酒行业不同经济类型企业的经济指标

| 项目 | 国有企业 | 集体企业 | 股份制企业 | 私营企业 | 三资企业 | 其他 | 合计 |
|---|---|---|---|---|---|---|---|
| 企业数（个） | 356 | 89 | 328 | 277 | 13 | 3 | 1066 |
| 其中：亏损企业数（个） | 140 | 6 | 100 | 6 | 2 | 0 | 294 |
| 从业人员数（人） | 174673 | 14661 | 138560 | 34090 | 3293 | 282 | 365559 |
| 销售收入（亿元） | 190.50 | 23.14 | 240.35 | 44.14 | 3.90 | 0.18 | 502.21 |
| 工业总产值（亿元） | 200.50 | 25.38 | 247.71 | 52.81 | 4.38 | 0.37 | 531.15 |
| 利税总额（亿元） | 50.40 | 3.28 | 64.95 | 7.08 | 0.52 | 0.01 | 126.24 |
| 其中：利润总额（亿元） | 8.98 | 1.36 | 21.19 | 1.75 | —0.01 | 0.0019 | 33.28 |
| 亏损企业亏损总额（亿元） | 5.33 | 0.06 | 2.08 | 0.43 | 0.08 | 0.00 | 7.99 |
| 人均销售额（万元） | 10.91 | 15.79 | 17.35 | 12.95 | 11.84 | 6.48 | 13.74 |
| 人均利润额（万元） | 0.51 | 0.93 | 1.53 | 0.51 | —0.03 | 0.07 | 0.91 |
| 销售利润率（%） | 4.71 | 5.89 | 8.82 | 3.97 | —0.24 | 1.03 | 6.63 |
| 全员劳动生产率（万元/人） | 5.40 | 5.10 | 6.99 | 5.28 | 3.95 | 3.45 | 5.96 |

**白酒行业不同经济类型企业的经济指标比例图**

图 4—3

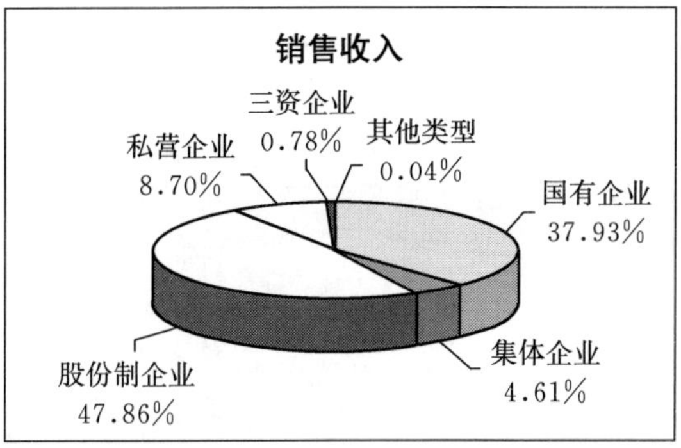


图 4—4

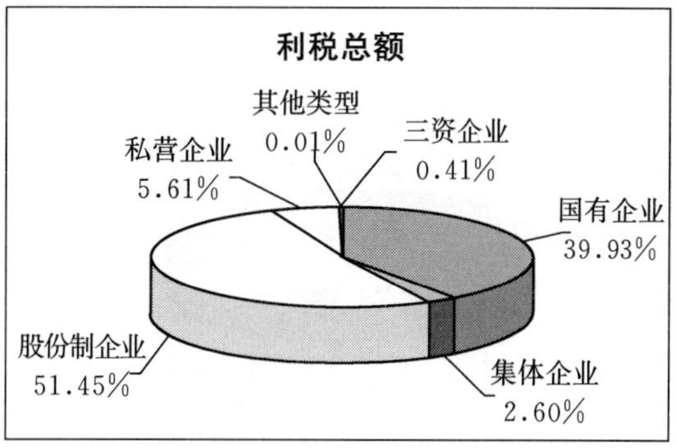

表 4—3 啤酒行业不同经济类型企业的经济指标

| 项目 | 国有企业 | 集体企业 | 股份制企业 | 私营企业 | 三资企业 | 其他 | 合计 |
|---|---|---|---|---|---|---|---|
| 企业数（个） | 95 | 41 | 189 | 66 | 108 | 2 | 501 |
| 其中：亏损企业数（个） | 31 | 14 | 71 | 27 | 45 | 1 | 189 |
| 从业人员数（人） | 61623 | 16192 | 90204 | 13791 | 78651 | 227 | 260738 |
| 销售收入（亿元） | 131.74 | 25.43 | 141.49 | 16.96 | 175.96 | 0.11 | 491.69 |
| 工业总产值（亿元） | 136.07 | 31.74 | 154.25 | 19.85 | 186.70 | 0.13 | 528.74 |
| 利税总额（亿元） | 33.63 | 5.77 | 34.18 | 2.66 | 38.68 | 0.00 | 114.93 |
| 其中：利润总额（亿元） | 9.71 | 1.42 | 4.98 | 0.05 | 3.93 | —0.01 | 20.09 |
| 亏损企业亏损总额（亿元） | 0.91 | 0.42 | 3.77 | 0.55 | 8.48 | 0.01 | 14.13 |
| 人均销售额（万元） | 21.38 | 15.70 | 15.69 | 12.30 | 22.37 | 3.94 | 18.86 |
| 人均利润额（万元） | 1.58 | 0.88 | 0.55 | 0.04 | 0.50 | —0.29 | 0.77 |
| 销售利润率（%） | 7.37 | 5.58 | 3.52 | 0.31 | 2.24 | —7.29 | 4.09 |
| 全员劳动生产率（万元/人） | 9.26 | 6.09 | 6.77 | 4.66 | 10.20 | 1.13 | 8.24 |

啤酒行业不同经济类型企业的经济指标比例图

图 4—5

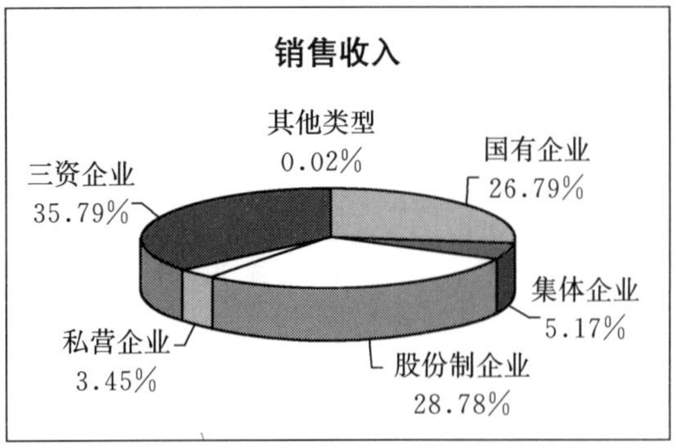


图 4—6

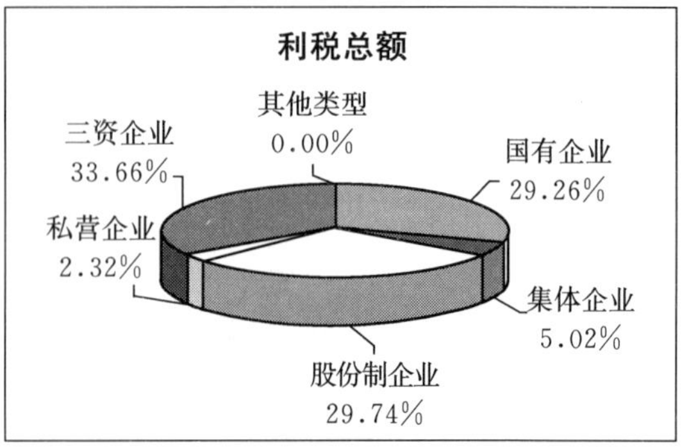

表 4—4 葡萄酒行业不同经济类型企业的经济指标

| 项目 | 国有企业 | 集体企业 | 股份制企业 | 私营企业 | 三资企业 | 其他 | 合计 |
|---|---|---|---|---|---|---|---|
| 企业数（个） | 24 | 4 | 27 | 23 | 26 | | 104 |
| 其中：亏损企业数（个） | 12 | 0 | 4 | 2 | 8 | | 26 |
| 从业人员数（人） | 5800 | 371 | 4119 | 2282 | 3519 | | 16091 |
| 销售收入（亿元） | 19.14 | 1058 | 10.94 | 3.28 | 21.61 | | 56.56 |
| 工业总产值（亿元） | 13.42 | 1.69 | 14.92 | 3.58 | 22.86 | | 56.47 |
| 利税总额（亿元） | 4.49 | 0.11 | 2.47 | 0.29 | 7.03 | | 14.39 |
| 其中：利润总额（亿元） | 2.21 | 0.08 | 0.96 | 0.13 | 2.98 | | 6.35 |
| 亏损企业亏损总额（亿元） | 0.16 | 0.00 | 0.12 | 0.02 | 0.22 | | 0.51 |
| 人均销售额（万元） | 33.01 | 42.62 | 26.57 | 14.39 | 61.41 | | 35.15 |
| 人均利润额（万元） | 3.80 | 3.06 | 2.33 | 0.58 | 8.47 | | 3.95 |
| 销售利润率（%） | 11.52 | 4.83 | 8.78 | 4.03 | 13.79 | | 11.23 |
| 全员劳动生产率（万元/人） | 8.49 | 13.80 | 11.70 | 5.05 | 28.43 | | 13.31 |

葡萄酒行业不同经济类型企业的经济指标比例图

图 4—7

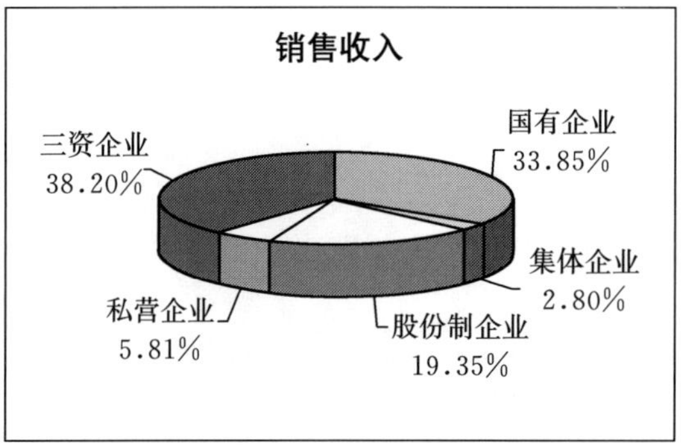


图 4—8

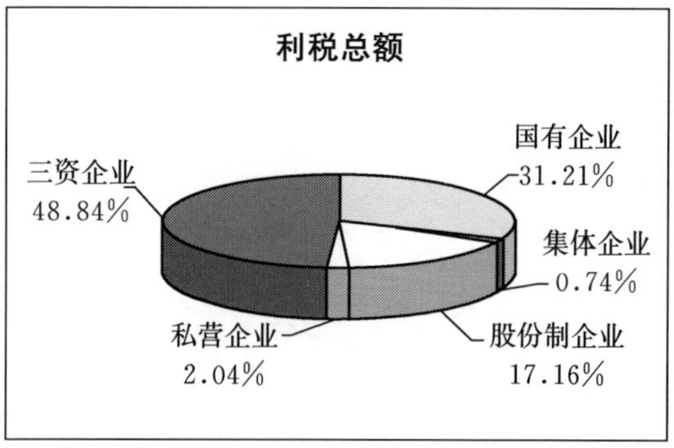

表 4—5 黄酒行业不同经济类型企业的经济指标

| 项目 | 国有企业 | 集体企业 | 股份制企业 | 私营企业 | 三资企业 | 其他 | 合计 |
|---|---|---|---|---|---|---|---|
| 企业数（个） | 32 | 7 | 33 | 2 | 6 | | 92 |
| 其中：亏损企业数（个） | 11 | 0 | 1 | 1122 | 2 | | 16 |
| 从业人员数（人） | 7802 | 481 | 6443 | 1.60 | 1444 | | 17292 |
| 销售收入（亿元） | 10.55 | 0.58 | 12.10 | 1.87 | 2.23 | | 29.21 |
| 工业总产值（亿元） | 2.21 | 0.78 | 13.00 | 0.31 | 2.42 | | 28.61 |
| 利税总额（亿元） | 1.13 | 0.05 | 2.51 | 0.08 | 0.57 | | 5.65 |
| 其中：利润总额（亿元） | 0.14 | 0.01 | 0.82 | 0.01 | 0.25 | | 2.29 |
| 亏损企业亏损总额（亿元） | 168.80 | 0.00 | 0.00 | 142.88 | 0.07 | | 0.21 |
| 人均销售额（万元） | 1.45 | 11.97 | 18.78 | 0.74 | 15.43 | | 16.89 |
| 人均利润额（万元） | 0.89 | 0.20 | 1.27 | 0.52 | 1.70 | | 1.32 |
| 销售利润率（%） | 49.12 | 1.70 | 6.75 | 51.02 | 11.02 | | 7.83 |
| 全员劳动生产率（万元/人） | | 4.60 | 6.66 | | 7.82 | | 5.80 |

黄酒行业不同经济类型企业的经济指标比例图

图 4—9

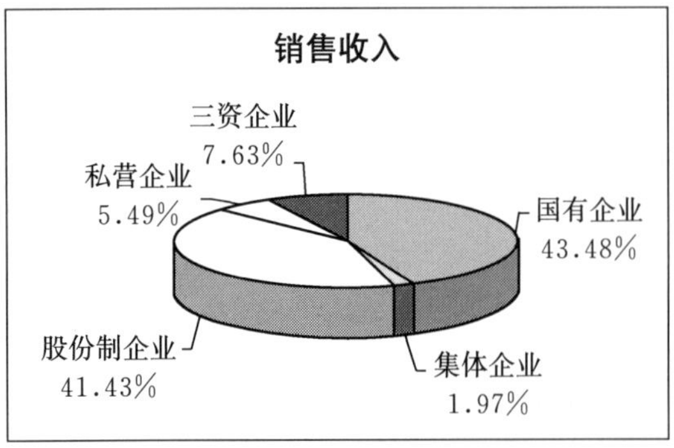


图 4—10

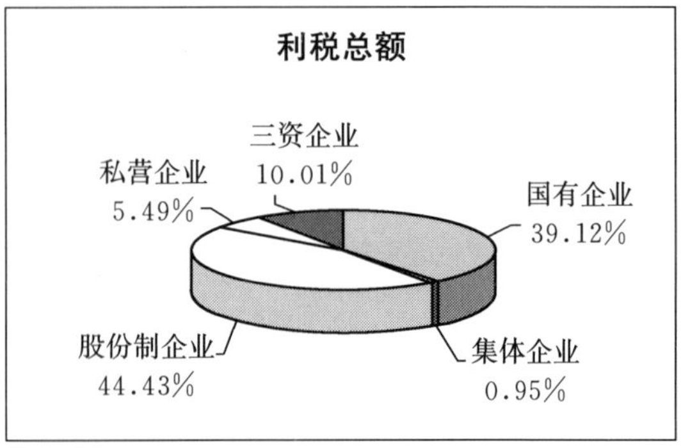

表 4－6 果露酒行业不同经济类型企业的经济指标

| 项目 | 国有企业 | 集体企业 | 股份制企业 | 私营企业 | 三资企业 | 其他 | 合计 |
|---|---|---|---|---|---|---|---|
| 企业数（个） | 17 | 4 | 0 | 15 | 8 | | 54 |
| 其中：亏损企业数（个） | 8 | 0 | 1792 | 2 | 3 | | 13 |
| 从业人员数（人） | 2406 | 295 | 6.45 | 2923 | 539 | | 2955 |
| 销售收入（亿元） | 1.02 | 0. 61 | 9.90 | 5.08 | 0.91 | | 14.07 |
| 工业总产值（亿元） | 1.55 | 0.67 | 1.32 | 5.82 | 0.85 | | 18.79 |
| 利税总额（亿元） | 0.06 | 0.04 | 0.52 | 1.35 | 0.01 | | 2.78 |
| 其中：利润总额（亿元） | －0.21 | 0.03 | 0.00 | 0.53 | －0.14 | | 0.73 |
| 亏损企业亏损总额（亿元） | 0.22 | 0.00 | 359.85 | 0.0032 | 0.22 | | 0.44 |
| 人均销售额（万元） | 4.24 | 20.83 | 2.90 | 17.40 | 16.83 | | 17.70 |
| 人均利润额（万元） | －0.88 | 1.05 | 0.81 | 1.81 | －2.57 | | 0.92 |
| 销售利润率（%） | －20.87 | 5.04 | 105.72 | 10.39 | －15.28 | | 5.17 |
| 全员劳动生产率（万元/人） | 2.723 | 7.26 | 1. 5 | 8.33 | 6.90 | | 7.00 |

果露酒行业不同经济类型企业的经济指标比例图

图 4－11

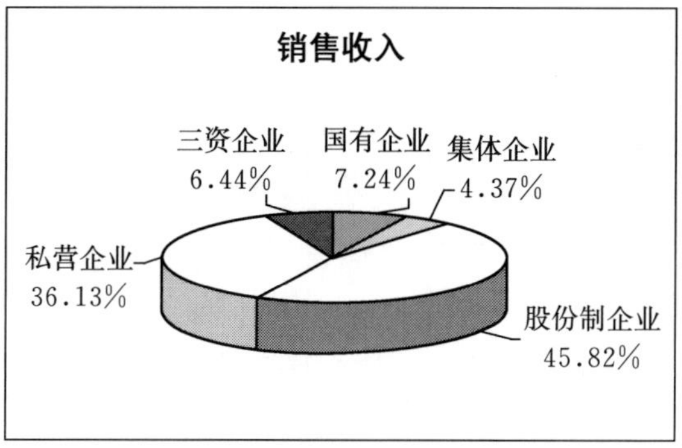


图 4－12

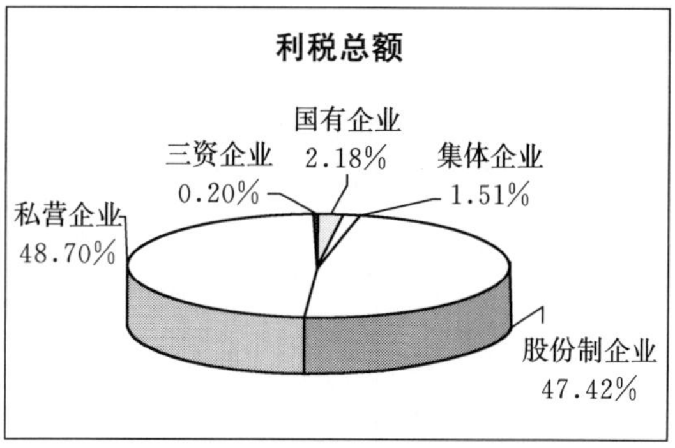

# 五、2000～2002年各行业发展状况

表5—1

2000～2002年酒精行业发展状况

| 项目 | 2000年 | 2001年 | | 2002年 | |
|---|---|---|---|---|---|
| | | | 比上年增长（%） | | 比上年增长（%） |
| 企业数（个） | 147 | 148 | 0.68 | 137 | −7.43 |
| 其中：亏损企业数（个） | 55 | 53 | −3.64 | 44 | −16.98 |
| 从业人员数（人） | 40086 | 41410 | 3.30 | 36300 | −12.34 |
| 销售收入（亿元） | 54.54 | 57.60 | 5.62 | 60.89 | 5.71 |
| 工业总产值（亿元） | 61.06 | 67.28 | 0.17 | 70.80 | 5.24 |
| 利税总额（亿元） | 4.43 | 4.57 | 3.21 | 4.42 | −3.16 |
| 其中：利润总额（亿元） | −0.42 | −0.57 | −34.33 | −0.07 | 88.10 |
| 亏损企业亏损总额（亿元） | 1.13 | 1.60 | 42.34 | 1.23 | −23.33 |
| 人均销售额（万元） | 13.61 | 13.91 | 2.24 | 16.78 | 20.60 |
| 人均利润额（万元） | −0.71 | −0.14 | −30.04 | −0.02 | 86.42 |
| 销售利润率（%） | −0.77 | −0.98 | −27.18 | −0.11 | 88.74 |

2000～2002年酒精行业发展状况图

图5—1

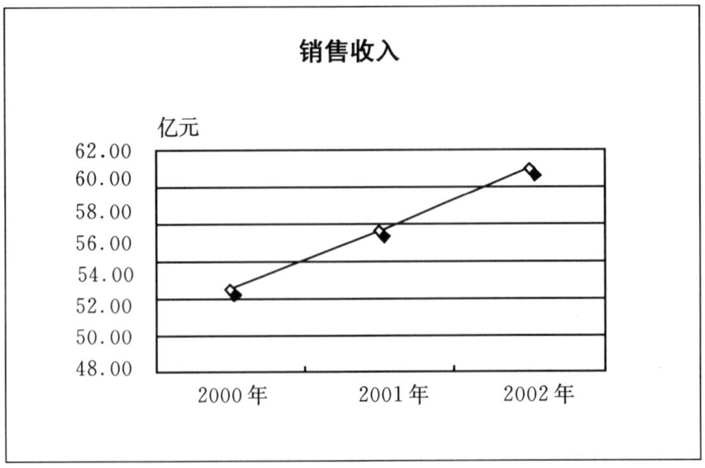

表 5—2

**2000～2002 年白酒行业发展状况**

| 项目 | 2000 年 | 2001 年 | | 2002 年 | |
|---|---|---|---|---|---|
| | | | 比上年增长（%） | | 比上年增长（%） |
| 企业数（个） | 1253 | 1151 | —8.14 | 1066 | —7.38 |
| 其中：亏损企业数（个） | 297 | 317 | 6.73 | 294 | —7.26 |
| 从业人员数（人） | 438540 | 399048 | —9.01 | 365559 | —8.39 |
| 销售收入（亿元） | 510.24 | 493.02 | —3.37 | 502.21 | 1.86 |
| 工业总产值（亿元） | 539.12 | 517.61 | —3.99 | 531.15 | 2.61 |
| 利税总额（亿元） | 129.03 | 127.82 | —0.94 | 126.24 | —1.23 |
| 其中：利润总额（亿元） | 43.59 | 39.57 | —9.22 | 33.28 | —15.91 |
| 亏损企业亏损总额（亿元） | 4.70 | 6.02 | 28.18 | 7.99 | 32.58 |
| 人均销售额（万元） | 11.64 | 12.36 | 6.19 | 13.74 | 11.20 |
| 人均利润额（万元） | 0.99 | 0.99 | —0.24 | 0.91 | —8.21 |
| 销售利润率（%） | 8.54 | 8.03 | —6.05 | 6.63 | —17.45 |

**2000～2002 年白酒行业发展状况图**

图 5—2

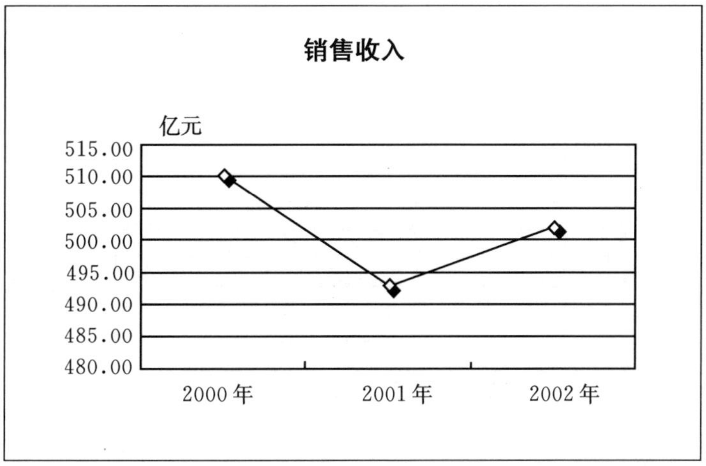

表 5—3 2000～2002 年啤酒行业发展状况

| 项目 | 2000 年 | 2001 年 | | 2002 年 | |
|---|---|---|---|---|---|
| | | | 比上年增长（%） | | 比上年增长（%） |
| 企业数（个） | 539 | 508 | —5.75 | 501 | —1.38 |
| 其中：亏损企业数（个） | 204 | 214 | 4.09 | 189 | —11.68 |
| 从业人员数（人） | 288756 | 264800 | —8.30 | 260738 | —1.53 |
| 销售收入（亿元） | 447.32 | 453.72 | 1.43 | 491.69 | 8.37 |
| 工业总产值（亿元） | 466.61 | 477.94 | 2.43 | 528.74 | 10.63 |
| 利税总额（亿元） | 100.96 | 102.07 | 1.10 | 114.93 | 12.60 |
| 其中：利润总额（亿元） | 14.31 | 14.94 | 4.44 | 20.09 | 34.46 |
| 亏损企业亏损总额（亿元） | 17.42 | 16.39 | —5.88 | 14.13 | —13.78 |
| 人均销售额（万元） | 15.41 | 17.14 | 10.61 | 18.86 | 10.06 |
| 人均利润额（万元） | 0.50 | 0.56 | 13.89 | 0.77 | 36.55 |
| 销售利润率（%） | 3.20 | 3.29 | 2.96 | 4.09 | 24.07 |

2000～2002 年啤酒行业发展状况图

图 5—3

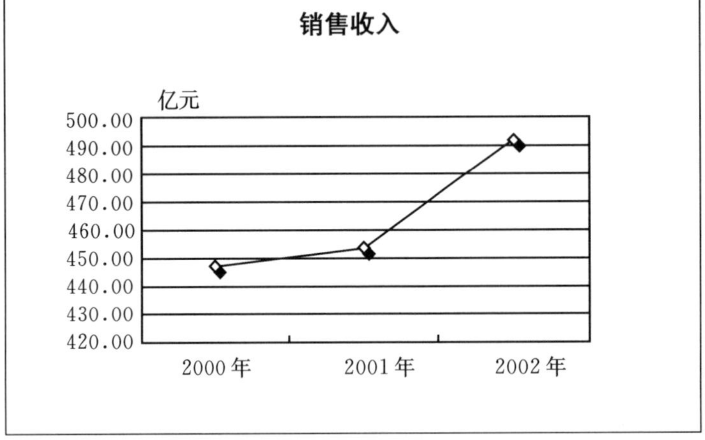

表 5—4

**2000～2002 年葡萄酒行业发展状况**

| 项目 | 2000 年 | 2001 年 | | 2002 年 | |
|---|---|---|---|---|---|
| | | | 比上年增长（%） | | 比上年增长（%） |
| 企业数（个） | 79 | 93 | 17.72 | 104 | 11.83 |
| 其中：亏损企业数（个） | 21 | 30 | 42.86 | 26 | —13.33 |
| 从业人员数（人） | 15475 | 15999 | 3.39 | 16091 | 0.58 |
| 销售收入（亿元） | 44.39 | 49.77 | 12.12 | 56.56 | 13.65 |
| 工业总产值（亿元） | 44.43 | 51.15 | 15.13 | 56.47 | 10.39 |
| 利税总额（亿元） | 10.71 | 12.58 | 17.43 | 14.39 | 14.40 |
| 其中：利润总额（亿元） | 4.73 | 5.67 | 20.03 | 6.35 | 12.00 |
| 亏损企业亏损总额（亿元） | 0.55 | 0.56 | 2.99 | 0.51 | —9.38 |
| 人均销售额（万元） | 28.68 | 31.11 | 8.15 | 35.15 | 13.00 |
| 人均利润额（万元） | 3.05 | 3.55 | 16.10 | 3.95 | 11.36 |
| 销售利润率（%） | 10.65 | 11.40 | 7.05 | 11.23 | —1.45 |

**2000～2002 年葡萄酒行业发展状况图**

图 5—4

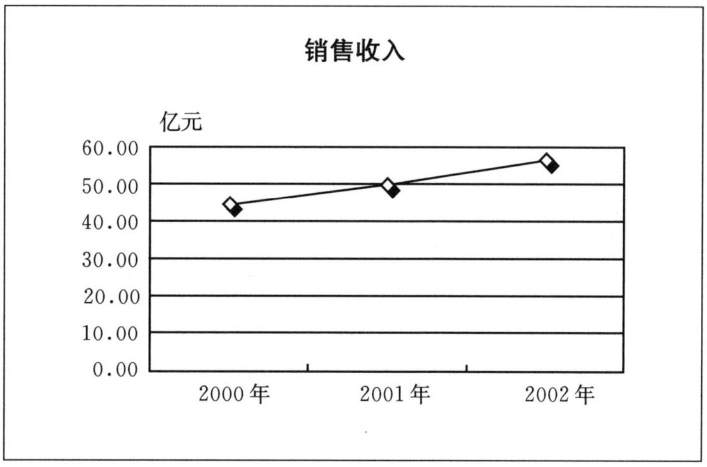

表 5—5　　2000～2002 年黄酒行业发展状况

| 项目 | 2000 年 | 2001 年 | | 2002 年 | |
|---|---|---|---|---|---|
| | | | 比上年增长（%） | | 比上年增长（%） |
| 企业数（个） | 97 | 91 | —6.19 | 92 | 1.10 |
| 其中：亏损企业数（个） | 22 | 25 | 13.64 | 16 | —36.00 |
| 从业人员数（人） | 19189 | 18485 | —3.67 | 17292 | —6.45 |
| 销售收入（亿元） | 22.81 | 25.58 | 12.15 | 29.21 | 14.17 |
| 工业总产值（亿元） | 4.88 | 4.98 | 2.19 | 5.65 | 13.43 |
| 利税总额（亿元） | 4.88 | 4.98 | 2.19 | 5.65 | 13.43 |
| 其中：利润总额（亿元） | 1.97 | 1.85 | —6.20 | 2.29 | 23.60 |
| 亏损企业亏损总额（亿元） | 0.25 | 0.45 | 76.38 | 0.21 | —52.61 |
| 人均销售额（万元） | 11.89 | 13.84 | 16.42 | 16.89 | 22.05 |
| 人均利润额（万元） | 1.03 | 1.00 | —2.63 | 1.32 | 32.13 |
| 销售利润率（%） | 8.64 | 7.23 | —16.36 | 7.83 | 8.26 |

**2000～2002 年黄酒行业发展状况图**

图 5—5

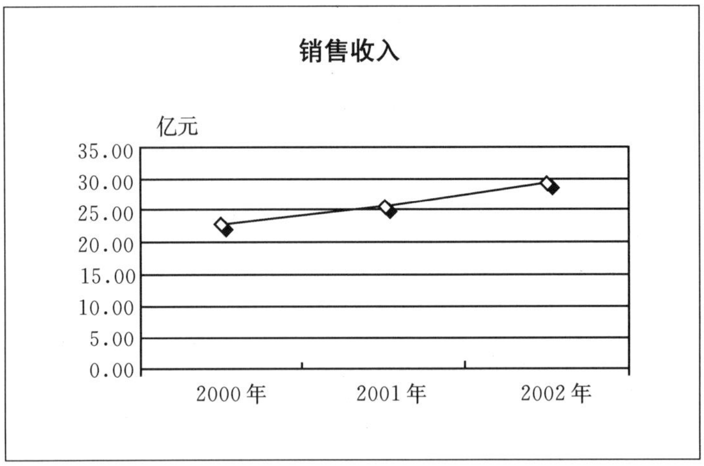

表 5－6

**2000～2002 年果露酒行业发展状况**

| 项目 | 2000 年 | 2001 年 | | 2002 年 | |
|---|---|---|---|---|---|
| | | | 比上年增长（%） | | 比上年增长（%） |
| 企业数（个） | 64 | 54 | －15.63 | 54 | 0 |
| 其中：亏损企业数（个） | 21 | 14 | －33.33 | 13 | －7.14 |
| 从业人员数（人） | 9982 | 7723 | －22.63 | 7855 | 3.00 |
| 销售收入（亿元） | 10.70 | 12.57 | 17.46 | 14.07 | 11.96 |
| 工业总产值（亿元） | 17.10 | 15.62 | －8.66 | 18.79 | 20.29 |
| 利税总额（亿元） | 2.10 | 2.15 | | 2.78 | 29.23 |
| 其中：利润总额（亿元） | 0.56 | 0.40 | －29.52 | 0.73 | 84.22 |
| 亏损企业亏损总额（亿元） | 0.29 | 0.41 | 44.57 | 0.44 | 6.12 |
| 人均销售额（万元） | 10.72 | 16.28 | 51.82 | 17.69 | 8.69 |
| 人均利润额（万元） | 0.56 | 0.51 | －8.91 | 0.92 | 78.85 |
| 销售利润率（%） | 5.24 | 3.15 | －40.00 | 5.17 | 64.54 |

**2000～2002 年果露酒行业发展状况图**

图 5－6

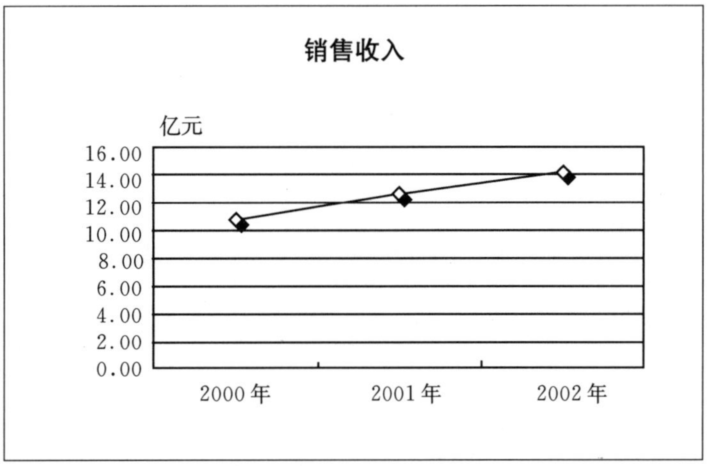

# 六、2001～2002年各行业按不同经济类型销售收入状况

表6—1　　酒精行业按不同经济类型销售收入状况

| 类型 | 2001年 | | 2002年 | |
|---|---|---|---|---|
| | 销售收入（亿元） | 占行业销售收入份额（%） | 销售收入（亿元） | 占行业销售收入份额（%） |
| 国有企业 | 19.03 | 33.05 | 14.25 | 23.41 |
| 集体企业 | 6.22 | 10.79 | 6.36 | 10.44 |
| 股份制企业 | 19.6 | 34.02 | 17.55 | 28.82 |
| 私营企业 | 8.29 | 14.40 | 10.42 | 17.11 |
| 三资企业 | 4.46 | 7.74 | 12.31 | 20.22 |

表6—2　　白酒行业按不同经济类型销售收入状况

| 类型 | 2001年 | | 2002年 | |
|---|---|---|---|---|
| | 销售收入（亿元） | 占行业销售收入份额（%） | 销售收入（亿元） | 占行业销售收入份额（%） |
| 国有企业 | 107.72 | 23.74 | 131.74 | 26.79 |
| 集体企业 | 29.51 | 6.50 | 25.43 | 5.17 |
| 股份制企业 | 139.63 | 30.77 | 141.49 | 28.78 |
| 私营企业 | 14.17 | 3.12 | 16.96 | 3.45 |
| 三资企业 | 162.69 | 35.86 | 175.96 | 35.79 |

表6—3　　啤酒行业按不同经济类型销售收入状况

| 类型 | 2001年 | | 2002年 | |
|---|---|---|---|---|
| | 销售收入（亿元） | 占行业销售收入份额（%） | 销售收入（亿元） | 占行业销售收入份额（%） |
| 国有企业 | 107.72 | 23.74 | 131.74 | 26.79 |
| 集体企业 | 29.51 | 6.50 | 25.43 | 5.17 |
| 股份制企业 | 139.63 | 30.77 | 141.49 | 28.78 |
| 私营企业 | 14.17 | 3.12 | 16.96 | 3.45 |
| 三资企业 | 162.69 | 35.86 | 175.96 | 35.79 |

表 6—4　　葡萄酒行业按不同经济类型销售收入状况

| 类型 | 2001 年 | | 2002 年 | |
|---|---|---|---|---|
| | 销售收入（亿元） | 占行业销售收入份额（%） | 销售收入（亿元） | 占行业销售收入份额（%） |
| 国有企业 | 18.46 | 37.09 | 19.14 | 33.85 |
| 集体企业 | 0.94 | 1.88 | 1.58 | 2.80 |
| 股份制企业 | 8.57 | 17.22 | 10.94 | 19.35 |
| 私营企业 | 2.22 | 4.46 | 3.28 | 5.81 |
| 三资企业 | 19.53 | 39.24 | 21.61 | 38.20 |

表 6—5　　黄酒行业按不同经济类型销售收入状况

| 类型 | 2001 年 | | 2002 年 | |
|---|---|---|---|---|
| | 销售收入（亿元） | 占行业销售收入份额（%） | 销售收入（亿元） | 占行业销售收入份额（%） |
| 国有企业 | 13.34 | 52.16 | 12.70 | 43.48 |
| 集体企业 | 1.24 | 4.84 | 0.58 | 1.97 |
| 股份制企业 | 7.99 | 31.22 | 12.10 | 41.43 |
| 私营企业 | 1.03 | 4.02 | 1.60 | 5.49 |
| 三资企业 | 1.98 | 7.76 | 2.23 | 7.63 |

表 6—6　　果露酒行业按不同经济类型销售收入状况

| 类型 | 2001 年 | | 2002 年 | |
|---|---|---|---|---|
| | 销售收入（亿元） | 占行业销售收入份额（%） | 销售收入（亿元） | 占行业销售收入份额（%） |
| 国有企业 | 1.46 | 11.63 | 1.02 | 7.24 |
| 集体企业 | 0.84 | 6.71 | 0.61 | 4.37 |
| 股份制企业 | 5.74 | 45.63 | 6.45 | 45.82 |
| 私营企业 | 3.75 | 29.84 | 5.08 | 36.13 |
| 三资企业 | 0.78 | 6.19 | 0.91 | 6.44 |

# 七、2001～2002年各行业按不同规模企业销售收入状况

表 7—1　　酒精行业按不同规模企业销售收入状况

| 类型 | 2001年 | | 2002年 | |
|---|---|---|---|---|
| | 销售收入（亿元） | 占行业销售收入份额（%） | 销售收入（亿元） | 占行业销售收入份额（%） |
| 大型 | 25.55 | 41.96 | 22.11 | 38.38 |
| 中型 | 7.10 | 11.66 | 9.56 | 16.60 |
| 小型 | 28.24 | 46.38 | 25.93 | 45.02 |

表 7—2　　白酒行业按不同规模企业销售收入状况

| 类型 | 2001年 | | 2002年 | |
|---|---|---|---|---|
| | 销售收入（亿元） | 占行业销售收入份额（%） | 销售收入（亿元） | 占行业销售收入份额（%） |
| 大型 | 276.92 | 61.03 | 308.83 | 62.81 |
| 中型 | 100.06 | 22.05 | 103.51 | 21.05 |
| 小型 | 76.74 | 16.91 | 79.36 | 16.14 |

表 7—3　　啤酒行业按不同规模企业销售收入状况

| 类型 | 2001年 | | 2002年 | |
|---|---|---|---|---|
| | 销售收入（亿元） | 占行业销售收入份额（%） | 销售收入（亿元） | 占行业销售收入份额（%） |
| 大型 | 276.92 | 61.03 | 308.83 | 62.81 |
| 中型 | 100.06 | 22.05 | 103.51 | 21.05 |
| 小型 | 76.74 | 16.91 | 79.36 | 16.14 |

表 7—4　　葡萄酒行业按不同规模企业销售收入状况

| 类型 | 2001年 | | 2002年 | |
|---|---|---|---|---|
| | 销售收入（亿元） | 占行业销售收入份额（%） | 销售收入（亿元） | 占行业销售收入份额（%） |
| 大型 | 30.98 | 62.26 | 32.72 | 57.85 |
| 中型 | 14.02 | 28.17 | 19.63 | 34.70 |
| 小型 | 4.86 | 9.57 | 4.22 | 7.46 |

表 7—5 黄酒行业按不同规模企业销售收入状况

| 类型 | 2001年 | | 2002年 | |
|---|---|---|---|---|
| | 销售收入（亿元） | 占行业销售收入份额（%） | 销售收入（亿元） | 占行业销售收入份额（%） |
| 大型 | 13.06 | 51.04 | 14.39 | 49.26 |
| 中型 | 5.23 | 20.45 | 5.93 | 20.29 |
| 小型 | 7.29 | 28.51 | 8.89 | 30.45 |

表 7—6 果露酒行业按不同规模企业销售收入状况

| 类型 | 2001年 | | 2002年 | |
|---|---|---|---|---|
| | 销售收入（亿元） | 占行业销售收入份额（%） | 销售收入（亿元） | 占行业销售收入份额（%） |
| 大型 | 7.07 | 56.27 | 7.02 | 56.98 |
| 中型 | 1.15 | 9.17 | 0.79 | 5.61 |
| 小型 | 4.35 | 34.57 | 5.27 | 37.41 |

# 八、2001～2002年酿酒工业全部国有及销售收入500万元以上的非国有企业主要产品产量

表 8 单位：万吨

| 酒种 | 2001年 | 2002年 |
|---|---|---|
| 饮料酒 | 2750.16 | 2886.84 |
| 酒精 | 198.4 | 212.86 |
| 白酒 | 402.97 | 378.47 |
| 啤酒 | 2233.81 | 2386.83 |
| 葡萄酒 | 26.88 | 28.81 |

# 九、2002 年酿酒工业部分产品进出口情况

表 9

**2002 年酿酒工业部分产品进口情况**

| 项　目 | 进口 | | 出口 | |
|---|---|---|---|---|
| | 金额（万美元） | 数量（吨） | 金额（万美元） | 数量（吨） |
| 蒸馏葡萄酒制得的烈性酒 | 219.77 | 324.41 | 4283.49 | 2832.22 |
| 威士忌酒 | 57.04 | 198.02 | 1173.44 | 2067.88 |
| 朗姆酒及其他甘蔗蒸馏酒 | 20.36 | 343.21 | 7.31 | 29.11 |
| 杜松子酒 | 0 | 0 | 37.16 | 143.67 |
| 伏特加酒 | 2.39 | 7.21 | 88.73 | 324.89 |
| 利口酒及柯迪尔酒 | 1.73 | 1.47 | 105.46 | 339.91 |
| 制造饮料用复合酒清制品 | 0.40 | 0.15 | 0.63 | 1.00 |
| 未改性乙醇，按容量计酒精浓度在 80%及以上 | 61.50 | 1435.47 | 3086.46 | 99748.21 |
| 任何浓度的改性乙醇及其他酒精 | 125.55 | 2122.22 | 539.29 | 15500.00 |

**2002 年酿酒工业部分产品进出口情况比例图**

图 9—1

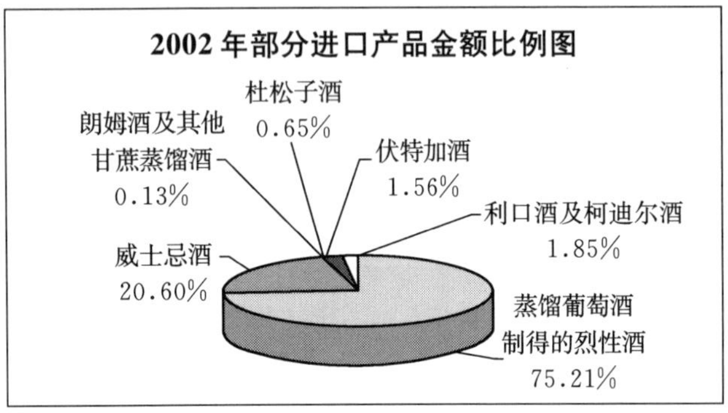


图 9—2

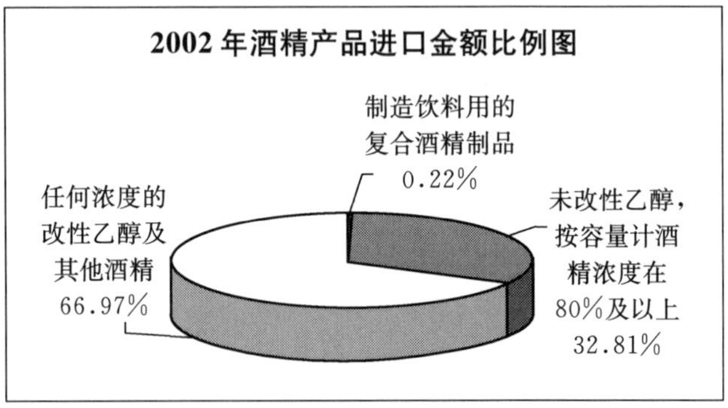


图 9—3

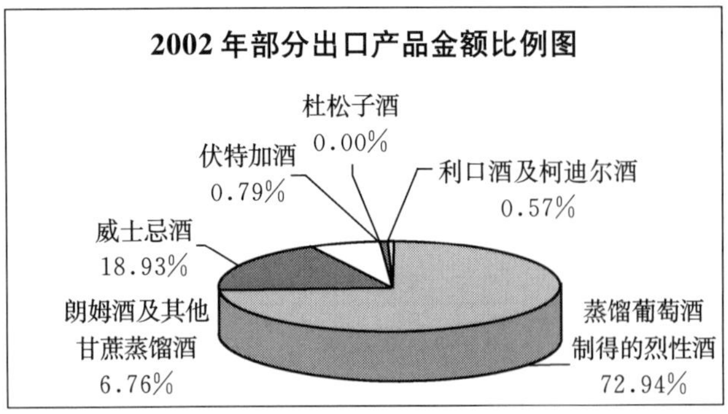


图 9—4

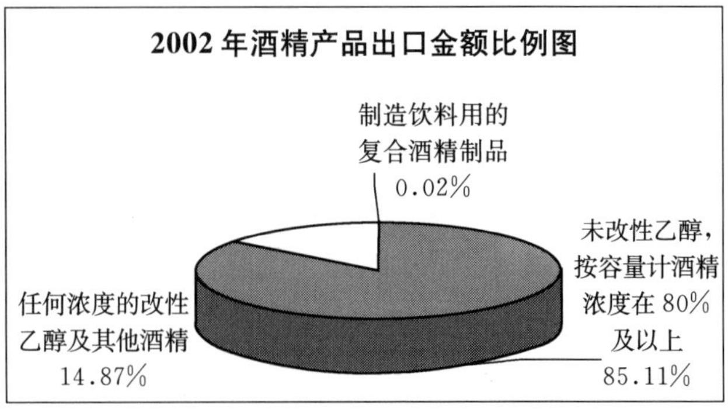

# 十、1999～2002年各行业产品进出口情况

表10－1　　1999～2002年酒精产品进出口情况

| | | 1999年 | 2000年 | 2001年 | 2002年 |
|---|---|---|---|---|---|
| 金额（万美元） | 进口 | 166.50 | 77.09 | 6. 51 | 187. 46 |
| | 出口 | 1688. 48 | 4258. 17 | 7985. 24 | 3626. 38 |
| 数量（吨） | 进口 | 5080. 00 | 625. 90 | 455. 50 | 3557. 80 |
| | 出口 | 40572. 7 | 152294. 90 | 248751. 10 | 115249. 30 |

1999～2002年酒精产品进出口情况图

图10－1

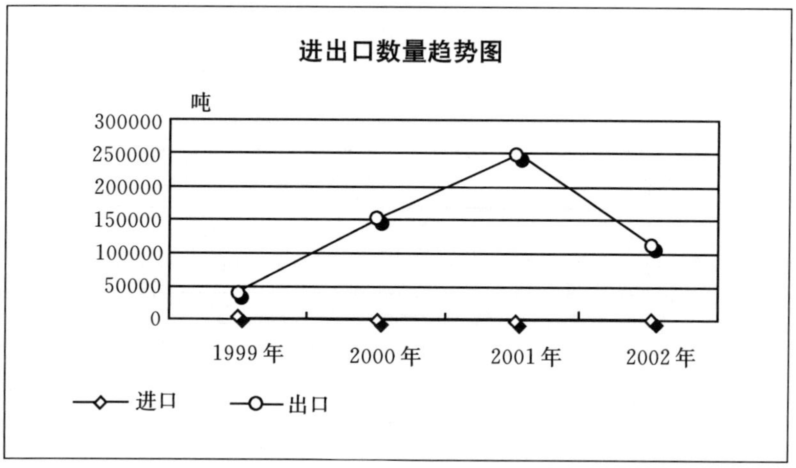


图10－2

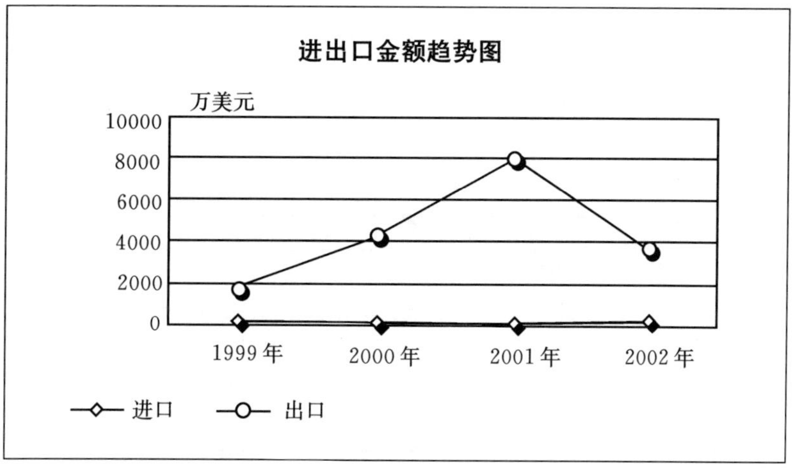

表 10－2

**1999～2002 年白酒产品进出口情况**

| | | 1999 年 | 2000 年 | 2001 年 | 2002 年 |
|---|---|---|---|---|---|
| 金额（万美元） | 进口 | 1468.22 | 2900.60 | 3944.99 | 5695.58 |
| | 出口 | 350.36 | 130.89 | 66.19 | 301.28 |
| 数量（吨） | 进口 | 1472.30 | 3594.60 | 4918.80 | 5737.70 |
| | 出口 | 552.50 | 240.70 | 300.60 | 874.30 |

**1999～2002 年白酒产品进出口情况图**

图 10－3

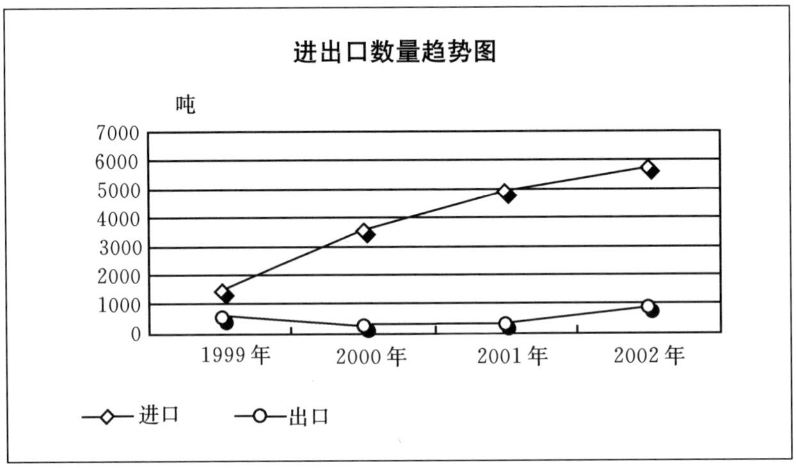


图 10－4

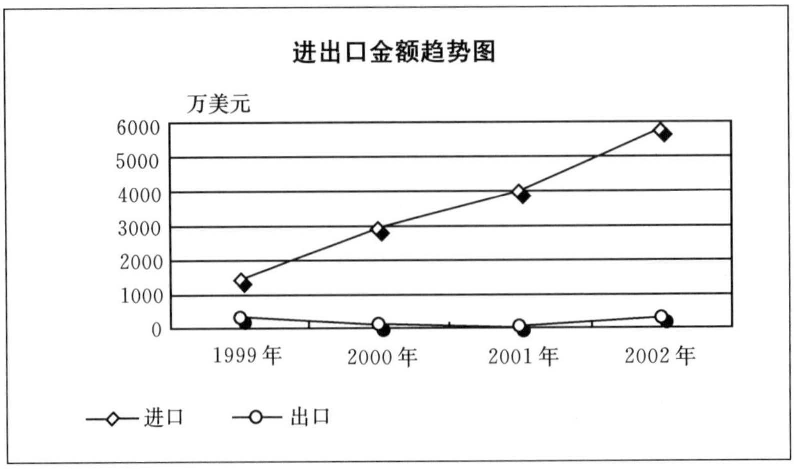

表 10－3　　**1999～2002 年啤酒产品进出口情况**

| | | 1999 年 | 2000 年 | 2001 年 | 2002 年 |
|---|---|---|---|---|---|
| 金额（万美元） | 进口 | 6304. 71 | 9292.63 | 6942.80 | 5246.15 |
| | 出口 | 3030.07 | 3960.13 | 4065.64 | 6812.82 |
| 数量（吨） | 进口 | 58210.40 | 71633.90 | 53575.40 | 53585.20 |
| | 出口 | 60394.60 | 84422.70 | 83470.70 | 130451.30 |

**1999～2002 年啤酒产品进出口情况图**

**图 10－5**

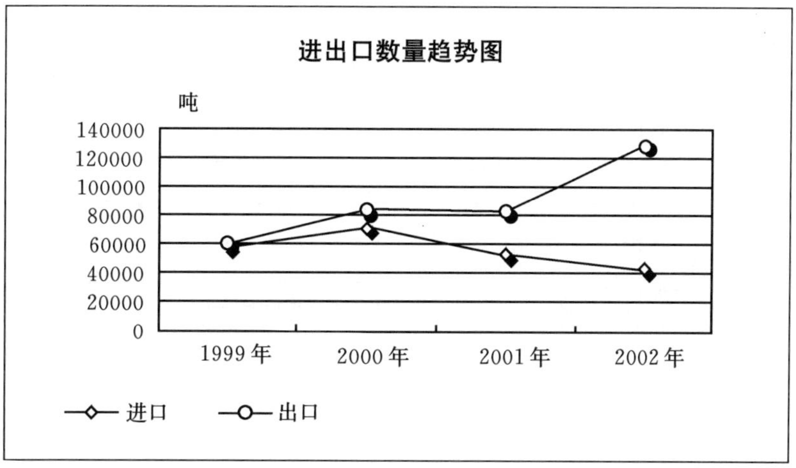


**图 10－6**

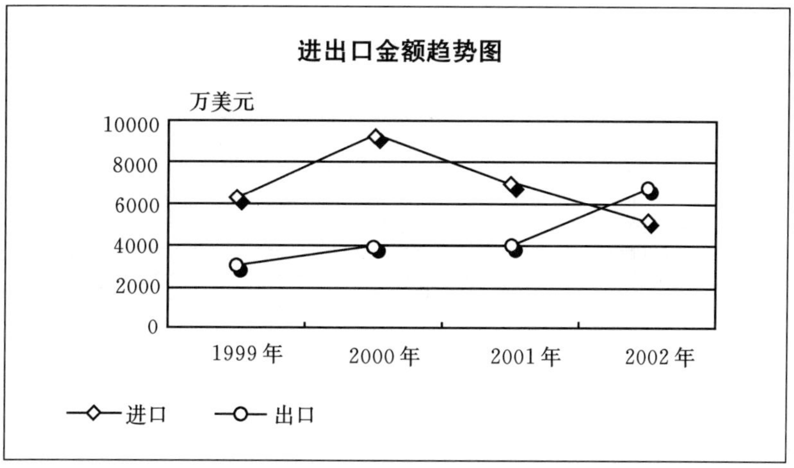

表 10－4　　1999～2002 年葡萄酒产品进出口情况

| | | 1999 年 | 2000 年 | 2001 年 | 2002 年 |
|---|---|---|---|---|---|
| 金额（万美元） | 进口 | 3462.39 | 2847.41 | 2384.74 | 2340.62 |
| | 出口 | 696.95 | 671.36 | 601.07 | 492.15 |
| 数量（吨） | 进口 | 44479.70 | 35183.60 | 29343.70 | 30573.00 |
| | 出口 | 5504.50 | 5046.30 | 4130.30 | 3590.50 |

**1999～2002 年葡萄酒产品进出口情况图**

图 10－7

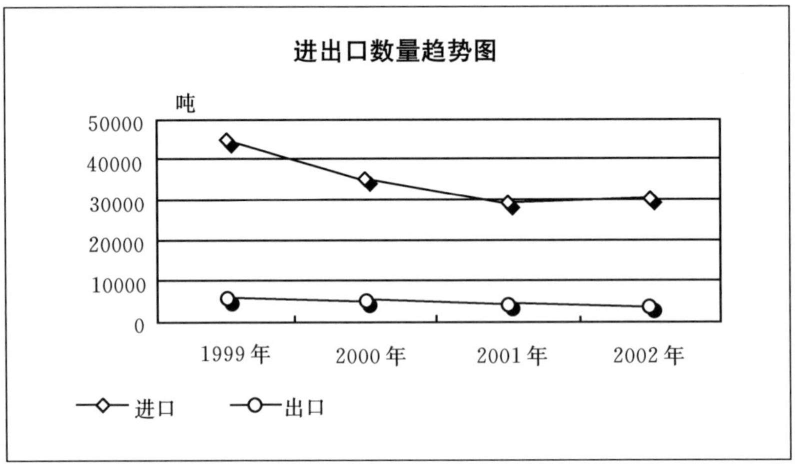


图 10－8

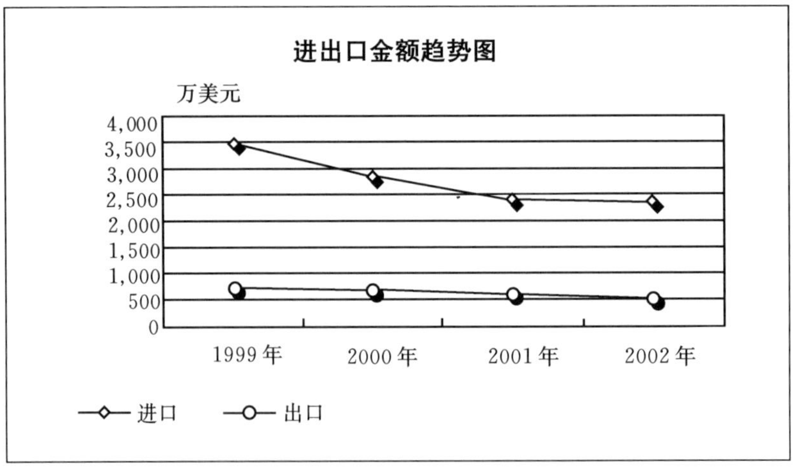

表 10－5　　**1999～2002 年黄酒产品进出口情况**

| | | 1999 年 | 2000 年 | 2001 年 | 2002 年 |
|---|---|---|---|---|---|
| 金额（万美元） | 进口 | 36.48 | 61.75 | 62.43 | 66.00 |
| | 出口 | 2403.36 | 2841.94 | 2645.73 | 2724.42 |
| 数量（吨） | 进口 | 341.20 | 792.20 | 1214.50 | 718.30 |
| | 出口 | 18200.80 | 24041.10 | 23509.70 | 26390.10 |

**1999～2002 年黄酒产品进出口情况图**

**图 10－9**

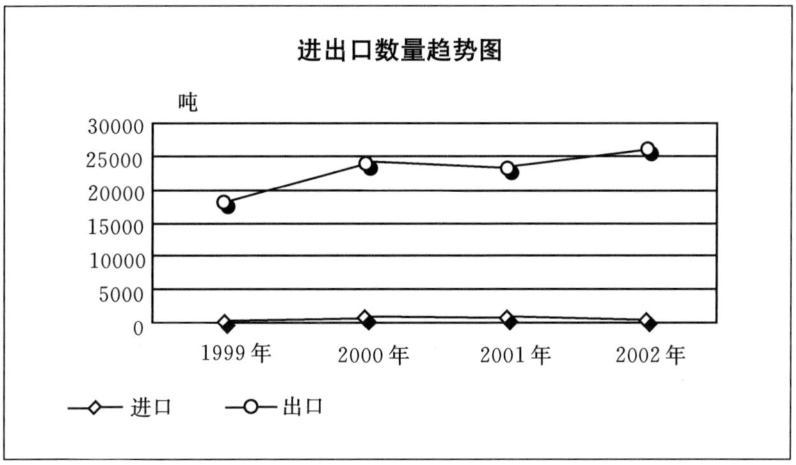


**图 10－10**

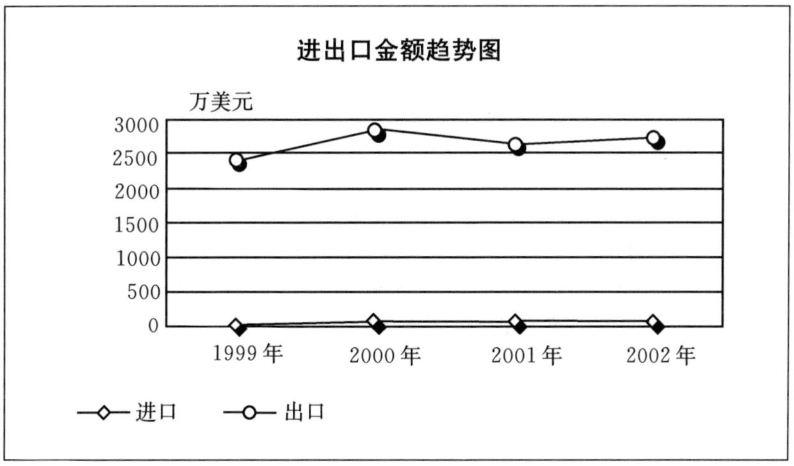

表 10－6　　1999～2002 年果露酒产品进出口情况

| | | 1999 年 | 2000 年 | 2001 年 | 2002 年 |
|---|---|---|---|---|---|
| 金额（万美元） | 进口 | 36.48 | 61.75 | 64.23 | 66.00 |
| | 出口 | 2403.36 | 2841.94 | 2645.73 | 2724.42 |
| 数量（吨） | 进口 | 341.20 | 792.20 | 1214.50 | 718.30 |
| | 出口 | 18200.80 | 24046.10 | 23509.70 | 26390.10 |

**1999～2002 年果露酒产品进出口情况图**

图 10－11

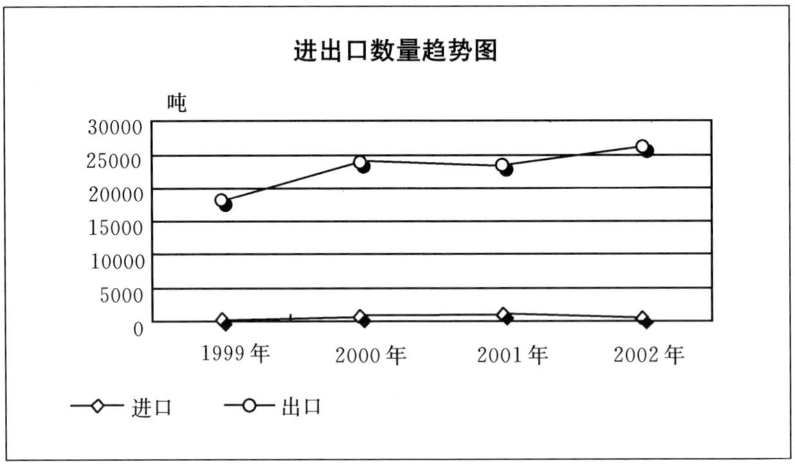


图 10－12

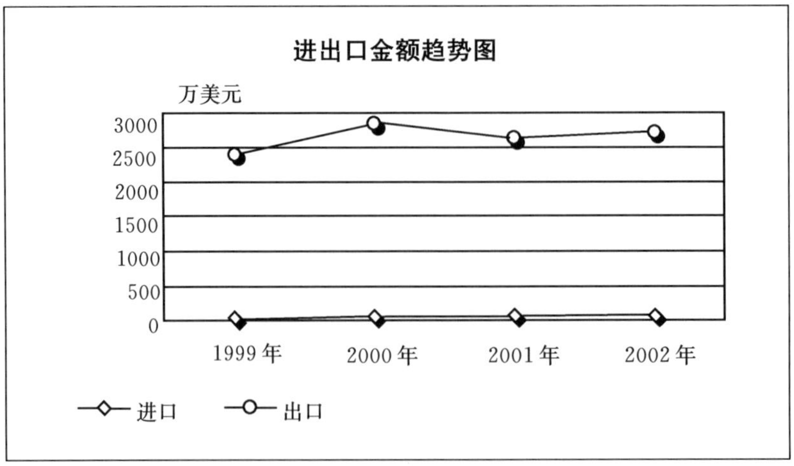

燕京20年
跨越世界啤酒业100年历程
诚信
铸就未来
每一杯，都斟满了
经营理念
以情做人 以诚做事
以信经商
Motto for managment
Feeling for our behaviors
Sincerity for our conducts
Faith for our business
燕京啤酒
YANJING BEER
中国名牌 中国驰名商标
人民大会堂 国宴特供酒
实力打造精品 科技铸就名牌

燕京啤酒
BEI JING YANJING BEER GROUP CORP
燕京啤酒特点
经过多道工序细选优质大麦，燕山山脉地下220米
深层无污染矿泉水，纯正啤酒花、典型高发酵度酵母，
不遗余力追求技术领先
始终以中国人口味为坚持，真诚酿造中国人的啤酒。
燕京啤酒：中国啤酒制造专家。
饮燕京啤酒
交天下朋友
董事长兼
总经理：
主打产

经典产品

风格产品

便携产品

燕京20年
燕京啤酒
YANJING BEER
跨越世界啤酒业100年历程
国民生产总值每年增长8%，那是中国创造的奇迹，
工业总产值每年增长43.5%，那是深圳创造的奇迹，
啤酒年产销量20年增长200倍，
企业资产总值20年增长1000倍，
——这是燕京啤酒创造的奇迹。
燕京啤酒用仅仅20年的时间，
年产量从建厂时的几千吨增长到现在的208万吨，
总资产从建厂时的640万元增长到现在的72亿元！
燕京啤酒以奇迹般的速度，
用20年的时间跨越世界啤酒业100年历程。
北京燕京啤酒集团公司
依靠总资产72亿的实力，强大的科研力量
打造出中国啤酒企业的航母，创立民族工业品牌
燕京啤酒：中国驰名商标
人民大会堂国宴特供酒 中国名牌产品
燕京牌啤酒连续8年产销量居同行前列
燕京品牌价值：61.59亿元
燕京啤酒
YANJING BEER
中国名牌产品 中国驰名商标
人民大会堂 国宴特供酒
实力打造精品 科技铸就名牌

# 北京燕京啤酒集团公司

燕京1980年建厂，1993年组建集团。在发展中燕京本着“以情做人、以诚办事、以信经商”企业经营理念；始终坚持了：走内涵式扩大生产道路，在滚动中发展，年年进行技术改造，使企业不断发展壮大；坚持依靠科技进步，促进企业发展，建立国家级科研中心，引入尖端人才，依靠科技抢占先机；积极进入市场，率先建立完善的市场网络体系，适应市场经济要求，目前全国市场占有率达到10% 以上，华北市场40%，北京市场在85% 以上；积极完成股份制改造，由产品经营转向产品与资本双向经营，1997年两地上市，独特的“红筹背景、A股身份”股权结构模式，为燕京快速稳定的发展提供了雄厚的资金保障；精心打造企业文化，长期培育的“尽心尽力的奉献精神，艰苦奋斗的创业精神，敢打硬仗的拼搏精神，顾全大局的协作精神，为企业分忧的主人翁精神” 以奉献机制与激励机制相结合的分配模式，促进企业快速发展。经过20年快速、健康的发展，燕京已经成为中国大型啤酒企业集团之一。2002年啤酒产销量208万千升、销售收入47亿元、实现利税11. 35亿元、实现利润3. 1亿元。——燕京用20年的时间跨越了世界啤酒业100年的发展历程。

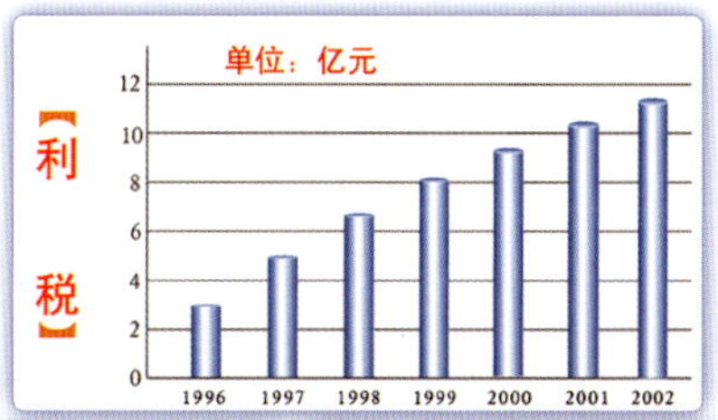


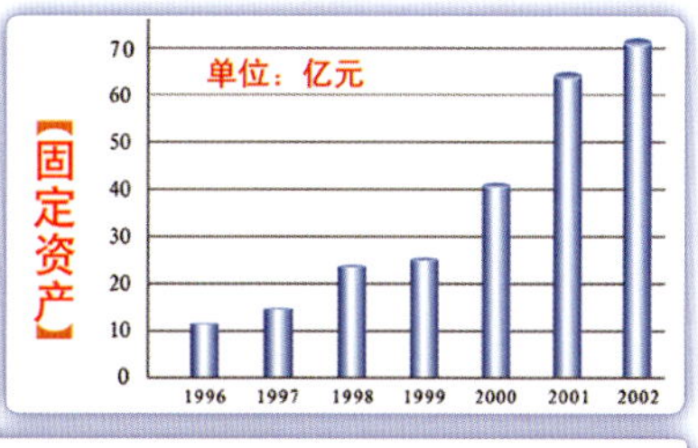


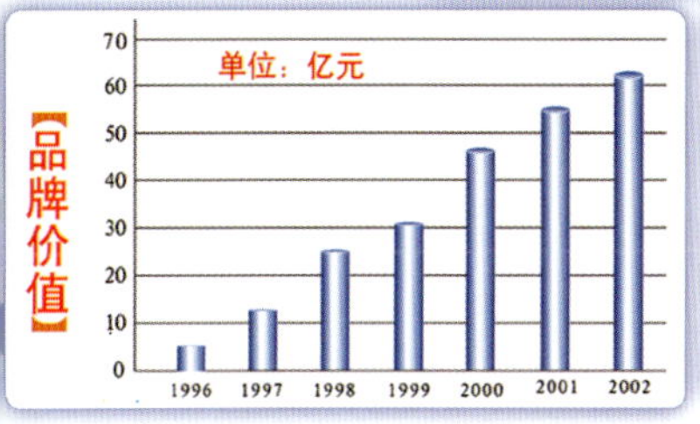


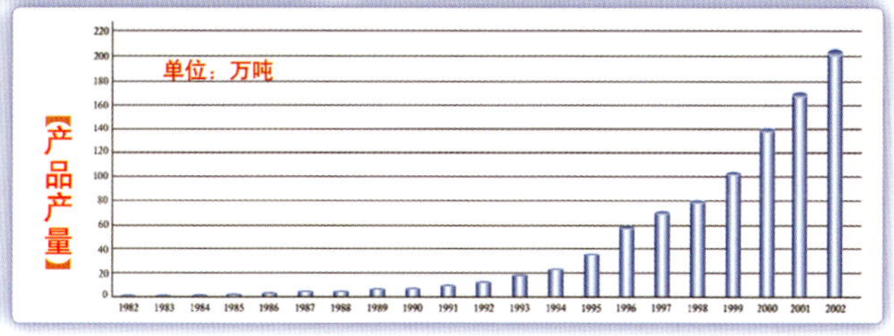


目前燕京发展成为拥有有形资产72亿元、商标商誉价值61. 59亿元，员工21000人，占地273万平方米，拥有控股子公司（厂）23个，其中啤酒生产企业16个，相关和附属产品企业7家。燕京总部是亚洲最大的啤酒生产厂。连年被评为全国500家最佳经济效益工业企业、中国行业百强企业。高品质的燕京啤酒先后荣获“第31届布鲁塞尔国际金奖”，“首届全国轻工业博览会金奖”，“全国啤酒行业优质产品奖”，“全国行业质量评比优质产品奖”，并获“全国啤酒质量检测A级产品”，“全国轻工业优质产品”，“全国用户满意产品”，“北京市名牌产品”，“中国名牌产品”等多项荣誉称号。燕京啤酒被指定为“人民大会堂国宴特供酒”、国际航空公司配餐用酒。1997年燕京牌商标被国家工商局认定为“驰名商标”。燕京啤酒品牌产销量在世界啤酒品牌产销量中列第15位。

中国加入WTO以来，面对激烈的国际竞争，燕京将继续保持快速、稳定、健康的发展，坚持从四个方面做强：

一、是把工艺、技术装备水平做强，使之达到国际先进水平，

二、是把品牌做强，使燕京成为世界啤酒行业的国际知名品牌。

三、是把市场网络做强，建立强有力的市场网络，掌握竞争中的主动权。

四、把经济实力做强，每年资本积累2亿元以上，使企业发展注入强大的资本动力和资本保障。

燕京将坚持“发展民族啤酒工业，争创国际知名品牌“的信念积极参与国际市场竞争。

## 燕京下一步的目标是：

1、2005年啤酒产销量达到300万千升，进入世界啤酒前十强。

2、积极开发国际和国内两个市场，实现燕京品牌的国际化提升。

3、燕京将按照积极而稳妥的方针，向相关领域进军，向矿泉水、饮料、生物食品、生物制药领域进军，培育新的经济增长点。争取 2010年啤酒产销量达到500万千升，形成世界级的大型啤酒企业集团。

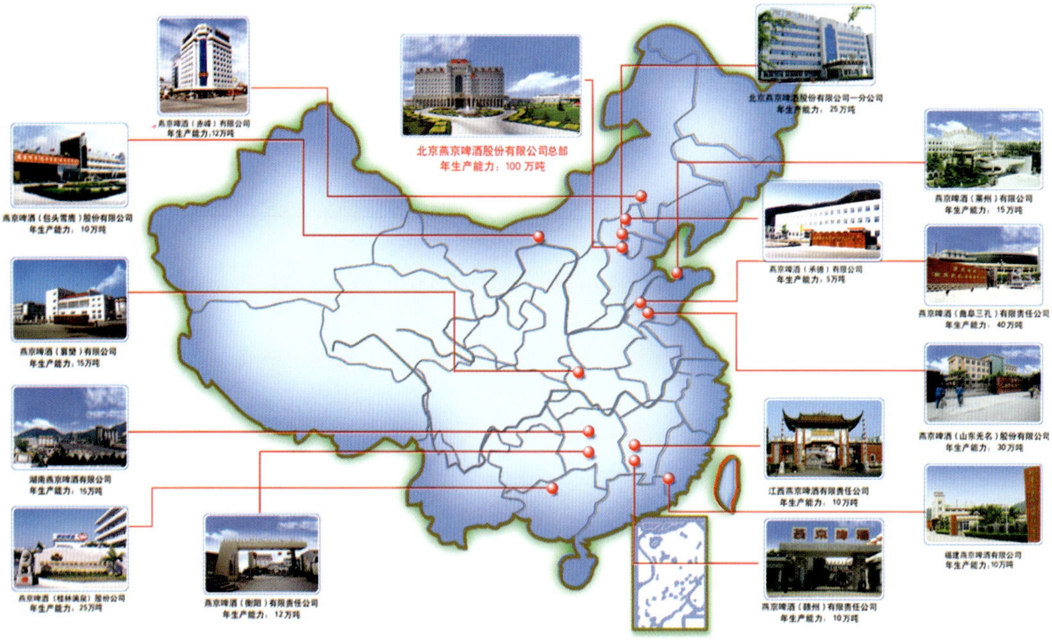

燕京啤酒 清爽世界
燕京下一步的目标是
1. 2005年啤酒产销量达到300万千升，进入世界啤酒前十强。
2. 积极开发国际和国内两个市场，实现燕京品牌的国际化提升。
3. 燕京将按照积极而稳妥的方针，向相关领域进军，向矿泉水、饮料、生物食品、生物制药领域进军，培育新的经济增长点。
争取2010年啤酒产销量达到500万千升，
形成世界级的大型啤酒企业集团。
中国名牌产品 中国驰名商标
国宴特供酒
力打造精品 科技铸就名牌
燕京啤酒
纯生

# 企业篇

# Yearbook of China Alcoholic Drinks Industry

## Enterprises

# 中国贵州茅台酒厂有限责任公司

## 千年砺淬 华夏之光

在新中国建立和茅台酒厂成立以前，茅台酒曾经历了一个悠久、灿烂，然而又是艰难曲折的历程。正是岁月的淬砺，人民群众用劳动和智慧孕育出了茅台酒这一国之瑰宝。

茅台酒历史悠久，源远流长。据《史记》记载，早在西汉武帝年间，即距今2100多年前，今日的茅台镇一带，已经生产有甘美可口的果酒——枸酱了。但最初的茅台酒作坊创办于距今400年左右，即明代万历或嘉靖年间。

在清代初期，茅台酒的声誉已经很高，成为大家公认的贵州名酒。据《续遵义府志》记载："茅台酒，出自仁怀县西茅台村，黔省称第一。《近泉居杂录》制法，纯用高粱作沙，蒸熟和小麦曲三分，纳酿地窖中，经月而出蒸烤之，即烤而复酿，必经数回然后成。初曰生沙，三四轮曰燧沙，六七轮曰大回沙，以次概曰小回沙，终乃得酒可饮，品之醇，气之香，乃百经自具，非假曲与香料而成，造法不易，他处难以仿制，故独以茅台称也……"茅台酒生产作坊自清同治六年在被毁废墟上恢复重建之后，直到新中国成立前后，80余年的发展中主要有三家酿酒作坊，当地称之为"烧房"。

到1949年贵州解放前夕，三家烧房共有窖坑41个，年产茅台酒60000公斤左右。

然而，尽管茅台酒销路好，利润高，但三家烧房历经80多年的发展却是举步维艰。尽管1947年，全年产量达到60吨，但到1949年时局骤变，年产量降为20吨，生产难以为继。1950年2月茅台镇解放时，三家烧房已处于停产状态。

## 久旱逢甘霖 国宝新生

1949年中华人民共和国成立，历史翻开了新的篇章。

解放后，人民政府对私营企业采取了扶持的政策，当年就贷款2400万元（旧币），供应小麦3000公斤帮助他们恢复生产。三家私人烧房经过赎买、没收与接管，全部转变为地方国营茅台酒厂，并于1953年8月1日由省专卖事业局划归贵州省工业厅领导，为工业厅直属企业，正式名称为"贵州省茅台酒厂"。鉴于茅台酒的卓越品质，加之当年工农红军长征时，途经贵州仁怀时，与中国革命、与红军指战员有过一段特殊而深厚的渊源，因此解放以后，国家许多重大国事、外交活动和场合都指定使用茅台酒，实际上成为代表国家和政府礼仪的"国酒"。1955年，周恩来总理又强调茅台酒是"国酒"，要保证质量。1975年，王震同志在全国食品工作会议上再次指出茅台酒是"国酒"。1986年7月，经国家商标局企业司批准，更名为“中国贵州茅台酒厂”。随着我国改革开放的不断深入，社会主义市场经济的发展，1997年中国贵州茅台酒厂改制为“中国贵州茅台酒厂（集团）有限责任公司”，“茅台酒厂”的发展进人了一个崭新的历史阶段。

**加速发展，做大做强**

茅台酒历来是紧俏产品，长期处于供不应求的状态。1978年，茅台酒的产量首次突破千吨关，达到1068吨，随后逐年上升。“六五”计划后期，为了提高生产能力，茅台酒厂报经国家计委后获准于“七五”期间扩建800吨/年工程，1998年下半年，该工程完成投产，茅台酒厂形成了2000吨/年的生产能力；期间1982～1985年还进行了年产1200吨的填平补齐项目。

“七五”期间，茅台酒厂通过各方面集资（包括国家投资、银行贷款和企业自筹资金）达1.5亿元，对企业进行全面的改造和扩建，实际完成投资1.35亿元。到1990年共完成建筑面积9.32万平方米，其中在基本建设方面完成投资5631.64万元，在技术改造和生活设施建设方面，完成投资7819.04万元，全面治理了厂区滑坡，改造了旧的厂房和生产设施，修建了职工宿舍和文化生活设施，极大地改善了生产和生活条件，并使厂容厂貌发生了根本性变化。同时，这些建设，也为企业生产快速发展创造了重要的物质条件。

“八五”期间，茅台酒厂上马了年产2000吨的扩建工程，该工程1996年竣工，使茅台酒产量在原有基础上翻了一番，规模达到4000吨/年。1996年茅台酒厂工业总产值，茅台酒生产、销售、销售收入、实现利润、出口创汇等主要经济技术指标都创下了当时历史最高水平。其中出口创汇1000万美元，向国家纳税1.76亿元。

“九五”期间，茅台酒厂又完成了年产2000吨的扩建工程。在此期间，即1998年以后，茅台酒厂经历了一次历史性的大转折，企业完全从计划经济的体制中走出来，投身市场经济的战场，各方面的发展攀上了新的高峰。至2001年，茅台酒产量达7300吨，茅台集团公司的白酒总产量则超过万吨，销售收入突破20亿元，利税总额达到12亿元，资产总值达到52亿元；销售收入在全国白酒行业中从第七位一跃而起，从1999年起，已连续排名在第二位。茅台酒厂建厂以来不断从一个台阶攀上一个新的台阶，1987年获国家二级企业，1991年获国家一级企业，1994年晋升为国家特大型企业，获国家企业管理的最高奖——金马奖，比照建厂初期，50年后的今天，产量已是当初的100余倍，总资产、利税等指标更是超过当年数十万倍。

进入21世纪，茅台酒厂进一步实施“一品为主，多品开发，做好酒的文章；一业为主，多种经营，跳出酒的天地”的发展战略，1997年茅台酒厂改制为“中国贵州茅台酒厂（集团）有限责任公司”，企业由工厂制改为公司制，紧接着又进行了股份制改造，“贵州茅台酒股份有限公司”2001年成功在上海证券交易所上市；万吨茅台酒生产新区奠基；参股交通银行、南方证券、华创证券、泰和保险；按照国家和贵州省的部署，相继兼并习酒厂、地方名酒怀酒厂，与遵义啤酒厂进行联合重组，斥资1亿多元在遵义兴建现代化啤酒工业园，茅台啤酒厂10

万吨扩建工程竣工；在河北省昌黎收购、投建“茅台干红”项目，建成万吨葡萄酒生产线……。建厂50年至今，一个深居山区的作坊式的小工厂，已建设、形成以茅台酒厂为核心，以国酒茅台为龙头，以酿酒工业为基础的跨行业、跨地区、跨所有制的具有母子公司结构的大型企业集团。

更为重要的是茅台酒、茅台酒厂经过50年的积累——生产、科技、管理、产品质量、企业信誉、体制、机制、企业文化等等的健康发展，已综合形成巨大的企业和市场资源，使企业有着雄厚的可持续发展的后劲。如今茅台酒厂——中国茅台集团正向着“年销售收入40亿元以上，利税总额20亿元以上”的下一个目标前进，“中国茅台”的金光大字，将带着中国人民的骄傲更加辉耀环宇。

**质量第一，永葆国酒荣誉**

茅台酒自1915年巴拿马万国博览会获奖后载誉至今，在国内白酒行业中独领风骚，同时在国外也享有极高的声誉，成为与法国科涅克的白兰地、英国苏格兰的威士忌齐名的世界三大名白酒，被人们誉为酒林明珠，国之瑰宝。

早在建厂初期的1956年，厂党委就组织职工学习和贯彻执行全国八大名酒会议上轻工部提出的“恢复、巩固、提高”（即恢复原有工艺操作，恢复原料配方，恢复原有厂址、水源，巩固成绩，提高产品质量）的指导方针，总结制定出“茅台酒传统工艺的14项操作要点”，使茅台酒传统工艺第一次系统地用文字记载下来。

在20世纪80年代初期，茅台酒厂又进一步提出了“靠一流管理，创一流效益”的奋斗目标。

围绕保证产品质量问题，从茅台酒特殊的生产传统工艺出发，系统地总结和建立健全了4项管理制度、7项检验制度和9个质量考核指标，形成了完整的质量检验保证体系。仅7项检验制度的主要内容就有64项。有关生产管理标准实行了严格的经济责任制，采用18种管理手段来控制质量标准。茅台酒以酱香为主，厂里明确规定生产达标有奖，既有激励机制又有约束机制，鼓励人人达到质量、产量指标。

为了确保茅台酒的产品质量，茅台酒厂借助于现代化的科学仪器，从辅助材料、原材料、半成品到成品，对几十个项目要作科学严密的分析检验，使每一项目都符合产品质量要求的指标。与此同时，不丢掉在长期实践中形成和传授下来的品评茅台酒的绝招，使用“眼观色，鼻嗅香，口尝味”的传统方法，凭人的感觉器官检验产品质量。现代科学检测手段与专家品评绝招相结合，恰似给茅台酒质量检测上了双保险。

在20世纪80年代中期，茅台酒厂又引进了日本全面质量管理办法，一改长期以来主要靠师傅把质量关的管理方法为全体员工都参与，经过全员培训，规范操作程序和操作工艺，使质量有了全面提高。1994年以来，经过认真贯彻国际质量管理方法，通过了ISO9000国际认证体系的认证。

为了有利于酿造茅台酒必须的多种微生物的繁殖生长，有利于稳定和提高茅台酒的质量，有利于巩固和扩大茅台酒的市场阵地，茅台酒厂花大的代价改善环境，使生产厂区成为亭阁楼台，小桥流水，芳草萋萋，绿树成荫，窗明几净，空气清新的花园式工厂，为了保护名牌、保护企业以及消费者的合法权益，同时保护消费者和市场真正享受高品质的茅台酒，茅台酒厂在打假、防假方面走出了几大步：第一步用激光防伪，第二步采用条码，第三步进口日本瓶子，第四步进口意大利瓶盖，第五步不惜高代价采用美国 3M 的防伪技术。

长期以来大量、艰苦、细致、科学的工作获得了丰硕的成果：

新中国成立后，茅台酒被誉为“国酒”、“外交酒”，一直作为我国政府举办国宴和馈赠外国高级贵宾的特级名酒，1954 年的日内瓦会议，1955 年的万隆会议，1956 年中缅芒市联欢会，以及 1972 年中美建交等等，党和国家领导人均以茅台酒招待国际友人，获得了特殊的好评，在这些重大的国事活动中发挥特殊的作用，为国家争得了荣誉。由此，也极大地提高了茅台酒的声誉。

1952 年，在全国第一次评酒会上，茅台酒被列为全国八大名酒之首；1963 年，全国第二次评酒会，茅台酒又获得了轻工业部颁发的奖状和金质奖章；1979、1984、1989 年在第三、四、五次全国评酒会上，“贵州茅台”和“飞天”茅台酒荣获国家经济委员会颁发的金质奖章，同时获轻工业部全国酒类大赛的金杯奖；1989 年第五次全国评酒会“飞天”茅台酒又继续被评为全国名酒之首，获国家五连冠金奖；1992 年，“汉帝茅台”获“中华百绝博览会”特别奖。

在国际上，1985 年茅台酒获巴黎国际美食及旅游委员会颁发的国际商品金桂叶奖；1986 年，在巴黎举行的第十二届国际食品博览会上，茅台酒再次获得金牌奖；1987、1989 年连续 2 次获北京国际博览会金奖；1992 年茅台酒及包装又获 4 次国际金奖，即：美国国际名酒博览会金奖，香港国际博览会最高金奖，日本东京第四届国际酒类博览会金奖，汉帝茅台获法国巴黎'92 世界之星包装奖；1996 年在巴拿马万国博览会 80 周年纪念时，又夺得特别金奖；2001 年被国家列为原产地域保护产品；我国白酒行业惟一通过绿色食品认证和有机食品认证的产品；等等。

多年以来企业内部质量考核指标——合格率、香型酒的比例始终保持稳定或有所提高。

行业主管部门以及中国食品质量检测中心和轻工业部食品发酵研究所等权威部门，对茅台酒质量监测了一二十年，专家们一致评价：“茅台质量如此稳定，香气成分保持在一个水平线上。浓香型的酒达到这个水平是可以理解的，而茅台酒不允许加一滴水和一粒香精，香气能达到这个水平，真是不可思议。”

**品牌战略硕果累累**

茅台酒是世界三大名酒（蒸馏酒）之一。然而，国外蒸馏酒特点之一是酒度较低，如法国白兰地、苏联伏特加酒度都在 40 度上下，英国威士忌酒度分为 37、40、43 度 3 种，日本烧酒酒度更低，分为 20、25、30 度 3 种。而我国传统生产的白酒酒度一般在 50 度以上，茅台酒的酒度就在 52～55 度。这是由于历史及国情而形成的民族消费习惯。

随着我国人民生活水平的不断提高，生活方式、消费观念和消费取向都在发生着变化。为了进一步满足人民需要和扩大外销渠道，行业主管部门对酿酒工业的发展就提出了白酒生产的“多品种、低度化、高档化”

的方面。对名白酒的发展要求是在保持原有风格的基础上逐步低度化。

早在1978年，茅台酒厂就曾经根据市场需求的变化和当代酿酒业的发展趋势，责成厂科研室开始了低度茅台酒的研制。后因故试制工作中断。1983年3月，省轻工科研所在茅台酒厂的密切配合下，于当年新试制成功了一批低度茅台酒，并于1984年3月通过了省级小试鉴定。

1984年9月，试制（中试）低度酱香型茅台酒的课题作为部级项目下达，由贵州省轻工科研所和茅台酒厂联合组成试制小组。经过一年多的努力，39%（V/V）茅台酒终于试制成功了，并于1986年8月和9月分别通过了省级和部级鉴定，获得了很高的评价。

39%贵州茅台酒的研制成功，符合国家提出“优质、低度、多品种”的发展方向和节约粮食的要求，有益于消费者身体健康。它清澈透明，酱香突出，幽雅细腻，绵柔协调，回味较长，低而不淡，空杯留香持久，具有国际金奖、国家金奖——贵州茅台酒的典型风格。其加冰加水继续降度不浑浊，风格不变，在国内优质低度白酒的质量上取得了新的突破，开创了白酒加冰加水，中为洋用的新途径。

39%贵州茅台酒与原贵州茅台酒比较，吨酒利润提高150%左右，吨酒粮食降低20%以上。

39%贵州茅台酒，很快形成生产能力，组织生产，供应国际国内市场需要。

1986年，39%茅台酒在全省白酒评比中获省优质产品奖，1990年全国名白酒评比中获得国家金质奖。39%茅台酒自投产以来深受国际国内市场的用户喜爱，产品供不应求，取得了巨大的经济效益。

继39%茅台酒试制成功后，1991年茅台酒厂又根据市场需要，由厂科研所研制成功了43%（V/V）茅台酒。经有关专家和用户品尝后一致认为，保持了茅台酒风格，并具有加冰加水不浑浊的特点。

在试制43%茅台酒的同时，茅台酒厂还进行了中洋酒相结合的新酒种——茅台威士忌的研制。另外，还通过对酒醅的深加工，试制成功了酱香型新品种——“台源窖酒”。1986年，试制成功了浓香型低度酒——“贵州醇”。汉帝茅台、茅台女王、茅台不老、茅台液、茅台醇等相继问世……

茅台酒厂在保持传统茅台酒生产，巩固、提高其质量，并逐步扩大生产量的基础上，在新产品的开发上也相继取得了很大成绩。20世纪80年代中后期至今，茅台酒厂相继研制开发出43度、38度、33度低度数系列茅台酒；50毫升、200毫升、375毫升、1000毫升的多规格、多包装茅台酒；11年、30年、50年、80年多年份高档茅台酒；多样式纪念酒、收藏酒；多档次系列酒，中档茅台王子酒、低档茅台迎宾酒，与高档茅台酒形成风格、质量一脉相承的酱香酒系列。与此同时茅台酒厂还会全面进入了浓香型白酒、保健酒、啤酒、葡萄酒等领域。

茅台酒厂建厂50多年来，通过几代国酒人坚持不懈的努力，发挥科技是第一生产力的巨大作用，不仅维护了80余年金牌不倒，维护了茅台酒在国内外的崇高声誉，而且充分利用、张扬“茅台酒”的品牌资源优势，做出了一篇精彩纷呈的国酒好文章！

### 茅台酒主要获奖项目

**国际获奖**

1915年　获巴拿马万国博览会金奖

1985年　获国际美食旅游大赛金桂叶奖

1986年　获法国巴黎第十二届国际食品博览会金牌奖

1986年　获香港“亚洲之星”包装奖

1987年　获香港第三届世界广告大会、中国出口广告一等奖

1989年　获首届北京国际博览会金奖

1991年　获第二届北京国际博览会金奖

1992年　获首届美国国际名酒大赛金奖

1992年　获香港国际食品博览会最高金质奖

1992年　获日本东京第四届国际名酒博览会金奖

1992年　“汉帝茅台酒”包装获法国巴黎“世界之星”国际包装奖最高奖

1993年　获法国波尔多葡萄酒烈性酒展览会特别奖

1994年　飞天牌、五星牌系列茅台酒获第五届亚太国际贸易博览会金奖

1994年　获美国纪念巴拿马万国博览会80周年名酒品评会特别金奖第一名

**国内获奖**

1930年　获贵州实业博览会特等奖

1935年　获四川西南各省物资展览会特等奖

1952年　评为全国土产交流会名酒

1953年　评为全国第一届评酒会国家名酒

1963年　评为全国第二届评酒会国家名酒

1979年　在全国第三届评酒会上获国家质量金质奖

1979年　获全国食品优质产品奖

1983年　茅台酒评为贵州省优质产品

1984年　在全国第四届评酒会上获国家质量金质奖

1984年　飞天牌贵州茅台酒获国家质量金质奖

1984年　获轻工部酒类质量大赛金杯奖

1986年　低度茅台酒获贵州省优质产品奖

1988年　获国家轻工部产品展览会“金龙腾飞”金质奖

1988年　获贵州省第四届名酒金樽奖

1988年　获首届中国食品博览会金奖

1989年　评为第五届评酒会国家名酒

1989年　飞天牌贵州茅台酒获国家质量金质奖

1989年　获首届中国酒类包装装潢特级金杯奖

1990年　39%（V/V）茅台酒获首届轻工博览会金奖

1991年　茅台酒系列获全国出口优质产品称号

1992年　获中华百绝博览会特别奖

# 四川省宜宾五粮液集团有限公司

四川省宜宾五粮液集团有限公司位于“万里长江第一城”——中国西南腹地的四川省宜宾市北面的岷江之滨。其前身为20世纪50年代初由几家古传酿酒作坊联合组建而成的“中国专卖公司四川省公司宜宾酒厂”，1959年因其产品五粮液酒的优秀品质和声誉而正式命名为“宜宾五粮液酒厂”，从1985年起，原五粮液酒厂创造性地将历史文化承传与现代的科学运作相结合从而取得了高速发展的巨大成就，于1998年改制为“五粮液集团有限公司”。

五粮液集团有限公司是以五粮液及其系列酒的生产、销售为主要产业。公司的成名产品“五粮液酒”是浓香型白酒的杰出代表，它以高粱、大米、糯米、小麦和玉米五种粮食为原料，以“包包曲”为动力，经陈年老窖发酵，长年陈酿、精心勾兑而成。它具有“香气悠久、味醇厚、入口甘美、入喉净爽、各味谐调、恰到好处、酒味全面”的独特风格闻名于世，是当今酒类产品中出类拔萃的珍品。自1915年代表中国产品首获巴拿马万国博览会金奖以来，五粮液酒又相继在世界各地的博览会上共获38次金奖，1995年在第十三届巴拿马国际食品博览会上又再获金奖，铸造了五粮液“八十年金牌长城”的辉煌业绩。同时，五粮液酒还四次蝉联“国家名酒”称号；四度荣获国家优质产品金质奖章；其商标“五粮液”1991年被评为首届中国“十大驰名商标”。

公司系统研制开发了五粮春、五粮神、五粮醇、金六福、浏阳河、老作坊、京酒等几十种不同档次、不同口味，满足不同区域、不同文化背景、不同层次消费者需求的系列产品。特别是十二生肖五粮液、一帆风顺五粮液等精品、珍品系列五粮液的面世，其在神、形、韵、味各方面精巧极致的融合，成为了追求卓越的典范。

五粮液人通过以质量、规模、效益为工作重心实施了成功的阶段性战略突破和高速发展，至2002年底使五粮液股份有限公司已经具备了年酿造五粮液及其系列酒20万吨的生产能力，以及年包装各类成品酒30万吨的配套生产能力。同时，公司还以其开发的“仙林青梅果酒”和“亚洲干红”等优质产品来开拓国内外果酒市场。

为了给广大消费者提供更多更好的优质产品，为了更好地满足社会各阶层的不同需求，为了将我们历史文化中的瑰宝发扬光大，公司不断地将现代科技与古老的传统工艺相结合，不断地在提高产品质量的同时扩大企业的生产能力，以适应国内外市场发展的需求。

# 四川剑南春集团有限责任公司

四川剑南春集团有限责任公司是国家授权经营的大型国有独资企业。公司坐落在历史文化名城——绵竹市城西，现有总资产30亿元，员工5600余人。跨入新世纪以来，全体员工在邓小平理论和“三个代表”重要思想指引下，秉承“团结、高质、开拓、创新、敬业、奉献”的剑南春精神，一心一意谋发展。2002年，剑南春销售量、销售额、税金同期增长11.22%、29.23%、36.68%，进入了发展快车道。综合经济效益继续保持白酒业第三位，仅次于茅台、五粮液。

“天地为炉，造化为工；阴阳为炭，万物生铜。”已连续3次蝉联国家名酒称号、荣膺中国驰名商标的剑南春，近年来正快马加鞭，高举做大做强主业的旌旗，逐渐在酒业大舞台崭露头角。借助绵竹良好的天然环境，酿造品质一流的美酒；积极参与市场竞争，开展了广泛多样的公关活动，全方位提升品牌形象；铸造“市场和消费者钟情剑南春”的消费理念，从而成功地实现了名酒的保值和增值。

尽管当前白酒业无序竞争空前白热化，但细心的人们依然发现，从1998年至今，在由国家权威机构发布的有关酒类行业的监测数据中，剑南春集团的拳头产品中国名酒剑南春，无论市场综合占有率、市场销售份额、还是市场覆盖面一直位居前茅，尤其是其市场占有率呈现出持续增长势头。作为中华酒林的一朵奇葩，剑南春传承千年酿酒文明精髓，60多次摘取国家级和国际质量金奖桂冠，集三项国际权威认证于一身（即ISO9002质量管理体系认证、ISO14001环境管理体系认证和国家级原产地标记注册），正欲大展宏图。仅2002年，剑南春名酒合格率提高了6.4%。

科技创新提升企业核心竞争力。以《酿酒行业新课题——酒体设计》、《提高名酒合格率》、《剑南春纳米技术白酒风味研究》为代表的科研成果不断问世，在确保名酒质量的同时也给传统白酒产业带来了勃勃生机。

作为中国历史文化名酒，剑南春厚重的历史文化底蕴和独具一格的品牌个性，使她从诞生的那一天起，就和国家民族的命运紧密捆绑在一起，荣辱与共。剑南春人深知：在今天的市场经济时代，一个成功的企业要实现商海远航的梦想，只有具备全球化的恢弘视野、锐意改革的独立思想、深刻的洞察力和远大的目标方能立于不败之地，才能为国家的繁荣富强、为民族的振兴做出更大的贡献。近20年来，剑南春销售收入增长319倍，税利增长208倍。仅2002年，剑南春上交税金就比上年增长36.68%。

# 泸州老窖集团有限责任公司

根据现代企业制度要求和泸州市人民政府授权，以泸州老窖股份有限公司为核心企业，以泸州老窖酿酒有限责任公司等4家全资子公司、泸州老窖房地产开发有限责任公司等13家协作公司组建创立的泸州老窖集团有限责任公司，是以酒业为主，集生物工程、包装材料、金融、房地产、旅游、环保等一体化的现代化大型集团公司。

建国后，泸州老窖先后经历过公私合营、名酒厂建设、股份制改造、现代企业改制和改革，最先成为中国大型酒类上市公司。在世纪百年不断创新发展的进程中，从1915年起，泸州老窖在80多年间共获得重大国际金奖18项，创造了“四百年老窖飘香，八十载金牌不倒”的辉煌业绩，为弘扬中华民族的传统文化作出了重大贡献。始建于明代万历年间（公元1573年）的酿酒窖池，为我国酿酒行业唯一经国务院批准为全国重点文物保护单位，被誉为“中国第一窖”，受国家法律保护；由国宝窖池酿制的国窖酒以“酒中之贵”被纳入《基尼斯世界纪录》；1952年，“泸州”牌泸州老窖特曲在中国首届评酒会上被评为中国四大名酒，并被确定为浓香鼻祖，酒中泰斗。2001年，国家权威资产评估机构对泸州老窖无形资产及品牌价值综合评估，并科学论证，泸州老窖品牌价值高达102亿元。历史的沉淀与发展史，“泸州老窖”具有了独特而鲜明的宝贵文化财富，为此泸州老窖倡导“共生”的企业经营理念，追求企业与社会同行、与环境相依、与人类共存的发展目标；在充分挖掘泸州老窖文化底蕴、品牌价值的品牌魅力的基础上，推动泸州老窖乃至中国白酒业实现新的发展。

# 四川沱牌曲酒股份有限公司

四川沱牌曲酒股份有限公司是伴随着改革开放而随步发展壮大的国有大型企业一档企业。近年来，公司在工业化建设的进程上更是迈开大步，致力于依靠高新技术改造传统产业，努力提高企业的自动化、工业化水平，仅2001年就投入基建技改资金近4亿元，为公司的工业化进程全面提速。

酿酒属于传统产业，粮食进入酿酒车间的发酵、蒸馏等关键工序，公司也在稳步提升酒质的基础上进行了一些工业化改造。

酿酒车间生产出来的基酒经陶坛储存、全自动绿色过滤设备过滤后管道输送到勾兑中心，勾兑技术人员通过先进的白酒勾调技术——模糊勾兑（人与计算机相结合）对基酒进行勾兑调味；调味用水是在距公司8公里外的沱泉吸取深层地下水，经机械过渡、管道过滤、锰沙过滤、活性碳处理、软化处理等一系列初步处理程序后，再用从美国引进的两级反渗透过滤装置对水进行反渗透处理，有效去除了水中有害物质。根据不同市场勾调出的不同口感的成品酒经管道输送至灌装中心，在自动完成灌装、压盖、贴标、打包等一系列程序后，再出厂发往全国各地。

酿酒属于生物工程技术的范畴，沱牌在大力推进企业工业化的进程的同时，积极与国内外有关科研单位进行了深入细致的合作并卓有成效。如一种去除酿酒粮食残留农药生物降解菌的研究，应用在沱牌绿色原料基地农作物种植过程中，使粮食生产过程中的农药残量降至最低，充分保证了酿酒用粮的质量，生产出符合国际标准的绿色生态系列酒；如超浓缩微生态活性因子在酿酒生产中的应用研究，变传统意义上的酒勾酒的小勾兑为生产各环节协调组合的大勾兑，从而奠定酒体更醇、更爽、更自然的微生物学基础，也使沱牌产品的营养、保健、生态化个性特征在微生物环境下实现；如沱牌六粮浓香型大曲酒工艺的研究及其应用使生产出的沱牌多粮浓香型基酒、调味酒香气正、尾味净、醇厚、柔和、绵甜、味长、爽净、不辣口、不刺喉、不口干、不昏醉等，应用该成果开发的“舍得”系列酒一上市就以其卓越的品质、独特的口感赢得了消费者的青睐。同时在勾兑调味过程中，沱牌除成功运用模糊勾兑技术外，还引入了电子舌与模糊勾兑技术相结合的人工智能专家尝评系统，该系统推动了白酒勾兑技术的重大变革，实现了白酒勾调过程的全自动化。

通过大胆实践，公司把工业化建设与酿酒生态链建设有机融合，在工业化建设中融入生态理念，使工业化与生态化相得益彰。

## 四川全兴股份有限公司

四川全兴股份有限公司作为“中国名酒”厂家、四川省扩张型企业和成都市重点优势企业、中国500家最大工业企业、行业五十强最佳工业企业、全国质量效益型先进企业之一，是依托原四川省成都全兴酒厂历经两年多实质性重组和规范性整合，通过授权经营——资产置换——股权收购，全面调整组织结构、管理结构、产品结构，组成了一个新型的公司制企业。中国驰名商标的"全兴"是一个距今已有600多年悠久历史的中华老字号；老厂旧址"水井街酒坊"是唯一通过国家有关部门正式考古鉴定的全国乃至全世界最早、最全面的白酒酿造遗址，已被列为国家、省、市三级重点文物保护单位，并被誉为"中国白酒第一坊"，被评为"1999年中国十大考古新发现"之一。

建国50年来，新时代的全兴人秉承悠久的历史文明，倡扬现代都市文化，把民族传统工艺同生物科学技术紧密结合起来，使其主导产品"全兴大曲"在20世纪60年代初就跻身全国八大名酒之列。在1963、1984、1989年三届全国评酒会上连续荣获国家金奖，其他品种也屡获优质奖章和称号，已形成国优、部优、省优、市优和多种国际金奖的优质系列产品阵容和较高的知名品牌效应及商誉。

在解放初期的变革中创立的全兴企业，以独特的民族酿造工艺为基础，经过几十年的发展不断壮大，尤其是自改革开放以来，在国家没有直接投资的情况下，公司依靠国家税前还贷的扶持政策，艰苦奋斗、负债发展，净资产由2000多万元增加到现在的近12亿元，自1996年以来，年均为国家创利润2.3亿元，年均向国家上缴税金2.2亿元。

在长期的生产经营管理中，公司不断深化现代企业管理理念，把市场、品牌、质量、效益有机结合起来，以创新求发展、以管理求效益、以质量创品牌、以市场为导向，连续迈出了质量效益型、质量规模效益型、质量规模效益多元化发展的"三大步"，由一个传统的酿酒企业发展成为了现代化的大型企业，取得了良好的经济效益和社会效益，已成为全国酿酒行业中拥有一流生产经营设施、一流科技队伍、一流管理水平的国家大一型骨干企业，并多次荣获国家和省、市政府授予的先进企业、优秀企业、最佳文明单位、四好领导班子等荣誉称号。

目前，四川全兴股份有限公司已形成了酒类、药类两大生产经营体系，并在此基础上将实施产业创新的跨世纪发展战略！今日的全兴股份，正以其优良的业绩和巨大的发展潜力，成为了中国证券市场上的一颗耀眼新星。

## 山西杏花村汾酒集团有限责任公司

山西杏花村汾酒集团有限责任公司为山西省政府出资设立的国有独资公司，是以生产经营中国名酒——汾酒、竹叶青酒为主的大型企业，国家520家重点企业和山西省12家直接授权经营企业之一，是全国大型的名白酒生产基地之一。现有员工7000余名，占地面积230万平方米，资产总额达20亿元，通过了国际ISO9000：2000质量体系认证，拥有中国驰名商标——杏花村，拥有一流的酿酒工艺、技术装备和科技队伍，拥有无与伦比的名牌优势、质量优势、规模优势和历史文化优势，年产名优酒 5 万吨，年销售收入近 10 亿元，年出口创汇 2000 万美元，年创利税近 3 亿元，在同行业中具有强大的核心竞争力。

公司地处中国酒与酒文化的发祥地——山西汾阳杏花村。从根本上讲，汾酒是杏花村得天独厚的水土资源、自然地理气候、微生物环境、历史人文环境与神奇酿造工艺完美结合的产物，是人类应用微生物的典范。据考证，杏花村的酿酒历史可以追溯到 4000 年前的原始社会末期。历史上，汾酒有三大酒文化宝贵遗产引以自豪：1500 年前的南北朝时期，汾酒作为宫廷御酒受到北齐武成帝的隆重推崇，被载入廿四史，使汾酒一举成名；晚唐时期，大诗人杜牧一首《清明》诗吟出千古绝唱“借问酒家何处有，牧童遥指杏花村”，这是汾酒在历史上的二次成名；1915 年，汾酒在巴拿马万国博览会上荣获甲等金质大奖章，为国争光，成为中国酿酒工业的佼佼者。

汾酒作为清香型白酒的典型代表，工艺独特，品高质优，产品清香典雅、甘美纯正，素以入口绵、落口甜、饮后余香、回味悠长特色而著称。竹叶青酒是以汾酒为基酒，加入 10 余种中药材配制而成，1998 年被国家卫生部批准为保健酒。建国以来，汾酒五次蝉联国家名酒称号，竹叶青酒连续三次被评为国家名酒，获得五次国际金奖。企业 1986 年获国家最高质量管理奖，1988 年通过产品质量认证，2000 年一次性通过 ISO9001 国际质量体系认证。

2002 年新公司、新班子的开局之后，首先是迅速理顺内部体制，规范多级法人治理结构，层层落实国有资产保值增值主体。二是整合营销系统，全力拓展市场。引入营销新思维、新方略，走销售人员精兵之路、经销商精英之路、产品开发精品之路和业务精益化之路。组建了营销中心，成立了山西杏花村汾酒销售有限责任公司这一具有独立法人资格，按商业化模式运作。一系列营销新策略、新举措，不仅巩固和发展了本省市场，而且省外和海外市场也进一步得到扩展，出口创汇 2367 万美元。三是筑巢引凤，扩大开放，大力开展工商联发和企业合作，实行品牌的低成本扩张，着力打造新的经济增长点。依托“杏花村”驰名品牌，介入啤酒领域，创制了新一代潜力产品——杏花村啤酒。

2002 年，汾酒集团以良好的业绩交出了一张满意的答卷。全年实现销售收入 97561 万元，同比增长 14.91%；实现利税 31049 万元，同比增长 24.84%；上缴利税 29400 万元，同比增长 19.64%。销售收入、实现利税在全国同行业的排名，由 2001 年的第八、第七位分别跃升到第七、第五位。利税增幅在山西省排行第一。

党的十六大提出了全国建设小康社会的宏伟目标。从现在到 2020 年，公司将处于全面建设小康社会的关键时期，实施“111343”战略的重要时期，改革、管理、创新的攻坚时期，酒类市场的规范时期。公司在“111343”发展战略框架的基础上，制定了《改革　创新　规范　发展—山西杏花村汾酒集团有限责任公司 2005 年、2010 年发展规划及 2020 年远景设想》，就是要抓住这一重要战略机遇，努力把汾酒集团做优、做强、做大，实现企业大发展、职工生活全面达小康。总体目标为：2005 年比 2002 年主要经济指标翻一番；2010 年职工生活全面达小康；到 2020 年把汾酒集团建设成为以“杏花村”驰名品牌为主依托，集产品品牌、服务品牌、管理品牌为一体，以制造、研发、信息、金融、服务等新经济成份构成的新型工业制造企业集团；以雄厚的人力资源、市场资源、信息资源、技术资源等经济性和非经济性发展资源，恢复实现行业排头兵地位，使企业的精神文明、物质文明、政治文明水平名列全国前茅，再铸新的辉煌。

# 安徽古井集团有限责任公司

安徽古井集团有限责任公司坐落在魏武帝曹操和神医华佗的故乡亳州市，地处京九铁路沿线，1992 年在其核心企业古井酒厂（现已改制为安徽古井贡酒股份有限公司）的基础上组建而成，属国家大型一档企业、国家二级企业，全国轻工行业的重点骨干。目前已发展成为拥有 20 多个直接投资或控股的子公司，集科、工、贸、金融为一体，跨行业、跨地区、多层次、多功能的综合经济实体。2002 年，集团公司完成工业增加值 3.12 亿元；完成销售收入 11.04 亿元。截止 2002 年 12 月底集团总资产达 36.57 亿元。

集团公司的核心企业安徽古井贡酒股份有限公司，是中国酿酒行业的著名企业，其拳头产品古井贡酒是中国八大名酒之一，已有 1800 多年的历史。古井贡酒以“色清如水晶、香纯如幽兰、入口甘美醇和、回味经久不息”的独特风格，四次蝉联全国白酒评比金奖，荣获轻工部质量大赛金奖和出口产品金奖，是巴黎第十三届国际食品博览会上唯一获金奖的中国名酒，被世人誉为“酒中牡丹”。

作为中国老八大名酒企业之一，安徽古井贡酒股份有限公司坚持以市场为导向，以科技进步为核心，加强技术研发和技术改造，促进企业技术的持续进步和产品品质的不断升级。公司现有一支高素质的专业研究队伍，拥有一家省级技术中心。经过多年的探索和经验积累，公司已形成了一整套生产和质量检测工艺，尤其是多层泥发酵、人工培养老窖、三联甑蒸馏等技术工艺，进一步推动了企业由传统酿酒向现代酿酒的转变。

为适应白酒产品“优质、低度、保健、营养”的发展方向，公司不断调整产品结构、开发新产品，以满足广大消费者的需求。目前古井系列酒已形成拥有两大香型（浓香型、兼香型）、四大品牌（古井贡牌、古井牌、野太阳牌、老八大牌）、五个系列（高档、普通贡酒档、中档、中低档、低档）的完整产品体系。自 1992 年以来一直是消费者协会推荐产品。

1996年，6000万股古井贡B股、2000万股古井贡A股在深圳相继上市，它们为古井直接融资4亿多元，股市信誉价值高达40多亿元。安徽古井贡酒股份有限公司自1989年以来，连续多年进入中国企业五百强行列，各项经营业绩一直稳居白酒行业前列。1999年，经国家工商行政管理局认定，“古井贡”为中国驰名商标。2002年“古井贡”品牌价值经权威机构认定，在中国最有价值品牌排行榜上名列第十九位，品牌价值为37.38亿元，企业的美誉度和忠诚度得到不断提升。

# 安徽口子酒业股份有限公司

安徽口子酒业股份有限公司确立了明确的年度工作思路，将2001年定为“市场管理年”，2002年定为“绩效考核年”，公司的各项工作均以此为中心有序展开。积极实施制度创新，管理创新，技术创新的探索和实践，促进全员素质得到进一步提升，诚信理念得到进一步深化。采取的主要措施有：

一是转变营销观念。树立“先要市场、后要利润、长远发展、共同繁荣”的营销理念。

二是构建营销网络。成立了以市场信息部为核心的营销总公司，实现产品的深度分销，提高市场占有率。

三是强化营销通路管理。为保证代理商的利益以及稳定的价格体系，集团公司严格加强物流控制，确保市场销售通路畅通。

四是实施严格的绩效考核与市场稽查。规范了业务员的销售行为。

五是“五年口子窖”为龙头的销售战略，使公司获得了丰厚的利润。同时，公司进一步优化产品结构，淘汰了一批低档亏损产品，使口子窖、老口子等中高档产品占销售收入80%以上。

在强化销售的同时，狠抓内部管理，树立了以顾客为中心的经营理念。严把产品质量关，提高了企业经济效益。

2002年，公司实施了ISO9001:2000标准的换版与环境体系认证工作，进一步完善了企业的质量体系。公司2003年获全国企业管理现代化创新成果二等奖。

公司拳头产品口子窖酒以其独特的风格和完美的质量被评定为中华人民共和国国家标准样品，获得了中国白酒典型风格金杯奖荣誉称号并被国家质量监督检验检疫总局批准实施原产地域产品保护。以口子窖酒为龙头的口子系列白酒，2001年实现产值41258万元，销售收入39458万元，利税8660万元；2002年实现产值43389万元，销售收入43599万元，利税9500万元。

# 北京顺鑫农业股份有限公司牛栏山酒厂

北京顺鑫农业股份有限公司牛栏山酒厂位于北京市顺义牛栏山地区，傍依风景宜人的潮白河畔，远可追溯到明末清初曾名骚京城的“老烧锅”。1952年正式建厂，酒业一直兴旺发达。52年来，企业从小到大，现已发展成为国有大型控股企业，总资产5.1亿元，是北京市年产白酒5万吨以上的生产厂家之一。现有干部职工1300余人，高级工程师等各类技术人员200人。建有高标准的香海酿酒科研所，拥有现代化的计算机管理手段。产品畅销全国各省、市、自治区，并远销俄罗斯、韩国、美国、日本等国家和地区，深受中外消费者的青睐。

建厂后，牛栏山酒厂继承传统酿造工艺。1970年开始研制浓香型大曲酒，1973年试制成功“北京特曲酒”，成为首都当时有代表性的美酒。1992年酒厂研制成功38度北京醇酒，迅速填补了北京市没有中档低度白酒的空白。上市后，深受中外消费者的好评。1994年10月企业销售额首次突破亿元大关，1998年通过“ISO9002质量体系认证”和“ISO9002进出口商品质量认证”。以牛栏山牌二锅头为代表的三个系列9个产品于1998年通过了“ISO9002产品质量认证”。1999年牛栏山酒厂获得了国家商检局颁发的“准予加工生产贮存出口食品证书”和国家对外经济贸易部颁发的“进出口企业资格证书”。同年，又获得国内贸易部颁发的“中华老字号”荣誉称号。2002年牛栏山酒厂在北京市率先获得原产地标记认定出口企业。2004年2月牛栏山厂经中国绿色食品发展中心审核，牛栏山牌百年牛栏山、精品二锅头、华灯牌北京醇纯净酒，认定为绿色食品A级产品。许可使用绿色食品标志。与此同时，“百年牛栏山酒”在布鲁塞尔——第五届中国国际葡萄酒烈酒评酒会上，被评为特别金奖。

目前，牛栏山酒厂共有产品118个品种。2003年酒厂科技人员对厂内封存多年的陈酒进行合理配制，生产出了“38度百年一牛”、“45度百年二牛”、“36度百年三牛”、“53度百年四牛”。产品一经上市，深受消费者欢迎。在狠抓生产的同时，又加大了厂区环境建设力度，正向着“工业观光式企业”目标大步迈进。

# 安徽迎驾酒业股份有限公司

安徽迎驾集团是安徽省大型骨干企业，位于霍山县佛子岭水库近旁，依山傍水，风光旖旎。集团下辖酿酒、彩印、饮料、容器、房地产等6家紧密层企业，拥有资产4亿元，占地面积30万平方米，年产五粮型优质曲酒5000吨，员工4000余人。年销售额近6亿元，利税超亿元，系六安市利税大户，先后被省委、省政府授予“安徽省先进集体”、“安徽省文明标兵”和“安徽省创最佳经济效益先进单位”。

# 北京红星股份有限公司

北京红星股份有限公司成立于2000年8月，系北京红星酿酒集团公司通过改制并联合北京京泰投资管理中心等发起设立的。公司注册资本1.2亿元，注册地为北京怀柔区红星路1号，公司为国有控股的股份制企业。

公司的控股股东为北京红星酿酒集团公司（北京酿酒总厂），其始建于1949年。

公司是大型综合性酿酒企业，除生产“红星牌”、“古钟牌”、“六曲香牌”白酒外，还生产“夜光杯牌”葡萄酒、果露酒、白兰地和营养保健酒。公司生产的“红星二锅头”是北京特产和老字号名牌产品，不仅享誉全国而且出口到世界五大洲的十几个国家和地区；红星御酒、红星牌瓮底春酒和古钟牌珍品二锅头也受到消费者青睐；夜光杯牌中国红葡萄酒曾四次荣获国家金奖，特制白兰地1963年荣获国家金奖；阳和春酒已获得卫生部颁发的保健食品批文，丁氏抗衰老酒正在申报保健食品。

公司以质量为根基、以文化为依托、以良好的性能价格比为手段实现了持续健康发展。公司继通过ISO9002质量保证体系认证后又通过了ISO9001:2000质量管理体系认证，同时又获得了计量保证能力“C”认证和7个产品的“绿色食品认证”。公司运用这些标准化管理，确保产品质量过硬、供产销运作规范。公司不断挖掘产品的文化内涵，发挥“红星”50多年的历史优势，以“品不够的京味、离不开的红星”作为诉求点。公司多年来坚持名牌、民牌并举的方针，以优异的质量让消费者喝着放心，以合理的价格让消费者买着称心。公司在实践中形成了“团结、奉献、求实、创新”的企业精神。

2002年，公司面对税负增加、竞争激烈的客观环境，振奋精神，沉着应对，表现了良好的应变能力和顽强的抗压精神。公司把2002年做为调整年，在市场培育、产品整合、管理模式、资源配制等方面做了大量的调整工作，取得了明显的成效；公司实现利税总额居全国白酒行业第七位，居北京怀柔区“经济效益十佳企业”之首；红星牌系列白酒再次荣获“北京名牌”产品称号；公司生产的白酒、葡萄酒、白兰地被评为“用户满意产品”；公司的生物发酵技术中心通过“北京市级企业技术中心”认定并挂牌。据中国商业联合会和中华全国商业信息中心对全国重点大型零售企业2002年销售情况的统计，红星二锅头荣列2002年度白酒类产品销量第一名、市场综合占有率第四名。

公司今后将以酒做为主业，同时向营养保健饮品和生物制品领域进军，力争成为主业突出、多种经营并举的大型现代化企业。

## 江苏双沟集团有限公司

“双沟”被誉为中国酒的源头，坐落在淮河与洪泽湖环抱的千年古镇——双沟镇。

独特的地理环境，铸就了悠久的双沟酿酒历史，据《泗虹合志》记载，双沟酒业始创于1732年（清雍正十年）据今已有近300年的历史。久远的历史长河中，双沟酒业积淀了深厚的文化底蕴。首先是民间流传着许多关于双沟美酒的美丽传说，最广为流传的有《曲哥酒妹》、《酒仙馈神曲》、《金凤长眠淮河滩》、《神曲酒母传奇》等。古今文人墨客、将军、学者等也都为双沟酒留下动人的诗篇，如宋代的苏东坡、欧阳修、杨万里、范成大等，明代的黄九烟，当代的陈毅父子、叶圣陶、陆文夫、陈登科、茹志娟、绿原、邹荻帆等，在许多美好的诗篇里，双沟美酒香透千百年的每一个日子。

双沟大曲自古名播江淮，香飘九州。早在1910年（清宣统年间）双沟大曲就在南洋劝业会上夺得“国际名酒第一”称号，并获得金质奖章；在1955年第一届全国酿酒工业会议上，获得甲等佳酿第一名；在1963、1979年第二、第三届全国评酒会上，均获得优质酒第一名的称号，其中39度双沟特液荣获唯一的低度优质酒称号，首开中国白酒低度酒生产之先河；在1984年、1989年第四、五届全国评酒会上，均被评为“国家名酒”，荣获金质奖章。目前，公司已形成“双沟”、“牡丹”、“苏酒”、“山河”四大著名品牌，拥有200余种高、中、低档系列产品，畅销国内，蜚声海外。

如今公司有总资产6.2亿元，年销售收入5亿元，年创利税近2亿元。具有投资开发、经营多种产业和对内对外开拓业务的雄厚经济实力。公司现拥有3700多名职工，占地130万平方米，年产大曲酒万吨以上，是我国酿酒行业机械化程度极高、贮酒容量极大、名优低度大曲产销量极大、江苏省获国家优质酒奖牌较早的企业。公司曾连续6年跻身中国大型工业企业500强；1999年被评为“全国精神文明建设先进单位”，2000年又被评为“全国质量管理先进单位”，2001年荣获“中国十大文化名酒”称号，在全国同行业中率先通过国家方圆标志认证和质量体系认证。

2002年12月19日，经江苏省人民政府批准，历经270年风雨的双沟酒业，迎来了发展历史上新的春天——江苏双沟酒业股份有限公司在南京宣告成立，此举必将对双沟酒业今后的发展注入新的生机和活力。

# 江西四特集团

江西四特集团自1952年建厂以来，现已发展成为国家大型企业。集团拥有职工2094人，其中大专以上毕业生171人，专业技术人员108人。固定资产1.7亿元，占地面积19.59公顷，建筑面积16万余平方米。1991～1993年度为全国500家最佳经济效益企业之一。多次评为江西省优秀企业，全国“五一”劳动奖章获得单位，樟树市优秀工业企业。

樟树市酒文化史可上溯到3000年前的殷商时代，南宋爱国诗人陆游在江西任官时曾泳叹“名酒来清江，嫩色如新鹅”（樟树市原为清江县）。明清之际，樟树为江西四大名镇之一。酒肆药行遍布城中，“娄源隆”号酒店员工在其酒坛子封笺上写上四个“特”字，因酒好人们争相购买，声名远播，“四特”品牌由此诞生。解放后，特别是改革开放以来，四特集团博采众长，将传统工艺与现代科技相结合，使四特酒质量不断提高，风格独树一帜。1988年由全国著名白酒专家周恒刚等组成的专家组在考察四特酒的生产工艺后，总结四特之特在于“整粒大米为原料，大曲面麸加酒糟，红褚条石垒酒窖，三型具备犹不靠”（三型指酱、浓、清型），确定了四特酒为“特”型酒。目前，四特酒已形成“高、中、低”不同档次，不同系列100多个品种。

四特酒为历届江西名酒，并先后获得“轻工部酒类大赛银杯奖”、“第五届全国白酒质量评比银奖”、“江西名牌产品”等诸多殊荣。1959年周恩来总理在庐山会议上品尝四特酒之后赞誉道“清香醇纯、回味无穷”。1972年，邓小平同志在樟树考察时赞誉四特酒是“酒中佳品，味道独特”。

通过“六五”、“七五”等几次技术改造，四特酒的产量和质量都有大的提高。目前已形成年产四特酒基1.5万吨，成品酒3万吨的能力，经济效益逐年攀升，1988年到2000年为国家创税收7亿多元。2002年实现销售收入3.73亿元，实现利税1.07万元，上缴税利7530.63万元。

## 内蒙古河套酒业集团股份有限公司

内蒙古河套酒业集团股份有限公司，自1952年创建以来，历经50年的雨雪风霜和两代人的艰苦创业，企业由小到大，由弱到强，在同行业竞争中异军突起，由一个县级国营制酒厂，成长为内蒙古20家重点企业，全国同行业五十强。1997年，公司实行了股份制改革，各项事业都驶入了飞速发展的快车道。现拥有总资产3.8亿元，占地面积50万平方米，员工2300人。2002年实现销售额5.1亿元，实现利税1.5亿元，连续3年保持自治区白酒行业第一，连续7年保持当地利税第一，是所在旗县的财政支柱。

河套酒业以浓香型白酒为主打产品，现有以“河套王”系列、“河套老窖”系列、“醉春秋”系列为代表的浓香型白酒，以“河套宴酒”为代表的清香型白酒和以“御膳春”为代表的营养滋补型三大系列、400多个花色品种，年产优质纯粮白酒及保健酒4万吨。产品选用优质高粱、小麦为原料，大麦、豌豆、稻壳为辅料，以独特生产工艺和现代先进科技精工酿制，酒界专家称河套系列酒“酒质优美、窖香幽雅，酒体醇厚、绵甜，余味悠长，风格典雅，开创了北方浓香型酒的典范。”

河套酒业拥有各类技术人员300人，国家级白酒评委和资格评委3人，是自治区白酒行业唯一的科技先导型企业和拥有自治区级技术中心的企业。

河套酒业以销售为龙头，以市场为导向，以“超越自我、追求完美”为企业精神理念，用至纯至真的产品和服务来塑造企业的信誉和形象。从1991年到2002年，销售额、利税以年均29%、23%的速度递增，10年共创利税4.1亿元。上缴国家税金4.7亿元。2002年河套酒业销售收入排在全国同行业第十四位，实现利税排在第十位，分别比上年前移二十一位和十七位。

河套酒业以白酒为主业，积极发展相关产业，走同心多元之路，公司紧紧抓住西部大开发和入世的历史机遇，以壮大河套酒业为主题，以搞好两个结构调整为主线，以做好做大做强白酒主业为核心，以深化企业改革和技术进步为动力，以建立规范的股份制企业为条件，转变观念，与时俱进，开拓创新，推动企业经济健康、持续、快速发展。

# 山东景芝集团有限公司

山东景芝集团有限公司占地60万平方米，总资产3.8亿元，员工5000人，年产白酒能力5万吨，利税过亿元，竞争实力强的山东省重点企业集团。企业曾双获省、轻工部质量管理奖，AAA级信誉企业、省一轻营销五十强、省级消费者满意单位、全国重合同守信用企业、中国食品工业优秀企业、全国轻工业先进集体和国家级先进企业等荣誉称号，连续多年跨入全国500家最大工业企业和500家最佳经济效益企业行列。

景芝以盛产大曲酒闻名于世，是中国高粱烧酒的发源地之一。在1915年所产高粱大曲酒（即景芝白乾）代表山东粮食白酒入展巴拿马万国博览会，1959年被国家选入印度国际博览会。1948年当地政府集镇内72家烧锅于一体，成立了国营山东景芝酒厂。

建厂初期只产“景芝高烧酒”单一品种。经过在继承传统工艺的基础上不断发展创新，现已形成浓香、芝麻香、清香、兼香和滋补酒为主体的，不同酒度、不同包装，适应不同区域、不同阶层、不同消费者需要的九大系列200余个花色品种。其中拳头产品景阳春酒，1971年研制成功，1973年经国家外贸部和轻工部批准出口，填补了山东省境内无浓香型白酒的出口空白。它以采用优质的原料，精湛的工艺，柔和纯正、芳香馥郁的质量，畅销国内外，被外商誉为在海外最能站稳脚跟的大陆五大白酒之一。该产品为历届省优、质量免检产品，部优、国家质量达标食品，多次获世界金奖；传统产品景芝白乾1984年获轻工部酒类质量大赛银杯奖，是山东省“中国首届八大大众名白酒”的大众名牌白酒，为中国销量最大的“老字号”高粱大曲酒，深受广大消费者青睐。

创新产品景阳神酿，是中国芝麻香型白酒，2001年12月与五粮液、茅台同时获得中国白酒著名创新品牌。该产品是传统酿酒工艺与现代技术相结合的产物，是景酒几代人不懈追求，团结奋进，勇于创新所取的丰硕成果。周恒刚、沈怡方、高月明等中国著名酿酒专家称酒质“清爽淡雅，回味悠长，品位高雅，别有神韵”。芝麻香型景阳神酿能够在目前白酒市场70％以上的浓香酒中脱颖而出，打破浓香一统天下的格局，丰富了我国白酒文化，成为中国白酒行业名副其实的著名创新品牌，迎合当前市场消费崇尚个性化的消费潮流，市场前景非常广阔。

# 山东泰山生力源集团股份有限公司

山东泰山生力源集团股份有限公司主要产品有“泰山特曲”系列酒，滋补保健酒，干型、半干型苹果酒，活性水及绿色食品“螺旋藻”系列食品五大类40多个品种的产品和相关配套产品。主导产品“泰山特曲”酒，被省技术监督局审定为“质量免检产品”，1992年获中国名优酒博览会金奖，被写为国宴用酒，1993年10月，被中国优质白酒精品推荐委员会评为“优质白酒精品”，2000年被中国食品工业协会评为全国18家白酒新秀。

目前公司总股本9433.5万股，其中国有股3396.06万股，社会法人股6037.44万股，2000年每股收益0.05元。近年来，该公司在白酒销售不景气的情况下，及时进行产品结构调整，减员增效，发展前景尚可。公司一直在为上市而努力，自2000年与泰山旅游吸收合并搁置后，公司积极与各方接触，寻求新的上市机会。

# 江苏洋河集团有限公司

2001～2002年江苏洋河集团有限公司实现销售收入9.46亿元，利税2.4亿元。公司以招标公示为特点的采购管理获“国家级企业管理现代化创新成果奖”；提高白酒质量工艺技术研究项目获“中国食品行业20大科技成果奖”。荣获全国群众体育工作先进单位、全国质量效益型先进企业、中国食品工业优秀企业等荣誉称号；获全国重合同守信用企业证书。连续16年荣获“江苏省文明单位（标兵）”称号。

在坚持洋河大曲“甜、绵、软、净、香”主体风格的基础上，调整生产结构，加大基酒应用技术研究。新设计的具有“淡雅型”风格的洋河大曲系列产品，质量稳定，主体风格统一，并成为新的经济增长点。

2002年公司新开发的国宾洋河、兰钻贵宾洋河、嘉宾洋河、议事园、洋河御酒等中高档产品，以其大气典雅、口味舒适而倍受消费者青睐。目前，体现洋河品牌形象的高价位产品，市场占有份额日趋增长。贵宾洋河获“中国白酒20大著名创新品牌”。贵宾洋河、洋河敦煌大曲获江苏新产品“金牛奖”。洋河大曲“五十年陈酿”被第六届世界华商大会列为唯一指定用酒。

公司被列入以高新技术产业化为特征的2000年江苏省火炬计划项目，“改造传统发酵池口，提高洋河大曲基础酒质量”及“名优酒灌装生产线技术改造”项目通过专家论证；“窖泥高效功能菌——YH－LC1菌的研究及应用”课题通过省级科研成果鉴定，并获省科技成果三等奖。洋河集团运用YH－LC1功能菌培育技术，成功对6000只池口进行了技术改造，较好地解决了因池口老化、退化现象影响白酒质量问题，实现了高新技术植入传统酿酒的一项大突破。“利用YH－A营养提高洋河大曲基础酒质量”科研成果荣获全国食品工业科技进步优秀项目奖。2002年，“48%（V/V）五十年特制洋河大曲、46%（V/V）议事园、42%（V/V）国宾洋河”3个新产品和“洋河大曲中华根霉的研究及其在白酒生产中的应用”科研课题项目通过了专家鉴定。

公司质量管理工作通过加强ISO9002洋河大曲质量保证体系、ISO10012－1计量检测体系和ISO14001国际环境管理体系“三个保证体系”的协同运作，引进先进的检验技术和手段，对洋河大曲生产实施全过程监控。加强生产管理，提高原酒质量。强化工艺检查力度，使酿酒生产始终处于受控状态，进一步提高了产品的内在质量，使洋河大曲“甜、绵、软、净、香”的风格特色日臻完善。公司生产的55度、48度、38度洋河大曲产品获准使用计量保证能力合格的“C”标志。2002年2月，“洋河”注册商标荣获中国驰名商标证书。

## 重庆市太白酒厂

重庆市太白酒厂是1917年建立的酿酒企业，占地19.998万平方米，拥有资产1.9亿元，现有正式职工2108人；拥有科技人员198人，国家级评酒委员2人，省、部级评酒委员8人，现设有25个科室。公司系重庆市唯一的国家优质白酒生产企业、重庆工业企业五十强、重庆市农业产业化龙头企业和万州区重点骨干企业。

公司主导产品诗仙太白牌诗仙太白系列酒系浓香型白酒，是以大米、玉米、小麦、糯米和高粱等五种粮食为原料，经百年老窖发酵，长年储存，精心勾兑而成。具有窖香浓郁，醇和绵软，甘冽净爽，回味悠长的独特风格，深受广大消费者喜爱。自1959年在青岛评酒会上指定为国庆十周年宴会用酒以来先后荣获了中商部优质产品银奖、酒类评比金奖、中国名优酒展览系列金奖、中国名牌商品、四川省名酒、重庆名酒、重庆名牌等140多项荣誉。

2000年公司实现销售额1.38亿元，缴纳税金654万元，实现利润500万元，比上年增长88.01%、107.62%和37.5倍；2001年实现销售额2亿元，缴纳税金1602万元，实现利润1018万元，比上年增长66.17%、145%和103.6%；2002年实现销售额2.5亿元，缴纳税金2500万元，实现利润1300万元，比上年增长24.9%、56%和27.7%。

2001～2002年公司加大了对市场的调控管理力度，花大力气调整产品结构，理顺产品价格，构筑市场合理的品种框架和价格体系。

公司在坚持传统工艺和生产流程前提下，根据浓香型大曲酒生产工艺技术特点及其规律，组织编写起草了51个工艺操作规程、作业指导书、技术文件及工艺纪律，做到有章可循。同时，相应拟定年、月、旬生产工艺实施计划，进一步规范操作要点，使生产秩序井然。

根据顾客需要，公司加快了新产品开发和产品结构调整，推出了四星、圣酒、金穗酒、酒中仙、贡酒、庆丰酒、陈酒、大曲酒等40多个新产品，填补了产品档次上的空白。

在质量管理、质量检验方面，公司完成了ISO9001：2000版标准文本的起草、发布、试运行，顺利的通过了认证。完善了各类管理制度42个，质量标准37个，改进和完善现场作业记录116个，确保了产品过程符合要求，加大标准制修工作，备案企业标准5个，内控标准4个，申请制作条码90个，发放使用79个，为新产品开发投入市场发挥了积极作用。

两年来公司共完成技改投资4800万元，综合仓库、B幢职工住宅和7、8号酒库等将在春节前竣工，综合楼已竣工投入生产、使用阶段。在设备改造方面，本着经济、实用、不落后的原则，对酿酒、制曲、包装、勾贮、饮料、检测等方面进行了系统的改造，从而使企业的资源配置完全适应企业生产能力、质量标准和企业发展的需要。

# 新疆伊力特实业股份有限公司

新疆伊力特实业股份有限公司位于新疆西部天山山麓，伊犁河谷上游伊犁州新源县境内的肖尔布拉克。前身为新疆伊犁酿酒总厂，创业于1955年，半个世纪以来，伊力特人用服务于各族人民的热情和爱心，创造着全疆人民乃至全国人民心中的品牌——“伊力”，使伊犁河谷一个酿酒小厂崛起，成为拥有资产10亿元，西北五省唯一一家白酒上市公司。公司是以白酒酿造为核心，集多种产业为一体的企业集团。拥有员工2011人，占地96公顷，下辖两办五部一中心、一个科研所、四个酿酒分厂、热电厂、伊力特经销公司、伊力特印务有限责任公司、伊力特野生果综合开发有限公司、伊力特酒店、伊力特中草药科技开发有限公司等10家分厂、全资子公司；拥有伊犁南岗建材有限责任公司等12家控股、参股子公司。

伊力特公司1990、1991年先后获农业部和自治区质量管理奖；1992年被评为“国家大型二档企业”；1993年被誉为“中国白酒制造业最佳经济效益百强之一，最大市场占有份额之一”；1994年确认为“新疆工业企业十强企业”、“中国饮料制造行业百强企业第四十九名”、中国500家最大工业企业、中国饮料制造业最大经营规模工业企业第七十八位、500家最佳经济效益饮料制造业第三十位，其中销售收入、利税均一直排序新疆第一名。1995年被授予“中国企业最佳形象AAA级企业”、“全国信誉度百佳企业”；1996年伊力特曲系列酒获“中国酒文化驰名装潢大赛”金奖；1997～1998年公司连续被授予“全国食品行业质量效益型先进企业”、全国农垦工业利税“百强企业”；1998年公司质量体系和“伊力”牌产品通过ISO9002质量体系和产品认证、“伊力”商标为新疆著名商标；1999年公司荣获“全国五一劳动奖状”，“全国精神文明创建工作先进单位”称号；1999年5月由新疆伊犁酿酒总厂发起设立上市公司；2000年被评为“全国质量管理先进企业”，“伊力”商标被国家工商局授予：“中国驰名商标”、全国520家“重合同守信用”企业、“伊力”牌系列产品再获“新疆名牌产品”和“全国用户满意产品”称号。综合效益排全国行业第十位。

以伊力特品牌为龙头，不断赋予伊力特集团新时期高新科技含金量，拓占国内、外广阔市场，开创具有无限生命力的“伊力特”为标志的健康、安全、环保系列产品新纪元。实现伊力特集约化、规模化、现代化发展目标。

## 陕西西凤酒股份有限公司

陕西西凤酒股份有限公司是1999年10月以陕西省西凤酒厂为核心组建成立的。属轻工行业国有控股大型企业，是西北地区规模最大的国家名酒制造商，是陕西省税利大户之一。股份公司和西凤酒厂占地面积50.2万平方米，总资产7.21亿元，拥有各类生产设备4290多台（套），设备状况良好。拥有职工2598人（股份公司1834人），其中各类专业技术人员463人，下辖17个车间、一个销售公司和15个部（处室）。年生产能力为1.2万吨。西凤酒厂成立于1956年，改革开放以来，经过两次扩建改造和股份制改造，有了长足发展，经济效益显著提高，现已成为技术力量雄厚、酿造工艺精湛、机械化程度颇高、检测手段齐全、产品质量稳定、管理水平先进的生产国家名酒的大型骨干企业。

公司主导产品西凤酒是中国最著名的四大名酒之一。始于殷商，盛于唐宋，至今已有3000多年的文明历史。独特的酿造工艺决定了西凤酒的典型风格：清亮透明、醇香典雅、甘润挺爽、诸味协调、尾净悠长。西凤酒1910年获南洋劝业赛会银质奖；1915年获巴拿马博览会金质奖，1928年获中华国货展览会银质奖，1992年荣获第十五届巴黎国际食品博览会金奖和首届巴黎国际名优酒展评会特别金奖。在全国第一、二、四、五届评酒会上被评为国家名酒。1994年，西凤酒产品和质量体系在西北地区首家通过国家方圆委认证，2000年又通过了复审确认。1998年以来，西凤人瞄准市场开发新品，抓住机遇拓展市场，不断完善和创新营销手段，实行品牌经营。产品质量稳步提高，包装装璜不断改进，新的产品层出不穷，现已形成凤香型、凤兼浓香型、凤浓酱香型和浓香型四大系列，100多个品种。

公司2002年主要经济指标完成情况：完成工业总产值7132.4万元；销售成品酒7891吨；实现销售回款2.261亿元；实现税利4650万元，其中利润310万元，较好的完成了全年的生产经营工作任务。

## 广东省九江酒厂有限公司

广东省九江酒厂有限公司创立于1952年，由九江镇的12家私人小酒坊联合而成。几十年来，九江酒厂秉承了九江镇近200年的酿酒工艺，得到了不断的发展和壮大，近年年产白酒近5万吨，产销量跻身全国白酒企业十强之列，是我国豉香型白酒生产规模最大的国家二级企业，也是广东省最大的白酒企业。在全国白酒同行中，九江酒厂不但以技艺深厚、品质一流、设备先进而著称，而且率先通过了ISO9001国际标准质量体系认证，其科学管理的信念可见一斑。

公司地处素有“鱼米之乡”和“侨乡”美称的广东省南海市九江镇。“九江双蒸酒”、“九江醇旧三蒸酒”和“九江糯米酒”已是有170多年历史的九江镇特产。清代诗人曾恕曾有“垂竿布网闲中事，庆举双蒸醉月明”的佳句流传。朱九江先生重尝家乡佳酿酒酣诗兴，获得佳句，答谢亲友：“……嘉得儒林陈佳酿，助吾茅舍款嘉宾”。公司传统的拳头产品——“九江双蒸酒”，在道光年间行销省港澳，以“玉洁冰清、豉香纯正、醇滑绵甜、余味甘爽”的风味特点深受普罗大众喜爱，出口量长期居全国白酒之冠，被海外华人喻为“故乡水，家乡酒”。

为满足广大消费者日益增长的需求，公司凭借其自身深厚的酿酒经验和研发能力，不断实施多元化的产品战略。除了饮誉海内外的“米酒三宝”——“九江双蒸酒”、“九江醇旧三蒸酒”、“九江米酒王”，以及传统的滴珠家酿黄酒外，近年来还陆续推出了一批畅销广东省各地的优秀新产品如“乡纯”米酒、“御品九江”以及“真友米”酒，大大的增强了企业可持续发展的潜力。

早在改革开放初期，公司就十分重视打造自己的酒类品牌——远航牌。长期以来，九江酒厂将“以优质的产品和服务让远航牌酒香飘万家”作为质量方针，实施综合的营销广告策略，不断提高“远航”品牌的知名度和美誉度，从而使“远航牌”成为广大米酒消费者的首选品牌。的“远航”注册商标早在 1992 年已获颁授“广东省著名商标”称号。1997 年，公司的“远航牌九江双蒸酒”被广东省经委及广东省名牌认定委员会评定为“广东省名牌产品”。2003 年 1 月，“远航”商标再次获评为“广东省著名商标”，进一步确立了“远航”品牌在广东米酒中的重要地位。强烈的质量意识和品牌意识是公司的灵魂，领先的科学技术和先进的经营管理是公司的支撑。没有这些“元素”，就不会有公司今日的成绩，也就不会有白酒行业中“远航”这一卓越品牌！

# 四川省绵阳市丰谷酒业有限责任公司

绵阳市丰谷酒业有限责任公司（原国营绵阳市酒厂）起源于清朝康熙年间（1682）的丰谷天佑烧坊，至今已有 322 年的历史。公司的主要产品有丰谷酒皇、丰谷酒王、丰谷特曲、丰谷老窖、酒令系列、星级系列、朝代系列、酒寨系列及绵州酒系列等 20 多个系列品种 200 余个产品规格的浓香型白酒。该产品集传统工艺和现代科技精心酿制而成，生产工艺均达到同行业先进水平，它以“窖香幽雅、醇厚绵甜、尾味爽净”之独特风格，深受消费者喜爱，被誉为“川酒第七朵金花”。周恒刚、沈怡方、曾祖训、高月明、高景炎等全国著名白酒专家来厂视察品尝丰谷酒后，赞不绝口。

现公司拥有固定资产 4.8 亿元，占地 57.3276 万平方米，各类专业技术人员 600 余人，省白酒评委 5 名，国家白酒评委 3 名，拥有年产优质白酒逾 5 万吨生产能力，是四川省规模最大的综合性酿酒企业之一，特别是 2003 年度已实现工业总产值 3 亿元，实现含税销售收入 3.51 亿元，同比增长 10%；综合效益指标已列全国同行业第 15 位。其中，销售增幅及人均税利已名列全国同行业前茅。

高起点的基础设施，现代化的生产设备，高科技的监控手段，新技术、新材料、新工艺的研究和推行使丰谷酒卓越的品质、高雅的品位铸就出驰名的品牌。公司先后荣获了全国商办工业百强企业、四川省工业企业饮料制造业效益十强、全国质量效益先进型企业等称号。丰谷特曲也先后荣获“跨世纪白酒著名品牌”、“第二届全国体育大会专用产品”及“中国名牌商品”等称号。最近，绵阳市丰谷特曲被中国白酒专业协会授予“中国白酒典型风格金杯奖”，清朝丰谷酒被授予“中国白酒典型风格银杯奖”。丰谷酒王、丰谷特曲分别被中国食品行业协会授予“诚信企业、放心食品”等称号。2004年1月7日，丰谷酒王、丰谷特曲被四川省人民政府双双授予“四川名牌产品”称号，这也是丰谷特曲连续三年禅联该荣誉。

“百年丰谷、百年服务”是公司的经营宗旨，公司良好的经济效益、完善的售后服务、雄厚的资金实力以及突飞猛进的发展速度，使其成为中国白酒行业中一颗璀璨的明星。

# 湖北枝江酒业股份有限公司

2002年，是湖北枝江酒业股份有限公司迎难而上、奋力拼搏、开创新纪元的一年，是令人喜悦、激动、振奋的一年。在这一年里，公司在枝江市委、市政府的正确领导和各级部门的大力支持下，紧紧锁定公司生产经营目标，心往一处想，劲往一处使，战胜了税负调整、市场竞争无序等困难。经济效益再创新高，枝江品牌形象进一步提升，全年货款回笼6.3亿元，比上年增长21%，利税1.3亿元，比上年增长27%，入库税金6109万元，比上年增长8.22%，社会贡献总额1.5亿元，比上年增长30%，跻身于全国白酒十强，进入中国企业五百强，写下了枝江乃至湖北白酒发展史上最辉煌的一页。

2002年3月，公司顺利完成了ISO9002：94版向ISO9001：2000版的转换工作，这次转版直接促进了质量管理水平的提升。这主要体现在两个方面：一方面，公司员工质量意识显著提高，牢固树立了“一切以顾客为关注焦点，一切以满足顾客要求为目的”的管理思想，从重形式向重实用重效果转变，各部门、车间先后修改文件38个，增订了粮食、水质、半成品酒检测标准。另一方面，内审力度加大，持续改进能力提高。ISO9000体系运行4年以来，公司已经培养出了一批业务娴熟的质量管理人才，2002年的两次内审结果表明公司质量体系运行持续、有效。

公司购置了数显恒温水浴锅、电动离心机、超声波清洗器等一批先进仪器和设备，检测项目从以前局限于白酒及粮食扩展到水质、窖泥、麦曲微生物以及大多数保健酒检测指标等项目。完善检测方式，例如：2002年10月公司实行新生产批量管理办法后，产品质量可追溯至每一工序环节。2002年12月，公司计量管理在全省白酒业中率先通过“C”标认证，技术中心检验能力通过省质量技术监督局A级确认。

辛勤的工作使公司质量管理在2002年取得突破，继被中国质量协会评为全国质量效益型先进企业之后，公司又于2002年10月被国家质量监督检验检疫局评为全国质量管理先进单位。

2002年，公司入库税金占地方财政收入的1/3，社会贡献总额为历年之最；公司利润总额比上年增长23.44%，净资产增长58.08%；员工人均收入比上年增长9.5%，社保基数人均每月增加57元，达到了财政增收、企业增效、员工增资的“三赢”目标。

# 重庆啤酒（集团）有限责任公司

重庆啤酒（集团）有限责任公司生产的“山城”、“重庆”、“麦克王”、“双桂”、“国人”、“大梁山”以及“天目湖”等品牌啤酒系列产品，以其口味纯正、淡爽醇厚，包装美观大方，风味保鲜稳定，符合消费时尚等特点在国内具有很高的知名度。2001年，公司的“重庆啤酒”、“山城啤酒”等6个品牌荣获“中国优质新品啤酒”荣誉称号；2002年，“重庆啤酒”又远销中国香港、中国澳门以及中国台湾。

2002年，公司实现啤酒（含饮料）产销量75万千升，比上年同期增长44.23%；产品销售收入13.9亿元，同比增长25.45%；实现利税总额3.80亿元，同比增长30.14%；其中利润5800万元，同比增长9.82%。

按照“做强啤酒主业，做实生物制药、做大高技术养殖”的5年发展战略思想，公司在市场营销、内部改革、技术改造以及资本扩张等方面都取得了较大的进展。

为不断满足消费者的需求，提高公司产品高技术和高附加值含量，各子公司加大了新产品开发力度，如股份公司先后开发了580毫升10度“新重庆”啤酒、355毫升白瓶“麦克王”啤酒、355毫升绿瓶“重庆”啤酒和“重庆纯生”啤酒等中高档啤酒产品，大梁山公司开发了7度麦香啤酒，天目湖公司开发了7度头道麦芽啤酒，这些新产品的上市，丰富了集团公司的产品结构，同时取得了较好的经济效益。

2002年，重庆啤酒股份有限公司纯生啤酒的技改项目已经全部验收合格，并率先在西南地区推出了重庆纯生啤酒，为公司占领啤酒高端市场打下了坚实的基础。

从2001年底到2002年5月，公司先后对江苏天目湖公司、湖南国人公司和浙江大梁山公司实施了资产重组，为公司牢牢确立自己在全国同行业的十强地位赢得了时间和空间。2001年底，公司投资6000万元，取得了江苏天目湖啤酒厂60%的股权。天目湖啤酒厂是江苏省啤酒行业的龙头企业，企业资产状况良好，人均利润率在全国啤酒行业中排名第六位。购并这样一个优势企业，正是体现了当前重啤集团“高资金投入，高效益回报”的资本运作思路，同时，也迈出了重啤集团“沿长江中下游经济发达地区东进”战略的第一步。2002年，该公司啤酒产量已超过12万千升、利润超过2500万元。

2002年5月初，重啤集团又在短短的10天之内与湖南国人和浙江大梁山两家优势啤酒企业正式签约，取得控投权，创下国内啤酒行业资本扩张最快纪录。至此，重啤集团的生产能力突破150万千升，并初步完成了“沿江东进”的战略布局。

# 福建省惠泉啤酒集团股份有限公司

福建省惠泉啤酒集团股份有限公司为国有大型企业，总生产规模50万吨，拥有一流的啤酒生产设备和雄厚的科技力量。2001年，公司完成啤酒产量40.08万吨，列全国啤酒行业产量排名第九位，销售额排名第八位。

改革开放20年来，公司积极实践邓小平同志“发展才是硬道理”思想，以敢为人先求发展的胆略，艰苦奋斗，努力拼搏，取得了令人瞩目的成绩，并以质量、科技、机制、效益等之先，赢得中国啤酒界的瞩目。公司于1989年晋升为国家二级企业，1995年在全国啤酒业第三家通过GB/T 19000—ISO9002质量体系认证，同年荣升为国家大型二档企业，并作为福建省首批试点单位，开始积极探索建立现代企业制度之路。1997年2月正式创立福建省第一家国有绝对控股的规范化股份制啤酒集团公司，成为当地国有企业成功改制的一面旗帜，曾受到中央、省部委的高度评价。

公司主导产品惠泉啤酒先后被授予“全国啤酒行业优质产品”、“中国食品工业名牌产品”、“福建省名牌产品”、“2000年福建省用户满意产品”，惠泉牌商标被确认为“福建省著名商标”，2001年4月公司“惠泉啤酒”系列产品被指定为人民大会堂国宴用酒。公司在福建省市场占有率连续多年保持前列，并成功辐射到江西、浙江、广东等省外市场。2001年4月公司被中华全国总工会授予“全国五一劳动奖状”。

公司现有控股公司泉州市金麦啤酒原料有限公司，参股公司泉州市龙珠酿酒有限公司和惠安县中荷畜牧发展有限公司，以及泉州中德印务有限公司、惠安县兴龙包装用品有限公司、泉州百威制盖有限公司等相关企业，逐步形成以惠泉啤酒为龙头产品的集团“产业链”。

# 福建雪津啤酒有限公司

2002年福建雪津啤酒有限公司，精铸质量、灵活营销、创新管理、扩张规模……再创质量、成本、团队新优势，产销量跃居福建第一，一举刷新了福建最高啤酒产销量纪录，跻身全国八强，并创出人均税利全国第一的骄人业绩。

2002年，公司承接两年来的凌厉升势，积极走内涵扩张之路，销售势头飚举云飞，一举以43万吨刷新了福建最高年产销量历史纪录：产销啤酒43万吨，同比增40.8%，销售收入90996.85万元，同比增43.92%，实现利税总额27118.55万元，同比增53.49%，人均创利税262522元，名列全国同行前列。

2002年更是公司的质量管理年。早在1996年，公司便通过了中质协ISO9002质量管理体系认证，2001年通过东南产品质量认证，2002年，在ISO9002质量体系有效运行的基础上，又通过了ISO9001：2000标准质量保证体系认证，使企业的质量保证体系更加完善。2002年，公司因在经营理念、人力资源开发、生产设备、计划管理、“五新”的开发与运用、经销策略、企业文化建设、建立双赢的合作关系方面卓有建树先后荣获福建省质量管理奖、全国质量管理先进企业称号等荣誉。

同时，顺应国内大型啤酒企业从产地销到销地产的扩张战略，在走内涵扩张的同时，2002年11月，公司正式购并了福建日月星啤酒有限公司，成立了福建雪津啤酒（三明）有限公司，使雪津的总体生产规模超过50万吨/年，实现了从“产地销”向“销地产”的战略转变，走出了对外兼并扩张的第一步。

2002年，雪津创下品牌、规模、效益三丰收的辉煌业绩，但公司深知，随着我国加入WTO后经济全球化进程的进一步加快，国际性啤酒品牌将掀起新一轮的兼并攻略，全国性品牌也加紧抢占地方高地，“第一”的业绩只是一个新起点。公司将以更昂扬的步履，进一步推进企业改革改组，加大资本经营力度，扩大企业规模，巩固品牌忠诚度，提高核心竞争力，实现从区域性品牌向全国性品牌迈性，继续担纲福建啤酒行业的领头羊。

# 山东银麦啤酒股份有限公司

山东银麦啤酒股份有限公司前身为山东省蒙阴啤酒厂，始建于1986年10月，1987年9月正式投产。1994年与香港培新公司合资成立蒙阴银麦啤酒有限公司，2002年整体改制为山东银麦啤酒股份有限公司，属国家大型企业。公司先后实施了“五扩十”、“十扩十五”、“十五扩二十五”、“五万吨纯生啤”等技术改造，现已发展为占地面积39.11万平方米、总资产5.1亿元、正式员工1280人，具有八条生产线、两大系列40多个品种，年产啤酒30万吨的大型外资股份制企业。

公司以啤酒制造为主业，拥有银麦、芦荟、纯生等三大系列40多个品种。2001年生产瓶装啤酒24.1万吨，实现销售收入4.2亿元，利税9211万元，利润1389万元；2002年生产瓶装啤酒24.15万吨，实现销售收入4.4亿元，利税9506万元，利润2010万元。

公司以银麦系列保健啤酒为主导，先后研制出芦荟啤酒、苦瓜啤酒、火锅暖啤、金小麦啤酒、金银花啤酒、梦地纯生啤酒等新产品，满足了不同层次的消费需求，产品远销国内20多个省、市、自治区，并出口到中国香港、美国和保加利亚等国家和地区。

公司注重规模效益的发挥，加快企业经营机制的转换，1991年与香港培新公司合资成立了蒙阴银麦啤酒有限公司，2002年整体改制为山东银麦啤酒股份有限公司。

质量是企业的生命，质量是企业经济效益的源泉，为此，公司注重质量建设，积极引进国内外先进的管理经验，推行ISO9000标准，制订了“品质优秀，精益求精”的质量方针，结合全面质量管理，建立、健全了质量体系，过程控制、评审和循序提升的思想，为产品质量的稳定奠定了良好的基础。

公司以科学、严格的ISO9002标准为依托，以不断引进的先进技术装备和工艺研究做支撑，有效地提高了全员质量意识和产品的质量水平。公司产品在历次国家监督抽查和各类评比中名列前茅，赢得了广大消费者的喜爱和好评。

公司屡获殊荣，先后被省政府定为“重点扶持发展的四大啤酒集团之一”、“外商投资先进技术企业”和“金融系统AAA级信誉企业”，率先获得“质量体系和产品质量双认证”；2001年公司被国家工商局评为“全国重合同守信用单位”，被国家轻工局定为“全国最具发展潜力的两家啤酒企业之一”；2002年被外经贸部授予“国家外经贸效益型企业”；2003年，被省政府评为“省级精神文明先进单位”。银麦系列啤酒也先后获得“国家专利、保健食品、人民大会堂国宴用酒、山东名牌产品、质量免检产品、著名商标”等荣誉称号。

# 燕京啤酒（桂林漓泉）股份有限公司

燕京啤酒（桂林漓泉）股份有限公司于2002年7月18日正式揭牌成立，是北京燕京啤酒集团外埠企业之一。加盟燕京集团前的桂林漓泉股份有限公司建厂于1985年，1987年正式投产，1993年3月改制为桂林市首家股份制企业。自1991年起，漓泉公司产销量和效益的增幅每年都保持在20%以上，2001年啤酒产销量23.2万吨，营业收入6.4亿元，利税总额1.68亿元，其中利润5357万元。啤酒产销量和经济效益排名居全国同行业前十五名，已成为中国啤酒行业中的一家优秀企业。漓泉牌啤酒在广西啤酒市场的占有率达70%，处于广西啤酒市场的领导地位。

燕京啤酒（桂林漓泉）股份有限公司现有合同制员工838人，啤酒年生产能力30万吨，占地面积13.87万平方米，固定资产5.78亿元。2002年公司各项主要经济指标都创造了历史最好水平，全年实现了：总产量25万吨、营业收入6.6亿元、利润总额5947万元、上缴税金1:86亿元，分别比上年增长9.1%，4.29%、3.11%、11.01%、24%。2002年，公司首次跃升为桂林市纳税首户，广西五十强企业，并进入广西企业纳税前十名。在燕京集团15家啤酒企业中经济效益、产销量名列第二，在集团所属外埠企业中名列第一。燕京总部看好燕京漓泉在广西的发展势头，并把燕京漓泉作为燕京总部进军西南市场的桥头堡，在继2002年7月18日出资1.04亿元控股桂林漓泉后，在2002年年底又向新公司注入1.08亿元资金，公司的注册资本由原来的6500万元增到9900万元，为增强公司抗风险能力、保持持续良性发展后劲打下坚实基础。

为了适应市场竞争的需要，2002年投资8000万元及时上马了2.4万瓶/小时纯生啤酒生产线，生产线，关键设备全部进口，这条纯生啤酒生产线填补了大西南纯生啤酒生产的空白。同时，以纯生啤酒投产为契机，在全厂范围内推行纯生化管理，不断提高产品的科技含量，不断增强企业核心竞争力。

公司顺利通过ISO14001环境管理体系认证，取得了中国方圆认证委员会颁发的认证证书。成为中国啤酒行业为数不多的拿到ISO9001和ISO14001双证的企业之一。

为了适应食品生产企业自身的需要，从2002年起，公司投资1000万元进行大规模的厂容厂貌改造，工程完工后，一个给员工营造舒适的工作环境，一个集生产、科技、旅游观光为一体的新型工业旅游景点，与桂林现代化“国际旅游城市”定位相适应，一个与燕京总部形象保持一致、培养潜在的消费群体的现代化工业企业将呈现在世人面前。

公司继2001年荣获“全国五一劳动奖

章”后，2002年，燕京（漓泉）公司的“漓泉”获“广西著名商标”称号，漓泉牌漓泉啤酒获“广西名牌产品”，公司荣获“全区用户满意企业”，桂林市“第一纳税大户”，“生产经营先进企业”，“技术进步先进企业”，“企业环境保护一等奖”等多项荣誉。

# 宣化钟楼啤酒集团有限公司

宣化钟楼啤酒集团有限公司的前身是宣化啤酒厂。宣化啤酒厂始建于1949年3月6日，初期主要生产白酒，自1958年起生产啤酒，历经52年不间断地技改扩建，到1992年已成为国家大型一档企业。随着国家经济体制改革的不断深入，1993年组建了宣化钟楼啤酒集团有限公司。公司占地面积达101.9万平方米，总资产14.8亿元，净资产达4.6亿元，年生产啤酒能力35万吨。

公司设备精良，容积为60立方米的糖化和400立方米的露天发酵大罐是国内最先进的设备，整个工艺程序均采用微机自控。过滤机、高浓稀释机以及灌装生产线大部分从美国、英国、德国进口。

公司1995年率先通过了国家方圆认证委员会ISO9000质量认证，1998年又率先通过了ISO9002质量体系认证，这两项认证标志着公司的质量管理已达到最高层次，并与国际标准接轨。生产的全过程严格按照认证标准运作。2000年，公司率先在全国同行业中建立和应用了国家“863”CIMS现代计算机集成制造系统，各生产车间、管理部门联网监控。公司具有高水平的科研机构，河北省啤酒研究所就设在公司内，每年都有新成果。公司注重环境保护，实施“绿色工程”，在治理了烟、尘、糟以后，2000年投资建成一座大型污水处理厂，日可处理污水达万吨，实施了清洁生产，达到了国家环保标准。

公司的主导产品——钟楼啤酒是以进口麦芽和国内优质大米及得天独厚的深井水为原料，采用领先于国际水平的德国DAB公司酿造技术精酿而成，具有麦芽、酒花香味浓、杀口力强、二氧化碳气充足、泡沫洁白细腻、持久挂杯、口味独特的特点。公司注重产品结构调整和技术开发，现已形成“钟楼”、“马斯”、“龙士达”、“皇家”、“中彩”等50多个品牌，355毫升易拉罐、355毫升异性瓶、640毫升大瓶、10升桶装、30升桶装；纸箱、塑箱、塑包等不同包装，以及清爽、纯干、原酿、冰啤、本色、茶爽、冰爽、干啤、暖啤、白啤、扎啤、鲜啤等不同浓度的系列产品。产品深受广大消费者青睐，畅销于京、津、河北、山西、内蒙古等20多个省、市、自治区，出口俄罗斯、蒙古等国。

公司注重营销网络的建设，建立了健全的中心城市的深度分销系统。现已拥有300多家一级经销商，2000多家二级经销商，在内蒙、华北地区拥有了稳定的、健全的、高效的营销体系和售后服务网站。公司根据自身特点，注重产品新鲜度的管理，经过多年的摸索与实践，已形成了一套独特的产品储运体系，满足了各地消费者较高的消费要求，公司产品的市场占有率也不断提高。

# 三得利啤酒（上海）有限公司

三得利啤酒（上海）有限公司是日本三得利株式会社、香港汇和控股有限公司和上海糖业烟酒（集团）有限公司合作，于1995年12月成立的企业。公司注册资金为4550万美元。主要生产三得利啤酒。公司自成立以来，经过数次扩建，已形成一个年产20万吨啤酒的工厂、产品也扩展至六个种类，主要在上海及周边地区销售。

2001年与2002年公司的销售产量分别为220039吨（全国排名第十七位）和228554吨（全国排名第十四位），销售收入分别为622135.00万元（全国排名第十三位）和63345.20万元（全国排名第十三位），已经成为华东地区啤酒生产四强以及长江三角洲最大的啤酒生产企业。公司连续五年（1998～2002年）获得“上海市场畅销品牌”称号。1999年三得利白标瓶装啤酒、金标瓶装啤酒获“第三十八届布鲁塞尔世界酒类评比”活动中获金质奖章。2001年三得利公司又获得由中国酿酒工业协会颁发的“中国优质新品啤酒证书”，并连续五年进入上海市销售收入五百强工业企业中，连续两年（2001～2002年）被上海市名牌产品推荐委员会推荐为“上海名牌产品”。

公司有效推进ISO9001：2000和HACCP基本原理为基础的产品品质管理体制，同时在全国啤酒行业首先实施TPM（全面生产保全），全面提高一线操作工的设备维护（通过自主保全与计划保全）、分析与解决问题（通过个别改善与教育培训）、零不良达成（通过质量保全）等的综合能力、使公司的生产效率、产品不合格率以及市场投诉率稳步地向“零（故障）损失、零（品质）缺陷、零（工厂责任）投诉”的“三零”目标迈进。同时，公司正在实施ISO14001：1996环境管理体系，并已取得阶段性的成果。在生产效率方面，包装的综合效率一直稳定，在质量控制方面半成品、成品的一次合格率始终维持在99.9%以上并制定实施远高于本厂要求的内部控制标准，清酒的溶氧（DO值）控制在$30\times10^{-9}$以下，包装时啤酒的总空气控制在0.3毫升以下，单就微生物的控制水平就已基本达到纯生啤酒的酿制要求；在能源消耗方面，其吨酒的水耗，电耗与煤耗已经接近国际先进水平；在环保方面，排水的COD只是国家排放标准的三分之一，气体排放的主要指标也远低于上海地区的控制标准。

日本三得利公司是全球第四大饮料制造

商，三得利啤酒（上海）有限公司在上海的成功发展，极大地鼓舞了日本三得利公司在中国的投资信心与投资力度，2002 年已经将其亚洲总部迁至上海并在上海创建新的研发中心，有理由相信三得利在中国的啤酒以及其他饮料事业必将有更加美好的未来。

## 烟台啤酒朝日有限公司

烟台啤酒朝日有限公司，是始建于 1920 年的烟台啤酒厂与朝日啤酒伊藤忠中国（集团）有限公司共同组建的中外合资企业。现总资产 3.6 亿元，占地面积 16.6 万平方米，年生产能力 25 万吨，中国大（一）型企业，省级文明单位。

公司在生产过程中，积累了 80 年酿酒经验，积极推行国际标准监控生产。1995 年获取 ISO9002“产品质量”和“质量体系”方圆认证，产品先后获得国际国内质量评比 14 枚金牌，被中国保护消费者协会授予“消费者信得过产品”。烟台啤酒被中国消协评为“中国名牌”。企业先后被评为全国食品行业质量效益型先进企业、中国轻工二百强企业和中国 500 家综合评价最优企业。20 世纪 80 年代聘请德国啤酒专家技术指导，20 世纪 90 年代与世界十大啤酒集团之一的日本朝日啤酒株式会社技术合作，使公司传统酿酒精华与西方和东方啤酒技术融为一体，形成自己独特的风格。

## 四平金士百啤酒集团公司

四平金士百啤酒集团公司始建于 1985 年，是位于吉林省四平市的一家年设计生产能力 30 万吨啤酒的集体所有制企业，拥有员工 1300 余人，有形资产 2.5 亿，资本总额 5 亿元。占地面积 45 万平方米，建筑面积 8 万平方米，是我国啤酒行业首家获得 ISO9002 国际质量保证体系认证的企业。

金士百啤酒集团公司目前已有金士百、顺牌、D 牌、甲天泉、凯宾五大品牌，40 多个系列产品，产品享誉东北、华北等地。

公司投巨资引进德国先进的纯生啤酒生产设备、尖端科技无菌技术，实现全程无菌操作，无菌酿造和无菌灌装，成为吉林省第一家生产纯生啤酒的企业。

金士百人以“消费者为核心”的市场战略的制定、从消费者的实际需求出发，顺应时代需求潮流，不断开发生产出各种档次、各种品牌的优质啤酒。企业成立以来，先后推出包装精美的啤酒产品达40种之多，金士百啤酒是公司品牌知名度最高，生产量最大的品牌，也是最受消费者欢迎的啤酒；金士百纯生啤酒2003年开发投放的新产品，5月份上市伊始，就以其高贵的包装，自然纯正和新鲜的口味，得到广大消费者认可，很快在长春等地掀起销售浪潮，它填补了吉林省纯生啤酒生产的空白。

公司在2002年进行纯生化管理，公司经过近一年对生产过程的159个控制点管理和攻关，所有产品在出厂前必须通过实验室的最后检验，并将检测结果记录存档，作为不断提高产品质量的信息资源。由日本引进的UV1601分光光度测量仪、紫外光度测量仪、先进、方便、高效、准确，可以在短时间内快速测出啤酒中的各种主要成分含量，及酒中的双乙酰和苦味值。正是由于有了先进的设备和现代化的检测手段，从而带来了金士百啤酒生产过程持之以恒的高品质、高速度、高效益。

公司在2002年生产销售啤酒23万吨以上，销售额达4亿元，实现利税7000万元以上，销量继续在吉林省同行业中排在第一名。

## 百威（武汉）国际啤酒有限公司

百威（武汉）国际啤酒有限公司隶属于美国安海斯一布希公司，总部位于美国密苏里州圣路易斯市的安海斯一布希公司。安海斯一布希公司经过系统的调查研究后，决定选择中国中部最有潜力的城市武汉作为投资建厂的基地，并于1995年2月26日大举收购原中德武汉长江啤酒有限公司，成立百威（武汉）国际啤酒有限公司，于当年开始生产和供应百威啤酒。安海斯一布希公司目前控股97%。公司主要生产百威啤酒和百威冰啤两个品牌的啤酒，行销中国40个主要城市。

公司自成立以来，不断追加投资，扩展规模，现占地面积已达23.64万平方米。1997年，年生产能力从5万吨提升至11万吨。1998年，公司为了满足当时中国市场对高档品牌啤酒日益增长的需求，追加投资实施扩建工程，将原生产能力翻了一翻达到25万吨，公司总投资额达到1.7亿美元。同时，公司也先后完成了听装包装设备升级的一、二期工程，使设备达到平均1000罐/分钟的生产能力，另外新增一条生产能力为600瓶/分钟的KRONES瓶装线。公司自1995年开展业务以来，于2001年首次实现赢利，并于2002年取得了两位数以上利润增长的好成绩。2002年销售量达到20万吨，实现收入16亿元，上缴税金约2亿元，是武汉市第七大纳税大户，为武汉市的经济建设做出了巨大的贡献。

至今，公司已经连年获得国家有关部门发布的各项奖项：

• 中国质量检验协会颁发合格证书，1997年3季度，2000年2季度，2001年2季度，国家技术监督局抽查合格品牌。

• 百威啤酒连续两年（2000～2001年）在国家技术监督局抽查中，获“质量较好”评价（全国仅有三个啤酒品牌同时获此荣誉）。

百威（武汉）国际啤酒有限公司运用了业内最先进的环保技术，采取了许多有效措施来减少废水、废气、噪声污染和节省水、电等能源和资源。近年内，公司投资了近2000万元人民币在厂区兴建了先进的污水处理设施，并投资引进了多项先进的环保技术，以进一步保护厂区和社区环境。

• 2003年6月被武汉市经委和市环保局授予“环境保护先进单位”。

• 2003年4月被湖北省经贸委授予“2002年全省资源节约综合利用先进单位”。

• 2002年5月被武汉市创建节水型城市工作领导小组和武汉市水务局授予“2001年度节约用水先进单位”。

• 1996～2002年连续七年被武汉市政府授予“安全生产先进单位”。

# 金狮啤酒集团有限公司

2002年金狮啤酒集团完成啤酒产销34.5万吨，实现销售收入6.3亿元，创税利2.1亿元，利润6072万元，同比增长幅度分别为17.75%、18.8%、17.6%、13.9%，达到了年初董事会提出的总目标，产销总量、利税总额、利润总额、吨酒利税、人均利税，资本运行能力等项指标连续第五年荣居全省同行前列。

2002年集团销售啤酒34.5万吨。其中本部销量达18.6万吨，比2001年同期增长7.5%，平阳金狮创出了其经营史上新的篇章，销量达4.99万吨，比2001年同期增长35.6%，2002年金华金狮共完成销量5.6万吨，同比增长32%，实现税金2118万元；成功地守住了集团的西大门，并为集团今后的发展拓展了宝贵的市场空间。雁荡山金狮在这一年中也取得了新突破。2002年雁荡山金狮共销售啤酒53850千升，比上年增长10.22%，实现销售收入8951万元，创税利3000万元，特别值得一提的是清爽型啤酒的开发成功，半年多时间就实现销售量5000余吨，使其高档酒比例从2001年的1.87%猛增到12%。

2002年目标成本管理取得了显著成效。仅集团本部生产物流通过目标成本管理就为企业增收600万元左右。有力地为市场竞争提供了成本优势的支持。

2002年集团集中力量抓好以5S为主要内容的现场管理。为产品质量的稳定提高提供了良好的环境条件。

开展纯生化管理，使产品优质工程与管理工程有机结合，以管理提升来保证产品品质提升。纯生啤酒是当今啤酒市场发展的一个新趋势。金狮啤酒集团2002年花数千万元投资，装备了纯生啤酒生产线。

2002年集团公司坚持以科技进步推动企业发展的方针，又投入技改资金6000余万元，新建了一条2.4万瓶/小时产能的纯生啤酒灌装线，计划在今年旺季投产出酒，雁荡金狮、平阳金狮也投入了数万元资金，进行了以提高产品品质，满足市场需求为目标的技术改造。集团公司在2002年还启动了投资规模达1.5个亿左右的金华金狮年产15万吨的新厂建设项目，为集团下一阶段的持续发展拓展新的增长空间。

除了硬件投入以外，集团还特别重视软件的投入。2002年完成了“温州市级技术中心”的验收工作，使企业的产品研发、技术研发、质量控制、国内外最新科技信息跟踪、行业科技交流都跨上了一个更高、更新的平台。工艺技术、产品质量管理在顺利通过ISO9000复审后正在进行ISO 14000版的环保认证。

技术进步方面的软硬件有机结合，为企业的持续发展创造了强有力的动力。

# 中粮集团

• 1994～2002年，连续9年入选美国财富杂志全球企业五百强

• 集贸易、实业、金融、信息、服务和科研为一体的大型企业集团、横跨农产品、食品、酒店、地产等众多领域

• 从事农产品和食品进出口贸易历史最悠久、实力最雄厚的中国企业，中国粮油食品市场与国际市场之间的重要桥梁

• 中国政府直接管理的44家国有重要骨干企业之一

• 作为可口可乐在中国的三家装瓶商之一，中粮参股兴建了11家可口可乐装瓶厂

• 所属凯莱酒店集团在北京、三亚、大连、沈阳、苏州等地拥有10家酒店，并已跻身世界酒店企业三百强行列

• 旗下拥有长城、福临门、梅林、金帝等20余个国内国际知名品牌

## 中粮酒业有限公司

• 运用中粮集团的全球资源与现代化的生产及营销管理技术，提供中国人更多元、更高质量的饮酒享受，将中国的酒类介绍给世界，将世界的酒类介绍给中国

• 以长城葡萄酒为核心品牌的中粮酒业有限公司，是中粮集团酒类业务生产及销售的专营机构，经营包括葡萄酒、黄酒、洋酒等众多品种的销售

• 其麾下拥有的中国长城葡萄酒有限公司、华夏葡萄酿酒有限公司、烟台中粮葡萄酿酒有限公司，分别位于沙城、昌黎和烟台等中国三大重要的葡萄产地

• "长城"牌是中国葡萄酒著名品牌，2003年国内葡萄酒产销量第一

• 远销法、德、英、日等20多个国家和地区，享有"中国出品名牌"和国内产销量第一的殊荣。

### 中国长城葡萄酒有限公司

（河北　沙城）

1983年，中粮集团投资成立了中国长城葡萄酒有限公司，并独立研制出我国第一瓶纯干型干白葡萄酒和香槟法起泡葡萄酒，从而将中国葡萄酒业推向国际市场。长城干白葡萄酒已6次获国家金质奖，并获英、法等国3次评酒会金奖，被欧美酿酒专家誉为"典型的东方美酒"。

### 华夏葡萄酿酒有限公司

（河北　昌黎）

1988年，中粮投资兴建了华夏葡萄酿酒有限公司，并研制出中国第一瓶干红葡萄酒。在这块被誉为中国的"波尔多"的黄金选地上，华夏公司建成了国内最大的万亩优质酿酒葡萄基地，并以国内面积最大的专业酒窖和数目最多的橡木桶，确保高品质年份酒的陈年和酿造。华夏长城葡萄酒凭借与众不同的好品质在国内外市场上赢得了广大消费者的信赖和喜爱。

### 烟台中粮葡萄酿酒有限公司

（山东　蓬莱）

1999年，中粮投资兴建了烟台中粮葡萄酿酒有限公司。公司采用国际标准建设的长城万亩葡萄庄园，全部引进赤霞珠、霞多丽、梅鹿辄、雷司令等国际著名的优良品种，确保品质的纯正。

### 中粮绍兴酒

（浙江　绍兴）

中粮绍兴酒有限公司禀承绍兴酒传统手工酿造工艺精髓，精心酿制成低酒精度的原汁绍兴黄酒20余种。其中"黄中皇"、"孔乙已"、"流觞亭"、"长城"、"华夏俱乐部"等品牌行销海内外。

### 进口美酒　举世闻名

中粮酒业是最具实力的进口酒类代理和销售公司，拥有众多知名品牌。其中以智利产的葡萄酒为首推产品。主产品MONTES ALPHAM干红是世界限量的稀有珍品，ALBOR系列葡萄酒刚一问世就在世界葡萄酒展中夺冠，倍受世人瞩目。

## 烟台中粮葡萄酿酒有限公司

烟台中粮葡萄酿酒有限公司是世界五百强之一的中国粮油进出口（集团）有限公司为了著名品牌"长城"的发展和延伸，与烟台隆华投资发展有限公司在素有"中国波尔

多”之称的胶东半岛蓬莱产区共同投资兴建专业生产和销售“长城”系列葡萄酒的企业。

集长城20年的专业酿造技术，结合国际先进的改良工艺，“烟台中粮”取众之所长，全心诠释“烟台长城”的专业品质。引进了世界一流的生产设备，再经进口橡木桶的藏酿，将庄重、经典、浪漫的葡萄酒文化倾注其中，真正体现了“酿造”的精髓。

烟台中粮率先按国际化标准建立起自有种植基地——烟台长城葡萄庄园，现拥有一体化样板基地399.96万平方米，紧密型生产基地666.6万平方米，引种的赤霞珠、霞多丽、梅鹿辄、蛇龙珠、雷司令等世界公认的酿酒葡萄品种均达到了高品质的要求。烟台长城“南王山谷”，以其良好的种植环境，更是得到专家们的一致赞赏。在2002年9月召开的中粮集团·烟台长城葡萄庄园评审会上，与会的国内专家对于烟台长城葡萄庄园的建设模式、管理模式和葡萄品质均给予了极高的评价。2001年，烟台长城葡萄庄园达到了国家绿色食品生产标准，被认定为国家绿色食品示范基地；2002年被评为山东省农业产业化先进龙头企业；2003年又被评为国家级农业产业化重点龙头企业。

烟台中粮在成立伊始就一直致力于葡萄酒文化的推广，并注重将葡萄酒文化与高雅文化艺术及社会公益事业的完美结合。同时，开创性地为消费者提供了“个性化服务”，满足了消费者日益增长的个性化需求。

烟台中粮自成立以来，先后通过了ISO9002国际质量管理体系认证、ISO14001环境管理体系认证和绿色食品认证，2002年公司产品成为国家免检产品。2003年长城牌葡萄酒又被中国消费者协会评为葡萄酒类中唯一使用3.15标志的品牌。

## 云南红葡萄产业集团

云南红葡萄产业集团，是由具有国际财团背景的投资集团——通恒国际投资有限公司及云南农垦国营东风农场共同在云南投资的集种植、酿造和销售为一体的国际专业化葡萄酒酿造产业集团。是云南省外资实投资金最大的农业产业化项目之一。

自1997年6月成立第一家实体企业云南高原葡萄酒业以来，经过三年发展到目前已形成云南高原葡萄酒有限公司、云南红酒业有限公司、云南高原葡萄种苗公司、云南高原葡萄种植公司、云南葡萄研究发展中心、云南高原品牌策划有限公司、云南恒升酒业有限公司、云南通恒生物资源开发有限公司等数家公司构成的产业集团。形成葡萄种植、栽培、酿造、销售、研究及开发鲜食葡萄及葡萄皮籽药用提炼的一体产化业集团。

云南的葡萄和葡萄酒产业是云南在继烟草之后重点扶持的又一经济支柱产业，云南红酒业作为该产业的龙头企业，得到了地方有关部门的大力支持，被喻为云南“红塔山后又一红”。

集团现已拥有1333.2公顷优质高原酿酒葡萄园，并拥有年出圃400万珠优良酿酒葡萄的种苗基地和依照国际标准在葡萄园区内建立的大型现代化厂房及国际一流的葡萄酒酿造设备。在未来五年内，公司将发展成为拥有3333公顷葡萄基地，年产5万吨葡萄酒的大型现代化企业。

集团拥有国内一流的技术队伍和管理班子：在种植方面由山东酿酒葡萄研究所在云南设分所负责技术指导，在酿造方面，由法国波尔多地区尼古拉酿酒世家第五代传人担任酿造工艺顾问，国内最优秀的酿酒师、国家级品酒师担任总工程师，采用最先进的酿造工艺，完全按照国际标准来精心酿造“云南红”；在营销方面，公司聘请国际一流的广告公司制定了一套符合中国国情的、行之有效的营销和品牌策略，与国际接轨的新型管理模式，使企业在种植、生产和营销方面都拥有可靠的保障。

# 北京龙徽酿酒有限公司

北京龙徽酿酒有限公司1987年由北京葡萄酒厂与法国合资成立。而其前身北京葡萄酒厂则是拥有近百年历史的中国最古老的葡萄酒厂之一。

1910年（清宣统二年），法国圣母天主教会沈蕴璞修士于北京阜外马尾沟13号法国圣母天主教墓地创建葡萄酒窖，并聘请法国人里格拉为酿酒师，生产法国风格的红、白葡萄酒，用于教会弥撒、祭祀和教徒饮用酒，年产量仅为5～6吨。

1946年，酒厂注册为“北京上义洋酒厂”，正式向外出售葡萄酒。解放后收归国有，有职工13人，年产量仅为10余吨。

1959年2月，北京市政府将其更名为“北京葡萄酒厂”并迁址于燕京八景之一的玉泉山东南。北京葡萄酒厂注册了“中华”品牌，主要生产“桂花陈酒”、“莲花白”酒和“中国红”葡萄酒，最出名的产品是桂花陈酒，它是北京葡萄酒厂1959年发掘古代宫廷秘方所创制的，非常切合当时中国消费水准和消费需求，因此，在市场竞争中处领先地位。

1987年3月17日北京葡萄酒厂与法国保乐力加集团合资成立“北京龙徽酿酒有限公司”。龙徽葡萄酒自诞生以来一直将追求品质最好的理念贯穿在生产经营的每一个环节，严格按照法国传统工艺和国际葡萄酒生产标准酿造每一瓶葡萄酒，确保产品质量与国际接轨。公司通过ISO9001认证加强企业内部的质量管理，提高顾客满意水平。龙徽的产品先后获得北京市名牌产品、全国质量稳定可靠产品以及绿色食品标志。

龙徽卓越的品质，获得广泛的认可，其

产量的20%出口到法国、比利时、德国、西班牙、日本、美国等20多个国家和地区。据轻工业信息中心统计，2002年龙徽葡萄酒出口量占全国葡萄酒出口总量的12.5%，而出口额占全国葡萄酒出口总额的23.6%，成为中国第二大葡萄酒出口商和干型葡萄酒的第一大出口商。在欧洲各地的亚洲高档餐馆中，龙徽葡萄酒的市场占有率在整个亚洲葡萄酒中排名第一。在比利时的3000家高档亚洲餐馆中，龙徽的市场占有率是40%；在巴黎大区的2200家高档亚洲餐馆中，龙徽的市场占有率是20%。这不仅是龙徽葡萄酒的骄傲，更是中国葡萄酒业的骄傲。

龙徽贯彻实施技术领先、品质领先、服务领先、价值领先的四个领先的方针，以先进的酿造技术，用100%中国葡萄生产国际品质的中国高档优质葡萄酒，努力打造龙徽中国好酒的品牌概念。

# 桂林永福山葡萄酿酒有限责任公司

桂林永福山葡萄酿酒有限责任公司，前身为永福县国营葡萄酒厂，始建于1956年，至今已有47年生产酒类产品的历史，是广西首家野生山葡萄酿造专业厂家。公司成立于1998年，5年的时间，将一个停产六年，几近破产的县属国营葡萄酒厂变为利税大户和明星示范企业，是市场经济体制下民营企业诞生、发展、壮大的一个缩影。永福山公司现已发展成为以研发、生产、销售为一体，整合营销为运作模式的专业葡萄酒经营公司。

历年来，公司都着重“两手抓”：一手抓市场运作，一手抓产品质量，严格按照国际标准和国家标准制订规范工艺，2000年公司产品通过自治区经贸委“全面质量管理达标”的验收并通过了国家级葡萄酒检测中心的产品检验。2002年12月16日，“永福山”公司顺利通过了由中国质量认证中心广西评审中心的ISO9001：2000质量管理体系的认证审核。为企业完善管理、提高产品、服务质量提供了科学的指南，永福山也为此取得了走向国际市场的“通行证”。

公司加强葡萄原料基地规范化建设，改善和提高生产设备与工艺水平，不断优化酿酒原料。为满足原料上的需求，公司在桂林永福县建立10.67万平方米的葡萄种植示范园。

2000年，公司推出了具有浓郁地方特色的桂花山葡萄酒、罗汉山葡萄酒及广西第一瓶高级干红葡萄酒等一系列适销对路的中高档产品，“精品山葡萄酒”荣获了2000年广西优质产品。2002年，相继推出了具有个性特点的永福山葡萄酒系列新产品，优质的产品给产品的销售带来了很强的竞争优势。

另一方面，据去年的数据记录显示，公司的目标均达到ISO9001：2000的质量管理要求，其中产品抽检合格率为98%，顾客满意度为90%，顾客投诉处理率为100%。2002年中国人民保险公司为“永福山”系列产品质量予以承保。2000～2003年永福山葡萄酒连续三年被广西消费者协会推荐为“消费者信得过名优产品”。目前公司正在扩建3000吨的干型葡萄酒生产线，这一改造工程预计在年内完成，将为公司成为广西葡萄酒的生产骨干厂家奠定坚实的基础。

结合产品、技术、人才、文化等优势，永福山公司以“打造优势产品、创建品牌企业”为目标，以致力发展成为具有东西方葡萄酒文化融合能力的专业葡萄酒经营公司，不断推出适合中国人现代生活所需的高品质葡萄酒为宗旨，做好区域的强势品牌，走在行业的前端。

## 青岛华东葡萄酿酒有限公司

在风景秀丽的山东省青岛市崂山山脉南龙口九龙坡，有一座被誉为中国的“鹰冠庄园”的青岛华东葡萄酿酒有限公司。

自华东庄园成立之日起，把建设中国最好的葡萄酒庄园、酿制中国最好的佐餐葡萄酒作为自己追求的目标。1985年，公司从法国引进了13个品种共数万株名贵酿酒葡萄。在气候、土壤等生态条件极佳的山东平度大泽山，建起了999.9万平方米葡萄种植基地。为控制葡萄的亩产量，保证葡萄的质量，采用独特的“单干双臂”栽培模式，手把手地向果农传授种植技术。严格按照10年以上树龄亩产不能超过1000公斤的规定，葡萄糖度指标不达标不收购，从而保证了葡萄原料的品质，为酿造中国最好的葡萄酒创造了条件。

为提高酿酒技术和工艺水平，公司每年聘请国外的酿酒专家指导、交流；与法国、澳大利亚等国知名葡萄酒企业签订了长期技术合作协议。每年派中方的酿酒师、园艺师到国外接受培训，及时学习、了解国际最新的酿酒动态和技术，使华东的技术水平始终领先一步，保持与国际水平的接轨。

为确保葡萄酒的质量，从德国引进了国际先进的气囊式压榨机，从法国引进了优质的橡木桶。同时企业严格按照国际上A.O.C标准酿造单品种、产地、年份高级葡萄酒，揭开了中国酿制名贵高档葡萄酒生产的新一页。

1987年，华东莎当妮－1986在法国波尔多国际葡萄酒博览会首获银奖；1989年，华东薏丝琳－1988在布鲁塞尔世界葡萄酒精英大赛中荣获金奖。

华东庄园葡萄酒以独有的方式向人们展示着她的绝佳品质。1994年12月，华东系列葡萄酒在国内同行业中率先获得中国绿色食品发展中心授予的“绿色食品”证书，1996年全国首批通过了ISO9002国际质量体系认证。

现在，华东葡萄酒已形成六大系列30余个品种中、高档的产品线，满足不同消费者的需求。

1996年全国出现红酒热潮，华东葡萄没有随波逐流，认真地培育自己的葡萄基地，生产正宗的葡萄酒，较好地维护了华东的品牌形象。

2003年，华东葡萄酒的销售收入（含税收入）首次突破亿元大关，人均利润50多万元，进入中国葡萄酒行业前十名，品牌前六名。公司进入了发展的快车道，显示出强大的发展后劲。

## 民权五丰葡萄酒有限公司

民权五丰葡萄酒有限公司坐落在七朝古都开封与豫东门户商丘交界的民权县城，这里环境幽雅，位置优越，陇海铁路、郑商高速和310国道横贯全境，民菏、民太、民曹公路交汇于此，交通十分便利。这里历史悠久，人杰地灵，是文哲大师庄子的故乡。始建于1958年的民权五丰葡萄酒有限公司（原河南民权葡萄酒厂）地处黄河故道万亩葡萄园腹地的冲击平原上，是1997年9月1日，河南民权葡萄酒厂和香港五丰行有限公司共同出资组建的大型合资企业。拥有从德国、意大利、法国引进的优质酒灌装线和加工设备，配备高精密度葡萄酒化验分析检测装置。利用当地优质沙壤土种植的名贵葡萄生产葡萄酒、滋补酒、饮料三大系列60多个品种。本公司是目前全国最大的葡萄酒生产厂家之一。

公司自合资以来，不断深化机制改革，强化质量意识和品牌意识，不断升华企业形象，积极引进和借鉴国内外先进的管理模式，顺利通过了ISO9002质量体系认证工作，加快了走向国际市场的步伐，取得了长足的进步和发展。公司先后荣获河南省“重合同、守信用”先进单位，“河南省纳税先进单位”和“河南省外商投资双优企业”等荣誉称号。

## 安徽古井双喜葡萄酒有限责任公司

古井双喜葡萄酒有限公司始建于1954年，是国内葡萄酒酿造行业的重点厂家之一。产品在国内外市场享有较高声誉，除在国内销往30多个省、市、自治区外，还远销俄罗斯、德国、西班牙、东南亚、中国香港等国家和地区。有10多个产品分别获国优、部优和省优；有8个产品荣获首届中国食品博览会金、银、铜奖。干白葡萄酒1983年获得中国名酒称号，又连续三次在全国质量检评会上获得同类产品第一名；桂花酒在1990年法国国际评酒师联合大会上获得特别大奖，出口西班牙、日本等国家，出口量逐年增加。

公司将以优质的产品，优良的服务，优美的环境，欢迎各界同仁和有识之士来公司洽谈业务，指导工作。

# 秦皇岛野力葡萄酿酒有限公司

在美丽的渤海之畔，在号称“中国波尔多”的葡萄之乡——河北省秦皇岛市昌黎县城东，镶嵌着一颗璀璨的明珠——秦皇岛野力葡萄酿酒有限公司。

秦皇岛野力葡萄酿酒有限公司始建于1997年4月，占地面积近5万平方米，建筑面积2万平方米的花园式企业。公司设计生产能力为年产1万吨葡萄酒的现代化企业。公司于1997年8月28日挂牌成立，并于1997年12月14日生产出第一瓶野力干红葡萄酒。公司于2000年建成了设计加工能力为1.2万吨的葡萄发酵工程项目，达到生产原酒能力8000吨规模的发酵公司。

为酿制出优质的野力葡萄酒，公司于1997年在河北省昌黎县建成了万亩葡萄基地。全部栽种了世界名种葡萄赤霞珠，既保证了葡萄酒的原料供应，又确保了葡萄酒的质量。

公司严格按照ISO9000质量体系标准组织生产经营，具有严格的质量控制系统和科学的管理体系。1999年底公司全面通过了“ISO9002质量体系认证”和“产品质量认证”。野力干红，干白葡萄酒多次被国家、省、市有关部门评为优秀产品，公司成为远近闻名的国内20世纪90年代科技发达的现代化企业。

公司自产品投放市场以来，以市场为导向，进行了强有力的广告宣传，以著名影星巩俐为形象大使的宣传广告语：“情浓酒更浓，野力干红”响彻大江南北，长城内外。公司全面实施了网络营销、品牌营销、文化营销战略，建立以上海、北京、广州为中心覆盖全国25个省、市、自治区的营销网络，公司产品的产销量逐年提高。

公司不断调整产品结构，以满足不同消费者的需求。在坚持以干红、干白葡萄酒为主导产品的同时，陆续开发出几十种产品，已全面投放市场，深受消费者喜爱。野力干红葡萄酒采用世界名种葡萄——赤霞珠精心酿制而成。野力干红酒液呈宝石红色，晶亮透明，香气怡人。口感醇厚，回味绵长。

野力干白葡萄酒是采用世界名种葡萄——“贵人香”，“霞多丽”等精心酿制而成。野力干白葡萄酒液呈浅黄色，透明晶亮，香气浓郁，怡雅，口感爽净，回味绵长。野力葡萄酒正以出众的魅力向着中国葡萄酒的驰名品牌的宏伟目标搏击。

“明天的理想，今天去实现。”公司正以科技兴企为方针，以高质量创名牌为经营战略，以人本管理为核心，瞄准目标，创造特色，为发展我国的民族工业做出新的更大的贡献。

# 青岛富狮王葡萄酒酿造有限公司

青岛富狮王葡萄酒酿造有限公司是原青岛益民葡萄酒厂与香港南悦国际有限公司合资兴办的葡萄酒企业，具有40多年的葡萄酒酿造历史和先进的葡萄酒酿造技术，随着企业的不断发展壮大，目前公司拥有资产近亿元，员工300多名，其中工程技术人员80多名。近年来公司加大技改力度，增加设备投入，先后进口了法国产橡木桶，意大利产气囊榨汁机、硅藻土过滤器、葡萄汁连续稳定设备、葡萄酒全自动灌装线等具有国际先进水平的生产设备和美国产高效液相色谱仪、日本产原子吸收分光光度计、意大利产分析葡萄汁稳定性实验设备等具有国际先进水平的化验设备，使公司的硬件设施达到了国内同行业较高水平，使公司年生产能力和储汁能力均达1万余吨。公司主要产品是“狮王”牌干红、干白、甜红、甜白、起泡系列优质葡萄酒，产品畅销全国各地，辐射周边5个国家和地区，在国内外享有极高的声誉。

2002年被省消协、省工商局等7家单位联合评为山东省第四届消费者满意单位，并顺利通过了ISO9001国际质量体系认证和ISO14001国际环境管理体系认证。“狮王”牌系列葡萄酒连续多年被国家质量检验监督检疫中心检测为质量合格产品，获得了中国食品工业协会颁发的“国家质量达标食品”证书；被认定为青岛市消费者协会“推荐产品”和山东省消费者协会“推荐产品”。“狮王”商标亦被评为山东省著名商标。

公司不但拥有国际一流的生产和化验设备，更拥有国内得天独厚的葡萄资源优势。公司位于山东半岛的青岛平度境内，坐落在风光旖旎的大泽山南麓。1999年8月，国家农业部、国家轻工局、中国酿酒工业协会、平度市人民政府和经济参考报社等单位在平度举办了“青岛大泽山葡萄栽培及相关产业发展战略研讨会”，与会的葡萄和葡萄酒专家一致认为：大泽山有条件、有实力成为我国第一个以原产地命名的葡萄酒产区，足见大泽山葡萄产区在国内地位之显赫。

“三分工艺，七分原料。”、“好葡萄自然

酿好酒。”酿出世界最好的葡萄酒，就必须有自然品质一流的葡萄原料。公司十分重视产品质量工作，尤其重视作为“第一生产车间”的葡萄原料的质量管理工作，因此，公司充分发挥和依托得天独厚的葡萄资源优势，在“中国葡萄之乡”——大泽山镇的“中国葡萄金奖村”建立了399.96公顷“富狮王葡萄基地”，为公司产品质量的稳定和提高提供了可靠保障。

# 新疆楼兰酒业有限公司

新疆楼兰酒业有限公司位于中国新疆吐鲁番鄯善县，即古代丝绸之路重要商埠——楼兰古城的遗址上，自古以来便是著名的葡萄产区，当地酿造葡萄酒历史有2000年之久，远朔至西汉年间。

公司始建于1976年，是中国葡萄酒六大龙头企业之一，现拥有葡萄园266.64万平方米，品种优良，包括赤霞珠、霞多丽、白诗南、梅鹿、黑皮诺、雷司令等，使用有机耕作方法，引流自天山冰川的纯净地下水源灌溉，出产的葡萄不受农药及病毒污染，是中国唯一的有机酒生产基地。

楼兰牌葡萄酒采用无污染优质葡萄酿制，原汁发酵，无任何人造添加物，味醇色亮，酒香浓郁，荣获绿色食品证书，符合追求生活享受及绿色健康人士的品味选择。

楼兰葡萄酒产品系列齐备，由干型、半干型至低酒精度盒装饮料酒，以及采用珍贵罕有品种酿制，年产量少于3000瓶的“西域葡萄酒”和根据传统独特方法生产的“楼兰古酒”可满足不同人士的口味和消费要求。

楼兰干红是由品质优良的赤霞珠及沙巴拉维葡萄酿制而成，深紫红色中带清澈亮润，充满浓厚的红苹果及甜椒香味，入口感觉十分平衡，适当的单宁及持续的酒香使人陶然。

楼兰干白是由品质优良及味道独特的白玉葡萄酿制而成，色泽金黄带绿，酒质清澈，浓厚的凤梨及梨子果香，入口感觉非常清新自然，酒香融洽。

楼兰盒装饮料酒，选用新疆当地优质葡萄酿造调配而成，降低酒精含量，色泽天然，果香丰富，符合追求健康目的。

# 新天国际葡萄酒业有限公司

新天国际葡萄酒业有限公司是一家集葡萄种植、酿造、贸易、科研为一体的典型农业产业化现代企业。公司于 1998 年由新天国际集团和新天国际经贸股份有限公司共同出资成立，目前，公司固定资产已达 6.01 亿元，总资产达 12.63 亿元，酿酒葡萄种植面积已达 9800 公顷，已建成 5.5 万吨玛纳斯酒厂、1.5 万吨伊犁霍尔果斯酒厂和 0.5 万吨石河子西域葡萄酒业有限公司，葡萄酒加工能力达 5.5 万吨。2002 年收购葡萄 5.8 万吨，酿造葡萄酒 4 万余吨。公司是中国乃至亚洲大型的现代化葡萄酒企业。2002 年 6 月，新天酒业以 8.43%的股份置换新中基所持有的西域酒业 77.33%的股份，完成了对西域酒业的控股。

1999 年底，公司通过了 ISO9002 国际质量体系认证，并于 2003 年初顺利进行了转版升级；公司的葡萄酒产品获得了国家绿色食品认证中心颁发的绿色食品证书，被评为新疆名牌产品，葡萄酒产品在国内外葡萄酒评酒会屡获大奖。

公司全套引进了法国、意大利、德国、瑞士和美国的酿酒设备和厂房设施，主要设备有原料接收分选系统、除梗破碎设备、压榨机、控温发酵和贮酒罐、自动化灌装线、质量分析检测仪器等，性能达到 20 世纪 90 年代末世界先进水平。目前，公司已形成 5.5 万吨葡萄酒的加工能力，建立了玛纳斯、石河子、伊犁三个现代化酒厂，开发出新天尼雅系列、新天干红干白系列、新天玛纳斯系列、新天柔系列等 32 个品种的新天牌葡萄酒。

技术创新是企业发展不竭的动力。公司成立了技术中心。2002 年，技术中心各种研究试验仪器和设备原值达 398.2 万元，其研究条件在国内同行业中处于领先地位；技术中心筹集科技经费 538 万元，科技经费支出额占产品销售收入比例达 3.56%。另外，公司设立了新天科研基金，2002 年经申报和论证，批准和资助了 24 项研究课题，投入资金达 127 万元，目前，部分项目已开始在生产中应用。

公司重视先进科技的学习与引进，与国内外知名葡萄酒科研院所和生产企业建立了紧密联系，交流信息，引进技术。

2002 年公司完成了上海尼雅葡萄酒业有限公司的注册事宜，成功实现了公司有关销售业务的战略性转移。目前公司已在全国 28 个省、市建立了营销网点，用计算机网络实时连接销售。自 1998 年底酒厂开始投产起，公司葡萄酒年销售额增长幅度一直保持高速增长，2001 年销售收入为 4000 多万元，2002 年销售收入达 1.4 亿多元。

# 宁夏西夏王葡萄酒业有限公司

宁夏西夏王葡萄酒业有限公司是一家集科研、基地、生产、营销于一体的花园式现代化葡萄酒生产企业。公司占地面积11.3公顷，建筑面积13776平方米，总资产5800万元。产品已发展有西夏王世纪干红、西夏王精品干红、西夏王干红、西夏王冰白、西夏王枸杞利口酒等十大系列30多个品种。

与酒厂一墙之隔的万亩酿酒葡萄基地，位于被国内外专家誉为“中国的波尔多”的我国酿酒葡萄最佳生态带之中。该地区为贺兰山前冲积扇，地形起伏小，相对平坦，成土母质以冲积物为主，土质为淡灰钙土，土层厚度30～100厘米，土质松散，透气性好，有利于葡萄根系生长和植株发育。气候特点：冬季寒冷、干燥少雨、光热充足、昼夜温差大、有效积温高、平均气温8.7℃、年有效积温3135～3273℃、大于10℃年有效积温1335～1473℃，无霜期170天左右，平均初霜期10月5日、终霜期4月18日。年日照时数3032小时，年相对湿度8%，8～9月份水热系数K≤0.68，昼夜温差14～15℃。这样的气候条件，葡萄成熟缓慢，香气发育完全，色素形成良好，无病虫害。国际名种葡萄赤霞珠、品丽珠、霞多丽、贵人香、白玉霓等都能够完全成熟，且糖、酸份适中，其特性优于原产国，完全达到国际葡萄·葡萄酒组织（OIV）的规定标准。

1991年，西夏王干红、干白葡萄酒率先被农业部评为“绿色产品”、连续四年获国内同行业果酒质量综合品评之首。连续三届获全国农业博览会“名牌产品”称号等国内外十余项大奖。1998年12月公司质量管理体系及6个产品顺利通过了ISO9002国际质量认证，取得了产品走入国际市场的“通行证”。1999年，国家技术监督局葡萄酒质量监测中心在全国市场上随机抽取的77个品牌的中外葡萄酒中，西夏王葡萄酒以其独特、卓越的品质脱颖而出，受到国家权威机构——国家技术监督局的高度认可，并将抽检结果先后在《人民日报》、《经济日报》上刊载。1999年底，公司又被评为“全国质量效益型先进企业”。1999年3月和5月，法国葡萄酒学院院长伊夫·格劳里和ETI国际专家亨利·拉凡先生分别对西夏王公司进行了考察并给予了极高的评价：“西夏王葡萄酒达到了国际水平，可进入欧美国家参与竞争。”同时指出西夏王葡萄酒是他们十几年来在中国喝到的最好的葡萄酒。2000年8月，在法国巴黎举办的国际名酒展中西夏王干红再度夺冠，被选送到中南海、钓鱼台国宾馆作为招待外宾的“国宴用酒”。

目前，西夏王系列葡萄酒以其鲜明的地域特色及丰富、厚重的历史文化内涵的品牌形象行销祖国的大江南北，并在悄然敲响日本、东南亚等国际市场的大门。

西夏王葡萄酒业有限公司本着“高起点、高质量、高标准”的原则，基地建设、加工规模、销售市场和名牌开发同步进行，滚动发展；以专业化生产，规模化经营为宗旨，加大技术改造力度。引进了国际先进设备，大大增强了市场竞争能力。到2005年基地可达1333.2公顷，葡萄酒产量达到了10000吨。

# 烟台南山庄园葡萄酒有限公司

烟台南山庄园葡萄酒有限公司是南山集团的子公司，始建于2001年，总投资2亿元。位于山东省国际葡萄与葡萄酒城——烟台，国家AAAA级南山旅游风景区。企业是集葡萄栽培、葡萄酒酿造、旅游观光和葡萄酒文化于一体的大型现代化、庄园式专业葡萄酿酒公司。公司总设计能力为年生产优质葡萄酒3万吨，白兰地5000吨。生产厂区占地面积5万平方米，车间面积4万平方米，地下酒窖1万平方米。

公司自建厂初期，优先发展优质酿酒基地2万余亩，引进国外优质酿酒名种赤霞珠、品丽珠、梅鹿辄、霞多丽、雷司令等20余个品种，基地实行了科学施肥、统一采收、统一管理，保证了葡萄原料基地化、基地良种化、良种区域化。为酿造高质量的精品葡萄酒，公司从意大利、德国、法国引进了国际上最先进的葡萄酒酿造设备，如全自动卧式旋转发酵罐、真空气囊压榨机、高速离心过滤机、冷稳定处理系统、夏朗德壶式蒸馏器、法国进口橡木桶等。同时从意大利引进了一条12000瓶/小时全自动灌装生产线。从上瓶、洗瓶、灌装、纸箱成形、到封箱、打垛等工序全部实现自动化，目前，它是我国葡萄酒行业中配套最齐全的自动化葡萄酒灌装流水线。

公司大力宣传葡萄酒文化，并致力于中、高档葡萄酒的研究开发。先后开发的“南山”牌、“南山庄园”牌干红、干白系列产品近20余种，2002年11月又推出“亚州首座高尔夫式酒庄”系列酒10余款，所推产品畅销福建、上海、浙江、广州、深圳等20多个省市和地区。其中解百纳系列（90、92、95年份酒）赤霞珠及其星级系列、雷司令干白、庄园干红等十几种产品倍受消费者的青睐与好评。南山庄园以实为本，逐步发展，高质量、高要求、重管理。2002年3月成为中国酿酒协会会员单位；2002年8月通过ISO9002:2000质量管理体系认证；2002年12月通过ISO14001（1996）环境管理体系认证；“南山庄园”系列干红、干白产品在产品质量国家监督抽查中历次合格，2002年11月被中国食品工业协会授予国家监督抽查合格一全国质量信得过食品；2002年全国市场产品抽查中，成为产品质量全部合格的较好企业；2003年4月获首批使用烟台葡萄酒原产地域产品专用标志企业。

# 吉林省长白山酒业集团公司

吉林省长白山酒业集团公司系大型民营企业，是东北最具实力的以山葡萄酒为主导产品的葡萄酒生产专业公司，公司固定资产超亿元，储汁能力2万余吨，年生产能力3万吨。

公司主要产品有山葡萄酒系列、五味子酒系列、人参酒等滋补酒系列，白兰地、威士忌等系列酒。公司注册的“长白山”牌商标是吉林省著名商标，产品荣获“全国食品行业放心食品”、“全国食品行业质量信得过产品”、“中国知名葡萄酒信誉品牌”、“中国优质葡萄酒著名品牌”等称号。历年来，荣获国家级各种奖项30余次。

公司以长白山丰富的天然野生资源为依托，以跻身世界跨国企业行列，创建“长白山”世界著名品牌为目标，以“德与信”为立世之本，坚信人才是获取竞争优势的最终决定因素。

公司所属企业及科研机构有：吉林省长白山葡萄酒厂、通化天池葡萄酒厂、吉林省长白山野生资源开发有限公司、吉林省长白山山葡萄资源开发有限公司、吉林省长白山北五味子开发有限公司、吉林省长白山山葡萄与山葡萄酒研究中心。

# 中国绍兴黄酒集团有限公司

中国绍兴黄酒集团有限公司是520家国家重点企业之一、中国酿酒工业协会黄酒分会理事长单位。公司拥有全资和控股企业26家，其中上市公司1家，中外合资企业6家，境外公司1家，另外在全国各地有专卖店近110家。公司总资产26.56亿元，净资产15.34亿元，员工3000余人，各类专业技术人员500余人。其中主体核心企业浙江古越龙山绍兴酒股份有限公司为国内黄酒行业唯一的上市公司，是我国目前最大的黄酒生产、经营出口基地，年生产优质绍兴酒能力11万吨，主要品牌“古越龙山”、“沈永和”、“鉴湖”是国家优质产品，多次荣获国际国内金奖，其中“古越龙山”是中国首批原产地域保护产品、黄酒行业唯一中国驰名商标和国宴专用黄酒。产品畅销全国各大城市，远销日本、东南亚、欧美等30多个国家和地区，有很高的市场知名度和美誉度。

2001、2002年，公司实现销售收入分别为8.03亿元和10.13亿元，实现利润分别为1.16亿元和1.21亿元，完成工业性投入分别为1.84亿元、2.21亿元，实交税金分别为6961万元和8637万元，总资产分别为23.46亿元和26.56亿元，企业经济效益连续多年列全市市直工业企业第一位。

2001、2002年，面对激烈的黄酒市场竞争和不断变化的市场环境，公司实施“树品牌、建网络、疏通道、促终端”的营销战略。内销根据市场环境变化及发展趋势，实施产品销售逐步向市场终端延伸的战略，提高网络控制力，同时通过对消费者的市场调研，重新对“古越龙山”、“沈永和”、“鉴湖”、“状元红”等品牌及其产品进行了市场定位，确定目标消费群体，创造品牌新形象。为满足消费需求，公司成功开发了“千福花雕系列”、“状元红”系列等技术含量较高的中高档新产品并推向市场，取得较好效益。公司每年均有10多个新产品被认定为省、市级新产品。其中青梅酒、话梅酒、杏露酒等果酒系列产品、半成品和成品味淋酒产品以及酒精产品出口日本，成为公司出口创汇新的增长点。

面对机遇和挑战，公司将按照“构筑大集团、营造大基地、拓宽大市场、寻求大发展”的发展战略，在“十五”后3年，坚持以人为本，利用品牌优势，依靠科技进步，实现科学管理，强化市场营销。至2005年，力争使企业资产总额达到30亿元，销售收入达到20亿元，实现利税3亿元，自营出口创汇3600万美元，成为中国黄酒业的旗舰。

## 东风绍兴酒有限公司

东风绍兴酒有限公司于1993年由绍兴东风酒厂（创建于1743年）与香港益通食品有限公司合资组建的，注册资本1998万美元，占地42万平方米（厂区分生产东区、西区和黄酒城），年产绍兴黄酒6万吨。公司拥有260年酿制绍兴酒技术与经验，并在全国同行中率先通过ISO9002国际质量标准认证，2001年又通过ISO14001环境管理体系国际标准认证。其精心酿制的“会稽山”、“兰亭”牌绍兴酒，酒度适中，性醇和，营养丰富，能修身养性，延年益寿，可以振奋精神，消除疲劳。据日本宝酒造株式会社科学测定，含有21种氨基酸，其中包括人体必需但又不能自身合成的8种氨基酸，是一种适合世界新潮流的滋补型低度酒。早在1915年美国旧金山“巴拿马太平洋万国博览会”上就为绍兴酒赢得了第一枚国际金质奖。至今已有17次荣获国际国内金奖。产品一直被国际友人誉为“东方名酒之冠”。会稽山绍兴酒被人民大会堂指定为国宴专用黄酒，会稽山商标被列为国家重点保护商标，2000年会稽山绍兴酒被列为国家首批原产地域保护产品，2001年会稽山绍兴酒被中国绿色食品发展中心批准为中国绿色产品。产品不仅畅销国内市场，而且远销日本、新加坡、中国港澳及欧美等30多个国家和地区。

2002年销售黄酒33000吨；销售额1.9亿元，比2001年的1.83亿元增长3.8%；利润2950万元（包括东风酒厂），比2001年2724万元增长8.3%。

不断开发新产品，公司率先打破绍兴酒无精品的格局，继成功开发出共和国同龄酒后，2002年又开发了百年陈酿，售价超过4000元。9月，历经18个月1000余次的试制，公司生产的灵芝精雕酒经国家卫生部批准，成为绍兴酒第一只健字号的保健型黄酒。12月28日，成功地召开了“灵芝精雕酒、纯生精雕酒产品说明会”，参加会议的有市、县有关部门的领导和客户代表以及绍兴各大媒体。灵芝精雕和纯生精雕酒是继低聚糖精雕酒后成功开发的新品，2003年在市场上一亮相，就受到广大消费者的青睐，成为公司效益新的增长点。

# 上海金枫酿酒有限公司

上海金枫酿酒有限公司前身为上海枫泾酒厂，隶属于上海市糖业烟酒集团有限公司，创建于1939年。1993年兼并上海淀山湖酒厂组建上海金枫酿酒公司，1997年购并上海金山酒厂和枫泾酒厂一分厂。2000年，上海糖业烟酒集团有限公司将公司作为优质资产通过配股整体注入上海市第一食品商店股份有限公司，成为上市公司的全资子公司，为企业的发展提供了广阔的空间，企业更名为上海金枫酿酒有限公司。

上海金枫酿酒有限公司为全国大型黄酒生产企业之一，是上海地区唯一生产优质黄酒的企业，中国酿酒工业协会副理长单位，中国酿酒工业协会黄酒分会常务理事单位，拥有国家级黄酒评委二名。公司现有枫泾、淀山湖两大生产基地，占地面积198000平方米，现有职工1000余名，年销量5万余吨，2003年创税利12000万元。2003年初在枫泾工业园区征地186648平方米，新建年产4万吨黄酒生产基地，2004年冬酿可投料生产，届时可形成年产10万吨的生产规模。

历年来，公司围绕方针目标，积极采用质量管理和质量保证体系系列标准，积极采标、制标、贯标，认真贯彻标准化工作，使产品质量指标统一化、规范化，改善提高品种质量水准，依靠科技进步提高产品竞争力，依靠科学管理稳定产品质量，树立产品的市场信誉，产品先后获市优、部优、国优及上海市优质出口商品，蝉联1995～2003年上海市名牌产品、蝉联1998～2003年上海市场畅销品牌，“金枫”被评为上海市著名商标。

产品销售除上海市场外，逐步向江苏、北京等地区辐射，并出口日本、美国、东南亚及中国香港、中国澳门、中国台湾。根据公司黄酒发展战略构想和黄酒市场日益更新的消费特点，2001年开发了以“石库门”为品牌的上海老酒，产品以其新颖独特的精致包装、符合现代消费的时尚口感、深厚的黄酒文化内涵和正确的市场定位，迅速在市场走红，深受各界人士的钟爱。销量稳步上升，近期又先后开发上市了“经典”、“锦绣”系列上海老酒礼品酒，进一步提升了世界优秀酒种——黄酒的市场地位，为黄酒行业的发展方向作出了有益的探索。

公司通过了ISO9001：2000质量体系认证，在此平台上建立生产全过程的质量监控。选用优质原料，严把质量关。跟踪市场信息，重视售后服务，坚持持续改进。公司先后被评为上海市财贸系统文明单位、上海市先进企业、国家二级企业和上海市文明单位。

# 浙江嘉善黄酒股份有限公司

浙江嘉善黄酒股份有限公司于1999年6月在嘉善酒厂基础上改制建立，跨入新世纪后的2001年和2002年业绩尤为显著，2002年度主要经济指标的完成情况是：

①工业总产值16423万元，与上年持平。

②生产各种饮料酒83302万吨，其中黄酒60100吨，饮料酒总产量比上年增长1.63%。

③产品销售收入完成15811万元，比上年增长0.51%。

④实现利税总额5701万元，比上年增长4.17%，其中，实现利润1882万元，比上年增长1.34%。

公司生产的黄酒（包括干型、半干型和半甜型三类）先后获得省优、部优、全国行业优质产品、名牌产品以及全国、全省性博览会金奖、银奖等质量奖共计20多项。现有黄酒类品种和不同包装的产品近30个，2001年以来新开发的品种有500毫升精品特黄，680毫升优黄以及250毫升小包装雕王，体现了“满足消费者”的企业质量方针。

技改投入推进技术进步。在历年技改投入的基础上，2002年继续抓好技改，共投入人民币524万元，对黄酒瓶装车间部分设备进行更新，对啤酒车间糖化工段进行扩建改造，不仅提高了产量，而且优化了技术装备。

全面实施ISO9002标准，着力提升产品质量管理水平。公司自2001年1月获ISO9002质保体系认证以来，严格执行制定的各项规章制度，运用科学管理方法管理质量。目前正在着手ISO9001：2000版转版认证工作。

环保治污工程运转良好。公司1998年投资790万元建造了一个治污废水处理工程，该工程经国家环保部门验收合格以来，坚持做到严格监控，常年日夜运转治理，废水排放符合国家标准。2002年污水处理扩建投入资金65万元，跟上企业发展需要，做到确保排放达标。

经济效益名列全省同行前列，企业家底不断增多。公司成立3年多来，平均每年为国家创税利5000万余元，跨入全省行业最佳经济效益工业企业评价序列。随着效益的增加，企业家底不断增多，公司拥有总资产1.57亿元，占地面积15.8万平方米。

公司2001～2002年分别被评为嘉善县先进党组织、县“小型巨人”企业；2001年获嘉兴市地方税收先进单位；2001～2002年保持获得浙江省省级文明单位称号，并荣获首批浙江省诚信示范企业荣誉。

# 江苏张家港酿酒有限公司

江苏张家港酿酒有限公司是江苏酿酒行业重点骨干企业，紧靠张家港保税区和对外开放港口张家港，区域经济发达，自然条件优越，投资兴业环境优良。

公司以黄酒、啤酒生产为主，并投资涉足热电厂，现有员工800余人，占地面积10万平方米，拥有资产1.5亿元，主要生产“沙洲”牌、“老阊门”牌、“鼋头渚”牌系列黄酒和“张家港”牌、“百乐”牌系列啤酒。

公司酿酒历史悠久，黄酒、啤酒在市场上享有较高的知名度。清光绪年间，本地的酿酒作坊已很发达，公司在继承传统的基础上，不断推陈出新，现已形成涵盖高中低档黄酒、啤酒的系列产品，两大产品多次荣获省优、部优称号，连续多年被评为江苏省名牌产品、江苏省重点保护产品，最近以被国家绿色产品发展中心认定为绿色食品。黄酒产品各项综合指标居全国第四位。全国首批江苏唯一获得国家绿色食品认证的黄酒产品，被江苏省第十五届运动会指定唯一专供黄酒。

公司管理基础扎实，具有较强的技术开发能力和市场拓展能力。通过了ISO9002质量体系认证，各类专业人才齐全，以“挖掘底蕴深厚的姑苏文化，丰富产品文化内涵”为经营理念，不断加大产品开发和市场开拓的力度，引导和促进产品销售，并已建立了覆盖全省并延伸沪、浙、鲁、皖的营销体系，能为消费者提供满意的产品和周到的服务。

# 福建绿得生物股份有限公司

福建绿得生物股份有限公司是福建省大型的食品、饮料、酒类产品加工和销售企业，为福建省食品行业的知名厂家。

福建绿得生物股份有限公司是由福州幸运股份有限公司吸收合并福建省绿得罐头饮料有限公司后更名而成，下辖幸运酒厂和绿得饮料厂两家非法人企业。

福州幸运股份有限公司（现幸运酒厂）的前身为福州第一酒厂，创建于1952年，是福建省历史最为悠久的酒类骨干企业。鼓山牌“福建老酒”是其代表产品，20世纪50年代就已发展成为享有盛誉的国内四大黄酒之一。自1983年以来连续保持国家质量银质奖等诸多荣誉称号，产品远销东南亚和欧美各国。

“鼓山”牌商标主要使用在白酒、啤酒饮料及相关产品上，其产品具有较高的知名度，特别是“鼓山”牌福建老酒更具代表性。“鼓山”牌福建老酒于1963年、1979年在全国第二、三届评酒会上被评为国家优质酒，获银质奖章；1980年省工商局授予“著名商标”称号，省政府授予省优质产品称号；1984年获轻工业部酒类质量大赛部优金杯奖；1987年获首届中国黄酒节特等奖；1988年获首届中国食品博览会金奖；1992年获首届全国消费者信得过产品奖；1996年、1998年获全国食品行业质量检评证书，继续保持国家质量银质奖；1999年被国家国内贸易部确认为“中华老字号”；2000年在第三届全国黄酒节评选中保持国家银质奖；2001年被中华商业联合会确认为“中华老字号”。这样，“鼓山”牌福建老酒在行销过程中已形成了知名商品的效应，成为公众认识的知名商品，为福建省及邻近省市家喻户晓的名牌产品，具有很强的市场竞争能力，所占市场份额较高，可望利用“鼓山”牌福建老酒的品牌效应带动其他产品扩大市场。“鼓山”牌福建老酒专用权经福建省资产评估中心事务所评估价值达2990万元，是具有很高价值的无形资产。

# 广东明珠珍珠红酒业有限公司

广东明珠珍珠红酒业有限公司是广东明珠集团股份有限公司的分公司，是一个历史悠久，具有古老传统工艺酿造技术的酿酒企业。公司位于山清水秀、无工业污染的宁江畔，地处闽、粤、赣三省商品集散枢纽地——兴宁市，紧靠205国道和广梅汕铁路兴宁站，交通便利。公司有一支多年从事传统工艺酿酒生产，经验丰富的技术骨干队伍，是广东省规模最大的黄酒生产知名企业。

公司主要产品有国家优质酒珍珠红黄酒系列、客家名酒力酒等小曲米香型酒系列和明珠春营养保健型滋补酒系列，共30多个产品。其中珍珠红酒是黄酒系列中的一朵奇葩，它源于中原，始于明正德十年（1516年），是广东客家饮食文化的重要组成部分。据《幼学琼林》记载：“葡萄绿，珍珠红，皆为美酒”。明朝才子祝枝山任兴宁县知县时，雇用民间善酿师开设“珍珠红烧坊”，精心酿造。因此，珍珠红酒历史悠久，酒文化博大精深，珍珠红酒经过近500年的生产，技术精湛，采用最佳生态环境，绝无污染。山区出产的优质黑糯米、珍珠糯米为原料，遵照传统古法精心酿造，用陶制大缸窑藏多年而成，因而酒质上乘。经国家检定，含有18种氨基酸，14种微量元素，6种维生素，丰富的葡萄糖和微量元素硒，营养丰富居各种酿造酒之首。珍珠红酒因质量上乘，屡获殊荣，先后被国家、省评为优质酒，首届“中国黄酒节”、第二届北京国际博览会荣获特等奖和金质奖。系列产品畅销全国各地和港澳地区，出口东南亚、非、欧、美等二十几个国家，是广东省食品行业常年出口的企业之一。公司生产的客家名酒力酒产品是客家地区盛行的佳酿小曲米香型酒，采用精选大米，古方酒药为原料，以独特酿酒作坊酿制，其生产和发酵用水采用无污染优质山泉水，用陶质小埕发酵，精工细馏，陶质大缸贮存多年佳酿而成。风味独特，回味舒畅，是米香型白酒上等佳品。

公司坚持以质量、信誉、服务为宗旨，全力打造品牌企业形象，全心全意为经销商和广大消费者服务。

# 黑龙江华润酒精有限公司

黑龙江华润酒精有限公司是以玉米为主要原料，生产燃料酒精、食用酒精、DDGS高蛋白饲料、玉米色拉油等产品的综合型粮化工业企业。厂区占地面积45.1万平方米，总建筑面积27.7万平方米。自备5条铁路专用线，一座装机容量1.5万千瓦的电站、7条专业化生产线、1条燃料酒精生产线、2条酒精生产线、2条DDGS高蛋白饲料生产线（综合利用）、1条浸油生产线。总资产9.4亿元，其中固定资产6.9亿元。公司每年可加工转化玉米75万吨，年产燃料酒精10万吨、普优特级食用酒精24万吨、DDGS高蛋白饲料18万吨、玉米脐系列油1.5万吨。

公司现有员工2250人，其中工程技术人员410人，高级工程师12人，工程师50人，助理工程师198人，科技力量雄厚。

2001年被国家授予863计划CIMS应用示范企业。2002年12月，A级玉米油、玉米色拉油通过国家绿色食品发展中心审核，成为全国首家绿色玉米油生产企业。2002年12月被国家六部委定为农业产业化龙头企业。

2001年12月通过了ISO9001：2000质量管理体系认证。

公司在原有CIMS工程基础上，创立了适合本企业的6S－CIMS体系理念。6S－CIMS是6S理念与CIMS体系相结合，根据本企业实际需求所创立的管理理念。它是以公司业务数据为基础，通过CIMS平台，将6S管理体系用信息化手段应用于企业管理实务中，使信息流、物流、资金流顺畅流动，实现管理透明化，并为决策层提供准确及时的信息。

通过6S－CIMS工程，实现了办公自动化、管控一体化和管理信息化。

2002年，各项生产技术均达到了历史最好水平，狠抓指标的分解与落实，玉米消耗达到了全国最好水平，在ISO9000的统一要求下，以工艺、设备等为核心的基础管理工作进入了规范的管理轨道。

公司所从事的是农产品深加工业，未来发展方向是扩大玉米深加工量，增加新品种，计划在燃料酒精、果葡糖、变性淀粉方面深入开发。

在生产酒精、果葡糖、变性淀粉过程中，DDGS高蛋白饲料、玉米油的产量都将大幅度提高。每年DDGS高蛋白饲料的产量达到50万吨、玉米油4万吨，实现产值5.5亿元，实现利税1.3亿元。进而全面带动地方饲养业和植物油加工业的全面发展。

# 河南天冠企业集团有限公司

河南天冠企业集团有限公司位于历史文化名城南阳市，是以原南阳酒精总厂为核心改制组建的国家大型一档企业、国家520家重点企业和河南省50家重点企业之一，同时也是酒精行业最早一家通过ISO9002质量体系认证企业和行业内唯一国家批准设立博士后工作站单位。公司在职员工5000余人，大、中专以上学历人数占一半以上。公司占地面积180万平方米，固定资产12.8亿元。集团下属12个生产厂、5个全资公司、2个控股子公司和1个省级科研所。拥有全国最大的年产10万吨的酒精生产线、20万吨燃料乙醇以及亚洲最大的黄原胶生产线和沼气工程。产品涉及有机化工、精细化工、生物化工、饮料酒、工业气体、电力等六大门类，主要产品有酒精、燃料乙醇、冰醋酸、醋酸脂、白酒、啤酒、黄原胶、谷朊粉、DDG饲料、二氧化碳、沼气等40余个品种，产品总量达50万吨以上，公司年销售收入10亿元，税利近亿元。目前，公司控股的国家重点工程30万吨燃料乙醇项目正在建设，项目达产后，产品总量达到100万吨，集团年销售收入达23.8亿元，税利2.8亿元。

近年来公司共获得科研成果124项，国家级17项、省部级56项，多项成果在全国同行业推广。其中“生物能搅拌生产沼气技术”获国家专利、国家发明二等奖，受到联合国有关部门关注，并列为具有世界性推广价值的技术项目。新开发的燃料乙醇项目，首开国内之先河，为综合解决我国的粮食过剩、石油短缺、环境污染严重等问题开辟了一条新路，受到国务院、国家计委和国家经贸委的高度重视。黄原胶的开发，使公司由生物发酵的厌氧领域跨入生物发酵的好氧领域。多种产品在国内外享有盛誉，其中天冠牌酒精获国优；卧龙玉液系列酒获部优和巴拿马万国博览会金奖；谷朊粉、液体二氧化碳、冰醋酸、黄原胶等产品的工艺技术及各项指标均处于全国同行业前列。

目前，公司已制订了200万吨农产品加工转化的五年发展规划，正着手加紧天冠生态工业园区建设。届时，天冠集团将形成30万吨燃料乙醇、35万吨生物柴油、36万吨淀粉及淀粉糖、10万吨植物蛋白产品、30000吨生物发酵产品等生产能力，项目建设投产后，产品总量将达到200万吨，实现年销售收入128亿元，税利20亿元，天冠集团综合实力将进入国家强势企业之林，成为面向世界、面向未来的新型农产品加工基地。

# 黑龙江哈尔滨酿酒总厂

黑龙江哈尔滨酿酒总厂位于哈尔滨市道里区通顺街45号，占地面积4.7万平方米，是由原哈尔滨酿酒厂（简称哈酿）、哈尔滨中国酿酒厂（简称中酿）组成。

2001年公司在成功的实施一、二期技改后，又投资3000余万元，引进奥高布殊最新蒸馏技术，即三期技改。仅用两个半月时间就竣工投产，使公司酒精生产能力增加到6万吨，并全部达到优级以上标准。

同年又投资1000万元，引进奥高布殊公司一套利用分子筛生产无水酒精的新工艺，用以将优质酒精加工成试剂无水酒精，日产试剂无水乙醇8吨左右。

公司生产的DDGS产品，内在质量好，其中主要指标脂肪含量≥9%，灰份和杂质含量低于同行业一倍，是国内几家大的牧业公司和集团的长期供货商。

二氧化碳产品是公司的又一大王牌产品。省内市场占有率高达60%以上，一流的设备和严格的管理，保证了稳定的产品质量，公司生产的二氧化碳纯度可达99.99%，使销售领域不断拓宽，同时做为国内唯一发酵气体被世界级最知名两大饲料公司，美国可口可乐公司和百事可乐公司认可，成为长期供货商。

公司的主导产品是酒精。近几年来，公司引进国际先进技术改造传统酒精工艺、设备，使产品提档升级，取得了可喜的经济效益和社会效益。

① 扩大了酒精生产能力，提高了酒精质量。改造前年产酒精3万吨，改造后酒精年生产能力可达6万吨（其中：特级酒精1.5万吨，优级酒精4.5万吨），全部为优级以上，杜绝了普级酒精，日提高产量百余吨。

② 使酒精副产品二氧化碳提质增产16.5吨/日，年可创利润近500万元。

③ 使酒精副产品DDGS饲料提质增产到154吨/日，并节省了大量能源，使企业环保双达标。

④ 年创利税超千万元。

⑤ 由于公司生产的优质酒精采用多塔差压蒸馏工艺，酒精蒸汽的热能通过再沸器得到多次利用，最大程度利用蒸汽潜能，从而

公司获奖情况

| 命名机关 | 获奖称号 | 年度 |
|---|---|---|
| 国家五部委 | 特优级中性酒精被列为2002年国家重点新产品 | 2002年 |
| 黑龙江科学技术评审委员会 | 特级中性酒精获科技进步三等奖 | 2002年 |
| 哈尔滨市科学技术评审委员会 | 特级酒精获科技进步二等奖 | 2002年 |
| 哈尔滨市科学技术评审委员会 | 高纯度二氧化碳获科技进步三等奖 | 2002年 |
| 市政府市技术监督局 | 特级酒精评为哈尔滨市名牌产品 | 2002年 |

节约大量能源，大幅度降低了能耗。

⑥ 由于该产品内在质量优良，可做为原料为后续产品白酒提供品质保证，从而提高了消费者健康水平。该产品已越来越多的得到国内一些著名白酒厂家的认可，销售市场前景广阔。

目前公司实现了全产全销、零库存，完成利税 1421 万元。

2002 年，通过对进口酒精蒸馏设备工艺中重大技术参数和修改、调整，使公司生产的特级酒精内在品质又有新突破，甲醇含量可达 1.5ppm，位居世界第二。

# 天津冠达实业总公司

天津冠达实业总公司是经国家批准的国有大二企业，拥有 3.2 亿资产，年上缴税金近 3000 万元的公司。

公司现有职工 1000 余人，2002 年被评为十五立功先进集体。

公司自行设计、研制的差压蒸馏工艺及全套装置，生产工艺先进，自动化程度高，稳定性强，高纯度酒精产品质量高，高效节能，取得了显著的经济效益。

公司自行设计、制造、安装了 10 万吨高纯度酒精生产装置，总投资约为 1200 万元，彻底解决了酒精质量问题，实现了产品的上档升级，被评为天津市名牌产品，产品质量完全可以达到 2000 年国家优级以上品质，本项目全套装置实现了国产化。

公司蒸馏工艺采用多塔差压操作，合理增加了精馏单元的数量，保证了各种不同杂质的有效移出，酒精蒸馏收率大于 99.9%，优级酒率大于 96%。公司通过实践证明取得了很好的工艺效果。这套生产工艺技术先进，工艺成熟、运行可靠、经济合理，其基本原理、工艺流程、技术指标、效益分析在酒精行业中具有广泛的推广价值。

公司对 DDGS 生产线的成套设备，实现了系统配套，整理了规范的设计方案和成套图纸，其中圆盘式干燥机、回转式干燥机两种机型换热面积均可达到 300～1500 平方米，蒸发浓缩装置及工艺，采用二效—六效，可适用于 1 万～50 万吨/年酒精配套。2001 年，公司研制成功 420、520 型卧螺离心机，已投入使用，性能良好，其中 520 型配套天津绿源公司 3 万吨 DDGS 已投入生产运行。2003 年公司又研制成功 800 型卧螺离心机，在卧螺机生产中，公司采用高新技术，荣获实用新型专利。2003 年，公司还研制了 10 万吨/酒精 DDGS 配套装置成品冷却器，实现了饲料经冷却后入库，杜绝了饲料长时间存放产生自燃现象，提高了饲料码放高度，减少储存占地面积，饲料不结块、不变质，保证了饲料质量稳定。

公司“酒精生产清洁工艺及成套设备的开发”，目前已形成系列产品，可为 1～50

万吨/年产酒精生产规模配套提供国产化设备，提供设计、制造、安装、调试、培训一条龙交钥匙工程。2001年公司承担了哈尔滨酿酒总厂3万吨/年产酒精配套DDGS设计、制造、安装工程，于2001年5月份，一次开车成功，完全达到设计指标。公司2002年承担了天津绿源公司配套3万吨/年酒精的DDGS。

由公司制造的大型回转干燥机、520型离心机及浓缩蒸发装置全套设备目前正在天津绿源运行使用。

# 天津挂月集团

天津挂月集团是以酿造为主的综合性大型企业，现有员工1500名，其中专业技术人员200多名。企业占地面积28万平方米，建筑面积8万平方米，资产总额2.8亿元。集团连续多年被评为模范纳税大户、AAA级信用单位、市级优秀企业、天津百强企业、全国食品工业优秀龙头食品企业、全国优秀“守合同、重信用”企业，被认定为农业产业化国家重点龙头企业，取得了ISO9001：2000国际质量管理体系认证。

随着企业的迅速发展，集团相继成立了酿酒股份有限公司、星月酒精有限公司、果酒有限公司、食品有限公司、饲料有限公司、气体有限公司、绿发牛业有限公司、挂月热电厂、微生物研究所、挂月招待所等十几个经济实体。其主要产品曾荣获国际、国家、部、市级八项大奖，部分产品销往全国各地及中国台湾，出口日本、韩国、意大利、澳大利亚等国家。

2001～2002年，公司共生产酒精10.296万吨、蛋白饲料7.1万吨、二氧化碳2.8万吨、白酒9800吨，新开发生产特色果酒500吨，豆粮食品1000吨。共完成工业总产值56065万元，完成工业增加值9850万元，实现销售收入46170万元，实现利税6104万元。

2001年以来，集团从企业实际情况出发，重点抓了以下几项工作。

狠抓产品延伸。为了不断拉长产品链条，提高综合利用水平，挂月集团通过加大投入，增置设备，使蛋白饲料年生产能力从2万吨提高到5万吨。二氧化碳产品从原来的6000吨提高到2万吨。集团还从南开大学引进了先进的EGSB高新技术，投巨资兴建了华北地区最大的沼气工程和环保型自备沼气发电厂，形成了用粮食生产酒精、收集二氧化碳、回收酒糟饲料、糟液生产沼气、沼气用于发电、电能投入生产的良性循环轨道。

公司把品牌培养战略放在重要位置。经过不懈的努力，挂月牌商标被评定为名牌产品的基础上，2002年又被评定为著名商标。

坚持以产品销售为龙头。酒精产品在稳定老客户的同时，积极发展上海、内蒙古、辽宁等外省市新客户，并坚持向个体经营户倾斜政策。努力发展对外贸易，不断扩大出口范围。从而不但使酒精销量持续增长，而且还有效地拉动了蛋白饲料和二氧化碳产销量的提高。

经过 2001 年的扎实运作，2002 年全面完成了白酒分厂的股份制改造工作，成立了蓟县第一家由国有法人参股，自然人控股的股份公司——天津挂月酿酒股份有限公司，这标志着天津挂月集团在国有股的退出机制和建立现代企业制度等方面取得了突破性进展。

公司还不断加大对科技创新工作的投入力度，投资 2000 多万元强化技术改造，完成了食用酒精生产工艺从传统的三塔蒸馏到高新的六塔蒸馏技术创新改造工程，蛋白饲料的设备改造工程，沼气改造、扩建工程，果酒设备的引进和厂房扩建工程，白酒反渗透水过滤和气相色谱检测设备的引进及生产设备的更新改造工程等。

为了不断改善员工生产和生活条件，2001 年以来先后完成了三大工程建设：一是在厂内新建员工宿舍楼一幢，面积为 3800 平方米；二是在厂外兴建员工家属楼一幢，面积为 2000 平方米；三是在城内阳光小区集资筹建员工住宅楼四幢，面积为 1.9 万平方米，从而极大地改善了员工的居住条件和生活环境。

# 梨树县天龙酿酒厂

梨树县天龙酿酒厂是吉林省利用世界银行贷款建设的 3 万吨/年无水酒精生产厂，是吉林省农业产业化龙头企业，也是全国首家最大的无水酒精生产企业。厂区占地面积 18.5 万平方米，建筑面积 4.2 万平方米，企业有自备铁路专用线、发电站和供水专用线。周围半径 30 公里以内有 15 座粮库，年库存 50 万吨，年收贮量 100 万吨，周边农户 90%种植玉米，玉米资源十分丰富。

该厂现有一条 3 万吨/年无水酒精生产线，经改造已实现 5 万吨/年的生产能力，主导产品是无水酒精、优级食用酒精和 DDGS 蛋白饲料。生产关键设备均引自德、英、法三国，生产工艺引自法国德西尼布公司，生产过程全部采用计算机程控化管理，装置自动化、连续化程度高，稳定性强，原材料消耗低，节能效果显著，产品质量优良。技术装备和生产工艺处于当代国际先进水平、国内一流水平。

全厂拥有职工 633 名，中青年职工占全员职工的 80%，技术人员 148 名，其中高级管理、工程技术人员 14 名，中级职称 75 名，有一支较强的技术骨干队伍。

该厂年加工转化玉米 10.5 万吨，生产无水酒精 3 万吨，DDGS 蛋白饲料 3 万吨，玉米油 1500 吨，杂醇油 120 吨，二氧化碳 1 万吨。产品质量好，技术含量高，无水酒精乙醇含量大于 99.8%，优级食用酒精含量大于 95%，DDGS 蛋白饲料蛋白含量大于 27%，粗玉米油酸价每克低于 5 毫克，二氧化碳含纯二氧化碳大于 99%。以上几种产品的主要质量技术指标均超过国家标准。

2001 年，生产酒精 43547 吨，DDGS 蛋白饲料 36209 吨，自备电站发电量 1960 万度，销售收入 17876 万元。实现产值 18475 万元，实现利润 114 万元，税金 1997 万元。

2002 年，该厂生产酒精 39574 吨，DDGS 蛋白饲料 34374 吨，自备电站发电量 1860 万度，实现销售收入 14584 万元，实现产值 14570 万元，税金 1521 万元，利润 591 万元。企业资产总额 31497 万元，其中固定资产 23977 万元，流动资产 7520 万元，所有者权益 13982 万元，资产负债率 55.7%。

Kingway®
金威啤酒

Shenzhen Kingway Brewery Company Limited SKB is the core of Guangdong Brewery Holdings Limited (listed in Hongkong) which is one of the subordinates of Guagndong Enterprises (Holdings) Limited (GDH). GDH is the largest company invested by Guangdong Province Government in Hong Kong.

With state of the art technique and equipment in China, even in the world, SKB's annual capability amounts to 400,000 tons after commencing the operation in 1990.

It is own to the ongoing pursuit of GDH's corporate culture "Performance comes first & Profit is uppermost" and the concerted effort of SKB staff that SKB achieved breakthrough these years. In recent years, with some economic indexes ranked on the top in the beer industry for many years, SKB expends its sales in over 20 provinces, for example, Guangdong, Guangxi, Fujian, Hunan, Hainan, Jiangxi, Hongkong, Maccou and Taiwan as well. It is the first brewer that launched beer filled with colorless bottle and with colorful package. In March 2002, China National Research Institute of Food and Fermentation Industries/SKB Cooperate Research Center was founded in Shenzhen, the only such research center in brewing industry. In 1996 UK's BSI certified that SKB had met the requirements for ISO 9002 Quality Assurance System. SKB was the first brewery in China that won this glory. It is also the first brewer which has acquired Origination Country Label Certification of Shenzhen. In 2002, Kingway Beer became one of the eight beer brands that were awarded the title of "China Top Brand".

Under the principle of brewing beer satisfing consumer's needs, Kingway sets up the development direction of "Technology" &"Innovation" and insists to brew healthy beer of high quality with advanced technology and high investment, therefore to forge an image of "Technical Kingway". Selecting the world's finest Australia malt, the hops from the famous Yakima Valley, the United States, to mix with limpid and sweet Dongjiang water, SKB, associated with China National Research Institute of Food and Fermentation Industries, has develop "the Green Craftsmanship" to brew a new kind of healthy green beer with no formaldehyde.

SKB's Green Craftsmanship Application Research has got the unanimous approval from Chinese prodigious experts and scholars of authority on 28th March 2003. Then SKB became the first enterprise in China that applied "the Green Craftsmanship" in brewing process. It is SKB staff's great sense of responsibility to care of consumers' health that drives the research and brewing of beers with no formaldehyde. SKB's "Green Craftsmanship" has been highly praised as the weather vane of Chinese beer industry, piloting its development and representing its direction.

SKB's management team is a strong leading core that is hold together and carved out. President Ye Xuquan is navigating the fast development of SKB. He is a person of innovation and devotion. As the Model Worker of China, he is also a well-known composer, famous for the works The Story of Spring, Following You Forever etc.

For your health sake, drink Kingway beer without formaldehyde.

# Kingway Beer 金威啤酒

## Shenzhen Kingway Brewery Company Limited

金威啤酒一厂一角

办公大楼

金威啤酒二厂一角——堆场

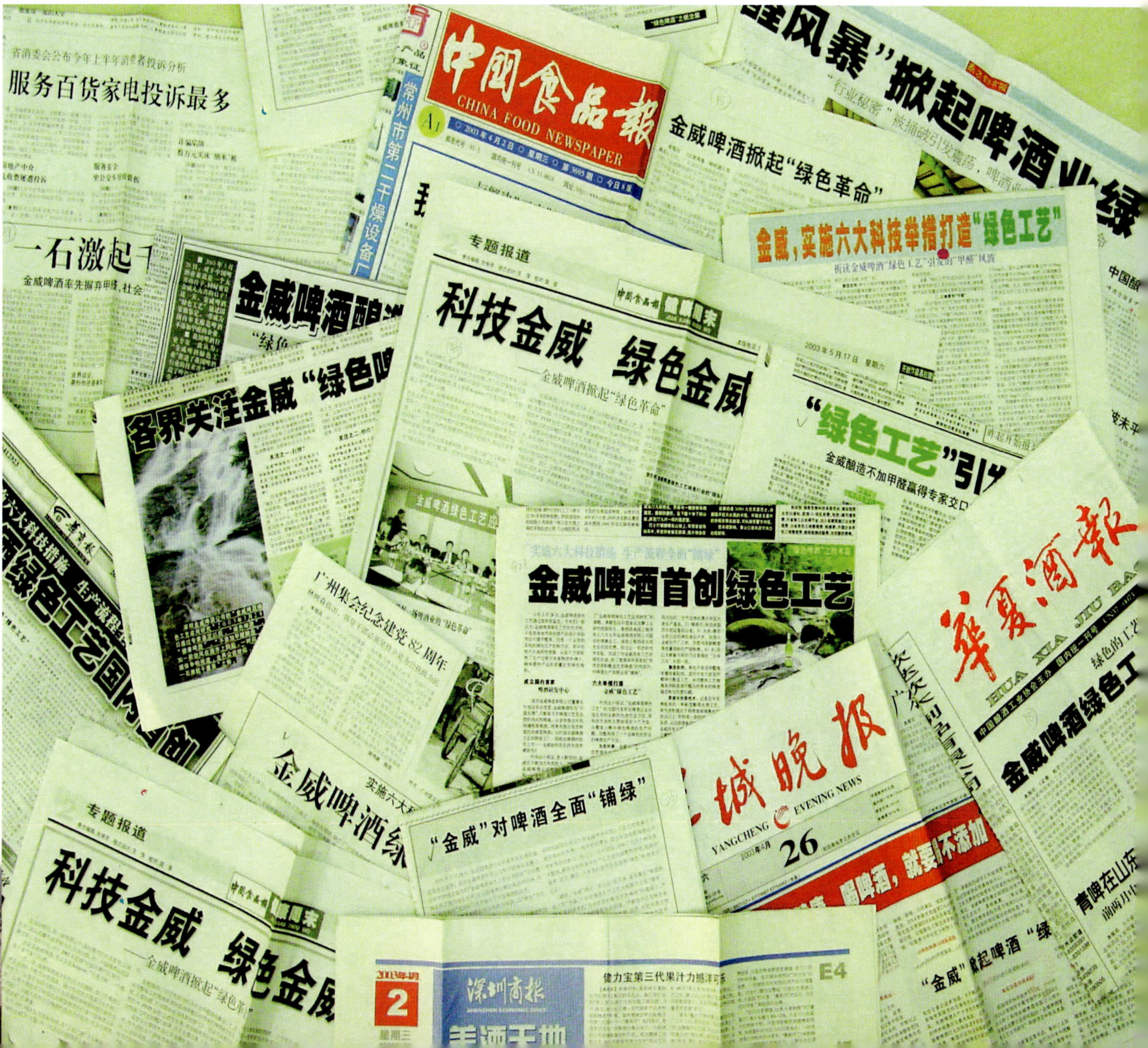

Kingway®
金威啤酒
KINGWAY BEER
金威啤酒
深圳金威啤酒有限公司董事长 叶旭全
深圳金威啤酒有限公司
SHENZHEN KINGWAY BREWERY CO.,LTD.
地址:深圳市布心东昌路1号
邮编:518019
电话:(0755)25516328
传真:(0755)25516039
http://www.kingwaybeer.com

# 喝金威啤酒
# 更爽，更健康

## 公司简介

深圳金威啤酒有限公司、深圳金威啤酒酿造有限公司是广东省政府在香港的企业广东控股集团（原粤海集团）的下属企业，粤海啤酒集团（香港上市公司）的核心企业。

金威啤酒公司是国内率先获得质量保证体系国际认证的啤酒生产企业之一，拥有目前国内乃至世界上先进的现代化啤酒生产技术设备，年生产能力40万吨。

金威啤酒于1990年正式投产，产品畅销广东、广西、福建、湖南、海南、江西等20多个省市及中国香港、中国澳门、中国台湾等地。在“业绩至上、效益至上”的广控企业文化指引下，金威啤酒连续多年稳居全国啤酒行业前十名，获“全国食品质量效益型先进企业”等多项荣誉称号，并于2002年获“中国名牌产品”称号，是深圳市率先获得CIQ原产国标识保护证书的企业。2003年7月，在由深圳市消委会推出的“百万市民喜爱品牌”评选活动中，金威啤酒以啤酒类第一名的好成绩获得“百万市民喜爱品牌”称号。金威啤酒荣获2003年“深受广州市民欢迎的啤酒类品牌”和“最佳形象奖”两项殊荣。2003年，金威啤酒还被香港超级品牌委员会评定为150个香港“超级品牌”之一。

2003年3月28日，金威啤酒“绿色工艺应用研究”鉴定获得来自全国啤酒业界权威的专家学者的一致通过，使金威啤酒成为中国啤酒行业率先全面应用“绿色工艺”的企业之一。权威专家学者们与媒体盛赞金威啤酒“绿色工艺”，是中国啤酒业发展的“风向标”，为推动啤酒行业的发展起到示范作用及领头羊作用，代表了中国啤酒业的发展方向。2004年，国际知名啤酒企业荷兰喜力集团和金威啤酒强强联手，极大地提升了金威品牌形象。

公司经营班子是团结奋进、开拓进取的坚强领导核心。公司董事长叶旭全是全国劳动模范，是一位全情投入、锐意创新、卓有成就的企业家，曾被评为“2003年度中国营销大奖十大营销人物”。他还是中国著名的词作家，是中国音乐文学学会副主席，他创作的《春天的故事》、《永远跟你走》等作品曾多次荣获全国“五个一工程奖”。

喝金威啤酒，更爽，更健康！

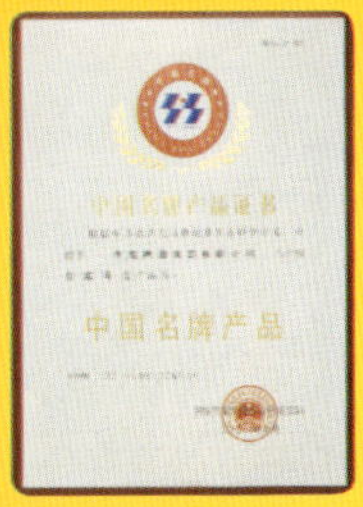


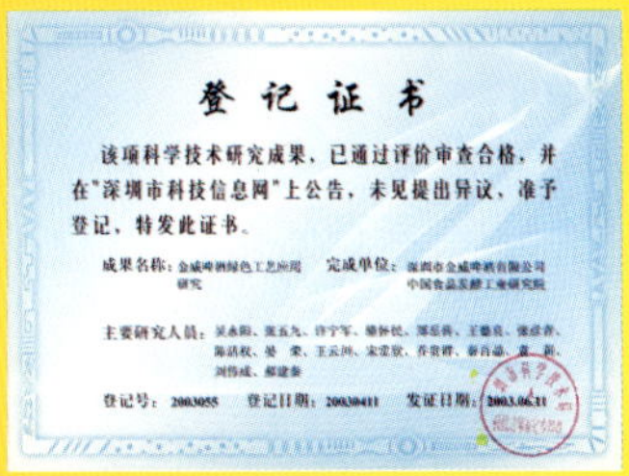

金威啤酒绿色宣言
喝金威啤酒
更爽，更健康

Kingway
金威啤酒
SHENZHEN KINGWAY BREWING
With the best malt
Light
特制
With The Best Malt Brewing
Germany Technology
SHENZHEN KINGWAY BREWERY CO.,LTD.
With The Best Malt Brewing From
Germany Technology
净含量:640ml
深圳金威啤酒有限公司
Draft
纯生
PREMIUM
WITH THE BEST MALT
精制

畅饮金威啤酒 享受健康人生
喝金威啤酒，更爽，更健康
SHENZHEN KINGWAY BREWING CO.
Kingway
金威啤酒

Kingway®
金威啤酒
中国名牌
广告模特：深圳金威啤酒有限公司艺术团满族歌手 关芯　蒙古族舞蹈演员 春雨
深圳金威啤酒有限公司
SHENZHEN KINGWAY BREWERY CO.,LTD.
地址：深圳市布心东昌路1号 电话：0755-25516328

# 百年哈啤

## Harbin beer centenary

### 世界第一啤酒大国的光荣与梦想

### 源于 1900……

1900 年，当乌卢布列夫斯基先生在哈尔滨投资建立中国第一家啤酒厂并酿造出中国第一桶啤酒——哈尔滨啤酒的时候，世世代代习惯了白酒的浅酌低吟的中国人当时还不知道那些外侨手里的广口大杯中泛着泡沫的黄色液体到底为何物。

当时，随着乌卢布列夫斯基先生一齐来中国的还有一大批远渡重洋的欧洲酿酒师，也正是这些欧洲的酿酒师们，把当时世界上最先进的啤酒酿造技术与工艺带到了哈啤。

此后，历经哈尔滨啤酒以及由其带动下发展起来的整个中国啤酒行业的百年奋斗，今天，中国终于超越美国而成为世界第一啤酒大国。

### 酵母是啤酒的灵魂

### 因为它决定着啤酒的风格和口味……

哈尔滨啤酒所采用的 24 号纯种酵母的原种，来自于 100 年前的欧洲。

当年，远渡重洋的欧洲酿酒师们，带来的不仅仅是全球最先进的啤酒酿造工艺和技术，还有世界最优良的纯种酵母的原种，哈啤 24 号纯种酵母的命名，就是为了纪念乌卢布列夫斯基先生 1900 年 2 月 4 日正式用欧洲的酵母原种培育出中国的第一代酵母。

一百多年来，哈尔滨啤酒的酵母培育师们坚持在特定的 0°C 低温下反复筛选、纯化最优秀的酵母品种，每隔 90 分钟，酵母培育师就必须对培育的酵母进行一次体能检测，百年如一日，风雨无阻。

在中国，具有纯正清爽口味和干净利落口感的哈尔滨啤酒之所以受到一代又一代的消费者的青睐，哈啤的历代酵母培育师们可谓居功至伟。

★哈尔滨®啤酒★
哈尔滨啤酒
1900
Since
HAPI
Light
轻一代
纯生
Draft
HARBIN
哈尔滨啤酒

传承经典·演绎非凡
HARBIN BEER
HAPI
哈尔滨啤酒
哈尔滨啤酒
HARBIN BEER
哈尔滨啤酒集团执行主席　李文涛

中国酿酒工业年鉴

# 政策法规篇

Yearbook of China Alcoholic Drinks Industry

## Policies

# 中华人民共和国中小企业促进法

## 第一章　总则

**第一条**　为了改善中小企业经营环境，促进中小企业健康发展，扩大城乡就业，发挥中小企业在国民经济和社会发展中的重要作用，制定本法。

**第二条**　本法所称中小企业，是指在中华人民共和国境内依法设立的有利于满足社会需要，增加就业，符合国家产业政策，生产经营规模属于中小型的各种所有制和各种形式的企业。

中小企业的划分标准由国务院负责企业工作的部门根据企业职工人数、销售额、资产总额等指标，结合行业特点制定，报国务院批准。

**第三条**　国家对中小企业实行积极扶持、加强引导、完善服务、依法规范、保障权益的方针，为中小企业创立和发展创造有利的环境。

**第四条**　国务院负责制定中小企业政策，对全国中小企业的发展进行统筹规划。

国务院负责企业工作的部门组织实施国家中小企业政策和规划，对全国中小企业工作进行综合协调、指导和服务。

国务院有关部门根据国家中小企业政策和统筹规划，在各自职责范围内对中小企业工作进行指导和服务。

县级以上地方各级人民政府及其所属的负责企业工作的部门和其他有关部门在各自职责范围内对本行政区域内的中小企业进行指导和服务。

**第五条**　国务院负责企业工作的部门根据国家产业政策，结合中小企业特点和发展状况，以制定中小企业发展产业指导目录等方式，确定扶持重点，引导鼓励中小企业发展。

**第六条**　国家保护中小企业及其出资人的合法投资，及因投资取得的合法收益。任何单位和个人不得侵犯中小企业财产及其合法收益。

任何单位不得违反法律、法规向中小企业收费和罚款，不得向中小企业摊派财物。中小企业对违反上述规定的行为有权拒绝和有权举报、控告。

**第七条**　行政管理部门应当维护中小企业的合法权益，保护其依法参与公平竞争与公平交易的权利，不得歧视，不得附加不平等的交易条件。

**第八条**　中小企业必须遵守国家劳动安全、职业卫生、社会保障、资源环保、质量、财政税收、金融等方面的法律、法规，依法经营管理，不得侵害职工合法权益，不得损害社会公共利益。

**第九条** 中小企业应当遵守职业道德，恪守诚实信用原则，努力提高业务水平，增强自我发展能力。

## 第二章 资金支持

**第十条** 中央财政预算应当设立中小企业科目，安排扶持中小企业发展专项资金。

地方人民政府应当根据实际情况为中小企业提供财政支持。

**第十一条** 国家扶持中小企业发展专项资金用于促进中小企业服务体系建设，开展支持中小企业的工作，补充中小企业发展基金和扶持中小企业发展的其他事项。

**第十二条** 国家设立中小企业发展基金。中小企业发展基金由下列资金组成：

（一）中央财政预算安排的扶持中小企业发展专项资金；

（二）基金收益；

（三）捐赠；

（四）其他资金。

国家通过税收政策，鼓励对中小企业发展基金的捐赠。

**第十三条** 国家中小企业发展基金用于下列扶持中小企业的事项：

（一）创业辅导和服务；

（二）支持建立中小企业信用担保体系；

（三）支持技术创新；

（四）鼓励专业化发展以及与大企业的协作配套；

（五）支持中小企业服务机构开展人员培训、信息咨询等项工作；

（六）支持中小企业开拓国际市场；

（七）支持中小企业实施清洁生产；

（八）其他事项。

中小企业发展基金的设立和使用管理办法由国务院另行规定。

**第十四条** 中国人民银行应当加强信贷政策指导，改善中小企业融资环境。

中国人民银行应当加强对中小金融机构的支持力度，鼓励商业银行调整信贷结构，加大对中小企业的信贷支持。

**第十五条** 各金融机构应当对中小企业提供金融支持，努力改进金融服务，转变服务作风，增强服务意识，提高服务质量。

各商业银行和信用社应当改善信贷管理，扩展服务领域，开发适应中小企业发展的金融产品，调整信贷结构，为中小企业提供信贷、结算、财务咨询、投资管理等方面的服务。

国家政策性金融机构应当在其业务经营范围内，采取多种形式，为中小企业提供金融服务。

**第十六条** 国家采取措施拓宽中小企业的直接融资渠道，积极引导中小企业创造条件，通过法律、行政法规允许的各种方式直接融资。

**第十七条** 国家通过税收政策鼓励各类依法设立的风险投资机构增加对中小企业的投资。

**第十八条** 国家推进中小企业信用制度建设，建立信用信息征集与评价体系，实现中小企业信用信息查询、交流和共享的社会化。

**第十九条** 县级以上人民政府和有关部门应当推进和组织建立中小企业信用担保体系，推动对中小企业的信用担保，为中小企业融资创造条件。

中小企业信用担保管理办法由国务院另行规定。

**第二十条** 国家鼓励各种担保机构为中小企业提供信用担保。

**第二十一条** 国家鼓励中小企业依法开展多种形式的互助性融资担保。

## 第三章 创业扶持

**第二十二条** 政府有关部门应当积极创造条件，提供必要的、相应的信息和咨询服务，在城乡建设规划中根据中小企业发展的需要，合理安排必要的场地和设施，支持创办中小企业。

失业人员、残疾人员创办中小企业的，所在地政府应当积极扶持，提供便利，加强指导。

政府有关部门应当采取措施，拓宽渠道，引导中小企业吸纳大中专学校毕业生就业。

**第二十三条** 国家在有关税收政策上支持和鼓励中小企业的创立和发展。

**第二十四条** 国家对失业人员创立的中小企业和当年吸纳失业人员达到国家规定比例的中小企业，符合国家支持和鼓励发展政策的高新技术中小企业，在少数民族地区、贫困地区创办的中小企业，安置残疾人员达到国家规定比例的中小企业，在一定期限内减征、免征所得税，实行税收优惠。

**第二十五条** 地方人民政府应当根据实际情况，为创业人员提供工商、财税、融资、劳动用工、社会保障等方面的政策咨询和信息服务。

**第二十六条** 企业登记机关应当依法定条件和法定程序办理中小企业设立登记手续，提高工作效率，方便登记者。不得在法律、行政法规规定之外设置企业登记的前置条件；不得在法律、行政法规规定的收费项目和收费标准之外，收取其他费用。

**第二十七条** 国家鼓励中小企业根据国家利用外资政策，引进国外资金、先进技术和管理经验，创办中外合资经营、中外合作经营企业。

**第二十八条** 国家鼓励个人或者法人依法以工业产权或者非专利技术等投资参与创办中小企业。

## 第四章 技术创新

**第二十九条** 国家制定政策，鼓励中小企业按照市场需要，开发新产品，采用先进的技术、生产工艺和设备，提高产品质量，实现技术进步。

中小企业技术创新项目以及为大企业产品配套的技术改造项目，可以享受贷款贴息政策。

**第三十条** 政府有关部门应当在规划、用地、财政等方面提供政策支持，推进建立各类技术服务机构，建立生产力促进中心和科技企业孵化基地，为中小企业提供技术信息、技术咨询和技术转让服务，为中小企业产品研制、技术开发提供服务，促进科技成果转化，实现企业技术、产品升级。

**第三十一条** 国家鼓励中小企业与研究

机构、大专院校开展技术合作、开发与交流，促进科技成果产业化，积极发展科技型中小企业。

## 第五章 市场开拓

**第三十二条** 国家鼓励和支持大企业与中小企业建立以市场配置资源为基础的、稳定的原材料供应、生产、销售、技术开发和技术改造等方面的协作关系，带动和促进中小企业发展。

**第三十三条** 国家引导、推动并规范中小企业通过合并、收购等方式，进行资产重组，优化资源配置。

**第三十四条** 政府采购应当优先安排向中小企业购买商品或者服务。

**第三十五条** 政府有关部门和机构应当为中小企业提供指导和帮助，促进中小企业产品出口，推动对外经济技术合作与交流。

国家有关政策性金融机构应当通过开展进出口信贷、出口信用保险等业务，支持中小企业开拓国外市场。

**第三十六条** 果家制定政策，鼓励符合条件的中小企业到境外投资，参与国际贸易，开拓国际市场。

**第三十七条** 国家鼓励中小企业服务机构举办中小企业产品展览展销和信息咨询活动。

## 第六章 社会服务

**第三十八条** 国家鼓励社会各方面力量，建立健全中小企业服务体系，为中小企业提供服务。

**第三十九条** 政府根据实际需要扶持建立的中小企业服务机构，应当为中小企业提供优质服务。

中小企业服务机构应当充分利用计算机网络等先进技术手段，逐步建立健全向全社会开放的信息服务系统。

中小企业服务机构联系和引导各类社会中介机构为中小企业提供服务。

**第四十条** 国家鼓励各类社会中介机构为中小企业提供创业辅导、企业诊断、信息咨询、市场营销、投资融资、贷款担保、产权交易、技术支持、人才引进、人员培训、对外合作、展览展销和法律咨询等服务。

**第四十一条** 国家鼓励有关机构、大专院校培训中小企业经营管理及生产技术等方面的人员，提高中小企业营销、管理和技术水平。

**第四十二条** 行业的自律性组织应当积极为中小企业服务。

**第四十三条** 中小企业自我约束、自我服务的自律性组织，应当维护中小企业的合法权益，反映中小企业的建议和要求，为中小企业开拓市场、提高经营管理能力提供服务。

## 第七章 附则

**第四十四条** 省、自治区、直辖市可以根据本地区中小企业的情况，制定有关的实施办法。

**第四十五条** 本法自 2003 年 1 月 1 日起施行。

# 中华人民共和国商标法实施条例

## 第一章 总则

**第一条** 根据《中华人民共和国商标法》(以下简称商标法)，制定本条例。

**第二条** 本条例有关商品商标的规定，适用于服务商标。

**第三条** 商标法和本条例所称商标的使用，包括将商标用于商品、商品包装或者容器以及商品交易文书上，或者将商标用于广告宣传、展览以及其他商业活动中。

**第四条** 商标法第六条所称国家规定必须使用注册商标的商品，是指法律、行政法规规定的必须使用注册商标的商品。

**第五条** 依照商标法和本条例的规定，在商标注册、商标评审过程中产生争议时，有关当事人认为其商标构成驰名商标的，可以相应向商标局或者商标评审委员会请求认定驰名商标，驳回违反商标法第十三条规定的商标注册申请或者撤销违反商标法第十三条规定的商标注册。有关当事人提出申请时，应当提交其商标构成驰名商标的证据材料。

商标局、商标评审委员会根据当事人的请求，在查明事实的基础上，依照商标法第十四条的规定，认定其商标是否构成驰名商标。

**第六条** 商标法第十六条规定的地理标志，可以依照商标法和本条例的规定，作为证明商标或者集体商标申请注册。

以地理标志作为证明商标注册的，其商品符合使用该地理标志条件的自然人、法人或者其他组织可以要求使用该证明商标，控制该证明商标的组织应当允许。以地理标志作为集体商标注册的，其商品符合使用该地理标志条件的自然人、法人或者其他组织，可以要求参加以该地理标志作为集体商标注册的团体、协会或者其他组织，该团体、协会或者其他组织应当依据其章程接纳为会员；不要求参加以该地理标志作为集体商标注册的团体、协会或者其他组织的，也可以正当使用该地理标志，该团体、协会或者其他组织无权禁止。

**第七条** 当事人委托商标代理组织申请商标注册或者办理其他商标事宜，应当提交代理委托书。代理委托书应当载明代理内容及权限：外国人或者外国企业的代理委托书还应当载明委托人的国籍。

外国人或者外国企业的代理委托书及与其有关的证明文件的公证、认证手续，按照对等原则办理。

商标法第十八条所称外国人或者外国企业，是指在中国没有经常居所或者营业所的外国人或者外国企业。

**第八条** 申请商标注册或者办理其他商

标事宜，应当使用中文。

依照商标法和本条例规定提交的各种证件、证明文件和证据材料是外文的，应当附送中文译文；未附送的，视为未提交该证件、证明文件或者证据材料。

**第九条** 商标局、商标评审委员会工作人员有下列情形之一的，应当回避，当事人或者利害关系人可以要求其回避：

（一）是当事人或者当事人、代理人的近亲属的；

（二）与当事人、代理人有其他关系，可能影响公正的；

（三）与申请商标注册或者办理其他商标事宜有利害关系的。

**第十条** 除本条例另有规定的外，当事人向商标局或者商标评审委员会提交文件或者材料的日期，直接递交的，以递交日为准；邮寄的，以寄出的邮戳日为准；邮戳日不清晰或者没有邮戳的，以商标局或者商标评审委员会实际收到日为准，但是当事人能够提出实际邮戳日证据的除外。

**第十一条** 商标局或者商标评审委员会的各种文件，可以通过邮寄、直接递交或者其他方式送达当事人。当事人委托商标代理组织的，文件送达商标代理组织视为送达当事人。

商标局或者商标评审委员会向当事人送达各种文件的日期，邮寄的，以当事人收到的邮戳日为准；邮戳日不清晰或者没有邮戳的，自文件发出之日起满15日，视为送达当事人；直接递交的，以递交日为准。文件无法邮寄或者无法直接递交的，可以通过公告方式送达当事人，自公告发布之日起满30日，该文件视为已经送达。

**第十二条** 商标国际注册依照我国加入的有关国际条约办理。具体办法由国务院工商行政管理部门规定。

## 第二章　商标注册的申请

**第十三条** 申请商标注册，应当按照公布的商品和服务分类表按类申请。每一件商标注册申请应当向商标局提交《商标注册申请书》1份、商标图样5份；指定颜色的，并应当提交着色图样5份、黑白稿1份。

商标图样必须清晰、便于粘贴，用光洁耐用的纸张印制或者用照片代替，长或者宽应当不大于10厘米，不小于5厘米。

以三维标志申请注册商标的，应当在申请书中予以声明，并提交能够确定三维形状的图样。

以颜色组合申请注册商标的，应当在申请书中予以声明，并提交文字说明。

申请注册集体商标、证明商标的，应当在申请书中予以声明，并提交主体资格证明文件和使用管理规则。

商标为外文或者包含外文的，应当说明含义。

**第十四条** 申请商标注册的，申请人应当提交能够证明其身份的有效证件的复印件。商标注册申请人的名义应当与所提交的证件相一致。

**第十五条** 商品名称或者服务项目应当按照商品和服务分类表填写；商品名称或者服务项目未列入商品和服务分类表的，应当附送对该商品或者服务的说明。

商标注册申请等有关文件，应当打字或者印刷。

**第十六条** 共同申请注册同一商标的，应当在申请书中指定一个代表人；没有指定代表人的，以申请书中顺序排列的第一人为代表人。

**第十七条** 申请人变更其名义、地址、代理人，或者删减指定的商品的，可以向商标局办理变更手续。

申请人转让其商标注册申请的，应当向商标局办理转让手续。

**第十八条** 商标注册的申请日期，以商标局收到申请文件的日期为准。申请手续齐备并按照规定填写申请文件的，商标局予以受理并书面通知申请人；申请手续不齐备或者未按照规定填写申请文件的，商标局不予受理，书面通知申请人并说明理由。

申请手续基本齐备或者申请文件基本符合规定，但是需要补正的，商标局通知申请人予以补正，限其自收到通知之日起 30 日内，按照指定内容补正并交回商标局。在规定期限内补正并交回商标局的，保留申请日期；期满未补正的，视为放弃申请，商标局应当书面通知申请人。

**第十九条** 两个或者两个以上的申请人，在同一种商品或者类似商品上，分别以相同或者近似的商标在同一天申请注册的，各申请人应当自收到商标局通知之日起 30 日内提交其申请注册前在先使用该商标的证据。同日使用或者均未使用的，各申请人可以自收到商标局通知之日起 30 日内自行协商，并将书面协议报送商标局；不愿协商或者协商不成的，商标局通知各申请人以抽签的方式确定一个申请人，驳回其他人的注册申请。商标局已经通知但申请人未参加抽签的，视为放弃申请，商标局应当书面通知未参加抽签的申请人。

**第二十条** 依照商标法第二十四条规定要求优先权的，申请人提交的第一次提出商标注册申请文件的副本应当经受理该申请的商标主管机关证明，并注明申请日期和申请号。

依照商标法第二十五条规定要求优先权的，申请人提交的证明文件应当经国务院工商行政管理部门规定的机构认证；展出其商品的国际展览会是在中国境内举办的除外。

## 第三章 商标注册申请的审查

**第二十一条** 商标局对受理的商标注册申请，依照商标法及本条例的有关规定进行审查，对符合规定的或者在部分指定商品上使用商标的注册申请符合规定的，予以初步审定，并予以公告；对不符合规定或者在部分指定商品上使用商标的注册申请不符合规定，予以驳回或者驳回在部分指定商品上使用商标的注册申请，书面通知申请人并说明理由。

商标局对在部分指定商品上使用商标的注册申请予以初步审定的，申请人可以在异议期满之日前，申请放弃在部分指定商品上使用商标的注册申请；申请人放弃在部分指定商品上使用商标的注册申请的，商标局应当撤回原初步审定，终止审查程序，并重新公告。

**第二十二条** 对商标局初步审定予以公告的商标提出异议的，异议人应当向商标局提交商标异议书一式两份。商标异议书应当写明被异议商标刊登《商标公告》的期号及初步审定号。商标异议书应当有明确的请求和事实依据，并附送有关证据材料。

商标局应当将商标异议书副本及时送交被异议人，限其自收到商标异议书副本之日起 30 日内答辩。被异议人不答辩的，不影响商标局的异议裁定。

当事人需要在提出异议申请或者答辩后补充有关证据材料的，应当在申请书或者答辩书中声明，并自提交申请书或者答辩书之日起 3 个月内提交；期满未提交的，视为当事人放弃补充有关证据材料。

**第二十三条** 商标法第三十四条第二款所称异议成立，包括在部分指定商品上成立。异议在部分指定商品上成立的，在该部分指定商品上的商标注册申请不予核准。

被异议商标在异议裁定生效前已经刊发注册公告的，撤销原注册公告，经异议裁定核准注册的商标重新公告。

经异议裁定核准注册的商标，自该商标异议期满之日起至异议裁定生效前，对他人在同一种或者类似商品上使用与该商标相同或者近似的标志的行为不具有追溯力；但是，因该使用人的恶意给商标注册人造成的损失，应当给予赔偿。

经异议裁定核准注册的商标，对其提出评审申请的期限自该商标异议裁定公告之日起计算。

## 第四章 注册商标的变更、转让、续展

**第二十四条** 变更商标注册人名义、地址或者其他注册事项的，应当向商标局提交变更申请书。商标局核准后，发给商标注册人相应证明，并予以公告；不予核准的，应当书面通知申请人并说明理由。

变更商标注册人名义的，还应当提交有关登记机关出具的变更证明文件。未提交变更证明文件的，可以自提出申请之日起 30 日内补交；期满不提交的，视为放弃变更申请，商标局应当书面通知申请人。

变更商标注册人名义或者地址的，商标注册人应当将其全部注册商标一并变更；未一并变更的，视为放弃变更申请，商标局应当书面通知申请人。

**第二十五条** 转让注册商标的，转让人和受让人应当向商标局提交转让注册商标申请书。转让注册商标申请手续由受让人办理。商标局核准转让注册商标申请后，发给受让人相应证明，并予以公告。

转让注册商标的，商标注册人对其在同一种或者类似商品上注册的相同或者近似的商标，应当一并转让；未一并转让的，由商标局通知其限期改正；期满不改正的，视为放弃转让该注册商标的申请，商标局应当书面通知申请人。

对可能产生误认、混淆或者其他不良影响的转让注册商标申请，商标局不予核准，书面通知申请人并说明理由。

**第二十六条** 注册商标专用权因转让以外的其他事由发生移转的，接受该注册商标专用权移转的当事人应当凭有关证明文件或者法律文书到商标局办理注册商标专用权移转手续。

注册商标专用权移转的，注册商标专用权人在同一种或者类似商品上注册的相同或者近似的商标，应当一并移转；未一并移转的，由商标局通知其限期改正；期满不改正的，视为放弃该移转注册商标的申请，商标

局应当书面通知申请人。

**第二十七条** 注册商标需要续展注册的，应当向商标提交商标续展注册申请书。商标局核准商标注册续展申请后，发给相应证明，并予以公告。

续展注册商标有效期自该商标上一届有效期满次日起计算。

## 第五章 商标评审

**第二十八条** 商标评审委员会受理依据商标法第三十二条、第三十三条、第四十一条、第四十九条的规定提出的商标评审申请。商标评审委员会根据事实，依法进行评审。

**第二十九条** 商标法第四十一条第三款所称对已经注册的商标有争议，是指在先申请注册的商标注册人认为他人在后申请注册的商标与其在同一种或者类似商品上的注册商标相同或者近似。

**第三十条** 申请商标评审，应当向商标评审委员会提交申请书，并按照对方当事人的数量提交相应份数的副本；基本商标局的决定书或者裁定书申请复审的，还应当同时附送商标局的决定书或者裁定书副本。

商标评审委员会收到申请书后，经审查，符合受理条件的，予以受理；不符合受理条件的，不予受理，书面通知申请人并说明理由；需要补正的，通知申请人自收到通知之日起 30 日内补正。经补正仍不符合规定的，商标评审委员会不予受理，书面通知申请人并说明理由；期满未补正的，视为撤回申请，商标评审委员会应当书面通知申请人。

商标评审委员会受理商标评审申请后，发现不符合受理条件的，予以驳回，书面通知申请人并说明理由。

**第三十一条** 商标评审委员会受理商标评审申请后，应当及时将申请书副本送交对方当事人，限其自收到申请书副本之日起 30 日内答辩；期满未答辩的，不影响商标评审委员会的评审。

**第三十二条** 当事人需要在提出评审申请或者答辩后补充有关证据材料的，应当在申请书或者答辩书中声明，当自提交申请书或者答辩书之日起 3 个月内提交；期满未提交的，视为放弃补充有关证据材料。

**第三十三条** 商标评审委员会根据当事人的请求或者实际需要，可以决定对评审申请进行公开评审。

商标评审委员会决定对评审申请进行公开评审的，应当在公开评审前 15 日书面通知当事人，告知公开评审的日期、地点和评审人员。当事人应当在通知书指定的期限内作出答复。

申请人不答复也不参加公开评审的，其评审申请视为撤回，商标评审委员会应当书面通知申请人；被申请人不答复也不参加公开评审的，商标评审委员会缺席评审。

**第三十四条** 申请人在商标评审委员会作出决定、裁定前，要求撤回申请的，经书面向商标评审委员会说明理由，可以撤回；撤回申请的，评审程序终止。

**第三十五条** 申请人撤回商标评审申请的，不得以相同的事实和理由再次提出评审申请；商标评审委员会对商标评审申请已经作出裁定或者决定的，任何人不得以相同的事实和理由再次提出评审申请。

**第三十六条** 依照商标法第四十一条的

规定撤销的注册商标，其商标专用权视为自始即不存在。有关撤销注册商标的决定或者裁定，对在撤销前人民法院作出并已执行的商标侵权案件的判决、裁定，工商行政管理部门作出并已执行的商标侵权案件的处理决定，以及已经履行的商标转让或者使用许可合同，不具有追溯力；但是，因商标注册人恶意给他人造成的损失，应当给予赔偿。

## 第六章 商标使用的管理

**第三十七条** 使用注册商标，可以在商品、商品包装、说明书或者其他附着物上标明“注册商标”或者注册标记。

注册标记包括（注外加○）和（R外加○）。使用注册标记，应当标注在商标的右上角或者右下角。

**第三十八条** 《商标注册证》遗失或者破损的，应当向商标局申请补发。《商标注册证》遗失的，应当在《商标公告》上刊登遗失声明。破损的《商标注册证》，应当在提交补发申请时交回商标局。

伪造或者变造《商标注册证》的，依照刑法关于伪造、变造国家机关证件罪或者其他罪的规定，依法追究刑事责任。

**第三十九条** 有商标法第四十四条第（一）项、第（二）项、第（三）项行为之一的，由工商行政管理部门责令商标注册人限期改正；拒不改正的，报请商标局撤销其注册商标。

有商标法第四十四条第（四）项行为的，任何人可以向商标局申请撤销该注册商标，并说明有关情况。商标局应当通知商标注册人，限其自收到通知之日起2个月内提交该商标在撤销申请提出前使用的证据材料或者说明不使用的正当理由；期满不提供使用的证据材料或者证据材料无效并没有正当理由的，由商标局撤销其注册商标。

前款所称使用的证据材料，包括商标注册人使用注册商标的证据材料和商标注册人许可他人使用注册商标的证据材料。

**第四十条** 依照商标法第四十四条、第四十五条的规定被撤销的注册商标，由商标局予以公告；该注册商标专用权自商标局的撤销决定作出之日起终止。

**第四十一条** 商标局、商标评审委员会撤销注册商标，撤销理由仅及于部分指定商品的，撤销在该部分指定商品上使用的商标注册。

**第四十二条** 依照商标法第四十五条、第四十八条的规定处以罚款的数额为非法经营额20%以下或者非法获利2倍以下。

依照商标法第四十七条的规定处以罚款的数额为非法经营额10%以下。

**第四十三条** 许可他人使用其注册商标的，许可人应当自商标使用许可合同签订之日起3个月内将合同副本报送商标局备案。

**第四十四条** 违反商标法第四十条第二款规定的，由工商行政管理部门责令限期改正；逾期不改正的，收缴其商标标识；商标标识与商品难以分离的，一并收缴、销毁。

**第四十五条** 使用商标违反商标法第十三条规定的，有关当事人可以请求工商行政管理部门禁止使用。当事人提出申请时，应当提交其商标构成驰名商标的证据材料。经商标局依照商标法第十四条的规定认定为驰名商标的，由工商行政管理部门责令侵权人停止违反商标法第十三条规定使用该驰名商标的行为，收缴、销毁其商标标识；商标标识与商品难以分离的，一并收缴、销毁。

**第四十六条** 商标注册人申请注销其注册商标或者注销其商标在部分指定商品上的注册的，应当向商标局提交商标注销申请书，并交回原《商标注册证》。

商标注册人申请注销其注册商标或者注销其商标在部分指定商品上的注册的，该注册商标专用权或者该注册商标专用权在该部分指定商品上的效力自商标局收到其注销申请之日起终止。

**第四十七条** 商标注册人死亡或者终止，自死亡或者终止之日起 1 年期满，该注册商标没有办理移转手续的，任何人可以向商标局申请注销该注册商标。提出注销申请的，应当提交有关该商标注册人死亡或者终止的证据。

注册商标因商标注册人死亡或者终止而被注销的，该注册商标专用权自商标注册人死亡或者终止之日起终止。

**第四十八条** 注册商标被撤销或者依照本条例第四十六条、第四十七条的规定被注销的，原《商标注册证》作废；撤销该商标在部分指定商品上的注册的，或者商标注册人申请注销其商标在部分指定商品上的注册的，由商标局在原《商标注册证》上加注发还，或者重新核发《商标注册证》，并予公告。

## 第七章 注册商标专用权的保护

**第四十九条** 注册商标中含有的本商品的通用名称、图形、型号，或者直接表示商品的质量、主要原料、功能、用途、重量、数量及其他特点，或者含有地名，注册商标专用权人无权禁止他人正当使用。

**第五十条** 有下列行为之一的，属于商标法第五十二条第（五）项所称侵犯注册商标专用权的行为：

（一）在同一种或者类似商品上，将与他人注册商标相同或者近似的标志作为商品名称或者商品装潢使用，误导公众的；

（二）故意为侵犯他人注册商标专用权行为提供仓储、运输、邮寄、隐匿等便利条件的。

**第五十一条** 对侵犯注册商标专用权的行为，任何人可以向工商行政管理部门投诉或者举报。

**第五十二条** 对侵犯注册商标专用权的行为，罚款数额为非法经营额 3 倍以下；非法经营额无法计算的，罚款数额为 10 万元以下。

**第五十三条** 商标所有人认为他人将其驰名商标作为企业名称登记，可能欺骗公众或者对公众造成误解的，可以向企业名称登记主管机关申请撤销该企业名称登记。企业名称登记主管机关应当依照《企业名称登记管理规定》处理。

## 第八章 附则

**第五十四条** 连续使用至 1993 年 7 月 1 日的服务商标，与他人在相同或者类似的服务上已注册的服务商标相同或者近似的，可以继续使用；但是，1993 年 7 月 1 日后中断使用 3 年以上的，不得继续使用。

**第五十五条** 商标代理的具体管理办法由国务院另行规定。

**第五十六条** 商标注册用商品和服务分类表，由国务院工商行政管理部门制定并公布。

申请商标注册或者办理其他商标事宜的文件格式，由国务院工商行政管理部门制定并公布。

商标评审委员会的评审规则由国务院工商行政管理部门制定并公布。

**第五十七条** 商标局设置《商标注册簿》，记载注册商标及有关注册事项。

商标局编印发行《商标公告》，刊登商标注册及其他有关事项。

**第五十八条** 申请商标注册或者办理其他商标事宜，应当缴纳费用。缴纳费用的项目和标准，由国务院工商行政管理部门会同国务院价格主管部门规定并公布。

**第五十九条** 本条例自2002年9月15日起施行。1983年3月10日国务院发布、1988年1月3日国务院批准第一次修订、1993年7月15日国务院批准第二次修订的《中华人民共和国商标法实施细则》和1995年4月23日《国务院关于办理商标注册附送证件问题的批复》同时废止。

# 采用国际标准管理办法

## 第一章 总则

**第一条** 为了发展社会主义市场经济、减少技术性贸易壁垒和适应国际贸易的需要，提高我国产品质量和技术水平，促进采用国际标准工作的发展，依据《中华人民共和国标准化法》及其实施条例，参照世界贸易组织和国际标准化组织的有关规定，并结合我国的实际情况，制定本办法。

**第二条** 采用国际标准是指将国际标准的内容，经过分析研究和试验验证，等同或修改转化为我国标准（包括国家标准、行业标准、地方标准和企业标准。下同），并按我国标准审批发布程序审批发布。

**第三条** 国际标准是指国际标准化组织（ISO）、国际电工委员会（IEC）和国际电信联盟（ITU）制定的标准，以及国际标准化组织确认并公布的其他国际组织制定的标准。

## 第二章 采用国际标准的原则

**第四条** 采用国际标准，应当符合我国有关法律、法规，遵循国际惯例，做到技术先进、经济合理、安全可靠。

**第五条** 制定（包括修订，下同）我国标准应当以相应国际标准（包括即将制定完成的国际标准）为基础。

对于国际标准中通用的基础性标准、试验方法标准应当优先采用。

采用国际标准中的安全标准、卫生标准、环保标准制定我国标准，应当以保障国家安全、防止欺骗、保护人体健康和人身财产安全、保护动植物的生命和健康、保护环境为正当目标；除非这些国际标准由于基本气候、地理因素或者基本的技术问题等原因而对我国无效或者不适用。

**第六条** 采用国际标准时，应当尽可能等同采用国际标准。由于基本气候、地理因素或者基本的技术问题等原因对国际标准进行修改时，应当将与国际标准的差异控制在合理的、必要的并且是最小的范围之内。

**第七条** 我国的一个标准应当尽可能采用一个国际标准。当我国一个标准必须采用几个国际标准时，应当说明该标准与所采用的国际标准的对应关系。

**第八条** 采用国际标准制定我国标准，应当尽可能与相应国际标准的制定同步，并可以采用标准制定的快速程序。

**第九条** 采用国际标准，应当同我国的技术引进、企业的技术改造、新产品开发、老产品改进相结合。

**第十条** 采用国际标准的我国标准的制定、审批、编号、发布、出版、组织实施和监督，同我国其他标准一样，按我国有关法律、法规和规章规定执行。

**第十一条** 企业为了提高产品质量和技术水平，提高产品在国际市场上的竞争力，对于贸易需要的产品标准，如果没有相应的国际标准或者国际标准不适用时，可以采用国外先进标准。

## 第三章 采用国际标准程度和编写方法

**第十二条** 我国标准采用国际标准的程度，分为等同采用和修改采用。

等同采用，指与国际标准在技术内容和文本结构上相同，或者与国际标准在技术内容上相同，只存在少量编辑性修改。

修改采用，指与国际标准之间存在技术性差异，并清楚地标明这些差异以及解释其产生的原因，允许包含编辑性修改。修改采用不包括只保留国际标准中少量或者不重要的条款的情况。修改采用时，我国标准与国际标准在文本结构上应当对应，只有在不影响与国际标准的内容和文本结构进行比较的情况下才允许改变文本结构。

**第十三条** 我国标准采用国际标准的程序代号为：

IDT：等同采用（identical）；

MOD：修改采用（modified）。

根据国际标准制定的我国标准应当在封面标明和前言中叙述该国际标准的编号、名称和采用程度；在标准中引用采用国际标准的我国标准，应当在“规范性引用文件”一章中标明对应的国际标准编号和采用程度，标准名称不一致的，应当给出国际标准名称。

我国标准采用国际标准程度的具体标注方法应遵守《标准化工作指南第 2 部分：采用国际标准的规则》（GB/T 20000.2）。

**第十四条** 在采用国际标准的我国标准中，应当说明或者标明技术性差异和编辑性修改，具体说明或者标注方法应遵守《标准化工作指南第2部分：采用国际标准的规则》(GB/T 20000.2)。

**第十五条** 采用国际标准的我国标准的编号表示方法如下：

（一）等同采用国际标准的我国标准采用双编号的表示方法，

示例：GB XXXXX—XXXX/ISOXXXXX：XXXX。

（二）修改采用国际标准的我国标准，只使用我国标准编号。

在采用国际标准时，应当按《标准化工作导则第1部分：标准的结构和编写规则》(GB/T 1.1）的规定起草和编写我国标准。在等同采用ISO/IEC以外的其他组织的国际标准时，我国标准的文本结构应当与被采用的国际标准一致。

**第十六条** 采用国际标准的我国标准，在编制说明中，应当详细地说明采用该标准的目的、意义，标准的水平，我国标准同被采用标准的主要差异及其原因等。

**第十七条** 我国标准与国际标准的对应关系除等同、修改外，还包括非等效。非等效不属于采用国际标准，只表明我国标准与相应标准有对应关系。

非等效指与相应国际标准在技术内容和文本结构上不同，它们之间的差异没有被清楚地标明。非等效还包括在我国标准中只保留了少量或不重要的国际标准条款的情况。

非等效（notequivalent）代号为NEQ。

## 第四章 促进采用国际标准的措施

**第十八条** 对于采用国际标准的重点产品，需要进行技术改造的，有关管理部门应当按国家技术改造的有关规定，优先纳入各级技术改造计划。

在技术引进中，要优先引进有利于产品质量和性能达到国际标准的技术设备及有关的技术文件。

**第十九条** 对于国家重点工程项目，在采购原材料、配套设备、备品备件时，应当优先采购采用国际标准的产品。

**第二十条** 各级标准化管理部门应当及时为企业采用国际标准提供标准资料和咨询服务。各级科技和标准情报部门应当积极搜集、提供国际标准化的信息及有关资料，并开展咨询服务，为企业提供最新的标准信息。

**第二十一条** 对采用国际标准的产品，按照《采用国际标准产品标志管理办法》的规定实行标准制度。

## 第五章 附则

**第二十二条** 本办法由国家质量监督检验检疫总局负责解释。

**第二十三条** 本办法自发布之日起施行。1993年12月13日原国家技术监督局发布的《采用国际标准和国外先进标准管理办法》同时废止。

## 附件：

### 国际标准化组织确认并公布的其他国际组织

国际计量局（BIPM）

国际人造纤维标准化局（BISFN）
食品法典委会员（CAC）
时空系统咨询委员会（CCSDS）
国际建筑研究实验与文献委员会（CIB）
国际照明委会员（CIE）
国际内燃机会议（CIMAC）
国际牙科联合会（FDI）
国际信息与文献联合会（FID）
国际原子能机构（IAEA）
国际航空运输协会（IATA）
国际民航组织（ICAO）
国际谷类加工食品科学技术协会（ICC）
国际排灌研究委员会（ICID）
国际辐射防护委员会（ICRP）
国际辐射单位和测试委员会（ICRU）
国际制酪业联合会（IDF）
万围网工程特别工作组（IETF）
国际图书馆协会与学会联合会（IFTA）
国际有机农业运动联合会（IFOAM）
国际煤气工业联合会（IGU）
国际制冷学会（IIR）
国际劳工组织（ILO）
国际海底组织（IMO）
国际种子检验协会（ISTA）
国际电信联盟（ITU）
国际理论与应用化学联合会（IUPAC）
国际毛纺组织（IWTO）
国际动物流行病学局（OIE）
国际法制计量组织（OIML）
国际葡萄与葡萄酒局（OTV）
材料与结构研究实验所国际联合会（RILEM）
贸易信息交流促进委会员（TraFIX）
国际铁路联盟（UIC）
经营、交易和运输程序和实施促进中心（UN/CEFACT）
联合国教科文组织（UNESCO）
国际海关组织（WCO）
国际卫生组织（WHO）
世界知识产权组织（WIPO）
世界气象组织（WMO）

# 出口食品生产企业卫生注册登记管理规定

## 第一章　总则

**第一条**　为加强对出口食品生产企业的监督管理，保证出口食品的安全和卫生质量，根据《中华人民共和国食品卫生法》、《中华人民共和国进出口商品检验法》及其实施条例的有关规定，制定本规定。

**第二条**　国家对出口食品生产、加工、储存企业（以下简称出口食品生产企业）实施卫生注册、登记制度。

凡在中华人民共和国境内生产、加工、

储存出口食品的企业，必须取得卫生注册证书或者卫生登记证书后，方可生产、加工、储存出口食品。

**第三条** 国家认证认可监督管理委员会（以下简称国家认监委）主管全国出口食品生产企业卫生注册、登记工作。国家质量监督检验检疫总局（以下简称国家质检总局）设在各地的直属出入境检验检疫局（以下简称直属检验检疫局）负责所辖地区出口食品生产企业的卫生注册、登记工作。

未经卫生注册或者登记企业的出口食品，国家质检总局设在各地的出入境检验检疫机构（以下简称检验检疫机构）不予受理报检。

**第四条** 国家认监委根据出口食品的风险程度，公布和调整《实施出口食品卫生注册、登记的产品目录》（以下简称《注册目录》，附件1）。对《注册目录》内食品的生产企业，实施卫生注册管理；对《注册目录》以外食品的生产企业实施卫生登记管理。

## 第二章 申请

**第五条** 申请卫生注册的出口食品生产企业，应当按照《出口食品生产企业卫生要求》（附件2）建立卫生质量体系。

申请卫生登记的出口食品生产企业，应当根据产品特点并参照《出口食品生产企业卫生要求》建立卫生质量体系。

**第六条** 出口食品生产企业在新建、扩建或者改建前，应当向所在地的直属检验检疫局申请选址、设计的卫生审查，审查合格方能施工。

**第七条** 出口食品生产企业在生产出口食品前，应当向直属检验检疫局申请卫生注册或者卫生登记，填写并提交《出口食品生产企业卫生注册/登记申请书》（一式三份）。总厂、分厂、联营厂以及不在同一厂区的加工车间应当分别提出申请。

**第八条** 出口食品生产企业在提交《出口食品生产企业卫生注册/登记申请书》时，应当提供本企业的卫生质量体系文件、厂区平面图、车间平面图、工艺流程图等有关资料。

## 第三章 评审和发证

**第九条** 直属检验检疫局接受出口食品生产企业提交的卫生注册申请书和有关资料后，组成由主任评审员任组长，1－2名具备资格的评审员参加的评审组，在10个工作日内完成该申请书和有关资料的审核。经审核不符合要求的，受理申请的直属检验检疫局应当在10个工作日内通知出口食品生产企业在30日内补正，逾期未补正的，视为撤回申请；经审核符合要求的，由评审组组长负责制定评审计划，并与出口食品生产企业商定评审的具体时间，按时进行评审。

**第十条** 评审依据

（一）《出口食品生产企业卫生要求》；

（二）对列入《卫生注册需评审HACCP体系的产品目录》（附件3）的出口食品生产企业的评审依据为《出口食品生产企业卫生要求》和国际食品法典委员会《危险分析和关键控制点（HACCP）体系及其应用准则》。《卫生注册需评审HACCP体系的产品目录》由国家认监委公布和调整。

**第十一条** 评审组在进行现场评审前，应当将评审的目的、依据、范围、方法和要求告知出口食品生产企业，并听取其有关情况的报告。

**第十二条** 评审组应当采取提问、查阅记录、现场检查、抽样验证等方式进行评审并做好记录。

**第十三条** 在评审结束后，评审组应当将评审情况告知出口食品生产企业，对存在的问题提出不符合项报告和限期改进的意见。

出口食品生产企业应当在限期内将整改情况报告受理申请的直属检验检疫局。

评审组组长在评审工作结束后，应当向直属检验检疫局提交评审报告。

**第十四条** 直属检验检疫局对评审组提出的评审报告和出口食品生产企业的整改情况进行审核，并在15个工作日内做出评审结论。对评审不合格的，签发评审不合格通知；对评审合格的，批准注册并颁发卫生注册证书。证书编号规则由国家认监委另行公布。

经评审不合格的出口食品生产企业，自不合格通知发出之日起6个月内不得重新提出卫生注册申请。重新提出申请的，在申请前应当认真整改。

**第十五条** 卫生注册证书和卫生登记证书有效期为3年。卫生注册证书由国家认监委统一印制，由直属检验检疫局向卫生注册企业颁发。卫生登记证书由国家认监委统一印制，以直属检验检疫局名义向卫生登记企业颁发。

## 第四章 监督管理

**第十六条** 直属检验检疫局对注册企业实施监督管理。监督管理的主要内容包括：

（一）检查企业是否持续符合规定的卫生注册条件；

（二）卫生质量体系是否有效地运行；

（三）卫生注册编号使用管理情况；

（四）出口产品原料、辅料和成品的安全卫生质量状况及出口检验检疫等情况。

**第十七条** 对注册企业监督管理的方式包括：

（一）日常监督管理。由检验检疫机构派员对卫生注册企业实施日常监督管理。

（二）定期监督检查。直属检验检疫局组织卫生注册评审员对卫生注册企业定期实施监督检查。对肉类、水产、罐头、肠衣类卫生注册企业，每年至少组织一次全面监督检查。对季节性出口产品的卫生注册企业，应当按照生产季节进行监督检查。对获得国外卫生注册的企业，应当至少每半年（或者生产季节）进行一次全面监督检查。对其他卫生注册企业，直属检验检疫局可视具体情况确定监督检查次数。定期监督检查应当包括日常监督管理中发现问题的改正情况。

（三）换证复查。出口食品注册企业应当在证书有效期满前3个月向直属检验检疫局提出复查申请。受理申请的直属检验检疫局按照本规定第三章规定的评审要求，对申请企业进行复查，合格的予以换证，不合格的或者未申请换证的不予换证。

监督管理工作应当做好记录，并将发现

的问题书面通知被检查企业。

**第十八条** 在对卫生注册企业的监督管理过程中，有下列情形之一的，直属检验检疫局应当书面通知企业限期整改，并暂停受理其出口报检，直至确认企业整改符合要求：

（一）发现有对产品安全卫生质量构成严重威胁的因素包括原料、辅料和生产加工用水（冰）等，不能保证其产品安全卫生质量的；

（二）经出口检验检疫发现产品安全卫生质量不合格，且情况严重的。

**第十九条** 在对卫生注册企业的监督管理过程中，有下列情形之一的，由直属检验检疫局发出通知，吊销其卫生注册证书：

（一）有本规定第十八条第（一）项或者第（二）项所列情形，且在限期内未完成整改的；

（二）企业因原料、生产、加工、储存内部管理等原因，其产品在国外出现卫生质量问题造成不良影响的；

（三）企业隐瞒出口产品安全卫生质量问题的事实真相，造成严重后果的；

（四）企业拒不接受监督管理的；

（五）借用、冒用、转让、涂改、伪造卫生注册证书、注册编号、卫生注册标志，或者本企业未注册食品使用本企业注册食品的注册编号的；

被吊销卫生注册证书的企业，自收到吊销通知书之日起1年内不得重新提出卫生注册申请。

**第二十条** 有下列情形之一的，视为企业的卫生注册资格自动失效：

（一）卫生注册企业的名称、法人代表或者通讯地址发生变化后30日内未申请变更的；

（二）卫生注册企业的生产车间改建、扩建、迁址完毕或者其卫生质量体系发生重大变化后30日内未申请复查的；

（三）1年内没有出口注册范围内食品的；

（四）逾期未申请换证复查的。

**第二十一条** 国家认监委对直属检验检疫局的卫生注册工作实行监督检查，必要时可以组织专家对卫生注册企业进行监督抽查。

## 第五章 附则

**第二十二条** 对申请卫生登记的出口食品生产企业的评审、发证和监督管理由直属检验检疫局参照《出口食品生产企业卫生要求》以及本规定第三章、第四章的有关规定实施。

**第二十三条** 出口食品生产企业需要办理国外卫生注册的，必须按照本规定取得卫生注册证书或者卫生登记证书，依照《出口食品生产企业申请国外卫生注册管理办法》的有关要求，向所在地直属检验检疫局提出申请，由其向国家认监委申请推荐。

**第二十四条** 本规定由国家质检总局授权国家认监委负责解释。

**第二十五条** 本规定自2002年5月20日起施行。原国家进出口商品检验局1994年11月14日公布的《出口食品厂、库卫生注册细则》（国检监［1994］79号）同时废止。

## 附件1：

### 实施出口食品卫生注册、登记的产品目录

一、注册产品目录

| 分类号 | 产品类别 |
| --- | --- |
| Z01 | 罐头类 |
| Z02 | 水产品类（不包括活品和晾晒品） |
| Z03 | 肉及肉制品 |
| Z04 | 茶叶类 |
| Z05 | 肠衣类 |
| Z06 | 蜂产品类（不包括蜂蜡） |
| Z07 | 蛋制品类（不包括鲜蛋） |
| Z08 | 速冻果蔬类、脱水果蔬类（不包括晾晒品） |
| Z09 | 糖类（指蔗糖、甜菜糖） |
| Z10 | 乳及乳制品类 |
| Z11 | 饮料类（包括固体饮料） |
| Z12 | 酒类 |
| Z13 | 花生、干果、坚果制品类（不包括炒制品） |
| Z14 | 果脯类 |
| Z15 | 粮食制品及面、糖制品类 |
| Z16 | 食用油脂类 |
| Z17 | 调味品类（不包括天然的香辛干料及粉料） |
| Z18 | 速冻方便食品类 |
| Z19 | 功能食品类 |
| Z20 | 食品添加剂类（专指食用明胶） |

二、登记产品目录

注册产品目录以外的食品。

## 附件2：

### 出口食品生产企业卫生要求

**第一条** 为保证出口食品的安全卫生质量，规范出口食品生产企业的安全卫生管理，根据《中华人民共和国食品卫生法》、《中华人民共和国进出口商品检验法》及其实施条例等有关规定，制定本要求。

**第二条** 申请卫生注册或者卫生登记的出口食品生产、加工、储存企业（以下简称出口食品生产企业）应当建立保证出口食品的卫生质量体系，并制定指导卫生质量体系运转的体系文件。

**第三条** 本要求是出口食品生产企业建立卫生质量体系及体系文件的基本依据。

**第四条** 出口食品生产企业的卫生质量体系应当包括下列基本内容：

（一）卫生质量方针和目标；

（二）组织机构及其职责；

（三）生产、质量管理人员的要求；

（四）环境卫生的要求；

（五）车间及设施卫生的要求；

（六）原料、辅料卫生的要求；

（七）生产、加工卫生的要求；

（八）包装、储存、运输卫生的要求；

（九）有毒有害物品的控制；

（十）检验的要求；

（十一）保证卫生质量体系有效运行的要求。

**第五条** 列入《卫生注册需评审HACCP体系的产品目录》的出口食品生产企业，必须按照国际食品法典委员会《危害分析和

关键控制点（HACCP）体系及其应用准则》的要求建立和实施HACCP体系。

**第六条** 出口食品生产企业应当制定本企业的卫生质量方针、目标和责任制度，并贯彻执行。

**第七条** 出口食品生产企业应当建立与生产相适应的、能够保证其产品卫生质量的组织机构，并规定其职责和权限。

**第八条** 出口食品生产企业的生产、质量管理人员应当符合下列要求：

（一）与食品生产有接触的人员经体检合格后方可上岗；

（二）生产、质量管理人员每年进行一次健康检查，必要时做临时健康检查；凡患有影响食品卫生的疾病者，必须调离食品生产岗位；

（三）生产、质量管理人员保持个人清洁，不得将与生产无关的物品带入车间；工作时不得戴首饰、手表，不得化妆；进入车间时洗手、消毒并穿着工作服、帽、鞋，工作服、帽、鞋应当定期消毒；

（四）生产、质量管理人员经过培训并考核合格后方可上岗；

（五）配备足够数量的、具备相应资格的专业人员从事卫生质量管理工作。

**第九条** 出口食品生产企业的环境卫生应当符合下列要求：

（一）出口食品生产企业不得建在有碍食品卫生的区域，厂区内不得兼营、生产、存放有碍食品卫生的其他产品；

（二）厂区路面平整、无积水，厂区无裸露地面；

（三）厂区卫生间应当有冲水、洗手、防蝇、防虫、防鼠设施，墙裙以浅色、平滑、不透水、无毒、耐腐蚀的材料修建，并保持清洁；

（四）生产中产生的废水、废料的排放或者处理符合国家有关规定；

（五）厂区建有与生产能力相适应的符合卫生要求的原料、辅料、化学物品、包装物料储存等辅助设施和废物、垃圾暂存设施；

（六）生产区与生活区隔离。

**第十条** 食品生产车间及设施的卫生应当符合下列要求：

（一）车间面积与生产能力相适应，布局合理，排水畅通；车间地面用防滑、坚固、不透水、耐腐蚀的无毒材料修建，平坦、无积水并保持清洁；车间出口及与外界相连的排水、通风处应当安装防鼠、防蝇、防虫等设施；

（二）车间内墙壁、屋顶或者天花板使用无毒、浅色、防水、防霉、不脱落、易于清洗的材料修建，墙角、地角、顶角具有弧度；

（三）车间窗户有内窗台的，内窗台下斜约45°；车间门窗用浅色、平滑、易清洗、不透水、耐腐蚀的坚固材料制作，结构严密；

（四）车间内位于食品生产线上方的照明设施装有防护罩，工作场所以及检验台的照度符合生产、检验的要求，光线以不改变被加工物的本色为宜；

（五）有温度要求的工序和场所安装温度显示装置，车间温度按照产品工艺要求控制在规定的范围内，并保持良好通风；

（六）车间供电、供气、供水满足生产

需要；

（七）在适当的地点设足够数量的洗手、清洁消毒、烘干手的设备或者用品，洗手水龙头为非手动开关；

（八）根据产品加工需要，车间入口处设有鞋、靴和车轮消毒设施；

（九）设有与车间相连接的更衣室，不同清洁程度要求的区域设有单独的更衣室，视需要设立与更衣室相连接的卫生间和淋浴室，更衣室、卫生间、淋浴室应当保持清洁卫生，其设施和布局不得对车间造成潜在的污染风险；

（十）车间内的设备、设施和工器具用无毒、耐腐蚀、不生锈、易清洗消毒、坚固的材料制作，其构造易于清洗消毒。

**第十一条** 生产用原料、辅料的卫生应当符合下列要求并得到有效控制；

（一）生产用原料、辅料应当符合安全卫生规定要求，避免来自空气、土壤、水、饲料、肥料中的农药、兽药或者其他有害物质的污染；

（二）作为生产原料的动物，应当来自于非疫区，并经检疫合格；

（三）生产用原料、辅料有检验、检疫合格证，经进厂验收合格后方准使用；

（四）超过保质期的原料、辅料不得用于食品生产；

（五）加工用水（冰）应当符合国家《生活饮用水卫生标准》等必要的标准，对水质的公共卫生防疫卫生检测每年不得少于两次，自备水源应当具备有效的卫生保障设施。

**第十二条** 食品生产加工过程应当符合下列要求：

（一）生产设备布局合理，并保持清洁和完好；

（二）生产设备、工具、容器、场地等严格执行清洗消毒制度，盛放食品的容器不得直接接触地面；

（三）班前班后进行卫生清洁工作，专人负责检查，并作检查记录；

（四）原料、辅料、半成品、成品以及生、熟品分别存放在不会受到污染的区域；

（五）按照生产工艺的先后次序和产品特点，将原料处理、半成品处理和加工、工器具的清洗消毒、成品内包装、成品外包装、成品检验和成品贮存等不同清洁卫生要求的区域分开设置，防止交叉污染；

（六）对加工过程中产生的不合格品、跌落地面的产品和废弃物，在固定地点用有明显标志的专用容器分别收集盛装，并在检验人员监督下及时处理，其容器和运输工具及时消毒；

（七）对不合格品产生的原因进行分析，并及时采取纠正措施。

**第十三条** 出口食品的包装、储存、运输过程应当受到良好的卫生控制。

（一）用于包装食品的物料符合卫生标准并且保持清洁卫生，不得含有有毒有害物质，不易褪色；

（二）包装物料间干燥通风，内、外包装物料分别存放，不得有污染；

（三）运输工具符合卫生要求，并根据产品特点配备防雨、防尘、冷藏、保温等设施；

（四）冷包间和预冷库、速冻库、冷藏

库等仓库的温度、温度符合产品工艺要求，并配备温度显示装置，必要时配备湿度计；预冷库、速冷库、冷藏库要配备自动温度记录装置并定期校准，库内保持清洁，定期消毒，有防霉、防鼠、防虫设施，库内物品与墙壁、地面保持一定距离，库内不得存放有碍卫生的物品；同一库内不得存放可能造成相互污染的食品。

**第十四条** 严格执行有毒有害物品的储存和使用管理规定，确保厂区、车间和化验室使用的洗涤剂、消毒剂、杀虫剂、燃油、润滑油和化学试剂等有毒有害物品得到有效控制，避免对食品、食品接触表面和食品包装物料造成污染。

**第十五条** 产品的卫生质量检验应当符合下列要求，并得到有效控制：

（一）企业有与生产能力相适应的内设检验机构和具备相应资格的检验人员；

（二）企业内设检验机构具备检验工作所需要的标准资料、检验设施和仪器设备，检验仪器按规定进行计量检定，检验要有检测记录；

（三）使用社会实验室承担企业卫生质量检验工作的，该实施室应当具有相应的资格，并签订合同。

**第十六条** 出口食品生产企业应当保证卫生质量体系能够有效运行，达到如下要求：

（一）制定并有效执行原料、辅料、半成品、成品及生产过程卫生控制程序，做好记录；

（二）建立并执行卫生标准操作程序并做好记录，确保加工用水（冰）、食品接触表面、有毒有害物质、虫害防治等处于受控状态；

（三）对影响食品卫生的关键工序，要制定明确的操作规程并得到连续的监控，同时必须有监控记录；

（四）制定并执行对不合格品的控制制度，包括不合格品的标识、记录、评价、隔离处置和可追溯性等内容；

（五）制定产品标识、质量追踪和产品召回制度，确保出厂产品在出现安全卫生质量问题时能够及时召回；

（六）制定并执行加工设备、设施的维护程序，保证加工设备、设施满足生产加工的需要；

（七）制定并实施职工培训计划并做好培训记录，保证不同岗位的人员熟练完成本职工作；

（八）建立内容审核制度，一般每半年进行一次内部审核，每年进行一次管理评审，并做好记录；

（九）对反映产品卫生质量情况的有关记录，应当制定并执行标记、收集、编目、归档、存储、保管和处理等管理规定。所有质量记录必须真实、准确、规范并具有卫生质量的可追溯性，保存期不少于 2 年。

**第十七条** 对于必须使用传统工艺生产加工的产品，在保证食品安全卫生的前提下，可以按传统工艺生产加工。

**第十八条** 本要求由国家认证认可监督管理委员会负责解释。

**第十九条** 本要求自 2002 年 5 月 20 日起施行。原国家商检局 1994 年 11 月 14 日公布的《出口食品厂、库卫生要求》（国检监[1994] 79 号）同时废止。

**附件 3：**

### 卫生注册需评审 HACCP 体系的产品目录

| 序号 | 产品类别 |
| --- | --- |
| 1. | 罐头类 |
| 2. | 水产品类（活品、冰鲜、晾晒、腌制品除外） |
| 3. | 肉及肉制品 |
| 4. | 速冻蔬菜 |
| 5. | 果蔬汁 |
| 6. | 含肉或水产品的速冻方便食品 |

# 中国名牌产品管理办法

## 第一章　总则

**第一条**　为推进名牌战略的实施，加强中国名牌产品的监督管理，规范中国名牌产品的评价，推动企业实施名牌战略，引导和支持企业创名牌，指导和督促企业提高质量水平，增强我国产品的市场竞争力，根据《中华人民共和国产品质量法》、国务院颁布的《质量振兴纲要》和国务院赋予国家质量监督检验检疫总局（以下简称“国家质检总局”）的职能，制定本办法。

**第二条**　本办法所称中国名牌产品是指实物质量达到国际同类产品先进水平、在国内同类产品中处于领先地位、市场占有率和知名度居行业前列、用户满意程度高、具有较强市场竞争力的产品。

**第三条**　中国名牌产品评价工作建立以市场评价为基础，以社会中介机构为主体，以政府积极推动、引导、监督为保证，以用户（顾客）满意为宗旨的总体推进机制。

**第四条**　中国名牌产品评价工作坚持企业自愿申请，科学、公正、公平、公开，不搞终身制，不向企业收费，不增加企业负担的原则。

## 第二章　组织管理

**第五条**　国家质检总局负责制定中国名牌产品推进工作的目标、原则、计划、任务和范围，对中国名牌战略推进委员会的工作进行监督和管理，并依法对创中国名牌产品成绩突出的生产企业予以表彰。

**第六条**　国家质检总局授权中国名牌战略推进委员会统一组织实施中国名牌产品的评价工作，并推进中国名牌产品的宣传、培育工作。

中国名牌战略推进委员会是由有关全国性社团组织、政府有关部门、部分新闻单位以及有关方面专家组成的非常设机构。中国名牌战略推进委员会秘书处设在国家质检总局质量管理司，负责中国名牌战略推进委员会的组织、协调及日常管理工作。

**第七条** 中国名牌战略推进委员会每年根据工作需要，聘任有关方面专家组成若干专业委员会，各专业委员会在中国名牌战略推进委员会的组织下，根据产品类别分别提出中国名牌产品评价实施细则和方案，进行具体评价工作。评价工作结束后，各专业委员会自动解散。

**第八条** 各省（自治区、直辖市）质量技术监督部门在本行政区域内负责中国名牌产品的申报和推荐工作，并组织实施对中国名牌产品的监督管理。

## 第三章 申请条件

**第九条** 申请中国名牌产品称号，应具备下列条件：

（一）符合国家有关法律法规和产业政策的规定；

（二）实物质量在同类产品中处于国内领先地位，并达到国际先进水平；市场占有率、出口创汇率、品牌知名度居国内同类产品前列；

（三）年销售额、实现利税、工业成本费用利润率、总资产贡献率居本行业前列；

（四）企业具有先进可靠的生产技术条件和技术装备，技术创新、产品开发能力居行业前列；

（五）产品按照采用国际标准或国外先进标准的我国标准组织生产；

（六）企业具有完善的计量检测体系和计量保证能力；

（七）企业质量管理体系健全并有效运行，未出现重大质量责任事故；

（八）企业具有完善的售后服务体系，顾客满意程度高。

**第十条** 凡有下列情况之一者，不能申请“中国名牌产品”称号：

（一）使用国（境）外商标的；

（二）列入生产许可证、强制性产品认证及计量器具制造许可证等管理范围的产品而未获证的；

（三）在近三年内，有被省（直辖市、自治区）级以上质量监督抽查判为不合格经历的；

（四）在近三年内，出口商品检验有不合格经历的；或者出现出口产品遭到国外索赔的；

（五）近三年内发生质量、安全事故，或者有重大质量投诉经查证属实的；

（六）有其他严重违反法律法规行为的。

## 第四章 评价指标

**第十一条** 建立以市场评价、质量评价、效益评价和发展评价为主要评价内容的评价指标体系。

**第十二条** 市场评价主要评价申报产品的市场占有水平、用户满意水平和出口创汇水平；质量评价主要评价申报产品的实物质量水平和申报企业的质量管理体系；效益评价主要对申报企业实现利税、工业成本费用利润水平和总资产贡献水平等方面进行评价；发展评价主要评价申报企业的技术开发水平和企业规模水平，评价指标向拥有自主知识产权和核心技术的产品适当倾斜。

**第十三条** 不同产品评价细则的制定、综合评价中评分标准的确定、不同评价指标权数的分配、不能直接量化指标的评价方法、评价中复杂因素的简化以及综合评价结果的确定等，均由中国名牌战略推进委员会确定。

## 第五章 评价程序

**第十四条** 中国名牌产品评价工作每年进行一次。每年一季度由中国名牌战略推进委员会公布开展中国名牌产品评价工作的产品目录及受理中国名牌产品申请的开始和截至日期。

**第十五条** 企业在自愿的基础上如实填写《中国名牌产品申请表》（另行制定）、提供有关证明材料，并按规定日期报本省（自治区、直辖市）质量技术监督局。

**第十六条** 各省（自治区、直辖市）质量技术监督局在规定的期限内组织本省（自治区、直辖市）有关部门及有关社会团体对申请企业是否符合申报条件、企业申报内容是否属实等有关方面提出评价意见，并形成推荐意见，统一报送中国名牌战略推进委员会秘书处。

**第十七条** 中国名牌战略推进委员会秘书处汇总各地方推荐材料后，组织有关部门和社会团体对企业的申报材料进行初审，确定初审名单，并将初审名单及其申请材料分送相应的专业委员会。

**第十八条** 各专业委员会按照评价细则对申请产品进行综合评价，形成评价报告，并据此向中国名牌战略推进委员会秘书处提交本专业的中国名牌产品建议名单。

**第十九条** 中国名牌战略推进委员会秘书处将各专业委员会提出的建议名单汇总分析后，提交全体委员会审议确定初选名单。

**第二十条** 中国名牌战略推进委员会将全体委员会审议确定的初选名单通过新闻媒体向社会公示并在一定限期内征求社会意见。

**第二十一条** 经过广泛征求意见确定的名单再次提交中国名牌战略推进委员会全体会议审议、确定并公布。

**第二十二条** 以国家质检总局的名义授予“中国名牌产品”称号，颁发中国名牌产品证书及奖牌。

## 第六章 监督管理

**第二十三条** 中国名牌产品证书的有效期为三年。在有效期内，企业可以在获得中国名牌产品称号的产品及其包装、装潢、说明书、广告宣传以及有关材料中使用统一规定的中国名牌产品标志，并注明有效期间。法律法规另有规定的除外。

**第二十四条** 中国名牌产品在有效期内，免于各级政府部门的质量监督检查。对符合出口免检有关规定的，依法优先予以免检。

**第二十五条** 中国名牌产品在有效期内，列入打击假冒、保护名优活动的范围；中国名牌产品生产企业应配合执法部门作好产品真假鉴别工作。

**第二十六条** 对已经获得中国名牌产品称号的产品，如产品质量发生较大的波动，消费者（用户）反映强烈，出口产品遭国外索赔，企业发生重大质量事故，企业的质量保证体系运行出现重大问题等，国家质检总局可以暂停或者撤销该产品的中国名牌产品称号。

**第二十七条** 中国名牌产品标志是质量标志。中国名牌产品称号、标志只能使用在被认定型号、规格的产品上，不得扩大使用范围。未获得中国名牌产品称号的产品，不得冒用中国名牌产品标志；被暂停或撤销中国名牌产品称号的产品、超过有效期未重新申请或重新申请未获通过的产品，不得继续使用中国名牌产品标志；禁止转让、伪造中国名牌产品标志及其特有的或者与其近似的标志。违者按《中华人民共和国产品质量法》对冒用质量标志的规定进行处理。

**第二十八条** 参与中国名牌产品评价工作的有机构和人员，要保守企业的商业和技术秘密，保护知识产权；严以律己、公正廉洁，要严格按照有关规定、程序进行评价。对于违反规定的单位或者个人，将取消其评价工作资格。凡因滥用职权、玩忽职守、徇私舞弊，未构成犯罪的，由其所在的工作单位给予行政处分；构成犯罪的，依法追究刑事责任。

**第二十九条** 申请企业及有关机构所提供的数据应当真实，严禁弄虚作假。对于采取不正当方法获取中国名牌产品称号者，将予以取消，并通报批评，三年内不再受理该企业的中国名牌产品申请。

**第三十条** 各省（自治区、直辖市）质量技术监督部门负责本行政区域内名牌战略的推进工作，可以按照本办法规定的原则，协助政府制定相应的管理办法并组织实施。

除按本办法规定的名牌产品评价工作外，其他组织和个人不得进行名牌产品评价活动。

## 第七章 附则

**第三十一条** 中国名牌产品标志管理办法另行制定。

**第三十二条** 本办法由国家质检总局负责解释。

**第三十三条** 本办法自发布之日起施行，2001年国家质检总局发布的《中国名牌产品评价管理办法（试行）》（国质检［2001］32号）同时废止。

# 产品质量国家监督抽查管理办法

## 第一章 总则

**第一条** 为加强产品质量监督管理，规范产品质量国家监督抽查（以下简称国家监督抽查）工作，根据《产品质量法》、《标准化法》、《计量法》等规定，制定本办法。

**第二条** 开展产品质量国家监督抽查工作必须遵守本办法。对出口商品按有关规定办理。

**第三条** 国家监督抽查是由国务院产品质量监督部门依法组织有关省级质量技术监督部门和产品质量检验机构对生产、销售的产品，依据有关规定进行抽样、检验，并对抽查结果依法公告和处理的活动。国家监督抽查是国家对产品质量进行监督检查的主要方式之一。

**第四条** 国家监督抽查分为定期实施的国家监督抽查和不定期实施的国家监督专项抽查两种。

定期实施的国家监督抽查每季度开展一次，国家监督专项抽查根据产品质量状况不定期组织开展。

**第五条** 国家质量监督检验检疫总局（以下简称国家质检总局）负责组织和实施国家监督抽查工作，并发布国家监督抽查通报：有关地方质量技术监督部门、符合《产品质量法》规定条件的产品质量检验机构，接受国家质检总局委托，负责承担国家监督抽查样品的抽样工作；符合《产品质量法》规定的有关产品质量检验机构，负责承担国家监督抽查样品的检验工作；各省、自治区、直辖市质量技术监督部门（以下简称省级质量技术监督部门）按照国家质检总局的要求，承担本行政区域内的国家监督抽查相关工作。

**第六条** 国务院有关部门或者地方组织的产品质量抽查活动，不得以国家监督抽查的名义进行，发布质量抽查通报不得冠以“国家监督抽查”字样。

**第七条** 国家监督抽查的质量判定依据是被检产品的国家标准、行业标准、地方标准和国家有关规定，以及企业明示的企业标准或者质量承诺。

当企业明示采用的企业标准或者质量承诺中的安全、卫生等指标低于强制性国家标准、强制性行业标准、强制性地方标准或者国家有关规定时，以强制性国家标准、行业标准、地方标准或者国家有关规定作为质量判定依据。除强制性标准或者国家有关规定要求之外的指标，可以将企业明示采用的标准或者质量承诺作为质量判定依据。

没有相应强制性标准、企业明示的企业标准和质量承诺的，以相应的推荐性国家标准、行业标准作为质量判定依据。

**第八条** 国家监督抽查的样品，由被抽查单位无偿提供，抽取样品的数量不得超过检验的合理需要。

**第九条** 被抽查企业应当积极配合国家监督抽查工作。对不便携带的样品必须由被抽查企业负责寄、送至检验机构。企业无正当理由不得拒绝国家监督抽查和拒绝寄、送被封样品。

**第十条** 国家监督抽查不向企业收取检验费用，国家监督抽查所需费用由财政部门安排专项经费解决。财政部门专项拨付的国家监督抽查经费由国家质检总局统一管理、使用。

**第十一条** 凡已经国家监督抽查的产品，自抽样之日起六个月内，各行业、企业主管部门，地方质量技术监督部门和其他部门对该企业的该种产品不得重复进行监督检查。

## 第二章　确定抽查计划和抽查方案

**第十二条**　国家监督抽查的产品主要是涉及人体健康和人身、财产安全的产品，影响国计民生的重要工业产品以及用户、消费者、有关组织反映有质量问题的产品。

国家质检总局负责制定《国家监督抽查重点产品目录》（以下简称《目录》)，并根据产品发展和质量变化情况，进行修订和调整。

**第十三条**　国家质检总局根据《目录》，在征求有关方面意见的基础上，制订国家监督抽查计划，并向有关单位下达国家监督抽查任务。

**第十四条**　省级质量技术监督部门、检验机构接受国家监督抽查任务后应当制订抽查方案。

抽查方案应当包括以下内容：

（一）抽样。说明抽样依据的标准，抽样数量和样本基数，检验样品和备用样品数量。

（二）检验依据。检验依据应当符合本办法第七条规定的原则。

（三）检验项目。检验项目应当突出重点，主要选择涉及人体健康和人身、财产安全的项目及主要的性能、理化指标等。

（四）判定规则。有关国家标准或者行业标准中有判定规则的，原则上按标准的规定进行判定。标准中没有综合判定的，可以由承担国家监督抽查任务的检验机构提出方案，经标准化技术委员会同意并征求行业主管部门意见，报国家质检总局同意后施行；

（五）提出被抽查企业名单。确定抽查企业时，应当突出重点并具有一定的代表性，大、中、小型企业应当各占一定的比例，同时要有一定的跟踪抽查企业的数量。必要时，可以专门指定被抽查企业的范围；

（六）抽查经费预算。抽查经费预算应当按照不盈利的原则制定，主要包括检验费、差旅费、样品运输费、公告费等。

国家监督抽查方案中的抽样、检验依据、检验项目、判定规则等内容应当坚持科学、公正、公平、公开原则。

**第十五条**　抽查方案经国家质检总局审查批准后，向承检机构开具《国家监督抽查任务书》、《产品质量国家监督抽查通知书》和《国家监督抽查情况反馈单》。

**第十六条**　检验机构接受国家监督抽查任务后，应当组织有关人员学习有关法律、法规和国家监督抽查有关规定，并对抽样及检验过程中可能遇到的问题，提出合理的解决办法。

各有关单位对国家监督抽查中确定的产品和被抽查企业的名单必须严格保密，禁止以任何名义和形式事先泄露和通知被抽查企业。

## 第三章　抽样

**第十七条**　国家监督抽查抽样人员应当由被抽查企业所在地的省级质量技术监督部门指派的人员、承检单位的人员组成。到企业进行抽样时，至少应当有2名以上（含2名）抽样人员参加。严禁抽样人员事先通知被抽查企业，严禁被抽查企业或者与其有直接、间接关系的企业参与接待工作。

抽样人员抽样前，应当出示国家质检总

局开具的《产品质量国家监督抽查通知书》和有效身份证件（身份证和工作证），向企业介绍国家监督抽查的性质和抽样方法、检验依据、判定规则等，再进行抽样。

**第十八条** 抽查的样品应当在市场上或者企业成品仓库内的待销产品中抽取，并保证样品具有代表性。抽取的样品应当是经过企业检验合格近期生产的产品。遇到下列情况之一的，不得抽样：

（一）被抽查企业无《产品质量国家监督抽查通知书》所列产品的；

（二）产品未经企业检验合格的；

（三）有充分证据证明拟抽查的产品为企业自产自用且非用于销售的；

（四）产品为按有效合同约定而加工、生产的；

（五）抽样时有充分证据证明该产品用于出口，并且出口合同对产品质量另有规定的；

（六）产品标有“试制”或者“处理”字样的；

（七）产品抽样基数不符合抽查方案要求的。

**第十九条** 被抽查企业遇有下列情况之一的，可以拒绝接受抽查：

（一）抽样人员少于2人的；

（二）抽样人员姓名与《产品质量国家监督抽查通知书》不符的；

（三）抽样人员应当携带的《产品质量国家监督抽查通知书》和有效身份证件（身份证和工作证）等材料不齐全的；

（四）被抽查企业和产品名称与《产品质量国家监督抽查通知书》不一致的；

（五）抽样人员事先通知该企业的。

**第二十条** 抽样人员封样时，应当有防拆封措施，以保证样品的真实性。

**第二十一条** 抽样工作结束后，抽样人员应当填写抽样单。抽样单中有关企业名称、商标、规格型号、生产日期、抽样日期、抽样基数、抽样数量、执行标准、检验依据、是否为合格待销产品、是否为出口产品、该批产品是否有合同、生产许可证和认证的情况等内容必须逐项填写清楚。企业需要特别陈述的情况，在备注栏中加以说明。

**第二十二条** 抽样单必须有抽样人员和被抽查企业有关人员签字，并加盖被抽查企业公章。对特殊情况，可由当地质量技术监督部门予以确认。

抽样单一式四份，分别留存检验机构和企业，寄送当地省级质量技术监督部门和报送国家质检总局。

**第二十三条** 对因转产、停产等原因导致无样品可抽的，企业必须出具书面证明材料；抽样人员应当查阅有关台账予以确认，并在证明材料上签字。

**第二十四条** 被抽查企业拒绝依法进行抽样的，抽样人员应当耐心做工作，并阐明拒检后果和处理措施；必要时可以由该省级质量技术监督部门通知当地质量技术监督部门予以协调。如企业仍不接受抽查，抽样人员应当及时向该省级质量技术监督部门和国家质检总局报告情况，并对该企业按照拒绝产品质量国家监督抽查（以下简称拒检）论处。

**第二十五条** 抽样工作完成后，抽样人员负责及时将《产品质量国家监督抽查通知书》第二联、抽样单及抽查方案报送被抽查企业所在地的省级质量技术监督部门。

需要企业协助寄、送样品的，企业应当在规定的时间内将样品寄、送指定的检验机构。无正当理由不寄、送样品的，按拒检论处。

**第二十六条** 抽样之后，在市场上抽取的样品，检验机构还应当以特快专递书面通知产品包装或者铭牌上标称的生产企业，并由该生产企业确认样品的真伪。企业接到书面通知15日内无任何书面回复的，视为确认该产品为该企业所生产。

**第二十七条** 抽样的样品应当在国家监督抽查结果发布后继续保留三个月。到期后，样品退还被抽查企业。因检验造成破坏或者损耗而无法退还的样品可以不退还，但应当向被抽查企业说明情况。企业要求样品不退还的，可以由双方协商解决。

检验机构应当妥善保存备用样品。

## 第四章 检验

**第二十八条** 承担国家监督抽查检验工作的产品质量检验机构必须具备相应的检测条件和能力，符合法定要求，并且按照国家质检总局的授权开展产品质量检验工作。国家监督抽查的检验工作一般委托依法设置和依法授权的国家级或者省级产品质量检验机构承担；经国家实验室认可的产品质量检验机构优先选用。

国家监督抽查工作禁止分包。检验机构在承担国家监督抽查任务过程中，对抽查涉及的所有检验项目不得以任何形式进行分包。

**第二十九条** 检验机构应当严格制定有关样品的接收、入库、领用、检验、保存及处理的程序规定，并严格按程序执行。

**第三十条** 接收样品应当有专人负责检查、记录样品的外观、状态、封条有无破损及其他可能对检测结果或者综合判定产生影响的情况，并确认样品与抽样单的记录是否相符，对检测和备用样品分别加贴相应标识后入库。必要时，在不影响样品检验结果的情况下，可以将样品进行分装或者重新包装编号，以保证不会发生因其他原因导致不公正的情况。

**第三十一条** 样品的领用要严格执行相应的领用程序，有专人负责，检验过程中，样品的传递应当有详细的记录。

**第三十二条** 检验仪器设备应当符合有关规定要求，并在检定周期内保证正常运行。

**第三十三条** 检验机构在检验前应当组织所有参加检验的人员学习检验方法、检验条件等，并确保按规定的检验方法和检验条件进行检验工作。

**第三十四条** 现场检验要制定现场检验规程，并确保对同一产品的所有现场检验遵守相同的操作规程。

**第三十五条** 检验原始记录必须如实填写，保证真实、准确、清楚，不得随意涂改，并妥善保留备查。

**第三十六条** 检验过程中遇有样品失效或者其他情况致使检验无法进行时，必须如实记录即时情况，并有充分的证实材料。

**第三十七条** 检验结束后，在生产企业抽样的，应当及时将《产品质量国家监督抽查检验结果通知单》寄送该生产企业，抄送该生产企业所在地的省级质量技术监督部门。

在市场上抽样的，对已确认生产企业的，除按前款规定寄送《产品质量国家监督抽查检验结果通知单》之外，还应当及时寄送被抽查的经销企业；无法确认生产企业的，应当将《产品质量国家监督抽查检验结果通知单》寄送被抽查的经销企业，抄送其所在地的省级质量技术监督部门。

**第三十八条** 检验报告内容必须齐全，检验依据和检验项目必须清楚并与抽查方案相一致，检验数据必须准确，结论明确。

**第三十九条** 在生产企业抽样的检验报告应当打印一式三份。一份由承担国家监督抽查任务的检验机构留存，其余分别寄送该生产企业和该生产企业所在地的省级质量技术监督部门。

在市场上抽样的，对已确认生产企业的，检验报告应当打印一式四份。除按前款规定寄送检验报告外，还应当及时寄送被抽查的经销企业；无法确认生产企业的，检验报告打印一式三份，分别寄送该生产企业和该生产企业所在地的省级质量技术监督部门。

在市场上抽样的，对已确认生产企业的，检验报告打印一式四份。除按前款规定寄送检验报告外，还应当及时寄送被抽查的经销企业；无法确认生产企业的，检验报告打印一式三份，分别寄送经销和经销企业所在地的省级质量技术监督部门。

检验报告必须于上报国家监督抽查结果之前以特快专递寄出。

## 第五章　异议的处理与汇总

**第四十条** 被抽查企业或者经过确认了样品的生产企业对检验结果有异议的，应当在接到《产品质量国家监督抽查检验结果通知单》之日起15日内，向组织实施国家监督抽查的国家质检总局提出书面报告，并抄送检验机构。逾期未提出异议的，视为承认检验结果。

**第四十一条** 国家质检总局可以委托省级质量技术监督部门、检验机构处理企业提出的异议。

检验机构收到企业书面报告，需要复验时，经国家质检总局同意，应当按抽查方案采用备用样品检验，并应当在10日之内作出书面答复。复验结果抄报国家质检总局，抄送企业所在地的省级质量技术监督部门。

**第四十二条** 复验一般由原检验机构进行。所需检验费纳入国家监督抽查经费。

特殊情况下，由国家质检总局指定检验机构进行复验。复验结果与抽查结果不一致的，复验费用由原检验机构承担。

**第四十三条** 检验机构在抽查工作完成后，应当在规定时间内按照国家质检总局的要求，将国家监督抽查结果的报告及有关附件报送国家质检总局。

## 第六章　监督抽查结果的处理

**第四十四条** 国家质检总局负责汇总抽查结果，发布产品质量国家监督抽查通报，并向社会发布国家监督抽查公告；对危及人体健康、人身财产安全和环保的不合格产品，影响国计民生并且质量问题严重的不合格产品，以及拒检企业，予以公开曝光。

**第四十五条** 省级质量技术监督部门应当及时转发国家监督抽查通报，并根据情况，可以通报当地政府及有关部门，组织举办不合格厂长（经理）学习（培训）班。

对于某一地区被抽查的企业产品质量问题突出的，必要时可由国家质检总局直接向地方政府及地方党政主要领导通报质量问题。

**第四十六条** 对于抽查中反映出有倾向性的质量问题，或者产品质量问题严重、抽样合格率较低的产品，国家质检总局会同有关行业主管部门或者组织行业协会、检验机构召开产品质量分析会。

**第四十七条** 凡国家监督抽查不合格产品的生产、销售企业、除因停产、转产等原因不再继续生产的以外，必须进行整改。省级质量技术监督部门负责督促和检查企业整改工作。

**第四十八条** 不合格产品生产企业必须按照下列要求进行整改：

（一）质量问题严重的，必须立即停止该种不合格产品的生产和销售；

（二）企业法定代表人向全体职工通报国家监督抽查情况，制订整改方案，落实整改工作责任制；

（三）查明不合格产品产生的原因，查清质量责任，对有关责任者进行处理；

（四）对在制产品、库存产品进行全面清理，不合格产品不准继续出厂，对危及人体健康、人身财产安全的不合格产品，要按照《产品质量法》等有关规定监督销毁或者作必要的技术处理；

（五）根据不合格产品产生的原因和质量技术监督部门、有关部门整改要求，在管理、技术、工艺设备等方面采取切实有效的措施，建立和完善企业的质量保证体系；

（六）积极参加质量技术监督部门组织的不合格企业厂长（经理）学习（培训）班和产品质量分析会；

（七）按期提交整改报告和复查申请；

（八）接受质量技术监督部门组织的整改复查和产品质量的复查检验。

**第四十九条** 不合格产品销售企业必须按照下列要求进行整改：

（一）立即对在销产品的库存产品进行清理，对直接危及人身健康安全或者存在致命缺陷或者失去使用价值的产品，必须立即撤下柜台，严禁继续销售，对仍有使用价值的产品，退回生产企业进行必要的技术处理，或者标明处理品后方可继续销售；

（二）针对质量问题，查清质量责任；

（三）加强对供货方的审查把关和验货人员的业务培训，建立质量责任制。

**第五十条** 企业整改工作完成后，应当向当地省级质量技术监督部门提出复查申请，由省级质量技术监督部门委托符合《产品质量法》规定的有关产品质量检验机构，按原方案进行抽样复查。复查申请自国家质检总局发布国家监督抽查通报之日起，一般不得超过六个月。

**第五十一条** 国家监督抽查不合格产品生产企业的复查检验费用，由不合格产品生产企业支付。

**第五十二条** 拒检企业的产品，无正当理由不寄、送样品的企业，产品按不合格论处。拒检企业的复查工作由企业所在地的省级质量技术监督部门委托承担国家监督抽查检验工作的质检机构进行。

**第五十三条** 应当进行复查而到期仍不

申请复查的企业，由该省级质量技术监督部门组织进行强制复查。

**第五十四条** 对国家监督抽查中涉及安全卫生等强制性标准规定的项目不合格的产品，责令企业停止生产、销售，并按照《产品质量法》、《标准化法》等有关法律、法规的规定予以处罚。对直接危及人体健康、人身财产安全的产品和存在致命缺陷的产品，由国家质检总局通知被抽查的生产企业限期收回已经出厂、销售的该产品，并责令经销企业将该产品全部撤下柜台。

**第五十五条** 对国家监督抽查中涉及一般项目不合格的产品，责令企业限期改正。

**第五十六条** 取得生产许可证、安全认证的不合格产品生产企业，责令立即限期整改；整改到期复查仍不合格的，由发证机构依法撤销其生产许可证、安全认证证书。

**第五十七条** 企业的主导产品在国家监督抽查中连续两次不合格的，由省级以上质量技术监督部门向工商行政管理部门提出吊销企业法人营业执照的建议，并向社会公布。

**第五十八条** 对于国家监督抽查不合格、复查后仍达不到规定要求的生产企业，由省级质量技术监督部门会同当地有关部门，责令企业停产整顿。

## 第七章 工作纪律

**第五十九条** 参与国家监督抽查的工作人员，必须严格遵守国家法律、法规的规定，严格执法、秉公执法、不徇私情，对被抽查的产品和企业名单必须严守秘密。

**第六十条** 检验机构应当严格按照国家监督抽查工作有关规定承担抽样及检验工作，应当保证检验工作科学、公正、准确。

**第六十一条** 检验机构应当如实上报检验结果和检验结论，不得瞒报，并对检验工作负责。

检验机构在承担国家监督抽查任务期间不得接受被抽查企业同类产品的委托检验。

**第六十二条** 检验机构不得利用国家监督抽查结果参与有偿活动。

**第六十三条** 检验机构未经国家质检总局同意，不得擅自将抽查结果及有关材料对外泄露；不得擅自向企业颁发国家监督抽查合格证书。

**第六十四条** 检验机构和参与国家监督抽查的工作人员违反本办法规定，由国家质检总局责令改正，限期整改；情节严重的，依法撤销有关证书和证件，取消从事产品质量监督检验工作的资格；对有关责任人员依法给予行政处分，构成犯罪的，依法追究刑事责任。

## 第八章 附则

**第六十五条** 省级质量技术监督部门组织的监督抽查可以参照本办法执行。

**第六十六条** 本办法由国家质检总局负责解释。

**第六十七条** 本办法自2002年3月1日起施行。1986年原国家经济委员会发布的《国家监督抽查产品质量的若干规定》和1991年原国家技术监督局发布的《产品质量国家监督抽查补充规定》同时废止。

# 农产品进口关税配额管理暂行办法

## 第一章　总则

**第一条**　为有效实施农产品进口关税配额管理，建立统一、公平、公正、透明、可预见和非歧视的农产品进口关税配额管理体制，根据《中华人民共和国对外贸易法》和《中华人民共和国货物进出口管理条例》制定本办法。

**第二条**　在公历年度内，国家根据中国加入世界贸易组织货物贸易减让表所承诺的配额量，确定实行进口关税配额管理的农产品的年度市场准入数量；配额量内的农产品进口适用于关税配额内税率，配额量外的农产品进口适用于关税配额外税率。溢装、短装部分按有关规定执行。

**第三条**　实行进口关税配额管理的农产品品种为：小麦、玉米、大米、豆油、菜籽油、棕榈油、食糖、棉花、羊毛以及毛条。具体品种及税目另行公布。

**第四条**　小麦、玉米、大米、豆油、菜籽油、棕榈油、食糖、棉花分为国营贸易配额和非国营贸易配额。国营贸易配额需通过国营贸易企业进口；非国营贸易配额，可以通过国营贸易企业或有贸易权的非国营贸易企业进口，有贸易权的最终用户也可以直接进口。

羊毛、毛条实行进口指定公司经营，按外经贸部《货物进口指定经营管理办法》的有关规定执行。

**第五条**　农产品进口关税配额为全球配额。

**第六条**　关税配额实行贸易方式全口径管理。所有贸易方式进口符合第三条规定的商品均纳入关税配额管理范围。

**第七条**　农产品进口关税配额由国家发展计划委员会（以下简称“国家计委”）统一管理。

**第八条**　国家计委委托授权机构负责下列事项：

（一）接收申请者的申请并将申请转送国家计委；

（二）接收咨询并将其转达国家计委；

（三）核实申请者的申请，以确定是否符合公布的标准；

（四）通知申请者其申请中的任何不足之处，向申请者提供消除其申请中不足之处的机会；

（五）将国家计委作出的关税配额分配和再分配决定，通知给最终用户，提供分配和再分配的信息；

（六）向经过批准的申请者发放《农产品进口关税配额证》。

国家计委授权机构名单（以下简称“授

权机构”）详见附件一。

**第九条** 《农产品进口关税配额证》分为A类、B类两种。《农产品进口关税配额证（A类）》（见附件二）为一般贸易进口关税配额，适用于一般贸易、易货贸易、边境小额贸易、援助、捐赠等方式进口（不包括加工贸易）；《农产品进口关税配额证（B类）》（见附件三）适用于加工贸易方式进口。

进入保税仓库、保税区、出口加工区的产品，免予领取《农产品进口关税配额证》。

## 第二章 申请

**第十条** 一般贸易进品关税配额的申请期为每年10月15日至30日（凭合同先来先领分配方式除外）。国家计委于申请期前1个月在《中国经济导报》、《国际商报》以及中国经济信息网（http：//www.cei.gov.cn/）、国家发展计划委员会网站（http：//www.sdpc.gov.cn/）上公布每种农产品下一年度进口关税配额总量及申请关税配额的具体条件，同时公布国务院关税税则委员会确定的关税配额商品税目及配额内税率、配额外税率。

**第十一条** 国家计委授权机构负责受理属地范围内进口关税配额的申请。

**第十二条** 国家计委授权机构根据公布的具体条件，审核申请者提交的申请及有关资料，并于11月30日前将符合申领标准的申请转报国家计委。

**第十三条** 加工贸易进口关税配额的申请者，需在外经贸部门审批加工贸易合同并办理《加工贸易业务批准证》后，凭外经贸部门批准的《加工贸易业务批准证》提出申请。

## 第三章 分配

**第十四条** 一般贸易进口关税配额将根据申请者的申请数量和以往进口实绩、生产能力、其他相关商业标准或根据先来先领的方式进行分配。分配的最小数量将以每种商品商业上可行的装运量确定。

**第十五条** 加工贸易进口关税配额凭外经贸部门批准的《加工贸易业务批准证》领取。

**第十六条** 国家计委在每年1月1日前以《农产品进口关税配额安排通知书》（格式见附件四，以下简称《通知书》）的形式将一般贸易进口关税配额分配量通知到最终用户（加工贸易和凭合同先来先领分配方式除外）。国营贸易配额将在《通知书》中注明。

**第十七条** 最终用户凭国家计委发放的《通知书》（凭合同先来先领方式除外）及签订的进口合同到国家计委授权机构办理《农产品进口关税配额证（A类）》；加工贸易企业凭《加工贸易业务批准证》到授权机构办理《农产品进口关税配额证（B类）》。

国家计委授权机构须在受理后5个工作日内，例外情况下最多不超过10个工作日，为最终用户办理《农产品进口关税配额证（A类）》或《农产品进口关税配额证（B类）》，并加盖“农产品进口配额证专用章”。

国家计委授权机构将《农产品进口关税配额证》实际发放情况及时抄送同级外经贸部门。

## 第四章　期限

**第十八条**　进口关税配额于每年1月1日开始实施，并在公历年度内有效。《农产品进口关税配额证（A类）》自发放之日起至当年12月31日有效。实行凭合同先来先领分配方式的《农产品进口关税配额证》有效期，按公布的实施细则执行。

《农产品进口关税配额证（B类）》在《加工贸易业务批准证》规定的期限内有效，因故需延期的，凭《加工贸易业务批准证》延期的时限，办理一次B类配额证延期手续。

《加工贸易业务批准证》规定的有效期限跨年度的，配额持有者需于12月31日前到原发证授权机构换领下年度的《农产品进口关税配额证（B类）》。

**第十九条**　当年12月31日前从始发港出运，需在次年到货的进口关税配额农产品，最终用户需于12月31日前持《农产品进口关税配额证》及有关证明单证到原发证授权机构申请延期。原发证授权机构审核情况属实后可予以办理延期，但延期最迟不得超过次年2月15日。

## 第五章　执行

**第二十条**　最终用户按国家相关商品进口经营的有关规定，自行或委托签订进口合同。

**第二十一条**　加工贸易企业凭《加工贸易业务批准证》和《农产品进口关税配额证（B类）》到海关办理加工贸易备案手续，按规定加工复出口，不准转国内销售。加工贸易企业未能按规定期限加工复出口的，应在到期后30天内办理加工贸易合同核销手续。海关按关税配额外税率征税。

**第二十二条**　《农产品进口关税配额证（A类、B类）》实行一证多批制，即最终用户一次签订合同需分多批进口的，企业凭关税配额证在海关办理通关手续。进口批次在本年度内超过12次的需换领关税配额证。

**第二十三条**　保税仓库、保税区、出口加工区进口关税配额商品由海关按现行规定验放并实施监管。

**第二十四条**　最终用户在货物办结海关手续后20个工作日内，将海关签章的《农产品进口关税配额证（A类）》或《农产品进口关税配额证（B类）》第一联（收货人办理海关手续联）复印件及报关单复印件交原发证授权机构。

## 第六章　调整

**第二十五条**　分配给最终用户的国营贸易配额量，在当年8月15日前未签订合同的，经国家计委批准，最终用户可以改为委托有贸易权的企业进口，有贸易权的最终用户也可以直接进口。未经批准的，不得委托非国营贸易企业进口和直接进口。

**第二十六条**　持有一般贸易进口关税配额（A类配额证）的最终用户当年无法将已申领到的全部配额量签订进口合同或已签订合同无法完成，须在9月15日前将无法完成的配额量和《通知书》原件交还发证授权机构。

持有加工贸易进口关税配额（B类配额证）的企业，如在规定的有效期内未进口或未全部进口的，须将B类配额证及时交还原发证授权机构。原发证授权机构汇总后报国家计委，由国家计委进行再分配。

**第二十七条** 一般贸易关税配额再分配量的申请需由授权机构转报国家计委，申请期为每年9月1日至15日（凭合同先来先领分配方式和加工贸易方式除外）。国家计委于申请期前1个月在《中国经济导报》、《国际商报》以及中国经济信息网（http：//www.cei.gov.cn/）、国家发展计划委员会网站（http：//www.sdpc.gov.cn/）上公布申请关税配额再分配量的具体条件。

**第二十八条** 无法将已申领到的一般贸易关税配额量使用完，并在9月15日前已交回未使用配额量和《通知书》原件（不实行《通知书》的除外）的最终用户，不能再申请关税配额再分配量。

**第二十九条** 国家计委在每年9月30日前将关税配额再分配量分配到最终用户（凭合同先来先领分配方式和加工贸易除外）。关税配额再分配量根据公布的申请条件，按照先来先领方式进行分配。加工贸易企业凭《加工贸易业务批准证》领取。

**第三十条** 关税配额再分配量（凭合同先来先领分配方式和加工贸易除外）由国家计委以《通知书》的形式通知到最终用户。最终用户按本办法第十七、十八、十九、二十、二十二条的规定办理有关手续。

## 第七章 罚则

**第三十一条** 加工贸易企业未经许可，擅自将保税进口料件或其制成品在国内销售的，海关按走私处理。

**第三十二条** 对伪造、变造或者买卖《农产品进口关税配额证》的，依照刑法关于非法经营罪或者伪造、变造、买卖国家机关公文、证件、印章罪的规定，依法追究刑事责任。持有配额的最终用户有上述行为的，国家计委在两年内不再受理其进口关税配额的申请。

**第三十三条** 对伪造进口合同及有关资料骗取《农产品进口关税配额证》的，依法收缴其《农产品进口关税配额证》。国家计委在两年内不再受理其进口关税配额的申请。

**第三十四条** 持有A类进口配额的最终用户违反本办法第二十六条规定，在当年未能完成分配其全部关税配额量进口，又未在9月15日前将当年不能实现进口的关税配额量交还原发证授权机构的，其下年度分配的关税配额量将按未完成的比例相应扣减。

持有B类配额的最终用户违反本办法第二十六规定，在B类配额证有效期截止时间前未将不能实现进口的关税配额量交还原发证授权机构的，其再申请加工贸易配额时将按未完成的比例相应扣减。

**第三十五条** 持有A类进口配额的最终用户连续两年未能完成分配其全部关税配额量进口，并在每年9月15日前将当年不能使用的关税配额量交还原发证授权机构的，其下年度分配的关税配额量将按其最近一年未完成的比例相应扣减。

**第三十六条** 最终用户违反本办法第二十四条规定，未在规定时间将海关签章的《农产品进口关税配额证（A类）》或《农产品进口关税配额证（B类）》第一联（收货人办理海关手续联）复印件及报关单复印件交原发证授权机构的，视同未完成进口，相应扣减其下年度关税配额量。

**第三十七条** 走私进口关税配额商品，按关税配额外税率计算偷逃税金额，并按有关法律、行政法规的规定进行处罚。

## 第八章 附则

**第三十八条** 有关关税配额分配和再分配的咨询需以书面形式向国家计委或授权机构提出，国家计委或授权机构将在10个工作日内作出答复。

**第三十九条** 《农产品进口关税配额证（A类）》、《农产品进口关税配额证（B类）》及“农产品进口配额证专用章”由国家计委统一监制。

**第四十条** 农产品进口关税配额证证面文字用计算机打印，证面内容不得涂改。

最终用户如需对《农产品进口关税配额证（A类）》中商品编码、单价、原产地国（地区）、报关口岸等项进行修改，应持《农产品进口关税配额证（A类）》到原发证授权机构申请修改。授权机构在5个工作日内，为最终用户重新办理《农产品进口关税配额证（A类）》，并加盖“农产品进口配额证专用章”，同时收回原《农产品进口关税配额证（A类）》。

《农产品进口关税配额证（B类）》中进口商、加工企业、关税配额证有效截止日期、商品名称、数量等项不得修改。

**第四十一条** 关税配额商品的进口购汇按国家有关规定执行。

**第四十二条** 本办法中的国营贸易企业指政府依法授予某些产品进口专营特权的企业。国营贸易企业名单由外经贸部核定并公布。

**第四十三条** 本办法中的最终用户为直接申领到农产品进口关税配额的生产企业、贸易商、批发商和分销商等。

**附件：**

一、国家计委授权机构名单

二、农产品进口关税配额证（A类）

三、农产品进口关税配额证（B类）

四、农产品进口关税配额安排通知书

# 卫生部关于进一步规范保健食品原料管理的通知

卫法监发［2002］51号

**各省、自治区、直辖市卫生厅局、卫生部卫生监督中心：**

为进一步规范保健食品原料管理，根据《中华人民共和国食品卫生法》，现印发《既是食品又是药品的物品名单》、《可用于保健食品的物品名单》和《保健食品禁用物品名单》（见附件），并规定如下：

一、申报保健食品中涉及的物品（或原

料）是我国新研制、新发现、新引进的无食用习惯或仅在个别地区有食用习惯的，按照《新资源食品卫生管理办法》的有关规定执行。

二、申报保健食品中涉及食品添加剂的，按照《食品添加剂卫生管理办法》的有关规定执行。

三、申报保健食品中涉及真菌、益生菌等物品（或原料）的，按照我部印发的《卫生部关于印发真菌类和益生菌类保健食品评审规定的通知》（卫法监发［2001］84号）执行。

四、申报保健食品中涉及国家保护动值物等物品（或原料）的，按照我部印发的《卫生部关于限制以野生动植物及其产品为原料生产保健食品的通知》（卫法监发［2001］160号）、《卫生部关于限制以甘草、麻黄草、苁蓉和雪莲及其产品为原料生产保健食品的通知》（卫法监发［2001］188号）、《卫生部关于不再审批以熊胆粉和肌酸为原料生产的保健食品的通告》（卫法监发［2001］267号）等文件执行。

五、申报保健食品中含有动植物物品（或原料）的，动植物物品（或原料）总个数不得超过14个。如使用附件1之外的动植物物品（或原料），个数不得超过4个；使用附件1和附件2之外的动植物物品（或原料），个数不得超过1个，且该物品（或原料）应参照《食品安全性毒理学评价程序》（GB 15193.1—1994）中对食品新资源和新资源食品的有关要求进行安全性毒理学评价。

以普通食品作为原料生产保健食品的，不受本条规定的限制。

六、以往公布的与本通知规定不一致的，以本通知为准。

附件：

1. 既是食品又是药品的物品名单
2. 可用于保健食品的物品名单
3. 保健食品禁用物品名单

2002年2月28日

## 附件1

### 既是食品又是药品的物品名单

（按笔划顺序排列）

丁香、八角茴香、刀豆、小茴香、小蓟、山药、山楂、马齿苋、乌梢蛇、乌梅、木瓜、火麻仁、代代花、玉竹、甘草、白芷、白果、白扁豆、白扁豆花、龙眼肉（桂圆）、决明子、百合、肉豆蔻、肉桂、余甘子、佛手、杏仁（甜、苦）、沙棘、牡蛎、芡实、花椒、赤小豆、阿胶、鸡内金、麦芽、昆布、枣（大枣、酸枣、黑枣）、罗汉果、郁李仁、金银花、青果、鱼腥草、姜（生姜、干姜）、枳椇子、枸杞子、栀子、砂仁、胖大海、茯苓、香橼、香薷、桃仁、桑叶、桑椹、桔红、桔梗、益智仁、荷叶、莱菔子、莲子、高良姜、淡竹叶、淡豆豉、菊花、菊苣、黄芥子、黄精、紫苏、紫苏籽、葛根、黑芝麻、黑胡椒、槐米、槐花、蒲公英、蜂蜜、榧子、酸枣仁、鲜白茅根、鲜芦根、蝮蛇、橘皮、薄荷、薏苡仁、薤白、覆盆子、藿香。

## 附件2

### 可用于保健食品的物品名单

（按笔划顺序排列）

人参、人参叶、人参果、三七、土茯

苓、大蓟、女贞子、山茱萸、川牛膝、川贝母、川芎、马鹿胎、马鹿茸、马鹿骨、丹参、五加皮、五味子、升麻、天门冬、天麻、太子参、巴戟天、木香、木贼、牛蒡子、牛蒡根、车前子、车前草、北沙参、平贝母、玄参、生地黄、生何首乌、白及、白术、白芍、白豆蔻、石决明、石斛（需提供可使用证明）、地骨皮、当归、竹茹、红花、红景天、西洋参、吴茱萸、怀牛膝、杜仲、杜仲叶、沙苑子、牡丹皮、芦荟、苍术、补骨脂、诃子、赤芍、远志、麦门冬、龟甲、佩兰、侧柏叶、制大黄、制何首乌、刺五加、刺玫果、泽兰、泽泻、玫瑰花、玫瑰茄、知母、罗布麻、苦丁茶、金荞麦、金樱子、青皮、厚朴、厚朴花、姜黄、枳壳、枳实、柏子仁、珍珠、绞股蓝、胡芦巴、茜草、荜茇、韭菜子、首乌藤、香附、骨碎补、党参、桑白皮、桑枝、浙贝母、益母草、积雪草、淫羊藿、菟丝子、野菊花、银杏叶、黄芪、湖北贝母、番泻叶、蛤蚧、越橘、槐实、蒲黄、蒺藜、蜂胶、酸角、墨旱莲、熟大黄、熟地黄、鳖甲。

## 附件3

### 保健食品禁用物品名单

（按笔划顺序排列）

八角莲、八里麻、千金子、土青木香、山莨菪、川乌、广防己、马桑叶、马钱子、六角莲、天仙子、巴豆、水银、长春花、甘遂、生天南星、生半夏、生白附子、生狼毒、白降丹、石蒜、关木通、农吉痢、夹竹桃、朱砂、米壳（罂粟壳）、红升丹、红豆杉、红茴香、红粉、羊角拗、羊踯躅、丽江山慈姑、京大戟、昆明山海棠、河豚、闹羊花、青娘虫、鱼藤、洋地黄、洋金花、牵牛子、砒石（白砒、红砒、砒霜）、草乌、香加皮（杠柳皮）、骆驼蓬、鬼臼、莽草、铁棒槌、铃兰、雪上一枝蒿、黄花夹竹桃、斑蝥、硫磺、雄黄、雷公藤、颠茄、藜芦、蟾酥。

卫生部关于开展食品生产经营卫生许可证专项治理整顿工作的通知

2001年11月28日

# 食品添加剂卫生管理办法

## 第一章　总则

**第一条**　为加强食品添加剂卫生管理，防止食品污染，保护消费者身体健康，根据《中华人民共和国食品卫生法》制定本办法。

**第二条**　本办法适用于食品添加剂的生产经营和使用。

**第三条**　食品添加剂必须符合国家卫生标准和卫生要求。

**第四条** 卫生部主管全国食品添加剂的卫生监督管理工作。

## 第二章 审批

**第五条** 下列食品添加剂必须获得卫生部批准后方可生产经营或者使用：

（一）未列入《食品添加剂使用卫生标准》或卫生部公告名单中的食品添加剂新品种；

（二）列入《食品添加剂使用卫生标准》或卫生部公告名单中的品种需要扩大使用范围或使用量的。

**第六条** 申请生产或者使用食品添加剂新品种的，应当提交下列资料：

（一）申请表；

（二）原料名称及其来源；

（三）化学结构及理化特性；

（四）生产工艺；

（五）省级以上卫生行政部门认定的检验机构出具的毒理学安全性评价报告、连续三批产品的卫生学检验报告；

（六）使用微生物生产食品添加剂时，必须提供卫生部认可机构出具的菌种鉴定报告及安全性评价资料；

（七）使用范围及使用量；

（八）试验性使用效果报告；

（九）食品中该种食品添加剂的检验方法；

（十）产品质量标准或规范；

（十一）产品样品；

（十二）标签（含说明书）；

（十三）国内外有关安全性资料及其他国家允许使用的证明文件或资料；

（十四）卫生部规定的其他资料。

**第七条** 申请食品添加剂扩大使用范围或使用量的，应当提交下列资料：

（一）申请表；

（二）拟添加食品的种类、使用量与生产工艺；

（三）试验性使用效果报告；

（四）食品中该食品添加剂的检验方法；

（五）产品样品；

（六）标签（含说明书）；

（七）国内外有关安全性资料及其他国家允许使用的证明文件或资料；

（八）卫生部规定的其他资料。

**第八条** 食品添加剂审批程序：

（一）申请者应当向所在地省级卫生行政部门提出申请，并按第六条或第七条的规定提供资料；

（二）省级卫生行政部门应在30天内完成对申报资料的完整性、合法性和规范性的初审，并提出初审意见后，报卫生部审批；

（三）卫生部定期召开专家评审会，对申报资料进行技术评审，并根据专家评审会技术评审意见作出是否批准的决定。

**第九条** 进口食品添加剂新品种和进口扩大使用范围或使用量的食品添加剂，生产企业或者进口代理商应当直接向卫生部提出申请。申请时，除应当提供本办法第六条、第七条规定的资料外，还应当提供下列资料：

（一）生产国（地区）政府或其认定的机构出具的允许生产和销售的证明文件。

（二）生产企业所在国（地区）有关机构或者组织出具的对生产者审查或认证的证

明材料；

进口食品中的食品添加剂必须符合《食品添加剂使用卫生标准》。不符合的，按本办法的有关规定获得卫生部批准后方可进口。

## 第三章　生产经营和使用

**第十条**　食品添加剂生产企业必须取得省级卫生行政部门发放的卫生许可证后方可从事食品添加剂生产。

**第十一条**　生产企业申请食品添加剂卫生许可证时，应当向省级卫生行政部门提交下列资料：

（一）申请表；

（二）生产食品添加剂的品种名单；

（三）生产条件、设备和质量保证体系的情况；

（四）生产工艺；

（五）质量标准或规范；

（六）连续三批产品的卫生学检验报告；

（七）标签（含说明书）。

**第十二条**　食品添加剂生产企业应当具备与产品类型、数量相适应的厂房、设备和设施，按照产品质量标准组织生产，并建立企业生产纪录和产品留样制度。

食品添加剂生产企业应当加强生产过程的卫生管理，防止食品添加剂受到污染和不同品种间的混杂。

**第十三条**　生产复合食品添加剂的，各单一品种添加剂的使用范围和使用量应当符合《食品添加剂使用卫生标准》或卫生部公告名单规定的品种及其使用范围、使用量。

不得将没有同一个使用范围的各单一品种添加剂用于复合食品添加剂的生产，不得使用超出《食品添加剂使用卫生标准》的非食用物质生产复合食品添加剂。

**第十四条**　企业生产食品添加剂时，应当对产品进行质量检验。检验合格的，应当出具产品检验合格证明；无产品检验合格证明的不得销售。

**第十五条**　食品添加剂经营者必须有与经营品种、数量相适应的贮存和营业场所。销售和存放食品添加剂，必须做到专柜、专架，定位存放，不得与非食用产品或有毒有害物品混放。

**第十六条**　食品添加剂经营者购入食品添加剂时，应当索取卫生许可证复印件和产品检验合格证明。

禁止经营无卫生许可证、无产品检验合格证明的食品添加剂。

**第十七条**　食品添加剂的使用必须符合《食品添加剂使用卫生标准》或卫生部公告名单规定的品种及其使用范围、使用量。

禁止以掩盖食品腐败变质或以掺杂、掺假、伪造为目的而使用食品添加剂。

## 第四章　标识、说明书

**第十八条**　食品添加剂必须有包装标识和产品说明书，标识内容包括：品名、产地、厂名、卫生许可证号、规格、配方或者主要成分、生产日期、批号或者代号、保质期限、使用范围与使用量、使用方法等，并在标识上明确标示“食品添加剂”字样。

食品添加剂有适用禁忌与安全注意事项

的，应当在标识上给予警示性标示。

**第十九条** 复合食品添加剂，除应当按本办法第十八条规定标识外，还应当同时标示出各单一品种的名称，并按含量由大到小排列；各单一品种必须使用与《食品添加剂使用卫生标准》相一致的名称。

**第二十条** 食品添加剂的包装标识和产品说明书，不得有扩大使用范围或夸大使用效果的宣传内容。

## 第五章　卫生监督

**第二十一条** 卫生部对可能存在安全卫生问题的食品添加剂，可以重新进行安全性评价，修订使用范围和使用量或作出禁止使用的决定，并予以公布。

**第二十二条** 县级以上地方人民政府卫生行政部门应当组织对食品添加剂的生产经营和使用情况进行监督抽查，并向社会公布监督抽查结果。

**第二十三条** 食品卫生检验单位应当按照卫生部制定的标准、规范和要求对食品添加剂进行检验，作出的检验和评价报告应当客观、真实，符合有关标准、规范和要求。

**第二十四条** 食品添加剂生产经营的一般卫生监督管理，按照《食品卫生法》及有关规定执行。

## 第六章　罚则

**第二十五条** 生产经营或者使用不符合食品添加剂使用卫生标准或本办法有关规定的食品添加剂的，按照《食品卫生法》第四十四条的规定，予以处罚。

**第二十六条** 食品添加剂的包装标识或者产品说明书上不标明或者虚假标注生产日期、保质期限等规定事项的，或者不标注中文标识的，按照《食品卫生法》第四十六条的规定，予以处罚。

**第二十七条** 违反《食品卫生法》或其他有关卫生要求的，依照相应规定进行处罚。

## 第七章　附则

**第二十八条** 本办法下列用语的含义：

食品添加剂是指为改善食品品质和色、香、味，以及为防腐和加工工艺的需要而加入食品中的化学合成或天然物质。

复合食品添加剂是指由两种以上单一品种的食品添加剂经物理混匀而成的食品添加剂。

**第二十九条** 本办法由卫生部负责解释。

**第三十条** 本办法自2002年7月1日起施行。1993年3月15日卫生部发布的《食品添加剂卫生管理办法》同时废止。

# 卫生部关于推行食品卫生监督量化分级管理制度的通知

卫法监发［2002］107号

各省、自治区、直辖市卫生厅局：

当前，食品卫生安全已成为社会关注的热点问题。为贯彻落实国务院领导的指示精神，尽快使我国食品卫生监督模式与国际接轨，我部在总结国外食品安全监管经验的基础上，结合我国食品生产经营现状，组织制定了《食品卫生监督量化分级指南》（以下简称《指南》），拟对食品生产经营单位实施量化分级管理，把问题较多的食品生产经营单位、群众反映较大的食品生产经营品种作为监督的重点。量化分级管理已在部分省（直辖市）进行了试点。从现有的经验看，这种模式对合理配置卫生人力资源，进一步提高食品生产经营单位的守法意识，促进企业自律和提高诚信水平具有一定的意义。现将实施量化分级管理的有关要求通知如下：

一、各级卫生行政部门要有改革创新精神，根据《指南》要求，逐步调整食品卫生监督管理模式，加大监管力度，提高监督效率。食品卫生质量的提高，需要政府部门监督、行业管理、企业自律和消费者的参与。推行食品卫生监督量化分级管理制度是将食品卫生监督管理模式向风险度和诚信度管理转变的一种有益尝试，各地应认真组织实施。

二、加强卫生许可证发放的管理和卫生许可后经常性监督工作。要依据《指南》要求，加强对关键控制环节的管理，对达不到基本要求的，坚决不能发证。已经发放卫生许可证的，要严格按照《卫生部关于开展食品生产经营卫生许可证专项治理整顿工作的通知》（卫法监发［2001］318号）进行清理整顿。省级卫生行政部门可在各类卫生许可审查量化评分表要求的基础上，依据本省《食品卫生许可证发放管理办法》的规定，制定切合实际的量化标准和要求。同时，要加强经常性卫生监督管理及技术指导，应用《指南》，提高食品卫生监督的效率和水平。

三、要加强培训，不断提高卫生监督员法律、法规及业务知识水平，要重视对监督员的培训，提高监督员对法律、法规、《指南》的理解，使监督员准确掌握现场监督标准和要求，了解国际食品卫生动态及先进的管理经验，不断提高卫生监督水平。

四、加强食品卫生监督量化分级管理的宣传力度。各级卫生行政部门要向社会广为宣传，使各级政府、企业、消费者都了解这项工作的重要意义和工作目标，自觉承担各自在保证食品卫生中的责任，为提高食品卫生水平发挥应有的作用。

五、分步实施，稳妥推进。各地可根据当地实际情况，选择一部分行业或地区开展食品卫生监督量化分级管理试点工作，要向社会公示实施量化分级管理的食品生产经营单位的卫生信誉级别，使消费者作出知情的选择，同时，促进企业提高自律能力，共同营造一个良好的食品安全环境。

各地执行过程中发现的问题，请及时报我部卫生法制与监督司。

联系人：高小蕾　张旭东

联系电话：(010) 68792406　68792407

传真：(010) 68792408

2002年4月20日

# 卫生部关于开展食品生产经营卫生许可证专项治理整顿工作的通知

卫法监发［2001］318号

**各省、自治区、直辖市卫生厅局：**

食品卫生许可证是卫生行政部门监督管理食品卫生的重要方式和手段。当前，在食品卫生监督检查中发现，有些地方在食品卫生许可证发放管理中存在一些亟待解决的问题，主要表现是：1. 卫生许可证审查把关不严，一些不具备食品生产经营条件和要求的，也取得了卫生许可证，增加了监督管理的难度；2. 卫生许可证对允许生产经营的食品品种、方式、范围和有效期限规定不明确，操作性不强，影响了监督执法力度的提高；3. 对申领卫生许可证的食品生产经营企业负责人和从业人员法律知识培训和食品卫生知识培训重视不够，忽视法律知识培训和食品卫生知识培训对保证食品安全的重要意义；4. 卫生许可证发放后监督管理工作没有跟上，给不法分子钻了空子，导致违法、违规生产经营食品现象时有发生。以上问题是造成食品污染、食物中毒及其他食源性疾患的重要隐患，必须高度重视，下大力气予以解决。为此，我部决定从现在起到明年3月底，在全国范围内集中开展一次食品卫生许可证专项清理整顿工作。现将有关事宜通知如下：

一、统一思想，提高认识，转变职能。加强对食品生产经营的卫生许可管理，关系到规范食品市场经济秩序的全局工作，更直接关系到人民群众的身体健康。各地卫生行政部门要充分认识这项工作的必要性和紧迫性，认真研究本地区食品卫生许可证发放管理中存在的问题，组织部署清理整顿工作，根据需要可以成立工作领导小组，真抓实干，避免形式主义和走过场。要通过清理整顿工作，统一思想，转变观念和工作方式，促进卫生行政部门把食品卫生监督管理的重点放在食品生产经营全过程，狠抓制度落实、措施落实，强化食品生产经营者的守法意识、责任意识和道德水准，以经常性的严格管理保证食品安全。

二、开展集中清理整顿食品卫生许可证的发放工作。各地卫生行政部门对已发放的食品卫生许可证要进行全面清理，重点开展以下工作：

（一）要清理食品卫生许可证发放情况。对超过有效期限和因单位注册变更等原因致使食品卫生许可证失效的要及时注销或者收回，并向社会公告有关卫生许可证废止情况。对有效的食品卫生许可证，要重新审核发放情况，建立完善的档案管理制度。

（二）要对持证的生产经营者进行一次全面检查，重点检查企业和个体工商户的卫生条件（包括生产经营条件、人员卫生情况、食品卫生法律知识掌握情况）、生产经营范围、内部卫生管理情况和索证制度执行情况等。凡生产经营条件不符合要求拒不改正、或存在违法生产经营行为的要一律吊销卫生许可证；超范围从事食品生产经营的，要立即收回卫生许可证，视整改情况重新核发卫生许可证；从业人员未经健康体检和培训的，要一律责令改正或停业整改，整改合格的方可继续生产经营，整改不合格的要坚决收回卫生许可证。情节严重，触犯刑律的要及时按照规定移送司法机关查处。

（三）严格按照卫生许可证发放管理办法、卫生标准和规范的要求对换发卫生许可证的生产经营单位进行审核，对违法生产经营的单位进行严肃查处。

各地要将此次专项清理整顿的情况及时向社会公告，清理一批向社会公告一批，按受社会和舆论的监督。这项工作力争在明年3月底以前抓出明显实效。

三、进一步规范卫生许可证的审查和发放工作。各地要根据《食品卫生法》的规定，按照市场经济发展要求，修订和完善卫生许可证发放管理办法和程序，进一步细化各类食品生产经营活动的卫生许可证发放的条件和要求。同时，进一步完善卫生许可证的内容，明确标注具体的食品生产经营许可范围和生产经营方式，应包括具体的产品种类名称、规格（散装、定型包装）；具体的生产经营环节（加工、贮存、运输、销售等）；具体的销售方式（零售、批发、连锁经营等）等内容，以便卫生监督部门监督检查。

四、加强宣传教育和培训工作，对取得卫生许可证的食品生产经营单位的主要负责人及从业人员，要加大食品卫生法律知识宣传和卫生操作技能的培训工作，将培训及考核作为卫生许可证年审的必要条件。要建立相应的管理制度，将企业负责人和从业人员的法律、食品卫生知识的培训和教育与卫生许可证发放直接挂钩，根据不同的要求和内容制订考试科目，考试不合格的人员将不得从事食品生产经营活动，一定比例的从业人员考试不合格的企业将不发给卫生许可证。同时，卫生行政部门要定期组织对上述人员的培训和继续教育。

五、加强卫生许可证发放管理工作。要选拔政治思想、工作作风、业务素质和道德修养水平较高的同志从事这项工作，制止一切不合理的行为和行业不正之风。同时，从加强制度建设和管理措施方面，加强对主管人员和承办人员的约束和管理，培养自觉遵守法律法规的意识，避免卫生许可证发放管理工作中出现重大失误。

六、加大执法监督力度，定期集中检查各项工作的落实情况。各级卫生行政部门要逐步推行执法监督责任制，上级卫生行政部门要加大对下级部门的执法监督力度，要定期集中对卫生许可证发放管理工作进行检查，发现不按规定发放卫生许可证的，要追究卫生行政部门主要领导的责任。

七、落实各项工作的岗位责任制，并实行责任追究制。各地卫生行政部门发放卫生许可证后，要加强对生产经营企业的监督管理，制订经常性和突击性抽查计划，并落实各项管理责任。凡管理失查，监管不力的，要追究有关当事人和行政领导的责任。

请各省、自治区、直辖市卫生行政部门将本次清理整顿工作情况的书面总结于2002年3月底前上报我部。我部将在2002年4月对部分省、区、市卫生许可证清理整顿情况进行抽查，对仍存在严重问题的要通报批评。

请各地将开展清理整顿工作中发现的问题，及时告我部法监司。

2001年11月23日

# 国有资产评估管理若干问题的规定

**第一条** 为了适应建立和完善现代企业制度的需要，规范经济结构调整中的国有资本运营行为，维护国有资产合法权益，根据《国有资产评估管理办法》（国务院令第91号）和《国务院办公厅转发财政部〈关于改革国有资产评估行政管理方式加强评估监督管理工作意见〉的通知》（国办发［2001］102号），制定本规定。

**第二条** 本规定适用于各类占有国有资产的企业和事业单位（以下简称占有单位）。

**第三条** 占有单位有下列行为之一的，应当对相关国有资产进行评估：

（一）整体或部分改建为有限责任公司或者股份有限公司；

（二）以非货币资产对外投资；

（三）合并、分立、清算；

（四）除上市公司以外的原股东股权比例变动；

（五）除上市公司以外的整体或者部分产权（股权）转让；

（六）资产转让、置换、拍卖；

（七）整体资产或者部分资产租赁给非国有单位；

（八）确定涉讼资产价值；

（九）法律、行政法规规定的其他需要进行评估的事项。

**第四条** 占有单位有下列行为之一的，可以不进行资产评估：

（一）经各级人民政府及其授权部门批准，对整体企业或者部分资产实施无偿划转；

（二）国有独资企业、行政事业单位下属的独资企业（事业单位）之间的合并、资产（产权）划转、置换和转让。

**第五条** 占有单位有其他经济行为，当事人认为需要的，可能进行国有资产评估。

**第六条** 占有单位有下列行为之一的，应当对相关非国有资产进行评估：

（一）收购非国有资产；

（二）与非国有单位置换资产；

（三）接受非国有单位以实物资产偿还债务。

**第七条** 占有单位有本规定所列评估事项时，应当委托具有相应资质的评估机构进行评估。

占有单位应当如实提供有关情况和资料，并对所提供的情况和资料的客观性、真实性和合法性负责，不得以任何形式干预评估机构独立执业。

**第八条** 国有资产评估项目实行核准制和备案制。

**第九条** 经国务院批准实施的重大经济事项涉及的资产评估项目，由财政部负责核准。

经省级（含计划单列市，下同）人民政府批准实施的重大经济事项涉及的资产评估项目，由省级财政部门（或国有资产管理部门，下同）负责核准。

**第十条** 除本规定第九条规定以外，对资产评估项目实行备案制。

中央管理的企业集团公司及其子公司，国务院有关部门直属企事业单位的资产评估项目备案工作由财政部负责；子公司或直属企事业单位以下企业的资产评估项目备案工作由集团公司或有关部门负责。

地方管理的占有单位的资产评估项目备案工作比照前款规定的原则执行。

**第十一条** 财政部门下达的资产评估项目核准文件和经财政部门或集团公司、有关部门备案的资产评估项目备案表是占有单位办理产权登记、股权设置等相关手续的必备文件。

**第十二条** 占有单位发生依法应进行资产评估的经济行为时，应当以资产评估结果作为作价参考依据；实际交易价格与评估结果相差10%以上的，占有单位应就其差异原因向同级财政部门（集团公司或有关部门）作出书面说明。

**第十三条** 财政部门、集团公司或有关部门应当建立资产评估项目统计报告制度，按要求将核准和备案的资产评估项目逐项登记并逐级汇总，定期上报财政部。

**第十四条** 财政部门应当加强对资产评估项目的监督管理，定期或不定期地对资产评估项目进行抽查。

**第十五条** 占有单位违反本规定，向评估机构提供虚假情况和资料，或者与评估机构串通作弊并导致评估结果失实的，由财政部门根据《国有资产评估管理办法》第三十一条的规定予以处罚。

**第十六条** 占有单位违反本规定，有下列情形之一的，由财政部门责令改正并通报批评；

（一）应当进行资产评估而未进行评估；

（二）应当办理核准、备案手续而未办理；

（三）聘请不符合资质条件的评估机构从事国有资产评估活动。

占有单位有前款第（三）项情形的，财政部门可以宣布原评估结果无效。

**第十七条** 财政部门对占有单位在国有资产评估中的违法违规行为进行处罚时，对直接负责的主管人员和其他直接责任人员，可以建议其上级单位或所在单位给予行政处分。

**第十八条** 资产评估机构、注册资产评估师在资产评估过程中有违法违规行为的，依法处理。

**第十九条** 财政部门、集团公司、有关部门及其工作人员违反国有资产评估管理的有关规定，造成国有资产损失的，由同级人民政府或所在单位对有关责任人给予行政处分。

**第二十条** 境外国有资产的评估，另行规定。

**第二十一条** 省级财政部门可以根据本规定，结合本地区实际情况制定实施细则并报财政部备案。

**第二十二条** 本规定自2002年1月1日起施行。

# 国有资产评估违法行为处罚办法

**第一条** 为规范国有资产评估行为，加强国有资产评估管理，保障国有资产权益，维护社会主义利益，根据《国有资产评估管理办法》、《国务院办公厅转发财政部〈关于改革国有资产评估行政管理方式加强资产评估监督管理工作意见〉的通知》（国办发[2001] 102号）及其他有关法律、行政法规的规定，制定本办法。

**第二条** 资产评估机构在国有资产评估活动中违反有关法律、法规和规章，应予行政处罚的，适用本办法。

**第三条** 省级人民政府财政部门（国有资产管理部门，下同）负责对本地区资产评估机构（包括设在本地区的资产评估分支机构）的违法行为实施处罚。对严重评估违法行为，国务院财政部门可以直接进行处罚。

**第四条** 资产评估机构违法行为的处罚种类：

（一）警告；

（二）罚款；

（三）没收违法所得；

（四）暂停执行部分或者全部业务，暂停执行的期限为3至12个月；

（五）吊销资产评估资格证书。

**第五条** 资产评估机构与委托人或被评估单位串通作弊，故意出具虚假报告的，没收违法所得，处以违法所得1倍以上5倍以下的罚款，并予以暂停执业；给利害关系人造成重大经济损失或者产生恶劣社会影响的，吊销资产评估资格证书。

**第六条** 资产评估机构因过失出具有重大遗漏的报告的，责令改正，情节较重的，处以所得收入1倍以上3倍以下的罚款，并予以暂停执业。

**第七条** 资产评估机构冒用其他机构名义或者允许其他机构以本机构名义执行评估业务的，责令改正，予以警告。

**第八条** 资产评估机构向委托人或者被评估单位索取、收受业务约定书约定以外的酬金或者其他财物，或者利用业务之便，谋取其他不正当利益的，责令改正，予以警告。

**第九条** 资产评估机构有下列情形之一的，责令改正，并予以警告：

（一）对其能力进行虚假广告宣传的；

（二）向有关单位和个人支付回扣或者介绍费的；

（三）对委托人、被评估单位或者其他单位和个人进行胁迫、欺诈、利诱的；

（四）恶意降低收费的。

**第十条** 资产评估机构与委托人或者被评估单位存在利害关系应当回避没有回避的，责令改正，并予以警告。

**第十一条** 资产评估机构泄露委托人或者被评估单位商业秘密的，予以警告。

**第十二条** 本办法第七条至第十一条所列情形，有违法所得的，处以违法所得3倍以下的罚款，但最高不得超过3万元；没有违法所得的，处以1万元以下的罚款。

**第十三条** 资产评估机构不按照执业准则、职业道德准则的要求执业的，予以警告。

**第十四条** 资产评估机构拒绝、阻挠财政部门依法实施检查的，予以警告。

**第十五条** 资产评估机构有下列情形之一的，应当从轻、减轻处罚：

（一）主动改正违法行为或主动消除、减轻违法行为危害后果的；

（二）主动向有关部门报告其违法行为的；

（三）主动配合查处违法行为的；

（四）受他人胁迫有违法行为的；

（五）其他应予从轻、减轻处罚的情形。

**第十六条** 资产评估机构有下列情形之一的，应当从重处罚：

（一）同时具有2种或2种以上应予处罚的行为的；

（二）在2年内发生2次或2次以上同一性质的应予处罚的行为的；

（三）对投诉人、举报人、证人等进行威胁、报复的；

（四）违法行为发生后隐匿、销毁证据材料的；

（五）其他应予从重处罚的情形。

**第十七条** 省级人民政府财政部门做出本办法第四条第（二）至第（五）项处罚决定的，应当在做出处罚决定之日起15日内报送国务院财政部门备案。

**第十八条** 省级以上人民政府财政部门做出行政处罚决定之前，应当告知资产评估机构做出行政处罚决定的事实、理由及依据，并告知当事人依法享有的权利；做出较大数额罚款、暂停执业和吊销资产评估资格证书的处罚决定之前，应当告知资产评估机构有要求举行听证的权利。

**第十九条** 资产评估机构要求听证的，

拟作出行政处罚的省级以上人民政府财政部门应当按照《财政部门行政处罚听证程序实施办法》的有关规定组织听证。

**第二十条** 资产评估机构对处罚决定不服的，可以依法申请行政复议或提起行政诉讼。

**第二十一条** 注册资产评估师在国有资产评估中有违法行为的，按照有关规定处理。

**第二十二条** 本办法自2002年1月1日起施行。

# 财政部 国家税务总局关于调整酒类产品消费税政策的通知

财政部国家税务总局文件

财税［2001］84号

**各省、自治区、直辖市、计划单列市财政厅(局)、国家税务局、新疆生产建设兵团财务局：**

经国务院批准，调整酒类产品消费税政策。现将有关问题通知如下：

一、调整粮食白酒、薯类白酒消费税税率。

粮食白酒、薯类白酒消费税税率由《中华人民共和国消费税暂行条例》规定的比例税率调整为定额税率和比例税率。

（一）定额税率：粮食白酒、薯类白酒每斤（500克）0.5元。

（二）比例税率：

1. 粮食白酒（含果木或谷物为原料的蒸馏酒，下同）25%。

下列酒类产品比照粮食白酒适用25%比例税率：

——粮食和薯类、糠麸等多种原料混合生产的白酒

——以粮食白酒为酒基的配置酒、泡制酒

——以白酒或酒精为酒基，凡酒基所用原料无法确定的配置酒、泡制酒

2. 薯类白酒15%。

二、调整酒类产品消费税计税办法。

粮食白酒、薯类白酒计税办法由《中华人民共和国消费税暂行条例》规定的实行从价定率计算应纳税额的办法调整为实行从量定额和从价定率相结合计算应纳税额的复合计税办法，应纳税额计算公式：

应纳税额＝销售数量×定额税率＋销售额×比例税率

凡在中华人民共和国境内生产、委托加工、进口粮食白酒、薯类白酒的单位和个人，都应依照本通知的规定缴纳从量定额消费税和从价定率消费税。

三、粮食白酒、薯类白酒计税依据。

（一）生产销售粮食白酒、薯类白酒，从量定额计税办法的计税依据为粮食白酒、薯类白酒的实际销售数量。

（二）进口、委托加工、自产自用粮食白酒、薯类白酒，从量定额计税办法的计税依据分别为海关核定的进口征税数量、委托方收回数量、移送使用数量。

（三）生产销售、进口、委托加工、自产自用粮食白酒、薯类白酒从价定率计税办法的计税依据按《中华人民共和国消费税暂行条例》及其有关规定执行。

四、调整啤酒消费税单位税额。

（一）每吨啤酒出厂价格（含包装物及包装物押金）在3000元（含3000元，不含增值税）以上的，单位税额250元/吨；

（二）每吨啤酒出厂价格在3000元（不含3000元，不含增值税）以下的，单位税额220元/吨。

（三）娱乐业、饮食业自制啤酒，单位税额250元/吨。

（四）每吨啤酒出厂价格以2000年全年销售的每一牌号、规格啤酒产品平均出厂价格为准。2000年每一牌号、规格啤酒的平均出厂价格确定之后即作为确定各牌号、规格啤酒2001年适用单位税额的依据，无论2001年啤酒的出厂价格是否变动，当年适用单位税额原则上不再进行调整。

啤酒计税价格管理办法另行制定。

五、停止执行外购或委托加工已税酒和酒精生产的酒（包括以外购已税白酒加浆降度，用外购已税的不同品种的白酒勾兑的白酒、用曲香、香精对外购已税白酒进行调香、调味以及外购散装白酒装瓶出售等）外购酒及酒精已纳税款或受托方代收代缴税款准予抵扣政策。2001年5月1日以前购进的已税酒及酒精，已纳消费税税款没有抵扣完的一律停止抵扣。

六、停止执行对小酒厂定额、定率的双定征税办法，一律实行查实征收。小酒厂指会计核算不健全的小型业户。

七、依据《中华人民共和国税收征收管理法》及有关规定，制定酒类关联企业征税办法。具体办法由国家税务总局商财政部另行制定。

八、本《通知》自2001年5月1日起执行。原有规定与本《通知》有抵触的，以本《通知》为准。

2001年5月18日印发

# 中国葡萄酿酒技术规范

## 第一章　定义

一、葡萄

1. 鲜葡萄

葡萄园中成熟的鲜果。

1. 酿酒葡萄

根据其特点，主要用于酿酒的鲜葡萄。

二、葡萄汁

鲜葡萄经破碎或挤压得到的液体。

1. 中途抑制发酵的葡萄汁

葡萄汁在酒精发酵过程中用下列方法得到抑制：二氧化硫处理；二氧化碳气抑制；山梨酸处理；汁中允许含有少量的自发酒精，但不能超过1%（V/V，20℃时体积的酒精含量百分比）。

2. 浓缩葡萄汁

未经发酵通过采用国际葡萄和葡萄酒组织（以下简称O.I.V.）许可的方法进行部分脱水而保存的葡萄汁，在20℃时密度不低于124g/ml。

3. 产生焦糖的葡萄汁

未经发酵的葡萄汁采用许可的方法进行直接加热，使之局部脱水，而保存的葡萄汁在20℃时密度不低于1.3g/ml。

三、葡萄酒

葡萄酒仅指鲜葡萄或葡萄汁全部或部分发酵而成的饮料酒，所含酒度不得低于7%（V/V）。

1. 葡萄酒含糖量

按酒中的含糖量和总酸可分为：

干葡萄酒：

含糖（以葡萄糖计）小于或等于4g/L。或者当总糖与总酸（以酒石酸计）的差值小于或等于2g/L时，含糖最高为9g/L的葡萄酒。

半干葡萄酒：

含糖大于干酒，最高为12g/L。或者总糖与总酸的差值，按干酒方法确定，含糖最高为18g/L的葡萄酒。

半甜葡萄酒：

含糖大于半干酒，最高为45g/L的葡萄酒。

甜葡萄酒：

含糖大于45g/L的葡萄酒。

2. 葡萄酒二氧化碳含量

平静葡萄酒：

葡萄酒在20℃时含有二氧化碳的压力低于0.05MPa时，称平静葡萄酒。

起泡葡萄酒：

葡萄酒在20℃时含有二氧化碳压力等于或大于0.05MPa时，称起泡葡萄酒。

葡萄酒在20℃时含有二氧化碳的压力在0.05～0.25MPa时，称为低起泡葡萄酒（或葡萄汽酒）。

葡萄酒在20℃时当二氧化碳的压力等于或

大于0.35MPa（对容量小于250ml的瓶子压力等于或大于0.3MPa）时，称高起泡葡萄酒。

四、特种葡萄酒

特种葡萄酒是指用鲜葡萄或葡萄汁在采摘或酿造工艺中使用特定方法酿成的葡萄酒。

冠以特种葡萄酒名称的酒必须由标准化部门制订标准并有相应的工艺。

1. 利口葡萄酒

成品酒度在15％－22％（V/V）之间。

利口葡萄酒由于酿造方法不同而包括下列几种类型：

1.1 掺酒精利口葡萄酒

由葡萄生成总酒度为12％（V/V）以上的葡萄酒再加工制成的利口酒。可以加入葡萄白兰地、食用精馏酒精或葡萄酒精。其中由葡萄所含的原始糖发酵的酒度不低于4％（V/V）。

1.2 甜利口葡萄酒

由葡萄生成总酒度至少为12％（V/V）以上的葡萄酒再加工制成的利口酒。可以加入白兰地、食用精馏酒精、浓缩葡萄汁、含焦糖葡萄汁或白砂糖。其中由葡萄所含的原始糖发酵的酒度不低于4％（V/V）。

2. 高起泡葡萄酒

系用葡萄、葡萄汁或根据O.I.V许可的技术酿造的葡萄酒制成。根据酿造技术的不同，高起泡葡萄酒应具有下列特点：

二氧化碳气在瓶中产生；

二氧化碳气在密闭的酒罐中产生。

高起泡葡萄酒按含糖量分为：

天然酒：含糖小于或等于12g/L的高起泡葡萄酒。

绝干酒：含糖大于天然酒，最高到17g/L的高起泡葡萄酒。

干酒：含糖大于绝干酒，最高到32g/L的高起泡葡萄酒。

半干酒：含糖大于干酒，最高到50g/L的高起泡葡萄酒。

甜酒：含糖大于50g/L的高起泡葡萄酒。

3. 葡萄汽酒

按照O.I.V许可技术酿造的葡萄酒再加工的低起泡葡萄酒，具有同高泡葡萄酒类似的物理特性，但所含二氧化碳部分或全部由人工添加。

4. 冰葡萄酒

将葡萄推迟采收，当气温低于－7℃以下，使葡萄在树枝上保持一定时间，结冰，然后采收、压榨，用此葡萄汁酿成的酒。

5. 贵腐葡萄酒

在葡萄的成熟后期，葡萄果实感染了灰绿葡萄孢，使果实的成分发生了明显的变化，用这种葡萄酿成的酒。

6. 产膜葡萄酒

葡萄汁经过全部酒精发酵，在酒的自由表面产生一层典型的酵母膜后，加入葡萄白兰地、葡萄酒精或食用精馏酒精，所含酒度等于或高于15％（V/V）的葡萄酒。

7. 加香葡萄酒

以葡萄原酒为酒基，经浸泡芳香植物或加入芳香植物的浸出液（或馏出液）而制成的葡萄酒。

8. 低醇葡萄酒

采用鲜葡萄或葡萄汁经全部或部分发酵，经特种工艺加工而成的饮料酒，所含酒度1％～7％（V/V）。

9. 无醇葡萄酒

采用鲜葡萄或葡萄汁经过全部或部分发酵，经特种工艺脱醇加工而成的饮料酒，所含酒度不超过1%（V/V）。

10. 山葡萄酒

采用鲜山葡萄或山葡萄汁经过全部或部分发酵而成的饮料酒。（见附件二，山葡萄酿酒技术规范）

五、葡萄蒸馏酒

葡萄酒或经发酵的葡萄皮渣经过蒸馏而获得的蒸馏液。

六、葡萄原酒

葡萄汁完成酒精发酵后进入贮存阶段的酒称葡萄原酒。

## 第二章　酿酒葡萄

一、葡萄品种

1. 名种葡萄

白葡萄品种：霞多丽、琼瑶浆、白雷司令、长相思、白麝香、灰雷司令、白品乐、米勒、白诗南、赛美蓉、西万尼、贵人香。

红葡萄品种：赤霞珠、美乐（梅鹿辄）、黑品乐、西拉、品丽珠、佳美、味而多、宝石、神索、歌海娜、弥生、桑娇维塞、蛇龙珠。

2. 其他葡萄品种

龙眼、汉堡麝香（“玫瑰香”）、白羽、佳利酿、白玉霓、烟73、烟74、玫瑰蜜、红麝香（“红玫瑰”）、晚红蜜、巴柯等。

建议：

a）根据生态条件及品种特性，各地在进行酿酒试验的基础上，在同样条件下应选植著名品种。

b）根据国际葡萄酒发展实践，酿酒葡萄品种应优先选择欧亚品种为宜。

二、葡萄栽培

葡萄的栽培应在无污染的环境中进行。

1. 施肥

根据土壤肥力的分析来确定需要的施肥量，并以有机肥为主，化肥为辅。

2. 病虫害防治

葡萄病虫害的防治应贯彻综合防治为主的原则。采收前1个月不能灌水。采收前1个月不得使用杀虫剂。采摘前10天内不得使用杀菌剂。葡萄农药的使用应符合《农药安全使用标准》（GB 4285）的规定。

3. 葡萄栽培中禁止使用催熟剂和着色剂

三、葡萄产量

酿制优质葡萄酒的葡萄每公顷产量不超过15000kg，酿制一般葡萄酒的葡萄每公顷产量不超过22500kg。

四、葡萄含糖量

酿制一般葡萄酒的葡萄含糖量不低于150g/L（可滴定糖）、酿制优质葡萄酒的葡萄含糖量不低于170g/L。

## 第三章　葡萄酒酿造

一、分选

定义：挑选葡萄穗，去除生青葡萄及受损或腐烂的葡萄。根据葡萄品种及成熟程度分类。

目的：挑选出质量好的果实。

二、破碎

定义：使果皮破烈，葡萄浆汁溢出。

目的：a）使果粒表面上的天然酵母与葡萄果汁接触，有利于酵母的繁殖。

b）在传统浸提法酿酒的情况下，使皮渣中的可溶物在葡萄汁中很好的扩散。

规定：a）破碎应在采摘后最短时间内进行。

b）要注意防止破碎果籽及果梗。

在酿造白葡萄酒时，防止葡萄汁与葡萄的固体部分接触时间过长（浸提果皮的情况除外）。

三、除梗

定义：将葡萄果粒与果梗分开，去除果梗。

目的：减少酒的损失；减少单宁含量及收敛性；减少果梗味。

四、压榨

定义：压榨葡萄或葡萄皮渣，以分离出液体部分。

目的：a）将葡萄浆汁分离出来，以便制成葡萄汁，或在没有葡萄固体物质的情况下酿酒（即酿造白葡萄酒）。

b）带皮发酵后从皮渣里分离压榨酒。

规定：

a）如果是鲜葡萄，应在采摘之后的最短时间内压榨，如果是破碎的葡萄，应在破碎后的最短时间内进行压榨。

b）压榨应缓慢持续地进行，不应压破或压碎葡萄固体部分。

五、葡萄汁

1. 自流汁

定义：破碎后自然流出的汁液。

目的：获得含有少量果梗、果皮及果籽的葡萄汁。

2. 葡萄汁二氧化硫处理

定义：在已破碎的葡萄或葡萄汁中加入气态二氧化硫、亚硫酸溶液或偏重亚硫酸钾。

目的：a）防止有害微生物繁殖。

b）抗氧化。

c）有利酵母的选择。

d）有助于产品的澄清。

e）加强溶解与浸渍作用。

f）调节与控制发酵。

g）制取半发酵的葡萄汁。

规定：a）应在破碎过程中或破碎结束时加入。

b）将二氧化硫均匀的分布在破碎的葡萄及葡萄汁中。

c）所使用的二氧化硫应参照国际葡萄和葡萄酒组织制订的《国际葡萄酿酒药典》的规定。

3. 葡萄汁澄清

定义：发酵前将悬浮的固体物质从葡萄汁中分离出去。

目的：a）去除尘土微粒。

b）去除有机微粒以减少酚类氧化酶的活性。

c）减少有害微生物。

d）减少果胶含量，降低浑浊度。

规定：a）澄清可采用如下几种方法：

- 静止澄清法：低温静置澄清法
  果胶酶法
  皂土（膨润土）法
- 机械澄清法：离心澄清法

b）在气温高的地区，葡萄汁应事先进行降温和/或亚硫酸化。

3.1 低温法

定义：将葡萄汁温度降低到10℃以下，通常在5℃左右保持一定时间进行澄清。目的：有利于葡萄汁中悬浮物质的沉降。

规定：通常与二氧化硫、皂土（膨润土）处理结合进行。

3.2　果胶酶法

定义：将果胶酶加入破碎的葡萄或葡萄汁中。

目的：a）有利于葡萄汁的澄清与过滤。

b）便于提取色素或芳香物质。

c）提高压榨效果。

规定：所使用的果胶酶应参照《国际葡萄酿酒药典》的规定。

3.3　皂土（膨润土）法

定义：将皂土（膨润土）加入葡萄汁中。

目的：有利于葡萄汁的澄清。

规定：所使用的皂土（膨润土）应参照《国际葡萄酿酒药典》的规定。

4. 提高葡萄汁含糖量

采用下列一种或几种方法可达到目的。

4.1　提高收获葡萄果实含糖量

a）延迟采收。

b）果实采收后自然风干。

4.2　添加浓缩葡萄汁

目的：提高葡萄汁的含糖量。

规定：浓缩汁可采用下列方法制取：

a）采用许可的方法进行部分脱水。这一操作过程不应造成焦化现象。

b）冷冻并通过结冰脱水或其他方法除去冰渣。

c）反渗透。

4.3　添加白砂糖

定义：在葡萄汁发酵期间添加白砂糖。

目的：提高葡萄汁糖度。

规定：白砂糖加量不得超过产生2%（V/V）酒精的量。

六、葡萄汁或葡萄酒酸度调整

1. 葡萄汁或葡萄酒降酸

采用以下方法达到降酸目的：

a）物理法降酸。

b）化学法降酸。

c）通过与低酸葡萄汁混合。

d）进行苹果酸乳酸发酵。

1.1　物理法降酸

定义：通过物理方法来降低滴定酸（升高pH值）。

目的：制取口味协调的葡萄酒。

规定：a）经处理的葡萄汁或葡萄酒中的酒石酸氢钾和酒石酸钙要尽可能稳定。

b）物理法降酸可按下述方式实现：

葡萄汁或葡萄酒在低温下贮存时自然进行降酸。

将葡萄汁或葡萄酒在人工低温下进行处理达到降酸（见冷冻处理）。

1.2　化学法降酸

定义：通过加入中性的酒石酸钾、碳酸钾或碳酸钙，降低滴定酸（升高pH值）。

目的：制取口味协调的葡萄酒。

规定：a）由降酸葡萄汁或葡萄酒所得到的葡萄酒中酒石酸含量应大于或等于1g/L。

b）形成复盐（苹果酸和酒石酸的中性钙盐）的方法可应用于含有很浓的苹果酸的葡萄酒中（仅用酒石酸钾沉淀法来降低酒石酸是不会得到足够降酸效果的）。

c）化学降酸处理时不得采用加调味品等方法。

d）对于同一种葡萄汁或葡萄酒化学增酸与化学降酸不得同时进行。

e）使用降酸物质应参照《国际葡萄酿酒药典》的规定。

2. 葡萄汁或葡萄酒增酸

采用以下方法达到增酸目的：

a）与高酸的葡萄汁或葡萄酒混合。

b）通过化学法增酸。

2.1 化学法增酸

定义：通过加入有机酸来提高滴定酸（降低 pH 值）。

目的：a）制取口味协调的葡萄酒。

b）有利于提高葡萄酒的稳定性。

规定：a）根据葡萄汁或葡萄酒中酸的组成；增酸只能加入酒石酸或柠檬酸。增酸后葡萄酒中柠檬酸含量不得超过 1g/L（加香葡萄酒除外）。

b）禁止加入无机酸。

c）对于同一种葡萄汁或葡萄酒不得同时进行化学增酸与化学降酸。

d）葡萄汁或葡萄酒在增酸过程中不得采用调味品等方法。

e）使用酒石酸或柠檬酸应参照《国际葡萄酿酒药典》的规定。

2.2 与高酸葡萄汁或葡萄酒混合

规定：用于增酸的葡萄汁或葡萄酒必须是同类型的。

七、酒精发酵

定义：把葡萄（葡萄汁）中的糖转化为乙醇、二氧化碳和副产物。

1. 自然发酵

定义：利用附着在葡萄果皮、发酵容器及周围环境的酵母进行发酵。

目的：触发酒精发酵。

规定：制取酒母时，应选用清洁、无病的果实。

2. 添加酵母发酵

定义：加入经过人工选育、培养的酵母或商品化的活性干酵母进行发酵。

目的：

a）启动酒精发酵。

b）诱发发酵停止的葡萄酒再发酵。

规定：

a）选育的酵母，在凝聚性、产酒精能力、产酒精效率、耐二氧化硫能力、产生风味等方面要符合葡萄酒的要求。

b）干酵母应该具有活细胞含量高、贮藏性好的特点。

c）使用的活性干酵母应参照《国际葡萄酿酒药典》的规定。

3. 酒精发酵的激活

定义：在破碎的葡萄或葡萄汁中，添加相关物质或采用相关处理方法来促进酒精酵母的繁殖。

目的：加速并完成酒精发酵。

规定：a）只能使用化学催化剂，以酒石酸盐、氯化物、硫酸盐或磷酸盐等形式与氨离子结合的盐类。

b）上列物质加量经试验确定。

c）上列物质应参照《国际葡萄酿酒药典》的规定。

3.1 加酵母促进剂

定义：在葡萄汁中加入硫胺素、铵盐等。

目的：a）加速酒精发酵。

b）在酒精发酵过程中，防止形成能与二氧化硫结合的物质，从而达到维持二氧化硫含量的目的。

规定：a）硫胺素的用量不应超过0.0006g/L。

b）硫酸胺的用量不应超过0.3g/L。

3.2　加酵母菌皮

定义：在葡萄汁中添加酵母菌皮。

目的：a）防止酒精发酵停止。

b）有利于缓慢发酵。

c）处理发酵的停止。

规定：a）对于目的a）应该在发酵前或发酵开始添加酵母菌皮。对于目的b）是在接近发酵结束时添加。对于目的c）是在投放酵母前添加。

b）所用剂量不应超过0.4g/L。

c）所使用的酵母菌皮应参照《国际葡萄酿酒药典》的规定。

3.3　通风

定义：本工序是将空气引入正在发酵的破碎葡萄或葡萄汁中。

目的：有利于酵母繁殖，从而促进发酵并有利于可发酵糖的全部转化。

规定：此工序在发酵刚进入活跃阶段即可进行。

4. 酒精发酵方式

4.1　传统浸提发酵法

定义：本方法是在葡萄破碎或除梗破碎后，使葡萄的固体部分和液体部分保持或长或短一段时间的接触。浸提和发酵是同时完成的。

目的：将果皮中的物质，尤其是多酚类、芳香类等物质溶解。

规定：为了更快地达到浸提的目的，可以使用各种机械手段：上下循环，冲洗皮渣的帽盖；使用自动浸提罐，在皮渣上进行再循环的装置。

4.2　二氧化碳浸渍法

定义：本方法是将完整的葡萄置于密闭的酒罐中数日，罐内的空间充满二氧化碳。该气体从外面充入，或从葡萄的呼吸产生或从一部分破碎的果肉发酵产生。

目的：生产更为柔和、更新鲜、酸度低的红葡萄酒或桃红葡萄酒，更好地保存芳香。

规定：a）应使用食品级二氧化碳气体。

b）从酒罐中取出浸提后的葡萄进行破碎和压榨，从皮渣中分离出发酵液，在没有固体物质的情况下进行发酵。

4.3　热浸提法

定义：本方法是将整粒葡萄，或破碎的葡萄在开始发酵前加热，根据所要达到的目的来选定温度，并使葡萄在选定温度下保持一段时间。

目的：a）更完全地提取果皮中的色素、酚类和其他物质。

b）抑制酶促反应。

规定：a）葡萄汁发酵时可接触或去除固体物质。

b）上述方法不应进行浓缩或渗水。要防止过分加热。禁止使用喷入蒸汽法加热。以上三种方法主要是对红葡萄酒酿造而言。

4.4 低温发酵法

定义：葡萄汁经过澄清处理后，在15～18℃温度下缓慢发酵，酿造白葡萄酒。

目的：获得果香味浓的白葡萄酒。

规定：葡萄汁的澄清应良好。

控制发酵温度。

八、苹果酸——乳酸发酵

1. 自然触发

定义：在酒精发酵时或发酵结束，通过调节发酵的条件，启动苹果酸－乳酸发酵。

目的：a）改善风味。

b）降酸。

c）提高生物稳定性。

规定：a）为了触发苹果酸－乳酸发酵，应降低二氧化硫的含量，使其低于0.05g/L。

b）应防止乳酸菌发酵糖。

2. 添加乳酸菌

定义：加入人工制备的商品化的活性乳酸菌，启动苹果酸－乳酸发酵。

3. 接种发酵的葡萄酒

定义：接入正在进行苹果酸乳酸发酵的葡萄酒。启动苹果酸－乳酸发酵。

九、酒精发酵中断

定义：停止酒精发酵。

目的：制得含原始糖的产品。

规定：能使用的方法仅仅是物理方法。

1. 加热法

定义：将发酵的葡萄醪液加热到一定的温度、并维持一定的时间中断酒精发酵。

目的：抑制葡萄醪液中微生物的活动。

规定：a）葡萄醪液通过热交换器接着迅速冷却；

b）热处理过程不应引起葡萄醪液的外观、颜色、香气与滋味的变化。

2. 冷却法

定义：将发酵的葡萄醪液迅速降到5℃抑制酒精发酵。

目的：暂时抑制葡萄醪液中的微生物活动。

3. 过滤法

定义：将发酵的葡萄醪液进行过滤。

目的：减缓酒精发酵的速度，通常和其他几种方法结合使用。

4. 离心法

定义：将发酵的葡萄醪液进行离心，去除微生物。暂时中断酒精发酵。

5. 加酒精法

定义：在酒精发酵过程中，向发酵醪液中加入葡萄酒精、食用精馏酒精。

6. 加二氧化硫法

定义：在酒精发酵过程中向发酵醪液中加入液体二氧化硫。

目的：阻止葡萄醪液的酒精发酵。

十、原酒贮存及陈酿

1. 添酒或取酒

定义：根据贮酒容器容量和气温变化将原酒加入或取出，以保持容器满容的操作。

目的：避免原酒氧化；避免原酒因接触空气而导致微生物繁殖。

规定：用于添加的原酒应和容器中的酒质相同或类似。

2. 倒酒

定义：将容器中的原酒转移到另一个容器中的操作。

目的：分离沉淀物。

规定：为了避免葡萄原酒氧化，尽量在

隔绝空气条件下操作。

3. 充氮或二氧化碳

定义：利用氮气或二氧化碳气体对原酒进行保护。

目的：防止氧化变质或需氧菌的繁殖。

规定：气体应参照《国际葡萄酿酒药典》的规定。

4. 陈酿

定义：促进葡萄酒品质改善的条件下贮存。

目的：提高葡萄酒品质。

建议：陈酿可在涂有防腐层的水泥池或不锈钢罐、橡木桶或玻璃瓶内进行。建立适宜的陈酿条件（包括温度、湿度）。

十一、葡萄酒的澄清

定义：通过加入能沉淀悬浮物的物质，或其他方法使酒得以澄清。

1. 自然澄清法

定义：采用自然静置的方法促进葡萄酒的澄清。

目的：通过重力作用使葡萄酒中的悬浮物自然下沉使酒澄清。

建议：自然澄清常常需要和其他方法结合使用。

2. 机械澄清法

定义：葡萄酒通过适当的过滤器、离心机，将悬浮物去除。

目的：a）获得澄清的葡萄酒。

b）去除微生物。

规定：a）过滤时使用适当的助滤剂，如硅藻土、珍珠岩、纤维素为主要成分预制的过滤层。

b）过滤装置应预先热水清洗或消毒。

3. 加澄清剂澄清法

定义：加入能沉淀悬浮物的澄清剂，使悬浮微粒凝聚在一起，促进悬浮物的沉淀。

目的：a）使酒得以澄清。

b）去除一部分单宁多酚，使红葡萄酒变得柔和。

规定：a）凝聚性澄清剂主要有：明胶、蛋清、鱼胶、藻朊酸盐、二氧化硅胶液、酪蛋白、皂土（膨润土）、蛋白。

b）所使用的澄清剂应参照《国际葡萄酿酒药典》的规定。在使用之前，要进行确定添加量的试验。

十二、葡萄酒冷冻

定义：葡萄酒进行冷处理操作。

目的：a）促进酒石酸盐类沉淀及胶体物质的凝聚。

b）改善风味，提高稳定性。

规定：利用冬季的低温或人工降温进行冷处理，处理时可添加或不添加酒石酸氢钾，趁冷用物理方法把沉淀的晶体和胶体物质分离出去。

1. 间歇法冷冻

定义：将葡萄酒温度降低至其冰点之上0.5℃，冷冻一定时间，趁冷过滤。

目的：促进酒石酸盐类沉淀及胶体物质凝聚。

建议：a）这种处理主要用于新酿制的原酒。

b）处理过程中可加入少量酒石酸氢钾晶种。

2. 连续法冷冻

定义：将葡萄酒的温度降到0℃以下，

通过连续冷冻处理的操作。

目的：短时间内可获得冷稳定的葡萄酒。

规定：a）使用专用设备。

b）要加入酒石酸氢钾晶种，参考用量4g/L。

十三、葡萄酒非生物稳定方法

1. 抗坏血酸（维生素C）处理

定义：将抗坏血酸（维生素C）加到葡萄酒中。

目的：利用本品抗氧化的特性，使葡萄酒免受空气氧化。

规定：a）此法必须在装瓶时加入，用量不应超过0.1g/L。

b）与二氧化硫共同使用。

c）所使用的抗坏血酸（维生素C）应参照《国际葡萄酿酒药典》的规定。

2. 柠檬酸处理

定义：将柠檬酸加入葡萄酒中。

目的：与三价铁离子形成溶解态复合物，以减少三价铁破败的可能性。

规定：a）葡萄酒中柠檬酸的最大含量为1g/L（加香葡萄酒除外）。

b）所使用的柠檬酸应参照《国际葡萄酿酒药典》的规定。

3. 偏酒石酸处理

定义：将偏酒石酸加入葡萄酒中。

目的：防止酒石酸氢钾及酒石酸钙的沉淀。

规定：a）必须在装瓶前加入。

b）用量应低于0.1g/L。

建议：a）用此法处理的葡萄酒应注意保存温度及时间。因偏酒石酸在低温下水解慢，遇高温水解加快。

b）所使用的偏酒石酸应参照《国际葡萄酿酒药典》的规定。

4. 皂土（膨润土）处理

定义：皂土（膨润土）加入葡萄酒中。

目的：防止蛋白质和铜元素的破败。

规定：所使用的皂土（膨润土）应参照《国际葡萄酿酒药典》的规定。

5. 离子交换处理

定义：本工序是使葡萄酒通过聚合树脂柱，起到溶解聚合电解质作用，它的离子能和葡萄酒中的离子进行交换。根据其极性组合的不同，离子交换树脂可分为阳离子交换剂和阴离子交换剂。

目的：a）经过阳离子交换剂的处理：

• 防止酒石酸盐沉淀，使葡萄酒保持稳定。

• 减少含固定酸低和阳离子高的葡萄酒的pH值。

• 防止金属元素破败。

b）经过阴离子交换剂的处理：

• 减少滴定酸度。

• 使葡萄汁及葡萄酒去掉二氧化硫，减少二氧化硫含量。

规定：只用于目的a）经过阳离子交换剂的处理可使酒石酸盐稳定。用于其他目的不予采用。

6. 亚铁氰化钾处理

定义：在葡萄酒中加入亚铁氰化钾。

目的：降低葡萄酒中铜、铁及其他重金属含量，防止破败病。

规定：a）此处理方法须有完善的管理制度。

b）应先作试验，确定用量。

c）处理后必须对葡萄酒进行检查，以便发现是否有过量的亚铁氰化物或其他的衍生物。

d）所使用的亚铁氰化钾应参照《国际葡萄酿酒药典》的规定。

7. 阿拉伯树胶处理

定义：在葡萄酒中加入阿拉伯树胶。

目的：a）防止铜盐破败。

b）防止葡萄酒出现轻微三价铁破败。

c）防止葡萄酒中胶体、色素物质的沉淀。

规定：a）应在最后一次过滤之后或在装瓶前加入到葡萄酒中。

b）用量不得超过0.3g/L。

c）所使用的阿拉伯树胶应参照《国际葡萄酿酒药典》的规定。

8. 植酸处理

定义：在葡萄酒中加入植酸或植酸钙。

目的：对于铁质含量多，铜含量适度的葡萄酒，用来防止三价铁破败。

规定：a）由于使用本方法处理的结果不固定，因此必须进行预备实验和标准测试。

b）所使用的植酸或植酸钙应参照《国际葡萄酿酒药典》的规定。

9. 聚乙烯聚吡咯烷酮（PVPP）处理

定义：在葡萄酒中加入聚乙烯聚吡咯烷酮（以下简称PVPP）。

目的：减少葡萄酒中单宁和其他多酚物质的含量。

• 减少葡萄酒褐变的趋势。

• 降低葡萄酒涩感。

• 改正白葡萄酒不正的颜色。

规定：a）PVPP的使用量不应超出0.8g/L。

b）所用的PVPP应参照《国际葡萄酿酒药典》的规定。

10. 葡聚糖酶处理

定义：在葡萄酒中加入葡聚糖酶作酶处理。

目的：通过葡聚糖酶对β—葡萄糖降解，改进葡萄酒的澄清。提高过滤效率，但在葡萄酒中，由于灰绿葡萄孢或某些酵母菌株的作用，会使这种葡聚糖酶消失。

规定：葡聚糖酶应参照《国际葡萄酿酒药典》的规定。

11. 硅胶处理

定义：将硅胶加入配有明胶或其他蛋白胶液的酒中。

目的：通过明胶或其他蛋白胶的絮凝作用，实现酒质的纯净化。

建议：a）为确定硅胶和明胶或其他蛋白胶的粘着状流体的最佳用量，应预先进行试验。

b）所使用的硅胶应参照《国际葡萄酿酒药典》的规定。

12. 硫酸铜处理

定义：白葡萄酒中加入硫酸铜。

目的：去除葡萄酒中由于硫化氢及其衍生物所产生的不良口味和气味。

规定：a）硫酸铜的加入量须预先做试验确定。剂量不应超过0.01g/L。

b）形成的胶质铜沉淀应从葡萄酒中除去。

c）应用此法处理后的葡萄酒中铜含量应不超过0.001g/L。

d）所使用的硫酸铜应参照《国际葡萄酿酒药典》的规定。

13. 充氧处理

定义：将空气或氧气充入到葡萄酒中。

目的：a）使葡萄酒除去铁质。

b）去除可能出现的微量硫化氢。

规定：a）充氧应根据葡萄酒中铁的含量先进行添加单宁处理，然后用酪蛋白进行下胶澄清。

b）此方法不应使含二氧化硫过多的葡萄酒进行脱硫。

14. 单宁处理

定义：在葡萄酒中加入单宁。

目的：有助于改善葡萄酒口味和风味。通过处理使新葡萄酒中多余的蛋白质产生沉淀得到净化。

规定：所用的单宁应参照《国际葡萄酿酒药典》的规定。

十四、葡萄酒生物稳定方法

定义：排除微生物或抑制其发展的处理方法。

目的：取得葡萄酒的生物稳定。

规定：为实现此目的可采用以下方法：

a）热处理：

巴斯德杀菌；

热装瓶。

b）使用微生物抑制剂如亚硫酸处理、苯甲酸处理、山梨酸处理、乙基和甲基焦碳酸盐处理。

c）除菌过滤。

1. 巴斯德杀菌处理

定义：将葡萄酒加热到一定温度并维持到规定的时间。

目的：抑制葡萄酒中的微生物活化，使葡萄酒中的酶钝化。

规定：巴斯德杀菌处理按以下方法进行：

a）散装酒巴斯德杀菌处理：

让葡萄酒通过一个连续瞬时加热，迅速降温的热交换器冷却（瞬时巴斯德杀菌）；

b）瓶装酒巴斯德杀菌处理：

将葡萄酒加热，进行热装瓶并封口，接着进行自然冷却（热灌装）；

将瓶装葡萄酒浸入热水中，使热水在装有葡萄酒的瓶上流动，加热到一定温度，并且在这种状态下保持足够长的时间（简单巴斯德杀菌）。

c）升温和所用技术不应引起葡萄酒外观、颜色、香气、滋味的任何变化。

2. 山梨酸处理

定义：葡萄酒中加入山梨酸或山梨酸钾。

目的：抑制酵母繁殖，防止再发酵。

规定：a）添加山梨酸只限在装瓶前短时间内进行。

b）山梨酸和山梨酸钾同时使用时，以山梨酸计，使用量不超过0.2g/L。

c）所使用的山梨酸或山梨酸钾应参照《国际葡萄酿酒药典》的规定。

3. 苯甲酸处理

定义：葡萄酒中加入苯甲酸或苯甲酸钠。

目的：抑制葡萄酒中微生物活化。

规定：a）苯甲酸和苯甲酸钠同时使用时，以苯甲酸计，不得超过最大使用量0.8g/L。

b）所使用的苯甲酸应符合《食品添加剂使用卫生标准》（GB 2760）的规定。

4. 脲素酶处理

定义：向酸性介质的葡萄酒中加入脲素酶，作用于乳酸杆菌发酵产生的脲素。

目的：当葡萄酒中含脲素过高时，使用脲素酶将脲素转化为氨离子和二氧化碳，用于降低酒中的脲素含量。

规定：a）在澄清的葡萄酒中加入脲素酶。

b）了解葡萄酒中含脲素量，确定应加入的脲素酶量。

c）在过滤葡萄酒时将脲素酶去除。

d）所使用的脲素酶应参照《国际葡萄酿酒药典》的规定。

5. 除菌过滤

定义：在能除去微生物的过滤装置中进行葡萄酒过滤。

目的：得到生物稳定的葡萄酒。

规定：a）除菌过滤的葡萄酒必须是澄清的。

b）除菌过滤在灌装前进行。

c）过滤介质孔径在0.45$\mu$m以下。

d）过滤装置应预先通过蒸汽热水杀菌。

十五、葡萄酒脱色

定义：使颜色过深的葡萄酒脱色或发生褐变的葡萄酒脱色。

目的：校正颜色：

a）用非染色的红葡萄品种生产白葡萄酒。

b）白葡萄酒的严重褐变。

c）被氧化的葡萄酒。

d）某些红葡萄酒在酿造过程中由于工艺不当，致使颜色过深。

规定：a）可以使用活性碳、酪蛋白、PVPP。

b）使用的活性碳量应低于1g/L；PVPP的量应低于0.8g/L，酪蛋白根据试验确定用量。

c）所使用的上述物质应参照《国际葡萄酿酒药典》的规定。

十六、葡萄酒增香

定义：向葡萄酒中加入天然香料。

目的：为了生产加香葡萄酒。

规定：a）添加天然香料或香料提取物。

b）只允许在加香葡萄酒中使用。

十七、葡萄酒橡木增香

定义：向葡萄汁或葡萄酒中加入橡木片、橡木粉。

目的：增加葡萄酒橡木香，改善葡萄酒口感。

建议：选择优质橡木片、橡木粉。用量由试验得出。

十八、葡萄酒调配

定义：将不同批次的葡萄酒根据一定质量要求按一定比例进行混合的操作。

目的：获得高品质的葡萄酒。

十九、葡萄酒过滤

定义：葡萄酒在灌装前通过适当的过滤装置进行过滤。

目的：a）分阶段进行取得澄清葡萄酒。

b）通过去除微生物取得葡萄酒的生物稳定。

建议：发酵结束、澄清处理或冷冻后可进行粗滤及精滤。在灌装前经过除菌过滤或膜过滤。

二十、葡萄酒灌装

定义：将处理好的酒液装瓶或装入销售容器并进行封口的操作过程。

目的：为了使葡萄酒分装成销售的小包装并使成品酒达到市场和相关法规品质的要求。

建议：a）采用低真空或等压灌装方式，瓶中或包装物中充入惰性气体。

b）为延长葡萄酒稳定性装瓶前加入抗坏血酸（维生素C）及二氧化硫或加入山梨酸钾。

c）可采用葡萄酒热装瓶。

d）可采用瓶装巴斯德杀菌处理。

e）可采用除菌装瓶。

二十一、葡萄酒中不允许使用的添加物

增稠剂、糖精、甜蜜素、果糖的代用品、香料和香精、天然香料或香料提取物（除加香葡萄酒外）、合成色素、调味品。

## 附件一：

### 葡萄品种中外文对照

1. 酿白葡萄酒良种

霞多丽　CHARDONNAY（PINOT CHARDONNAY）

白品乐　PINOTBLANC

黑品乐　PINOTNOIR（红、白酒兼用）

灰雷司令　GREY RIESLING

白雷司令　WHITE RIESLING

贵人香　ITALIAN RIESLING

琼瑶浆　GEWURZTRAMINER

长相思　SAUVIGNON BLANC

白诗南　CHENIN BLANC

白麝香　MUSCAT BLANC

米勒　MULLER－THURGAU

赛美蓉　SÉMILLON

西万尼　SILVANER

2. 酿红葡萄酒良种

赤霞珠　CABERNET SAUVIGNON

蛇龙珠　CABERNET SHE LONG ZHU

品丽珠　CABERNET FRANC

宝石　RUBY CABERNET

佳美　GAMAY

味而多　PETIT VERDOT

美乐（梅鹿辄）　MERLOT

桑娇维塞　SANGIOVESE

西拉　SYRAH

神索　CINSAUT

歌海娜　GRENACHE

弥生　MISSION

3. 我国当前常使用的酿酒品种

龙眼　LONG YAN

汉堡麝香（“玫瑰香”）　MUSCAT HAMBURG*

红麝香（“红玫瑰”）　Цервен Мускат（俄）

白羽　РКАЦNТЕЈЛN（俄）RKATSITELI（英）

佳利酿　CARIGNAN

白玉霓　UGNI BLANC

玫瑰蜜　MEIGUIMI

晚红蜜　SAPERAVI（英）CAJIEPABN（俄）

巴柯　BACO

4. 我国培育出的染色品种

烟 73　YAN73

烟 74　YAN74

## 附件二：

### 山葡萄酿酒技术规范

说明

为规范我国山葡萄酒的生产，提高山葡萄酒质量，促进山葡萄酒健康发展并加速与国际接轨，特制订山葡萄酿酒技术规范。

山葡萄酒作为中国特种葡萄酒，除了要遵循《中国葡萄酿酒技术规范》外，根据山葡萄酒品种的特点，在酿制山葡萄酒时允许按山葡萄酿酒技术规范中规定的内容进行。

山葡萄酿酒技术规范规定了山葡萄品种、家植山葡萄产量、山葡萄含糖量、山葡萄酿造中酸度、糖度调整及皮渣二次发酵等内容。

1. 山葡萄品种

1.1　野生山葡萄

山葡萄、毛葡萄、刺葡萄、秋葡萄。

1.2　家植山葡萄

1.2.1　选育山葡萄品种

双庆、左山一、左山二、双丰、双红等。

1.2.2　杂交山葡萄品种

公酿一号、左红一、北醇等。

2. 家植山葡萄产量

酿制优质山葡萄酒的葡萄每公顷产量不超过 12000kg，用于酿制一般山葡萄酒的葡萄每公顷产量不超过 18000kg。

3. 山葡萄含糖量

野生山葡萄含糖量不低于 100g/L（可滴定糖）、家植山葡萄含糖量不低于 140g/L。

4. 山葡萄酒酿造

4.1　山葡萄汁（酒）降酸

定义：降低山葡萄汁（酒）滴定酸（升高 pH 值）。

目的：制取口味协调的山葡萄酒。

规定：在与低酸葡萄汁（酒）混合时，非山葡萄汁（酒）加入量不得超过 25%。

4.2　添加白砂糖

定义：在山葡萄破碎发酵期间添加白砂糖或糖浆。

目的：提高山葡萄汁糖度。

规定：a) 采用杂交山葡萄酿酒，白砂糖加量不超过产 2%（V/V）酒精的量。

b) 采用野生和人工选育的山葡萄酿酒糖浆的加入应根据葡萄汁干浸出物和糖度含量，一次性调整到山葡萄酒干浸出物和酒精度达到国家成品酒标准。

4.3　山葡萄皮渣二次发酵法

定义：山葡萄醪液发酵后分离，皮渣加糖浆继续发酵。

目的：充分提取山葡萄中的有效成分，蒸馏陈酿加工白兰地。

规定：山葡萄皮渣二次发酵加糖水量（糖度 6%）是皮渣量的 1/3，制成原酒只能用于蒸馏白兰地。

# 关于印发《车用乙醇汽油使用试点方案》和《车用乙醇汽油使用试点工作实施细则》的通知

国家经济贸易委员会　国家发展计划委员会　财政部　国家税务总局　公安部
国家工商行政管理总局　国家质量监督检验检疫总局　国家环境保护总局文件

国经贸技术［2002］174号

黑龙江、河南省人民政府，中国石油天然气集团公司，中国石油化工集团公司：

为缓解石油资源短缺，改善环境，促进农业发展，实施国民经济可持续发展的战略部署，贯彻落实国务院领导同志批示精神，现将《车用乙醇汽油使用试点方案》及《车用乙醇汽油使用试点工作实施细则》印发你们，请遵照执行。

2002年3月22日

# 车用乙醇汽油使用试点方案

（1）试点的必要性

车用乙醇汽油的开发应用有利于促进农业发展、缓解石油资源短缺、改善大气环境，对国民经济的可持续发展具有重要的战略意义。车用乙醇汽油在国外虽然已成功推广使用，但在我国还是一项全新的工作。它涉及粮食供给、变性燃料乙醇生产、汽油调合组分油的生产、车用乙醇汽油的混配、储运、销售、安全管理等多个环节，业务涉及多个部门，是一项复杂的系统工程。使用试点工作是推广使用车用乙醇汽油总体规划中的一项重要的组成部分，在试点工作中，需明确责任，各司其责，通力配合，共同推进车用乙醇汽油使用试点工作的有序进行。

（2）试点目的

通过车用乙醇汽油在局部范围内的使用，总结经验，发现并研究解决使用中遇到的问题，在此基础上，提出完整、科学、可靠的车用乙醇汽油使用试点运行总结报告，形成生产、储运、销售、使用车用乙醇汽油的成套技术措施和管理办法，为下一步推广应用和制定政策、法规提供依据。

（3）组织领导

车用乙醇汽油使用试点工作由国家经贸委会同国家计委、财政部、公安部、税务总局、质检总局、环保总局、工商总局等有关部门统一组织领导，试点省、市成立以主要负责同志为组长，有关部门参加的车用乙醇汽油使用试点工作领导小组（以下简称领导小组），分别负责组织开展试点工作。领导小组办公室设在省、市有关职能部门。

（4）试点范围及时间

河南省参加车用乙醇汽油使用试点的城市为郑州市、洛阳市、南阳市，黑龙江省参加车用乙醇汽油使用试点的城市为哈尔滨市、肇东市，共5个城市。试点周期为12个月，2003年6月30日前完成试点工作。试点启动的具体时间由各试点城市根据准备情况，报所在省领导小组批准后实施。

（5）试点启动与管理

试点期间，为了保障试点工作的顺利进行，变性燃料乙醇和车用乙醇汽油的生产、供应实行指定经营。

河南省、黑龙江省及各试点城市有关部门在省、市试点工作领导小组的统一领导下，根据职能范围负责对试点各个环节进行监督管理。

试点启动前，各城市领导小组组织有关部门按有关要求，对参加试点的所有环节进行全面检查，符合要求的，由试点城市领导小组报省领导小组批准后启动试点，并报国家经贸委等有关部门备案。

（6）试点期间的财政税收价格政策

①免征河南省天冠集团公司、黑龙江省金玉集团公司生产调配车用乙醇汽油用变性燃料乙醇5%的消费税。

②河南省天冠集团公司、黑龙江省金玉集团公司生产调配车用乙醇汽油用变性燃料乙醇的增值税实行先征后返。

③河南省天冠集团公司、黑龙江省金玉集团公司生产调配车用乙醇汽油用变性燃料乙醇所使用的陈化粮享受陈化粮补贴政策。

④车用乙醇汽油的销售价格按照《国家计委关于车用乙醇汽油定价原则的通知》（计价格［2001］1134号）的要求，执行与同标号普通汽油一致的价格。

⑤执行上述政策后，变性燃料乙醇生产和变性燃料乙醇在调配、销售过程中发生的亏损，由国家按保本微利的原则给予补贴。具体补贴方案由财政部商有关部门确定。

（7）跟踪与总结

试点期间，试点城市领导小组要组织有关单位，按各自职能分工负责跟踪车用乙醇汽油生产、储运、供应、销售及使用情况，及时解决试点中出现的问题，重大情况及时报国家经贸委。试点结束后，由两省试点工作领导小组负责，分别起草各省车用乙醇汽油试点工作总结报告，于2003年7月底前报国家经贸委，并抄报各有关部门。国家经贸委将据此组织有关部门对车用乙醇汽油使用试点工作进行总结，并上报国务院。

# 车用乙醇汽油使用试点工作实施细则

为确保车用乙醇汽油试点工作有序进行，根据《车用乙醇汽油使用试点方案》，特制定《车用乙醇汽油使用试点工作实施细则》。

（1）试点范围及方式

①河南省南阳市、黑龙江省肇东市先通过地方立法，实行封闭试点。两市城区范围内，除保留少数90号、93号车用汽油加油站，以供摩托车等特殊情况使用外，其余所有加油站由销售90号、93号车用汽油改为销售90号、93号车用乙醇汽油。

②郑州市、洛阳市、哈尔滨市三个城市的试点工作分两个阶段进行，第一阶段实行开放试点，三市各选定5个加油站，销售90号和93号车用乙醇汽油。主要向指定参加试点的车辆供应，同时向社会车辆销售。3～6个月后，根据试点情况，可进入第二阶段，先通过地方立法，实行封闭试点。在城区范围内，除保留少数90号、93号车用汽油加油站，以供摩托车等特殊情况使用外，其余所有加油站由销售90号、93号车用汽油改为销售90号、93号车用乙醇汽油。

（2）产品供应

①河南省试点需要的变性燃料乙醇指定河南省天冠集团公司供应，车用乙醇汽油调合组分油指定中国石化集团公司（以下简称中石化）所属炼油厂供应，车用乙醇汽油指定由中石化车用乙醇汽油调配中心统一调配供应，其他单位一律不得从事车用乙醇汽油的混配及供应工作。

②黑龙江省试点需要的变性燃料乙醇指定黑龙江省金玉集团公司供应，车用乙醇汽油调合组分油指定中国石油天然气集团公司（以下简称中石油）所属炼油厂供应，车用乙醇汽油指定中石油车用乙醇汽油调配中心统一调配供应，其他单位一律不得从事车用乙醇汽油的混配及供应工作。

③中石化负责在郑州、洛阳和南阳三个城市各建一个车用乙醇汽油调配中心，负责上述三个城市车用乙醇汽油的混配和供应工作。

④中石油负责在哈尔滨和肇东两市各建一个车用乙醇汽油调配中心，负责上述二个城市车用乙醇汽油的混配和供应工作。

（3）执行标准

①变性燃料乙醇的生产执行《变性燃料乙醇》国家标准（GB 18350—2201）。

②车用乙醇汽油调合组分油的生产执行《车用乙醇汽油调合组分油》中石化企业标准（Q/SHR 010—2001）。

③车用乙醇汽油的产生执行《车用乙醇汽油》国家标准（GB 18351—2001）。

④车用乙醇汽油调配中心的建设执行《〈石油库设计规范〉车用乙醇汽油调合设施补充规定》中石化企业标准（SHQ003－2001）。

⑤参加车用乙醇汽油试点的加油站参照

《〈汽车加油加气站设计规范〉车用乙醇汽油补充规定》中石化企业标准（SHQ002－2001）进行建设或改造。

⑥试点城市有条件的地方在储运过程和加油站建设和改造过程中，应注意采取油气回收措施或有关技术，避免油气泄露产生污染。

（4）培训及服务

①试点前，各有关单位要做好调配中心和加油站工作人员的业务培训。

②各试点城市要指定汽车维修站，负责对试点过程中发生的车辆故障进行跟踪维修、保养，及时收集反馈试用过程中出现的问题。

③试点城市应在中石油、中石化的技术支持下，于试点前，组织有关单位对指定维修站维修人员进行培训，并对参加试点的车辆进行必要的检查和维护。

④中国石化石油化工科学研究院负责车用乙醇汽油试点工作中的技术指导、技术培训和技术咨询，研究解决相关技术问题，提供必要的技术服务。并负责制订印发试点期间有关单位需要记录、整理、上报的各项技术数据表格。

（5）环境监测

试点城市要加强对车用乙醇汽油生产、储运、销售和使用环节中的环境影响的监督管理，组织有关环保监测机构对试点前后污染物的排放情况进行监测。中国环境监测总站负责污染物排放情况监测的技术指导、技术培训和技术咨询，研究解决相关技术问题，提供必要的技术服务。

①封闭试点的城市，要组织有关环保监测机构，设置专门采样点，监测试点前后城市道路两侧、加油站及调配中心附近的一氧化碳、碳氢化合物、氮氧化物、醛类、酮类等污染物排放情况及城市环境空气质量变化情况。

②试点城市应组织有关环保监测机构对各类使用乙醇汽油的汽车排放一氧化碳、碳氢化合物、氮氧化物、醛类、酮类等污染物的情况进行监测。

③试点城市对以上监测情况要及时总结，定期以书面材料报送省试点工作领导小组，并抄报国经贸委等有关部门。

（6）宣传

①各有关单位要大力宣传使用车用乙醇汽油的重要意义，介绍使用车用乙醇汽油的有关知识和注意事项，做好对汽车驾驶员的指导工作。

②宣传工作由省、市领导小组统一组织，新闻单位的宣传口径由各级领导小组办公室负责，科普宣传口径由中石油、中石化负责。

（7）总结

①试点期间，郑州、南阳、洛阳、哈尔滨、肇东五个城市领导小组组织有关单位，按各自职能分工负责跟踪、车用乙醇汽油生产、储运、销售及使用过程中的情况，并总结经验，每两个月将书面材料报送省试点工作领导小组，抄报国家经贸委等有关部门，抄送中石化、中石油。

②两省试点结束后，由省试点工作领导小组负责做好本省车用乙醇汽油试点工作总结报告，上报国家经贸委等有关部门。

③试点工作全部完成后，由国家经贸委会同有关部门对车用乙醇汽油使用试点工作进行总结，并报国务院。

④试点工作结束后，在国务院全面推广使用车用乙醇汽油前，试点省、市可继续按

试点方案执行。

河南、黑龙江两省及五个城市试点工作领导小组可根据试点方案、实施细则的要求，结合本省、市的实际情况，为保证试点工作的顺利进行，制定具体实施方案和相关配套政策，并抄报国家经贸委和有关部门。

# 《食用酒精》新国家标准的颁布与实施

**对原《食用酒精》国家标准（GB 10343—89）修订的说明**

任务来源

由中国酿酒工业协会酒精分会提出申请，经全国食品工业标准化技术委员会酿酒分会第五次年会研究推荐，国家轻工业局于1998年3月以国轻质［1998］1号文下发了通知，“食用酒精”被列为1998年修订国家标准项目计划，计划编号为：G 98025。由黑龙江华润金玉实业有限公司、中国食品发酵工业研究所、北京红星酒业集团公司、吉林天合农产品开发有限公司、安徽特级酒精厂等单位负责起草，由全国食品发酵标准化中心技术归口，要求1998～2000年完成。

目的和意义

由于20世纪80年代连续发生多起“甲醇中毒事件”，自1989年起，我国已将“食用酒精”从酒精系列产品中分离出来，另立标准并强制执行至今，该标准的实施大大推动了我国酒精工业的发展与科技进步，缩小了我国同世界同类产品的差距，起到了积极地推动作用。然而，我国酒精工业同国际先进水平尚有一定距离，面对即将加入WTO组织，尽快赶超国际先进水平，积极参与国内外市场的竞争，已是当务之急．再加上近年来随着人们生活水平的逐步提高和保健意识的不断增强，对饮用酒的安全性更加重视，根据科技进步已使其愿望成为可能．随着我国改革开放的不断深入，食用酒精质量明显提高，已开始走出国门，进入日本、西欧及东南亚市场，深受各国用户欢迎，成为国家出口创汇项目之一，发展势头较好，但食用酒精国家标准标龄过长（超过十年），有些指标已不能适应新形势的发展，为了满足出口和有些酒种对质量的需求，继续引导酒精工业的科技进步，因此，行业提出修订该标准是十分适时的，必要的。

制标依据和对主要条款的说明

①按GB/T 1.1的要求，增加了“前言”，重点说明了该标准“全部技术内容为强制性”；该标准与原标准的主要差异。

②在原标准优级和普级的基础上，增加了特级。

③按照国际惯例规定乙醇：特级≥96.0%（V/V）；优级≥95.5%（V/V）；普级≥95.0%（V/V）。

④根据食用工业用酒精的特点，将感官要求单独列出，增加了对口味的要求。

⑤色度、总醛、氧化时间，总酸、不挥发物、重金属、氰化物优级和普级基本上未变。硫酸试验由于杂质逐渐减少，所以，普级由≤80号改为≤60号。

⑥对危害人们健康的指标——甲醇加严控制，规定：特级≤2mg/L；优级由≤100mg/L提高到≤50mg/L；普级由≤600mg/L提高到≤150mg/L。

⑦“正丙醇”是我国当前食用酒精中存在的主要杂醇之一，为适应出口要求和推动行业技术进步，本次修订增加了正丙醇指标；“异丁醇和异戊醇”指标仍然合计，普级由不超过80mg/L改为不超过30mg/L。高级醇（杂醇油）过去多数厂家用化学法检测（有干扰），现根据分析技术的进步，改为用毛细管色谱法，分别检测正丙醇、异丁醇，异戊醇，该法快速、准确。

⑧试验方法主要是采用GB/T 394.2—1994中的相关部分。根据指标要求，增补了“感官分析”中口味评价方法。

⑨为避免重复制标，抽样方法等同采用GB/T 394.1—1994中6.2。

进一步明确了检验分类，出厂检验和型式检验项目及判定规则。

标准水平与效益

①特级为国际先进水平（相当于先进国家某些公司如芬兰JPI公司的最好精馏酒精水平）；优级为国际一般水平（相当于如德国、瑞士等同类产品水平）；普级为国内先进水平。

②经济与社会效益

该标准的发布，标志着我国酒精工业技术水平已经跨入世界先进国家行列；

该标准的实施，将有利于引导酒精行业继续科技进步，赶超世界先进水平，参与竞争；

为食用酒精的出口以及开展对外技术，经济交流提供了科学依据；

保证人体健康，提高生活质量；

促进相关饮料酒向高质量发展，开发新型酒种，满足市场需求，提高经济与社会效益。

《食用酒精》国家标准修订起草小组

## 中华人民共和国国家标准

**GB 10343—2002**

# 食　用　酒　精

代替GB　10343—1989

**Edible　alcohol**

### 一、范　　围

本标准规定了食用酒精的技术要求，试验方法、检验规则和标志、包装、运输、贮存要求。

本标准适用于以谷物、薯类、糖蜜为原料，经发酵、蒸馏精制而成的含水乙醇，即食品工业专用的酒精

## 二、引用标准

下列标准所包含的条文，通过在本标准中引用而构成为本标准的条文。本标准出版时，所示版本均为有效。所有标准都会被修订，使用本标准的各方应探讨使用下列标准最新版本的可能性。

GB 190—1990　危险货物包装标志

GB 191—2000　包装储运图示标志

GB/T 394.1—1994　工业酒精

GB/T 394.2—1994　酒精通用试验方法

GB/T 6682—1992　分析实验室用水规格和试验方法（neq ISO 3696：1987）

## 三、技术要求

**1. 感官要求**

应符合表1的要求。

**表1**

| 项目 | 特级 | 优级 | 普通级 |
|---|---|---|---|
| 外观 | 无色透明 | | |
| 气味 | 具有乙醇固有的香气，无异味 | | 无异臭 |
| 口味 | 纯净，微甜 | 纯正，微甜 | 较纯正 |

**2. 理化要求**

应符合表2的要求

**表2**

| 项目 | | 特级 | 优级 | 普通级 |
|---|---|---|---|---|
| 色度/号 | ≤ | 10 | | |
| 乙醇/%（体积分数） | ≥ | 96.0 | 95.5 | 95.0 |
| 硫酸试验/号 | ≤ | 5 | 10 | 60 |
| 氧化时间/min | ≥ | 40 | 30 | 20 |
| 醛（以乙醛计）/mg/L | ≤ | 1 | 3 | 30 |
| 甲醇/mg/L | ≤ | 2 | 50 | 150 |
| 正丙醇/mg/L | ≤ | 2 | 35 | 100 |
| 异丁醇+异戊醇/mg/L | ≤ | 1 | 2 | 30 |
| 酸（以乙酸计）/mg/L | ≤ | 7 | 10 | 20 |
| 酯（以乙酸乙酯计）/mg/L | ≤ | 10 | 18 | 25 |
| 不挥发物/mg/L | ≤ | 10 | 20 | 25 |
| 重金属（以Pb计）/mg/L | ≤ | 1 | | |
| 氰化物（以HCN计）[1)]/mg/L | ≤ | 5 | | |

1）以木薯为原料的产品。

## 四、试验方法

**1. 感官要求**

1.1　外观、气味

按GB/T 394.2—1994中4.1和4.3检查与评价

1.2　口味评价

吸取试样20mL于50mL容量瓶，加水（符合GB/T 6682三级要求）30mL，混匀，置于水浴中调节液温至20℃，然后倒入100mL小烧杯中，品尝评价其口味，做好记录。

**2. 理化要求**

2.1　色度、乙醇、硫酸试验、氧化时间、醛（以乙醛计）分别按GB/T 394.2—1994中4.2、4.4～4.7检验。

2.2　酸（以乙酸计）、酯（乙酸乙酯计）、不挥发物、重金属、氰化物分别按GB/T 394.2—1994中4.10～4.14检验。

2.3　甲醇、正丙醇、异丁醇、异戊醇

按 GB/T394.2—1994 中 4.8.1 第一法毛细管气相色谱法检验。其中在检验特级食用酒精时，要求：

a）气相色谱仪和毛细管色谱柱应选择灵敏度较高的，在甲醇含量小于 2mg/L，正丙醇、异丁醇、异戊醇各组分含量小于 1mg/L 时，仍能被检出；也可选用同等分析效果的其他类型毛细管色谱柱。

b）在配制内标（正丁醇）和甲醇、正丙醇、异丁醇、异戊醇标准溶液时，应注意选用基准乙醇（即各被测组分均检不出的）作溶剂，并尽可能与样品中各组分的含量相匹配。

c）另外，可采用标准加入法（增量法）进行验证。吸取相同体积的试样于 10mL 容量瓶中，共 4 份。第 1 份不加（被测组分）标准溶液，第 2、3、4 份分别加入成比例的标准溶液，然后用同一试样定容。在规定的色谱条件下测定。以加入标准溶液的浓度为横坐标，以相应的峰面积（或峰高）为纵坐标，绘制标准曲线，将曲线反向延长与横轴相交，交点处即为待测试样中该组分的含量。在第 2 份中加入标准的浓度应为被测组分检出极限的 10 倍。

d）结果的允许差，若各组分含量在 6mg/L～10mg/L 范围，两次测定结果之差不得超过平均值的 20%；若各组分含量在 5mg/L～1mg/L 范围，两次测定结果之差不得超过平均值的 50%。

## 五、检验规则

**1. 产品按批验收**

用罐、槽车灌（包）装的产品，以每一罐、每一槽车为一批；用桶和瓶包装的产品，以同时包装出厂、具有同样质量检验证明的产品为一批。

**2. 抽样**

按 GB/T 394.1—1994 中 6.2 规定的方法和数量抽样

**3. 检验分类**

3.1 出厂检验

3.1.1 产品出厂前，应由生产厂的质量检验部门按本标准的规定逐批进行检验，检验合格并签发质量检验合格证明书的产品，方可出厂销售。

3.1.2 出厂检验项目：感官、乙醇、硫酸试验、氧化时间、酸、醛、甲醇、正丙醇、异丁醇和异戊醇。

3.2 型式检验

3.2.1 型式检验项目：3.1～3.2 全部技术要求项目。

3.2.2 型式检验每半年进行一次，有下列情况之一者，亦应进行：

a）原辅材料有较大变化时；

b）更换设备或停产后，重新恢复生产时；

c）出厂检验与上次型式检验结果有较大差异时；

d）国家质量监督检验机构提出抽检要求时。

**4. 判定规则**

4.1 当检验结果有一项不符合本标准要求时，应从原抽样批中重新抽取两倍量的样品进行复验，以复验结果为准。若复验仍有一项指标不合格时，则判该批产品为不合格。

4.2 型式检验的判定同出厂检验。

## 六、标志、包装、运输、贮存

**1. 标志**

1.1　销售包装标签上应标注：产品名称“食用酒精”、原料、乙醇含量、制造者名称和地址、灌（包）装日期、净含量、采用标准号及质量等级。

1.2　装运食用酒精的罐、槽车上应标注：“食用酒精”、制造者名称和净含量；随车附有“产品质量检验合格证明”。

1.3　危险货物包装标志和包装储运图示标志应符合 GB 190 和 GB 191 要求。

**2. 包装**

2.1　包装材料和容器应符合食品卫生要求。装运食用酒精应使用专用的罐、槽车和铁桶，禁止使用铝桶或镀锌容器包装。包装前，应对所用容器进行严格地安全、卫生检查。

2.2　灌装产品后的罐、槽车应加铅封。使用单位收到货后，应先检查铅封是否完好，再进行产品数量与质量的检查。

2.3　包装物应体外清洁，标注内容清晰可见，标签粘贴牢固。

**3. 运输**

3.1　运输工具应清洁、卫生，不得与有毒、有害、有腐蚀性或有异味的物品混装混运。

3.2　搬运时应轻装轻卸，严禁扔摔、撞击和剧烈震荡，并应远离热源和火种。

3.3　运输过程应防火、防爆、防静电、防雷电，不得曝晒。

**4. 贮存**

4.1　产品不得与有毒、有害、有腐蚀性或有异味的物品混合存放。

4.2　产品应贮存于阴凉、干燥、通风的环境中，应有防高温、火种、静电、雷电的设施。在贮存区域应有醒目的“严禁火种”的警示牌。

San Miguel

广州生力啤酒有限公司成立于1991年，是由香港生力啤酒（广东）有限公司和广州啤酒厂共同组建的合资企业。

公司运用生力啤酒酿造集团的质量管理模式，生产制作的生力啤酒、生力清啤、双喜啤酒、广氏菠萝啤和广氏鲜啤、生力鲜啤等产品，都具有泡沫细腻、色泽金黄、酒味清醇等特点，满足啤酒饮家的需要。

生力啤酒于1994年被中国食品工业协会推荐为名牌产品，被国家质量技术监督局评为优级啤酒。同年，按照国家经贸委和国家统计局制定的“综合评价指标体系”，广州生力啤酒有限公司被评为“中国工业企业综合评价最优500家”之一，以95.15分在全国轻工业中排列12名。1996年又被广州市人民政府评为“广州工业企业综合实力50强”中的第七名。355ml易拉罐生力啤酒是广州市质量技术监督局认可的免检产品。近年来，生力啤酒、广氏菠萝啤还多次荣获欧洲著名的质量评选机构Monde Selection 授予的金牌。

公司于1997年12月通过1997版ISO9002质量体系认证，2002年通过2000版ISO9002认证。严密的ISO9002质量管理体系，现代化的企业管理，21世纪的生产设备以及生力啤酒酿造集团100多年的酿造技术，再加上一批高素质而积极体现公司价值观的员工队伍，是公司成功的保证。

今天的广州生力啤酒有限公司，环境幽雅，绿树成荫，到处是鲜花和草坪。阳光下，高大的不锈钢发酵罐熠熠生辉，走进厂区，使人犹如置身于美丽的大花园，又有谁不渴望喝上一杯在这里酿造的新鲜啤酒呢？

# 广州生力啤酒有限公司

地址：广东省广州市西村西增路63号　　邮编：510160　　电话：020-86509983　　传真：020-86505322

# 宁波金狮啤酒有限公司

# NINGBO LION BREWERY CO.,LTD.

宁波金狮啤酒有限公司是由浙江浙东啤酒有限公司与马来西亚金狮集团合资组建的现代化大型啤酒生产企业。公司坐落在山清水秀的宁波市西郊鄞江桥，距宁波市区20公里，公司占地面积近20万平方米，注册资金达2.4亿元。2002年实现产值3亿元，创利税7800多万元。目前的年产啤酒能力达35万吨，是浙江省啤酒主要生产企业之一，在全国同行业中享有较高的地位。

公司生产的啤酒以得天独厚的鄞江澄浪潭优质地下潜水和进口澳麦为基本原料，并与德国著名的啤酒生产企业进行技术合作，引进了具有国际领先水平的两条啤酒灌装生产线和啤酒酵母扩培系统；在国内较早采用了先进的露天发酵技术；从美国引进了空瓶自动检测器、啤酒全自动分析化验装置和啤酒过滤装置，使产品科技含量大大增加，产品质量不断提高。

公司生产的“KK啤酒”、“K牌啤酒”等系列产品以泡沫洁白细腻、口感清冽爽口，具有典型的国际流行口味而备受广大消费者的厚爱，在销售区域内成为中、高档宾馆饭店的首选品牌。并经认证获准使用“方圆”质量标志。“K牌啤酒”作为宁波市名牌产品还分别荣获“浙江省著名商标”、“浙江省名牌产品”和“全国啤酒行业优质产品奖”等称号。

公司还于1997年5月在宁波市同行业中率先通过ISO9002质量体系认证。随后，公司成功开发了红K啤酒、华狮啤酒、7° KK小麦啤酒、KK纯生啤酒等新产品，其中500ml的红K啤酒，330ml的华狮啤酒尤为深受高档饭店和娱乐场所等消费者的厚爱。2002年6月，公司主动把握啤酒消费市场动态与流行趋势，及时投入巨资，引进一条具有国际领先水平的纯生啤酒灌装生产线，成功地研制出“壹周纯生”啤酒，并在全国同行中率先提出并实施纯生啤酒“一周召回”承诺，产品一面市便以迅捷之势占领市场，赢得了广大消费者的一致好评。“壹周纯生”啤酒的成功上市意味着宁波地产啤酒品牌的生产设施、技术含量、工艺水平、管理措施及产品品质已与国际顶级品牌趋于同步。

至今公司已在上海、杭州等地建立了销售分公司，市场占有率不断提高。通过资产重组、优化结构，实现产品的低成本、高效率扩张，使企业实力再上新台阶，产品从区域名牌一跃成为全国名牌。

公司将一如既往地以“全心投入、正直诚实、团队精神、顾客导向”作为企业理念，竭诚为广大消费者服务！

技术质量控制中心

德国产啤酒过滤系统

纯生啤酒灌装生产线

金星啤酒 中国名牌
中国名牌 2002.9-2005.9 CHINA TOP BRAND
河南金星啤酒集团有限公司是全国大型一档企业和河南省74家重点企业之一，是郑州市政府命名的花园式企业。
创建于1982年，集团总部位于郑州市新郑路188号。公司占地面积18万平方米，建筑面积20万平方米，总资产13.34亿元，现有专业技术人员1160人，占职工总数的23%。
集团下属金星啤酒公司、蓝马啤酒公司、贵州金星啤酒有限公司、安徽（郸城）啤酒分公司、山西金星啤酒有限公司、陕西蓝马啤酒有限公司、河南安阳金星啤酒有限公司、河南漯河金星啤酒有限公司、河南南阳金星啤酒有限公司、河南信阳金星啤酒有限公司、云南昆明金星啤酒有限公司等11个啤酒公司和原料分公司、玻璃分公司、印制包装公司、动力公司、化工公司等10余个与啤酒生产相配套的企业，拥有26条现代化的啤酒瓶生产线和1条蓝马易拉罐生产线，主要设备均从国外引进，糖化、发酵全部采用微机控制。啤酒年生产能力100万吨，麦芽年生产能力5万吨，玻璃瓶年生产能力4万吨，是中西部大型的啤酒生产企业跻身中国啤酒四强。
居安思危
金星啤酒 GOLDEN STAR BEER
金星啤酒集团
地址：河南省郑州市新郑路188号
邮编：450009
电话：0371-6353345
传真：0371-6353345

福建雪津啤酒有限公司现有固定资产总值6.5亿元，总体生产规模超过50万吨/年，居全国同行业前列，2002年啤酒产销量跃居福建前列全国第八，人均创利税为全国同业前列。

公司通过了ISO9001：2000标准质量保证体系、ISO14001环境管理体系、HACCP卫生管理体系认证，建立了职业安全卫生体系，获得了出口产品卫生注册证书，并获准使用"C"标志。主打产品"雪津啤酒"被中国绿色食品发展中心认定为绿色食品A级产品。

公司建有福建省啤酒行业内一家省级企业技术中心和国内领先、福建仅有的啤酒小试生产线，并大胆应用新技术和新工艺，不断开发适应市场需求的新产品。在我国酿制成功正宗冰啤——雪津冰啤和在福建省酿制成功纯生啤酒后，又将冰啤和纯生的工艺进行完美的有机结合，成功开发出高档优质新品——雪津天地纯生冰啤，继续引领啤酒消费新时尚。

2002年11月，公司正式购并福建日月星啤酒有限公司，成立了福建雪津啤酒（三明）有限公司，走出了对外兼并扩张的第一步。

在发展中创新，在创新中飞跃。公司将努力打造华东地区强势品牌，走品牌、规模与效益并重的可持续发展之路，把公司建成全国一流啤酒企业。


地址：福建省莆田市涵江区工业路660号　电话：0594-3597297 3598290　http://www.sedrin.com.cn　http://www.china.sedrin.com　E-mail:sedrin@public.ptptt.fj.cn　福建雪津啤酒有限公司

中国酿酒工业年鉴

Yearbook of China Alcoholic Drinks Industry

# 科技篇

Technology

# 科技概况

## 中国酿酒工业科技进步概述

高寿清

2001～2002年中国酿酒工业取得了新的发展，发酵酒持续增长，其中葡萄酒增长最快（增幅为7.2%～19.3%），啤酒次之（增幅为5.8%～6.9%），黄酒也有一定增长，白酒总量呈持续下降趋势（减幅为9.3%～6%）。酒类产品的结构进一步得到优化，以食用酒精为基料的新工艺白酒和低度白酒的份额继续得到巩固与发展；酒精产量分别以2.6%和7.3%的幅度增长。随着加入WTO后我国市场的不断开放和酒类产品供大于求的实际情况，酒类产品的市场竞争日趋激烈，而技术竞争逐渐成为竞争的焦点，促使企业求新、求变，从而增强企业的市场竞争实力和生存能力，其重要措施就是必须提高产品的科技含量。

愈来愈多的企业认识到了这个道理，许多企业加大了科技投入，加强了技术开发与研究，下大力气进行生产的技术改造。大型酿酒集团公司的形成也为科技活动的开展创造了物质条件。近两年来，酿酒企业的科技开发与研究的力量得到长足进步，啤酒行业、白酒行业、葡萄酒行业都有重点企业建立了国家级的技术开发中心。企业的技术开发与研究活动蓬勃开展，有力推动了酿酒生产技术水平和产品质量水平的提高以及新产品的不断涌现。具体反映在各个不同酒的行业中：

**1. 啤酒业**

着重围绕提高啤酒质量（特别是保持风味稳定性）和高浓度啤酒酿造开展了许多技术开发与研究；技术改造上的明显特点是竞上纯生啤酒生产线。先进的过滤技术（膜滤、错流过滤的逐步采用）和微生物检测、控制技术水平有很大提高；高浓稀释技术得到较普遍的应用，装备逐步国产化；多种修饰剂得到应用；酿酒用活性干酵母和PET包装在啤酒生产中开始得到应用；有害菌检测技术逐步得到推广。

中国食品发酵工业研究所对啤酒发酵过程中二甲基硫（MDS）含量的变化及影响因素进行了研究，结论是：低温发酵与高温发酵比，前者含量较低；不同酵母代数中DMS量的变化差异较大，控制代数可以控制其最终含量，减少有害微生物污染是控制DMS含量最有效措施之一。

物料糖化制备麦汁过程中添加甲醛的替代品研究取得实用性进展。啤酒的包装（瓶型、容量、颜色）多样化，突破了长期以来

640毫升绿色瓶包装占统治地位的格局，涌现出一批啤酒新品种。

**2. 葡萄酒业**

围绕着提高葡萄酒生产技术和葡萄酒的质量水平开展了较多的研究，如：红葡萄浸渍特性的研究，葡萄酒中酒石酸钙沉淀机理的研究，生物工程技术在苹果酸一乳酸发酵中的应用，发酵中影响红酒颜色因素的研究，酶制剂、国产橡木片在葡萄酒生产中的应用，连续酒石稳定技术的应用，葡萄酒中生物胺的产生与控制，无菌苗体系建立试验等。在质量分析检测技术方面的成果有：顶空固相微萃取一气相色谱法测定葡萄酒风味，葡萄酒中主要黄酮类化合物的分析方法，分光光度法测葡萄酒色度，高效液相色谱法测葡萄酒有机酸及乙酸等。

中法葡萄种植与酿酒示范农场项目在河北怀来县启动。

中法合营王朝葡萄酿酒有限公司的“高档干红葡萄酒酿造技术与原料设备保障体系的研制与开发”项目获2001年度国家科技进步二等奖。

**3. 白酒业**

以食用酒精为基料的新工艺白酒在产量上的主体地位得到巩固的基础上，近几年随着调香、调味物质的丰富和优级食用酒精产量的增加以及勾兑技术的日益进步，酒的质量水平有普遍的明显提高，优质酒比例增加。“调酒液”的专业化生产与发展，有力地促进着新工艺白酒的不断发展。主要研究、开发如：新型白酒的研究及发展（天府名优酒研究中心），天府调酒液在新型白酒中的应用，新型白酒批量勾调操作的研究，黄水调味液在新工艺白酒中的应用等。

固态法白酒着重围绕进一步弄清楚并发挥好窖（窖泥）的作用以及加速酒老熟和勾兑技术开展研究，主要有：窖泥老化与窖形成的物理化学成因（酒鬼酒公司），己酸菌筛选新途径（兰陵酒业公司）与己酸菌培养液的使用（宁城老窖酒厂），人工老窖池在枝江大曲酒生产中的应用，汾酒老熟研究——用陶瓷缸碎片处理新酒有加速老熟作用；衡水老白干酒贮存老熟的研究，白酒组合优化辅助系统的研究及应用——用计算机辅助实现白酒勾兑调味方案（泸州老窖公司）等。

关于白酒分析方法的研究成果，主要有：填充柱气相色谱法直接进样分析白酒中的乳酸和脂肪酸含量（中国食品发酵工业研究所），气相色谱分析中对乙醇施尾峰的处理（贵州轻工研究所）等。

在酿酒微生物的研究方面，主要有：酿酒根霉高糖化力菌株的筛选和豉香型白酒酒饼微生物的分离（江南大学），芽孢杆菌对汾酒风味的影响（汾酒厂）等。

在蒸酒设备技术改造方面，三联锅甑在古井贡酒业公司的酿酒生产中得到应用。

大曲（浓香、清香）制造逐步走向专业化生产，生料酒曲得到一定发展。

**4. 黄酒业**

着重围绕提高黄酒生产的机械化程度和产品包装的现代化，进行技术改造和研究。瓶装黄酒的沉淀物是影响黄酒产品包装现代化的关键问题，这个“拦路虎”长期以来使人望而却步，加上“黄酒产品有沉淀物不碍消费”的误导，使得这方面的技术进展迟缓。但随着社会消费水平的提高和国际贸易对产品严格要求的发展形势，改造黄酒产品包装形式已显得愈来愈迫切，需要黄酒业界迎难而上加以善妥解决。近两年来，围绕这个问题的研究逐渐增多，如：瓶装黄酒酒脚成分的测定，黄酒蛋白质的测定及其沉淀原因探讨，改善黄酒非生物沉淀的方法，黄酒中的氨基酸及其含量的控制等。这是一个可喜的进展。黄酒产品包装的现代化，将为黄酒业进一步的发展创造重要条件。

酿酒用活性干酵母在黄酒生产中初步开始得到应用。

**5. 酒精业**

酒用活性干酵母应用技术取得新进展。耐高温酿酒高活性干酵母得到较普遍的应用，在使用方法上出现了分割的发酵法、大酒母罐驯化法、不经复水活化直接投入法等。

在酒精生产的淀粉液化工艺中，喷射液化得到逐步应用与发展。

液化、糖化用酶制剂的性能有新的发展与提高，如新型 α－淀粉酶用于高浓度醪液的液化；应用于酒精生产的 β－葡聚糖酶、木聚糖酶、果胶酶、纤维素半纤维素酶、蛋白酶、植酸酶以及能分解 α－1.4 与 α－1.6 糖苷键的复合新型液体糖化酶等。

年产 50 万吨酒精的特大型蒸馏装置建立。采用了高效塔盘、高效填料塔等精密精馏技术，高效填料塔和板式塔的复合结构，热耦合精馏技术，全流程过程模似及仿真设计技术；无水酒精变压变温吸附脱水技术。发酵罐容 3000 立方米。

过去我国生产无水酒精通常使用共沸法，近年来，分子筛、淀粉吸附和复合萃取法脱水等得到一定的应用与发展。

老蒸馏设备改造，应用差压法蒸馏生产高纯度优级酒精取得良好应用效果。试剂无水乙醇的生产技术和规模取得进步。

用于干酒精糟生产的国产大型干燥设备，除列管式和圆盘式外，回转式干燥机（换热面积 1500 平方米）的试制与应用也取得发展。

糖蜜酒精糟液浓缩、干燥制颗粒肥和专用锅炉燃烧处理分别在广西贵糖集团公司和南宁糖业集团公司得到实际生产应用。

# 代表性专题论述

## 新世纪展望中国啤酒工业发展

顾国贤

**1. 大集团垄断地位加强**

啤酒企业加强重组，预计至 2010 年，中国将从 500 余家企业转入不到 100 家企业，有 10 余家大集团垄断中国啤酒产量的

80%。

①青啤集团，现有50余家企业，产量已超过280万千升；

②华润集团，现有20余家企业，产量已超过220万千升；

③燕京集团，现有12家企业，产量已超过180千升；

④哈啤集团，现有10家企业，产量已超过100万千升；

⑤珠啤，现有5家企业，产量已超过90万千升；

⑥重啤集团，产量已超过80万千升；

⑦金星集团，现有8家企业，产量已超过70万千升；

⑧惠泉啤酒集团，产量已超过60万千升。

还有合资企业：

①金狮，现有10余家企业，产量超过80万千升；

②朝日，现有5家企业，产量超过70万千升；

③亚啤，现有8家企业，产量超过40万千升。

以上集团已占中国啤酒产量的55.8%。这些集团和将形成的集团，将改变过去大厂啤酒产地销而形成销地产。大集团的建立改变了工厂职能，原材料供应、生产、运输销售三大块统一。工厂将只按计划生产，建立销售公司，建立直销体系，争夺地区第一销售商的竞争将更趋激烈。原材料统一采购也迫使原材料的供应商更规范进行运作，这个改变将是深刻的。

2001年全国啤酒产量2273.8万千升，销售收入450亿元，税86亿元，利不足8亿元，其中销售费用450元/吨，达100亿元。

我国出口啤酒目前仅6万～7万千升，占0.3%，出口额0.35亿美元，0.7～0.8美元/升。最大出口是香港2.3万千升，其次是荷兰1.6万千升，墨西哥1.0万千升，德国1.0万千升。进口啤酒4.6万千升，占0.2%，0.6亿美元，1～1.5美元/升。

**2. 以纯生啤酒开发为契机，迎来新一轮装备、管理、技术的改造和发展**

以前工厂的发展片面追求产量，取得市场覆盖面，但现在市场日趋饱和，啤酒每年递增量将只有4%～6%（100万千升左右）。过去建立工厂因陋就简，在新形势下，必须进行深入改造，而且是以生产纯生啤酒为目标的改造，使企业素质达到现代化标准。

如燕京啤酒北厂，福建惠泉移地改造，珠江纯生车间，安徽龙津新车间，浙江石粱10万吨新车间等再加上青岛二厂，深圳青岛啤酒，深圳金威等，这些工厂的厂容厂貌、生产装备、技术管理，毫不逊色于国外的现代化啤酒厂。

质量是企业之本，优良质量是建立在“优良的原料、精良的装备、合理的工艺、科学的管理、高素质敬业的队伍和有效力的营销体制”。

深圳青岛10万千升工厂建设投资8000万美元，2001年生产纯生啤酒取得很大的成功，当年就取得6000万元利润。

这说明高投入、高产出。烟台朝日二厂在原有基础上进行改造，而且全面推行纯生化管理，从装备改造和管理着手，不用膜过滤也生产了低价位纯生啤酒，2002年预计将生产1万千升纯生啤酒，实行了全面纯生化管理模式，也大幅度提高了普通啤酒质量。

**3. 啤酒饮料化，是当前啤酒风格发展大趋势**

啤酒是世界性饮料，世界各地生产啤酒都有自己独特风格。啤酒风格特点可以区分为四大风味类型。

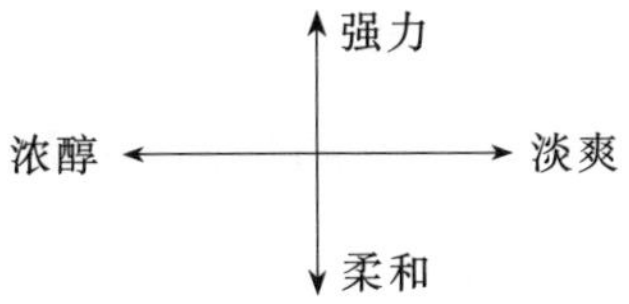


德国式啤酒以全麦芽，煮出糖化法，长期后酵为酿造特点，啤酒以浓醇为风格特点，啤酒70%～75%在酒吧中消费。英国式啤酒以浸出法糖化，高温快速强劲发酵，生产啤酒以风格强力为特点。

美国在20世纪60年代发展啤酒以高辅料、低浓度、低热量（Light Beer）、淡爽风格为特点，此特点风靡美国，但在传统德国人眼中，这不是啤酒，充其量是含醇饮料。

中国啤酒师出于德国，过去以青岛为代表，也以浓醇柔和为风格特点。在20世纪70年代，学习美国，创造出淡爽风格。现在江、浙、皖、沪、闽、赣等，市场十分流行低浓度（7～10°P）、浅色泽（3～5EBC）、低苦味值（8～12Bus）、低总酸（1.2～1.5ml 1N NaOH/100ml）。特别是淡爽而有柔和风格，更得到新一代消费者青睐，更适合于在餐桌上饮用，能配合各种菜肴。淡爽、柔和风格是建立在优良麦芽原料，较多配合辅料（35%～45%），并采用浸出糖化法、低温发酵，各种代谢副产物（高级醇、挥发酯、醛类）既少而又平衡，醇：酯＝2：1左右，酒精等代谢副产物不突出，而且由于低浓度，原辅料采用较少，成本比较低，适合中国啤酒价格低迷市场的要求。

淡爽柔和风格最怕啤酒酸味突出，酸突出就失去细腻柔和风格，这当然要求麦芽总酸低（≤1.4ml 1N NaOH/100ml 协定麦汁），酿造水质总碱度低，麦汁制造时少加酸调节，发酵没有污染，生酸幅度小，最终啤酒总酸（9～10°P）可以在1.4左右。淡爽柔和风格在啤酒后熟以后，采用深度冷处理，消除刺激性杂味物质，并使醇和水氢键缔合更好，啤酒非生物稳定性更好。

啤酒作为酒在淡化，啤酒作为饮料在发展，特别是健康饮料在发展，这是进入新世纪后啤酒发展的一个特点。

当然在中国西北，以肉食为主，生产浓醇和强力的啤酒还是有市场的。

**4. 新世纪啤酒以质量竞争为首要竞争**

现在我国啤酒绝大多数都能符合国家标准生产、销售，但风格优劣、风味保鲜时间长短是千差万别，特别是风味保鲜时间，短的只有1个多月，长的有3～4个月，这个差别直接影响覆盖面和销售时间。

风味保鲜期问题，放在大企业面前，迫切需要解决。风味保鲜首先是优良新鲜的原料，精良的装备，现在可以从瓶、易拉罐啤酒含氧量高低，判别企业总体素质。如我们生产啤酒，未杀菌瓶啤酒含总氧量在$3\times10^{-7}$（300 ppb）以下，是高素质优秀啤酒厂，这些厂数不多。总氧量在$3\times10^{-7}\sim5\times10^{-7}$（300～500 ppb），是优秀啤酒厂，已经得到改造和提升的厂。总氧量在$5\times10^{-7}\sim1\times10^{-6}$（500～1000 ppb）是正在重视的改进啤酒厂。总氧量$>1\times10^{-6}$（1000 ppb），是缺乏素质的工厂，总氧量$>2\times10^{-6}$（2000 ppb），是缺乏生命力的工厂，

这些厂还未意识到 $O_2$ 对啤酒损害的严重性。

对相同的技术装备和工艺，含氧量可以相差一倍，这实际上是管理和员工的素质决定的。质量竞争实质上是人才竞争。

我国啤酒工厂已经进入年轻化时代，40余岁左右领导层，30岁左右技术管理层。这两个层次多数都具有大学学历，而职工队伍多数都在高中、中专以上学历。各工厂对员工素质提高应该作为人力资源部首要任务，应努力提高职工素质，强化继续教育，加速引进和培养高层次人才（硕士、博士），多开展国际交流，培养既懂技术又懂管理、营销的复合型人才，才能使企业立于不败之地。

现在大学进入大众化时代，大学提高学生基本素质和在某些领域内创新思想和能力，进入单位能否成为“人才”要靠企业进一步培养和锻炼，学校这几年扩招研究生，本院2002年招80名硕士生30名博士生，我们还为大企业开办研究生班，如青啤公司、重啤、三得利、张裕，2003年还准备为燕京、金狮等办研究生班，我们每年还招工程硕士研究生班，大企业每年召开技术研讨会，提高技术管理层次素质有很好效果。

**5. 新世纪中国必须加速发展啤酒大麦，加强麦芽厂大型化**

中国2002年生产啤酒2273万千升，消耗麦芽230万吨，折耗啤酒大麦290万吨。中国近几年每年平均进口啤酒大麦200万吨，占69%，耗外汇3.5亿美元。进口国主要是澳大利亚100余万吨，加拿大50余万吨，法国25万吨，以及美国、新西兰、丹麦、英国等。进口大麦品种杂，良莠不齐，而啤酒厂已经习惯使用进口大麦，对国产大麦存在严重偏见，正如对六棱大麦一样，很多酿酒企业认为国产啤酒大麦和六棱啤酒大麦酿造不出优秀啤酒，我们2002年曾经以60%二棱，40%六棱做酿造，研究后经烟台朝日大生产验证发现，此搭配不但降低成本，不影响出酒率，而且酿造啤酒有麦芽香味，有柔和啤酒风格。

对国产啤酒大麦的偏见是发芽率低，掺假掺杂太多，皮壳厚，色泽重，品种混杂等。但这几年经我国农业科学家努力，种植结构改型和得到产地政府重视，这种情况大有改观。实际上中国进口大麦如澳大利亚司库那严重退化，加拿大哈林顿也正在消亡中，而加拿大推出新品系大麦，蛋白质含量均高于13%，现在无论在价格和品系及品系纯度均受制于人。发展国产啤麦不但支持农业产品结构调整，也有利于啤酒降低成本。近几年上海某啤酒公司至少用50%国产啤麦酿造，产品在上海十分畅销。

依靠进口大麦，使啤酒受制于人，例如一些优良品系还进不到国内来，哈林顿退化，这些年加拿大选育出新品系×××全部卖给美国，而进入中国的啤麦成本高了13%。

**6. 中国啤麦主要种植区**

6.1　江、浙、淮地区

本地区是中国冬大麦种植区。在20世纪80年代中叶，江苏是全国啤麦主要供应地，占56%。江苏今年大麦播种面积达10万公顷（发展可达13.3万公顷），大麦产量60万吨，其中一半可作为啤酒大麦，约30万吨。浙江约有1.7万公顷（发展可达2.7万公顷），产量达10万吨。淮河地区（皖、豫）也有1.7万公顷，产量达10万吨。

本地区啤酒大麦主要有冈二、KA4B、浙农二号，特别是KA4B发芽率在96%，浸出率在79%以上。

6.2 西北地区

中国西北地区气候、日照适宜种植春大麦。甘肃目前有4万公顷大麦面积，近期可发展到6.7万公顷，新疆目前有2.7万公顷大麦面积，有望发展到5.3万公顷。目前该地区约有40万吨啤酒大麦，主要品种匈84、甘啤2号、以及哈林顿等，其品质和进口大麦几乎相似。

6.3 东北地区

黑龙江有2.7万公顷，辽宁有0.7万公顷种植面积。目前以垦麦2号（6棱）、垦麦3号（2棱）为主。现有20万吨啤酒大麦。哈啤多年来一直以国产啤麦麦芽为主生产啤酒。

3个地区现有啤麦120万吨，近期可发展到200万吨。国产啤麦价格在1300元/吨，而进口澳、加啤麦1600～1750元/吨。我们呼吁啤酒界同仁，多使用国产啤麦，支持我国农业调整产品，支持国产麦芽生产发展。

近几年建立的广州、宁波、大连中粮麦芽厂均是年产20万～30万吨的亚洲最大麦芽厂，但中国还有42%的麦芽产量是小型麦芽厂生产的。麦芽厂应联合、装备和管理改造适应啤酒工业的集团化形势的转变。

中国加入WTO后，我国麦芽进口关税从30%将逐步降低到15%～9%，而进口大麦关税从3%可能升高至9%～12%。这关税的变化，引起传统麦芽出口国的关注。他们正在等待此特变，到时以290～300美元/吨麦芽进入中国，具有很大竞争力。我们麦芽制造业，必须面对此变化。

**2000年中国麦芽厂统计情况**

| 类别 | 大型麦芽厂 | 中型麦芽厂 | 小型麦芽厂 | 微型麦芽厂 | 总计 |
|---|---|---|---|---|---|
| 产量范围(万吨) | 7以上 | 4～7 | 1～3.9 | <0.9 | |
| 非专业厂 | 3 | 2 | 15 | 46 | 66 |
| 专业厂 | 6 | 8 | 32 | 70 | 116 |
| 产量(万吨) | 100.5 | 43.7 | 76.9 | 28.0 | 249.1<br>占24.8% |
| 其中非专业厂 | 25.5 | 9.7 | 21.9 | 4.7 | 61.8<br>占75.2% |
| 专业厂 | 75 | 34 | 55 | 23.3 | 187.3 |
| 占比例(%) | 40.3 | 17.55 | 30.9 | 11.2 | |

**7. 啤酒辅料的改变**

中国加入WTO后和美国双边谈判，每年将进入中国的玉米和小麦1200万～1500万吨。啤酒辅料从单一大米，这几年开始转变成淀粉和糖浆（淀粉高麦芽糖浆、大麦糖浆，玉米酵母全营养型糖浆和低聚寡糖糖浆）。通过我们和工厂试验，发现用淀粉和糖浆作为啤酒辅料是完全可以的，而且酿成的啤酒色泽浅，口味爽口，啤酒TBA值低，抗老化性能好。啤酒厂如何迎接此辅料的变化，淀粉和糖浆制造厂如何制造出符合啤酒规范、且价格可以和大米辅料竞争的产品，特别是各类糖浆应迅速建立国标，推动辅料的转变。

# 2001年慕尼黑饮料与酿造技术博览会的情况介绍及世界啤酒装备的新动向

徐 斌

这次博览会在2001年9月20～27日举行，是世界饮料与酿造技术博览会自举办以来规模最大的一次，比1997年的博览会规模还要大得多，参展商多达1260多个。2002年9月21～26日有三个专题共有54个讲座。这三个专题分别为战略与策略(Strategies)、加工与过程技术（Processes)、系统与工程（System)。在54个讲座中涉及啤酒工业的有18个，其中比较重要的有：

①趋于饮料化的啤酒品种；

②啤酒产品质量评价的最新方法；

③PET瓶在啤酒工业中的应用前景，包括循环利用的可能性；

④啤酒工业的卫生设计与评价；

⑤啤酒工业生产的自动化控制技术与装备；

⑥能源与能源节约；

⑦麦汁煮沸新途径；

⑧未来的啤酒工业等。

**1. 粉碎系统**

粉碎系统在现有调湿粉碎机的基础上又发展了一些新型的调湿粉碎机，这些粉碎机的特点是体积小，单位时间的粉碎能力较大，可以进行绝氧粉碎，可以调节粉碎浆料的pH，同时还可以通过变频控制调节不同的粉碎机转速。

一种新型的回潮螺旋，其内置的输送螺旋修改为断裂状，螺旋桨板上分布着斜向的条形缺口，这种螺旋桨在推进物料时可以使所有的物料都自下而上的搅动，满足均匀吸收水分的要求，使物料在进入干式粉碎机以前的总水分吸收量达到4%～5%，确保粉碎以后麦芽皮壳的完整程度。回潮粉碎的最大优点是粉碎后的物料可以短时间的贮存，有利于调节粉碎与投料时间的衔接，不需要太大的粉碎能力，相对而言，可以降低瞬间粉碎功率的需要。粉碎的同时可以送入$CO_2$进行绝氧粉碎和加酸进行pH的调节，另外，通过变频控制，可以配合糖化投料时进醪的速度和混合的均匀性，防止在进料时吸入多量的氧。

**2. 麦汁制造系统**

麦汁制造系统的发展主要着眼于使新装备能满足以下要求：

①最大程度的有效成分浸出；

②最大程度地隔绝氧，进行麦汁制造；

③最小程度的有害成分浸出；

④最小程度的能源消耗；

⑤最合理的、尽可能短的过程时间。

因此，对麦汁制造设备进行了许多合理的改进。

对糖化设备加热夹套的改进体现了三个方面的意图：

①使物料的受热更为均匀，消除了过去单一进汽点存在的局部过热；

②降低加热介质与物料之间的温度差，避免加热介质过高的温度对物料产生加热过程中的负面效应；

③减少冷凝水和不凝气体对传热过程的影响，提高热交换效果，相应地减少了“无效加热”，有利于节约加热需要的热媒总量。

加热蒸汽的温度与被加热物料之间的温度差越大，对被加热物料的质量影响也越大，而且容易造成物料结胶和炭化的现象，所以为了防止局部过热和温度太大，近代对加热源的温度控制提出了新的概念。

对搅拌器的改进主要为了达到以下效果：

①尽可能使锅内物料在搅拌时不产生液面的湍流和形成加大表面积的旋涡，这样，就可以有效地减少与氧的接触氧化；

②尽可能减少在搅拌过程中的剪切力，防止将葡聚糖和戊聚糖之类胶体物质过多地溶出，导致醪液黏度上升；

③在液面下能形成均匀、平稳的湍流，使物料中的酶与作用底物以及作用产物能在液体内充分、均匀的分散，缩短过程作用时间。

按照新型搅拌器和近代糖化过程要求，搅拌器的使用原则为：

①对糊化锅，一般使用快速搅拌，而且在整个糊化过程不能停止搅拌；

②在糖化锅和糊化锅的进（投）料时间，均应使用快速搅拌；

③在糖化锅，当处于小于55℃的温度条件下，搅拌器不能停止，但可以使用慢速进行搅拌；

④在糖化锅处于大于55℃的温度条件下，可以适当停止搅拌或者至少维持在慢速搅拌，防止过多的葡聚糖胶体释放；

⑤在糖化锅或者糊化锅的加热阶段，一定使用快速搅拌，使加热过程温度趋于比较均匀；

⑥在糊化锅向糖化锅进行送醪混合升温时，糊化锅使用慢速搅拌而糖化锅使用快速搅拌；

⑥在糖化锅向过滤槽输送醪液时，糖化锅使用慢速搅拌；

⑦慢速搅拌的转速为小于20转/分，快速搅拌的转速一般为30～35转/分，不超过40转/分；

⑧近代的酿造用泵必须满足绝氧、无漏泄、可变频和多角度输送的特点，而且不同的物料（不同的固形物含量、黏度和不同的温度）应有不同的泵结构。

过滤槽是整个糖化室最重要的装备之一，近代除了可以使用麦汁过滤机外，对麦汁过滤槽作了许多改进，进一步减少了第一麦汁的过滤时间和使用更为有效的洗糟方法，同时将非麦汁过滤时间尽可能控制在非常少的时间内，目前，最短的麦汁过滤时间，全过程只需要130分钟，使过滤槽每天的运行次数提高到11～12次。当然，在现代过滤槽的结构上也有了较大的改进：

一是过滤槽的假底结构作了不少改进，使全部第一麦汁过滤时间控制在40分钟内完成。

二是对过滤槽底（所谓“真底”）的结构作了不少改进，其中包括：

①每平方米槽底上的麦汁滤出管控制在1.1～1.2根，反冲洗管达到1.5～1.8根；

②根据实际测量的每一根麦汁流出管的流量与密度，进行收集总管的布置，使3～4根麦汁收集总管流出的麦汁流量与密度能比较均衡，防止出现流量大的麦汁滤出管阻碍了其他滤出管的正常流出速率；

③对3～4根麦汁收集总管分别进行控制，通过在线仪表的测定调节麦汁泵的流量使之不产生局部糟层板结和真空的现象；

④对麦汁流出口的结构和分布进行了合理的改进，防止对假底上的麦糟层产生抽吸操作。

三是对过滤槽的耕糟和排糟器作了较大的改进，这里包括：

①每平方米过滤面积的耕糟刀应达到1.1～1.2根，而且要求不同的横臂上有不同的耕糟刀形式，前后横臂上的耕糟刀必须有错开的间距，耕糟必须满足垂直、水平和糟层提升等多种耕糟方式。

②排糟机构满足在短时间内将废糟彻底排净的基本要求，不得留有残糟，通过假底上下的冲洗装置可以非常干净的将假底清洗得十分洁净。

③耕糟机的结构必须满足连续麦汁过滤和连续洗糟的要求，同时能保持麦汁浊度在比较稳定的范围内，一般控制在4～10EBC浊度单位。另外，先进的底进料方式也为稳定的麦汁过滤创造了良好的过滤条件，包括浊麦汁回流已经为从中间进口均匀分布流入糟层上部，不影响糟层的过滤结构和对糟层的局部冲击。

新型的麦汁内加热器设计主要解决以下几个过去存在的问题：

①内加热器的底部容易结垢、堵塞；

②内加热器的上部喷涌比较激烈，易将已经凝结的蛋白质絮凝物打碎，同时喷出的麦汁表面积增大，接触氧化加剧；

③内加热器位置处于中央，煮沸锅内不同位置的麦汁达到煮沸温度的时间长短不一；

④内加热器的清洗存在一定的难度。

近代啤酒工业对驱除一些不良风味物质，特别是含硫化合物十分重视，因此，在麦汁煮沸系统考虑增加一种叫做“Stripping system”即“脱除系统”的装置或工艺过程。STEINEKER公司推出了一种叫做Merlin的煮沸器，其特点是需要加热或煮沸的麦汁沿一个倒锥体成薄膜状流下，同时得到加热与蒸发。这种蒸发器的特点是加热表面很大，所以加热速度快，蒸发表面积大则蒸发量增加，它可以结合旋涡槽作为煮沸锅使用，也可以结合煮沸锅作为驱除不良风味物质的组合设备。

过去的旋涡槽比较注重切线方向进入和较高线速度的概念，而事实上切线方向进入旋涡槽会由于槽壁的摩擦损失导致贴近槽壁部分的液体流干扰了槽内液体的流动，而过高的线速度不仅要求送入管道的初速度很高，不仅易将已经凝固的蛋白质打碎，形成许多细小的颗粒物质，而且会在槽内形成局部湍流，影响颗粒浑浊物质的旋涡沉降。因此，新型的旋涡槽要求送入管道的初速度不超过2.4米/秒，进入旋涡槽的线速度控制在3.5～5米/秒，而进入旋涡槽的管道呈20°～30°的夹角以减少槽壁的摩擦损失，但要求全部最终麦汁应在10分钟内送完，以形成较强的旋转推力。

关于麦汁冷却，近代设计出一种可以使用常温水对麦汁进行予冷却，然后再用直接氨蒸发的方式。这种板式换热器的冷却面积可以根据需要调节，确保回收热水温度满足要求，而氨直接蒸发可以通过调节氨的工况条件做到自动、有效地控制。

**3. 酵母添加和发酵系统**

近代对酵母扩大培养有以下几个比较重要的认识：

①酵母扩大培养的最终目的是需要得到健康、强壮的菌体数量而不是代谢产物，因此，在酵母扩大培养过程中应尽量避免进入厌氧代谢过程。

②除了实验室扩大培养过程以外，生产扩大培养过程需要分为几个扩大级数进行并不是太重要，只要掌握合适的时间（即移种时间），及时补充新鲜麦汁和足够的氧，是否进行倒罐并没有太大的差别。近代的酵母扩大培养可分为一罐法、两罐法、三罐法，大多倾向于使用两罐法，其中包括一个种子罐。过多的扩大级数对系统的消毒灭菌会提出更严格的要求，而且会有较高的投资费用。

③对起始菌种的健壮和污染程度的控制是获得良好的大生产菌种的关键。

④扩大培养过程中使用的麦汁，是使用冷麦汁在培养罐中高温灭菌，还是使用冷麦汁直接进入培养罐或是在培养罐中进行冷却的问题，现在已经有了比较明确的意见。大多数酿造者认为，冷麦汁再进行热杀菌虽然能保证无菌条件，但是，在120℃左右的条件下较长时间的消毒灭菌，必然会损失相当一部分营养物质，同时，还会生成多量的细小冷混浊颗粒，这些都是对酵母繁殖不利的，加上加热灭菌和冷却，需要耗费比较长的时间，这就大大延长了时间。目前多倾向于使用旋涡槽送出的麦汁经冷却后进入培养罐，或者直接在培养罐中冷却。

⑤关于扩培过程的通风（充氧）问题，在营养条件良好的基础上，多通风要比少通风好，这样可以使酵母尽量维持在有氧代谢的情况下，繁殖多量的菌体。因此，大多建议在接种后的24小时内，每15分钟通风一次，后24小时，可以按每5分钟通风一次，每次通风5分钟后，通风操作可以在计算机自动控制下进行。

⑥最终的扩培酵母细胞数目标一般要求在每毫升不少于1亿个，不超过1亿5千万个。在实际掌握时，也可以根据移种当时的出芽情况进行控制，出芽率高，细胞数可以略少一些，反之可以适当多一些。

⑦据资料记载，扩大培养结束后，用于接种的酵母混合液的比较理想数据为：

死亡率小于1%；pH3.8～4.2；酒精含量1%～1.5%（m/m）；$CO_2$ 含量0.05%～0.15%（m/m）。

另外，为了确保加入冷麦汁中活性酵母细胞数能得到计量，可以在管道上安装一个活性酵母细胞计数器。

关于冷麦汁充氧近代推出了一种“予充氧装置”，只对酵母接种液进行充氧、混和，不仅可以使酵母充分接触氧，而且对酵母液进行了充分的混和，使酵母添加到冷麦汁中时会非常均匀，并且不会造成进罐时产生大量的泡沫。

发酵大罐的冷却过去各个冷却段都只有一个进口、一个出口，需要冷却的液体数量却非常大，这样，不仅导致进出口温差比较大，而且不同层面的液体接触到的冷媒温度很不一致，引起罐内液体对流效果比较差。

在低温贮酒时局部还会发生结冰的现象。近代对发酵大罐冷却段的进出口进行了改进，即多头进、多头出，这样一方面可以降低冷媒的进口温度和进出口温度差，另一方面，罐内液体对流情况大有改善，液层之间的温度差也减小了；另外，考虑到低温贮酒时罐内液体温度相对比较低和容易发生结冰的情况，因此将贮酒阶段用于冷却的冷却段设计在最上部，因为，不管在何种情况下，大罐的最上部温度总是最高的，可以关闭下部冷却段，防止出现下部低温区发生结冰的现象。

近代越来越推崇使用两罐法的发酵工艺，这是在一罐法暴露出许多问题以后形成的一种新的认识，这里面包括：一罐法的确存在温度均匀性、酵母回收和自溶问题，封罐形成的罐顶压对酵母细胞壁的过高外压问题，冷却速率问题等。所以，现在比较多的是先在一个大罐添加酵母进行发酵，并充分回收$CO_2$，以降低罐压。发酵结束以后立即回收酵母，再用回收的$CO_2$进行洗涤以排除生青味、加速还原双乙酰，同时进行降温。在6～7℃进行适当温贮，再通过一个离心机、一个薄板冷却器进行倒罐，在倒罐过程中可以添加各种澄清剂、稳定剂，进行后处理，冷却到0～－1℃进行冷贮，就可以进行过滤了。两罐法的缺点是会增加损耗，有可能增加溶解氧和可能发生污染，所以在生产纯生啤酒时要注意这方面的问题。

**4. 啤酒过滤系统**

简单介绍一些最新的过滤机形式：

①Twin flow system（TFS）

这是烛式过滤机的改进型，可称为“复式过滤系统”（略）

②Multimicro（filtration）system（MMS）

MMS可称为“深层过滤系统”，这种过滤系统有以下特点：

a. 这种过滤机使用一种特殊的呈“V”字形的微孔过滤垫进行过滤，这种过滤垫由纤维素和硅藻土制成，其过滤孔径随着过滤层的垂直方向由大到小，所以又称为深层过滤，其最小的孔径可以做到进行无菌过滤的要求。

b. 这种过滤机可以使用各种不同的过滤垫（分A型，B型与C型等多种），分别用于精过滤、灌酒机前的精细过滤和无菌过滤，还可以自动操作。

③Combined stabilization system（CSS）

组合稳定系统（CSS）是以一个过滤腔为中心，精密加工的过滤腔内充垫了一种称之为“聚琼脂多糖”的吸附剂，其颗粒大小在100～300微米之间，可以吸附蛋白质和多酚物质。吸附剂可用NaCl和NaOH再生几百次，可以重复使用，有效期可达三年之久。

④Cross－flow filtration（CFF）

“错流过滤”是近代开发陶瓷微孔过滤膜（主要成分为三氧化二铝或氧化锆）之后开发的一种新型过滤装备。错流过滤是在流动过程中完成浊流过滤的，因此，在过滤表面不形成沉积层，常将错流过滤称为“动态过滤”。错流滤过的最大优点是不需要助滤剂，根据不同的膜孔径可以分别进行精过滤和无菌过滤。由于膜材料属于陶瓷类物质，不同于塑料，因此，可以耐高温、耐酸、耐碱，这样，清洗与再生比较可靠，有效。

⑤F & S filtration system

F & S系统被称为第三个一千年的过滤

系统，是用原纤维、半纤维素和PVPP作为过滤介质，可以反复再生和使用的过滤系统，用以代替硅藻土过滤，减少硅藻土对啤酒的不良影响。目前已经达到大生产的程度，正在摸索最佳的结合方式和所使用的原纤维质量对比和使用寿命的问题。

⑥Attempration，Process aids and additives

修饰技术及其添加剂（加工助剂）的应用一直是近代啤酒工业关注的内容，因为这种技术和相应的添加剂对改进啤酒质量，提高啤酒的各种稳定性具有重要的价值，当然，在添加剂的使用上至今仍有两种截然不同的看法，但是，作用性质良好的添加剂还是被公认的，例如：硅胶、PVPP、单宁以及卡拉胶等，修饰技术对产品稳定性的提高，对产品品种调节的灵活性和新产品的开发等方面的作用应该是不可否认的。

⑦HGB system－deareation and blending system

高浓度稀释啤酒生产工艺至今仍在国内外啤酒工业有广泛的应用，原因是不仅可以明显地提高啤酒质量，而且产品质量稳定、啤酒的稳定性比较好，同时可以降低各项消耗和生产成本。但是，目前最高的发酵浓度尚未超过20°P，大多使用16～18°P进行发酵，而我国的高浓度发酵工艺还很少超过15°P。应该说，还有很多问题有待于解决，包括酵母菌种的选育、发酵过程、水质精确混合、最终啤酒质量等方面的有效控制等；特别是稀释用水质量的控制水平尚需进一步提高，国外啤酒公司在这些方面都非常重视。

## 中国的啤酒大麦供应、麦芽生产的格局及发展趋势

江国金

中国啤酒工业的快速发展为中国麦芽工业提供了难得的发展空间，同时随着中国啤酒工业规模和产品质量的提高，原料安全日益成为啤酒行业关心的课题。现就中国啤酒大麦、麦芽的供应情况向大家作一简要介绍。

### 1. 啤酒大麦供应状况

1.1　全球大麦生产和啤酒大麦的供应状况

20世纪90年代以来，全球大麦产量呈下降趋势，从1993～1994年度的年产约1.7亿吨下降到目前的约1.3亿吨。

**表1**　**1993～1994年度至2000～2001年度全球大麦产量表**　单位：万吨

| 年度 | 1993～1994 | 1994～1995 | 1995～1996 | 1996～1997 | 1997～1998 | 1998～1999 | 1999～2000 | 2000～2001 |
|---|---|---|---|---|---|---|---|---|
| 产量 | 16986.9 | 16089.8 | 14151.5 | 15524.9 | 13915.1 | 13711.7 | 12804 | 13396 |

世界大麦主产区为欧共体（包括法国、德国、丹麦、英国、西班牙等十五国）、加拿大、美国、澳大利亚、独联体国家（俄罗斯、乌克兰等），这些国家和地区的大麦产量约占全球大麦总产量的80％。欧共体、加拿大、澳大利亚、美国为世界大麦的主要出口国，其出口量约占世界大麦总出口量的85％。

**表2　世界大麦主要出口国大麦产量表**　　单位：万吨

| 国家＼年度 | 1993～1994 | 1994～1995 | 1995～1996 | 1996～1997 | 1997～1998 | 1998～1999 | 1999～2000 | 2000～2001 |
|---|---|---|---|---|---|---|---|---|
| 欧共体 | 4702.8 | 4371.9 | 4370.2 | 5281 | 5200 | 5190.7 | 4887.9 | 5156.3 |
| 加拿大 | 1297.6 | 1169.2 | 1303.5 | 1590 | 1350 | 1270.9 | 1319.6 | 1346.8 |
| 美国 | 866.5 | 816.5 | 781.9 | 864 | 790 | 766.7 | 610.3 | 692.1 |
| 澳大利亚 | 694.5 | 278.7 | 549.8 | 590 | 580 | 598.7 | 504.3 | 560 |
| 总计 | 7561.4 | 6636.3 | 7005.4 | 8325 | 7920 | 7827 | 7322.1 | 7755.2 |

**表3　世界大麦主要出口国大麦出口量表**　　单位：万吨

| 国家＼年度 | 1993～1994 | 1994～1995 | 1995～1996 | 1996～1997 | 1997～1998 | 1998～1999 | 1999～2000 | 2000～2001 |
|---|---|---|---|---|---|---|---|---|
| 欧共体 | 668.4 | 579.1 | 275 | 400 | N/A | 889.4 | 1050 | 1000 |
| 加拿大 | 378.8 | 265.6 | 260 | 350 | N/A | 110 | 175.5 | 210 |
| 美国 | 154.6 | 137.2 | 110 | 75 | N/A | 60 | 83.9 | 95 |
| 澳大利亚 | 426.7 | 119.7 | 340 | 330 | N/A | 424.1 | 287 | 360 |
| 总计 | 1628.5 | 1101.6 | 985 | 1155 | N/A | 1483.5 | 1569.4 | 1665 |

可见，欧共体无论在大麦产量还是在大麦出口量方面均占有举足轻重的地位，澳大利亚虽然大麦产量低于其他主产国，但仍为全球第二大大麦出口国。

从全球啤酒大麦的产量来看，欧共体啤酒大麦的产量最大，约占全球啤酒大麦总产量的50％。以2001～2002年作物年度为例，全球啤酒大麦产量约为2100万吨，其中欧共体产量约为1010万吨（见表4）。

世界啤酒大麦的主要出口国为澳大利亚、加拿大、欧共体、美国（主要出口六棱啤酒大麦）、阿根廷等国。尽管欧共体啤酒大麦产量占全球啤酒大麦产量的近一半，但从全球啤酒大麦出口量来看，正常年景的情况下，欧共体啤酒大麦出口量却低于澳大利亚，和加拿大相当（见表5）。

**表4　2001年度全球啤酒大麦产量分布**

单位：万吨

| 澳大利亚 | 美国 | 欧洲 | 加拿大 | 东欧 | 欧共体 | 其他 |
|---|---|---|---|---|---|---|
| 110 | 240 | 80 | 170 | 190 | 1010 | 110 |

表 5 2001 年世界啤酒大麦主要出口国可供出口量 单位：万吨

| 澳大利亚 | 加拿大 | 欧共体 | 东欧 | 阿根廷/乌拉圭 | 美国 |
|---|---|---|---|---|---|
| 230 | 110 | 110 | 7.5 | 10 | 15 |

啤酒大麦主要进口国为中国、美国（主要进口加拿大的二棱啤酒大麦）、中南美洲（哥伦比亚、智利、巴西等国）、日本、韩国等其他亚洲国家，其中中国进口量约占世界啤酒大麦进口量的 50%，是啤酒大麦最大的进口国。

1.2 中国大麦生产和国产啤酒大麦的供应状态

中国历史上是大麦主要生产国，20 世纪三四十年代我国大麦产量曾高达 800 多万吨。中国主要有四个大麦主产区，即由新疆、甘肃、宁夏组成的西北大麦产区，以黑龙江为主的东北大麦产区，以河南为主的中原大麦产区，以江、浙为主的长江中下游大麦产区。

20 世纪 90 年代以来，中国大麦产量一直徘徊在 300 万～400 万吨。近几年，因受国际市场啤酒大麦行情的影响，大麦产量有所下降。

表 6 1993～2000 年中国大麦年产量表 单位：万吨

| 年度 | 1993～1994 | 1994～1995 | 1995～1996 | 1996～1997 | 1997～1998 | 1998～1999 | 1999～2000 | 2000～2001 |
|---|---|---|---|---|---|---|---|---|
| 产量 | 420.2 | 381 | 400 | 406 | 382 | 350 | 300 | 280 |

尽管中国拥有约 300 万吨大麦产量，但啤酒大麦的供应有限，目前啤酒大麦的供应量仅为 80 万吨左右，远远不能满足中国啤酒和麦芽工业的需要。究其原因主要有以下几点：

①啤酒大麦品种老化，新品种开发严重滞后，同时缺少品种开发研究的市场机制。

②播种面积分散，田间管理困难，品种纯度难以保障。

③缺少专业指导，盲目使用氮肥提高产量，致使啤酒大麦蛋白质偏高。

④长江中下游产区和东北产区大麦收割季节常逢雨天，加之大麦收集和仓储不成系统，收割风险大，质量难以保障。

⑤西北地区气候适宜种植啤酒大麦，但远离市场，运输成本高。

1.3 中国啤酒大麦的供应格局

1980 年以前，我国的啤酒大麦完全自给自足，1980 年开始进口第一船啤酒大麦，之后逐年增加，到目前，全年进口啤酒大麦超过 200 万吨，进口啤酒大麦占全国总需求量的三分之二以上。

表 7 1991～2001 年中国啤酒大麦进口量表 单位：万吨

| 年度 | 1991 | 1992 | 1993 | 1994 | 1995 | 1996 | 1997 | 1998 | 1999 | 2000 | 2001 |
|---|---|---|---|---|---|---|---|---|---|---|---|
| 进口量 | 75 | 83 | 77 | 132 | 127 | 131 | 187 | 152 | 227 | 197 | 236 |

中国进口的啤酒大麦中，澳大利亚啤酒大麦占主导地位，加拿大和欧洲啤酒大麦次之。收成不好的年景，中国还进口过新西兰、美国、南非等国的啤酒大麦（见图1）。

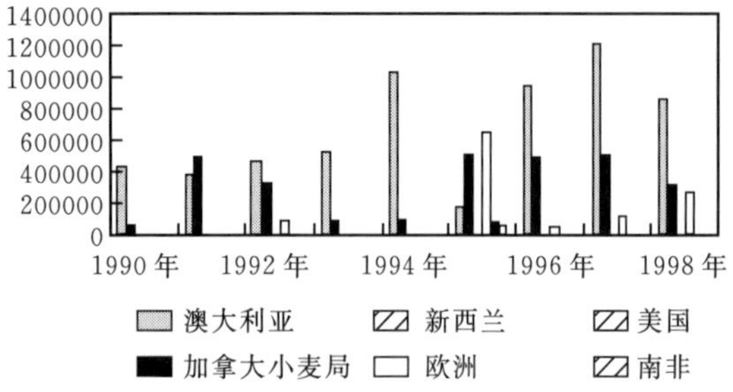


**图1 中国进口啤酒大麦比例**

**2. 中国麦芽生产格局**

2.1 中国麦芽工业发展阶段

伴随着中国啤酒工业的发展麦芽工业逐步成长壮大，中国麦芽工业大致经历了四个发展阶段：

①1900～1980年为自给自足阶段，麦芽供应均由啤酒厂内部自给生产。

②1981～1985年为起步阶段。专门从事麦芽生产的企业开始启动，但多为乡镇企业，规模小，设备简单，只能季节性生产，质量也不够稳定。

③1985～1995年为快速发展阶段。各地开始新建和扩建具有一定规模的专业麦芽厂和啤酒厂所属麦芽车间（厂），机械化程度上升，麦芽质量得到了提高，为发展现代化麦芽工业奠定了基础。

④1995年至今为规模化发展阶段。以大规模、自动化标志。广州、宁波、大连三座麦芽厂6条塔式生产线的投产，标志着中国麦芽工业已经进入一个新的发展阶段，尤其是大连中粮麦芽公司，无论是设计规模还是装备条件都已处于世界先进水平。

2.2 中国麦芽工业结构

中国麦芽工业生产按照原料和生产方式分为四类（见图2）。

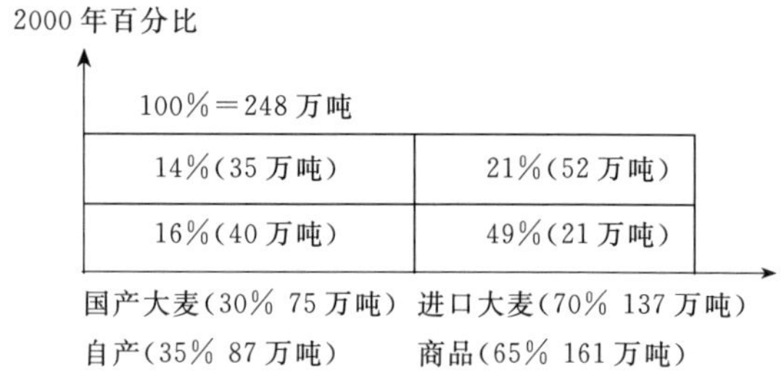


**图2 中国麦芽工业生产分类图**

在2000年麦芽生产产品结构中，从麦芽生产所需原料来看，以进口大麦为原料生产的麦芽居主导地位，约占70%；而以国产大麦为原料生产的麦芽仅占30%。从麦芽生产方式来看，啤酒厂家自已所属麦芽厂和麦芽车间生产的麦芽占麦芽总量的35%，近90万吨；商品麦芽所占的比重为65%，约160万吨，其中进口大麦麦芽约120万吨。

从麦芽品质来看，由于受国产大麦质量所限，国产大麦麦芽主要为中、低档麦芽，优质麦芽主要出自进口原料。

**3. 相关联的几个问题**

3.1 关于产能和装备

就总量而言，我国麦芽工业的产能已经过剩，但由于中国麦芽行业整体生产水平参差不齐，受生产设备、原料质量等条件的限制，大部分中小麦芽厂生产优质麦芽较难，因此，目前主要是普通麦芽的生产能力明显过剩，供需矛盾尤为突出。

20世纪80年代末90年代初投产的一批3万～8万吨的麦芽厂在当时为中国啤酒行业的发展做出了积极的贡献，但其中一大部分没能伴随着啤酒工业的进步而完成自我改造，眼下面临一定的危机。

3.2 关于特种麦芽

近年来，我国啤酒消费多样化的趋势逐渐显现，小麦啤酒、黑啤酒、红啤酒等特色品种开始有了一定的市场，但从总量来看还非常有限。因而在麦芽供应上存在很大的随机性，特种麦芽的供应还没有形成稳定的生产和供应渠道，更谈不上专业化。这个问题的解决需要啤酒厂与麦芽厂加强技术交流，使更多的专业麦芽厂能够在特种麦芽的生产上给予更多的关注和投入。

3.3 关于进口大麦的品种特性

20 世纪 80 年代末，我国开始大批量进口啤酒大麦，在市场上占绝对主导地位的一直是加麦的 Harrington 和澳麦的 Schooner，同期少量进口加麦的 Stein，Oxbow 和澳麦的 Stirling 等，一直持续了十多年。从 1999 年开始，加麦的 Metcalfe 和澳麦的 Gairdner 被引入中国，目前在市场上占据越来越大的份额。Metcalfe 的工艺特点和指标特性与 Harrington 非常相似，但大麦的颗粒度和脱皮情况明显优于 Harrington。澳麦新品种 Gairdner 与 Schooner 相比糖化力明显提高，一般都能达到 300WK 以上。因此，Gairdner 的问世对提高澳麦的糖化力是一个很大的突破。虽然与 Schooner 同期的 Stirling 糖化力一般也能达到 280WK 以上，但 Stirling 的溶解过程比较难控制，且麦汁的浊度不太理想。而 Stirling 相比 Gairdner 不存在浊度问题。三个品种中 Schooner 的 α—AN 指标最好。因此，在可预见的未来，Gairdner 和 Schooner 将是澳麦的主打品种，Stirling 依然保持一定的市场份额。从现在的实际情况分析，今后无论是加麦还是澳麦都不会是某个品种一枝独秀，两、三个主要品种并存已成定势。

3.4 关于进口大麦原产地与供应安全性

大家都知道，西欧和北美都有国际知名名牌啤酒，这说明欧洲和北美的大麦适合生产优质啤酒，而目前我国进口大麦中三分之二来自澳大利亚。我国大量使用澳大利大麦，除了技术原因外，更重要的还是经济原因。澳麦水分低，制成率高，最近几年澳麦麦芽的成本比加麦麦芽要低出 100 多元，导致各厂家能用澳麦麦芽的就尽可能不用加麦麦芽，这也是价格导向的正常结果。但潜在的问题是澳大利亚一年的大麦总量只有 600 万吨，其中 300 万吨用作啤酒大麦，现在每年 150 万吨以上出口到中国。可以想象，一旦澳大利亚严重欠收，我国的大麦供应就会发生结构突变，如果我国啤酒厂家在技术上没有适当的准备，就可能带来严重的负面影响。1994～1995 年的情况足以说明这一问题的严重性。从供应总量来看，虽然欧洲每年啤酒大麦出口量只有 110 多万吨，但由于欧洲大麦总量 5000 多万吨，啤酒大麦筛选的余地很大，即使欠收，也可通过适度提高筛选比例来满足啤酒大麦的需求。因此，适当提高欧洲大麦的使用量对我国啤酒大麦供应的安全性非常重要。目前，我国使用欧洲大麦的主要问题是优质的欧洲大麦与加拿大大麦价格相当，甚至更高；这几年，中国进口的欧洲大麦几乎都是六棱冬大麦，价格低、质量也差。我们在质量和价格上面临着两难选择，但无论如何，过度依赖澳大利亚大麦会使我国啤酒大麦的供应面临很大的风险。

**4. 中国啤酒大麦原料供应和麦芽生产的发展趋势**

4.1 中国啤酒大麦原料供应的发展趋势

①进口啤酒大麦在可预见的未来仍将占据主导地位。中国已是啤酒麦芽生产大国，但如果啤酒大麦长期大量依赖进口，则啤酒原料的供应安全面临一定的威胁。国产啤酒大麦的产业化经营应该受到重视。

②啤酒大麦进口的国别和进口品种将趋于多元化。中国不仅进口澳大利亚和加拿大的啤酒大麦，欧洲将成为中国啤酒大麦的重要供应基地。随着中国啤酒、麦芽工业技术水平的提高，中国接受啤酒大麦新品种的能力将增强，啤酒大麦进口品种将趋于多元化。供应的多元化有利于提高原料供应的安全系数。

③啤酒大麦原料供应的市场化程度将增强。这主要表现在两个方面：一方面国产啤酒大麦的产业化和市场化程度将提高，可望出现专门从事国产啤酒大麦生产和销售的专业公司；另一方面，啤酒大麦供应国出口垄断或局部垄断的局面将被打破，进口啤酒大麦的操作将越来越趋于市场化。

④啤酒大麦原料供应的质量安全性将日益受到关注重视。

4.2 中国麦芽生产的发展趋势

伴随着中国啤酒工业的进一步发展，中国麦芽工业将出现：

①麦芽工业规模化、集约化程度将进一步提高。中国麦芽厂家的数量将进一步减少，生产集中度逐步提高。由于生产能力过剩，麦芽市场竞争将日趋激烈。麦芽企业将试图通过扩大生产能力来取得竞争优势，一些小型麦芽厂家有破产倒闭的危险。新建和扩建的麦芽厂将努力提高装备水平，这将促进中国麦芽生产的升级换代，提高麦芽行业的整体水平。

②中国麦芽工业的专业化程度将有较大提高，关掉生产成本高、质量不稳定的麦芽车间，向产品质量好、价格合理的大型专业化麦芽厂采购原料将日益成为啤酒厂家的共识。啤酒生产企业将更注重产品质量的稳定性和一致性；越来越多的啤酒厂家将更加倾向于建立长期可靠的供货渠道，关心供货商的实力和可信度。啤酒厂家自产麦芽的比例将逐步降低，商品麦芽所占的比重将不断增加，中国麦芽生产将越来越集中。

③麦芽质量将进一步提高，如果国产大麦的产业化经营没有实质性的改观，进口大麦麦芽所占的比重将不会降低。随着啤酒工业集团化、规模化整合步伐的加快和人民消费水平的提高，中国啤酒生产厂家将越来越注重产品质量。因此，中国麦芽工业必须进一步提高麦芽产品质量，才能满足啤酒厂家的要求。

**5. 中国加入 WTO 对中国啤酒大麦供应和麦芽生产的影响**

2001 年 11 月中国加入 WTO，麦芽进口关税由 35%下降到 10%。啤酒大麦的进口关税仍保持 3%。由于啤酒大麦的进口关税保持不变，因此，中国加入 WTO 对啤酒大麦的进口未造成直接影响。但是，中国入世会更加推动中国农业产业结构调整，未来小麦、玉米如大量进口会对小麦、玉米的播种面积造成一定影响。随着中国啤酒大麦产业化程度的提高和质量控制体系的建立，将提高农民种植啤酒大麦的积极性，如气候条件适宜，一部分原来种植小麦、玉米的地区会转向种植啤酒大麦，中国国产啤酒大麦的供应能力将得到提升，这样将在一定程度上改变中国啤酒大麦的供应格局。

麦芽进口关税的降低意味着进口麦芽成本的下降，中国的麦芽工业面临着进口麦芽的挑战。但是，就目前而言，麦芽进口关税的降低对中国的麦芽行业尚未构成真正威胁。这是因为：

①中国麦芽工业经过20年的努力，无论从产业规模还是从产品质量方面均已经能够满足中国啤酒工业发展的需要；

②中国麦芽的生产成本低于国际上主要麦芽出口国的生产成本；

③中国啤酒工业正处于转型期，不同规模的啤酒厂家均存在于市场中，它们对麦芽质量的要求各不相同，这限制了进口麦芽的大批量运作，增加了麦芽的进口成本；

④国际市场啤酒大麦供应充足，啤酒大麦的进口关税为3%，而麦芽的关税虽然降低，但仍为10%，啤酒大麦进口和麦芽进口仍存在一定的成本差异；

⑤麦芽的运输条件比啤酒大麦要求高，进口麦芽的风险程度高于大麦。

虽然如此，中国加入WTO无疑将促进中国经济的全球化进程。随着中国市场的进一步开放以及与国际市场的进一步接轨，中国的麦芽行业也将融入全球麦芽行业中。行业整合留下的市场空间对大型跨国麦芽企业具有强烈的吸引力。中国麦芽工业只有不断提高自身的竞争力，在成本、质量和差异化服务方面做出不懈的努力，才能应付外来的挑战。

# 世界葡萄产业的概况及发展趋势

罗国光

## 1. 世界葡萄栽培概况

### 1.1 世界葡萄面积和产量

人类栽培葡萄的历史非常悠久，约有5000～7000年。品质优良的欧洲种葡萄(*Vitis vinifera* L.)起源于地中海、黑海和里海沿岸。由于葡萄及其加工品美味可口并有丰富的营养价值，加上葡萄对多种土壤和气候条件均有较强的适应性，而且结果早、易丰产、效益高，因此受到人们喜爱，千百年来不断向世界各地传播。葡萄分布范围很广，多数产区在北纬20°～50°之间及南纬30°～50°之间，约95%的葡萄集中在北半球。作为世界四大果树之一，1998年世界葡萄面积为733.4万公顷，总产5739.7万吨，葡萄生产遍布欧美亚非澳各洲，世界各大洲葡萄面积和产量如表1。

**表1　世界各大洲葡萄面积和产量(1998)**

| | 葡萄面积 | | 葡萄产量 | |
|---|---|---|---|---|
| | 万公顷 | % | 万吨 | % |
| 世界 | 733.4 | 100 | 5739.70 | 100 |
| 非洲 | 29.2 | 4.0 | 274.60 | 4.8 |
| 北美洲 | 31.0 | 4.2 | 558.50 | 9.7 |
| 南美洲 | 41.4 | 5.6 | 470.40 | 8.2 |

续表

| | 葡萄面积 | | 葡萄产量 | |
|---|---|---|---|---|
| | 万公顷 | % | 万吨 | % |
| 亚洲 | 168.8 | 23.0 | 1297.1 | 22.6 |
| 欧洲 | 454.2 | 61.9 | 3021.6 | 52.6 |
| 大洋洲 | 8.7 | 1.2 | 117.6 | 2.0 |

备注：根据《FAO Production Yearbook 1998》统计资料制表

由表 1 可见，世界葡萄生产以欧洲最多，其葡萄面积占世界的 62%，达 454.2 万公顷；产量占 53%，达 3021.6 万吨。其次为亚洲，面积和产量均占世界的 23%，分别达 168.8 万公顷和 1297 万吨。

1.2　世界葡萄近 20 年发展概况

世界葡萄生产 20 世纪 50 年代呈很大规模，种植面积达 884.5 万公顷，至 20 世纪 60 年代达 1000 万公顷以上，以后面积逐渐减少。葡萄产量则在 6000 万吨上下浮动。表 2 示 20 世纪 70～90 年代世界葡萄生产动态。由表 2 可见，葡萄面积在近 20 年中减少了 23.5%，葡萄产量有所减少，已不足 6000 万吨。

**表 2　20 世纪 70～90 年代世界葡萄生产动态**

| 年份 | 面积（万公顷） | 葡萄产量（万吨） | 葡萄酒产量（万千升） | 鲜葡萄产量（万吨） | 葡萄干产量（万吨） |
|---|---|---|---|---|---|
| 1976～1980 | 1021.3 | 6056.02 | 3260.46 | | |
| 1981～1985 | 982.3 | 6280.84 | 3335.52 | | |
| 1986～1990 | 885.7 | 5330.26 | 3037.93 | 1261.43 | 102.05 |
| 1991～1995 | 817.5 | 5627.78 | 2612.79 | 728.78 | 102.70 |
| 1995 | 789.3 | 5573.60 | 2515.76 | 1042.89 | 99.72 |
| 1996 | 782.4 | 5864.50 | 2699.70 | 1229.28 | 101.43 |
| 1997 | 781.4 | 5920.67 | 2644.22 | 1245.84 | 109.21 |
| 1998 | 733.4 | 5739.70 | 2583.20 | | 96.50 |

备注：根据《OIV Statistics 1997》统计资料制表，1998 年数据为 FAO 统计资料。

1.3　世界的主要葡萄生产国

世界最大的葡萄生产国是欧洲的意大利、法国、西班牙，美洲的美国、阿根廷，亚洲的土耳其、伊朗等亦是主要生产国。中国近 20 年来葡萄发展很快，已进入世界前 10 名。根据国际葡萄·葡萄酒组织（OIV）的统计资料（1997），世界的主要葡萄生产国及按葡萄不同产品（葡萄酒、鲜食葡萄及葡萄干）的世界前 10 名生产国见表 3 和表 4。

**表 3　世界的主要葡萄生产国（前 10 名）（一）**

| 名次 | 葡萄面积 | | 葡萄年产量 | |
|---|---|---|---|---|
| | 国家 | 万公顷 | 国家 | 万吨 |
| 1 | 西班牙 | 115.5 | 意大利 | 815.18 |
| 2 | 法国 | 91.4 | 法国 | 719.09 |
| 3 | 意大利 | 91.4 | 美国 | 660.64 |
| 4 | 土耳其 | 60.2 | 西班牙 | 550.32 |
| 5 | 美国 | 31.5 | 土尔其 | 370.00 |
| 6 | 伊朗 | 27.0 | 中国 | 270.81 |
| 7 | 葡萄牙 | 26.0 | 阿根廷 | 248.19 |
| 8 | 罗马尼亚 | 25.4 | 伊朗 | 212.47 |
| 9 | 中国 | 22.3 | 南非 | 146.23 |
| 10 | 阿根廷 | 20.9 | 罗马尼亚 | 117.90 |

**表 4　世界的主要葡萄生产国(前 10 名)(二)**

| 名次 | 葡萄酒产量 | | 鲜食葡萄产量 | | 葡萄干产量 | |
|---|---|---|---|---|---|---|
| | 国家 | 万千升 | 国家 | 万吨 | 国家 | 万吨 |
| 1 | 法国 | 536.12 | 伊朗 | 155.06 | 美国 | 37.52 |
| 2 | 意大利 | 508.47 | 意大利 | 153.00 | 土耳其 | 36.00 |
| 3 | 西班牙 | 338.87 | 中国 | 141.02 | 伊朗 | 9.00 |
| 4 | 美国 | 250.00 | 土耳其 | 127.57 | 希腊 | 8.60 |
| 5 | 阿根廷 | 135.00 | 智利 | 86.47 | 南非 | 3.90 |
| 6 | 南非 | 87.02 | 美国 | 85.23 | 澳大利亚 | 2.95 |
| 7 | 德国 | 84.95 | 印度 | 60.80 | 智利 | 2.85 |
| 8 | 罗马尼亚 | 66.88 | 巴西 | 44.12 | 阿富汗 | 2.81 |
| 9 | 澳大利亚 | 61.74 | 西班牙 | 31.08 | 叙利亚 | 1.63 |
| 10 | 葡萄牙 | 57.27 | 摩洛哥 | 25.49 | 阿根廷 | 0.78 |

1.4　世界主要葡萄产品出口国和进口国

世界的主要葡萄生产国往往也是葡萄产品出口国（表 5）。法国、意大利、西班牙是最大的葡萄酒出口国，智利、意大利、美国是最大的鲜食葡萄出口国，土耳其、美国、希腊则是最大的葡萄干出口国。一些葡萄生产大国，为了调剂不同产品需要，同时也是葡萄产品进口大国，而一些葡萄生产规模相对较小或很不发达，但经济发达的国家及地区往往也是主要葡萄产品进口国（地区），如日本、香港、北欧国家（表 6）。

**表 5　世界的主要葡萄产品出口国（前 10 名）**

| 名次 | 葡萄酒出口量 | | 鲜食葡萄出口量 | | 葡萄干出口量 | |
|---|---|---|---|---|---|---|
| | 国家 | 万千升 | 国家 | 万吨 | 国家 | 万吨 |
| 1 | 法国 | 154.34 | 智利 | 51.91 | 土耳其 | 18.09 |
| 2 | 意大利 | 153.74 | 意大利 | 418.5 | 美国 | 11.78 |
| 3 | 西班牙 | 90.95 | 美国 | 26.88 | 希腊 | 5.97 |
| 4 | 葡萄牙 | 24.50 | 南非 | 11.70 | 南非 | 2.80 |
| 5 | 美国 | 22.21 | 希腊 | 10.26 | 伊朗 | 2.50 |
| 6 | 智利 | 21.63 | 西班牙 | 10.03 | 智利 | 2.40 |
| 7 | 德国 | 20.99 | 荷兰 | 7.32 | 阿富汗 | 2.00 |
| 8 | 摩尔多瓦 | 19.97 | 墨西哥 | 5.91 | 澳大利亚 | 1.70 |
| 9 | 保加利亚 | 18.05 | 土耳其 | 3.34 | 阿根廷 | 0.81 |
| 10 | 阿根廷 | 12.05 | 阿富汗 | 2.10 | 墨西哥 | 0.64 |

备注：根据《OIV Statistics 1997》统计资料制表

**表 6　世界的主要葡萄产品进口国（前 10 名）**

| 名次 | 葡萄酒进口量 | | 鲜食葡萄进口量 | | 葡萄干进口量 | |
|---|---|---|---|---|---|---|
| | 国家（地区） | 万千升 | 国家（地区） | 万吨 | 国家（地区） | 万吨 |
| 1 | 德国 | 116.99 | 美国 | 35.99 | 英国 | 12.59 |
| 2 | 英国 | 80.22 | 德国 | 35.56 | 德国 | 7.49 |
| 3 | 法国 | 57.38 | 法国 | 14.93 | 荷兰 | 4.45 |
| 4 | 美国 | 45.44 | 加拿大 | 14.15 | 加拿大 | 3.48 |
| 5 | 俄罗斯 | 29.30 | 英国 | 12.36 | 日本 | 2.80 |
| 6 | 比利时 | 22.81 | 中国香港 | 10.62 | 法国 | 2.26 |
| 7 | 荷兰 | 18.95 | 荷兰 | 10.24 | 俄罗斯 | 2.20 |
| 8 | 瑞士 | 18.53 | 波兰 | 5.58 | 意大利 | 1.98 |
| 9 | 加拿大 | 17.84 | 墨西哥 | 3.73 | 埃米尔国 | 1.88 |
| 10 | 丹麦 | 16.79 | 瑞士 | 3.48 | 巴西 | 1.64 |

备注：根据《OIV Statistics 1997》统计资料制表

世界生产的葡萄大部分用于酿酒。葡萄酒的人均消费量（1997，升/人）：卢森堡 63.4，法国 60.0，意大利 58.8，葡萄牙 56.4，瑞士 41.2，阿根廷 41.0，西班牙 38.0，希腊 31.9，乌拉圭 31.0，匈牙利 30.0，中国 0.7。

**2. 国外葡萄生产的某些特点及发展趋势**

2.1　推广优良品种，注重品种区域化

数十年来，世界许多国家的葡萄育种家

都在不断地育成和推广新的优良鲜食葡萄品种。特别是欧、美、日等近20年中推出了一系列美观、可口、大粒葡萄品种，包括无核品种。其中不少品种已陆续引入我国，经试种观察，表现良好，并在生产上得到积极应用。酿酒品种虽然仍是以传统的老品种为主，但是通过长期精心的营养系选种工作，已获得许多优良的营养系或无性系。

优良的葡萄品种数以百计，但不同的品种有不同的生态适应性。对某一地区、某一园地来说，通常只有少数几个或十几个品种是最适合的。这方面主要受气候和土壤条件的影响，也要考虑社会经济的因素。例如，根据欧洲的经验，在夏季暖和而不很热，最热月平均温度约为20℃的地区，适于栽培白葡萄酒品种。在最热月平均温略高于20℃、秋季比较暖和的地区适于栽培红酒品种。(对我国来说，适宜栽培酿酒品种的地区，其最热月平均温约为23～25℃。) 罗马尼亚认为，在4～9月活动积温小于3000℃的地区只适于生产白葡萄酒；3000～3200℃的地区以生产白葡萄酒为主，也生产红葡萄酒；3200～3360℃的地区以生产红葡萄酒为主，也生产白葡萄酒。

世界先进的葡萄生产国都非常重视葡萄品种区域化。不仅是发达的大国，就是一些小国也做得很好。例如，罗马尼亚年产葡萄约130万吨，葡萄酒67万吨，主要栽培13个鲜食葡萄品种，11个优质白葡萄酒品种及6个优质红酒品种。无论鲜食或酿酒品种都有详细的区域化规划。笔者1996年访问罗马尼亚葡萄栽培与酿酒研究所时，在研究所的展览厅里看见许多葡萄品种分布图，其上标明了每一主要品种分布的最适地区和葡萄栽培中心。实行严格的葡萄栽培和品种区域化，葡萄酒的生产有明确分工，每一葡萄区都生产有适应本区土壤气候条件的、有自己特色的葡萄酒。

2.2 重视葡萄品质，注意控制产量

欧美国家对酿酒葡萄原料的品质有严格要求。优良的酿酒原料需要积累足够的含糖量和含酸量，此外，还要积累适当的色素、酚类物质（单宁）和芳香物质。美国规定，酿造佐餐酒的葡萄应达到的白利糖度为20～23度（干白和桃红）或21～23度（干红）。这样在葡萄发酵后可得约11%～13%（$V/V$）酒度。美国加州1996和1999年间酿酒葡萄的年压榨量约为200万～300万吨。其不同品种的平均糖度见表7。

葡萄没有充分成熟，色素及芳香物质也就积累不足。根据法国学者的研究，美乐（梅鹿辄）果实含糖量为140克/升时，50个果粒所含色素物质为37毫克；含糖量为185克/升时，色素为65毫克；含糖量为196克/升时，色素为110毫克。如果红色品种色素不足，要用它来酿造颜色深红的葡萄酒自然较难，因此，欧洲葡萄产区通常对葡萄产量加以严格限制，以免影响葡萄成熟和品质。对霞多丽、赤霞珠等优质酿酒品种，产量控制在仅约5～10吨/公顷。在美国加州，为了保证达到所需的糖度，霞多丽、琼瑶浆、赤霞珠、梅乐等品种的每公顷产量控制在约5～12吨，只有白诗南、赛美蓉、索维浓、佳利酿等品种的每公顷产量高达12～20吨。罗马尼亚的鲜食葡萄产量一般约10～15吨/公顷，高的约20～25吨/公顷。酿酒葡萄的产量则严格控制，一般每公顷仅约5～10吨，意斯林产量较高，可达15～20吨。葡萄一般不提前采收，有时还延迟，直到达到所需的成熟度（表8）。

表 7　　1996～1999 年美国加州葡萄酿酒品种压榨时的平均糖度（°Bx）

| No. | 品种 | | 加工量（万吨） | 压榨时的平均糖度（°Bx） | | | |
|---|---|---|---|---|---|---|---|
| | | | | 1996 | 1997 | 1998 | 1999 |
| 1 | 霞多丽 | Chardonnay | 31～46 | 23.3 | 23.6 | 22.8 | 23.5 |
| 2 | 白诗南 | Chenin blanc | 14～17 | 20.2 | 20.1 | 19.4 | 20.7 |
| 3 | 白玉霓 | Ugni blanc | 0.2 | 19.7 | 19.0 | 19.7 | 19.2 |
| 4 | 雷司令 | White Riesling | 0.8～1.3 | 21.9 | 21.9 | 22.0 | 21.4 |
| 白色品种总计 | | | 110～140 | 21.6 | 21.9 | 21.0 | 22.0 |
| 5 | 品丽珠 | Cabernet franc | 0.8～1.0 | 23.7 | 24.6 | 23.4 | 24.4 |
| 6 | 赤霞珠 | Cab. Sauv. | 16～25 | 23.5 | 24.2 | 23.1 | 23.9 |
| 7 | 佳利酿 | Carignane | 5.6～6.0 | 22.6 | 23.3 | 21.8 | 23.3 |
| 8 | 美乐 | Merlot | 10～24 | 23.2 | 23.9 | 23.1 | 24.0 |
| 9 | 玫瑰香 | Muscat Hamb. | 0.01～0.02 | 25.7 | 25.1 | 23.7 | 25.7 |
| 红色品种总计 | | | 100～140 | 21.9 | 22.2 | 21.5 | 22.7 |

表 8　　罗马尼亚酿酒品种霞多丽和赤霞珠的产量和品质

| 品种 | 葡萄栽培亚区或中心 | 葡萄产量（平均/量高）吨/公顷 | 葡萄完全成熟日期（通常） | 葡萄品质（平均） | | | |
|---|---|---|---|---|---|---|---|
| | | | | 完全成熟时 | | 采收时 | |
| | | | | 糖 克/升 | 总酸度（$H_2SO_4$）克/升 | 糖 克/升 | 总酸度（$H_2SO_4$）克/升 |
| 霞多丽 | 彼特罗阿萨 | 7.7/10.8 | 18.IX | 212 | 6.3 | 237 | 5.2 |
| | 穆尔法特拉尔 | 5.0/8.7 | 16.IX | 203 | 5.7 | 245 | 5.0 |
| 赤霞珠 | 克鲁格理亚斯克村 | 6.7/9.2 | 24.IX | 188 | 7.1 | 214 | 5.7 |
| | 穆尔法特拉尔 | 5.0/7.7 | 18.IX | 197 | 6.4 | 214 | 5.6 |
| | 米尼什 | 5.7/10.0 | 26.IX | 190 | 5.6 | 206 | 5.3 |

2.3　葡萄园的建立和管理规范化

欧美各国普遍推行葡萄嫁接栽培，推广无病毒苗。自 19 世纪末葡萄根瘤蚜毁灭性危害后，欧洲大都实行葡萄嫁接栽培。国外对葡萄嫁接苗生产，包括嫁接理论基础（愈合、生根、生理生化过程）、嫁接方法和技术以及各种嫁接机和装置等，都有深入和成熟的研究。鉴于葡萄病毒病（葡萄扇叶病、卷叶病和茎痘病等）的危害，注意实施严格的苗木检测和生产制度。一些国家规定或提倡，只有无病毒苗木方可用于繁殖和定值。葡萄病毒检测方法常常用酶联免疫法（ELISA）和指示植物。脱毒方法用热处理加组织培养。在葡萄园的建立和管理（整形修剪、土肥水管理、病虫害防治等）方面，大都已形成稳定的规范化体系。近年来，随着有机农业的倡导，“葡萄生态栽培”越来越受到重视，其重要内容是以行间种草代替休闲，以行内覆草代替使用除草剂，在夏季割草2～3次，覆盖在行内，以减少土壤机械作业的破坏性影响。同时减少化肥的施用量，停止使用氮素化肥。试验证明，葡萄生态栽培在保护土壤结构、增进微生物群落和增加土壤有机质等方面都有显著的优越性，并导致葡萄产量和品质提高、生产成本下降。

2.4 有较强的科技支持和服务体系

首先，许多国家，不只是欧美发达国家，都有比较完善的葡萄栽培和酿酒科研体系。例如，罗马尼亚，有全国葡萄栽培与酿酒科学研究所（ICVV）位于著名葡萄酒产区，有9个研究室，139名科研人员，土地850公顷，其中葡萄园500公顷。研究所下属10个试验站，各有特点和研究重点，分布全国，它们都位于葡萄主产区中心，每个站有土地300～1000公顷，有足够的试验和生产基地；每个站都有酿酒厂，年产葡萄酒2000～6000吨；有关实验室、温室等研究条件都较齐备。统一领导、分工协作，科研与生产紧密结合，完成了大量卓有成效的葡萄栽培与酿酒科研工作。

国际经验证明，积极扎实地开展科学研究工作，大力培养高素质的科技人才，是解决葡萄和葡萄酒生产问题的有力保证。搞好技术普及，健全生产资料（肥料、农药、机械设备等）供应和销售服务体系，保证生产者良好的生产效率和经济效益，这些都是不容忽视的关键问题。

**3. 结束语**

尽管近20年来中国葡萄和葡萄酒事业已取得辉煌成就，但是与世界先进国家相比，仍存在相当差距，包括生产水平、产品质量、效率和成本等。在葡萄和葡萄酒的生产、科研及组织管理方面，还有大量工作需要加强或改进。当前，在我国加入世界贸易组织（WTO）、迎接国际市场的新挑战之时，我们更需要借鉴国际先进经验，密切联系我国实际，进行扎实的努力，争取在新世纪取得更大的进步。

# 我国山葡萄产业的发展及对策

宋润刚　等

山葡萄（*vitis amurensis*）用于工业化酿酒有近60年的历史。其浆果易加工，家植易栽培管理，产量和效益高，市场前景好，是我国寒带地区的优势种植业，近年来发展面积越来越大。在吉林省已成为振兴农村经济的支柱产业之一，产生了很大的经济和社会效益，已经成为高效农业发展的一个新的经济增长点。

**1. 生产和研究现状**

1.1 研究概况

我国是世界上研究和栽培山葡萄最多的国家。20世纪50年代初生产山葡萄酒的原料主要是收购野生山葡萄果实，由于林业清林政策，野生山葡萄资源逐年减少，不能满足酒厂生产原料要求。中国农科院研究所于1960年建立了山葡萄人工家植实验基地。随后同葡萄酒厂、大专院校、果树研究所合作或协作，进行品种选育和家植丰产综合配套栽培技术和新产品研制开发研究。到目前共选育出丰产、抗病、酒质好的左山一、左山二、双丰、双优、双红、左红二等6个山葡萄品种。建成世界上最大的山葡萄种质资源圃，保存优异种质近500份。研究出山葡萄的合理密植、配方施肥、节水灌溉、保花保果、化学调控、无公害生产等综合配套丰产栽培技术。已研制出低酒度山葡萄酒和桃红、爽口、冰葡萄酒、干红和干白葡萄酒。已研究出山葡萄酒专用酵母。已完成山葡萄红色素、山葡萄籽油提取工艺研究，并在进行果汁中的白藜芦醇、前花色苷和“单宁酸”的含量及保健功效研究。

1.2 山葡萄果实和山葡萄酒销售概况

①根据近几年对山葡萄果实销售情况的调查和粗略统计，通化葡萄酒公司、通化华龙葡萄酒公司、吉林市长白山葡萄酒公司和吉林佐家集团等四大葡萄酒厂，年收购野生山葡萄果实仅为350～450吨，这部分果实果皮厚、种子大、出汁率低、含糖低、成熟度差。收购价格每吨0.2万～0.24万元。收购人工家植山葡萄果实，由于糖高、出汁率高，每吨0.28万～0.36万元。收购量占90%左右。南方葡萄酒厂来东北和内蒙古收购每吨0.4万～0.5万元，收购量占10%左右。各大葡萄酒厂年收购人工家植山葡萄近4.0万吨，发酵原汁2.0万吨。人工家植山葡萄果实年销售产值1200万元左右。

②东北有著名的通化葡萄酒公司、通化华龙葡萄酒公司、吉林市长白山葡萄酒公司、佐家集团等四大山葡萄酒厂。还有单位和个人葡萄酒厂近140家。每年生产山葡萄酒近6万吨（包括劣质酒）。其中低度酒（酒度5%～8%（$V/V$））和爽口酒占80%左右。高档干红、干白占20%左右，主产地（东北三省）销售4万吨，河北、山东、四川、湖北2万吨。通化酒厂名牌“红梅”以及甜型和干红主要出口新加坡、日本、韩国和美国等国家。据调查和粗略统计，山葡萄酒年生产销售产值1.8亿元左右。

1.3 栽培面积

据2001年末统计，山葡萄人工家植栽培面积已达4000公顷。其中：吉林省栽培面积最大，以通化葡萄酒公司、吉林市长白山葡萄酒公司、吉林佐家葡萄酒公司的酿酒原料生产基地近2667公顷。黑龙江、内蒙古、山东和辽宁省1333公顷，我国的宁夏、新疆和河北省近667公顷。其中2/3面积为近3～5年发展的。

1.4 生产主栽品种

东北山葡萄主栽品种，为中国农科院特产研究所、吉林省农业科学院果树研究所、吉林省农业大学与通化葡萄酒公司、长白山葡萄酒公司协作，从野生山葡萄中选育出的雌能花品种“左山一”和“左山二”、山葡萄种内杂交选育出的两性花品种“双优”、“双红”和“双丰”，山葡萄种间杂交选育出山一欧杂种公酿1号（山葡萄×玫瑰香）。

1.5 架式与株行距

山葡萄极抗寒，根系和枝蔓能忍耐−16～−40℃的低温，因此在我国寒带地区生产栽培，植株越冬不需下架埋土防寒，根据这一特性，山葡萄适宜密植生产栽培。早期山葡萄人工家植，对其特性掌握不多，均仿鲜食葡萄的架式，设计株行距和整形修剪。即采用行距6～7米、株距1.5～2.0米的大棚架，或行距4～5米、株距1.5米的小棚架，生产中观察到，采用上述两种架式和株行距，架材（包括铁线）用量大，进入丰产期晚（需5年进入盛果期），而且架前（地面往上架的拐坡处）光秃无花序，夏剪和喷药防病不方便。近些年来中国农科院特产研究所研究出行距2.0～2.5米、株距0.7～1.0米的篱架栽培。这种架式和株行距可节省大量架材，而且夏剪、喷药防病方便，比棚架可提早1年进入盛果期（需4年进入盛果期），深得果农欢迎。

1.6　人工家植栽培技术

“七五”至“九五”期间，原国家农垦部、农业部、吉林省科技厅和吉林省农业厅资助大量研究经费，进行山葡萄新品种选育和综合配套栽培技术研究，已完成山葡萄人工家植的整形修剪、配方施肥、节水灌溉、促花保果、化学和人工调控无公害栽培等配套栽培技术。

1.7　山葡萄家植的产量及效益

山葡萄人工家植2年开花结果、3年（生）亩产（666.7平方米）500公斤，4年亩产可达800～1000公斤，酒厂收购山葡萄果实每吨0.28万～0.36万元，是种植玉米产值的4～6倍。

1.8　酿酒工艺、酒质和市场前景

山葡萄在寒带地区生产栽培，果实在8月下旬或9月上旬成熟，品种之间不存在早熟和晚熟品种，这一特点有利于果实集中采收、加工发酵、酿造。近几年葡萄酒厂同科研单位联合攻关，进行酿酒新工艺、新产品的研制并开发出低酒度、甜型山葡萄酒新工艺和新产品（低度甜型山葡萄酒）。配方设计：采用50%（$V/V$）陈酿山葡萄发酵原汁与白砂糖、净化水（不添加食用酒精和色素、香精和增稠剂）等调配成低酒度（酒精度5%～8%（$V/V$））、高糖度（13%～15%）饮料酒，它具有葡萄酒的香气、酸甜适口、饮后“不上头”，符合大众品味，且价低，很受消费者欢迎，旺销，市场前景好。

**2. 存在问题**

2.1　不顾条件、盲目发展

山葡萄穗粒小，糖低，酸高，皮厚，种子大不能生食，只能用于酿酒。一些地方在当地或附近无葡萄酒厂，大面积栽植。给果农产后销售带来很大的盲目性。

2.2　品种选择不当

公酿一号，是用山葡萄作母本，生食葡萄玫瑰香作父本，从种间杂交$F_1$中选育出的品种。一些地方误认为是纯山葡萄品种。采用该品种酿制的葡萄酒，不具有山葡萄酒的典型性，也不具有国际优良酿造葡萄品种（例如赤霞珠和品丽珠等）酒的典型性。目前（2001年9月）酒厂收购山葡萄果实每吨0.3万元，而公酿一号每吨0.1万元，有的酒厂甚至拒收其果实。该品种在沈阳以北露地栽培，冬天必须下架埋土防寒，需耗费大量物力和人力，因此，应该停止发展。

2.3　苗木品种不纯、质量差、建园成活率低

近年来，随着山葡萄栽培面积增大，苗木紧缺，一些单位和个人为牟取暴利，播种山葡萄种子或采用野生山葡萄枝（蔓）繁殖苗木，销售给果农建园，导致产量低，果实品质差，无效益。有的购入葡萄苗木根系只有2～3条，苗蔓成熟仅有1～2节，建园成活率不足50%，无法经营管理，损失很大。山葡萄苗木秋后落叶，果农很难辩清“真

假”，有的购入假苗木建园、纠纷不断。

2.4 不按标准建园

有的建园不挖定植沟（挖定植坑）、基肥施用量不足或不施基肥，定植行间间种高杆作物，不及时预防和防治霜霉病等。

2.5 资金不足、大面积建园

山葡萄生产建园每亩（666.7 平方米）需投资苗木、架材、肥料等费用 0.15 万～0.2 万元。有的地方因资金不足、架材准备不到位，建园后枝蔓“满地爬”、年生长量小，霜霉病重、达不到应有的结果年限，甚至死树毁园。

2.6 给予果农技术指导和培训滞后，产量过低或过高、果实质量差

生产中有的果农生产管理技术水平低、夏剪过晚，满树开花结果少，全是叶和梢，产量低。有的冬剪植株留芽过多，夏剪多留果穗，树的负栽量过大，亩产（666.7 平方米）高达 3 吨，造成果穗松散、“小青粒”（未授精的子房果）和“绿红粒”（未成熟的果粒）大幅度增多（占穗重 5%以上），穗梗量增大，出汁率低、果实含糖量低（固形物 12%以下），葡萄酒厂收购山葡萄果实时每公斤降低 0.3～0.4 元，甚至拒收。

2.7 小酒厂增多，劣质酒大量销售，扰乱市场

山葡萄酒色泽鲜艳，芳香爽口，浓郁醇厚、酒体饱满，与欧洲种（酿酒品种酒）酿制的葡萄酒特点不同。山葡萄果实酸高、色泽深（色素含量高），适于加工低度山葡萄酒。这种类型酒酸甜适口、饮后“不上头”，符合大众口味，售价低，畅销。目前我国东北有个体小葡萄酒厂近 140 家。有些小酒厂不建山葡萄果园，无酿酒原料，在厂房、设备、工艺和卫生条件不完备的情况下，外购劣质果汁勾兑低酒度山葡萄酒。还有些小酒厂为了降低生产成本和低价竞销，配制酒时只加入 2%～5%的山葡萄果实发酵原汁。部分小酒厂甚至不加山葡萄果汁，不加白砂糖（加甜蜜素、增稠剂、色素和香精）勾兑成“三精一水式”的山葡萄酒。无杀菌设备，过量加入防腐剂保存（塑料桶灌装）。而消费者识别饮用葡萄酒的知识有限，难以辩别真伪，损害身体健康，扰乱葡萄酒市场。

**3. 发展对策**

3.1 面临挑战和发展机遇

目前我国已加入 WTO，我国葡萄酒工业面临严峻的挑战和机遇。而山葡萄酿酒工业由于原料的特殊性、种植结构调整和大面积山地退耕还林，果农种植山葡萄可获得较高的收益，积极性高产品市场前景好。因此，目前山葡萄产业面临着良好的发展机遇。

3.2 选择最佳生态区发展产业无公害“绿色果品”生产

山葡萄耐旱怕涝。干旱地区（年降水 420 毫米以下）生产栽培好于中高等温度地区，山葡萄在我国寒带地区生产栽培，基本不发生黑痘病、白粉病、房枯病和“水罐”子病等重大葡萄病害，但霜霉病是一种致命的病害。近些年来山葡萄发展主要集中在中高等温度地区（年降雨量 650～1100 毫米），每年防治霜霉病消耗大量物力、人力。果实残留农药较多。随着农产品的竞争（质量方面）和人们的消费水平的提高无公害绿色食品已成为人们的共识。绿色食品的需求量越来越大也是今后必须发展的方向。在我国宁夏银川、内蒙古赤峰、辽宁的朝阳、阜新、吉林的白城、松渡和黑龙江省齐齐哈尔等市县

（干旱地区）进行山葡萄区域试验，山葡萄在干旱地区生产栽培，生产季节和果实成熟期雨量较少，空气干燥，光照充足、昼夜温差大基本不发生或发生较轻的霜霉病害（不用喷农药防病），浆果发育良好，果粉厚、果香味浓、含糖量高、固形物达18.9%～24.5%，酸低，略降酸可酿制高档干红葡萄酒。建议今后山葡萄酒厂在上述地区建立酿酒原料基地。或当地政府组建酒厂或果实发酵站，申请认定绿色食品标志，注册名牌产品。

3.3 酿酒基地建设的模式

酿酒原料的质量关系到企业（葡萄酒厂）产品质量和效益，企业必须建立稳固的原料生产基地。基地建设要兼顾企业和果农的利益。双方要在互惠互利的原则基础上建立密切伙伴关系，可采用企业（葡萄酒厂）＋科研单位技术指导和提供优良品种＋当地政府组织协调＋果农（生产者）＋企业与果农鉴定产销合同＋订单农业的最佳模式。为保证酿酒原料的质量，制定山葡萄果实质量标准、实行最低保护价，规范奖惩制度等。

3.4 加强综合配套技术研究和开发、加大果农培训力度

充分利用我国优良的山葡萄种质资源培育国产新品种。加强综合丰产配套技术研究与开发。重点推广先进适用的配套技术。将山葡萄优良新品种、合理密植、合理修剪、保花保果、化学调控、配方施肥、节水灌溉、病虫害防治技术以及环境因素调控和无公害生产栽培等技术组装配套，综合运用到果农中。科研单位向果农提供栽培技术服务，包括技术培训、技术指导。果农可自发组织民间技术协会，交流和传授栽培技术和销售信息。

3.5 建立产业管理标准

应建立山葡萄优良品种（品种的选择和应用）、苗木质量、果实质量、栽培管理技术规程等产业管理标准，对山葡萄苗木生产（繁殖）实行许可证制度（防止假苗木）。

3.6 研制“绿色山葡萄酒”新产品、开拓国内外市场

在山葡萄最佳生态区产出的“绿色山葡萄果实”（不施化肥、不喷农药、大气无污染），研究开发新产品，即“绿色山葡萄酒或果汁饮料”。立足于国内市场，同时面向世界，以优质的产品开拓国际市场。从国际市场来看，全球农产品贸易自由化和亚太地区相互贸易发展的机遇，为优质山葡萄酒打入国际市场提供了良好的契机。我国与周边国家贸易有很强的互补性。日本、俄罗斯、韩国以及东盟国都有潜在的市场。

3.7 建议制定山葡萄酒的国家标准，净化葡萄酒市场

目前我国没有专门的法规和管理机构，葡萄酒质量均由技术监督部门和卫生防疫部门按产品质量标准进行管理。对于葡萄的质量国家颁布了QB/T 1980—94、QB/T 1982—94、GB 15037—94和葡萄酒生产管理办法试行（2000年12月颁布）等标准。这些标准中没有“特指”山葡萄酒的质量标准。因而各地厂家（山葡萄酒厂）均采用了企业自制标准，而这些自制标准在编制时虽参考了国家标准，但有的自制标准并未达到国家标准所要求的数值。部分个体小酒厂乘机勾兑劣质山葡萄酒，损害了消费者的利益，严重地扰乱了葡萄酒市场。因此，建议尽快制定国家山葡萄酒的质量标准。此外，对无建山葡萄果园（无酿酒原料）无酿酒设备、工艺不完

全、厂房卫生条件差的小葡萄酒厂，建议收回或不能批准核发生产营业执照，加大对劣质的山葡萄酒的打击力度，净化葡萄酒市场。

## 参考文献

[1] 苏铁林、王志刚等．山东省水果产销分析及对策，落叶果树，2001（6），16～18

[2] 王义、杨宏福等．园艺作物冷害和抗冷性研究，园艺学报，1997，21（3）239～240

[3] 欧阳寿如．大力发展我国西部葡萄及葡萄酒产业，西南农业学报，1997（5）10～11

[4] 李记明、段长青等．生态条件与葡萄酒的质量，西北农业学报，1997，6（5）27～28

[5] 李玉兰、王燕等．宁夏银川地区葡萄生产现状与对策．西北农业学报，1997，6（5），37～38

[6] 宋润刚、路文鹏等．酿酒山葡萄区域化的研究，中外葡萄与葡萄酒，1999（2）12～16

[7] 宋润刚、路文鹏等．山葡萄种内杂交 $F_1$ 对霜霉病的抗性研究，园艺学报，1998，25（2）117～122

[8] 宋润刚、路文鹏等．山葡萄种间杂交选育酿造葡萄新品种途径及其效果，中国农业科学，1998，3（5）48～55

# 我国白酒生产技术进步的回眸

沈怡方

建国以来我国白酒的产量与质量有了很大的发展与提高。对于这一传统产品，随着生产技术不断科学总结、不断创新，取得了可喜的进步与成就。由老前辈周恒刚先生倡导与组织、中国酿酒工业协会白酒分会汇编的《五十年白酒生产技术发展纪实》一书最近与读者见面[1]。笔者根据编写要求虽然承担了除试点以外的科研工作的学习与回顾，但由于时间紧，加之资料收集不全，遗漏及不妥之处在所难免。同时在学习与重温推动白酒生产技术发展的历次试点与评酒工作中受益匪浅。尤其是老前辈周恒刚先生、秦含章先生、熊子书先生当年组织的烟台、周口、茅台以及汾酒等试点成果，不仅为推动白酒工业生产技术改革的进程做出了巨大的贡献，而且使我们从中学习到前辈老专家的理论联系实际、实事求是的科学态度，严谨的工作方法，艰苦奋斗、敬业爱业的精神。现将个人的学习心得体会整理如后。

综观 50 年来的发展历程也就是一部白酒生产科技发展史。从抓产量到提高质量的两个时期，创建并发展了先进的麸曲法和液态发酵法两种新工艺，开发出利国利民的低度白酒新产品。

## 1. 以节约粮食、提高出酒率为中心的技术革新时期

### 1.1 烟台酿酒操作法[2]

白酒工业除了为国家积累资金，满足人民生活需要外，还负有采用先进技术节约粮食的责任。根据当时形势，粮食是国家的宝中之宝，因此节粮就成为行业中迫切需要解决的头等大事。1955 年原中央地方工业部组织了百余酿酒技术人员、干部到山东省烟台酒厂，采取以点到面的工作方法进行试点，

总结其先进经验。烟台操作法的精神实质是“低温发酵，定温蒸烧，黄曲加酵母”。也就是选用糖化力较高的黄曲霉菌与发酵力较强的酵母菌，以纯培养菌种替代传统的糖化发酵力低的自然培养大曲作为酿酒用的糖化发酵剂，酿酒工艺采用低温入池发酵，品温升至顶点即蒸馏取酒。这一工艺比原大曲酒工艺的出酒率有了较大的提高。烟台酿酒操作法向全国推广应用后，1956 年节约粮食 125000 吨。

7 年后，在全国各白酒厂推广应用的基础上，中央轻工业部于 1963 年又组织有关单位对该法进行了第二次试点，使其更臻完善，定名为“烟台酿制白酒操作法”。其基本精神改为“麸曲，酒母，合理配料，低温入窖，定温蒸烧”。通过试验对比提出了将黄曲霉改为黑曲霉 70%、黄曲霉 30%，分别培养混合使用（推广后生产厂均以黑曲霉代替了黄曲霉）；推荐用南阳酵母菌，其发酵力高。在酿酒工艺中增加了合理配料这一重要的发酵基础条件以保证糖化发酵的顺利进行，获得良好的出酒率。试点后在全国白酒厂进行推广应用，一般出酒率又提高了 3%～5%。

在推广烟台操作法的同时，1957 年对河北省涿县的生产管理经验，周恒刚先生做了高度概括，即“稳、准、细、净”。它是实施烟台操作法的重要保证。

在我国北方地区，传统白酒生产以大曲酒为主，1955 年采用了麸曲法的技术改造，为国家节约了大量的粮食，取得了显著的成效。并且由此而培育了一个新酒种，以北京二锅头为代表，产品质量更臻完善，深受消费者的青睐。

1.2　四川糯高粱小曲酒操作法

在我国南方地区，大多采用小曲为糖化发酵剂。1957 年中央食品工业部组织了百余名工程技术人员在四川永川酒厂进行试点，将李友澄的“匀、透、适”操作法及冉启才的闷水操作法先进经验进行总结，对提高小曲酒的生产技术和出酒率起到了重要作用。试点组的淀粉出酒率高达 81.95%。并编写了“四川糯高粱小曲酒操作法”。至 1965 年，四川省酒类专卖局又在永川酒厂组织了二次试点，对固态发酵小曲酒操作法进行了修订，编写了“四川小曲酒操作工艺及检验方法”。

小曲中主要微生物为根霉、毛霉和酵母。在制曲配料中沿用了添加数量众多的中草药，少则几种，多者达近百种，因地而异。原料主要为大米。早先的研究显示，对微生物的生长有利也有弊。1959 年，四川省在永川酒厂进行无药糠曲的研究获得成功，总结出“二准、一匀、三不可”的操作法。经酿酒生产试验，出酒率，高粱为 56%，玉米 53.23%～54.43%（以 57 度酒计）。随后在本省组织推广应用，年节约大米 8000 吨以上、中草药 1500 吨以上，降低成本 5%。

1956 年，中科院微生物所乐爱华、方心芳先生从全国各地收集了 137 个大曲和小曲样品，从中分离筛选出 3.851、3.886、3.852、3.867 及 3.868 五株优良的根霉菌株，为小曲的纯种化作出了贡献。1963 年，贵州轻工业科学研究所研究成功以麸皮根霉酒曲替代传统的自然培养小曲，很快在云、贵、川及两广、两湖等省区推广，并沿用至今，使小曲走向了纯菌种培养。这对稳定小曲质量提高出酒率起到了保证作用。

1.3 代用料酿酒

为了节约工业用粮，除了对大曲、小曲酒生产工艺的技术改造外，开辟酿酒用原料的新资源是一条重要途径。在20世纪60年代，各地在利用非粮代用原料方面成效显著。主要的有瓜干、橡子、高粱糠、木薯、金刚刺等20余种。上述烟台试点就体现了这一精神，酿酒操作法除高粱、玉米制酒总结外，重点介绍了甘薯干及高粱糠制酒操作法。甘薯干的主产区在山东、安徽和江苏北部。继烟台试点后，原中央食品工业部就提高瓜干酒质量在南京金陵酒厂组织了有关省的技术人员进行了试点，提出了一些生产技术措施。1964年，中央轻工业部再次在安徽合肥酒厂组织试点，总结了清蒸配醅操作法，以减轻成品酒中的瓜干味，提高出酒率。

野生植物橡子产量较大。1957年，原中央食品工业部组织全国11省市酿酒技术人员在河南省周口酒厂进行试点。通过试验选出了适宜于橡子原料的黑曲酶及酵母菌，制订了橡子酿制白酒操作法。淀粉出酒率稳定在69.38%以上。若与薯干混合发酵，出酒率比两者分别单烧为高。周口试点对麸曲法白酒推广黑曲替代黄曲，采用添加酒糟制麸曲配料和选育酵母以提高出酒率都有指导作用。

此外，湖南常德酒厂采用金刚刺原料，广西以木薯为原料，广东顺德酒厂用龙眼核为原料，酿制白酒等都取得了成效。

1.4 糖化发酵剂商品化生产的兴起

白酒生产量大面广，在20世纪50～60年代，国内生产厂都以中、小企业为主，采用纯菌种培养技术替代传统的自然培养，由于糖化发酵力的提高，必然导致出酒率的增长，节约粮食。但若菌种培养技术掌握不当，则效果适得其反。因此在推广这项先进经验时，有的省区采用了在技术条件较好的省级研究所建立曲种站，集中培养原菌种或扩大培养，负责供应各酒厂使用。如贵州轻工所生产的根霉曲，内蒙古轻工所曲种站的建立，取得了良好的效果。与此同时，新兴的酶制剂工业也应运而生。江苏无锡酒厂在20世纪60年代中期，率先改为无锡酶制剂厂，生产的糖化酶供应全国白酒及酒精厂使用。至20世纪90年代初，湖北宜昌酵母基地又成功地推出了活性干酵母，并先后5次组织白酒厂进行经验交流及论文评奖活动。他们为白酒工业的节粮降耗技术改革起到了积极的推动作用。

1.5 固态发酵白酒生产机械化

传统的白酒生产设备十分简陋，生产规模小，从原料到成品都是手工操作。经过半个世纪的改造，至今有了较大的变化，其中在生产厂一般采用的主要设备大体上有：原料粮食粉碎、集尘，改天锅为冷却器，锅炉供汽及软水处理，米酒生产的连续蒸饭机，麸曲通风培养槽，大曲踩曲成型机，酿酒车间的扬糙机，通风凉糙设备，吊车抓斗出池或出甑机，大容器贮酒罐，灌装成品设备等。在机械化的过程中，只有蒸馏设备必须保持手工装甑间隙蒸馏，不能轻易变动。

综上所述，这一时期大体上是1955～1966年，白酒工业的技术改革以节粮为中心，改造传统工艺；并努力进行生产设备变手工为机械化的工作，取得了丰硕的成果。

**2. 从科学地总结传统工艺入手，以质量为中心的技术革新时期**

2.1 茅台、汾酒试点

1963年全国第二届评酒会后，中央轻工

业部于 1964 年对茅台酒及汾酒 2 个国家名酒围绕产品质量总结传统生产工艺组织了试点。前者以轻工业部食品局周恒刚工程师为首，抽调辽宁、黑龙江、河北、河南、天津有关人员 22 名以及贵州省轻工科研所全体人员及董酒厂 2 名技术人员共同组成试点组。后者以轻工业部发酵所秦含章所长为首，抽调部发酵所熊子书工程师、山西省轻化所 35 人以及无锡轻工业学院师生 17 人组成试点组。这两支技术上的精兵强将在全国拉开了科学地总结传统生产工艺的序幕。1965 年 5 月一起进行了鉴定，硕果累累。

茅台试点的主要成果：

①肯定了“重阳下沙、端阳丢糟、伏天踩曲”生产安排的合理性。茅台酒体是以酱香、醇甜、窖底香 3 种典型体构成。

②茅台的高温大曲经测定细菌占 100%，实际上是细菌曲。而酿酒中的独特堆积工序网罗了大量酵母菌，入窖时酵母菌已占总菌数的 92%～98%，故堆积有二次制曲之称。这是茅台微生物特征所在。

根据试点对茅台窖底香及几种浓香型国家名酒香味成分的测定，首先发现己酸乙酯是浓香型的主体香气。为追朔其来源从窖泥及茅台酒厂场地土塘中分离出鼓锤状梭菌即己酸菌，并进行了一些试验。从而为以后揭开浓香型老窖之谜打开了缺口。

③开创了对白酒香味成分剖析的探讨，应用纸色谱定性检出了 50 种成分。并就高粱单宁及酚类化合物进行了试验，指出发酵生成的 4—乙基愈创木酚是茅台酒的重要香气组成成分，可能和主体香有关。

④改革传统的蒸馏冷却器天锅为直管式冷却器，将酒糟以黑曲为糖化剂再发酵增产白酒等技术措施，在实际生产中起到了明显的效益。

汾酒试点的主要成果：

通过跟班操作、现场查定、科学试验、反复论证等方式，将历来口授心传的传统操作经验整理总结成汾酒酿酒操作法。

①伏曲生产写实：初步明确了提高伏曲质量必须掌握好“潮火”和“后火”2 个生产工序环节。所生产的清茬曲、红心曲和后火曲 3 个品种其酶活性各有所长。清茬曲的液化、糖化、蛋白分解酶活性高，后火曲发酵力最高。3 种大曲酿酒试验结果以分别制曲、混合使用为好。其比例，清茬：后火：红心曲为 3：4：3。伏曲贮存中有些微生物逐渐死亡，酶活和发酵力有降低，故以 3 个月内为宜。写实提高了制曲技术水平，保证了大曲质量。

②汾酒酿造生产写实：通过原粮粉碎度、润糁、蒸糁条件、入缸发酵条件以及酒头酒尾回收等工序查定；实测了发酵过程中微生物的消长和物质的变化规律，为较科学地控制汾酒生产操作提供了依据，从而制订了汾酒传统的操作法。

③为了研究和鉴定汾酒的质量，建立了汾酒品质尝评法、汾酒酿造化学分析法和汾酒质量标准。特别是采用纸色谱结合化学分析鉴定出汾酒香气成分 60 余种，首次明确提出了乙酸乙酯为清香型汾酒的主体香气成分。

④将本厂的酒头、酒尾集中蒸馏成酒精改为车间班组回底锅蒸酒回收；加浆用软化水，避免产生白色絮状沉淀；酒瓶用软木塞，因木塞中含有单宁，解决了使用铁盖汾酒中产生蓝黑色沉淀的质量问题等，为实际

生产起到了保质增产的效果。

2.2 化学分析检测

常规分析：

白酒原辅料、中间品及成品酒的分析工作大体上可分为两个阶段。20 世纪 50～60 年代前期，是常规化学分析时期。在这一期间特别是 1955 年烟台操作法总结时所建立的酿酒中间品分析方法，对于掌握酿酒发酵规律起到了极为重要的指导作用。内蒙古轻工科学研究所围绕生产所需，开展了卓有成效的分析方法研究，对于各个项目的操作条件掌握机理提出了科学依据，使分析结果的正确性有了保证。他们先后进行了麸皮中淀粉测定方法的研究，校准斐林液浓度的试验，酸解法测定可溶性无氮物试验，曲子糖化力测定的试验。在成品酒测定方面对于糠醛、总醛、杂醇油、甲醇及铅等项目都有专题试验报告。

色谱分析技术：

在 20 世纪 60 年代以前，由于受分析手段所限，都采用常规的化学分析方法测定白酒中的总酸、总酯、总醛、甲醇、杂醇油等成分。对于这些组成白酒香气成分不能细分，因此人们对白酒的风味质量无从认识。随着分析技术的进步，1960 年后，国内对白酒香气成分的剖析研究应用色谱分析技术逐步得以开展。历经纸色谱、柱色谱、薄层色谱直到气相色谱法，从对香气成分的定性到定量。将白酒中含量占 2%左右的数量众多的香气成分加以分离鉴定，至今已发现各种香气成分约 342 种，其中定量检出 180 余种。它们分别为醇类 36 种、酯类 99 种、酸类 55 种、羰基化合物 20 种、缩醛 37 种，芳香族化合物 26 种、含氮化合物 38 种、呋喃化合物 7 种、含硫化合物 6 种、醚类 14 种、芳香烃类 1 种，其他 3 种。其中含量高的有每 100 毫升几百毫克，低的到 $10^{-9}$级。

色谱分析法的应用先前仅局限于有条件的科学研究所、大专院校以及试点单位。20 世纪 70 年代中期，内蒙古轻工科学研究所曾祖训等研究成功适用于生产厂的白酒中酸类及醇、醛、酯类的气相色谱分析法以后，中央轻工业部在 1979～1983 年于江苏省洋河酒厂先后举办了 3 期全国性的技术培训班，推广应用到生产厂，随后各有关省也积极组织推广学习。培养了大量技术人才，至今在各白酒厂已经普及，成为检测产品质量的必备手段。在此基础上，一些有条件的单位自 20 世纪 80 年代开始又开展了毛细管色谱分析和色谱、质谱联用技术，深入剖析白酒香气成分的研究，又发现了一些香型酒的特征性成分。

色谱分析的应用极大地促进了白酒生产技术的发展，明确了我国白酒的香气特征；为划分香型奠定了科学依据；认识到细菌发酵在白酒酿造中的重要作用以及加速推动了新型白酒的发展。

主要发酵微生物的分离与应用：

①己酸菌

茅台试点发现己酸乙酯是浓香型大曲酒的主体香气成分以后，由于浓香型酒在名优质白酒中所占比例较大，其香气浓郁深受消费者喜爱。但对其几十年以上的“老窖”才能获得好产品又望尘莫及。追朔其来源系土壤中己酸菌所为。试点因文化大革命而中断工作。1975 年内蒙古轻工科学研究所又开始从四川、江苏、河北的几个名优质酒厂采集老窖泥等样品进行了己酸菌的分离。由五粮液酒厂窖泥中分离到的己酸菌，编号为内蒙古 30＃，产己酸最高可达 0.7％以上。并对其适宜培养基、培养条件、大罐培养、采用铜盐快速测定己酸以及己酸酯化与应用于液态、固态发酵工艺、人工培养窖泥等方面进行了广泛的研究，直至今日各地相继深入研究，获得了不少成果。中科院成都生物研究所吴衍庸等对四川名优质酒厂的窖泥微生物测定，发现己酸菌和甲烷菌在厌氧环境下存在着“种间氢转移”关系[3]。当有甲烷菌时己酸菌生长活菌数增加，两者共存混合发酵，产己酸比对照增加 8.69％。华南理工大学吴水清等研究了不同有机酸、醇类为底物时己酸菌的代谢特征[4]。天津轻工业学院程志娟等报道了己酸菌的固定化技术[5]。

己酸菌在浓香型白酒生产上的应用主要有人工窖泥的培养酯化液的制备以及固态发酵酒醅中合理添加等，增加了成品酒中己酸乙酯的含量，使风味质量得到提高。随着人工培养窖泥的应用出现的窖泥老化问题，经测定乳酸铁及乳酸钙是主要成分，两者对己酸菌均有较强的抑制作用，并相应提出了养窖和“修复”的措施。

②红曲霉

“增己降乳”（指增加己酸乙酯降低乳酸乙酯）曾经是提高浓香型白酒质量的主攻目标。己酸菌产生的己酸只是在发酵过程中形成乙酯的基质物质。究竟由谁来进一步完成这一生化反应？人们目前习惯称的酯化菌，它不是微生物分类学上的名称，而是体现具有酸、醇进行酯化这一特殊功能的微生物统称。它在细菌、霉菌及酵母菌中均有存在。20 世纪 70 年代有的酒厂将黄水、尾酒加大曲（也有再加窖泥）发酵成“酯化液”经蒸馏于酒中增加了香味，提高了质量。1975 年内蒙古轻工科学研究所在提高液态发酵白酒质量研究过程中发现酵母菌与 UV－11 麸曲在不同条件下均有使己酸酯化成己酸乙酯的功能。

1993 年，中科院成都生物研究所庄名扬等发表了从全兴酒厂生产大曲中分离 4 株酯化酶产生菌，其中 9055 菌株产酶活性最高初步研究了该菌的产酶条件，经试验选择了酯化酶催化作用的最佳条件。将粗制酶应用于全兴大曲酒的酿酒发酵试验，结果 40 日发酵的白酒中己酸乙酯含量高于对照 60 日发酵，双轮底酒含量高达 537.8 毫克/100 毫升[6]。之后有的生产厂将其添加于黄水、尾酒、次品酒的底物中经保温定时发酵得到的酯化液，蒸馏于白酒中，己酸乙酯都有较明显的增加，提高了产品的质量。

③生香酵母

乙酸乙酯是各种香型白酒中的含量较多的香气组成分之一。特别是汉逊氏酵母属（俗称生香酵母）产乙酸乙酯尤为显著。为了提高白酒质量（主要是麸曲法白酒），1964 年辽宁省陵川试点姜定国等首先报道了 5 种生香酵母制优质白酒的试验报告。对其产酯条件和生产应用作了研究。1965 年内蒙古包头试点以中科院 2300＃菌种做了补充及验证，并采用柱层析鉴定了 2300＃、汾 1、1343＃、1274＃14 种生香酵母所产的酯均为单一的乙酸乙酯。在应用于普通麸曲白酒生产中，可采用固体堆积培养或液体平面培养后在蒸馏时洒在酒醅上以提高成品酒的乙酸乙酯含量。在入窖添加生香酵母，将发酵期延长至 21 日，所产白酒的乙酸乙酯增加，乳酸乙酯下降，清香风格明显。并广泛应用于多种香型的麸曲优质白酒中。

2.3 酿酒工艺

在化学分析与微生物这两项基础工作技术进步的基础上，各种香型酒传统酿酒工艺的科学总结工作相继开展起来。其中以四川省浓香型白酒为例，围绕提高质量这一中心，重视窖泥微生物的培养；按季节合理调整入窖配料（适当提高酸度、淀粉）；采用翻沙、双轮底发酵；缓慢蒸馏；充分有效地利用黄水；合理贮存、精心勾兑等技术措施，在提高己酸乙酯等香气成分上取得了明显效果。

2.3.2 自20世纪60年代中期至80年代末，由大曲中分离到的优良菌种，结合各种香型的传统酿酒工艺，创新出了麸曲清香、浓香、酱香及芝麻香型的一批纯菌种培养的麸曲优质白酒。

2.3.3 小曲酒的技术进步：

对于小曲酒的技术总结进行得较晚，先前曾误认为小曲酒统属于米香型。1982年，广东省佛山市石湾酒厂委托江苏省日用化工研究所金佩璋等共同承担了玉冰烧酒香气成分特征研究课题，才明确该酒种风格完全不同于米香型的缘由。随后经同行专家们对成果的鉴定，确立为豉香型。1992年，四川省酒类研究所曾祖训等经实地考察和大量酒样的对比分析，发表了川法小曲酒属小曲清香型白酒的研究报告，为固态发酵的小曲酒正名提供了科学依据。1997年又报道了董酒的香气成分研究报告。通过以上各方面的研究，发现小曲酒的发酵形式是最全面的，有固态法的清香型白酒，有半固态法的米香型酒，还有液态法的广东米酒及豉香型玉冰烧酒，更有传统的小曲与大曲相结合的药香型酒。由于发酵形式及工艺不同，风格截然不同。

2.4 评酒

白酒质量的鉴别，除化验其卫生及理化成分指标外，主要是通过人的感觉器官品尝其优劣来确定产品的等级。全国自1952年始至1989年共举行了5届评酒会，每届按产品质量评出国家名酒及优质酒。同时中央轻工业部、商业部、农业部及各省、市、自治区也举行评酒会，分别产生出一批部优、省优产品。每届评酒会显示了不同历史时期我国白酒生产发展和产品质量的水平，尤其是通过评酒活动体现了国家在不同历史时期对白酒工业产业政策的导向。同时不同香型、不同酒精度白酒新品种逐届的增多也是科学技术不断进步的结果。40年来国家名、优质白酒由起初的茅台酒、汾酒、泸州大曲、西凤酒4种名酒发展至1989年评酒会后的17种名酒和53种优质酒。名、优质白酒的生产遍及我国大部分省、市、自治区，质量和产量都有了大幅度的提高。评酒的标准和方法日臻完善，各级评酒员的队伍有了很大的发展，在生产厂已成为鉴别产品质量的一支重要技术力量。在此基础上经考试选拔出来的国家评酒员成为一支鉴别产品质量的高水平技术队伍。

**3. 低度白酒的兴起**

我国传统的白酒除广东省产的米酒、玉冰烧酒其酒精含量为30%（*V/V*）外，绝大部分的产品都在50%～65%（*V/V*）之间。国家从既有利于人民健康又能降低单位产品的耗粮出发，早在20世纪70年代中期就提出要积极发展含酒精度40%（*V/V*）以下的低度白酒。为了鼓励企业生产，引导消费，在1979年全国第三届评酒会后，将质量上乘、酒精含量为39%（$V/V$）的江苏省双沟特液率先命名为国家优质酒。1987年国家经委、轻工业部、商业部、农业部联合于贵阳召开的全国酿酒工业增产节约工作会议上确定了我国酿酒工业必须坚持“优质、低度、多品种、低消耗”的发展方向，并逐步实现4个转变之一即高度酒向低度酒转变的发展方针。

随着人民生活水平的提高，饮酒消费习惯的改变以及市场经济发展的深入，低度白酒至今已逐步成为消费的主体格局。同时又产生了酒度在40%～49%的降度酒。

低度白酒的生产除广东米酒外都是采用高度酒加水稀释经调味勾兑而成的生产工艺。在生产中影响质量的主要技术是色浑及味淡2个问题。

对于降度后出现的浑浊物质已知为高沸点棕榈酸乙酯、油酸乙酯及亚油酸乙酯的混合物，因酒精度降低而导致其溶解度下降或白色絮状物析出。经生产中除浊处理装瓶为产品后，当温度下降时，有的浓香型酒在货架期还会出现失光乃至液面浮有小油珠的现象。经分析检出有200余种白酒自身的香气成分，其中主要的是己酸乙酯、庚酸乙酯等13种。说明在低度白酒生产中白酒本身的香气成分的溶解度和酒精度、温度的变化必须妥善处理才能保持产品清澈透明。

造成浑浊的第二个因素是降度稀释用水，天然水中的钙离子是产生白色沉淀的又一原因，所以必须采用经处理除去金属离子的软化水。水的硬度越大形成$CaCO_3$为主的沉淀越多。

白酒降度后的浑浊物质可采用冷冻过滤法、吸附法、分子筛及超滤法等除去。硅藻土过滤机是生产厂常用的设备之一。

各种香型的低度白酒，在感官质量上都要达到低而不浑、不淡、不杂，并具有本品所应有的风格要求。当高度酒加水稀释除浊后，白酒的香气成分浓度也随之降低，造成香气平淡、口味淡薄而短，这就必须通过勾兑调味来解决，这是工艺中又一重要环节。

**4. 新型白酒生产技术的发展**[7]

1956年国务院科学规划委员会组织编制《1956年至1967年科学技术发展远景规划纲要》，由轻工业部提出的将酒精改制白酒项目被列入《纲要》。随后在1963～1972年国家科委关于酿酒工业及其装备技术政策的若干规定《草案》中明确指出“今后十年内，白酒的生产工艺，应以液态发酵为发展方向”。

经过近40年全行业的不懈努力至今已基本完成了这一项重大技术革新。这是建国以来继烟台操作法之后技术改造传统白酒生产工艺的又一里程碑。目前中、低档白酒绝大部分采用这一生产工艺。

将酒精改制成白酒的生产技术最先获得成功的是1964年北京酿酒厂吸取董酒的蒸馏串香工艺传统操作，将酒精经固态发酵的香醅串蒸，产品是固态白酒风格，质量优于麸曲法生产的二锅头。当时称之为新工艺白酒，它综合了液态发酵机械化程度高，出酒率高和固态发酵产生香味的优点。随后轻工业部发酵所又在山东省临沂酒厂组织了试点，各地纷纷效仿大力推广，取得了良好成效。

1973年辽宁省金县试点进一步提出了“液态除杂，固态增香，固液勾兑”的工艺路线，取液态发酵的精馏酒精作为基质酒加水降至60%(V/V),再配入固态发酵的香料酒、酒尾或乙酸经贮存10日成产品。这一指导思想成为当今新型白酒的主要生产工艺。

1989年颁布了食用酒精国家标准(GB 10343—89),酒精厂纷纷从改造蒸馏塔入手以提高酒精质量。这就为进一步发展液态发酵法生产白酒奠定了更好的基础。酒精质量的提高,传统固态发酵技术的科学总结使新型白酒产品质量不断提高,尤以浓香型白酒为先;气相色谱分析技术的普及和对白酒香气成分剖析深化;应用色谱分析香气成分的结果于勾兑技术,使勾兑从经验向科学化提升;以及为白酒行业配套服务的原材料和设备厂的出现与完善,如酒用香料厂,活性炭厂、水处理设备、过滤设备厂等,是促进发展新型白酒的物质条件。加之国家宏观控制白酒的盲目发展及市场经济中生产厂及消费习惯的变化等因素使新型白酒迅速增长,至今占白酒总产量的60%~70%。

**5. 结语**

综观白酒生产技术半个世纪发展的历程可以看出,在1973年以前从中央到地方主要是通过行业行政主管部门组织各地技术人员集中一段时间到某一酒厂,针对当时普遍存在而需要解决的突出技术问题进行试验攻关,在行业中称之为试点,取得成功后再推广到全行业中。实践证明这种做法是出成果、出人才、推动白酒生产技术进步的行之有效的好经验。这是符合当时白酒厂多、面大而规模不大、技术力量既分散又薄弱的实际情况,也是理论联系实际的好方法,是科学研究在特定条件下的一种创造。茅台试点在实践中提出的香味是什么→是谁产生的→如何产生的→工艺上采取什么措施的战略思想对指导白酒的科研工作具有普遍意义。因此可以通俗地说我国白酒是靠试点起家的。

20世纪70年代中期以后,我国由计划经济向市场经济转化,情况发生了变化。生产技术成为企业间竞争的一个重要内容,根据优胜劣汰的发展规律,一部分企业发展成大型集团公司,它们依靠自身的经济实力,强化技术力量,开展生产技术的研究。四川省少数名酒厂在20世纪80年代投入了必要的资金,与大专院校及科研部门对浓香型曲酒的质量进行了大量的研究,以后随着自身技术力量的成长,取得了不少成果,不仅发展了本厂的生产,而且也是使浓香型白酒走遍全国占有绝对优势的原因之一。

科学技术是第一生产力,科教兴国是国策。从我国白酒生产技术的发展看,这确是企业及全行业再创辉煌的基点。

**参考文献**

[1] 周恒刚等. 50年白酒发展纪实——中国白酒业试点、科技、评酒汇编[C]. 中国酿酒工业协会白酒分会. 2002.

[2] 周恒刚等. 回顾三十年白酒生产技术的成就[J]. 黑龙江发酵,1981,(4):1—8.

[3] 吴衍庸. 五粮液老窖厌氧菌群的分布及其作用的研究[C]. 白酒协会会刊,1994,(7).

[4] 吴水清. 梭状芽胞杆菌L—Ⅱ基质范围的代谢研究[J]. 酿酒科技,1993,(4)9—12.

[5] 程志娟,等. 己酸菌固定化技术的研究(第1报)——固定化方法的探讨[J]. 酿酒科技,1982,(3):2—4.

[6] 庄名扬,等. 酯化酶粗酶制剂生产在浓香型酒的应用[J]. 酿酒科技,1993,(2):22—26.

[7] 沈怡方. 我国新型白酒生产技术的发展[J]. 酿酒科技,2000,(4):23—25.

# 绍兴黄酒呼唤创新——葡萄酒新世界挑战旧世界的启示

谢广发　胡志明

旧世界葡萄酒以法国、意大利葡萄酒为代表。旧世界有无可比拟的优势：悠久的葡萄酒酿造历史和文化，千百年形成的独特的工艺技术、得天独厚的自然环境及与之适宜的优良葡萄品种。旧世界葡萄酒以贵族自居，标榜正宗，坚守传统。法国有一个著名的产地命名系统。这是一个起始于1855年的葡萄酒法规。它对葡萄种植的地理区划、品种、栽培和酿酒的方法、包括每公顷葡萄的最高和最低产量，酒精含量、装瓶和帖标签等都进行了规定。酿酒师要做的工作就是按传统和规定办事。如果他们想通过稍微改变调配的配方来改善口感时却会受到原酒产地法规的限制。

新世界葡萄酒以美国、澳大利亚、南非葡萄酒为代表。新世界在传统方面比不上旧世界，但是近年来，在国际葡萄酒市场中的占有率持续增长，而旧世界葡萄酒则在国际市场节节败退。法国、意大利以及西班牙的葡萄酒却在国际葡萄酒出口总量从1988年占国际市场69.8%下降至2000年的60%。与此同时，来自南半球的新世界葡萄酒却在国际葡萄酒贸易中的占有率上升了20%。英国是世界上最大的葡萄酒进口国。法国、意大利、西班牙及德国葡萄酒在英国的市场占有率已从1995年的75%下降到2000年的55%，而新世界葡萄酒却从原来的15%上升到37%。

新世界战胜旧世界的秘诀何在？一是重视工艺技术的创新，大量应用新技术新工艺。它们与高校研究所紧密合作，并取得巨大的成功。美国的加州大学戴维斯分校，澳大利亚阿德雷德大学和国家葡萄酒研究所是世界葡萄酒教育和研究中心，为当地葡萄酒的发展作出了重大贡献。澳大利亚在葡萄酒研究上，是高投入的国家，其国家葡萄酒研究所由政府支持，科研经费从葡萄酒税中支付，每年投入500多万澳元，针对澳大利亚葡萄酒生产中的问题进行研究。不仅及时解决生产上的难题，而且为进一步提高葡萄酒质量找出方向。这个研究所每年还发表几十篇科学论文，经常组织葡萄酒学术会议，使得全世界葡萄酒的从业人员都认识到澳大利亚葡萄酒科技力量的雄厚。这本身就成了最有说服力的广告。科技上的高投入带来丰厚的回报，澳大利亚在过去的16年（1985～2000年）中的出口量年均增长20%以上。这是国际葡萄酒业中最成功的实例。二是重视和敢于风味创新。新世界生产者根据市场需求，通过发酵、成熟及其他酿酒措施来改善口感和香气，生产的葡萄酒更具典型性，更为消费者接受和喜爱。酿酒师为了酿造具有最佳口感，没有缺陷的葡萄酒，可以采用别的产地的辅助原酒调配。而在旧世界，如果改善口感的措施与原产地法规相对抵触，生产的葡萄酒就无法列入较高的等级。

黄酒行业近年来的发展，也出现与葡萄酒相似的现象。享有盛誉的绍兴黄酒虽然仍保持着霸主地位，日子还过得相当滋润，但是增长较缓，而上海、江苏等地的黄酒出现较快的发展速度。姑且把绍兴黄酒称为旧世界黄酒，把上海、江苏等地的黄酒称为新世界黄酒。旧世界黄酒的特点是三高一大（即酒度、固形物和氨基酸含量高，用曲量大）、曲香浓郁、口感醇厚。对于习惯了喝黄酒的人，旧世界黄酒（如古越龙山、沈永和）的确是最好的黄酒。但要争夺喝惯了啤酒和饮料的年轻一代，则口感淡爽的新世界黄酒显得更有吸引力。近年来新世界的成功，凭借的正是这种优势。

面对新世界葡萄酒的冲击，作为世界头号葡萄酒生产大国的法国奋起抵御。法国政府组建了葡萄酒工业发展战略规划小组，以遏制法国葡萄酒在世界市场中日渐衰退的趋势。法国葡萄酒工业已认识到需要彻底改变法国葡萄酒的贵族观念，认真倾听来自市场的呼声，采用更多的现代葡萄酒工艺。

绍兴黄酒是否也应有所作为呢？当然，我们无意挑起旧世界和新世界的竞争。黄酒行业和葡萄酒行业不同，由于黄酒符合低度、营养、保健的消费趋向，是极有市场潜力的酒种。市场远未饱和，绍兴黄酒应有更大的作为。绍兴黄酒怎样才能取得更好的发展？我们提出以下几点粗浅的看法：

首先，要摆脱传统的束缚，创新风味。近年来，以绍兴黄酒为酒基开发的新产品如状元红、帝聚堂迅速占领市场。风味上的创新，是它们成功的重要原因之一。当然，风味创新不能抛弃传统，要坚持两条脚走路。一方面，继续生产传统风味的绍兴黄酒，并做到精益求精。不仅因为绍兴黄酒延续了几千年，它的独特风格正是它的魅力所在，而且它是中华民族宝贵的文化遗产，蕴含深厚的文化内涵，是可以探讨申报世界文化遗产的酒（目前已有匈牙利托考伊葡萄酒列为世界文化遗产），我们有责任保护好。另一方面，要研究不同地区消费者风味爱好的差异和消费者风味爱好的变化，在绍兴黄酒原有的风味优势下，进行风味创新，不断推出适应市场的新产品。

其次，要加强技术创新。由于多年来缺乏科技投入，技术创新工作任重道远。笔者认为可先做以下几方面的工作：第一，功能性因子的研究。绍兴黄酒素以营养丰富、保健养生著称。它的生产是以酒药、麦曲糖化发酵多种微生物参与的生物工程过程，可以预料含有多种生理活性物质。这是黄酒区别于啤酒和葡萄酒的独特优势。若能通过研究，提出一个或几个具有特殊作用的黄酒特异的功能因子，并阐明分子结构、作用机制和形成机制，必将大大提升绍兴黄酒的档次和形象，从而推动消费。第二，后修饰技术的研究。高浓酿造后修饰已为啤酒行业（德国除外）普遍接受，并被认为是淡爽型啤酒的最佳酿造法，如某著名的啤酒公司 14 种牌号的啤酒全部由 14.5°P 麦汁发酵而成。绍兴黄酒本来就是高浓酿造，淡爽型酒的生产走后修饰技术路线应是顺理成章之事。第三，后酵的酵母分离试验。酵母死亡后分泌的大量物质，也是形成黄酒复杂口感的重要因素之一。要生产淡爽型酒，可探讨采用在酵母大量死亡前进行压榨过滤，清液成熟的办法。这在大罐发酵中是有条件做到的。第四，非生物稳定性研究。黄酒的非生物稳定性成为黄酒行业的老大难问题，既有众所周知的客观原因，也是主观原因。要提高黄酒的非生物稳定性，就必须减少酒中的大分子胶体物质，而这些大分子物质同时也是风味物质，因此任何提高黄酒非生物稳定性的措施都可能在一定程度上损害酒的原有风味。在风味和稳定性上，我们过多地考虑了前者。但消费者已越来越重视酒的外观质量，黄酒的非生物稳定性差，档次就难以提高。况且非生物稳定性好了，口感相对淡爽了，对吸引年轻一代消费者很可能是一举两得的好事。我们用澄清剂处理的黄酒已存放一年多，尚未产生沉淀。可以肯定，只要转变观念，并真正重视起来，定能取得有实用价值的成果。第五，无菌过滤灌装技术的应用。这一技术的应用，将直接给黄酒行业带来新产品新概念。第六，酒中 EC 的控制。国外已制订出各种酒的 EC 标准，中国也迟早要出台相对标准。目前 EC 的形成机制已经揭示，并有成熟的控制措施。但要早日重视起来，否则将处于被动。

此外，要进行酒文化的创新。得天独厚的鉴湖水和微生物环境、悠久的历史、精湛的工艺，绍兴黄酒的出身无疑是高贵的。但是绍兴黄酒给人的总体印象是土气的，因为我们的宣传过多地把它的形象与乌篷船、乌毡帽、孔乙己、茴香豆、破房子联系在一起。这些具有绍兴地方特色的文化，是很有旅游价值的文化。但我们的目的并非只想把绍兴黄酒做成来绍兴时才喝一点带一点的旅游产品。在国外，啤酒一般只作为大众化的饮料，葡萄酒才作为正式餐饮用酒。能否营造一种文化，使代表东方文化的绍兴黄酒和代表西方文化的葡萄酒一样成为正式餐饮用酒？绍兴是历史文化名城，绍兴黄酒是历史文化名酒。投醪劳师、曲水流觞、花雕嫁女、国宴国礼酒无不与隆重高雅的场合联系在一起，有待挖掘和创新。有理由相信：通过正确的引导和宣传，绍兴黄酒这一具有深厚文化内涵的酒一定会得到广泛的喜爱。

# 燃料酒精发展的国际情况与分析

高寿清

生物能是一种很有前途的转换太阳能并可再生的能源，受到国际上的广泛重视。用生物量（在这里指植物量）经发酵法制得的酒精被称为生物酒精。

往汽油里混入酒精作汽车燃料始于第一次世界大战，1921 年德国的混用酒精达 21000 吨。我国在抗日战争和解放战争时期也都使用过酒精作燃料。1950～1957 年间，四川交通运输部门在四川以及 1958 年 11～12 月间商业部、石油局等在四川、上海、常州等地进行过汽车燃料运行试验，试验都是以体积分数为 95%左右的酒精混入汽油并加入苯形成混合燃料。20 世纪 50 年代后，由于石油资源逐趋枯竭，于是又注意到生物酒精，酒精汽油再次被用作汽车燃料，从此，其发展动力大大地得到了加强。首先在拥有丰富甘蔗资源（年产 3 亿吨左右）的巴西得到发展，然后在具有大量玉米资源（年产 2.5 亿吨左右）的美国也得到一定发展。影响其发展的主要因素是国际石油、蔗糖和玉米价格的波动，这些都还需要政府在法规和经济政策上的支持。

**1. 酒精汽油的燃烧性质**

1.1 如不添加苯等溶剂性燃料，则要将95%（或96%）体积分数的酒精脱水后才能使用，否则产生分层影响使用。

1.2 酒精汽油与普通汽油相比，由于增加了氧含量，燃烧更加完全，汽车尾气中CH和CO均有不同程度降低，$NO_x$ 略有上升，乙醛含量也有所增加，但它比普通汽车尾气中其他有害物质对空气的污染要小，总体环境效果良好。

1.3 汽油中添加10%酒精，其辛烷值可提高2～3，动力性能增强；随着添加量的增加，动力性能有所下降。

**2. 巴西的燃料酒精发展情况**

2.1 发展的阶段性变化

巴西有着丰富的甘蔗资源，是世界最大的产糖和蔗糖出口国，酒精的生产成本最低。1971年巴西政府制定了加速发展糖业的法案——国家甘蔗糖业改良计划。1976年为了减少对石油进口的依赖，制订了“生物能源计划”，用甘蔗汁直接生产酒精作汽车燃料，用蔗渣作燃料发电。为此，政府投入了几十亿美元支持和推动上述2个计划的实施；并加强对糖业的集中统一管理，由政府全面控制生产计划、产品价格、贷款贴息、出口补贴与配额等措施，加油站只供应添加了酒精（22%）的汽油。糖业和酒精业得到迅速发展，糖业从20世纪70年代初的440万吨增加到20世纪80年代的900万吨，酒精从1978年的139万吨增加到1985年的944万吨，在1290万辆汽车中约有370万辆用纯酒精发动。政府为鼓励使用酒精的财政补贴也高达几亿美元。

随着1986年世界石油价格出现大暴跌和1989年世界砂糖价格的上涨，导致了巴西酒精业的经济危机，政府减少了补贴，产量大幅下跌。

1989年经济危机后，巴西政府对糖业（酒精业包含在糖业中）全面实行私有化，1995年又放开蔗价、糖价及内销、出口管制，实行自由贸易。但政府通过支持酒精生产间接地支持糖业的发展。糖厂根据食糖和石油价格的变化调整产糖与酒精的比例，政府对汽车燃料掺入酒精有强制性法令和比例要求，如酒精供给量大，政府就调高汽车中掺酒精的比例（最高达24%）。政府对酒精生产一直给予免税和补贴，随着糖价下跌逐步取消补贴，但必要时采取其他办法扶持，如1999年由于国际糖价下跌而糖厂增加酒精生产，政府出钱收购全部酒精，并采取相应措施促进内销和出口。

现阶段巴西的酒精生产能力达1200万吨，实际产量随着糖价和石油价格在1000万吨左右浮动。

2.2 近来有关酒精生产的具体经济情况

1999～2000年榨季，甘蔗产量3.07亿吨，其中55%用于产糖2100万吨（出口1000万吨，占世界贸易量25%），糖厂200家；45%甘蔗直接用于生产酒精约1000万吨，另用制糖废蜜生产酒精170万吨，总计产酒精1200万吨（相当于全部甘蔗含糖量的55%）。每吨甘蔗的进厂成本仅12.95美元，糖的质量分数14%，每吨酒精（体积分数为96%）消耗甘蔗13.6吨（成本177美元，合1450元人民币），如用于制糖可产糖

1.7吨；酒精的生产成本约为糖的1.5倍，在300美元左右。农民种蔗收入45亿美元，工厂售糖收入35亿美元，酒精收入45亿美元，各级政府从售糖中征税14亿美元。

2.3 经营的组织形式——联合企业协会

糖业放开私有化后，进一步发挥联合企业协会的作用。它是一个管理协调、服务的非官方机构，由企业自愿参加，例如圣保罗糖业酒精联合企业协会有成员几十家，每个糖厂的糖和酒精都交由协会统一经营销售，充分发挥规模经营优势，增加协会伙伴的竞争力，提高整体经济效益。

大部分糖厂不生产糖蜜酒精，而是集中起来由少数厂生产酒精，规模都在5万吨以上。

糖厂与蔗农间实行协议关系或耕地租种关系，糖厂之间及关联企业之间实行内部自愿联合的伙伴关系，联合企业集团间是竞争关系。

**3. 美国的燃料酒精发展情况**

3.1 发展阶段

1978年，含（体积分数为10%）酒精的混合汽油首先在内布拉斯加州使用。1979年，美国国会为减少对进口原油的依赖、利用有较大剩余的玉米资源，制订了联邦政府的“酒精发展计划”，正式开始倡导燃料酒精生产。当时年产量3万吨，1990年增加到年产260万吨。

1990年，美国国会通过空气清净法修正案，要求从1992年冬季开始，在39个CO排放超标地区必须使用含氧量质量分数为2.7%的汽油（相当于添加体积分数为7.7%酒精）。由于联邦政府减免酒精汽油20.5美元/吨消费税的计划基础是以添加体积分数为10%酒精（含氧约为3.5%）为准，所以形成含氧汽油酒精的添加量通常体积分数为10%。

1993年加州开始实施“灵活燃油车辆计划”，制订了用于轻型车的E85（85%酒精+15%汽油）的燃油规格。至今已生产并销售了灵活燃油汽车100余万辆。

1999年7月，美国环保局与国会合作，将建立推行一个2002～2011年期间新的国家清洁替代燃料计划，并在4年内全面禁止使用MTBE，这将对燃料酒精的发展起进一步推进作用。1999年美国发酵法酒精产量450万吨（生产能力560万吨），90%以上使用玉米。如全面禁用MTBE，燃料酒精的需要量将达960万吨，到2010年有望达到1250万吨。

3.2 美国的酒精企业

美国有发酵法酒精生产企业58个，分布在19个州。按规模分：生产能力20万吨以上的9个（近100万吨的1个、50万～60万吨2个、40万吨1个、25万～30万吨3个），10万～20万吨5个，5万～10万吨11个，3万～5万吨8个，1万～3万吨11个，1万吨以下14个。最大单线生产能力不超过30万吨。

ADM公司是全美最大燃料酒精生产企业，其产量占总产量的45%，其制造酒精是为了平衡其他主产品（高果糖浆等）的季节性市场波动；且由于其规模的垄断性，可以影响其主产品在冬季波动时期美国燃料酒精的市场行情。

美能源部对28个规模在3000吨以上总产量超过约300万吨的酒精企业的综合统计，燃料酒精生产总平均成本为约380美元/吨

(约合人民币 2800 元/吨)。1998 年与 1987 年比较，能耗干法生产降低了 39%，湿法降低了 35%。由于综合利用的不同，干法生产可降低酒精成本约 106 美元/吨（约合人民币 770 元/吨），湿法可降低 159 美元/吨（约合人民币 1185 元/吨）。干法生产每吨酒精的投资额为 500～800 美元）（合人民币 4100 元～6400 元），湿法大约是干法的一倍。

3.3 政府对燃料酒精生产、应用的政策与补贴

1987 年的联邦“能源税收法案”，免除酒精汽油消费税 15 美元/吨，此后维持在约 15～23 美元/吨，其中 1993～2000 年期间，联邦政府给予 10%酒精的汽油最大减税幅度为 20.5 美元/吨（相当于每吨变性燃料酒精 205 美元，约合每吨人民币 1498 元）。今后拟逐步减少，预计 2001～2002 年减至 20.1 美元/吨，2003～2004 年减至 19.8 美元/吨，2005～2008 年为 19.4 美元/吨。对 3000 吨～9 万吨级的生产厂还酌情补贴 38 美元/吨酒精（每吨合人民币 277 元）。此外，玉米产区的州政府根据情况给予燃料酒精生产 19～38 美元/吨的税收优惠（合 140～280 元人民币/吨）。

汽油添加酒精后蒸汽压升高（E－10 汽油比普通汽油上升 1Pa），对此，美环保局同意从 1989 年起将酒精汽油的蒸汽压放宽 1Pa。

据美国可再生燃料协会统计，按目前燃料酒精的使用情况，每年可增加农民收入 45 亿美元，政府在市场粮价低于规定价格的补贴减少；增加了约 20 万个就业机会，相应增加个人所得税 5.3 亿美元，增加州的税收 4.5 亿美元；随着玉米出口价的上升和原油进口的减少，改进了美国贸易平衡 20 亿美元。最终使联邦政府净节省财政预算支出约 36 亿美元。

为加强生物能源开发，1999 年 8 月发布总统令：要求建立一个委员会，以协调在研究生物质能方面的努力，就生物能开发项目提出研究计划，其目的是利用农作物、树木以及农业和林业废料生产酒精之类的燃料或其他产品，确保相应的联邦法规对利用生物量制取的产品和能源予以支持。到 2010 年能使农作物和草木在这方面的利用率增加 2 倍。

3.4 科技开发

为增强燃料酒精链接农业和能源杠杆调控功能，正在抓紧“柴油醇”和纤维素资源生产酒精等科技开发。ADM 公司正在开展酒精柴油的应用试验，含酒精体积分数为 15%、其他添加剂体积分数为 5%，柴油体积分数为 80%，行驶 $24\times10^4$ 公里结果表明，可使柴油车尾气中的颗粒物减少 20%～30%，但每吨燃料的成本要上升 19 美元，经济性比普通柴油要降低 5%。

引起国家可再生能源开发实验室及有关社会科研机构和大学重视的研究开发内容有：培育产量和纤维素含量高的作物，纤维素、半纤维素水解以及五碳糖直接发酵制酒精等。

**4. 其他国家情况**

进入 20 世纪 90 年代后，燃料酒精的生产和应用在加拿大得到一定发展，在部分欧洲、亚洲国家也有一定应用。

**5. 发展情况分析**

(1) 燃料酒精的生产与应用，目前主要存在于具有丰富甘蔗资源的巴西和大量玉米资源的美国。其主要意义在于转化剩余农产品，保护农民利益从而有益于社会稳定；另一方面对缓解石油依赖和环境保护具有重要

战略意义。

（2）其发展（尤其在起始阶段）都是由政府推进，经过立法和条例等强制性的应用措施，并实行税收等优惠政策和政府补贴。

（3）燃料酒精的生产、应用规模，都与其农产资源的拥有数量相应地保持在一定的数量范围内。

（4）其发展受到国际石油、玉米和食糖价格波动的影响。

（5）一般情况下，燃料酒精的生产成本尚比汽油高，还需要得到政府补贴和政策上的支持。

（6）生物量制燃料酒精的竞争能力，在近阶段主要取决于酒精生产水平的提高和生产成本的降低；从长远看，大规模的替代汽油等燃料，还得寄希望于价廉、量大的纤维素、半纤维素资源的利用、开发与酒精生产技术的革新。

（7）巴西的燃料酒精生产与蔗糖生产密切相关，而美国则有相当部分燃料酒精生产与高果糖浆等产品的生产有着密切联系，都有其本国特色。我国的燃料酒精生产应如何发展？尚有待我国酒精业界和各有关方面的同仁，根据我国的实际情况，走出一条具有中国特色的发展之路。

**参考文献**


［1］高寿清. 食品与发酵工业，1991（1）：54～59

［2］许开天. 酒精工业，2000（3）：40～52

［3］国家经贸委“燃料乙醇”团组赴美考察报告，2000，10

［4］吉林燃料酒精项目考察组赴美国、巴西考察报告，2001，3

［5］广西糖业考察团赴巴西、古巴、墨西哥和泰国进行糖业考察报告摘要，2001，2


# 国际酒业情况选登（摘录）

## 国际酿酒科技

### 清酒处理保质新技术（日本）

电子场处理清酒——在清酒熟成前或熟成后用电子场处理，可省去加热灭菌工序、节约能量并能提高酒的风味。

γ—射线照射海藻酸钠和角叉果胶处理清酒——可使澄清时间从30小时缩短到8小时，且能完全澄清。

气体分离膜保质清酒——可选择性除去生酒等含的氧、防止挥发性香气成分挥发，保证酒的浊度，不易变色，延长保质期。

高效过滤装置——由存有中空纤维膜的容器、配管、泵等组成，能完全除去酒中沉淀和菌类。

生酒保鲜装置——在容器内注入惰性气体（$N_2$ 等），使酶作用停止，可使生酒在常温下保存一年不变。

## 新酿酒酵母的开发（日本）

新型啤酒酵母——在啤酒酵母中混入从樱花上分离的酵母以及使用从树液中分离的天然酵母，使酿出的啤酒具有独创性风味。

新型清酒酵母——经筛选、改良培育得发酵力旺，酒质好的优良菌株 AM－菌株；能使酿造期从 50 天缩至 20 天的干酵母，吨酒用干酵母 0.1 公斤；分离选育出发酵时不起泡的“无泡酵母 AK－3”，速度快、香味好、酒精清爽；从海洋中分离出的“海洋酵母（SANK50197）”酿出具有水果香的的清酒，发酵时起泡少。

葡萄酒酵母——从葡萄酒酵母 173 株及野生酵母 74 株中选出 3 株凝集性酵母，再与非凝性酵母进行细胞杂交，得到既有良好凝集性又有良好发酵性的凝集性葡萄酒酵母。

烧酎酵母——分离培育得能抑制甘薯烧酎强甘薯味的新酵母。

## 葡萄酒酿造新技术

葡萄酒的微氧酿造技术，已在五大洲的 10 多个国家采用，尤以法国波尔多为多，可改善酒的质地、香气和稳定性。

世界上最大的葡萄酒发酵罐（Ganimede 发酵罐）在意大利落成（175 吨罐，高 15 米），可充分利用产生的 $CO_2$ 对皮盖进行柔和均匀的搅拌，大大改善了浸提效果；特殊的构造也为分离排空提供了很大的方便，大大减少了劳动强度与能源消耗，被称之是葡萄酒酿造技术的一次革命，正在世界许多酿酒厂得到应用。

葡萄压榨机向自动化、高生产率和优质葡萄汁方向发展，如意大利西柏梅公司生产的真空式气囊压榨机；应用 LONWORKS 控制网络技术，选用不同在线 pH 仪、密度仪等实现发酵过程的全自动控制，便于发酵过程管理科学化，使葡萄能充分发挥其优良的酿造特性；膜过滤得到广泛应用；灌装设备一体化——将冲瓶、灌装和压塞机组合一起并封闭在配有空气消毒器的有机玻璃罩内，进行机电一体化自控。

## 啤酒制造花絮

### 1. 比利时在缩短啤酒周期上的突破

比利时开发出啤酒快速酿造技术，比传统发酵技术缩短一半时间。该技术特点是使用一个特制的玻璃反应器，以增大酵母与底物的接触面积。玻璃反应器带有多孔玻璃，以容纳许多分布在多孔玻璃上的酵母小球。啤酒在反应器内短时间成熟，并形成啤酒特有的风味和外观。酒液清亮透明，光泽很好且质量优于传统啤酒。

### 2. 日本开发出控制啤酒中双乙酰专利技术

主要通过控制啤酒中溶解氧，利用固定化酵母厌氧发酵，即将圆柱反应器中充填 80％被 1％海藻酸固定的啤酒酵母、糖化麦汁、真空脱氧吸进二氧化碳，使溶解氧含量小于0.1毫克/升。呈嫌氧状态，每小时将8℃麦汁定量送入反应器。反应器出现的发酵液乙醇浓度达3.2%～3.8%（m/m）。而成品双乙酰比普通啤酒明显降低75%～90%，香味完好无损。

**3. 德国开发出多用途啤酒澄清剂**

该澄清剂主要包括阳离子和阴离子硅胶。使用比例为1∶1～1∶6。能明显改善啤酒过滤性能和啤酒胶体稳定性。将上述两种硅胶加入啤酒中可迅速形成絮状，使形成的混浊物的结块和引起过滤障碍的物质被除去。从而获得清亮透明、胶体稳定、易于过滤的啤酒。缩短过滤时间，降低过滤介质用量，延长纸板使用寿命，从而降低了生产成本。

**4. 丹麦利用新酵母菌种延长啤酒保鲜期**

通过对酵母基因的改造，使其中一种被称为EM10的基因功能丧失活性，而此基因可破坏啤酒所含的硫（硫是有防腐保鲜功能的物质）。利用改造基因后的酵母酿造啤酒，可使啤酒含硫量比普通啤酒高几倍，从而溶解于啤酒中的氧及引起啤酒变质的物质含量减少。酵母本身能起防腐作用，延长啤酒保质期，保鲜期。也可避免使用无机盐添加剂：亚硫酸盐。

**5. 德国开发出发酵自动控制系统**

德国最近在啤酒发酵自动控制领域又有新进展。开发的自动控制系统可测定发酵罐冷却所需的能量，作为发酵活性指数，自动调节大罐发酵温度，使各工序工艺参数最佳化，大幅度提高了发酵罐利用率。啤酒发酵得到改善，成本降低。

**6. 日本麒麟啤酒公司开发出高电压杀菌系统**

该系统以最高电压40千伏交流电向电容充电，继而对酒罐加瞬时高压（高压水下脉冲放电），能杀死啤酒中污染菌，但不影响啤酒酵母作用性能。较热杀菌系统耗能少，不影响啤酒质量。解决了连续发酵系统容易扩散污染的缺陷。

（王志坚　摘）

**7. 新型煮沸系统**

德国的Kaspar Schulz公司介绍了一种新的煮沸系统。据介绍，采用此系统可大大地节约能量。麦芽汁煮沸被分为两个阶段。在第一阶段，麦汁的温度要保持在沸点以下（约97.5℃）；第二阶段是真空蒸发阶段。获得8%的总蒸发率。在热休止阶段，要使麦汁保持在沸点以下，这样可节省蒸发能量成本，而且与另一种两阶段煮沸系统相比较，可节约大量的能量。这一煮沸法已进行了中试（50升）和工业化规模（240百升）的试验。

首先，把麦汁煮沸锅中的麦汁加热到97.5℃，并保持此温度60分钟。用搅拌翼不断地搅拌麦汁，热保温阶段的周期取决于α一酸的异构化产率和凝固氮的获取值，并可以调整。在此阶段，蒸发率大约是1%。然后，热凝固物和酒花碎屑在煮沸锅的涡流中移动。休止期以后，从涡流中澄清的麦汁被泵送到真空蒸发。这一膨胀容器的压力约30兆帕。由于麦汁是切向流入此容器中，所以麦汁流沿着容器壁的内壁向下流入薄液膜里。这样，可获得7%的蒸发率。蒸汽冷凝器是用于产生热水。在蒸发器中，麦汁被冷却到63℃。最后，板式热交换器用于更进一步的冷却麦汁至其发酵温度。

（大　可　摘译自Cerevisia，2001，No. 4）

**8. 日本流行啤酒酵母的应用**

日本主要酿造商发现了一种新的销售产品，而且该产品不用上税。啤酒酵母片被证实是一种大众健康添加剂。朝日啤酒公司称其销售啤酒酵母片的历史已达 70 年以上。该公司一年前开始进行市场开发，使啤酒酵母片的销售量从去年上半年的 9 万袋增加到今年同期的 14 万袋。具有很强健康意识的日本人认为，酵母衍生物能使他们的食物更趋合理，他们在肉类和鱼类食品加工中使用。

麒麟啤酒公司将其生产的啤酒酵母粉通过添加到风味酸乳酪中售出，每月销售量在 10 万包以上。

札幌啤酒公司从今年开始出售以啤酒酵母为主要基料的美容剂，该产品在 40 个以上的美容公司均有售出，相信对皮肤有好处。还有另外 150 个公司用该啤酒酵母加工产品。

日本 5 大啤酒公司今天 8 月份啤酒总销售量比上年同期提高 3.7%；低麦芽发泡酒的销量上升 28%，自去年以来上升 42%。日本啤酒的贸易量继续下跌，目前的跌幅为 6.3%。

（宜　轩　摘译自 bdi，2001，10 月）

**9. 影响啤酒老熟风味的因素**

据《美国酿造化学家学会志》刊载，5－羟甲糠醛（5－HMF）和糠醛是啤酒老熟的指数。在啤酒储存期间，啤酒老熟的感官风味度和 5－HMF 含量间有一个相关性。这使人们认识到：在麦芽汁制备期间，控制 5－HMF 的生成对改善啤酒风味稳定性是非常重要的。在控制 5－HMF 比率的研究中，所进行的不同的尝试表明：在成品酒中，活性氧和低 pH 值可提高啤酒储存期间 5－HMF 的生成。在麦芽汁制备期间，采用抗氧化技术和选择的较大体积的酵母菌株对于调整 5－HMF 含量是实用、有效的方法。采用较大体积的酵母可酿造出 5－HMF 含量低的啤酒。

（田　心　摘译自 Cerevisia，2001，No. 4）

**10. 四种新型麦芽**

Briess 麦芽公司宣布新添四种麦芽新产品：Aromatic、Caramel Vienne 20L、Caremel Munich 60L 和 Special Briess。

Aromatic 是 Briess 系列产品，经高温烘烤，色度达 20°洛维邦德（Lovibond），是 Munich 类型的麦芽，比 Bonlander Munich 麦芽（8～12°）色泽深。

Briess Aromatic 的烘烤温度更高，所以该麦芽不但色泽更深，而且麦芽香味更浓郁。产生金黄色或桔红色。含有足够的酶活力。适用于各种类型的啤酒的酿造。

Caramel Vienne 20L 和 Caremel Munich 60L 属 Briess 焦香麦芽系列产品。不但能提供焦香麦芽的甜味，而且具有上佳的麦芽香风味。这使得这两种麦芽成为各种类型啤酒酿造的首选原料。相比之下，20L 比 60L 的麦芽香味更淡些，更柔和些，面包味更淡些。

Special Briess 系采用新工艺制成，焙烤温度高（140°～160°），色泽深。具有独特的特性，明显不同于该公司的其他特种麦芽。适用于酿造波打黑啤和司陶特。其所提供的漂亮的黑红色是褐色 ale 的重要成分。

（安　苑　摘译自 BREWERS DIGEST，2002，1～2 月）

**11. 在酿造水中添加没食子单宁**

比利时和荷兰的研究人员对在酿造水中添加没食子单宁提高啤酒风味稳定性的评价时认为：在大多数的啤酒酿造试验中，尤其是在浓啤酒（贮藏啤酒）的情况下，麦芽的其它成分的还原能力对于避免风味降解似乎不够的。在搅拌期间，添加没食子单宁可提高抗氧化能力。通过对某一啤酒厂的200升中试规模试验：在制备的浓啤酒中，在酿造中添加或不添加没食子单宁，并在40℃强制条件下老熟。得出的有关氨基酸的Strecker降解、脂类氧化和感官评价的分析数据表明：在酿造水中添加没食子单宁对提高啤酒最终产品的风味稳定性是大有希望的。

（木　子　摘译自BIOS，2001，No. 3）

**12. 啤酒酿造中糠醛当量测定**

糠醛通常被作为啤酒和食品变质的分析指示剂，因此，在以下三种情况下：1. 协定法麦芽汁和加酒花麦汁；2. 在啤酒主发酵过程中从不同发酵罐中取样；3. 在暗室内20℃，啤酒老熟期间对等价糠醛进行了测定。在第四种试验的情况下，对在不同温度下的贮藏啤酒的等价糠醛比率的发展进行了研究。等价糠醛值的测定，包括糠醛和其它挥发物质吸光度，是采用配备有蒸馏单元和UV检测器的连续流分析仪进行的。由此可得出的结论是：采用此技术测定等价糠醛是适宜的。而且表明，在第一种情况的试验中，等价糠醛值的差异说明糖降解和美拉德反应的不同的程度。在第二种试验中，在接种后的很短的时间内，所观察到的等价糠醛值的大量降低进一步证实了在发酵的第二阶段高活性的和还原能力好的酵母。在第三和第四种情况的试验表明在不同温度下，等价糠醛在啤酒老熟和贮藏啤酒贮存期间的增长。

（田　心　摘译自Cerevisia，2002，No. 1）

**13. 可重复灌装的PEN啤酒瓶**

丹麦和挪威使用可重复灌装的PEN啤酒瓶取得了成功。德国也在讨论采用这种啤酒瓶的可能性。虽然PEN比PET要贵得多，但对于这种能重复灌装的瓶子来说，就显得不太重要了，因为超出部分的成本可由多次销售的啤酒分摊，因此，零售啤酒的价格不需要增加多少。在丹麦，这种PEN的瓶型与各种玻璃啤酒瓶的瓶型一样，但由于PEN瓶的瓶壁比之薄得多，因而所装啤酒的容量就更大，这样可使高出的价格得到填补，消费者当然也就不会反对。

目前，丹麦和挪威都规定使用过20次的PEN瓶必须回收，这仅是为了保证瓶子外观磨损小，其实这些已重复使用20次的PEN啤酒瓶还相当完好，如果不是从外观上考虑的话，还可以继续使用许多次。为了延长其使用寿命的抗磨损处理技术正在开发中。

**14. 啤酒发酵中微生物的快速检测**

Foodproof$^{R}$啤酒分析检验仪是利用PCR新方法进行检测。该方法可通过在线一次反应快速检测出啤酒发酵中最常见的14种腐败菌。在同一反应中，该方法还可鉴定出这些菌中的大部分种，并与PCR在线检测系统Light Cycler$^{TM}$一起使用。检测以实用、操作方便的试剂包进行。操作人员不需要任何的分子生物学的经验。这是第一个用于啤酒厂标准实验室中的新研开发的PCR—tool。样品经短时富集培养后，分析所用时间不足两小时。因此，该方法可以很快地发现啤酒厂日常分析中所提出的微生物学的问题。

PCR（聚合酶链反应）主要在临床方面，如广泛用于微生物快速和特异性能检测。在这一技术中，已知的个体微生物的脱氧核糖核酸（DNA）的特有片断在体外被放大，然后，立即检测。DNA程序的选择可以很准确地鉴别微生物。与传统的微生物学分析速度相比，这一快速分析是由于DNA的放大结果。DNA每分钟放大一倍。这要比整个细胞的生长快得多。通常细胞的生长需要多时，而且，PCR还有能力对浓度低的致病菌或衰败菌进行检测。

## 新的瓶状小型化啤酒用铝罐

现在，市场流通的包装容器的素材有金属、塑料树脂、玻璃、纸等各种各样，这些材料根据各种包装产品的各项具体要求，进行各种性能改造优化，加工创造出近无数的新产品。对于包装容器要求的功能，有保证内容物质量稳定性、安全物毒性、可回收再利用以及时尚性等多种方面。许多金属饮料罐产品正是考虑到这些因素而研制生产、提供市场的。最近，日本最大的制罐厂家大和制罐公司在世界上首次开发了一种瓶状小容积啤酒用铝罐（New bottle can，以下简称为NBC）的新产品，它赋予了开盖后再旋封密闭的性能，并已开始大批量商品化生产投入市场。

**1. 新瓶状罐NBC的材料与加工**

NBC是一种超越了现有的2片罐、3片罐的全新型罐听产品。大和制罐公司的科研人员应用该公司先前独自开发的3片罐的薄板制压技术、旋盖密封技术和2片罐的成型技术制成了罐体，灌装啤酒等内容物后，用铝一聚酯盖旋转闭合即完成产品包装成为商品。

各种素材在选用、加工制造时，全部都充分地考虑了环保方针和要求，主体采用了单金属材料（铝合金）加工制成。在这一铝合金材料冷轧成罐体片后，罐体的内外两面以PET树脂压膜作成复膜铝。罐口盖的里面采用低密度聚乙烯，盖表则采用印刷涂层。这样，新加工制成的NBC与现有的罐听不同，它不使用任何涂料。

**2. NBC的特征**

根据介绍，NBC的开发研制是在对于当今世界制罐技术发展水平和要求，以及现代社会生活的高节奏化而人们追求更便利、时尚的商品等各种具体情况进行了深入、详细的研究分析之后进行的，本着以人为本、以技术力量条件为后盾的基本策略，充分考虑人的各种心理因素，以及按照环境保护的要求等具体开展、实施而得以成功的。它的最大特点就在于罐盖口地方。NBC开盖后，可以再次盖上。因此，它在以下三大方面具有明显特征。

2.1　NBC的具体实际使用性能

喝时可按需要分成小分量再紧闭密封，这对于喝啤酒时尽可能减少啤酒被快速氧化有直接的意义；

小容积化，可以对瓶口直接喝；

不易外洒、容易倒杯；

不需瓶起子；

容易随处放置，不用特地考虑专用地方。

2.2 外观设计

体积小型化，做成易拿易喝的形体外表，美观大方；

目的还在于推荐一种新兴的时尚啤酒喝法，在一般公共场合下喝时，无须像直接喝大瓶啤酒时要顾虑不雅观等。

2.3 环保、回收再利用

NBC是用金属作为主体材料，可以充分保证其内容物质量的长期稳定性（如气体隔绝能力）；

基本素材为单金属复膜铝，可以回收循环再利用；

容器内表面以PET膜压复制成的，膜中不含有任何环境荷尔蒙等有害物质；

罐体的内外表面用薄膜层保护，在罐体加工成形过程中不产生污水废液，对周边环境没有污染破坏作用。

另外，NBC还有一重要的特点就是整体很轻，与500毫升耐热PET塑料啤酒瓶相比，NBC的重量减少了40%。

**3. NBC的应用**

此次大和公司在原来的大容器罐体加工成型技术的基础之上，研制生产出这种小型实用化的系列产品，主要有500毫升，450毫升和350毫升等。NBC和DI罐（冲压罐）一样，属于罐体部分压成薄板的正压用途容器，因此，可以应用的范围很广泛。目前主要有：

啤酒、碳酸饮料等的正压产品；

即饮茶（及茶饮料）、运动饮料、果汁等热LN灌装填充产品；

酒类等。

目前，已有如450公顷啤酒罐商品化批量生产销售。

**4. 制罐工艺要求**

NBC具体生产操作时，充分地考虑了21世纪的发展需要和环境保护方面的要求，利用和创造性地发展了现有的2片罐、3片罐生产工艺技术，因此，在生产线的设计上也具有以下的优点：

环保型，即不使用水。同时，削减了二氧化碳的排放量，也削减了工厂废弃物的产出量；

充分考虑了产品重量减轻后生产线配套改造与快速化；

综合了2片罐和3片罐制作技术。

该NBC属于一种全新的金属容器，可以在通常的饮料生产中广泛应用。中国食品发酵工业研究所已掌握NBC的生产加工技术，期待与有关的科研院校和企业合作进一步研究开发，为在我国食品发酵行业实际应用提供相关的服务。

（王 玮）

## 现代淡色贮藏啤酒及其麦芽100年

从1900年以来，制麦工业已取得了很大进展。然而，近百年来，人们没有意识到作为“新的”淡色贮藏啤酒麦芽的再发芽能力没有完全被破坏；没有意识到“新”麦芽被微生物菌体所覆盖（对麦芽制备者和啤酒酿造者有益的或危险的），以及存在未失活的脂肪氧合酶和氧化酶。例如有关脂氧化等问题一直没有完全搞清楚。本文作者就麦芽生产及产品的几个趋势进行阐述。大麦种植者与麦芽和啤酒生产者应该相互合作。淡色贮藏啤酒的风味稳定性将取决于这种合作。

**1. “淡色贮藏啤酒”的起源**

“淡色贮藏啤酒”的起源，包括比尔森啤酒的生产源于1900年以前，属低温发酵（慕尼黑）黑啤酒，不属于“浅色爱尔啤酒”。1900年以后，发生变化的不是啤酒厂的设备，而是麦芽：三次煮出糖化法的麦芽汁制备是从37℃开始的。在欧洲，只是从1960年起，麦芽汁制备被简化，最终导致麦芽汁制备采用不断升温的浸渍法，浸渍起始温度≥62℃。

**2. 生产“淡色啤酒”的现代麦芽是一种“新”产品**

在1900年左右，在制麦芽技术上成为可能的是：在相对厚的发芽床中，创造和保持一个需氧环境，烘干大麦芽只采用极热的热风法，无需预先“漂白”或窒息，温度不超过85℃。用这种“新”麦芽制作的啤酒风靡世界。实际上，啤酒厂80%以上的麦芽都用于生产这种“淡色啤酒”类型。

**3. 巨大的进展**

从1900年起，在啤酒生产规模和速度方面都取得了巨大发展。麦芽的损失、容器占用的时间和能量的消耗都大大地降低了。由于大麦种植、知识的积累、技术以及工艺控制等方面的进步，使生产低色度、DMSP $<4\times10^{-6}$、高浸出率、高水平内源抗氧化剂和良好的麦汁过滤性能成为可能。出于这些原因，尤其是酿酒者成功地使麦汁过滤工序自动化并加快，在≥62℃温度下糖化，也就是说在大麦麦芽淀粉的胶凝点以上。对酿酒者而言，懂得了良好的麦汁过滤性能同样取决于麦芽汁制备工艺和糖化醪输送方式：低剪力和低氧涉入。

**4. 麦汁过滤性能**

对于麦芽的基本要求是获得良好的和稳定的麦汁过滤性能，无论是粗粉还是细粉类型。实际上，要求细胞壁的溶解均匀，以便获得粗粉碎麦芽的良好过滤性，糖化温度为≥62℃，如同生产爱尔啤酒的麦芽一样。大麦的选择和贮存；减少大麦的休眠和保持或改善其发芽能力是最重要的。同样，要考虑到实际的气候情况，在麦芽厂附近大麦收成极端不好的情况下，如果运输费不是很高的话，可贮备远地区的大麦。较好控制贮存条件的麦芽厂可在收获后贮存一些优质大麦，包括潮湿地区。在一些大的生产地区，湿度大于12%～13%，还应意识到大麦贮存和贸易的风险。

**5. 良好的生产实施**

为了获得良好的麦汁过滤性能，应对以下实用标准的实施相一致：

单一品种操作；

后期收获处理和保护贮存，最好是在湿度为12%～13%的无风险范围；

严格的筛分；

浸渍操作的工艺和程序设计，以避免局部窒息；

发芽期工艺条件均匀（翻麦机的设计和程序设计；湿度调节一致）；

技术和程序设计要减小干燥炉中的梯度。

获得均匀溶解的麦芽的关键是“同步发芽”。

**6. 对淡色贮藏啤酒麦芽低估的事实**

在淡色贮藏啤酒麦芽的100年中，要达到与以下有关的观察一致，花费了许多时间：

制麦设备是一个易管理的固态发酵器，它可以给麦芽制造者和啤酒酿造者带来利益或风险。产品的完善性取决于制麦设备，同时也取决于糖化室性能和下述步骤：微生物脂酶、氧化酶和（加）氧酶可以加重脂类氧化。新方法是易于管理的：微生物菌落管理。

LOX（脂肪氧合酶）和附酶不足，也不能被实际的麦芽制造激活。它们存在于麦芽中，甚至存在于EBC－糖化醪（95℃加热）的麦糟中。因此，重要的是控制LOX在麦芽制造中的反应，同时也控制在粉碎和麦汁过滤（洗糟）中LOX的反应：制麦和酿造中LOX控制。

还有一个“淡色啤酒”麦芽的再发芽力问题。在1904年就已认识了并已阐述了这一现象，并在1938年由Kolbach又重新证实了这一现象。振荡发芽率在30％～60％之间。实际上，这也是当今的情况，在麦芽烘干炉里，也可观察到无规则的差异。关于这一问题的含意，还存在一些混淆。无论这与脂类氧化有关，还是如何在大麦贮存期间、麦芽制造以及麦芽贮存期间控制它：生存性的管理。

**7. 微生物菌落的管理**

对微生物菌落实施有效管理所需的条例是建立在良好的操作实践基础上。

微生物菌落管理的关键是：

收获前后的管理；

前精选和前浸渍操作。

**8. LOX的管理**

LOX（脂肪氧合酶）是工厂防御系统的一部分。假设的LOX一反应的负作用，在酿造开始和洗糟期间对啤酒老化力的影响在工业操作中还很难论证。这主要是麦芽汁制备方法的最初阶段的技术还没有设计出限制LOX作用的技术。实际上，还没有啤酒厂可以有效地控制LOX反应的事例。另一问题是还没有LOX的测定标准。

麦芽制备期间，LOX管理的关键：

大麦的选择；

一致的工艺条件和焙烤炉中的最小梯度；

微生物菌落的管理走向无LOX的菌落；

特别关注绿麦芽干燥期间氧的控制；

在脂肪氧化和Strecker降解反应损害最小的情况下，在烘干的麦芽中，LOX活性是最小的。

麦芽汁制备期间，减小LOX氧化和脂类的自氧化的关键：

麦芽粉碎方式和糖化容器进料方式；

低氧涉入的技术设计，在水合一糖化中已开始的技术；

麦汁过滤和洗糟操作的技术设计以及洗糟操作所用的组合洗糟水。

**9. 对麦芽中LOX的补偿**

啤酒厂的技术设计越是最佳化，越是能鉴定出脂类氧化的危险和后果（通过酶反应或自氧化作用）。

**表1　　啤酒厂与麦芽厂的设计因素**

| 啤酒厂（在试验室） | 麦芽厂（在试验室） |
|---|---|
| 谷粉的储存期间 | 在大麦储存期间 |
| （调整干粉碎的情况下） | （与存活力的损失一致） |
| 在水合和糖化容器进料 | 在发芽期间 |
| 在洗糟期间 | 在绿麦芽烘干期间 |
| 在麦汁煮沸期间 | 在麦芽储存期间 |

当撰写此文时，大部分的麦芽厂和啤酒厂还在脂类氧化的条件下操作。这一脂类氧化风险从大麦的贮存就开始了；然后，在麦芽制备过程中“加强”；最后，在麦芽贮存、粉碎、水化、糖化锅进料以及糖化醪分离和洗糟期间又重新开始。在未控制脂类氧化的条件下，当醛和羟酸“重新”形成时，麦芽汁煮沸只能加重这一效应。在麦汁煮沸强度不足时释放醛类，并有效地去除醛类已越来越难了。热麦汁在“封闭式”旋涡沉淀槽中澄清可造成醛类重新聚集的危险。同时，加快酿造工序的趋势也需要啤酒厂的工艺设计不断发展：

生产复合酿造液和水化时将其加入的设备；

便于控制粉碎中的LOX反应和避免原料在贮存期间的脂类氧化的设计；

最少的洗糟水、复合洗糟水以及淡麦汁的正确处理；

“组合”低强度麦汁煮沸、醛类有效释放以及无障碍地强制挥发除去醛类技术的发展；

在热麦汁澄清和麦汁冷却期间，最短时的接触；

选择在传送期间强挥发—汽提。

改善淡色贮藏啤酒的风味稳定性（也就是说，抗老化和氧化变质）需要精制淀粉、麦芽糖浆、高技术含量的酒花产品、经处理的水，以及需要：

大麦的选择、大麦收获前后的管理、麦芽制造的工艺设计，以形成一致的工艺条件、微生物菌落的管理以及LOX的管理；

麦芽糖化室技术设计，要创造一个由于脂氧化和Strecker降解导致羟酸和醛类最小可能的“再生”的生产条件，以及控制醛类的释放和汽提（也就是说要使冷却麦汁在发酵前达到nonenal和羰基的最小势能）。

在这些条件下，收回在直接发酵、下游水流净化和无氧包装方面的巨大投资比预想的要好。

**10. 活性的管理**

关于活性的管理，还存在一些混淆。至少在一些麦芽厂中，质检部门还是有意识的，实际上他们也在考虑为什么30%～60%的规范是令人满意的和无风险的。他们也同样在考虑在麦芽储存期在湿度和水分活性下有呼吸的危险，继而导致窒息。然而，问题的关键是要知道，在干燥炉的顶层和底层，在相同的烘干批次中，有些麦粒什么时候、为什么会失去活性，其它的则不然。对大麦麦芽中仍具再发芽力并不感到惊讶，因为人们清楚地知道脱壳大麦非常抗或能抗干燥。生长在中东半干燥地区的脱壳大麦与种植在芬兰、英国和靠近澳大利亚大沙漠气候中的脱壳大麦同样不同。在一些地区，采用干燥法，在较好控制的条件下，终温可超过80℃的空气，有可能储存、甚至改善大麦的发芽能力。

关于活性问题，有以下的一些假设：

在大麦贮存期间，脂肪氧化会影响大麦的活力和活性；

在浸麦期间，有窒息的危险；

在干燥期间，氧应力可能是引起原因之一。

几乎在全世界，麦芽干燥期间的氧流量可达到200～600公斤（米$^2$·时）。当低浓度的氧化强化剂（$H_2O_2$，$O_3$，$NO_2$）存在时，氧的作用是增强的。实际上，目前有一种减少焙烤负荷的趋势，随之减少氧流量。实践将表明大麦烘烤出炉后的发芽能力及其如何影响（活）体内的脂类氧化。

**11. 麦芽产品的新趋势**

麦芽公司要及时为啤酒厂提供在不使用添加剂的情况下易于糖化操作的麦芽新品：

以再化合的或以稳定绿麦芽浸出物的形式提供的麦芽，例如：有利于连续或半连续操作；

由绿麦芽和焙烤麦芽分离的功能麦芽；

由麦芽分离的麦芽淀粉。

**12. 制麦中的新趋势**

制麦工业要遵循的主要趋势：

①过滤性能的一致性：

均匀地加工麦芽＝均匀的工艺条件；

②产品的完整性：

收获前、后的管理；

HACCP；

微生物菌群的管理；

③无添加剂工艺：

收获前、后的管理；

微生物菌群的管理；

分离的功能麦芽；

④提高抗老化的抗氧化力：

LOX 和 Strecker 降解管理；

焙烤炉中最小的梯度。

对于大多数麦芽来说，这些要求需要溶入工艺设计中，尤其是净化、浸渍工序和干燥工序。另一个发展就是收获前、后管理所遵循的规则。这个规则是：

大麦种植者、麦芽制造者和啤酒酿造者相互间伙伴关系的链式管理。

（木　子　摘译自《BIOS》，2001，No. 3）

## 啤酒瓶塑料化——发展现状与障碍（摘要）

**1. 利用状况**

啤酒瓶的塑料化对于啤酒生产行业来讲，可以说是多年来盼望实现的几个重大事情之一。PET（聚对苯二甲酸乙二醇酯）塑料瓶具有结实、壁薄、量轻等优异特点，性能上能比它更好的容器素材已基本上没有了。因此，世界上不少大型塑料制品生产厂家和啤酒公司早在 20 世纪 80 年代就极为注重啤酒生产用塑料容器产品的开发和生产应用。

美国最大啤酒企业 Anheuser－Bush 公司于 1998 年 4 月开始试销塑料啤酒瓶，但由于至今仍未能捕捉消费者的消费心理，他们试行其它几种新方法进行大量广告宣传以扩大新产品的销路。

而包括美国第二大啤酒厂家的 Miller 啤酒公司在内也是其子公司之一的 Philip Morris 公司现在正试着大规模、大范围地推行一次性使用的塑料啤酒瓶。该公司已经在洛杉矶、达拉斯、迈阿密等几个美国大城市中的方便食品连锁店里开展多种营销渗透活动，同时对消费者进行调查，将反馈性意见汇总分析，并反映到公司的技术开发部门。

根据总部设在北卡来罗那州的 PET 容器全国联合委员会的一份调查统计，1995 年美国碳酸汽水瓶的生产量是 1950 亿磅，1998 年则迅速上升为 3005 亿磅，而到 2001 年预计将达到 5000 亿磅。

但是，塑料瓶的回收再利用相反地、让人感到啼笑皆非的是反而明显地减少。1998 年的回收再利用率从 1994 年的还有 34.1％

急剧地下落为仅有 19.6%。

而且，其中塑料瓶回收再利用行业中问题最为尖锐的是啤酒用塑料容器。在欧美国家中一些常见的牛奶瓶是塑料、乳白色的，是以 HDPE（高密度聚乙烯）为原料加工制成的。它与具有光泽的洗涤剂瓶或碳酸汽水瓶一看就不一样，处理时人们可以容易地将它们分门别类区分开。但是，目前的塑料啤酒瓶也多是乳白色的，而 HDPE 牛奶瓶则必须和 PET 瓶严格的区别、分离开来，哪怕即使有一点含 HDPE 中氯乙烯成分的破碎物混进入瓶盖等里面的事情发生，PET 瓶树脂的所有结构都会受到严重破坏。因此，到目前为止，回收作成的再生品也难是合格产品。

**2. 分门别类回收的困难**

**3. 再生处理的困难**

啤酒用的塑料素材是高密度的纤维性物质材料，而这些塑料啤酒瓶内专用的特殊涂膜剂也是回收再利用的主要障碍。

**4. 小结**

（1）从色彩鲜艳的碳酸汽水瓶到洗涤剂瓶等各种各样塑料已经被广泛地大量使用。但是，由于人为性的对于资源回收再利用的不关心、不重视，使得与使用时随机方便、得心应手相比较，处理时外加于分门别类上的劳动量则非常大。

（2）从铝制金属罐、一次性使用或可回收再利用的玻璃瓶等，啤酒容器可以选择的材质范围有不少。

（3）PET 树脂瓶种类很多、应用范围也极广，但是，现在有必要、也只必须对于琥珀色的啤酒瓶进行单独分开处理。

（4）20 盎司的 PET 瓶作为新产品出现后销售量十分巨大，但目前被回收利用的比例则极小，而且今后一段时间内能用于回收处理的量也难于明显改观。

（5）一部分啤酒瓶盖的内膜中使用了氯乙烯原料，这对于塑料啤酒瓶的回收再利用来讲极为有害。

可以说，塑料的回收再利用是与现代、高级类别垃圾的一场综合性战斗。虽然目前塑料类垃圾的处理、回收再利用的事已经越来越受到广泛的关注，但是，这一资源再生行业现在对于如此之多量的塑料类废弃物品的处理的意志和信心已开始发生动摇，他们尤其是希望广大的啤酒生产厂家目前不宜全面、大规模地逾越迈入这一困难领域。

（王　琸、袁　玮）

# 国际酿酒工业专业会议情况

## 2001 年布达佩斯第 28 届 EBC 会议入选论题

**1. 原料**

1.1　构成麦汁过滤性能基础的大麦和麦芽要素：在大麦培育程序中的鉴定和使用（南澳大利亚 Adelaide 大学大麦生物化学和酿造研究实验室）

1.2　对发酵能力的分子标记——用于大麦培育的一种新颖的选择工具（德国柏林酿造研究和教育学院）

1.3　由真菌所产生的喷涌因素的定性和检测（芬兰 VTT 生物技术，Raisio 麦芽集团）

1.4　工业浸麦的模拟试验（法国）

1.5　采用微随体 DNA 多晶型高能力分析用于单个麦粒的大麦品种检验（日本朝日啤酒公司食品和药物研发实验室）

1.6　对啤酒泡沫具有负面影响的三羟十八烷酸是由麦芽中的酶因素产生的（日本札幌啤酒公司酿造研究实验室）

1.7　依靠制麦和干燥参数研究黑啤酒的风味和风味稳定性（德国）

1.8　什么是啤酒的抗氧化性能（德国）

1.9　酒花制品对啤酒微生物稳定性影响的研究（德国）

1.10　天然干燥酒花植物的化学性能及其对啤酒质量的影响（斯洛文尼亚酒花研究及酿造研究所）

**2. 酵母和发酵**

2.1　在高浓度酿造中渗透压是否影响发酵性能？（英国国际酿造研究所）

2.2　酵母膜电势和碳水化合物利用（英国牛津 Brookes 大学生物科学学院）

2.3　啤酒酵母菌在正常和高浓度酿造中麦芽透膜酶和麦芽糖酶活力的日常变化（芬兰 VTT 生物技术、英国国际酿造研究）

2.4　在扩培过程中酵母移种时间的最佳化（日本三得利公司新产品开发研究所）

2.5　使用谷物浸渍液增加扩培所获啤酒酵母产率（英国 Scottish Courage 啤酒公司）

2.6　用于评价酵母活力的新方法及其用于酵母处理技术（日本麒麟啤酒公司技术开发部）

2.7　麦汁成分和多次添加酵母对贮藏啤酒酵母发酵性能和细胞器官完整性的影响（英国牛津 Brookes 大学生物和分子科学学院 Scottish Courage 啤酒公司技术中心）

2.8　酿酒酵母隐形致死质粒的结构和各种发酵条件下产生酶解的研究（匈牙利）

2.9　一种用于固定化酵母系统的新方法，没有热处理后发酵（德国）

2.10　使用聚乙烯醇包埋进行连续啤酒发酵（捷克）

2.11　啤酒酵母抗氧化性能的评价（比利时）

2.12　具有增加羰基还原力的酿酒酵母的开发（芬兰 VTT 生物技术）

2.13　对啤酒美拉德反应中间产物具有活力的酿酒酵母氧化还原酶（委内瑞拉）

**3. 加工**

3.1　啤酒生产用糖化醪的振动膜过滤（德国）

3.2　来自酵母的多糖和细菌对麦汁及啤酒过滤能力的影响（德国）

3.3　连续麦汁煮沸和热凝固物分离（比利时）

3.4　在通过多孔介质以线形流动时啤酒的非牛顿（流体）状态（瑞士）

3.5　用于优化硅藻土过滤和减少污染的专用过滤助剂（瑞典）

3.6　使用 Rvf 技术实现粗加工啤酒澄清和啤酒的冷灭菌（法国）

3.7　一种用于洗瓶机试验的染色啤酒瓶的开发（德国）

3.8　灌装和包装线的区域与生产平面之间的标准界面（德国）

3.9　Heineken 满瓶检验器——从“试

验到生产操作”(荷兰)

3.10 PET瓶用于啤酒灌装的认证(德国)

3.11 啤酒厂操作数据的收集作为工艺最佳化的一种工具(德国)

**4. 风味及风味稳定性**

4.1 麦芽的胚芽对啤酒风味稳定性及其它质量参数的影响(德国)

4.2 提高风味稳定性的新的麦芽评价方法的开发(日本朝日啤酒公司酿造研究及开发实验室)

4.3 通过还原反-2-壬烯醛提高风味稳定性——实例研究(丹麦)

4.4 在酿造过程中亚油酸氢过氧化物、反-2-壬烯醛和壬烯醛势能:演变及关系

4.5 在酿造水中添加没食子单宁提高啤酒风味稳定性的评价(比利时酶及酿造技术实验室)

4.6 多酚的作用及在糖化室氧化过程中对啤酒质量的影响(捷克)

4.7 啤酒老化中异α-酸、二氢异α-酸和三氢异α-酸稳定性的比较研究

4.8 不同参数对总体吸收的影响(比利时)

4.9 啤酒老化的高敏感性化学指数(委内瑞拉)

4.10 老化啤酒中α-二羧化合物的验证:它们在啤酒老化过程中的作用(委内瑞拉)

4.11 多酚、酚醛酸和亚硫酸盐清除游离基活力的pH依赖性(德国)

4.12 啤酒的DPPH清除活力和由ESR法所测定的多酚分析(德国)

4.13 用于测量胚乳结构的一种新式试验方法(英国国际酿造研究所)

4.14 用于测定真菌毒素的多种被测物生物传感器(荷兰TNO营养与食品研究所传感技术部)

4.15 用于糖化中细胞溶解、蛋白质分解和淀粉降解最佳化的一种工艺控制系统的开发

4.16 从种子到啤酒:转基因玉米的一种定量测定法的开发(法国)

4.17 一种快速麦汁和啤酒过滤能力试验的开发和认证(南澳大利亚Adelaide大学植物科学部大麦生物化学和酿酒研究实验室)

4.18 同时和自动测定添加酵母浆中活细胞浓度和总细胞浓度的一种新颖和快速的方法(英国Bass啤酒公司技术中心)

4.19 采用新颖的Rf阻抗电极实时测定生产发酵罐中的活酵母浓度(英国Aber仪器公司)

4.20 基于近红外吸收的分析装置用于测定啤酒中乙醇浓度(澳大利亚)

4.21 固相微量提取——用于测定啤酒中连二酮的可供选择的新方法(捷克)

4.22 伏安表在啤酒分析中的应用(葡萄牙)

4.23 啤酒中重金属的电化学测定(捷克)

4.24 pH对蛋白质-多酚颗粒大小的影响(美国Cornell大学食品科学技术部)

4.25 化学度量(标准)在啤酒酿造中的应用(美国康奈尔大学食品科学技术部)

4.26 针对啤酒厂相关生物膜的灭菌试验(芬兰VTT生物技术)

4.27 从发酵液的气体中回收挥发性物

质（比利时）

4.28 公诸于世——采用创新的仪器分析评定新包装（德国）

**5. 其它**

5.1 在制麦和酿造过程中泡沫蛋白质的产生（法国）

5.2 啤酒泡沫脂类损害的界面机理（英国）

5.3 啤酒泡沫粘附到玻璃杯的原理（荷兰 TNO 营养和食品研究所）

5.4 健康饮料——啤酒和苹果酒抗氧化剂

（郭继民 译自 Cerevisia，2001，Vol. 26，No. 1）

## 附件

### 第 28 届 EBC 会议 CD－ROM

第 28 届 EBC 会议（布达佩斯，2001 年 5 月）的论文集已发表在 CD－ROM 上。

这是 EBC 历史上第一次采用电子版的形式发表其会议的论文集。该 CD－ROM 含有此次会议的全部论文，包括宣讲论文和挂展论文，总共 109 篇。正文使用英语，提要采用英语、法语和德语。CD－ROM 索引也采用了这三种语言，收有作者和合作者的索引和照片。此外，该 CD－ROM 还含有 EBC 更多的信息、EBC 委员会及其各团体的信息、本次大会代表及参展科研、酿造学院等单位的详细地址一览表。论文集分类如下：啤酒与健康（9 篇）；原料（9 篇）；加工（10 篇）；酵母和发酵（25 篇）；风味及风味稳定（13 篇）泡沫（5 篇）；分析（18 篇）；危机管理（4 篇）；包装（9 篇）；环境（7 篇）。

## 第 66 届 ASBC 年会召开

第 66 届 ASBC（美国酿造化学家协会）年会，已于 2001 年 6 月 23～27 日在加拿大维克多利亚召开。

本次 ASBC 年会上共安排了 23 篇技术报告的宣讲和 32 篇论文的挂展。MBAA 和 ASBC 首次联手作了有关啤酒包装的报告。技术报告涉及面广，有大麦/麦芽的质量和酿造性能；质量的测定和抽样频率；啤酒酿造者未来的需要；环境专题；以及啤酒风味、新产品和服务等方面的内容。

（技术报告和挂展内容概要请参看《啤酒译丛》2001 年第 4 期上的报道。）

（宜 轩 译自 BREWERS DIGEST，2001，5～6 月）

## 附件 1

### ASBC 第 66 届年会宣讲论文题要

**1. 大麦和麦芽中的脂酶（美国）**

人们已经了解到大麦和麦芽含有一系列的脂酶。然而从品种的电泳图谱中则很少能把握单个酶的特性和作用。在这些酶中，一些无疑是脂肪酶，另外一些则能切断乙酰和阿魏酰键，因而是对细胞壁具有一定构建功能的酶。利用电泳作为分析载体，我们调查了脂酶在大麦和麦芽的各个组织中的分布，并对它们进行了相对耐热性，底物专一性和抑制剂敏感性的测试。通过这种方法，我们能够鉴别出那些在糖化中很可能起作用的酶。目前部分作用显著的酶已经被纯化出来，我们将对之进行进一步研究。

**2. 大麦和麦芽内源蛋白酶与内源抑制剂的相互作用（美国）**

在制麦和糖化中，大麦贮藏蛋白的部分溶解是生产合格酿造用麦汁的必要保证。它的溶解是天门冬氨酸蛋白酶、半胱氨酸蛋白酶和金属蛋白酶协同作用的结果，天门冬氨酸蛋白酶存在于未发芽的大麦中，后两种蛋白酶在发芽时形成。

大麦及麦芽中的内源抑制剂可调节某些蛋白酶的活性。我们对这种内源抑制剂和蛋白酶进行了研究，以便确定蛋白质分解的运行机制，从而为生产优质麦汁提供理论依据。

在本研究中，我们提取了大麦、麦芽中的麦芽酶和抑制剂，并对之进行了各种处理。然后使处理的样品通过 P－30 色谱柱，使不同分子大小的生物聚合体分离。确定抑制剂与蛋白酶是呈复合态（大的，已脱离柱），还是呈自由态（小的，在柱上表现滞后的）。

实验表明：麦芽开始溶解时，酶与抑制剂以复合态存在。它们的一部分或者全部也许早已存在于麦芽皮壳中，或许是在溶解时，酶和抑制剂相互作用产生的。这种酶和抑制剂的复合形态在加热到沸点时分解，但在其它强烈的处理中则不发生分解，说明这种抑制剂与蛋白酶结合得很牢固。

把热处理分解产生的抑制剂加入含有游离酶的溶液中，二者迅速反应。表明即使煮沸后，这种抑制剂仍具有活性。麦芽提取物中抑制剂均以结合态存在，与之相反，大麦提取物中却存在一些游离态的抑制剂，可能与大麦中酶含量不足有关。

通过色谱收集酶一抑制剂的复合体，使所有的抑制剂离解，并设计了一种亲和法使之浓缩。这个方法已经被用作纯化大量未知蛋白酶抑制的第一个步骤。

上述研究，虽然没有能通过相对温和的手段获得游离于抑制剂的纯蛋白酶，但使我们清楚地了解到，在制麦和糖化时，蛋白酶和抑制剂分子协同降解蛋白质的方式。这为我们进一步培育具有较高蛋白酶活性的大麦品种，了解各种酿造方法与麦汁蛋白质和氨基酸组成的关系奠定了基础。

**3. 麦芽金属肽酶在酿造中的作用（美国）**

绿麦芽含有许多肽酶，通常称为金属肽酶。这些金属肽酶的活性可被金属螯合剂抑制，最近研究表明这种金属螯合剂是 1，10 菲洛啉，它对糖化过程中蛋白的溶解起作用。然而人们很少注意这一组发芽大麦的酶类。因此对于它们的分离提取和研究尚属空白。在本研究中利用阴离子交换色谱及色谱浓缩的方法，我们从六棱酿造大麦的绿麦芽中分离了五种金属肽酶。

我们利用单相或双相聚丙烯酰胺凝胶分离系统，以结合态明胶作凝胶底物，对这组酶进行了研究。研究表明，这些酶均被金属螯合剂 1，10 菲洛啉和 EDTA 抑制，说明它们是金属肽酶类。另外如其它来源的金属肽酶类一样，它们可被还原型试剂丝氨酸和 2－巯基乙醇、二硫苏糖醇修复。

低浓度的某些金属离子可激活 EDTA——非活性肽酶。然而当金属离子浓度增高，特别是锌离子浓度增高时，该肽酶的活性反而降低。这些肽酶在 pH8.0 时对明胶的降解最快。这五种肽酶均具有以上生物化学特性，且具有相近的酸性碘值和明胶流动性，表明它们可能是异构体。

当以醇溶蛋白（大麦贮藏蛋白）作为金

属蛋白酶的反应底物时，D－醇溶蛋白很快水解。同时，这种酶在焙焦时具有稳定性，在糖化过程中1，10菲洛啉对这种酶具有抑制作用，表明这种酶在制麦和糖化中对贮藏蛋白的降解起一定作用。而金属离子和还原试剂对这些金属肽酶的强烈作用更进一步表明，在酿造过程中控制它们的活性达到改变麦汁可溶蛋白质的组成是可能的。

**4. 能够水解斑点病大麦中储存蛋白质的两种镰刀蛋白酶（芬兰）**

近年来镰刀属菌对谷物的侵害给北美的谷物工业带来了很多的问题。小麦和大麦的镰刀霉顶部枯萎或斑点病主要是由禾谷镰孢引起的，但是其他的种属也会引起流行病，特别是在欧洲。谷物产量的损失和质量的下降主要是因为真菌的侵害破坏了谷物的结构引起的。可能是真菌产生的水解酶将谷物所含的化合物降解以获得自身生长所需的营养。

我们想了解谷物所含的蛋白质是怎样被真菌酶降解的。在患镰刀霉顶部枯萎病的小麦中，我们发现了真菌水解蛋白酶的活性与蛋白质变化的关系。结果表明三种镰刀霉种属在含有谷蛋白或消毒大麦的培养基上生长时都会产生碱性蛋白酶。

为了对这些酶进行识别和定性，我们从黄色镰孢的培养基中纯化了两种丝氨酸蛋白酶。其中一种的性状类似糜蛋白酶，另一种类似胰蛋白酶。我们得知这些蛋白酶出现在用禾谷镰孢或黄色镰孢接种的正在生长的大麦中。

为了进一步探索受感染的谷粒所含的酶，我们生产了一种抗体，我们还分离识别抑制这些镰刀霉属蛋白酶活性的大麦蛋白质。通过研究抑制剂与蛋白酶的相互作用，阐明抑制剂的使用能否提高大麦抗真菌攻击的能力。

**5. 在大麦、麦芽和麦汁中对脂类有粘和作用的蛋白质的粘和力（英国）**

对脂类有粘和作用的蛋白质（LBPs）是大麦蛋白质的组合，对啤酒泡沫的质量有重要影响。他们可以直接作为形成泡沫的化合物，或者保护泡沫免受脂类破坏。这项工作的主要课题是要确定不同的大麦品种、不同的发芽方式以及糖化方式是否引起LBP水平的不同。

由于这项工作的目的所在，LBPs被定义如下：运用快速蛋白质液相色谱分离法将蛋白质分离，被分离出的蛋白质与ANS结合，测定其荧光值，将能取代ANS的脂类加入到混合物中，使荧光减弱，随着脂类加入荧光性的变化被用来表示脂类的粘和能力，于是，荧光的变化显示出脂类专一的结合能力以及以对非特异疏水物质的粘合力。

酿造大麦和非酿造大麦可以根据LBP的含量来区分，虽然在提取的过程中它们变化很大，ANOVA表明不同品种之间区别很大。由这些大麦制成的麦芽也会得到相似的结果。对发芽过程中LBP活性提高的时间曲线及糖化过程中抽提物的变化也将会报道。

影响最终啤酒中LBP含量的因素很多，酿造者也可以采取各种方法提高其含量。选择大麦品种，控制发芽及糖化条件对于抽提物中获得最高含量的LBP起重要作用。

**6. 用荧光原位杂交法（FISH方法）对啤酒腐败菌进行快速检测识别和计数（日本）**

啤酒微生物的数量通常是通过培养基培

养的方法计数的。如果微生物用合适的培养基进行检测，识别微生物需要用到形态检测，抗体技术或者PCR方法，因为这种方法需要几天时间去培养菌种，因此我们希望能有一种快速准确的检测方法。

在过去的十年中，FISH方法作为对目标菌计数及识别的工具已经有了很大的发展，并且广泛的应用于环境及相关领域。去年在世界酿造协会2000年大会上，我们指出专门用于检测梳状菌属（Pectinatus Species）的DNA探针可以用同一种方式识别梳状菌，并且可以在几千个非梳状菌中检测出单个的梳状菌。

FISH方法用于啤酒腐败菌的定量检测有很大的潜力，不需要培养过程，所有的操作在5小时内完成。然而，我们所报道的定量测定方法还需要其他的步骤即将细胞复壮然后用离心方法洗涤，在这个过程中会损失很多细胞。正是因为这个原因，FISH方法所检测的限度远远低于我们所期待的。同时，在操作过程中有染菌的可能。

我们研究开发了一种在过滤膜上用探针与荧光染色相结合的直接检测方法。用FISH方法在膜上检测目标菌我们必须克服三个技术问题：①将细菌快速有效地附着在膜上；②在杂交过程中保持将膜浸入溶剂中，保证过程在密闭黑暗的过程中进行；③提高对目标菌的染色强度。

我们以含有约10个梳状细胞的啤酒作为样品，用FISH方法在膜上成功的检测了目标菌。这种方法的敏感度通过与传统的培养方法相比较进行了估价。目前看来，我们将可以讨论这种方法应用于啤酒成品及非成品微生物质控方面的潜力。

**7. 冷过滤啤酒：微生物控制的新挑战（德国）**

相对于巴氏杀菌啤酒而言，冷过滤啤酒的生产对微生物控制的要求更高。微生物控制中存在的最大问题在于从抽样到得出检测结果的时间跨度太长，因此不可能由检测结果来确定处理的方法，新的微生物控制方法和分析方法为提高产品的微生物稳定性提供了可能性。微生物的检测结果是依据统计学原理得出的，取样的数量越多结果相对越准确。

在微生物检测中，对检测结果的正确性影响最大的问题在于，取样的代表性。样品中微生物的数量，样品中存在的大量已知细菌或酵母对其他微生物的抑制作用，醪液对微生物的生长抑制作用，样品中微生物的活性。传统的微生物检测方法仅能检测出在检测过程中能生长的活性微生物，比如一些生长缓慢的酵母就很难检出。

生产低污染或零污染的啤酒所遵循的微生物控制原则与传统的啤酒生产不同，最大的不同点在于，它的目标是生产没有任何微生物的啤酒，不管是死的还是活的微生物。所有的杀菌和净化的措施都是最优化的，以减少微生物的存在，净化的目标是彻底去除所有的微生物。净化操作的第一步是碱性净化，目的是尽可能地去除所有的有机污染物；第二步的清洗是为了保证不论是死的还是活的微生物都被全部去除，不能进入下一步的酸性净化步骤，这是生产零污染啤酒最重要的要求。

冷过滤啤酒在灌装前后都不经过任何的热杀菌过程，因此要求其中没有微生物的存在。为实现这一目标，操作步骤应最优化，如过滤步骤。除稳妥可靠的操作步骤以外，应建立啤酒质量与微生物的快速预测体系。

冷过滤啤酒生产与传统啤酒生产相比的另一个显著区别在于，微生物的检测速度。传统的微生物检测方法需要至少三天时间，其结果显然无法指导净化步骤的操作，新开发的荧光检测法则能缩短时间，抽样后不到30分钟就能得出检测结果，并区分出死、活细菌和死、活酵母。

**8. 酒花酸的抗菌特性、在啤酒酿造中的应用以及在其他方面的潜在应用（美国）**

众所周知，啤酒中的酒花酸（α 酸、β 酸）及其衍生物具有一定的抗菌特性，但还不足以抑制腐败细菌。苦味不够的啤酒很容易生产乳酸菌（LAB）引起的腐败，氢化、还原、异构化的 α 酸杀灭乳酸菌比仅异构化的 α 酸效力要高。

一些 β 酸衍生物具有神奇的潜在抗菌作用，酒花酸也可与有机酸或无机酸协同作用杀灭啤酒酵母中的一些杂菌，在酸处理前添加酒花酸至酵母中可显著提高消毒的效力。

酵母消毒时，与酸共同作用的化合物中四氢异葎草酮最具杀菌效力，甚至对于耐酸的乳酸菌也有很好的效果，四氢异葎草酮也能提高酸化过硫酸铵的杀菌效果。酒花酸可有效地杀灭很多细菌，不仅仅是啤酒腐败菌，酒花酸对所有的革兰氏阳性菌均有很好的杀菌效果，这包括一些人体的重要致病菌，因此，作食品防腐剂有很大的应用潜力。

例如，酒花酸可用于以下的一些方面：①口腔护理产品，杀灭导致蛀牙的细菌（如 Streptococcus mutans)；②杀灭食品中的致病菌（如 Listeria，Staphylococcus，Bacillus，Clostridium)；③杀灭痤疮等一些皮肤感染细菌（如 Propionbacter；Staphylococcus)；④杀灭导致毒性休克症的细菌（如 Staphylococcus aureus)。

**9. 附着在超市啤酒瓶上的油污的鉴定（日本）**

消费者经常抱怨啤酒瓶上沾染了油污，消费者对食品的安全性日益重视，必须对消费者的这种抱怨迅速作出反应，因此我们对啤酒瓶上油污的鉴定方法进行了研究。实验中，我们共选取了一些植物油和 14 种商业石油制品。

首先用傅立叶变换红外光谱（FT－IR）进行红外检测，可以区分出 1 种硅油，13 种烃类油中的 9 种以及植物油。植物油在 1740cm－1 处有 CO 双键的特征性吸收峰，然后再以热吸收气质联用仪（GC/MS）分析油分中的添加物，以高温裂解气质联用仪测定油分高温裂解物的色谱特性。

实验结果表明，14 种油中的 9 种含有添加物，并可因此区分开来。剩余的 5 种油都含有添加物 BHT，其热解后的色谱特性相同，但这几种可用其析出气体直接进行火焰离子检测器分析（EGA）区分开来。这样，几种油都鉴定出来。这也表明，通过傅立叶变换红外光谱计、热吸收和高温裂解气质联用仪、析出气体分析检测三种方法联用，可以有效对啤酒瓶上附着的油污进行鉴定。

**10. 评价脂肪酸消泡效果的新方法（日本）**

对于消费者来说，通过啤酒的外观判断啤酒品质的主要方法是观察啤酒的泡沫。泡沫的稳定性决定于那些对泡沫有稳定或消泡作用的化合物，啤酒中的蛋白质与其他一些组分如异一α酸、金属、脂类的相互作用是影响啤酒中泡沫特性的主要因素，特别是脂类被认为是引起消泡作用的最主要的化合物。但一些脂肪酸在酵母的代谢机制中起着积极的作用，在厌氧条件下可加速发酵作用。

啤酒酿造者的目标是尽量利用脂肪酸在酿造中的积极作用，同时控制减少它所带来的负面影响。因此，本项研究的目的是通过脂肪酸在泡沫表面的附着特性建立起脂肪酸的消泡作用评价方法。

我们发现，可以利用消泡物质如溶解在啤酒中的脂肪酸在泡沫中的吸附量（过剩表面积）作为其吸附特性。脂肪酸的消泡指数按以下三步进行测定：首先，测定单位浓度下不同脂肪酸的吸附量（过剩表面积）得到A值；然后，用气质联用仪测定啤酒中的脂肪酸浓度——C值；最后，A值乘于C值就得到脂肪酸在泡沫中的吸附总量即为消泡指数。

脂肪酸的消泡作用指数（FDE）与啤酒的泡沫稳定性成反比，FDE值的测定结果表明，衍生自亚油酸的二羟基、三羟基十八烯酸较之于衍生自10～18个C的长链脂肪酸的化合物，FDE值高50%以上，是啤酒中起消泡作用的主要羟基脂肪酸。羟基脂肪酸主要产自麦汁制备阶段，并有80%进入最终的啤酒中。

添加二羟基、三羟基十八烯酸至啤酒中，泡沫的稳定性和持久性显著降低，研究表明，在制麦汁过程中采取较高的温度、较低的pH、防止氧气进入麦汁可有效地减少二羟基、三羟基十八烯酸的产生。总之，利用脂类消泡指数可以有效地控制啤酒泡沫特性提高啤酒泡沫的质量。

**11. 啤酒的起泡性（美国）**

通常认为一瓶啤酒释放泡沫是所希望的特征，这是因为泡沫和泡沫头的膨升所固有的吸引力。在售酒机和玻璃瓶条件不变的情况下，啤酒显示起泡的倾向不同。已开发出一种量化起泡的标准方法，而这种方法又与二氧化碳从不同啤酒中释放的形式和速率有关。

以前的方法使用烧结的玻璃球和气泡释放的照相监控来测定。而新方法涉及到重量损失的测定。有两个$CO_2$的损失阶段，第一个与起泡本身性质有关，第二个阶段是气体损失的一种逐渐的扩散，它与泡沫的形成无关。据推测，确定起泡能力差别的因素与物理性质有关，所研究的参数有啤酒的表面张力和小颗粒的分布。

**12. 用包覆脂类的晶体石英微量天平评价啤酒酒体和爽口性的方法（日本）**

研究了啤酒在脂膜上的吸附或解析与啤酒酒体或爽口性的感官评价之间的关系，以开发一种用与流动注入系统相连接的包覆脂类的晶体石英微量天平（QCM）客观地评价啤酒酒体和爽口性的方法。啤酒的吸附和持续时间用与流动注入系统相连的包覆脂类的QCM在常温下测量。

流动时间的程序如下：0～5分钟蒸馏水，5～10分钟啤酒溶液，10～20分钟蒸留水。流量为3.1～3.4毫升/分，测定池的容积为0.1毫升。在QCM中随着由于啤酒成分在QCM的脂类基质上的吸附及解析的时间而频繁变换不同的流动液体。

商品啤酒在脂类膜上的吸附，显示与该啤酒酒体感官评价有重要的相互关系，而在脂类膜上的吸附持续时间，显示与该啤酒的爽口性有重要的相互关系。异葎草酮、酒石酸、氯化钠、谷氨酸和丹宁酸能被脂类膜吸附。

二和三羟基十八烯酸增加啤酒在脂类膜上持续时间，但并不显著地影响其吸附量。它们减少啤酒的爽口性但不影响其酒体。所以看来可用此系统客观地评价饮用啤酒时的酒体和爽口性，该系统比用口品尝的某些感觉即：啤酒成分中离子的和疏水性的成分在舌头和咽喉表面相互作用的反应灵敏度要高。

**13. PVPP一硅胶混合物的啤酒最佳稳定作用（英国）**

聚乙烯聚吡咯烷酮（PVPP）和硅胶广泛应用于啤酒的稳定性处理以防止产生冷混浊和永久性混浊。虽然有些啤酒或用PVPP或用硅胶单独地进行稳定性处理，但这两种稳定剂经常是相继使用以达到更好的胶体稳定作用。按这种方式实施经常是为了兼顾稳定剂的分散性和水合性差以及与啤酒接触时间不充分。但两种稳定剂的相继处理也要求更高的基建费用和在贮罐和定量添加系统中的更大的运行场地。

为了克服这些问题，开发了微粉化的PVPP和精选的硅干凝胶稳定剂的混合物，以用于一次性地加入到啤酒中，保持多酚和蛋白质混浊前体的稳定性。在实验室和工厂试验的结果均表明该混合物加入到啤酒中时更易分散与混浊前体能更好地保持接触，稳定的效果更好。

此外，稳定剂的粒径分布减缓了啤酒过滤时的压力增加速率，增加了过滤机的运行时间。用PT标准法，鞣液比重计，光谱分析法来分析总多酚并对成品啤酒的试样作加速老化试验。使PVPP和硅胶的混合比例最佳化以获得平衡的多酚/蛋白质稳定作用。

过滤机流量指数的数据变化也与硅胶/PVPP的不同比例有关。这与啤酒厂中的过滤机的操作有关。这两种成分的比例可调整以与生产啤酒的类型和要求的货架寿命相匹配。啤酒厂的总体利益要求是在更高程度的效果，更方便的物料处理以及更好的稳定/过滤性能条件下的啤酒的平衡稳定。

**14. 蛋白质一多酚混浊研究的最新进展（美国）**

本文概述了解蛋白质一多酚相互作用以产生混浊的本质的最新进展并介绍了一些新的发现。研究表明混浊活性（HA）蛋白质与混浊活性多酚之比影响着混浊强度和混浊颗粒的大小。颗粒大小的改变，影响混浊的仪器和人工识别，也影响沉降和过滤的行为。

酒精和pH也影响混浊的性质。当然，pH的影响更为熟知。当pH值在HA蛋白质的等电点附近时，发生最强的混浊强度和最大的混浊颗粒，而在较高和较低的pH值时；混浊强度较弱，混浊颗粒较小。

用于测量混浊活性成分的分析方法的许多结果受到HA和非HA多酚和HA蛋白质的内源性水平的影响。非HA多酚与这些HA物质争夺HA蛋白质中的结合部位，这有减少在HA蛋白质分子中与多酚结合部位的数量的效果。

由于HA蛋白质的内源性水平和HA多酚作用的易变性，以及在一些分析程序中的未知影响，虽然许多这些方法在比较感受中是有用的（当同一啤酒用不同方式处理时），但HA成分的标定和定量测定是复杂的。

已详细研究了稳定处理作用的机理。硅胶对 HA 蛋白质有特效是由于其化学性质而不是其微孔的尺寸，最相关的性能看来是可以发挥作用的表面积。PVPP 键接 HA 和非 HA 多酚。因为，也正因为啤酒中大部分 HA 多酚与 HA 蛋白质相结合而部分阻碍了 PVPP 效果的发挥。

**15. 酵母使羰基化合物减少对发泡酒风味稳定性的影响（日本）**

发泡酒（麦芽在原料中的比例＜25%）在 2000 年的日本啤酒市场中占有的份额已超过 25%。发泡酒的风味类似于日本添加辅料的啤酒，但其风味成分的量例如多酚却不同。我们通过调查研究的方式来提高发泡酒的风味稳定性。

通过重复感觉器官试验（品尝）和用气相色谱法和高压液相色谱法测定羰基化合物，我们选出一些指标，例如与发泡酒贮存时产生老化味和纸板味有关的 3－甲基丁醛，与其他的羰基化合物例如双乙酰相比，这些指标与发泡酒的风味稳定性的相应关系更一致。指标 3－甲基丁醛源自麦芽，在发酵过程中由酵母还原，但这种化合物也可由酵母以来自蔗糖或亮氨酸的中间产物异戊醇而产生。

在发泡酒的发酵过程中，在发酵前期 3－甲基丁醛部分由酵母还原减少，然后在发酵后期稍有增加又再次减少。根据这种化合物数量变化的动态，我们认为酵母的还原活性和发酵前期终了时的酵母细胞数对发泡酒的风味稳定性可能是重要的。为了调查研究酵母选育的标准，我们作了不同酵母菌株的发酵性能试验。

4 株酵母菌株的羰基化合物的产生和还原各不相同，酸化能力试验的结果也不一致。而且，适宜于标准啤酒麦汁成分发酵的酵母往往不适宜于发泡酒的生产。酵母的非凝絮特性是在发泡酒生产中羰基化合物减少的一个重要因素。

我们用衍源自某一下面发酵酵母品系的 6 株酵母菌株在 30 升发酵罐中试验发泡酒的风味稳定性。其 3－甲基丁醛的浓度与发酵前期结束时的酵母细胞数成反比关系。不出我们所料，不同酵母菌株生产的发泡酒试样，羰基化合物（3－甲基丁醛、苯乙醛等）还原得多的，则贮存后的风味稳定性较好。在本试验中由酵母产生的亚硫酸酯水平（3.6～6.7ppm）尚未达到与老化有关的程度。

已认识到发酵过程对生产风味稳定性好的啤酒的重要性，即酵母生理与阻碍啤酒老化反应的亚硫酸酯的产生有关。啤酒老化味及对风味稳定性起作用因素的程度，随啤酒的类型而不同。已认识到发酵过程对于发泡酒的风味稳定性特别重要。其机理之一是酵母在减少老化味的化合物及其前体方面发挥了重要作用。

**16. 机械搅拌对啤酒发酵特性影响的研究：发酵速度、酵母生理和风味成分的形成（英国）**

在大多数情况下，在啤酒发酵容器中的搅拌主要依靠由 $CO_2$ 气泡上升运动（$CO_2$ 驱动搅拌）产生的液体循环。在此领域内的其他文章中没有充分报导容器和搅拌叶轮的尺寸，除了叶轮的转速之外的搅拌的激烈程度，以致难以参照对比。搅拌，特别是不同结构和尺寸的设备之间的搅拌，经常用单位容积液体的功率输入的术语（$kw/m^3$）来令人满意地限定。

由于非机械搅拌发酵主要依靠随着酵母细胞代谢而释放的$CO_2$产生搅拌作用，而功率输入的机械搅拌改变了整个发酵过程。这样，反过来可能导致不希望有的影响，例如，在发酵起始时的过度滞后，酵母细胞的过早沉降以及甚至发酵停滞或停止。

在试验中使用一株下面发酵酵母菌株 Saccharomyces cerevisiae NCYC 1324 以及标准的下面发酵啤酒麦汁，由试验得知，搅拌的程度（功率输入）在这类发酵中是个限制因素。用小型发酵罐（500 毫升），用标准的拉什顿型叶轮进行搅拌发酵。

各种发酵过程的搅拌（功率输入）各自为常数，但对重复的同一发酵试验，有一差异范围（0～0.287kw/m$^3$）。检测了标准的发酵参数（浓度、酵母细胞干重、可发酵性糖以及风味成分）并发现功率输入有一阀值（0～0.36kw/m$^3$），低于此值，搅拌和不搅拌（对照）的发酵无差别。但高于此值则发现发酵速度增加，降糖的时间因此而减少。

酯类、高级醇、连二酮的形成速度和最大浓度也受搅拌强度增加的影响。叶轮的转速在 300 转/分或以上就引起酯类最终浓度减少，而高级醇的浓度增加。用新技术研究酵母细胞的存活力，在线多参数流动细胞计数表明，机械搅拌对存活力的影响较小。在试验中观察到最高功率输入搅拌发酵的死酵母细胞百分率从对照发酵终了的 2%增加到 6%。

本文讨论了啤酒发酵在节约时间和费用方面的改进和增加发酵之间可再现性这些结果的意义。

**17. 用制霉菌素改进啤酒培养基的标准配方（美国）**

放线菌酮是一种危险的化学品，通常用于啤酒工业中，在微生物培养平皿中抑制酵母生长。放线菌酮适度使用时，是一种有效的啤酒酵母抑制剂，但是在实验室使用放线菌酮就存在工作人员的安全问题并涉及有害废水的处理。放线菌酮损害中枢神经系统，形成畸形。通过吸入，在一定的剂量下能致死。

制霉菌素是一种普通的抗生素，用于治疗人类的酵母感染，包括局部用药的乳剂的处方。与放线菌酮相比，由于制霉菌素不易溶解、不耐热和光照，因此需要改进抑制培养基的标准配制方法。这项工作的目的是测定在李氏多级选择性琼脂培养基（LMDA）中抑制剂的有效利用的重要因素并确证其对不同啤酒酵母菌种的抑制效果。

LMDA 的原液基质对酵母的抑制有惊人的效果。此抑制剂在水悬浮液中很难溶解，其有效浓度大致为 400 单位/毫升培养基。而 95%乙醇的基质可完全溶解疏水性的（MW＝926.1）抗生素并减少有效浓度 10 倍（即：45 单位/毫升培养基），由于这两种基质在冷藏期间的活性均下降，因此原液在贮藏期间应保持冷冻状态（－20℃）。

原液在小型离心管中配制和分装，极大地方便分装原液以后的解冻。此技术适合于行会成员的啤酒厂和有合同关系的研究所，以举办不定期的或小型的平皿培养结果对照研讨会议。制霉菌素有效地抑制各种范围广泛的啤酒酵母。我们已鉴定了从啤酒厂分离出的生物化学性质不同的 13 株啤酒酵母菌株，其中包括 2 株上面发酵酵母，6 株下面发酵酵母以及 5 株野生酵母。

最近2年，悬浮液和乙醇基质配制方法已分别用于行会成员的啤酒厂和合同研究所。我们已成功地制备了含有制霉菌素的好氧和厌氧的LMDA培养平皿以用于不同过程中试样（发酵罐、离心后的啤酒、成品啤酒、酵母泥、充$CO_2$水）的膜过滤培养，对常见的啤酒腐败菌，具有毫无损失的灵敏性。

**18. 酵母质量控制与荧光技术（英国）**

为了充分断定接种的酵母和回收酵母的发酵性能，对其质量进行评定很重要。存活力和活力是通常用来描述酵母质量的术语。存活力相当于样品中死细胞所占的百分数，而活力则代表酵母的生理状态。有许多方法可用来评价一个酵母样品的质量；然而，大多数这些技术还需要进一步改进以达到一定水平的灵敏度和重复性，才能足以评定具有生理强度的酵母细胞总数。

亚甲基蓝这种染色法的效率虽然很有争议性，但仍然是工业生产中用于测定存活力的一种标准方法。有人曾经建议采用亚甲基紫，它对酵母存活力的评价，可能比用亚甲基蓝有更高的准确性，这是由于亚甲基蓝含有杂质。然而用亮视野法去评定存活力仍然有其主观因素。

本研究的目标是验证对亮视野还原性染色法的一种替代方法。其中采用荧光技术以测定存活力。本研究实验中采用三株遗传性质不同的酿酒酵母：下面酵母（L138），上面酵母（NCYC2593）以及苹果酒酵母（TC16）。存活力和活力的研究是各种特定强度的条件下完成酵母细胞个数的测定。用一组细胞进行渗透压、乙醇、饥饿以及氧化等各种强度试验。此外，用经过热处理的细胞与静态的细胞相混合后所获得的显示出不同存活力的细胞总数，用来进行活力评价。

用荧光染料：Oxonol（DiBAC）、MgANS（8－苯胺－1－萘磺酸）和FUNI进行存活力评价，并和传统的亮视野染料（例如亚甲基蓝和亚甲基紫）作比较。用FUNI进行活力评价时，采用显微镜法或采用定量法。应用的设备是一种带有微型培养板阅读器附件的荧光计，用以测定荧光的水平。还有一种方法是应用荧光素－荧光素酶的反应，随后对其反应中发出的荧光进行记录并据此以测定ATP的水平，用以评定细胞活力。

不论何种酵母菌株都可以用Oxonol和MgANS成功地将活细胞和死细胞区分开，而且没有模棱两可的困惑。操作者对这些菌株作试验时，感觉到比用亮视野染色法减少了主观因素，这是由于没有中间色的变化。结果表明，荧光技术是一种简单的、可重复的方法，可以替代亚甲基蓝染色法。已经证实：FUNI可能是一种潜在的、优良的评价活力的指示剂，而不是评价存活力的指示剂。采用荧光新技术的研究将导致开发出一些简单的、可靠的并可重复的酵母质量评估方法。

**19. 生产率优化：超高浓酿造和固定化酵母（芬兰）**

在不损害啤酒质量的前提下，提高原料和设备利用率，结合合理的工艺，高效率地生产，对企业参与世界竞争是非常有利的。高浓酿造为达到这些目标提供了一种技术上的帮助。

已有许许多多研究论文论述了麦汁原浓超过18°P的超高浓酿造，采用固定化酵母连续发酵法也已经在少数工业规模啤酒生产中得到应用。该技术具有数倍提高生产率的潜能。

本论文所展示的是实验室中使用麦汁原浓 15°P、24°P 和固定化酵母主发酵的资料。所采用的菌种是芬兰啤酒厂生产用酵母菌；固定床载体为多孔玻璃；香味成分采用气相色谱分析；酵母活性采用次甲基紫染色法测定；试验用麦芽汁用芬兰麦芽浸液制成，更低浓度的麦汁从 24°P 生产用麦汁稀释而成。

从乙醇生产来说，麦汁最佳浓度是 18～21°P，啤酒中乙醇最高浓度超过 11%（$V/V$），在 10℃下，15、18、21、24°P 麦汁的表观稀释度分别为 81、77、51、38%。持续时间为 2 天。当持续时间升至 4 天，温度从 10℃升到 20℃时，24°P 麦汁达到 74%的表观稀释度。在流出的啤酒中，酵母存活率最高的是在 24°P 麦汁中；最低的是在 15°P 麦汁中。

除了乙醇外，啤酒中的香味成分图谱是完全相同的。这些结果表明，使用固定化酵母进行超高浓麦汁的啤酒发酵是可行的。固定化酵母连续发酵较之间歇式发酵，受乙醇毒性的影响更低。此外，使用固定化酵母进行实验室规模的发酵试验，可以用于作为筛选对乙醇毒性耐受力强的生产用酵母菌种和寻找适于高浓酿造的工艺参数的有效工具。

**20. 干、湿啤酒酵母的发酵特性（苏格兰）**

干酵母与鲜湿酵母相比，其优点是保存期长、污染率低、易管理、运输方便；而且使用也很方便，可以先溶于水中或直接用于接种；不需要标准的扩培技术。

加工进程中对酵母的损害不能完全避免，在干燥过程中，脱水会使其活性丧失 35%。干燥也会使其细胞中的磷酸酯和脂肪酸的含量发生改变，影响其细胞膜的完整性。尽管如此，目前的工作已确定了许多因素，例如，与其湿酵母相比，干酵母活性的衰减量、风味和酒精生成量等。

本论文对干酵母在发酵使用过程中的表现作了更深的考察，如使用干酵母时，絮凝性可能会受到一些影响。本试验对 3 株 lager 酵母和 ale 酵母的干、湿培养物进行了发酵比较。试验在 500 毫升长颈瓶至 2 升大试管中进行，采用静态发酵。一系列结果表明，与同一种酵母的新鲜培养物相比，干燥进程中对其发酵特性是有损害的。特别某些参数，如存活率和絮凝性能，干燥对 lager 酵母菌种的影响远高于其对应的 ale 酵母菌种的影响。换句话说，所有 ale 酵母对干燥的耐受力都比 lager 酵母更强。

**21. 酵母细胞年龄对衰退、絮凝和风味完善的冲击（英国）**

大家早已知道，酵母的生理学条件影响其发酵性能。但是直到最近才明白，其自身的年龄也是啤酒酵母的一种应力因素。通过复制，对 Saccharomyces Cerevisiae 细胞老化进行了测定。在同一批接种的酵母培养物中，其细胞的年龄是不同的。

啤酒酵母年龄受基因特性、代谢和形态变化的支配。老化了的细胞表现为个头增大、存活率下降和表面产生皱纹。更年青的细胞拉大了世代繁殖的时间，它们对各种应力因素耐受力很差。

根据在圆柱锥底发酵罐中的沉淀速度的快慢，我们很容易区分各个年龄段的酵母细胞，并在回收时加以选择。但我们并不能判断其对发酵性能的影响。依沉淀速度的不同，将酵母分成不同的年龄等级，并使用改良的 Helm's 方法和降低双乙酰的能力，对它们的絮凝变化进行了测定。

发酵在装有麦汁的微型发酵罐中进行。发酵进程通过测定对糖的消耗进行监控；依双乙酰还原掌握发酵结束时间；最终测定了终产品中挥发性物质的含量。新生的、混合型的和老化的酵母细胞的发酵的曲线存在很大差异。观察到新生代的发酵速度比混合型和老化型细胞的发酵速度更缓慢，其中，老化细胞的发酵速度最快。此外，VDK还原、挥发物质的生成以及絮凝的能力均与细胞的年龄息息相关。老化细胞的絮凝能力最强。研究表明，老细胞体积变大同时伴随细胞形态的改变。

在回收酵母中，如果所选择的酵母新老搭配不平衡的话，将会影响发酵性能，造成发酵不一致。研究表明，“温和”或“早期”回收酵母将促进这一平衡。

**22. 啤酒酵母的凝集作用（加拿大）**

本文研究了二株啤酒酵母（基固型菌株FLo1，Lcc1209和表型菌株New FLo，Lcc 125）的凝集作用。研究开发出一种可以预测酵母凝集作用速率的方法，测定了在不同条件下影响酵母凝集作用的辅助因素，反映出胶体细胞相互吸引或排斥的凝集参数。测定了用链霉蛋白酶处理的酵母，当剪切力为5.95～2.23米/秒，温度为5～45℃时的辅助因素。此外，进行了以下试验：①用ASBC标准方法测定了酵母的凝集作用；②用疏水反应色谱和荧光探头技术测定了酵母细胞表面的疏水性；③细胞表面外源凝集素密度；④碳水化合物配位体密度；⑤细胞表面电荷密度。

结果表明，酵母悬浮液中酵母凝集辅助因素与剪切力直接成反比，随着温度的升高而增加。当温度升至45℃时，对酵母凝集的疏水性有很大影响，酵母的凝集性大为下降。该新的理论可以预测酵母的凝集辅助因素，主要原理是外源凝集素的内部反应，其主要内容为：

（1）外源凝集素和碳水化合物配位体的细胞壁密度；

（2）细胞壁的碰撞接触面积；

（3）细胞壁的碰撞时间；

（4）凝集体的结合辅助因素。

试验表明，当剪切力高达100L/S时，在此范围内测出的数与理论值相一致。

**23. 利用先进的管理和信息技术达到最大设备的可靠性和过程最佳化（加拿大）**

先进的管理已经使许多世界级的设备制造公司为了降低维护费用而改进设备的可靠性。为了达到这些目的，Ivasa公司已为啤酒工业提供了改进方法和软件，并成功地实施了技术转让，如用RCM分析法可以降低维持费用。主要成功解决的内容有：阀门的状态及所有设备状态的判断；需要维修的设备以及防止设备的损坏等。从而可以在合适的时候、合适的地点进行保护和维修，增加设备的可靠性，降低操作费用。本文介绍了最近一些项目所使用的方法和技术，以及达到的结果。

**24. 特种麦芽和啤酒老化：如何达到高抗氧化活性和低的内在壬醛含量（比利时）**

正如Lermusieau等人介绍的，当发酵前在麦汁中发现潜在的壬醛化合物是用来预测啤酒老化的一个重要指标。该化合物来自两个方面：一是由麦汁氨基酸的蛋白质来的反式－2－壬醛；另一部分是酵母还原活性来的反式－2－壬醛。它在啤酒的低pH值或酵母贮存温度不合适时可以酸性水解。

虽然在煮沸锅内麦汁自动氧化是使啤酒老化的一个重要因素，但是近来的研究结果表明，麦芽烘烤也是产生潜在壬醛的重要因素。当然由于美拉德反应，焦香麦芽（10%）可以提供麦芽具有较高的抗氧化活性，但是糖化时脂肪氧合酶的活性较低，以及煮沸时自动氧化作用较低，麦汁仍会含有较高量潜在的壬醛。本文研究了在不同的烘烤温度下，不同麦芽还原力和潜在的壬醛含量。此外还讨论了在出芽后，立刻添加反式—2—壬醛对啤酒老化的影响。

## 附件 2

### ASBC 第 66 届年会挂展论文题录

①水解大麦蛋白质对啤酒泡沫稳定性的影响（美国） ②通过麦芽胞内蛋白酶水解大麦凝胶蛋白（芬兰） ③应用生物酸化提高采用 20%原大麦生产的啤酒的质量、风味和加工性能（奥地利） ④当采用未发芽高粱生产适合于贮藏啤酒的麦汁时各种酶制剂的作用评定（爱尔兰） ⑤无壳大麦、脱壳哈林顿大麦的麦芽质量比较（加拿大） ⑥脯氨酸对α—葡萄糖苷酶热稳定性所起的作用（美国） ⑦普通麦芽溶解测定之间的关系（美国） ⑧在六棱啤酒大麦中发芽参数对可溶蛋白质演变的影响（美国） ⑨当麦芽在“标准 ASBC”和“高浓度”条件下抽提时在发芽质量参数方面的分析差别（美国） ⑩在糖化中麦芽蛋白质水解活性的失活（美国） ⑪镰刀菌头部（麦穗）枯萎病管理对啤酒大麦的影响（美国） ⑫在制麦和糖化中脂酶的活力（挪威） ⑬含有 50%未发芽高粱的贮藏啤酒的中试生产和评价（爱尔兰） ⑭一种用于酵母发酵研究的配制麦汁的开发（苏格兰） ⑮阿拉伯木聚糖聚合物对模型缓冲系统的物理性能的影响（加拿大） ⑯β—葡萄糖分子量及浓度对麦汁和啤酒的混浊度、粘度和过滤的影响（加拿大） ⑰糖化中热稳定α—葡萄糖苷酶对可发酵糖生产的影响（美国） ⑱啤酒酵母 MXRI 基因表达是啤酒中二甲基硫浓度的一个主要决定因素（丹麦） ⑲多菌株酵母主培养物贮藏和提供（苏格兰） ⑳微生物流动血细胞计数仪的应用：机械搅拌对酵母细胞的生理学和存活力的影响（英国） ㉑通过阿尔新蓝滞留评价酵母的生理学状态（日本） ㉒爱尔和贮藏啤酒酵母对实验室和啤酒厂贮藏的反应（苏格兰） ㉓酵母菌和发酵条件对酵母酯酶活力的影响（新西兰） ㉔用于固定化酵母系统的一种新方法：没有热处理的后发酵（德国） ㉕采用相互（共同）固定化技术连续生产低糖类啤酒（德国） ㉖一种新的供给酵母微量营养的机理（法国） ㉗通过免疫污点评定足球菌的物种形成（加拿大） ㉘通过氨基酸感受器控制啤酒风味生成物（比利时） ㉙通过低浓度二氧化硫抑制老化（美国） ㉚采用稳定同位素稀释气相色谱—质谱仪定量测定啤酒中的霉味（加拿大） ㉛通过测定氧含量和贮存条件预测瓶装啤酒的质量（委内瑞拉） ㉜采用表面增量分析低分子表面活性物质对泡沫张力的不利影响（日本） ㉝固相微抽提技术用于含酒精饮料的挥发物分析：优点和限制（新西兰） ㉞啤酒包装中溶解氮含量分析—开发和使用（苏格兰） ㉟用于测量 $CO_2$ 浓度的气压纠正（美国） ㊱啤酒和麦汁中的异α—酸：用于常规和研究应用的新颖的测定法（德国） ㊲使用固相提取方法结合高效液相色谱分析自动测定啤

酒和麦汁中的异α－酸和苦味单位(日本) ㊳用于异构化和异构化还原α－酸的高效液相色谱分析的新的国际较正标准(美国) ㊴三色测量用于麦汁和啤酒的质量保证控制(美国) ㊵验证(昆)虫进入生啤酒中的时(间)点的方法(日本) ㊶用于测定CIP溶液中过氧化氢的一种新颖的在线测量法(德国) ㊷高度影响啤酒风味的微量成份β－黑种草碱(Damascenone)和2－氨基乙酰苯的实例分析(美国) ㊸在物理稳定性试验中强制老化的缺陷(美国)

（《啤酒译丛》编辑部　译自BREWERS DIGEST，2001，5～6月）

## 国际啤酒大麦研讨会概况

2002年2月6日，法国谷物及饲料技术研究所（ITCF）在巴黎召开了由生产者、贮存机构、中介商、麦芽制造商以及啤酒酿造商等230多名专业人员参加的啤酒大麦学术研讨会。本次研讨会的议程是讨论啤酒大麦国际市场的变化与前景。

**1. 王牌与挑战**

首先法国代表就法国啤酒大麦在国际市场上的地位阐述了其所拥有的两个王牌：其一，西欧所拥有的得天独厚的农业气候条件和生产者所拥有的专业技术；其二，良好的组织能动性构成的生产链：啤酒酿造者、麦芽制造者、大麦贮存机构、大麦生产者和选育者以及农业供应等公司。这些优势造就了法国在国际竞争中保持了其在欧盟中的位置。在欧盟所生产的1000万吨以上的啤酒大麦中，法国占了300万吨以上。另一需要考虑的优势因素是，由于法国良好的控制大麦产量的能力，使其能够应付市场的需求。为此，四十年来法国卓有成效地将大麦产量的增长率有规律地控制在0.10吨/（公顷/年），强于其主要竞争对手（加拿大为0.04吨/（公顷/年）；澳大利亚为0.02吨/（公顷/年）。但光有产量是赢得不了出口市场份额的，同样，啤酒大麦的质量需要符合越来越大型啤酒企业的要求。法国在控制产量增长的技术上以及在许多遗传和技术的创新上所做的许多工作（播种密度、品种和施用氮肥、对氮的控制、灌溉……）都具有符合国际市场所期望的特点。

法国所要面对的挑战是极大的，其中通过完全的保证质量的控制手段、无可非议的跟踪能力和生产高附加值产品的能力。另外，在被提及到的啤酒大麦收购和贸易方面，法国的跟踪能力是成功的关键。法国能够对一批次、一小块地……进行鉴定，这对于保证市场和销路是不可缺少的。法国所收购的75%啤酒大麦是由合作者提供的。这些组织机构是强大的，并具有进行全部跟踪的能力。关于此论题，法国Euromalt主席讲到：跟踪能力将是未来进入市场的必要和保证。

**2. 国际规则和协议**

有关代表就国际规则和协议以及欧盟对啤酒大麦和麦芽市场扩大的结果进行了阐述。提出：按照卫生要求、兽医和农业化学标准；解决边远地区的使用问题并加强经济落后区域的使用问题；找到最终的直接方法；改善生产、加工和贸易的结构。法国Euromalt主席着重强调了源自于生产链（大麦－麦芽－啤酒）和麦芽工业的规则和成本尤其需要与世界麦芽业保持竞争水平。

**3. 世界主要啤酒大麦生产国和出口国**

关于对大生产国和大出口国目前和将来的竞争因素的研究，与会者高度评价了澳大利亚农学者、加拿大 Wheat Board 市场分析家和中国市场专家的论证。与会者同样关注对东欧大麦产量前景的分析。目前，世界麦芽年产量为 1500 万吨，其中 94%用于啤酒；4%用于威士忌；2%用于人类食品。世界啤酒大麦的产量已增至 2100 万吨，平均每 130 公斤的大麦生产 100 公斤的麦芽；通常 11 公斤的麦芽可生产 100 升的啤酒。另外，据 IMC 预测：在今后的六年里（2001～2006 年），啤酒消费量在世界范围内的年增长率为 1.96%。这一趋势又表明了优质啤酒大麦和麦芽需求量的增加。额外需要的麦芽量约为 30 万吨/年，其中 19 万吨要通过国际贸易。

澳大利亚：为了明确澳大利亚在啤酒大麦市场上的位置，澳国代表介绍了澳大利亚的产量和出口概况。据 M. Simpson 提供的数字，澳啤酒大麦年产量为 220 万吨，近五年来，产量的 75%左右用于出口，主要是太平洋地区，中国近五年的平均进口量达 78%。澳大利亚的啤酒大麦产量不高，每公顷为 2 吨左右，而法国为 6 吨/公顷以上。

加拿大：加拿大是一个依赖于国际市场的国家，每年的啤酒酿造大麦品种的产量超过了 600 万吨，但最终只能选出 230 万吨供给啤酒厂。在这 230 万吨的大麦中，170 万吨用于出口。如果单位产量高和气候条件好的话，加拿大啤酒大麦的蛋白质比率就高。

东欧：就整个欧洲而言，啤酒消费量的增长强劲，据 J. Bensted－Smith 报道：中欧和东欧麦芽生产能力约 150 万吨。该地区的啤酒大麦短缺每年在 20 万～40 万吨，俄罗斯和乌克兰每年的短缺在 20 万～30 万吨。这些国家的土壤条件如果适于种植啤酒大麦的话，那么不利的因素也是很多的：农业贫乏，产量低，质量不高，缺乏组织能力，仓贮能力低，而且麦芽厂都是依附于啤酒厂。据统计，该地区较大的麦芽进口国依次为：捷克 474704 吨，波兰 256000 吨，斯洛伐克 202000 吨，匈牙利 133500 吨，罗马尼亚 123256 吨。

中国：Malteurop 驻中国的总经理在会上宣读了其论中国的综合市场的论文，并对中国的啤酒产量和消费量进行了阐述。中国近年的啤酒产量不断攀升，如继续保持此势头，产量将超过美国，居十大啤酒生产国之首。但是，中国的啤酒大麦还满足不了国内市场的需求，每年进口的数量在 70%～80%左右。这一形势将持续一段时间。概括地说，中国啤酒大麦产量在经历着产量低、质量平平的局面。中国啤酒大麦另一不利的因素是很难控制产量和批号的纯度。

本次研讨会非常关注未来的国际市场。研讨会从多方面总结了有关啤酒大麦生产链的前景和今后所要接受的挑战。

（木　子　摘译自 BIOS，2002，No. 5）

## 德国第 35 届技术研讨会简介

2002 年 1 月 22～24 日在德国慕尼黑大学酿造技术学院召开了第 35 届技术研讨会。会上精选的宣讲论文有：

W. Back 的“高稳定性的不同类型啤酒的现代酿造技术（包括最佳技术和啤酒质量）”；O. Franz 的“酿造过程中的稳定性指标和酚类物质的影响”；S. Kreisz 的“β

—葡聚糖对啤酒生产的影响”；A. Zurcher 的“啤酒生产中磨碎和糖化操作对酯类氧化的影响”；A. Delgado 的“原因和效果——麦汁热处理中的流水作业”；M. Krottenlhaler 的“麦汁煮沸期间香味物质的蒸发”；W. Back 的“含高营养和高生理学价值成分的啤酒的生产”，以及 K. Litzenburger 的“磨碎、糖化和过滤——问题和革新”。

# 专题报告索引

## 2001～2002 年度白酒

表 1－1　　2001 年度

| 题目 | 期刊名 | 期 | 作者 | 单位 |
|---|---|---|---|---|
| 低度白酒除浊研究进展 | 食品与发酵工业 | 10 | 徐成勇等 | 江南大学生物工程学院等 |
| 白酒春秋——中国蒸蒸酒的演变及发展趋向(下) | 酿酒科技 | 1 | 秦含章 | 中国食品发酵工业研究所 |
| 新老制曲车间空气中微生物差异初探 | 酿酒科技 | 1 | 任道群等 | 泸州市酿造研究所 |
| 汾酒酿造的新探索 | 酿酒科技 | 1 | 朱引保等 | 汾酒集团公司 |
| 小米酿制清香型曲酒试验 | 酿酒科技 | 1 | 李建君等 | 黑龙江古龙集团酒业公司 |
| 固态法小曲白酒生产技术要点 | 酿酒科技 | 1 | 汪光明 | 湖北劲牌酒业公司 |
| TH－AADY 在浓香型大曲酒双轮工艺中的应用 | 酿酒科技 | 1 | 张召刚等 | 山东秦池酒厂等 |
| 新型白酒生产技术(五) | 酿酒科技 | 1 | 李国红等 | 四川省食品发酵工业研究设计院 |
| 再论生料酿造的特点及其工艺操作 | 酿酒科技 | 1 | 卢世明 | 柳州市永安生料酒曲厂 |
| 食用酒中甲醇及其分析方法研究 | 酿酒科技 | 2 | 刘兴平等 | 四川轻化工学院等 |
| 白酒气相色谱分析的误差来源及对策 | 酿酒科技 | 2 | 刘炯光 | 甘肃省轻工研究所 |
| 清香型小曲酒的香味组分特点及风味特征 | 酿酒科技 | 2 | 杨强等 | 湖北劲牌酒业(集团)公司 |
| 窖泥与泥窖 | 酿酒科技 | 2 | 何光华 | 四川省天府名优酒研究所 |
| 中国第一窖的起源与发展——泸州老窖大曲酒的总结纪实 | 酿酒科技 | 2 | 熊子书 | 中国食品发酵工业研究所 |
| 生料酿酒技术存在的问题及改进方法 | 酿酒科技 | 2 | 马加军 | 孔府宴酒厂 |
| 剑南春微观非均相分布现象的研究 | 酿酒科技 | 3 | 徐占成 | 剑南春集团公司 |

续表

| 题目 | 期刊名 | 期 | 作者 | 单位 |
|---|---|---|---|---|
| 对乳酸乙酯再认识 | 酿酒科技 | 3 | 于桥 | |
| 梭状芽孢杆菌的选育试验 | 酿酒科技 | 3 | 李强等 | 新疆伊力特实业公司 |
| 强比大曲的研制与开发 | 酿酒科技 | 3 | 罗维等 | 河套实业集团公司 |
| 根霉种曲的表面培养技术 | 酿酒科技 | 3 | 李金生 | 苏州市轻工研究所 |
| "淮源"纯净酒的研制及生产技术 | 酿酒科技 | 3 | 胡广洲 | 河南桐柏乐神集团科研中心 |
| 提高固态法小曲酒酒质、出酒率应注意的问题 | 酿酒科技 | 3 | 凌生才 | 重庆市丰都县三元供销社曲酒厂 |
| 陶瓷容器贮酒机理剖析 | 酿酒科技 | 3 | 杨小柏等 | 泸州老窖股份公司 |
| 食用酒中甲醇气相色谱分析方法研究(一) | 酿酒科技 | 3 | 刘兴平等 | 四川轻化学院等 |
| 论中国古代蒸馏酒的起源和蒸馏工艺的发展 | 酿酒科技 | 3 | 谢文逸 | 四川省自贡市曲酒厂 |
| 从台酒科技进步及历史研究的回眸 | 酿酒科技 | 3 | 张书田 | 邯郸丛台酒业公司 |
| 中国白酒业发展趋势的探讨 | 酿酒科技 | 3 | 才贺春等 | 蒙古王酒业公司 |
| 新型白酒生产技术(七) | 酿酒科技 | 3 | 李国红等 | 四川省食品发酵工业研究设计院 |
| 古典制曲原料与水分今释 | 酿酒科技 | 4 | 周恒刚 | |
| 论纯净白酒的地位和实践 | 酿酒科技 | 4 | 袁建成等 | 深圳市巨邦酒业公司等 |
| 配醅串香工艺在浓香型白酒生产中的应用 | 酿酒科技 | 4 | 胡峰 | 茅台集团白酒公司 |
| 运用植酸降低西凤酒固形物的研究 | 酿酒科技 | 4 | 贾智勇等 | 陕西西凤酒公司 |
| 窖泥中己酸菌的分离纯化及产酸的初步研究 | 酿酒科技 | 4 | 曹文涛等 | 贵州工业大学轻工系 |
| 活性干酵母辅以糖化酶在湘泉酒生产转排中的应用研究 | 酿酒科技 | 4 | 李湘洪等 | 湖南酒鬼酒公司 |
| 食用酒中甲醇气相色谱分析方法研究(二) | 酿酒科技 | 4 | 刘兴平等 | 四川轻化工学院等 |
| 五大香型白酒的相互关系与微量成分浅析 | 酿酒科技 | 4 | 吴三多 | 甘肃天河酒业集团 |
| 浅析新型白酒中食用酒精的处理 | 酿酒科技 | 4 | 秦家平等 | 四川天府名优酒研究中心 |
| 新型白酒生产技术(八) | 酿酒科技 | 4 | 李国红等 | 四川省食品发酵工业研究设计院 |
| 试论《齐民要术》制曲原料处理的合理性 | 酿酒科技 | 5 | 周恒刚 | |
| 浓香型白酒生产工艺与质量关系的思考 | 酿酒科技 | 5 | 李大和 | 四川省食品发酵工业研究设计院 |
| 白酒工业生态中的微生物生态学 | 酿酒科技 | 5 | 吴衎庸 | 中科院成都生物研究所 |
| 产酸菌的分离纯化 | 酿酒科技 | 5 | 徐立新等 | 兰陵美酒公司 |
| 数值分类法在白酒风格品质区分中的应用探讨 | 酿酒科技 | 5 | 徐占成等 | 剑南春集团公司科研所 |

续表

| 题目 | 期刊名 | 期 | 作者 | 单位 |
| --- | --- | --- | --- | --- |
| 兼香型白酒标准研究 | 酿酒科技 | 5 | 熊小毛 | 湖北白云边股份公司 |
| 利用数理统计确定新工艺白酒微量成分 | 酿酒科技 | 5 | 张宿义等 | 泸州老窖股份公司 |
| 凤型白酒除浊过滤技术初探 | 酿酒科技 | 5 | 张吉焕等 | 陕西太白酒厂 |
| 食用酒中甲醇气相色谱分析方法研究(三) | 酿酒科技 | 5 | 刘兴平等 | 四川轻化工学院等 |
| 古井贡酒特征香味成分的研究 | 酿酒科技 | 5 | 郭文杰等 | 古井贡酒股份分司 |
| 白酒的微量成分基本组成、复杂程度及在白酒中的地位和作用 | 酿酒科技 | 5 | 谢秀敏 | 四川天府名优酒研究中心 |
| 新型白酒生产技术(九) | 酿酒科技 | 5 | 李国红等 | 四川省食品发酵工业研究设计院 |
| 《走向生态化经营》出版后的思考 | 酿酒科技 | 6 | 罗必良 | 华南农大经贸学院 |
| 酒瓶颜色对酒质量的影响 | 酿酒科技 | 6 | 周恒刚 | |
| 谈白酒生产的发展——读《中国大酒典》有感 | 酿酒科技 | 6 | 熊子书 | |
| 白酒勾调新理念与白酒质量的提高 | 酿酒科技 | 6 | 曾祖训 | |
| 对发展中国白酒行业的思考 | 酿酒科技 | 6 | 徐占成 | 剑南春酒厂 |
| 徐坊大曲的微生物区系及其优势菌的鉴定 | 酿酒科技 | 6 | 施安辉等 | 山东大学微生物技术国家重点实验室 |
| 从微生物的数量消长分析凤曲理化指标的变化 | 酿酒科技 | 6 | 邓启宝等 | 西凤酒股份公司 |
| 成品大曲容积密度的研究 | 酿酒科技 | 6 | 王慎安 | 邯郸丛台酒业公司 |
| 新型白酒生产技术(十) | 酿酒科技 | 6 | 李国红等 | 四川食品发酵工业研究设计院 |
| 汾酒的优质高产实践与认识 | 酿酒科技 | 6 | 朱引保等 | 汾酒集团公司 |
| 影响浓香型酒甜味因素的探讨 | 酿酒科技 | 6 | 胡继洋 | 洋河集团公司 |
| 应用二次发酵技术提高浓香型大曲酒质量 | 酿酒科技 | 6 | 范文来 | 洋河集团公司 |
| 窖泥功能菌发酵液在浓香型大曲酒中的运用 | 酿酒科技 | 6 | 宋柯 | 四川天府酒业集团公司 |
| 固态法稻谷小曲酒生产试验总结 | 酿酒科技 | 6 | 刘长明 | 四川隆昌宫宴酒业公司 |
| 汾酒老熟研究阶段报告(一) | 酿酒科技 | 6 | 翟旭龙等 | 汾酒厂股份公司技术开发中心 |
| 白酒的陈化、老熟与容器和时间关系——不同容器对白酒质量的影响 | 酿酒科技 | 6 | 郭文杰等 | 古井贡酒股份公司 |
| 合理使用酸性蛋白酶降低玉米普通白酒杂醇油含量 | 酿酒科技 | 6 | 武庆尉等 | 赤峰红武肉类食品公司 |
| 利用色谱骨架成分分析科学指导量摘酒 | 酿酒科技 | 6 | 陈双英 | 伊力特实业公司 |
| 气相色谱法测定豉香型白酒中的二元酸二乙酯 | 酿酒科技 | 6 | 余剑霞 | 广东南海九江酒厂有限公司 |
| 论中国"老窖"及其他 | 酿酒科技 | 6 | 宇宏等 | 上海长宁区建委 |
| 黄水功能调酒液的研制开发 | 酿酒科技 | 6 | 杨小柏等 | 泸州老窖股份公司 |
| 调酒液生产的理论基础及其应用 | 酿酒科技 | 6 | 黄家勇等 | 四川食品发酵工业研究设计院 |

续表

| 题目 | 期刊名 | 期 | 作者 | 单位 |
| --- | --- | --- | --- | --- |
| 新产汾酒大楂总酸总酯对汾酒质量规律性的研究 | 酿酒 | 1 | 朱引保等 | |
| 现代毛细管柱色谱分析白酒 | 酿酒 | 1 | 郑冰等 | |
| 脱水活性窖泥功能性菌制品的研究 | 酿酒 | 1 | 王瑞明等 | |
| 更新窖泥池提高曲酒质量 | 酿酒 | 1 | 黄苹等 | |
| 汾曲香酒蒸馏中杂醇油主要成分变化情况探讨 | 酿酒 | 1 | | |
| 小曲酒——我国白酒传统生产工艺的一朵奇葩 | 酿酒 | 2 | 沈怡方 | |
| 小曲酒最佳培菌糖化工艺条件研究 | 酿酒 | 2 | 郭健等 | |
| 酱香酒在北方的生产 | 酿酒 | 2 | 高景龙等 | |
| 泸州酒曲害虫群落组成研究 | 酿酒 | 2 | 程开禄等 | |
| 应用夹泥发酵技术提高浓香型大曲酒名酒率的研究 | 酿酒 | 2 | 范文来等 | |
| 提高九加红白酒(芝麻香型)质量技术工作总结 | 酿酒 | 3 | 赵希玉等 | |
| 提高麸曲酱香酒的几项措施 | 酿酒 | 3 | 彭金枝等 | |
| 应用纯种微生物和自然微生物生产麸曲酱香白酒工艺探讨 | 酿酒 | 3 | 朱秀珍等 | |
| 复合微滤膜在白酒降度除浊、改进品质中的应用研究 | 酿酒 | 3 | 朱剑宏等 | |
| 白酒固液复合发酵模式研究 | 酿酒 | 3 | 刘兴平 | |
| 应用 DNA 柱与 PEGA 柱相结合对浓香型白酒骨架成分的色谱分析 | 酿酒 | 3 | 何青山等 | |
| 中国白酒路在何方?——试探中国白酒的三个时代 | 酿酒 | 4 | 庄玉坤等 | |
| 充分发挥川法小曲酒的优势开发适销对路的新产品 | 酿酒 | 4 | 李大和 | |
| 论我国白酒稳定性的研究 | 酿酒 | 4 | 黄书声等 | |
| 酿酒副产物黄水的综合利用 | 酿酒 | 4 | 刘琼等 | |
| 活性根霉曲在麸曲白酒生产中应用的研究 | 酿酒 | 4 | 候红萍等 | |
| 绿色木霉 $T_1$ 纤维素酶在大曲丢糟中应用的研究 | 酿酒 | 4 | 宋安东等 | |
| 对大曲工艺之浅见 | 酿酒 | 5 | 周恒刚 | |
| 洋河大曲酿造工艺的沿革 | 酿酒 | 5 | 范文来 | |
| 浓香型曲药细菌初步分类鉴定研究 | 酿酒 | 5 | 廖建民等 | |
| 麸曲酱香型白酒新酒香气成分的探讨 | 酿酒 | 5 | 彭金枝等 | |
| 应用加权回归方法分析特优汾酒中总酸总酯对应规律 | 酿酒 | 5 | 朱引保等 | |
| 试论根霉菌在制曲上的特征 | 酿酒 | 6 | 周恒刚 | |
| 人工控温酿造汾酒的理论与实践 | 酿酒 | 6 | 朱引保等 | |

表 1—2　　2002 年度

| 题目 | 期刊名 | 期 | 作者 | 单位 |
| --- | --- | --- | --- | --- |
| 曲房之浅见 | 酿酒科技 | 1 | 周恒刚 | |
| 对白酒香型发展的认识 | 酿酒科技 | 1 | 曾祖训 | |
| 白酒组合优化辅助系统的研究及应用 | 酿酒科技 | 1 | 张良等 | 泸州老窖股份公司等 |
| 用大米酿造浓香型大曲酒的工艺研究 | 酿酒科技 | 1 | 武世新 | 贵州青海集团公司 |
| 窖池老化与老窖形成的物理化学成因 | 酿酒科技 | 1 | 卓忠惠 | 酒鬼酒股份公司 |
| 运用多层窖泥发酵提高浓香型曲酒质量的技术总结 | 酿酒科技 | 1 | 徐希望等 | 兰陵美酒股份公司 |
| 下部糟醅受黄水浸泡对发酵的影响 | 酿酒科技 | 1 | 贾美谊等 | 酒鬼酒股份公司科技创新中心 |
| 江淮流域白酒企业的夏季压窖生产 | 酿酒科技 | 1 | 崔如生 | 洋河集团公司技术发展部 |
| 应用植酸处理白酒中固形物的研究 | 酿酒科技 | 1 | 张洪生 | 康庄新资源技术研究所 |
| 生物工程技术在浓香型大曲酒中的应用及前景 | 酿酒科技 | 1 | 许德富 | 泸州老窖集团公司 |
| 白酒综合处理技术研究与应用 | 酿酒科技 | 1 | 黄德武等 | 中华酿酒科学研究所 |
| 白酒酿造企业废水处理案例 | 酿酒科技 | 1 | 刘金昌等 | 河南宋河商业批发公司 |
| 毛细管直接进样测定豉香型白酒中高沸点香味物质 | 酿酒科技 | 1 | 金佩璋等 | |
| 洋河大曲质量风格形成的主要因素 | 酿酒科技 | 1 | 陈翔 | 洋河集团公司技术中心 |
| 新型白酒生产技术(十一) | 酿酒科技 | 1 | 李国红等 | 四川省食品发酵工业研究设计院 |
| 中国白酒的溶胶特性及其应用原理与方法 | 酿酒科技 | 2 | 庄各扬 | 中科院成都生物研究所 |
| 液体培养条件对根霉 CS825 菌株酯活化性的影响 | 酿酒科技 | 2 | 刘光烨等 | 中科院成都生物研究所等 |
| 制约大曲质量品质的条件剖析及前景展望 | 酿酒科技 | 2 | 许德富等 | 泸洲老窖集团公司 |
| 豉香型斋酒浸肉试验报告 | 酿酒科技 | 2 | 郭波等 | 广东佛山石湾酒厂 |
| 利用黄水酯化液提高洋河名酒率 | 酿酒科技 | 2 | 崔如生等 | 洋河集团公司技术发展部 |
| 截流黄水双轮底发酵技术 | 酿酒科技 | 2 | 曾凡军 | 茅台酒厂(集团)白酒公司 |
| 酒醅中加入食用酒精蒸馏的研究 | 酿酒科技 | 2 | 赵晓本等 | 兰陵美酒股份公司 |
| 浅谈“复合”香型白酒 | 酿酒科技 | 2 | 余本富 | 湖北石花酒厂 |
| 填充柱气相色谱法直接进样分析白酒中的乳酸和脂肪酸含量 | 酿酒科技 | 2 | 程劲松等 | 中国食品发酵工业研究所 |
| 新型毛细管柱在白酒气相色谱分析中的应用 | 酿酒科技 | 2 | 武化新 | 伊力特实业公司 |
| 浅析新型白酒的研制及发展 | 酿酒科技 | 2 | 谭忠辉等 | 四川天府名优酒研究中心 |
| 制曲莫片面追求高温 | 酿酒科技 | 3 | 周恒刚 | |
| 浅谈川酒中两种不同典型风格的特点 | 酿酒科技 | 3 | 李大和 | 四川省食品发酵工业研究设计院 |
| 浓香型大曲酒微生物生态工程的构想 | 酿酒科技 | 3 | 武建国等 | 河南伊川杜康酒厂 |

续表

| 题目 | 期刊名 | 期 | 作者 | 单位 |
|---|---|---|---|---|
| 生料酿酒酒曲配方的优化研究 | 酿酒科技 | 3 | 李勇 | 徐州市彭城大学食工系 |
| 根霉酯化菌 CS825 己酸乙酯酯化条件的研究 | 酿酒科技 | 3 | 赖登烽等 | 成都全兴股份公司等 |
| 白酒香味成分研究进展 | 酿酒科技 | 3 | 徐成勇等 | 江南大学生物工程院等 |
| 中国白酒与风味物质 | 酿酒科技 | 3 | 张丽敏等 | 山西大学化学系 |
| 浅谈浓香型白酒贮存及利用 | 酿酒科技 | 3 | 宋瑞滨等 | 兰陵美酒股份公司 |
| 黄水调味液在白酒调味中的应用 | 酿酒科技 | 3 | 张宿义等 | 泸州老窖股份公司 |
| 浓香型曲酒黄尾水在新工艺白酒中的应用探索 | 酿酒科技 | 3 | 厉路菊等 | 兰陵美酒股份公司 |
| 白酒中白色沉淀物的研究 | 酿酒科技 | 3 | 余开华等 | 贵州省轻工研究所 |
| 气相色谱法测定白酒中的乳酸 | 酿酒科技 | 3 | 余剑霞 | 广东南海九江酒厂有限公司 |
| 双波长测定高粱中支链淀粉比例 | 酿酒科技 | 3 | 王莉等 | 茅台酒股份公司 |
| 活性干酵母应用于鲜酒糟加工生产食醋工艺的试验 | 酿酒科技 | 3 | 范文权等 | 西凤酒股份公司 |
| TH－AADY 与双轮发酵相结合，提高优质浓香型粮食酒产量的研究 | 酿酒科技 | 3 | 赵晓本 | 兰陵美酒股份公司 |
| 天府调酒液在新型白酒中的应用 | 酿酒科技 | 3 | 杨杰等 | 黑龙江北大仓集团公司 |
| 制曲微生物两项测定计数的探讨 | 酿酒科技 | 3 | 周恒刚 | |
| 中国酿酒酵母菌的研究—不同酒类酵母筛选与应用纪实(上) | 酿酒科技 | 4 | 熊子书 | 中国食品发酵工业研究所 |
| 微机控制架式制曲的完善和发展 | 酿酒科技 | 4 | 钟方达 | 茅台酒厂集团白酒公司 |
| 缩短汾酒夏季发酵期的研究 | 酿酒科技 | 4 | 朱引保等 | 汾酒集团公司 |
| 白酒的脱黄降固技术研究及应用 | 酿酒科技 | 4 | 宋瑞滨等 | 兰陵美酒股份公司 |
| 北方地区浓香型白酒生产工艺研究 | 酿酒科技 | 4 | 罗维等 | 河套酒业公司 |
| 泸型曲酒"增己降乙"方法的探讨 | 酿酒科技 | 4 | 马加军 | 山东微山酒厂 |
| 衡水老白干酒贮存老熟的研究 | 酿酒科技 | 4 | 李泽霞等 | 衡水老白干酿酒集团公司 |
| 青稞小曲白酒生产方法初论 | 酿酒科技 | 4 | 刘义刚等 | 四川省食品发酵工业研究设计院 |
| "国窖·1573"基酒的贮存 | 酿酒科技 | 4 | 应鸿等 | 泸州老窖集团公司 |
| 膜超滤技术在低度浓香型曲酒中的应用 | 酿酒科技 | 4 | 朱志玲等 | 山东莱阳市酒厂等 |
| 白酒组分与质量的关系 | 酿酒科技 | 4 | 谭忠辉等 | 四川天府名优注研究中心 |
| 中国酿酒酵母菌的研究—不同酒类醇母筛选与应用的纪实(下) | 酿酒科技 | 5 | 熊子书 | 中国食品发酵工业研究所 |
| 论提高泸型酒质量的三大微生物技术 | 酿酒科技 | 5 | 吴衍庸 | 中科院成都生物研究所 |
| 酿酒根霉高糖化力菌株的筛选 | 酿酒科技 | 5 | 徐成勇等 | 江南大学生物工程学院等 |
| 芽孢杆菌对汾酒风味的影响 | 酿酒科技 | 5 | 王月梅等 | 汾酒集团公司 |

续表

| 题目 | 期刊名 | 期 | 作者 | 单位 |
|---|---|---|---|---|
| 浓香型白酒货架期稳定性研究 | 酿酒科技 | 5 | 张宿义等 | 泸州老窖股份公司 |
| 清香型小曲酒装瓶后贮存过程中酒质变化的研究 | 酿酒科技 | 5 | 童国强 | 湖北劲牌有限公司 |
| 优质酒生产工艺探讨 | 酿酒科技 | 5 | 宋金国 | 山东临沂洪福酒业公司 |
| 己酸菌培养液使用小议 | 酿酒科技 | 5 | 李洪祥 | 宁城老窖集团公司 |
| 湘泉窖泥的初步研究和和运用 | 酿酒科技 | 5 | 赵湖等 | 酒鬼酒股份公司 |
| 产酒酵母 AS2109 在茅台酒丢糟中的应用 | 酿酒科技 | 5 | 邹立贵等 | 茅台酒股份公司 |
| 三联锅甑在酿酒生产中的应用 | 酿酒科技 | 5 | 钱振海 | 古井贡酒股份公司 |
| 白酒气相色谱分析中对拖尾峰的处理 | 酿酒科技 | 5 | 佘开华 | 贵州省轻工研究所 |
| 一种测定香精含量的色谱法 | 酿酒科技 | 5 | 李志斌 | 湖北枝江酒业公司 |
| 生香 ADY、TH－AADY、己酸菌液和糖化酶混合使用提高浓香型曲酒的质量 | 酿酒科技 | 5 | 郭木跃 | 德州又村酿酒公司 |
| 安琪生香酵母在固液结合小烧白酒中的应用 | 酿酒科技 | 5 | 卢修全等 | 山东鱼台谷亭镇周堂酒坊 |
| 代谢指纹技术在曲药分析中的应用 | 酿酒科技 | 6 | 徐占成等 | 剑南春集团公司 |
| 我国白酒生产技术进步的回眸 | 酿酒科技 | 6 | 沈怡方 | |
| 豉香型白酒酒饼微生物的分离 | 酿酒科技 | 6 | 徐成勇等 | 江南大学生物工程学院等 |
| 己酸菌筛选新途径及工艺参数正交试验 | 酿酒科技 | 6 | 李泉等 | 兰陵美酒股份公司 |
| 汾酒老熟研究阶段报告(二) | 酿酒科技 | 6 | 杜小威等 | 汾酒厂股份公司技术开发中心 |
| 生料酿酒工艺技术研究 | 酿酒科技 | 6 | 李祥等 | 陕西科技大学化学化工学院应用化学研究所 |
| 清爽型泸型酒的酿制 | 酿酒科技 | 6 | 杨小柏等 | 泸州老窖股份公司 |
| 湘泉酒部分窖池冬季出酒率降低原因分析及对策 | 酿酒科技 | 6 | 赵湖等 | 酒鬼酒股份公司 |
| 人工老窖泥在枝江大曲酒生产中的应用 | 酿酒科技 | 6 | 谭崇尧等 | 湖北枝江酒业公司 |
| 复合酯化酶生态菌剂在浓香型大曲酒中的应用 | 酿酒科技 | 6 | 任春晖等 | 山东板倒井股份公司 |
| 浓香型瓶装酒库存过程中理化指标的变化 | 酿酒科技 | 6 | 杨红文等 | 安徽种子酒总厂 |
| 泸州老窖对中国白酒发展的贡献 | 酿酒科技 | 6 | 张宿义等 | 泸州老窖股份公司 |
| 从台酒之源“贞元增”五百年岁月钩沉 | 酿酒科技 | 6 | 张书田 | 邯郸丛台酒业公司 |
| 改变中低档白酒质量的措施 | 酿酒科技 | 6 | 王谋 | 四川天府酒业集团公司 |
| 试论白酒香味成分与质量风格的关系 | 酿酒 | 1 | 曾祖训 | |
| 用硝酸镁作基体改进剂平台石墨原子吸收法直接测定白酒中的锰 | 酿酒 | 1 | 吕士奇 | |
| 极谱法测定白酒中的铅 | 酿酒 | 1 | 韩振江等 | |
| 缩短大罐贮存浓香型白酒老熟时间问题的探讨 | 酿酒 | 2 | 赖登烽等 | |

续表

| 题目 | 期刊名 | 期 | 作者 | 单位 |
|---|---|---|---|---|
| 茅台酒酿造微生物的生物多样性成因及研究价值的探讨 | 酿酒 | 2 | 郭坤亮 | |
| 白酒香型风格与白酒色谱骨架成分关系的初步研究 | 酿酒 | 3 | 吴天祥等 | |
| 利用黄水酯化液提高洋河名酒率 | 酿酒 | 3 | 崔如生等 | |
| 浅谈清吊混蒸工艺在酿酒生产中的应用 | 酿酒 | 3 | 王亚庆 | |
| 应用纯种微生物提高大曲酱香酒质量工艺试验 | 酿酒 | 3 | 赵希玉等 | |
| 谈乙醛、乙缩醛在白酒中的含量及其量比关系 | 酿酒 | 3 | 林万福等 | |
| 保持窖池功能可持续性发展 | 酿酒 | 4 | 刘琼等 | |
| 大楂发酵酸度对新产汾酒质量的影响 | 酿酒 | 4 | 朱引保等 | |
| 湘泉酒微生物群系的分布探讨 | 酿酒 | 4 | 赵湖 | |
| 气质联用(CC/MS)分析茅台王子酒的香气成分 | 酿酒 | 4 | 吴天祥等 | |
| 清香型高温大曲在生产中的应用与探索 | 酿酒 | 4 | 武世杰等 | |
| 浅谈浓香型大曲酒入窖发酵条件与产质量的关系 | 酿酒 | 5 | 李大和等 | |
| 浓香型大曲水解酶系及测定方法研究 | 酿酒 | 5 | 范文来等 | |
| 福建闽南和中国台湾清香型白酒和工艺、风味特点概述 | 酿酒 | 5 | 张和笙 | |
| 白酒中糠醛含量与香型之间关系的研究 | 酿酒 | 5 | 许汉英 | |
| 从川酒的兴旺谈起 | 酿酒 | 6 | 梁邦昌 | |
| 清香型白酒潜力何在 | 酿酒 | 6 | 高月明等 | |
| 中国名优白酒香型流派之我见 | 酿酒 | 6 | 徐占成等 | |
| 新型白酒工艺研究 | 酿酒 | 6 | 黄书声 | |
| 浅析中国传统蒸馏白酒基础酒中出现的异味、缺陷的成因及其解决的技术措施 | 酿酒 | 6 | 刘琼等 | |
| 恒温贮酒对酒质影响的探讨 | 酿酒 | 6 | 刘虎年等 | |

# 2001～2002 年度啤酒

表 2－1　　2001 年度

| 题目 | 期刊名 | 期 | 作者 | 单位 |
|---|---|---|---|---|
| 啤酒大麦早代筛选技术的研究——利用远红外透射光谱技术评价大麦的品质 | 食品与发酵工业 | 3 | 安岭等 | 中国食品发酵工业研究所等 |

续表

| 题目 | 期刊名 | 期 | 作者 | 单位 |
| --- | --- | --- | --- | --- |
| 顶空进样一毛细管气相色谱法测定啤酒的香味组分 | 食品与发酵工业 | 1 | 王莉娜等 | 北京燕京啤酒集团公司 |
| 纯生啤酒泡沫稳定性的研究 | 食品与发酵工业 | 5 | 贾凤超 | |
| 啤酒高浓酿造的研究 | 食品与发酵工业 | 7 | 孙向军等 | 上海交通大学农学院 |
| 中国金川保健啤酒的保健机理初探 | 食品与发酵工业 | 9 | 赵焕然等 | 中国内蒙古金川保健啤酒总厂 |
| 谈啤酒风味稳定性的改进措施 | 食品与发酵工业 | 2 | 冯景章等 | 燕京啤酒集团公司 |
| 玉米淀粉在啤酒酿造中的使用 | 食品与发酵工业 | 3 | 王海明 | 河南金星啤酒集团公司 |
| 聚合酶链式反应(PCR)技术鉴定啤酒腐败菌的最新进展 | 食品与发酵工业 | 5 | 徐岩等 | 江南大学生物工程学院 |
| 现代啤酒厂设备的选择 | 食品与发酵工业 | 5 | 郑岳传 | |
| 苹果啤酒酿造工艺的研究 | 食品与发酵工业 | 2 | 杜金华等 | 山东农业大学园艺学博士后流动站等 |
| 啤酒非生物稳定剂的应用和比较 | 食品与发酵工业 | 4 | 宋常欣等 | |
| 啤酒保健醋酸饮料的研究 | 食品与发酵工业 | 11 | 张刚等 | 天津市工业微生物研究所 |
| 啤酒厂现代供冷技术与设备 | 啤酒科技 | 1 | 张秀文 | 中国轻工业北京设计院 |
| 麦汁快速过滤槽 | 啤酒科技 | 1 | 李培富 | 新疆乌苏啤酒集团公司 |
| 啤酒糖化过滤槽技术改造的研究 | 啤酒科技 | 1 | 陈春松 | 湖北枝江啤酒厂 |
| 制备高辅料比麦汁的工艺研究 | 啤酒科技 | 1 | 叶振林 | 江苏华狮啤酒有限公司 |
| 纯生啤酒生产在包装过程的工艺控制 | 啤酒科技 | 1 | 李立东等 | 北京燕京啤酒集团公司 |
| 普通过滤机生产纯生啤的微生物控制 | 啤酒科技 | 1 | 战胜等 | 烟台啤酒朝日有限公司 |
| 啤酒生产中添加剂的正确应用 | 啤酒科技 | 1 | 徐斌 | 上海东海啤酒有限公司 |
| 酿造单宁在啤酒生产中的应用 | 啤酒科技 | 1 | 易新其 | 甘肃农垦啤酒公司(兰州公司) |
| 麦汁正压煮沸及其二次蒸汽回收证法和实践 | 啤酒科技 | 1 | 王辉等 | 佳木斯粤海佳凤啤酒公司等 |
| 酵母凝聚性对啤酒高级醇的影响 | 啤酒科技 | 1 | 水华章等 | 宁波金狮啤酒公司 |
| 多酚含量对啤酒味的影响 | 啤酒科技 | 1 | 刘辉 | 钱啤集团研究所 |
| 用啤酒废酵母生产调味品 | 啤酒科技 | 1 | 周秀琴 | 浙江省味精工业协会 |
| 啤酒厂排放有机质的回收利用方向 | 啤酒科技 | 1 | 杨灿飞 | 大理啤酒(集团)公司 |
| 科学管理酵母,合理使用酵母 | 啤酒科技 | 2 | 徐斌 | 上海东海啤酒公司 |
| 啤酒酵母扩大培养技术与进展 | 啤酒科技 | 2 | 陈占佳 | 中国轻工业广州设计院 |
| 麦汁过滤装备技术与进展 | 啤酒科技 | 2 | 李国功 | 中国轻工业广州设计院 |
| 纯生啤酒(Draft beer)生产技术论述 | 啤酒科技 | 2 | 计伟 | 湖北啤酒学校 |
| 论麦汁通风 | 啤酒科技 | 2 | 范大雨 | 燕京啤酒公司 |
| 啤酒风味物质及气相色谱分析技术的研究 | 啤酒科技 | 2 | 王家林等 | 青岛啤酒集团科研中心等 |

续表

| 题目 | 期刊名 | 期 | 作者 | 单位 |
|---|---|---|---|---|
| 啤酒酵母 KSOO3 菌株的筛选 | 啤酒科技 | 2 | 孙黎琼等 | 福建惠泉啤酒公司 |
| 谈国产大麦制麦工艺 | 啤酒科技 | 2 | 王志坚 | 邯郸啤酒有限公司 |
| 清馏法无醇啤酒的生产 | 啤酒科技 | 2 | 田洪波等 | 山东琥珀啤酒公司 |
| 啤酒中高级醇的控制 | 啤酒科技 | 2 | 范团富 | 四川内江市得利发食品公司 |
| 浅论啤酒中溶解氧的控制 | 啤酒科技 | 2 | 庄文钦 | 福建惠泉啤酒公司 |
| 酿造用水处理的试验分析 | 啤酒科技 | 2 | 刘秉和 | 宣化钟楼啤酒公司 |
| 分布式自控系统在啤酒发酵过程中的应用效果 | 啤酒科技 | 2 | 郭宏星等 | 宝鸡啤酒公司 |
| 新世纪中国啤酒的新发展 | 啤酒科技 | 3 | 杜绿君 | 中国酿酒工业协会 |
| 啤酒氧化原理及抗氧化酿造技术 | 啤酒科技 | 3 | 贾凤超 | 燕京啤酒集团公司 |
| 啤酒胶体稳定性的专家评价系统 | 啤酒科技 | 3 | 林智平 | 燕京啤酒股份公司 |
| 纯生啤酒生产过程的控制与管理 | 啤酒科技 | 3 | 刘全刚 | 烟台啤酒朝日有限公司二厂 |
| 纯生啤酒的微生物检测 | 啤酒科技 | 3 | 詹晓北等 | 无锡轻工大学等 |
| 白啤酒的研制 | 啤酒科技 | 3 | 范团富 | 四川内江市得发食品公司 |
| 谈“山农四号”的农艺、制麦、酿造特性 | 啤酒科技 | 3 | 张翠萍等 | 青岛啤酒(荷泽)有限公司 |
| 现代麦汁煮沸中能源的节约途径 | 啤酒科技 | 3 | 计伟 | 湖北啤酒学校 |
| 影响啤酒高级醇含量的几个重要因素 | 啤酒科技 | 3 | 刘娴 | 宁波金狮啤酒公司 |
| 将啤酒的杀菌强度降到最低 | 啤酒科技 | 3 | 李立东 | 燕京啤酒集团 |
| PH 计在啤酒杀菌过程中应用的几点体会 | 啤酒科技 | 3 | 徐国权等 | 安徽豪顿啤酒公司 |
| 发芽后期高温对麦芽品质的影响 | 啤酒科技 | 3 | 邵法都等 | 浙江衢州农技校等 |
| 重要啤酒成分与气相色谱分析 | 啤酒科技 | 4 | 林艳等 | 青岛啤酒公司科研中心 |
| 啤酒无菌包装 | 啤酒科技 | 4 | 张秀英 | 深圳金威啤酒公司 |
| 啤酒微生物的检测与控制 | 啤酒科技 | 4 | 刘娴等 | 宁波金狮啤酒公司 |
| $CO_2$ 回收系统中的干燥技术 | 啤酒科技 | 4 | 任双惠 | 中国通用机械工程总公司 |
| 啤酒工业废水处理的应用研究 | 啤酒科技 | 4 | 王荣选 | 中国轻工业北京设计院 |
| 小麦制麦工艺研究 | 啤酒科技 | 4 | 李家飚等 | 山东华狮啤酒公司 |
| 利用啤酒废酵母生产酱油的研究和生产应用 | 啤酒科技 | 4 | 魏雪飞 | 安徽天井啤酒厂 |
| 加拿大三个大麦新品种的制麦实践 | 啤酒科技 | 4 | 王爱中 | 大连中粮麦芽公司 |
| 啤酒酿造水的处理 | 啤酒科技 | 4 | 皮向荣等 | 青啤公司 |
| HACCP 在纯生啤酒生产中的应用 | 啤酒科技 | 4 | 董红伟等 | 河南江海啤酒公司 |
| 酵母死亡率测定方法的比较 | 啤酒科技 | 5 | 徐凤等 | 江南大学生物工程学院等 |
| 淀粉糖浆的生产和在啤酒工业中的应用 | 啤酒科技 | 5 | 徐斌 | 上海东海啤酒厂 |

续表

| 题目 | 期刊名 | 期 | 作者 | 单位 |
|---|---|---|---|---|
| 液相色谱分析在啤酒工业中的应用 | 啤酒科技 | 5 | 单连菊等 | 青岛啤酒公司科研中心 |
| 关于生物合成双乙酰的诱因分析和实践控制 | 啤酒科技 | 5 | 管建良 | 河北唐海啤酒集团 |
| 浅析啤酒生产中的多酚 | 啤酒科技 | 5 | 王莉娜 | 燕京啤酒股份公司 |
| 高辅料比啤酒生产研究 | 啤酒科技 | 5 | 刘云霞 | 安徽华润啤酒公司蚌埠分公司 |
| 氧对啤酒风味稳定性的影响 | 啤酒科技 | 5 | 王家林等 | 青岛啤酒集团科研中心 |
| 高辅料啤酒的生产与工艺措施 | 啤酒科技 | 6 | 徐斌 | 上海东海啤酒公司 |
| 浅析啤酒工业废水处理技术 | 啤酒科技 | 6 | 梁航国 | 宝鸡啤酒公司 |
| 常见啤酒有害菌的主要污染途径及检测 | 啤酒科技 | 6 | 康宏 | 燕京啤酒集团公司 |
| 特种麦芽研究综述 | 啤酒科技 | 6 | 陈元贵等 | 中国食品发酵工业研究所 |
| 降低双乙酰加速啤酒成熟的方法 | 啤酒科技 | 6 | 刘振胜 | 燕京啤酒集团科技中心 |
| CASS 工艺在啤酒废水处理中的应用 | 啤酒科技 | 6 | 魏徽等 | 华润啤酒公司蚌埠分公司 |
| Nisin 在啤酒酿造中的应用 | 啤酒科技 | 6 | 刘月琴等 | 华润啤酒公司蚌埠分公司 |
| PET 瓶在我国啤酒工业应用之前景综述 | 啤酒科技 | 6 | 陈之贵等 | 中国食品发酵工业研究所 |
| 国内外啤酒工业综述 | 啤酒科技 | 7 | 杜绿君 | 中国酿酒工业协会 |
| 借鉴加拿大啤酒大麦生产质量保证体系 | 啤酒科技 | 7 | 张五九 | 中国食品发酵工业研究所 |
| 高浓酿造技术在啤酒生产的应用 | 啤酒科技 | 7 | 王家林等 | 青岛啤酒集团科研中心 |
| 错流过滤原理及其应用前景分析 | 啤酒科技 | 7 | 贺昇 | 温州金狮啤酒分司 |
| 散布图在啤酒质量控制中的应用 | 啤酒科技 | 7 | 王海明等 | 河南金星啤酒分司 |
| 加拿大新品系麦芽酿造特性的研究 | 啤酒科技 | 7 | 孙军勇等 | 无锡轻工大学生物工程学院 |
| 特种麦芽风味化学的研究 | 啤酒科技 | 7 | 陈之贵等 | 中国食品发酵工业研究所 |
| 酿造过程中酒花物质和苦味物质的研究 | 啤酒科技 | 7 | 林艳等 | 青岛啤酒集团科研中心 |
| 用 PET 瓶灌装啤酒的可行性研究 | 啤酒科技 | 7 | 沈飞 | 燕京啤酒公司科研中心 |
| 纯生啤酒发酵的无菌控制 | 啤酒科技 | 7 | 付春锋 | 燕京啤酒集团技术中心 |
| 糖化工艺对啤酒老化的影响 | 啤酒科技 | 7 | 宋玉梅 | 燕京啤酒集团公司 |
| 啤酒的风味物质与啤酒质量 | 啤酒科技 | 7 | 李崎等 | 江南大学生物工程学院 |
| 稀释用水与啤酒质量 | 啤酒科技 | 8 | 李登顺等 | 青岛啤酒一厂技术处 |
| 高梯度高效液相色谱法测定酒花组份 | 啤酒科技 | 8 | 林智平等 | 燕京啤酒集团科研中心 |
| 成品啤酒中异 α—酸含量与啤酒苦味值的关系以及对啤酒苦味贡献 | 啤酒科技 | 8 | 林艳等 | 青啤科研中心 |
| 脂肪氧化酶活性对啤酒老化风味影响的研究 | 啤酒科技 | 8 | 林智平 | 燕京啤酒集团科研中心 |
| 麦汁中蛋白质组成及多酚对啤酒胶体稳定性影响的研究 | 啤酒科技 | 8 | 刘广丰等 | 青岛啤酒一厂 |

续表

| 题目 | 期刊名 | 期 | 作者 | 单位 |
|---|---|---|---|---|
| 啤酒废酵母产 FDP 的发酵工艺研究 | 啤酒科技 | 8 | 沈佩娟等 | 重庆啤酒集团公司等 |
| 再谈啤酒风味稳定性问题 | 啤酒科技 | 8 | 柳盛宇 | 北京啤酒朝日有限公司 |
| 纯生啤酒灌装过程中二次污染的控制 | 啤酒科技 | 8 | 李立东 | 燕京啤酒集团公司 |
| 高效液相色谱法测定银杏叶提取物及啤酒中的总黄酮含量 | 啤酒科技 | 9 | 单连菊等 | 青岛啤酒公司科研中心 |
| 啤酒中的硫化物 | 啤酒科技 | 9 | 王宏华 | 燕京啤酒集团公司科研中心 |
| 无菌灌装设备的润滑保养 | 啤酒科技 | 9 | 许继锋等 | 广州珠江啤酒集团公司 |
| 从麦芽根中制备 5′—磷酸二酯酶的研究 | 啤酒科技 | 9 | 刘月琴等 | 华润啤酒公司蚌埠分公司 |
| 新型脱壳麦芽糖化工艺研究 | 啤酒科技 | 9 | 张有东 | 福建强磁啤酒分司 |
| 酿造单宁在高浓酿造中的应用、钙离子及总多酚的影响和风味评价研究 | 啤酒科技 | 9 | 潘学启等 | 青岛啤酒集团科研中心 |
| 国产单宁(糖化型)在高浓啤酒生产中的应用研究 | 啤酒科技 | 9 | 方贵权等 | 广州珠江啤酒集团公司 |
| 酿造单宁作用条件的试验 | 啤酒科技 | 9 | 孟庆民 | 燕京啤酒集团公司 |
| 啤酒泡沫环的成因及解决措施 | 啤酒科技 | 9 | 陈乃志 | 华润啤酒公司蚌埠分公司 |
| 啤酒包装过程中出现的质量问题及解决办法 | 啤酒科技 | 9 | 王军厚 | 青岛啤酒一厂 |
| 抑泡剂在啤酒大罐发酵中的应用及相关问题 | 啤酒科技 | 10 | 徐斌 | 上海东海啤酒分司 |
| 啤酒中多酚物质的来源、作用、变化及其控制 | 啤酒科技 | 10 | 管建良 | 唐山啤酒集团公司 |
| 甲醛对啤酒风味危害的研究 | 啤酒科技 | 10 | 顾国贤等 | 江南大学酿酒科学系 |
| β—葡聚糖在制麦过程的降解 | 啤酒科技 | 10 | 刘备战 | 大连中粮麦芽公司 |
| 制麦过程中的微生物检测 | 啤酒科技 | 10 | 康虹 | 燕京啤酒集团公司 |
| 石墨炉原子吸收法测定啤酒中的铁 | 啤酒科技 | 10 | 王安平 | 燕京啤酒公司 |
| 降低灌装啤酒溶解氧的措施 | 啤酒科技 | 10 | 陈乃志等 | 华润啤酒公司蚌埠分公司 |
| 改进钢珠式封盖结构 | 啤酒科技 | 10 | 王骞等 | 广州珠江啤酒集团公司 |
| 试论啤酒成分及含量与啤酒质量的关系 | 啤酒科技 | 11 | 林艳等 | 青岛啤酒科研中心 |
| 铁离子与啤酒喷涌 | 啤酒科技 | 11 | 丁通达等 | 浙江大梁山集团公司 |
| 啤酒生产应用糖浆的前景分析 | 啤酒科技 | 11 | 易福生 | 无锡轻工百泰研究所 |
| 啤酒中的酒精及测定 | 啤酒科技 | 11 | 苗燕林等 | 山东轻工学院食品系 |
| 大米 TBA 测定及其新陈度 | 啤酒科技 | 11 | 要永杰 | 中国食品发酵工业研究所 |
| 提高玻璃质大麦脆度的研究 | 啤酒科技 | 11 | 张毅 | 青岛啤酒二厂 |
| 加拿大 Excel 六棱啤酒大麦的特性探讨 | 啤酒科技 | 11 | 战胜 | 烟台啤酒朝日有限公司 |
| 麦芽粗细粉差和脆度的控制探讨 | 啤酒科技 | 11 | 房莉等 | 青岛啤酒二厂 |
| 机械制冷在啤酒原料储藏中的应用 | 啤酒科技 | 11 | 王红霞 | 燕京啤酒集团公司 |

续表

| 题目 | 期刊名 | 期 | 作者 | 单位 |
|---|---|---|---|---|
| 啤酒品评与风味缺陷的分析 | 啤酒科技 | 12 | 方贵权等 | 广州珠江啤酒集团公司 |
| 啤酒酿造用水 | 啤酒科技 | 12 | 范大雨 | 燕京啤酒集团科研中心 |
| 论苦味质和色度稳定的重要性 | 啤酒科技 | 12 | 刘云震 | 华润啤酒公司蚌埠分公司 |
| 发酵罐DCT采控原理及特点 | 啤酒科技 | 12 | 于仁生 | 山东科力有限责任公司 |
| 发酵罐直接氨冷式工艺的节能 | 啤酒科技 | 12 | 林兴华 | 浙江大学过程装备与控制研究所 |
| 啤酒中蛋白质的分析及与酿造单宁的作用 | 啤酒科技 | 12 | 刘启民 | 长春申通科技开发分司 |
| 纯生啤酒的酿造过程控制 | 啤酒科技 | 12 | 周国泉 | 福建惠泉啤酒集团公司 |
| 谈纯生啤酒在包装中的微检工作 | 啤酒科技 | 12 | 李立东 | 燕京啤酒集团公司 |
| 谈啤酒异地分装的品质管理 | 啤酒科技 | 12 | 刘奇伟 | 青岛啤酒股份公司科研中心 |
| 氧的控制对啤酒风味质量的影响 | 啤酒科技 | 12 | 刘建新等 | 南昌亚洲啤酒公司 |
| 淡爽型啤酒生产技术的研究 | 酿酒科技 | 1 | 刘秉和等 | 宣化钟楼啤酒公司 |
| 二甲基硫的形成与控制 | 酿酒科技 | 1 | 王海敏 | 河南金星啤酒集团公司 |
| 酶共催化降低啤酒中双乙酰含量的研究设想 | 酿酒科技 | 1 | 彭智辉等 | 华南理工大学食品与生物工程学院 |
| 啤酒生产过程的清洗技术 | 酿酒科技 | 1 | 周广东等 | 山东轻工学院中德啤酒技术中心 |
| ICP－AES法快速测定酿造水的硬度 | 酿酒科技 | 1 | 许瑶等 | 中啤集团科研中心 |
| 啤酒硅胶添加微机自控系统的研究与开发 | 酿酒科技 | 2 | 綦星光等 | 山东轻工学院机电系 |
| 干啤酒生产技术探讨 | 酿酒科技 | 2 | 王志坚 | 河北钟楼集团邯郸啤酒公司 |
| 厌氧菌的测定方法 | 酿酒科技 | 2 | 华玉苍等 | 青岛啤酒有限公司 |
| 纸片法检测大肠菌群在啤酒生产中的应用 | 酿酒科技 | 3 | 王彩红等 | 青岛啤酒一厂 |
| 利用酵母营养盐提高酵母活性的研究 | 酿酒科技 | 4 | 高尔焕 | 浙江钱啤集团公司 |
| 啤酒酵母单细胞分离的种源获取理想途径及其操作技术 | 酿酒科技 | 4 | 董新篁 | 浙江洛克啤酒公司 |
| 小麦麦芽生产工艺的研究 | 酿酒科技 | 4 | 孔锁贤等 | 宝鸡啤酒公司 |
| 啤酒中挥发性风味物质的分析及风味评价 | 酿酒科技 | 4 | 王志沛等 | 青岛啤酒集团公司 |
| 啤酒酵母泥回收利用研究动态 | 酿酒科技 | 4 | 丁满生等 | 天津轻工业学院 |
| 纯生啤酒生产过程中的卫生控制要求 | 酿酒科技 | 5 | 肖亚新 | 江苏华狮啤酒公司 |
| 啤酒抗老化作用的研究进展 | 酿酒科技 | 5 | 潘军华 | 无锡轻工大学生物工程学院 |
| 高短糖化法用于低度全麦芽啤酒酿造的研究 | 酿酒科技 | 5 | 邵法都 | 浙江九峰酒厂 |
| 酵母发酵副产物与啤酒风味 | 酿酒科技 | 5 | 王志坚 | 钟楼集团邯郸啤酒公司 |
| 麦汁中的α－氨基氮与啤酒风味 | 酿酒科技 | 5 | 肖连冬 | 南阳理工学院生化系 |

续表

| 题目 | 期刊名 | 期 | 作者 | 单位 |
|---|---|---|---|---|
| 啤酒糟的深加工 | 酿酒科技 | 5 | 吕建良等 | 济南啤酒集团公司 |
| 啤酒的抗氧化功能与健康 | 酿酒科技 | 6 | 季晓东等 | 青岛啤酒集团公司等 |
| 啤酒生产自动化方案的对比选择 | 酿酒科技 | 6 | 王念春 | 东南大学电气工程系 |
| 异构酒花颗粒在啤酒酿造中的应用研究 | 酿酒科技 | 6 | 程殿林 | 青岛大学生物系 |
| 啤酒、麦汁中花色苷的快速测定方法 | 酿酒科技 | 6 | 石华伟 | 深圳青岛朝日有限公司 |
| 国产α—乙酰乳酸脱羧酶的应用研究 | 酿酒 | 1 | 杨晓东等 | |
| 碱性蛋白酶水解啤酒糟中蛋白质的研究 | 酿酒 | 1 | 蔡俊等 | |
| 麦汁煮沸过程中添加单宁对蛋白组成影响的研究 | 酿酒 | 1 | 程殿林等 | |
| 啤酒废酵母残渣制备不溶性葡聚糖 | 酿酒 | 1 | 廖鲜艳等 | |
| 啤酒连续发酵的现状和发展 | 酿酒 | 2 | 徐凤等 | |
| 啤酒中二甲基硫化物的形成机理及其控制 | 酿酒 | 2 | 孙军勇等 | |
| 浅谈影响微型自酿啤酒中酯类物质形成的因素 | 酿酒 | 2 | 崔进梅等 | |
| 普通过滤机生产纯生啤酒的微生物控制 | 酿酒 | 2 | 战胜等 | |
| 海洋生物啤酒澄清剂应用技术研究 | 酿酒 | 4 | 张双玲等 | |

**表2—2** **2002年度**

| 题目 | 期刊名 | 期 | 作者 | 单位 |
|---|---|---|---|---|
| 啤酒连续发酵中的酵母生理状态的初步研究 | 食品与发酵工业 | 5 | 徐凤等 | 江南大学酿酒科学系 |
| 麦芽根中5′—磷酸二酯酶的提取及制备 | 食品与发酵工业 | 6 | 段作营等 | 江南大学工业生物技术教育部重点实验室等 |
| 模式化因素分析—啤酒工业空气系统采气影响因子评估 | 食品与发酵工业 | 8 | 熊正河等 | 中国食品发酵工业研究所 |
| 啤酒酿造过程中影响乙醛变化因素的研究 | 食品与发酵工业 | 10 | 杨毅等 | 北京燕京啤酒集团公司科技中心 |
| 酵母全营养型啤酒专用玉米糖浆的初步研究 | 食品与发酵工业 | 12 | 黄生权等 | 江南大学工业生物技术教育部重点实验室 |
| 以挤压膨化脱胚玉米作啤酒辅料的试验研究 | 食品与发酵工业 | 5 | 申德超等 | 东北农业大学 |
| 生物技术在啤酒糟综合利用中的研究进展与前景 | 食品与发酵工业 | 1 | 邱雁临 | 湖北工学院生物工程系 |
| 啤酒泡沫稳定性与蛋白酶的关系 | 食品与发酵工业 | 9 | 张峻炎等 | 江南大学酿酒科学系 |
| 发酵过程中二甲基硫(DMS)含量的变化及影响因素 | 啤酒科技 | 1 | 王德良等 | 中国食品发酵工业研究所等 |
| 啤酒酵母的分离筛选与纯化 | 啤酒科技 | 1 | 刘信中 | 华狮啤酒(舟山)有限公司 |
| 酵母与啤酒风味物质浅析 | 啤酒科技 | 1 | 梁海燕 | 燕京啤酒集团公司技术中心 |
| 浸麦水检测试验及对麦芽质量影响的分析 | 啤酒科技 | 1 | 张志涛 | 大连中粮麦芽公司 |

续表

| 题目 | 期刊名 | 期 | 作者 | 单位 |
|---|---|---|---|---|
| 直接氨冷式发酵罐的设计 | 啤酒科技 | 1 | 林兴华等 | 浙江大学过程装备与控制研究所等 |
| 发泡酒的开发与生产工艺的制定 | 啤酒科技 | 1 | 刘晓明 | 燕京啤酒集团公司科研中心 |
| 抗光啤酒生产的控制要点 | 啤酒科技 | 1 | 方贵权等 | 广州珠江啤酒集团公司 |
| 单宁处理对白瓶啤酒非生物稳定性的影响 | 啤酒科技 | 1 | 郑翔鹏 | 福建惠泉啤酒集团公司 |
| 麦汁蛋白区分对啤酒泡持性的影响 | 啤酒科技 | 1 | 冯海田等 | 青岛啤酒股份公司啤酒四厂 |
| TA3419 酵母在大罐发酵中的应用 | 啤酒科技 | 1 | 管建良 | 唐山啤酒集团 |
| 浅谈蛋白质和多酚对啤酒非生物稳定性的影响 | 啤酒科技 | 2 | 陈阿扣等 | 江南大学酿造科学系 |
| 国外主要啤酒大麦品种综述 | 啤酒科技 | 2 | 张伟 | 青啤科研中心 |
| 小麦麦芽制作工艺的探讨 | 啤酒科技 | 2 | 谢恩润 | 湖北啤酒学校 |
| 促进啤酒酿造科技进步，迎接 WTO | 啤酒科技 | 3 | 陆健等 | 江南大学酿酒科学系等 |
| 高效液相色谱分析啤酒中氨基酸 | 啤酒科技 | 3 | 周伟 | 燕京啤酒公司科研中心 |
| 直接氨冷式发酵罐的控制 | 啤酒科技 | 3 | 林兴华等 | 浙江大学过程装备与控制研究所 |
| 乙酸丙酮法测定啤酒中微量甲醛的研究 | 啤酒科技 | 3 | 丁晖等 | 国家食品质量监督检验中心 |
| 从啤酒中甲醛测定结果引发的思考 | 啤酒科技 | 3 | 胡国栋 | 国家食品质量监督检验中心 |
| 四氢酒花苦水添加正交实验研究 | 啤酒科技 | 3 | 林智平 | 燕京啤酒集团公司技术中心 |
| “酵母食物”在啤酒生产中的应用研究 | 啤酒科技 | 3 | 宋国福 | 江西享达实业公司 |
| 啤酒污染微生物一发酵单胞菌的分离及对啤酒风味的影响 | 啤酒科技 | 3 | 王德良等 | 中国食品发酵工业研究所等 |
| 浅谈啤酒苦味值的测定 | 啤酒科技 | 3 | 刘和雨等 | 烟台啤酒朝日有限公司二厂 |
| 四种啤酒浓度检验方法之比较 | 啤酒科技 | 3 | 王荣青 | 青岛啤酒二厂 |
| 啤酒废水处理设施的运行和控制 | 啤酒科技 | 4 | 左永泉 | 山东博兴蒙特啤酒有限公司 |
| 啤酒酿造过程微生物的控制 | 啤酒科技 | 4 | 曲国辉等 | 烟台啤酒朝日有限公司二厂 |
| 铁离子在啤酒生产中的作用及控制 | 啤酒科技 | 4 | 刘金刚等 | 烟台啤酒朝日有限公司二厂 |
| 啤酒泡沫综述 | 啤酒科技 | 4 | 李根路 | 河北沧州啤酒厂 |
| 啤酒污染菌快速检测和鉴定方法的研究 | 啤酒科技 | 4 | 单连菊等 | 青岛啤酒集团公司技术中心 |
| 硅胶在啤酒稳定处理中的应用研究 | 啤酒科技 | 4 | 牟宏 | 济南卢堡啤酒公司 |
| 麦汁煮沸与蛋白质凝聚 | 啤酒科技 | 4 | 祝中付 | 河南蓝牌集团商丘啤酒公司 |
| 浅谈预测啤酒过滤性能的方法及改进措施 | 啤酒科技 | 4 | 刘晓明 | 燕京啤酒集团公司 |
| 啤酒包装过程中影响质量的因素及控制措施 | 啤酒科技 | 4 | 冉庆考 | 燕京啤酒(曲阜三孔)有限公司 |

续表

| 题目 | 期刊名 | 期 | 作者 | 单位 |
|---|---|---|---|---|
| 2001年慕尼黑饮料与酿造技术博览会的情况介绍与世界啤酒装备的新方向 | 啤酒科技 | 5 | 徐斌 | 上海东海啤酒公司 |
| 啤酒风味稳定性点滴谈 | 啤酒科技 | 5 | 林智平 | 燕京啤酒集团技术中心 |
| 努力减轻啤酒的氧化 | 啤酒科技 | 5 | 何东康 | 燕京啤酒公司 |
| 啤酒总氧组成分析及影响因素 | 啤酒科技 | 5 | 罗伟等 | 福建惠泉啤酒公司 |
| 利用方差分析法探讨影响啤酒中高级醇含量的多因素 | 啤酒科技 | 5 | 郑翔鹏等 | 福建惠泉啤酒公司 |
| 利用气相色谱测定麦汁和啤酒中游离及总二甲基硫(DMS) | 啤酒科技 | 5 | 杨少珍 | 三得利啤酒(昆山)有限公司 |
| 蛋白酶A检测技术在啤酒酵母选育中的应用 | 啤酒科技 | 5 | 刘伟成等 | 中国食品发酵工业研究所等 |
| 影响啤酒酵母代谢产物的工艺因素分析 | 啤酒科技 | 5 | 路文革 | 南昌亚洲啤酒公司 |
| 瓶装酒爆裂浅析 | 啤酒科技 | 5 | 李立东 | 燕京啤酒集团公司 |
| 酿造大麦品种及纯度的鉴定 | 啤酒科技 | 6 | 郑飞云等 | 江南大学生物工程系 |
| 试论酵母自溶的判定指标 | 啤酒科技 | 6 | 华玉苍等 | 青岛啤酒一厂 |
| 优质啤酒酵母的性状控制 | 啤酒科技 | 6 | 谢庆云 | 桂林漓泉股份公司 |
| 啤酒生产过程中影响乙醛含量的因素 | 啤酒科技 | 6 | 王德良等 | 中国食品发酵研究所等 |
| 乳酸菌对啤酒的影响及利用PCR技术快速测定啤酒生产中的乳酸菌 | 啤酒科技 | 6 | 单连菊等 | 青岛啤酒集团技术中心等 |
| 加拿大AC Metcarlfe啤酒大麦的制麦和酿造性能研究 | 啤酒科技 | 6 | 张伟 | 青岛啤酒集团公司 |
| 啤酒酵母管理的研究与探讨 | 啤酒科技 | 6 | 盛孝红等 | 广州珠江啤酒集团公司 |
| 南昌亚啤扩培系统分析 | 啤酒科技 | 6 | 雷剑 | 南昌亚洲啤酒公司 |
| 纯生啤酒的包装生产控制 | 啤酒科技 | 6 | 李立东 | 燕京啤酒集团公司 |
| 2001年我国啤酒工业概况 | 啤酒科技 | 7 | 杜绿君 | 中国酿酒工业协会啤酒分会 |
| 影响啤酒风味的含硫化合物 | 啤酒科技 | 7 | 叶俊华等 | 江南大学生物工程学院 |
| 酵母泥酸化处理最佳工艺条件的选择 | 啤酒科技 | 7 | 雷剑等 | 南昌亚洲啤酒公司 |
| 啤酒生产中色度检测的影响因素 | 啤酒科技 | 7 | 徐白云 | 燕京啤酒(三孔)有限公司 |
| 智能型啤酒PH值测量仪的研制 | 啤酒科技 | 7 | 李宏义等 | 新乡机电学校等 |
| 植酸在啤酒酿造中的应用 | 啤酒科技 | 7 | 王海明 | 河南金星啤酒集团公司 |
| 浅谈易拉罐啤酒生产过程中应注意的质量问题 | 啤酒科技 | 7 | 毛蕾等 | 青岛啤酒一厂 |
| $NaHCO_3$型水的处理对糖化工艺的影响 | 啤酒科技 | 7 | 王建允 | 青岛啤酒荷泽公司 |
| 评估游离态脂肪酸对泡沫破坏效果的新方法 | 啤酒科技 | 7 | 柯睿 | |

续表

| 题目 | 期刊名 | 期 | 作者 | 单位 |
|---|---|---|---|---|
| 啤酒贮存期间 PH 对风味老化的影响 | 啤酒科技 | 7 | 张克勤等 | 天津华润啤酒公司 |
| 啤酒的第三功能——兼论金川保健啤酒的医学和生理学功能 | 啤酒科技 | 8 | 赵焕然等 | 金川保健啤酒高科技股份公司 |
| Fe 离子的测定及其在成品酒中的含量控制 | 啤酒科技 | 8 | 杨梅等 | 青岛啤酒科研中心 |
| 影响高级醇的几点因素及控制 | 啤酒科技 | 8 | 兰宠印等 | 辽宁本溪市啤酒厂 |
| 酵母自溶对啤酒质量的影响 | 啤酒科技 | 8 | 华玉苍等 | 青岛啤酒一厂 |
| 发泡酒的研究 | 啤酒科技 | 8 | 邓灵童 | 江南大学生物工程学院 |
| 法国大麦 Scarlett 麦汁混浊的研究及解决方法 | 啤酒科技 | 8 | 张伟等 | 青啤技术质量管理部 |
| 啤酒风味物质顶空气相色谱检测方法的研究及应用 | 啤酒科技 | 8 | 卜红梅 | 烟台朝日有限公司技术部 |
| 进口二棱啤酒大麦品种及其制麦工艺的探讨 | 啤酒科技 | 8 | 徐鸿刚等 | 大连兴泽制麦公司 |
| 一种测定啤酒蛋白质含量和分布的新技术 | 啤酒科技 | 8 | 林峰等 | 浙江大学化学系等 |
| 啤酒品评技术与风味缺陷 | 啤酒科技 | 9 | 刘钢 | 安徽古泉啤酒公司 |
| 通过 $SO_2$ 和反－α－壬烯醛间的作用来提高啤酒风味稳定性 | 啤酒科技 | 9 | 李红等 | 中国食品发酵工业研究所等 |
| 二次污染与啤酒灌装技术 | 啤酒科技 | 9 | 何艳 | 青岛啤酒(郴州)公司 |
| 从啤酒品牌谈酒花产业的发展方向 | 啤酒科技 | 9 | 谢国峰等 | 新疆绿嘉啤酒花公司 |
| 酵母全营养型啤酒专用玉米糖浆的中试研究 | 啤酒科技 | 9 | 黄生权等 | 江南大学生物工程学院 |
| 生产中酵母凝聚性下降的原因及解决办法 | 啤酒科技 | 9 | 杨文生 | 燕京啤酒(衡阳)公司 |
| 双乙酰的形成机理及控制措施 | 啤酒科技 | 9 | 宋晖 | 燕京啤酒集团科技中心 |
| 中国的啤酒大麦供应、麦芽生产的格局及发展趋势 | 啤酒科技 | 10 | 江国金 | 大连中粮麦芽有限公司 |
| 啤酒浑浊敏感蛋白及其测定方法 | 啤酒科技 | 10 | 郝俊光等 | 青岛啤酒股份公司 |
| 套组 PCR 在啤酒工业中检测污染的乳酸菌 | 啤酒科技 | 10 | 李红等 | 中国食品发酵工业研究所等 |
| 纯生啤酒洁净厂房空调控制系统 | 啤酒科技 | 10 | 黄国英 | 福建雪津啤酒公司 |
| 采用固相微萃取技术测定啤酒微量香味组分的研究 | 啤酒科技 | 10 | 胡国栋等 | 中国食品发酵工业研究所等 |
| 提高低苦啤酒胶体稳定性的研究 | 啤酒科技 | 10 | 刘广丰等 | 青啤一厂 |
| 膜分离技术在啤酒工业中的应用概述 | 啤酒科技 | 10 | 张志文 | 三得利啤酒(上海)公司 |
| 酒花品质的评价及对啤酒质量的影响 | 啤酒科技 | 11 | 谷方红 | 中国食品发酵工业研究院 |
| 啤酒生产中微生物污染及防止 | 啤酒科技 | 11 | 张志文 | 三得利啤酒(上海)公司 |
| 啤酒花的分析方法 | 啤酒科技 | 11 | 彭昌亚等 | 江南大学生物工程学院 |
| 国产纯生啤酒质量稳定性的研究 | 啤酒科技 | 11 | 刘伟成等 | 中国食品发酵工业研究所等 |
| 改进酵母扩培工艺提高零代酵母质量的研究 | 啤酒科技 | 11 | 李德超等 | 江苏大富豪啤酒公司 |
| 加麦 AC 麦特卡夫酿造特性的研究 | 啤酒科技 | 11 | 高云鸽等 | 燕京啤酒集团科技中心 |

续表

| 题目 | 期刊名 | 期 | 作者 | 单位 |
|---|---|---|---|---|
| 接种酵母质量对啤酒风味的影响 | 啤酒科技 | 11 | 王德良等 | 中国食品发酵工业研究所等 |
| 谈麦汁制备时间 | 啤酒科技 | 11 | 王连合 | 河南蓝牌集团商丘啤酒公司 |
| 啤酒中羧基化合物的来源、性质及控制 | 啤酒科技 | 12 | 管建良 | 唐山啤酒集团公司 |
| 谈啤酒瓶盖的生锈问题 | 啤酒科技 | 12 | 方舟 | 杭州西湖啤酒朝日股份公司 |
| 糖化锅采用半圆管夹套的设计方法 | 啤酒科技 | 12 | 林兴华等 | 浙江大学化机研究所 |
| 不同原料对啤酒风味的影响分析 | 啤酒科技 | 12 | 刘建新 | 南昌亚洲啤酒公司 |
| 硅藻土中可溶性铁的探讨 | 啤酒科技 | 12 | 刘伟成等 | 中国食品发酵工业研究院等 |
| 硅藻土中可溶性铁离子的测定 | 啤酒科技 | 12 | 贾翠莉等 | 哈尔滨啤酒有限公司 |
| 水对啤酒质量的影响及处理 | 啤酒科技 | 12 | 李立东 | 燕京啤酒集团公司技术中心 |
| 啤酒酵母生产性状稳定性研究 | 酿酒科技 | 1 | 王志坚 | 钟楼集团邯郸啤酒公司 |
| 浅淡啤酒色度与苦味值控制的影响因素 | 酿酒科技 | 1 | 余志刚等 | 华润啤酒公司蚌埠分公司 |
| 高浓酿造技术研究进展 | 酿酒科技 | 1 | 万永泉等 | 青岛啤酒股份公司科研中心 |
| 直方图在啤酒质量控制中的应用 | 酿酒科技 | 1 | 王海明 | 河南金星啤酒集团公司 |
| 啤酒酵母抽提物工艺的研究 | 酿酒科技 | 1 | 李祥等 | 西北轻工学院应用化学研究所等 |
| 安琪啤酒活性干酵母在啤酒生产中的应用 | 酿酒科技 | 2 | 倪志祥 | 安徽沙河王酿酒集团技术中心 |
| 高蛋白含量大麦在生产中的应用 | 酿酒科技 | 2 | 郝晶心 | 济南啤酒厂 |
| 啤酒酵母抽提物工业化生产 | 酿酒科技 | 2 | 李祥等 | 西北轻工学院应用化学研究所 |
| 啤酒废酵母自溶条件的研究 | 酿酒科技 | 2 | 高玉荣 | 黑龙江八一农垦大学食品学院 |
| 提高啤酒化学物理稳定性的几点看法 | 酿酒科技 | 3 | 郝晶心 | 济南啤酒厂 |
| 新世纪中国啤酒工业发展展望 | 酿酒科技 | 4 | 顾国贤 | 江南大学生物工程学院 |
| 提高啤酒风味稳定性的方法 | 酿酒科技 | 4 | 王亚楠等 | 天津轻工学院食工系 |
| 锥形罐啤酒发酵温度的调节与控制 | 酿酒科技 | 4 | 王志坚 | 钟楼集团邯郸啤酒公司 |
| 加拿大新啤酒大麦 AC Metcarlfe 的性能研究 | 酿酒科技 | 4 | 张伟 | 青岛啤酒股份公司 |
| 介绍一种快速测定敏感多酚的新方法 | 酿酒科技 | 4 | 郝俊光等 | 青岛啤酒科研中心等 |
| 啤酒生产糖化中甲醛替代品的研究探讨 | 酿酒科技 | 5 | 郑金成等 | 福建惠泉啤酒集团公司 |
| 瓶装啤酒巴氏灭菌泡沫环成因及预防 | 酿酒科技 | 5 | 王志坚 | 钟楼集团邯郸啤酒公司 |
| 啤酒酵母改良途径 | 酿酒科技 | 6 | 程永刚等 | 华南理工大学食品与生物工程学院 |
| DCS 在啤酒发酵过程中的应用 | 酿酒科技 | 6 | 刘金平等 | 华中科技大学控制学工程系 |
| 浅谈啤酒厂 QC 工程的实施 | 酿酒科技 | 6 | 曲国辉等 | 烟台啤酒朝日有限公司 |
| 谈啤酒瓶盖的生锈问题 | 酿酒科技 | 6 | 方舟 | 杭州西湖啤酒朝日有限公司 |

续表

| 题目 | 期刊名 | 期 | 作者 | 单位 |
| --- | --- | --- | --- | --- |
| 啤酒活性干酵母应用工艺的研究 | 酿酒 | 1 | 王亚楠等 | |
| 乳酸链球菌素(Nisin)的特性及其在啤酒工业中的应用 | 酿酒 | 1 | 丁燕等 | |
| 应用包埋α—乙酰乳酸脱羧酶改进啤酒发酵及控制的模型研究 | 酿酒 | 1 | 吴天祥等 | |
| 啤酒色泽的形成及控制 | 酿酒 | 1 | 徐长玲等 | |
| 露天锥型发酵罐酿制啤酒的二氧化碳饱和 | 酿酒 | 1 | 申华等 | |
| 论黑龙江省啤麦基地建设与制麦业的开拓 | 酿酒 | 2 | 符辉 | |
| 啤酒污染乳酸菌 PCR 引物的设计 | 酿酒 | 2 | 郑飞云等 | |
| 糖化过程中二甲基硫的形成及控制 | 酿酒 | 2 | 孙军勇等 | |
| 低醇啤酒修饰技术的研究 | 酿酒 | 2 | 邱昌恩等 | |
| 组合除磷技术在啤酒废水处理工程中的应用研究 | 酿酒 | 2 | 幸响付 | |
| 耐高温β—葡聚糖酶在啤酒糖化中的应用研究 | 酿酒 | 2 | 李永仙等 | |
| 21 世纪中国啤酒工业可持续发展道路 | 酿酒 | 3 | 黄丽娟等 | |
| 啤酒工艺的进步和内在质量分析 | 酿酒 | 4 | 王佑民等 | |
| 降低易拉罐啤酒中的溶解氧 | 酿酒 | 4 | 包金女等 | |
| 现代小麦啤酒生产技术 | 酿酒 | 6 | 耿建华等 | |
| 麦糟中水不溶性膳食纤维的提取及化学组成 | 酿酒 | 6 | 王金华等 | |
| 快速测定啤酒酒精度和真正发酵度的方法 | 酿酒 | 6 | 王亚楠等 | |

# 2001～2002 年度葡萄酒

**表 3—1** **2001 年度**

| 题目 | 期刊名 | 期 | 作者 | 单位 |
| --- | --- | --- | --- | --- |
| 中国野生葡萄发酵性的研究 | 食品与发酵工业 | 11 | 李记明等 | 张裕集团有限公司 |
| 读葡萄酒沉淀与质量 | 酿酒科技 | 1 | 徐浩昕 | 新疆西域酒业公司 |
| 红葡萄酒多酚的保健功效 | 酿酒科技 | 2 | 陈曾三 | 中国食品工业协会 |
| 白葡萄酒的马德拉化与酶处理 | 酿酒科技 | 3 | 张春晖等 | 西北农林科技大学等 |
| 山葡萄酒的酿造 | 酿酒科技 | 3 | 王建钧等 | 山西仙童葡萄酒业公司 |
| 原生质体融合葡萄酒酵母用于葡萄酒降酸 | 酿酒科技 | 3 | 高玉荣 | 黑龙江八一农垦大学食工系 |
| 葡萄酒业六十年的发展 | 酿酒科技 | 3 | 陈玉庆 | |

续表

| 题目 | 期刊名 | 期 | 作者 | 单位 |
|---|---|---|---|---|
| 葡萄酒浑浊沉淀机理与鉴别 | 酿酒科技 | 4 | 吴正奇等 | 湖北工学院生物工程系 |
| W－ADY在干红葡萄酒发酵中的应用试验 | 酿酒科技 | 4 | 王传荣 | 江苏省食品学校发酵工程系 |
| 葡萄酒(汁)中酵母菌检测方法研究 | 酿酒科技 | 4 | 吴八斤等 | 昌黎越千年葡萄酒公司等 |
| 酵母活性剂在葡萄酒酿造中的应用研究 | 酿酒科技 | 4 | 李记明 | 张裕集团公司技术中心 |
| 酵母菌的生存因子及其特性 | 酿酒科技 | 6 | 樊玺等 | 张裕集团公司技术中心 |
| 五株酿酒酵母发酵特性比较 | 酿酒科技 | 6 | 张莉萍等 | 华南农业大学食品系 |
| 不同澄清剂对霞多丽葡萄酒蛋白质的影响 | 酿酒 | 1 | 宋于洋等 | |
| α－氨基酸在葡萄酒发酵中的变化 | 酿酒 | 1 | 陈继峰等 | |
| 浅谈红葡萄酒陈酿中游离氨基酸含量对风味的影响 | 酿酒 | 3 | 岳俊波等 | |
| 甘蔗梗固定化酵母连续酿造葡萄酒的研究 | 酿酒 | 4 | 陈宇 | |
| 超临界流体萃取在葡萄皮渣利用方面应用的前景 | 酿酒 | 5 | 魏冬梅等 | |
| 多糖对葡萄酒感官质量的作用 | 酿酒 | 6 | 李华 | |
| 河北省酿酒葡萄种植业现状与发展对策研究 | 中外葡萄与葡萄酒 | 2 | 宣杰等 | |
| 江苏发展葡萄的条件和策略 | 中外葡萄与葡萄酒 | 3 | 房经贵等 | |
| 依靠科技进步构筑酒中长城 | 中外葡萄与葡萄酒 | 4 | 南谏君 | |
| 酒用葡萄组培脱毒快繁技术研究 | 中外葡萄与葡萄酒 | 1 | 张福庆等 | |
| 模糊排序在酿酒葡萄梅鹿辄上的应用 | 中外葡萄与葡萄酒 | 1 | 宋于洋等 | |
| $SO_2$ 对红葡萄酒酚类物质的影响 | 中外葡萄与葡萄酒 | 3 | 梁冬梅等 | |
| 降酸方法对葡萄酒降酸效果的影响 | 中外葡萄与葡萄酒 | 3 | 陈继峰等 | |
| 葡萄酒中主要的黄酮类化合物及其分析方法 | 中外葡萄与葡萄酒 | 4 | 陶永胜等 | |
| 酶在葡萄酒中的应用 | 中外葡萄与葡萄酒 | 4 | 张艳芳等 | |
| 错流过滤技术及其在葡萄酒生产中的应用 | 中外葡萄与葡萄酒 | 6 | 张美玲等 | |
| 葡萄酒酿酒菌种的保藏方法 | 中外葡萄与葡萄酒 | 6 | 张予林等 | |
| 利用葡萄酒糟生产生物有机复合肥 | 中外葡萄与葡萄酒 | 1 | 韩树民等 | |
| 浅谈均衡调配这一环节对葡萄酒质量和风味的影响 | 中外葡萄与葡萄酒 | 2 | 田雅丽等 | |
| 葡萄发酵罐排渣系统与其自动控制 | 中外葡萄与葡萄酒 | 2 | 商庆霞等 | |
| 3000CE全自动发酵罐生产干红葡萄酒的技术研究 | 中外葡萄与葡萄酒 | 2 | 罗建华等 | |
| 酒石酸氢钾在葡萄酒生产中的应用 | 中外葡萄与葡萄酒 | 2 | 周铁成等 | |
| 酚类物质在红葡萄酒中的作用 | 中外葡萄与葡萄酒 | 2 | 杜金华等 | |

续表

| 题目 | 期刊名 | 期 | 作者 | 单位 |
|---|---|---|---|---|
| 瓶式发酵起泡酒酵母的性能试验研究 | 中外葡萄与葡萄酒 | 3 | 吕文鉴等 | |
| 高智能360VS真空气囊压榨机的应用 | 中外葡萄与葡萄酒 | 3 | 孟庆等 | |
| 全汁葡萄酒真伪鉴定方法的验证 | 中外葡萄与葡萄酒 | 3 | 李金娥等 | |
| 二氧化碳浸渍法及其在干红葡萄酒酿造中的应用 | 中外葡萄与葡萄酒 | 4 | 梁学军 | |
| 关于葡萄酒中钙稳定性的工艺探讨 | 中外葡萄与葡萄酒 | 4 | 赵玉玲等 | |
| 葡萄酒微生物检查方法 | 中外葡萄与葡萄酒 | 4 | 吕文鉴等 | |
| 加糖方式对干红葡萄酒浸渍发酵速度的影响 | 中外葡萄与葡萄酒 | 5 | 李华等 | |
| 葡萄酒酿造中的苹果酸一乳酸发酵 | 中外葡萄与葡萄酒 | 5 | 李记明 | |
| 酒精发酵过程中影响红葡萄酒颜色的五大因素 | 中外葡萄与葡萄酒 | 5 | 吴八斤 | |
| 橡木桶与橡木片 | 中外葡萄与葡萄酒 | 5 | 王霞等 | |
| 葡萄的芳香物质 | 中外葡萄与葡萄酒 | 6 | 李华 | |
| 葡萄酒的贮藏和陈酿 | 中外葡萄与葡萄酒 | 6 | 李新榜 | |
| 预测葡萄酒酒石酸氢钾稳定性的新方法 | 中外葡萄与葡萄酒 | 6 | 张瑞杰等 | |
| 葡萄酒中酒石酸钙稳定性探讨 | 中外葡萄与葡萄酒 | 6 | 张艳芳等 | |
| 起泡葡萄酒老熟过程与酒脚接触造成酚类成份变化引起褐变的研究 | 中外葡萄与葡萄酒 | 6 | 梁冬梅等 | |
| 皂土在葡萄酒中的应用 | 中外葡萄与葡萄酒 | 6 | 郑建中等 | |
| 对葡萄酒灌装自动化生产线设备维修体制的探讨 | 中外葡萄与葡萄酒 | 6 | 王卫亮等 | |
| 法国波尔多的葡萄与葡萄酒(一)～(三) | 中外葡萄与葡萄酒 | 2～6 | 李记明等 | |
| 法国的葡萄苗木生产 | 中外葡萄与葡萄酒 | 4 | 翟衡 | |
| 世界葡萄产业的概况及发展趋势 | 中外葡萄与葡萄酒 | 5 | 罗国光 | |
| 波尔多考察体会及对中国葡萄酒业发展的思考 | 中外葡萄与葡萄酒 | 5 | 刘俊 | |
| 法国天然甜葡萄酒及葡萄产区 | 中外葡萄与葡萄酒 | 5 | 尹克林 | |

**表 3—2** **2002 年度**

| 题目 | 期刊名 | 期 | 作者 | 单位 |
|---|---|---|---|---|
| 葡萄籽提取物中原花青素含量的测定 | 食品与发酵工业 | 3 | 姚开等 | 四川大学轻工与食品工程学院 |
| 葡萄酒中酒类酒球菌的分离—抑制剂对酵母菌生长的抑制效应 | 食品与发酵工业 | 8 | 张春晖等 | 西北农林科技大学葡萄酒学院 |
| 超临界 $CO_2$ 流体技术萃取葡萄籽油的研究 | 食品与发酵工业 | 3 | 董海洲等 | 山东农业大学食品科学与工程学院 |

续表

| 题目 | 期刊名 | 期 | 作者 | 单位 |
|---|---|---|---|---|
| 葡萄保鲜技术的研究 | 食品与发酵工业 | 1 | 段振华等 | 江南大学食品学院 |
| 葡萄籽中的天然抗氧化剂及其保健功能 | 食品与发酵工业 | 4 | 林亲录等 | 湖南农业大学食品科技学院 |
| 葡萄酒中多酚类物质及其保健功能 | 食品与发酵工业 | 8 | 高尧来等 | 华南理工大学食品与生物工程学院等 |
| 葡萄酒中的乳酸菌 | 酿酒科技 | 2 | 权英等 | 河北农大食品科技学院 |
| 白葡萄酒蛋白质稳定的新展望—酶解法 | 酿酒科技 | 2 | 王华等 | 西北农林科技大学葡萄酒学院 |
| 小容器酿造葡萄酒 | 酿酒科技 | 4 | 李华 | 西北农林科技大学葡萄酒学院 |
| 红葡萄酒浸渍特性的研究 | 酿酒科技 | 4 | 张艳芳等 | 西北农林科技大学葡萄酒学院 |
| 生物工程技术在苹果酸乳酸发酵中的应用 | 酿酒科技 | 5 | 张春晖等 | 江南大学生物工程学院等 |
| 葡萄酒的微氧酿造技术简介 | 酿酒科技 | 5 | 刘延琳等 | 西北农林科技大学葡萄酒学院 |
| 葡萄酒中酒石酸钙沉淀机理研究 | 酿酒科技 | 5 | 范英华等 | 西北农林科技大学葡萄酒学院等 |
| 葡萄酒生产中连续酒石稳定技术应用的体会 | 酿酒科技 | 5 | 张宝 | 河北逐鹿县酿造总厂 |
| “过程控制”管理及其在葡萄酒质量管理中的应用 | 酿酒科技 | 5 | 徐洁昕等 | 乌鲁木齐食品工程有限公司等 |
| 原子吸收分光光度计测铁过程中有关问题 | 酿酒科技 | 5 | 柳治敏等 | 张裕集团葡萄酒公司等 |
| 乳酸菌 Viniflora、Lalvin31 在干红葡萄酒中的降酸比较 | 酿酒科技 | 6 | 阮仕立等 | 张裕集团公司技术中心 |
| 干型山葡萄酒酿造试验 | 酿酒科技 | 6 | 黄宏慧等 | 广西都安野生山葡萄酒厂 |
| 中国葡萄酒业如何走进 WTO 市场 | 酿酒 | 1 | 王秋芳 | |
| 葡萄酒生产中的酶类及其对酒的影响 | 酿酒 | 1 | 陈晓前 | |
| 压板式干红发酵罐的结构及其优点 | 酿酒 | 1 | 潘权 | |
| 8804 品系酿造干红葡萄酒的新工艺 | 酿酒 | 1 | 张艳芳等 | |
| WTO 与国际葡萄酒技术法规 | 酿酒 | 2 | 李记明 | |
| 试述 pH 值与葡萄酒的关系 | 酿酒 | 2 | 陈晓前 | |
| 用 HPLC 法测定干红葡萄酒中的酚类物质 | 酿酒 | 2 | 于贞等 | |
| 中国葡萄酒业的崛起——从华润葡萄酒有限公司看中国干红酒的发展 | 中外葡萄与葡萄酒 | 2 | 邹美丽 | |
| 甘肃发展酿造葡萄的喜与忧 | 酿酒科技 | 2 | 何永基等 | |
| 百年张裕酝酿芬芳——张裕 100 年庆典 | 酿酒科技 | 5 | | |
| 飞速发展的哈密葡萄产业 | 酿酒科技 | 6 | 张世孝等 | |
| 中国葡萄酒行业的现状与发展—在 2002 年国际葡萄与葡萄酒发展论坛的发言 | 酿酒科技 | 5 | 耿兆林 | |

续表

| 题目 | 期刊名 | 期 | 作者 | 单位 |
|---|---|---|---|---|
| 苹果酸—乳酸发酵与葡萄酒风味改良 | 酿酒科技 | 1 | 李小刚等 | |
| 生产管理与山葡萄果实质量的研究 | 酿酒科技 | 1 | 宋润刚等 | |
| 华北酿酒葡萄气候区划研究 | 酿酒科技 | 2 | 罗国光等 | |
| 葡萄酒中花色素苷研究现状 | 酿酒科技 | 2 | 王华等 | |
| 乙酸对葡萄酒不完全发酵的影响 | 酿酒科技 | 2 | 周慧鸽等 | |
| 模糊综合评判在葡萄酒品尝中的应用 | 酿酒科技 | 2 | 宋于洋等 | |
| 分光光度法测葡萄酒的色度 | 酿酒科技 | 3 | 梁冬梅等 | |
| 高效液相色谱法测定葡萄酒的有机酸及乙酸 | 酿酒科技 | 3 | 李小刚等 | |
| 我国山葡萄产业的发展与对策 | 酿酒科技 | 4 | 宋润刚等 | |
| 生姜蛋白酶对红葡萄酒的澄清效果 | 酿酒科技 | 4 | 唐晓珍等 | |
| 花前摘心对酿酒葡萄坐果率的影响 | 酿酒科技 | 4 | 李玉鼎等 | |
| 活性干酵母与葡萄酒香气 | 酿酒科技 | 5 | 樊玺等 | |
| 葡萄酒二氧化碳浸过程中有机酸的变化 | 酿酒科技 | 5 | 阮仕立等 | |
| 葡萄酒风味与风味酶的研究 | 酿酒科技 | 6 | 朱一松等 | |
| 酿酒葡萄大面积提高品质综合技术推广项目 | 酿酒科技 | 2 | 刘玉萍 | |
| 氨基酸复合肥在酿酒葡萄上的应用效果 | 酿酒科技 | 5 | 张肖凌等 | |
| 酿酒葡萄种苗(条)热处理脱毒技术研究 | 酿酒科技 | 5 | 顾沛雯等 | |
| 橡木桶与葡萄酒 | 中外葡萄与葡萄酒 | 1 | 李华 | |
| 苹果酸一乳酸发酵的人工诱发程序 | 中外葡萄与葡萄酒 | 1 | 于清琴 | |
| 葡萄酒生产中的除酒石技术与实践 | 中外葡萄与葡萄酒 | 1 | 张宝 | |
| 葡萄与葡萄酒中的白藜芦醇 | 中外葡萄与葡萄酒 | 2 | 张影陆等 | |
| 野生山葡萄酒杂醇油含量偏高的原因及对策 | 中外葡萄与葡萄酒 | 2 | 黄宏慧等 | |
| 葡萄酒厂的清洗和消毒 | 中外葡萄与葡萄酒 | 2 | 刘延琳等 | |
| 浅谈传统法酿制红葡萄酒如何提高色素浸提效果 | 中外葡萄与葡萄酒 | 2 | 吕尚松 | |
| 橡木桶与葡萄酒成熟 | 中外葡萄与葡萄酒 | 2 | 王作仁等 | |
| 苹果酸一乳酸发酵管理是优质葡萄酒酿造工艺中极其重要的一环 | 中外葡萄与葡萄酒 | 3 | 郭永亮等 | |
| 生物传感技术在发酵和葡萄酒中的应用与展望 | 中外葡萄与葡萄酒 | 3 | 高畅等 | |
| 果酒有机酸钙晶体研究 | 中外葡萄与葡萄酒 | 3 | 袁春龙等 | |
| 橡木片的选择与使用方法 | 中外葡萄与葡萄酒 | 4 | 王霞等 | |
| 如何有效保护红葡萄酒的颜色 | 中外葡萄与葡萄酒 | 4 | 爱多·罗达等 | |

续表

| 题目 | 期刊名 | 期 | 作者 | 单位 |
|---|---|---|---|---|
| 新型酵母和细菌抑制剂的研究 | 中外葡萄与葡萄酒 | 4 | 李华等 | |
| 浅谈感官分析在葡萄酒生产过程中的运用 | 中外葡萄与葡萄酒 | 4 | 段春强等 | |
| 利用对葡萄香气评定来检测葡萄的成熟度 | 中外葡萄与葡萄酒 | 4 | 邵学东等 | |
| 如何优化红葡萄酒酿造中的压榨酒 | 中外葡萄与葡萄酒 | 4 | 郭永亮等 | |
| 直接进样快速测定葡萄酒中白藜芦醇及其苷的HPLC方法 | 中外葡萄与葡萄酒 | 4 | 管锡建等 | |
| 葡萄酒中铁破败机理及防治研究 | 中外葡萄与葡萄酒 | 4 | 范英华等 | |
| 化学降酸对葡萄酒感官质量的影响 | 中外葡萄与葡萄酒 | 4 | 杨少海 | |
| 干红葡萄酒苹果酸一乳酸发酵菌种的选择 | 中外葡萄与葡萄酒 | 5 | 马永明等 | |
| 葡萄酒生产过程中的微生物监控 | 中外葡萄与葡萄酒 | 5 | 李凤梅 | |
| 葡萄酒中酒石酸氢钾稳定性 | 中外葡萄与葡萄酒 | 5 | 薛洁 | |
| 干红葡萄酒发酵工艺的探讨 | 中外葡萄与葡萄酒 | 5 | 李志平 | |
| 尊重自然　注重结果 | 中外葡萄与葡萄酒 | 6 | 郭松泉等 | |
| 葡萄酒中二氧化硫的去除 | 中外葡萄与葡萄酒 | 6 | 张葆春等 | |
| 法国波尔多的葡萄与葡萄酒(四)～(九) | 中外葡萄与葡萄酒 | 1～6 | 李记明等 | |
| 科学可以战胜传统——从澳大利亚酒业发展中得到的启示 | 中外葡萄与葡萄酒 | 2 | 彭忠魁 | |
| 美国葡萄酒产业的历史发展进程 | 中外葡萄与葡萄酒 | 5 | 催东元 | |
| 德国的葡萄酒生产、发展与经营 | 中外葡萄与葡萄酒 | 6 | 柯彼德 | |

## 2001～2002年度黄酒

表4－1　　2001年度

| 题目 | 期刊名 | 期 | 作者 | 单位 |
|---|---|---|---|---|
| 黄酒浑浊的处理 | 酿酒科技 | 1 | 夏其龙 | 通州市苏浦酒业公司双龙酒厂 |
| 中国古代红曲文化及现代新技术 | 酿酒科技 | 1 | 傅金泉 | |
| 清酒——日本国家的名酒 | 酿酒科技 | 1 | 顾复昌 | 上海市供销总社科研所 |
| 用生麦曲改进乌衣红曲黄酒质量的探索 | 酿酒科技 | 2 | 邵法都 | 浙江九峰酒厂 |
| 黄酒发酵过程中微量元素的转化研究 | 酿酒科技 | 2 | 王卫国等 | 南阳理工学院实验中心等 |
| 几种碳源和维生素对红曲生理活性物质生成的影响 | 酿酒科技 | 2 | 闵丽娥等 | 四川大学等 |

续表

| 题目 | 期刊名 | 期 | 作者 | 单位 |
| --- | --- | --- | --- | --- |
| 中国古代黄酒的发酵技术 | 酿酒科技 | 3 | 包启安 | |
| 红曲培养技术 | 酿酒科技 | 3 | 蒙雁涛 | 遵义董酒厂科研所 |
| 黄酒色、香、味成分来源分析 | 酿酒科技 | 3 | 李家寿 | 绍兴黄酒集团公司 |
| 用清酒技术酿造醇清黄酒的试验研究 | 酿酒科技 | 3 | 潘东海 | 江苏东台市科技开发中心 |
| 刺梨糯米酒的酿造工艺 | 酿酒科技 | 3 | 武世新 | 湖南新晃酿酒公司 |
| 用黄酒糟生产复合氨基酸的试制 | 酿酒科技 | 3 | 汪建国等 | 浙江嘉兴酿造总公司 |
| 超滤技术在米酒精制中的应用 | 酿酒科技 | 3 | 陆晓峰等 | 中科院上海原子核研究所等 |
| 纯种根霉和中草药在传统法生产甜酒曲中的应用 | 酿酒科技 | 4 | 罗歆等 | 河南桐柏乐神集团科研所 |
| 采用全酶法酿制米酒的工艺方法 | 酿酒科技 | 4 | 汪建国 | 嘉兴酿酒总公司 |
| 酒用酸性蛋白酶在黄酒生产上的应用小试 | 酿酒科技 | 4 | 杜士良 | 浙江余杭市微生物发酵研究所 |
| 酒文化研讨会及与中日酒文化的交流 | 酿酒科技 | 4 | 秋山裕一（日） | 日本酿造协会 |
| 提高新工艺黄酒生产中固形物含量 | 酿酒科技 | 6 | 孙国昌 | 东风绍兴酒公司 |
| 绍兴黄酒生产中米浆酸的控制 | 酿酒科技 | 6 | 杨百荣 | 绍兴东风酒厂 |
| 影响机械化黄酒中产生苦(涩)味物质的因素及控制 | 酿酒 | 1 | | |
| 地球上谷芽酒与霉菌酒的发生与发展(一) | 酿酒 | 2 | 溢香轩 | |
| 黄酒中的冷混浊和氧化混浊 | 酿酒 | 2 | 高思丽等 | |
| 荷叶与绍兴黄酒 | 酿酒 | 3 | 管有根等 | |
| 糯米甜酒发酵过程的生物学特性研究 | 酿酒 | 5 | 刘昭明等 | |
| TIC 在黄酒酵母选育中的应用 | 酿酒 | 5 | 王梅等 | |
| 浅析黄酒中的氨基酸态氮 | 中国黄酒 | 1 | 王国根 | |
| 黄酒色、香、味成分的来源 | 中国黄酒 | 1 | 李家寿 | 中国绍兴黄酒集团公司 |
| 再为黄酒加油—让黄酒昂首阔步进入 21 世纪 | 中国黄酒 | 1 | 沈振昌等 | 中国绍兴黄酒集团公司 |
| 绍兴酒包装必须创新提高 | 中国黄酒 | 1 | 徐复沛 | |
| 绍兴酒文化内涵论 | 中国黄酒 | 1 | 陈瑞苗 | |
| 日本清酒的香气(摘要) | 中国黄酒 | 1 | 程光胜 | |
| 满怀信心迎入世，再创黄酒新辉煌 | 中国黄酒 | 2 | 李长恒 | |
| 关于绍兴黄酒名牌战略的思考 | 中国黄酒 | 2 | 吴国群 | |

续表

| 题目 | 期刊名 | 期 | 作者 | 单位 |
|---|---|---|---|---|
| 糟烧变黄原因及解决方法 | 中国黄酒 | 2 | 周建弟等 | |
| 低度保健型黄酒的研制开发 | 中国黄酒 | 2 | 杨国军 | |
| 日法检测黄酒中的总酸与氨基酸 | 中国黄酒 | 2 | 鲁瑞刚 | |
| 黄酒的营养地位 | 中国黄酒 | 2 | 王存厚 | |
| 荷叶与绍兴黄酒 | 中国黄酒 | 2 | 翁本德等 | |
| 绍兴酒的著名品牌及其文化内涵 | 中国黄酒 | 2 | 胡普信 | |
| 抓住机遇,开拓市场,发展黄酒 | 中国黄酒 | 3 | 邱仁甫 | 中国绍兴黄酒集团公司 |
| 绍兴酒小曲应用鉴定 | 中国黄酒 | 3 | 王国根 | |
| 微量元素在黄酒中含量的测定 | 中国黄酒 | 3 | 范怀德 | |
| 引起石膏头发霉的霉菌类别及原因浅析 | 中国黄酒 | 3 | 吴建新等 | |
| 浅谈黄酒勾兑 | 中国黄酒 | 3 | 郑家华 | |
| 计算机辅助勾兑在黄酒生产中的应用 | 中国黄酒 | 3 | 王晟等 | |
| 读《随园食单》—谈产品开发 | 中国黄酒 | 3 | 傅金泉 | |
| 创新—黄酒业永恒的主题 | 中国黄酒 | 3 | 杨国军 | |
| 走创新之路 兴黄酒事业 | 中国黄酒 | 3 | 李家寿 | |
| 唐宋时期的绍兴酒 | 中国黄酒 | 3 | 钱茂竹 | |
| 黄酒的烹饪功用 | 中国黄酒 | 3 | 陈靖显 | |
| 控制好米浆酸是绍兴黄酒发酵的关键 | 中国黄酒 | 4 | 杨百荣等 | |
| 提高机制曲质量的探讨 | 中国黄酒 | 4 | 杨百荣等 | |
| 议黄酒麦曲中的细菌 | 中国黄酒 | 4 | 范怀德 | |
| 读红曲生产与应用的几个问题 | 中国黄酒 | 4 | 傅金泉 | |
| 黄酒酵母的生产性选育 | 中国黄酒 | 4 | 许锡飚 | |
| 黄酒酵母的扩大培养与质量鉴别 | 中国黄酒 | 4 | 许锡飚 | |
| 六合酒的研制 | 中国黄酒 | 4 | 褚小米 | |
| 黄酒 pH 值指标范围的探讨及超标的预防控制 | 中国黄酒 | 4 | 俞关松 | |
| 清酒生产新工艺 | 中国黄酒 | 4 | 王梅等 | |
| 用冷冻过滤工艺减少黄酒沉淀浅析 | 中国黄酒 | 4 | 潘志坚 | |
| 谈女酒史源 | 中国黄酒 | 4 | 徐复沛 | |

表 4—2　　2002 年度

| 题目 | 期刊名 | 期 | 作者 | 单位 |
|---|---|---|---|---|
| 耐酸性木聚糖酶在清酒酿造中的应用 | 食品与发酵工业 | 1 | 陆健等 | 江南大学生物工程学院 |
| 酿酒小曲研究进展 | 食品与发酵工业 | 3 | 徐成勇等 | 江南大学生物工程学院等 |
| 黄酒 pH 值指标范围的探讨及超标的预防控制 | 食品与发酵工业 | 1 | 俞关松 | 绍兴东风酒厂 |
| 用黄酒糟替代麦制曲的工艺 | 酿酒科技 | 1 | 汪建国 | 嘉兴酿造总公司 |
| 谈红曲生产与应用的几个问题 | 酿酒科技 | 1 | 傅金泉 | |
| 我国酒母培养技术的变迁 | 酿酒科技 | 2 | 包启安 | |
| 谈黄酒沉淀与质量 | 酿酒科技 | 2 | 孙国昌 | 东风绍兴酒公司 |
| 中国台湾产的米酒、绍兴酒和红露酒 | 酿酒科技 | 2 | 陈曾三 | 中国食品工业协会发酵研究会 |
| 绍兴黄酒块曲质量的控制 | 酿酒科技 | 3 | 杨百荣 | 绍兴东风酒厂 |
| 机械化大罐发酵生产半甜型红曲黄酒工艺优化研究 | 酿酒科技 | 3 | 黄祖新等 | 福建师范大学生物工程学院 |
| 中国台湾米酒简介 | 酿酒科技 | 3 | 张文璞 | 山东梁山徐坊大曲有限公司 |
| 黄酒蛋白质的测定及其沉淀原因探讨 | 酿酒科技 | 3 | 谢广发等 | 中国绍兴黄酒集团公司 |
| ADY 用于黄酒残糟发酵的研究报告 | 酿酒科技 | 3 | 杨国军 | 东风绍兴酒公司 |
| 小米红曲生产试验研究 | 酿酒科技 | 4 | 傅金泉 | |
| 浅谈黄酒中的氨基酸及其含量的控制 | 酿酒科技 | 4 | 周建弟 | 绍兴黄酒集团公司 |
| 日本清酒酿造用米品质要求 | 酿酒科技 | 4 | 陈曾三 | 中国食品工业协会发酵研究会 |
| IC 厌氧工艺处理味淋酒废水的应用 | 酿酒科技 | 4 | 张晓彦 | 绍兴黄酒集团公司 |
| 用现代生物技术改造寿生酒传统工艺的初探 | 酿酒科技 | 4 | 邵法都等 | 浙江九峰酒厂等 |
| 中国台湾液态法米酒工艺简化试验总结 | 酿酒科技 | 5 | 张文璞等 | 山东梁山徐坊大曲有限公司 |
| 用单宁酸预防黄酒非生物混浊的研究 | 酿酒科技 | 5 | 黄国柱 | 陕西南郑县黄官酒业公司 |
| 淋饭酒母的质量控制 | 酿酒科技 | 6 | 杨百荣 | 绍兴东风酒厂 |
| 大米清酒生产所用菌种的选择 | 酿酒科技 | 6 | 高玉荣 | 黑龙江八一农垦大学食品学院 |
| 瓶装黄酒酒脚成分的测定 | 酿酒科技 | 6 | 谢广发等 | 浙江古越龙山绍兴酒股份公司 |
| 低度加气黄酒的研究 | 酿酒科技 | 6 | 刘剀 | 兰陵陈香酒业公司 |
| 浅析黄酒的历史及营养价值 | 酿酒 | 1 | 陈成等 | |
| 高压电场催陈米酒的研究 | 酿酒 | 1 | 曾新安 | |
| 中国酒曲技术的发展与展望 | 酿酒 | 2 | 傅金泉 | |
| 透视新世纪中国黄酒业 | 酿酒 | 2 | 杨国军 | |
| 黄酒的技术现状与对策 | 酿酒 | 2 | 谢广发等 | |

续表

| 题目 | 期刊名 | 期 | 作者 | 单位 |
|---|---|---|---|---|
| 采用高温流化米酿制新型黄酒 | 酿酒 | 2 | 彭昌亚等 | |
| 黄酒机械化制曲工艺研究 | 酿酒 | 2 | 潘兴祥 | |
| 酿造黄酒的研究 | 酿酒 | 2 | 王梅等 | |
| 米甜酒苦味形成机理的研究 | 酿酒 | 3 | 蒋世云等 | |
| 黄酒 pH 值指标范围的探讨及超标的预防控制 | 酿酒 | 4 | 俞关松 | |
| 用纯种酵母低温发酵、生物除浊方法生产新型黄酒的研究 | 酿酒 | 4 | 刘兴禹等 | |
| 浅析影响青稞清酒非生物稳定性的因素及预防 | 酿酒 | 5 | 焦迎春等 | |
| 绍兴黄酒生产中块曲质量的控制 | 中国黄酒 | 1 | 杨百荣等 | |
| 改革酒药生产的探讨 | 中国黄酒 | 1 | 杨百荣等 | |
| 糖化酶在黄酒生产上用量计算方法 | 中国黄酒 | 1 | 范怀德 | |
| 黄酒中氨基酸的控制 | 中国黄酒 | 1 | 范怀德 | |
| 黄酒发酵过程中乳酸杆菌的功与过 | 中国黄酒 | 1 | 毛青钟 | |
| 淡爽型黄酒生产工艺研究 | 中国黄酒 | 1 | 董海等 | |
| 浅析黄酒口味缺陷及防控 | 中国黄酒 | 1 | 孙国昌 | |
| 浅析黄酒勾兑 | 中国黄酒 | 1 | 胡岳松 | |
| 对大罐贮酒的冷却系统提一些建议 | 中国黄酒 | 1 | 魏桃英 | |
| 大容器贮酒罐进行改制的构思 | 中国黄酒 | 1 | 杨百荣等 | |
| 绍兴黄酒贮存中的弊病与黄酒发展的探讨 | 中国黄酒 | 1 | 杨百荣等 | |
| 漫谈女奴酒的传说 | 中国黄酒 | 1 | 徐复沛 | |
| 单宁酸法预防黄酒非生物混浊的探讨 | 中国黄酒 | 2 | 黄国柱 | |
| “酒糟制取甘油”项目可行性调研 | 中国黄酒 | 2 | 杨国军 | |
| 不同冷冻过滤方式对绍兴黄酒色泽的影响 | 中国黄酒 | 2 | 周建弟 | |
| 小米红曲生产试验研究 | 中国黄酒 | 2 | 傅金泉 | |
| 中国绍兴酒五大特色 | 中国黄酒 | 2 | 沈子林等 | |
| 中国酒曲技术的发展与展望 | 中国黄酒 | 2 | 傅金泉 | |
| 绍兴酒周期性生产之我见 | 中国黄酒 | 2 | 杨百荣等 | |
| 趣谈我国少数民族制曲与酿酒 | 中国黄酒 | 2 | 傅金泉 | |
| 女儿酒历史演变因故 | 中国黄酒 | 2 | 徐复沛 | |
| 绍兴酒获“1915 年巴拿马赛会金牌奖章史实”小考 | 中国黄酒 | 2 | 戴尔康 | |

续表

| 题目 | 期刊名 | 期 | 作者 | 单位 |
|---|---|---|---|---|
| 洗坛质量的控制 | 中国黄酒 | 2 | 杨百荣等 | |
| 夏季灌装黄酒该注意些什么 | 中国黄酒 | 3 | 鲁瑞刚 | |
| 怎样进行黄酒仓库的管理 | 中国黄酒 | 3 | 杨百荣等 | |
| 黄酒蛋白质的测定及其沉淀原因探讨 | 中国黄酒 | 3 | 谢广发 | |
| 谈黄酒沉淀与质量 | 中国黄酒 | 3 | 孙国昌 | |
| 硅藻土过滤黄酒的研究 | 中国黄酒 | 3 | 毛青钟 | |
| 浅谈中国黄酒的过滤与压榨 | 中国黄酒 | 3 | 陈刚 | |
| 糟烧降度沉淀浅析 | 中国黄酒 | 3 | 张晓彦 | |
| 黄酒发酵醪中乳酸杆菌的分离和性能浅析 | 中国黄酒 | 3 | 毛青钟 | |
| 机械化黄酒生产中酒母质量稳定性的实践 | 中国黄酒 | 3 | 孙国昌 | |
| 绞股蓝黄酒的研制 | 中国黄酒 | 3 | 张正华 | |
| 五加皮酒离不开绍兴酒基 | 中国黄酒 | 3 | 沈子林 | |
| 天台黄酒的副产品—糟烧 | 中国黄酒 | 3 | 金泉东 | |
| 银杏叶在黄酒中的应用开发 | 中国黄酒 | 3 | 汪建国 | |
| 创新—黄酒持续发展的动力 | 中国黄酒 | 3 | 胡志明等 | |
| 幕张展览会有感—浅谈绍兴酒的现状与发展 | 中国黄酒 | 3 | 鲁瑞刚 | |
| 论黄酒酿造中机械装备的发展方向 | 中国黄酒 | 3 | 胡普信 | |
| 绍兴东风酒厂实施产学研工程,走科技兴企之路 | 中国黄酒 | 3 | 杨国军 | |
| 加入 WTO 黄酒业面临的挑战 | 中国黄酒 | 3 | 范怀德 | |
| 《北山酒经》与绍兴酒 | 中国黄酒 | 3 | 钱茂竹 | |
| 黄酒行业如何预防黄曲霉毒素的入侵 | 中国黄酒 | 4 | 孙国昌等 | |
| 黄酒发酵中酵醪母的分离与性能的研究 | 中国黄酒 | 4 | 毛青钟 | |
| 浅谈绍兴黄酒中的氨基酸及其含量的控制 | 中国黄酒 | 4 | 周建弟 | |
| 纤维素酶提高黄酒残糟出酒率的研究 | 中国黄酒 | 4 | 胡志明等 | |
| 采用高新生物技术和先进装备改造提升传统黄酒产业 | 中国黄酒 | 4 | 汪建国 | |
| 试述绍兴黄酒业的发展现状与对策 | 中国黄酒 | 4 | 钱月芳 | |
| 中国最早酿酒的人是谁 | 中国黄酒 | 4 | 傅金泉 | |
| 谈谈中国台湾黄酒 | 中国黄酒 | 4 | 戴尔康 | |
| 谈黄酒派生出的料酒及作用 | 中国黄酒 | 4 | 王存厚 | |

续表

| 题目 | 期刊名 | 期 | 作者 | 单位 |
|---|---|---|---|---|
| 绍兴黄酒蒸饭的质量控制 | 中国黄酒 | 4 | 杨百荣 | |
| 小曲甜黄酒花露酒生产工艺探讨 | 中国黄酒 | 4 | 汪建国 | |

# 2001～2002年度果露酒

表5－1 2001年度

| 题目 | 期刊名 | 期 | 作者 | 单位 |
|---|---|---|---|---|
| 苹果酿造酒工艺流程及酒精生成规律的研究(I) | 食品与发酵工业 | 5 | 马惠玲等 | |
| 活性干酵母在杨梅酒酿制中的应用 | 食品与发酵工业 | 12 | 陈敏等 | 杭州商学院生物工程系 |
| 苹果酒的开发研究进展 | 食品与发酵工业 | 4 | 阮士立等 | |
| 酶法脱苦干型桔酒发酵工艺的研究 | 食品与发酵工业 | 1 | 励建荣等 | |
| 不同工艺措施对提高苹果酒品质的效应(Ⅱ) | 食品与发酵工业 | 6 | 马惠玲等 | |
| 我国露酒的生产现状及发展趋势 | 酿酒 | 6 | 黄书声等 | |
| 青梅资源及其综合开发利用 | 酿酒 | 6 | 刘琼等 | |

表5－2 2002年度

| 题目 | 期刊名 | 期 | 作者 | 单位 |
|---|---|---|---|---|
| 复合型越桔饮料酒的制备 | 酿酒 | 6 | 张淑娟等 | |
| 嗜杀苹果酒酵母的构建 | 食品与发酵工业 | 2 | 杜金华等 | 山东农业大学园艺学博士后流动站等 |
| 不同种类人参及其各部位中皂苷组成和比例的研究 | 食品与发酵工业 | 2 | 鱼红闪等 | 大连轻工业学院食品科学与生物工程系 |
| 苹果渣水溶性膳食纤维的提取及脱色工艺研究 | 食品与发酵工业 | 5 | 邓红等 | 陕西师范大学食品工程系等 |
| 滴定酸对苹果酒酿造的影响 | 食品与发酵工业 | 3 | 杜金华等 | 山东农业大学食品学院等 |
| 液态发酵柿子白酒的研究 | 食品与发酵工业 | 5 | 王春霞等 | 天津轻工业学院食品科学与生物工程系 |
| 桔皮黄色素提取工艺研究 | 食品与发酵工业 | 11 | 李佑稷等 | 吉首大学资源与环境科学学院 |
| 人参皂苷生理活性的研究进展 | 食品与发酵工业 | 4 | 张春枝等 | 大连理工大学生物工程系等 |
| 苹果酒香气成份研究进展 | 食品与发酵工业 | 7 | 汪立平等 | 江南大学生物工程学院 |

续表

| 题目 | 期刊名 | 期 | 作者 | 单位 |
| --- | --- | --- | --- | --- |
| 桑椹酒的研制与规模化生产 | 食品与发酵工业 | 6 | 吴继军等 | 广东省农科院蚕业研究所 |
| 干红杨梅酒的生产工艺研究 | 食品与发酵工业 | 11 | 姚茂君等 | 吉首大学食品科学研究所 |
| 枳椇果酒的酿制工艺 | 食品与发酵工业 | 12 | 黎继烈 | 中南林学院生命科学与技术学院 |
| 桑果汁发酵前后营养成分的变化 | 酿酒科技 | 3 | 吴继军等 | 广东省农科院蚕业研究所 |
| 安琪葡萄酒酵母在果酒中的广泛应用 | 酿酒科技 | 3 | 潘世泉 | 天津桂月果品酿酒公司 |
| 梅酒酵母筛选分离、纯化、选育应用 | 酿酒科技 | 4 | 胡文浪 | 浙江树人大学轻工学院 |
| 安琪牌葡萄酒活性干酵母在红枣酒酿造中的应用 | 酿酒科技 | 4 | 苑学习 | 河南新郑广华工业公司 |
| 半发酵青梅酒的生产技术研究 | 酿酒科技 | 5 | 吴雪平等 | 河南伊川杜康酒厂 |
| 沙棘酒发酵生产试验 | 酿酒科技 | 6 | 赵先维 | 陕西西凤酒股份公司 |
| 芦荟猴头菇酒的生产工艺 | 酿酒科技 | 6 | 邹东恢等 | 齐齐哈尔大学食工系 |
| 芦柑发酵酒菌种的筛选 | 酿酒 | 1 | 陈丽娇等 | |
| 起泡苹果酒的酿造及最佳工艺参数的研究 | 酿酒 | 1 | 王丽华等 | |
| 新型营养猕猴桃果酒加工技术研究 | 酿酒 | 1 | 尚云青 | |
| 苹果酒中多酚及其褐变 | 酿酒 | 2 | 郝惠英等 | |
| 苹果酒中铜及其它沉淀物的分析 | 酿酒 | 3 | 梁涛 | |
| 柠檬酒的研究 | 酿酒 | 3 | 谢林等 | |
| 龙葵果酒的研制 | 酿酒 | 3 | 曹军胜 | |
| 干红沙棘果酒的降酸研究 | 酿酒 | 6 | 郭成宇等 | |

## 2001～2002 年度酒精

表 6－1　　2001 年度

| 题目 | 期刊名 | 期 | 作者 | 单位 |
| --- | --- | --- | --- | --- |
| 木薯原料生产酒精的关键技术 | 酿酒科技 | 6 | 李继德等 | 山东莘县雁宾酒厂 |
| 小麦原料酒精及 DDGS 生产工艺的探讨 | 酿酒科技 | 4 | 皇甫亚柱等 | 河南四五酒厂 |
| 规模酒精厂酒母自培最佳 | 酒精工业 | 6 月 | 李秀梅等 | 山东酒精总厂等 |
| 酒精发酵副产物对酵母菌生长的影响 | 酿酒 | 6 | 李雪雁等 | 甘肃工业大学等 |
| 以酒糟为基质的乳酸生产菌的选育及发酵的研究 | 酿酒 | 6 | 庞钦等 | 江南大学生物工程院 |

续表

| 题目 | 期刊名 | 期 | 作者 | 单位 |
|---|---|---|---|---|
| 中温蒸煮在酒精生产中的应用 | 酒精工业 | 2月 | 马福强等 | 山东滕州荆河酒业公司 |
| 地瓜干在贮存期间的劣变对酒精生产的影响 | 酿酒 | 4 | 张永兵 | 安徽五河酒精厂 |
| 浅谈酶制剂在酒精工业上应用的几个问题 | 酒精工业 | 2月 | 莫亦培 | 沂水隆大生物工程公司 |
| 采用喷射液化技术提高发酵酒精水平 | 酒精工业 | 2月 | 朱平 | 肥城轻工机械厂 |
| 喷射液化在酒精生产中的应用 | 酒精工业 | 2月 | 祁德福等 | 黑龙江华润酒精公司 |
| 浅谈我厂复蒸馏酒精生产技术 | 酒精工业 | 2月 | 王永等 | 安徽特酒总厂 |
| 年产三万吨特级高纯度酒精生产线投建成功 | 酒精工业 | 2月 | 李子新等 | 孔府宴集团公司 |
| 薯干原料酒精生产蒸煮工艺的探讨 | 酒精工业 | 2月 | 常志全等 | 浮来春酒厂 |
| 也谈差压蒸馏生产高纯度酒精 | 酒精工业 | 6月 | 李子新等 | 孔府宴集团公司 |
| 浓醪发酵应用与探讨 | 酒精工业 | 6月 | 王步利等 | 临沂洪福酒业公司 |
| 氧载体在糖化酶生产中的应用 | 酒精工业 | 6月 | 李秀梅等 | 山东酒精总厂 |
| 使用霉烂瓜干生产酒精的工艺探讨 | 酒精工业 | 6月 | 黄孝彬等 | 江苏新沂花厅酒业公司 |
| "双酶法"工艺生产酒精的探讨 | 酒精工业 | 10月 | 姬艳红等 | 河南天冠企业集团公司 |
| 以粉渣为原料生产酒精的实践与总结 | 酒精工业 | 10月 | 张永兵 | 安徽五河县酒精厂 |
| 调整生产工艺，降低薯干原料酒精的甲醇含量 | 酿酒科技 | 1 | 皇甫亚柱等 | 河南四五酒厂 |
| 喷射液化在淀粉原料酒精蒸煮工艺中的应用 | 华夏酒报 | 1月17日 | 朱平等 | 肥城轻机厂 |
| 实施喷射液化工艺确保酒精高效低耗 | 华夏酒报 | 4月2日 | 朱平 | 肥城轻机厂 |
| 节能型粉碎设备工艺路线的设计及应用 | 酒精工业 | 2月 | 王锡珍 | 乳山酿酒机械集团公司 |
| 玉米酒精糟液 DDGS 国产化设备综合效益分析 | 酒精工业 | 2月 | | 吉林市北方干燥设备厂 |
| 酒精糟蛋白饲料关键设备的技术选择及新产品开发 | 酒精工业 | 2月 | | 肥城轻工机械厂 |
| 差压法蒸馏生产2万吨特级酒精工艺及设备的应用 | 酒精工业 | 2月 | | 肥城轻工机械厂 |
| 高纯度酒精四塔蒸馏设备工艺的设计及应用 | 酒精工业 | 2月 | 王锡珍 | 乳山酿酒机械集团公司 |
| 高纯度酒精三塔蒸馏设备工艺设计及应用 | 酒精工业 | 2月 | 王锡珍 | 乳山酿酒机械集团公司 |
| 侧向搅拌器的改造 | 酒精工业 | 2月 | 祁德福 | 黑龙江华润金玉公司 |
| 新生代化工塔器—国家专利二项 | 酒精工业 | 2月 | 许开天 | |
| 三塔蒸馏调试生产优级酒精 | 酿酒科技 | 1 | 张毅 | 宝鸡酒精厂 |
| 酒精生产中的连续喷射液化技术 | 酿酒科技 | 5 | 朱平 | 肥城轻工机械厂 |
| 搅拌器对糖化液的影响 | 酿酒 | 2 | 李盛贤等 | 黑龙江大学 |
| 固定化酵母在(糖蜜)酒精连续发酵生产中的应用 | 酿酒科技 | 2 | 陈学鹏 | 西夏糖酒工业集团公司 |

续表

| 题目 | 期刊名 | 期 | 作者 | 单位 |
|---|---|---|---|---|
| 对工业化生产无水乙醇的探讨 | 酿酒科技 | 2 | 张成虎等 | 安徽安发酿造公司 |
| 耐高温 α—淀粉酶在酒精生产中的应用 | 酿酒科技 | 3 | 马福强 | 山东滕州市酒精厂 |
| 青霉素在酒精发酵中的应用 | 酿酒科技 | 4 | 李继德 | 山东莘县雁宾酒厂 |
| 固定化酵母载体的装填使用方法 | 酿酒科技 | 4 | 陈世忠等 | 黑龙江华润金玉实业公司 |
| 应用载体技术发展酒精生产 | 酿酒科技 | 6 | 张自高等 | 河南新野汉华集团公司 |
| 酒精强度分析 | 酿酒 | 1 | 李盛贤等 | 黑龙江大学 |
| 提高酒精生产出酒率的研究 | 酿酒 | 2 | 周广麒等 | 大连轻工学院等 |
| 稀释蒸馏是降低正丙醇的有效途径 | 酿酒 | 5 | 马传路 | 安徽特酒总厂 |
| 新型酶制剂在酒精生产上的应用 | 酒精 | 1 | 姜锡瑞 | 无锡杰能科生物工程公司 |
| 耐高温酒精活性干酵母在酒精连续发酵生产中的应用 | 酒精 | 1 | 韩景筠等 | 吉林天合农产品开发公司 |
| 燃料酒精生产的蒸馏及脱水技术 | 酒精 | 1 | Luciano cantafio | Delta-T 公司 |
| 诺和诺德酶制剂在酒精生产过程中的应用 | 山东食品与发酵 | 1 | 廖凤霞等 | 兰陵集团蒙阴分公司 |
| 液化、喷射与液化 | 酿酒 | 2 | 朱平等 | 肥城轻工机械厂 |
| 酒精蒸馏过程正丙醇分离特性的讨论 | 酿酒 | 4 | 王君高 | 山东轻工业学院 |
| 在酒精生产中对泵选型的一点看法 | 酿酒 | 5 | 祁德福等 | 黑龙江华润金玉实业公司 |
| 天龙酒精沉淀罐 | 华夏酒报 | 5 月 29 日 | | |
| 浅谈目前酒精业蒸馏技术 | 华夏酒报 | 6 月 16 日 | 朱平 | 肥城轻工机械厂 |
| 永恒可再生的清洁能源—燃料乙醇 | 酒精工业 | 2 月 | 陈伟红等 | |
| 汽油酒精混合物技术指标 | 酒精工业 | 6 月 | 朱平等 | 滕州酿酒总厂等 |
| 燃料乙醇生产技术进展 | 酒精工业 | 6 月 | | 天津大学石油化工技术开发中心 |
| 酒精生产技术的回顾与展望 | 酒精工业 | 6 月 | 陈世忠等 | 黑龙江华润金玉公司 |
| 关于无水酒精安装的几点建议 | 酒精工业 | 10 月 | 马传路 | 安徽特酒总厂 |
| 玉米酒精发展前景探讨 | 酒精工业 | 10 月 | 沈之申 | |
| 关于燃料酒精方面的若干问题 | 酒精工业 | 6 月 | 许开天 | |
| 对建设汽油醇项目的几点建议 | 酒精工业 | 6 月 | 陈世忠等 | 黑龙江华润金玉公司 |
| 酒精蒸馏过程正丙醇分离特性的讨论 | 酒精工业 | 6 月 | 王君高 | 山东轻工业学院 |
| 酒精酵母内质膜耐渗透压及耐酒分的研究与探讨 | 酒精工业 | 6 月 | 吕馨等 | 南阳酒精总厂 |

续表

| 题目 | 期刊名 | 期 | 作者 | 单位 |
|---|---|---|---|---|
| 关于年产20万吨燃料酒精蒸馏机组的初步设计建议书 | 酒精工业 | 10月 | 许开天 | 南京创新蒸馏技术设计研究所 |
| 乙二醇加盐蒸馏工艺生产无水乙醇项目可行性报告 | 酒精工业 | 10月 | 江李严 | 江苏新太酒精有限公司 |
| 提取正丙醇是提高酒精质量的关键 | 酒精工业 | 10月 | 陈世忠等 | 黑龙江华润金玉公司 |
| 酸性蛋白酶在贮藏过程中酶稳定性的研究 | 酒精工业 | 10月 | 陈世忠等 | 黑龙江华润金玉公司 |
| 木质纤维素发酵酒精的探讨 | 酿酒科技 | 2 | 常秀莲 | 山东烟台大学化工系 |
| 复合纤维素酶在酒精生产中的应用试验 | 酿酒科技 | 3 | 皇甫亚柱 | 河南四五酒厂 |
| 节能型乙醇脱水新技术研究进展 | 酿酒 | 5 | 常秀莲 | 山东烟台大学化工系 |
| 关于酒精生产中增加氧元素抑制杂醇油生成的探讨 | 酿酒 | 6 | 张志刚等 | 河南汝阳杜康酒厂 |
| 固定化酵母在淀粉质原料酒精生产中的应用研究 | 酒精 | 1 | 杨国林 | 河南新野汉华集团公司 |
| 无杂醇油酒精的制备 | 山东食品与发酵 | 2 | 李振虎等 | 山东省食品发酵研究院等 |
| 固定化活性增殖酵母载体在淀粉质原料酒精生产中的应用研究 | 华夏酒报 | 1月1日 | 张自高等 | 河南新野汉华集团公司 |
| 用小麦淀粉生产酒精的工艺探讨 | 华夏酒报 | 1月8日 | 孙建祥 | 江苏丰县汇丰酒精厂 |
| 酒精糟液的高效综合利用 | 酒精工业 | 2月 | 陈伟红等 | 河南天冠企业集团公司 |
| 酒精厌氧消化液研制有机肥的应用探讨 | 酒精工业 | 2月 | 魏光平等 | 河南天冠企业集团公司 |
| 全价配合饲料配方技术在我集团应用探讨 | 酒精工业 | 6月 | 吕馨等 | 南阳酒精总厂 |
| 利用酒糟生产饲料酵母的工艺研究 | 酒精工业 | 6月 | 王桂芳等 | 山东省科学院英利公司 |
| 半湿法提取玉米胚技术 | 酒精工业 | 6月 | 黄毓铭等 | 黑龙江华润金玉公司 |
| 压榨法制取玉米油技术 | 酒精工业 | 10月 | 黄毓铭 | 黑龙江华润金玉公司 |
| 糖蜜酒精废液综合利用与治理 | 酒精工业 | 10月 | 金其荣等 | 无锡市紫丰技术开发公司 |
| 对酒精厂玉米半干法粉碎的重新认识 | 酒精工业 | 10月 | 陈世忠等 | 黑龙江华润金玉公司 |
| 国外玉米原料酒精和DDGS生产技术的引进和国产化简介 | 酒精工业 | 10月 | 谢林 | |
| 玉米原料酒精及DDGS生产技术 | 酒精工业 | 10月 | 谢林 | |
| 利用酒精废液培养苏云金杆菌的研究 | 酿酒 | 2 | 王程辉等 | 无锡轻工大学生物工程学院 |
| 干磨法乙醇生产工厂(摘要) | 酿酒 | 1 | Jeff Roskam | 美国ICM公司 |
| 玉米半湿法粉碎提胚制油技术及经济情况分析 | 酿酒 | 1 | 岳国军等 | 黑龙江华润金玉公司 |
| 干磨技术的未来,从玉米中提取种子、纤维与蛋白质 | 酿酒 | 1 | ViJay Singh | |
| 糖蜜酒精糟液制复混肥 | 酒精 | 1 | | 广西贵糖集团公司 |

续表

| 题目 | 期刊名 | 期 | 作者 | 单位 |
|---|---|---|---|---|
| 发酵废液浓缩液直接制颗粒商品肥几项关键技术 | 甘蔗糖业 | 2 | 保国裕 | 广州甘蔗糖业研究所 |
| 酒糟分离液综合利用技术分析 | 华夏酒报 | 4月16日 | 孙国胜 | |
| 薯干酒精糟液废水环保达标处理技术的工程实践 | 酒精工业 | 2月 | 刘春等 | 沂源酿酒厂等 |
| 国产卧螺离心机清液对酒精浓醪发酵的影响 | 酒精工业 | 2月 | 陈世忠 | 黑龙江华润金玉公司 |
| 二级厌氧消化的实践与分析 | 酒精工业 | 6月 | 类延录等 | 兰陵集团蒙阴分公司 |
| 浅析活性污泥法处理酒精糟厌氧消化液 | 酒精工业 | 6月 | 孟庆国等 | 泗水酒精厂 |
| 采用以光催化为核心的“联合技术”处理高浓度有机废水装置 | 酒精工业 | 6月 | | 武汉大学化学与环境社会学院 |
| 博酒环保综治史话 | 酒精工业 | 6月 | 韩祥兵 | 博兴酒厂 |
| 浅谈酒精生产中废糟液的固液分离技术 | 酒精工业 | 10月 | 李朝红 | 轻工部西安机械设计研究所 |
| 酒精糟液综合治理及沼气利用实践与研究 | 酒精工业 | 10月 | 钟向荣 | 山东滕州荆河酒业公司 |
| 酒精糟液回用理论的探讨 | 酿酒科技 | 6 | 肖冬光等 | 天津轻工业学院 |
| 酒精糟液综合治理及沼气利用的实践与经验 | 酒精 | 1 | 俞桂仁等 | 山东滕州荆河酒业公司 |
| 糖蜜酒糟废液的浓缩燃烧零排放治理技术 | 酒精 | 1 | 李壮 | 南宁实力锅炉设备制造公司 |
| EM 技术在糖厂废水处理中的应用与评估 | 甘蔗糖业 | 2 | 唐德仁等 | 华中科技大学等 |
| 糖厂废水的综合治理 | 甘蔗糖业 | 4 | 王成华 | 云南卡斯糖业公司 |
| 浅析厌氧一好氧工艺的影响因素 | 华夏酒报 | 1月10日 | 孙方亭等 | 山东兰陵陈香酒业公司平邑分公司 |
| 酒精度对糖度测定的影响及其应用 | 酿酒 | 6 | 吴继军等 | 广东省农科院蚕业研究所 |
| 对酒精氧化试验指标的浅析 | 酿酒 | 6 | 马心如等 | 安徽特酒总厂 |
| 加强管理降低成本自我消化增加效益 | 酒精工业 | 2月 | | 威海颐阳酒业集团公司 |
| 酒精生产中如何降低生产成本 | 酒精工业 | 2月 | 余晓军等 | 兰陵集团平邑分公司 |
| 美国国内使用酒精汽油的状况 | 酿酒科技 | 4～5 | 王秀道 | 山东轻工业学院 |
| 美国的燃料酒精工业 | 酿酒科技 | 5 | 黄宇彤等 | 中国食品发酵工业研究所等 |
| 燃料酒精发展的国际情况与分析 | 食品与发酵工业 | 12 | 高寿清 | 中国酿酒工业协会酒精分会 |
| 世界燃料酒清生产形势 | 酿酒 | 5 | 黄宇彤等 | 中国食品发酵研究所等 |
| 糖厂改革为燃料乙醇的探讨 | 甘蔗糖业 | 5 | 黎润钟 | 广东轻工职业技术学校 |

续表

| 题目 | 期刊名 | 期 | 作者 | 单位 |
|---|---|---|---|---|
| 用甘蔗生产燃料酒精的意义、潜力与对策 | 甘蔗糖业 | 6 | 保国裕 | 广州甘蔗糖业研究所 |
| 国际燃料乙醇工业发展概况 | 酒精 | 1 | 张晓阳 | 河南天冠集团公司 |
| “中性”酒精 | 酒精 | 1 | 沈之申 | |
| 蓄势待发的中国燃料乙醇产业 | 酒精 | 1 | 刘铁南等 | 国家计委 |
| 中国乙醇生产和市场 | 酒精 | 1 | 耿兆林 | 中国酿酒工业协会 |
| 开展生物质转化酒精研究实现液态燃料可持续供应 | 酒精 | 1 | 曲音波等 | 山东大学 |
| 燃料乙醇生产与应用情况介绍 | 酒精 | 1 | 张晓阳 | 河南天冠企业集团公司 |
| 生产高纯度酒精探索酒业发展方向 | 酒精 | 1 | | 山东孔府宴集团地球村酒业公司 |
| 节约石油资源改善环境质量《变性燃料乙醇》、《车用乙醇汽油》国家标准发布实施 | 华夏酒报 | 4月30日 | 本报讯 | |
| 乙醇汽油惊动酿酒行业 | 消费时报 | 6月20日 | 陆俊 | |
| 酒精高浓度发酵过程中果胶酶应用的研究 | 食品与发酵工业 | 3 | 王晓霞等 | 无锡轻工大学生物工程院 |
| 耐高浓度酒精酵母菌与酒精敏感酵母菌中海藻糖含量与耐酒精的关系 | 食品与发酵工业 | 5 | 高峻等 | 山东大学微生物技术国家重点实验室 |
| 对高浓度玉米原料糊化液化粘度的研究 | 食品与发酵工业 | 6 | 黄宇彤等 | 中国食品发酵研究所等 |
| 糖化酶的固定化研究进展 | 食品与发酵工业 | 6 | 朱慧莉等 | 华南理工大学食品与生物学院 |
| 利用可再生资源生产酒精的细菌、酵母的代谢工程 | 食品与发酵工业 | 12 | 谢丽萍等 | 江南大学生物工程学院 |

**表6—2** **2002年度**

| 题目 | 期刊名 | 期 | 作者 | 单位 |
|---|---|---|---|---|
| 木薯低温蒸煮酒精发酵工艺条件的几点看法 | 山东食品发酵 | 1 | 李建春等 | 山东坊子酒厂 |
| 影响精馏塔底分离杂醇油的因素 | 酒精工业 | 2月 | 谢伟 | 新疆和静湖光糖厂 |
| 分子筛吸附法生产无水酒精 | 酿酒科技 | 1 | 王秀道等 | 山东轻工业学院 |
| 实现酒精高效率发酵的控制途径 | 酿酒 | 2 | 李雪雁 | 甘肃工业大学轻工系 |
| 安琪耐高温酿酒活性干酵母在中国的应用 | 酿酒 | 2 | 俞雪锋等 | 湖北安琪酵母公司 |
| 酒精生产中的精品酶法工艺 | 酒精 | 3 | 张禾 | 诺维信中国公司 |
| 耐高温酿酒活性干酵母的性能指标与应用技术新进展 | 酒精 | 3 | 李志军 | 安琪酵母公司 |

续表

| 题目 | 期刊名 | 期 | 作者 | 单位 |
|---|---|---|---|---|
| 水热器用于酒精生产淀粉液化工艺条件的优化 | 酒精 | 3 | 赵德炎等 | 蚌埠迎客松酿造公司等 |
| 高转化率糖化酶在酒精生产上的应用 | 山东食品与发酵 | 1 | 张学东 | 山东坊子酒厂 |
| 耐高温 α—淀粉酶在酒精浓醪发酵中的应用 | 山东食品与发酵 | 3 | 李建春等 | 山东坊子酒厂 |
| 闪蒸技术在酒精生产中的应用 | 酿酒科技 | 1 | 许新山 | 石家庄新宇三阳实业公司 |
| 酒精工业高新技术与装备国产化 | 酿酒科技 | 1 | 郑华志 | 广东华正生物装备集团公司 |
| 恒沸精馏法生产无水酒精 | 酿酒科技 | 2 | 马心如等 | 安徽特酒总厂 |
| 喷射液化在酒精生产中的应用 | 酿酒 | 1 | 陈世忠等 | 黑龙江华润酒精公司 |
| 势能自流式酒精连续发酵罐组的设计与分析 | 酿酒 | 1 | 贾树彪等 | 黑龙江大学生命科学院 |
| 酒精生产清洁工艺及成套设备的创新与发展 | 酒精 | 2 | | 天津冠达实业总公司 |
| 国产 DDGS 设备的实践与应用 | 酒精 | 3 | | 天津冠达实业总公司 |
| 酒精糟潜热回收装置介绍及经济效益 | 酒精 | 4 | 丛国玉 | 肥城金塔机械公司 |
| DDGS 生产如何选用卧式螺旋卸料沉降离心机 | 酒精 | 4 | 龙杰红等 | 中国人民解放军 4819 工厂 |
| 宽通道焊接式扳式换热器在酒精工厂的应用 | 酒精 | 4 | 韩景筠等 | 吉林天合农产品开发公司等 |
| 世界单套规模最大酒精精馏装置开车成功 | 中国食品报 | 4 月 29 日 | 本报讯 | |
| 我国酒精行业的思考 | 酒精 | 3 | 岳国军 | 华润酒精有限公司 |
| 利用高新技术改造传统产业,促进企业跨越式发展 | 酒精 | 3 | | 哈尔滨酿酒总厂 |
| 酒精汽油热中的冷思考 | 酒精 | 4 | 王秀道 | 山东轻工业学院 |
| 我国糖化酶发酵技术的进展及对酒精厂自产糖化酶的经济分析 | 酒精 | 4 | 曾昭政 | |
| 使用新分子筛脱水技术拓宽无水酒精使用领域 | 酒精工业 | 2 月 | 朱平等 | 肥城金塔机械公司 |
| 再议酒精的深加工 | 酿酒科技 | 1 | 张成虎等 | 安徽安发酿造公司 |
| 固态酒精发酵动力学研究 | 酿酒科技 | 2 | 王瑞明等 | 山东轻工业学院 |
| 各种酶制剂用于玉米生料高温发酵试验 | 酿酒科技 | 3 | 永井英雄等(日) | 日本国税厅酿造试验所 |
| 酶制剂在玉米原料发酵酒精生产中的应用研究 | 酿酒科技 | 5 | 覃红梅等 | 广西轻工科技学院 |
| 玉米桔杆水解与木糖酒精发酵的初步研究 | 酿酒 | 1 | 张文学等 | 四川大学轻工与食品工程学院等 |
| 燃料酒精清洁生产工艺的初步研究 | 酿酒 | 3 | 王瑞明等 | 山东轻工业学院 |

续表

| 题目 | 期刊名 | 期 | 作者 | 单位 |
|---|---|---|---|---|
| 酒精分离提纯技术的新进展 | 酒精 | 3 | | 天津大学石油化工技术开发中心 |
| 论玉米半湿法提胚制油和油粮比 | 酒精 | 4 | 黄毓铭 | |
| 固定化活酵母应用于酒精发酵的机理与实践 | 甘蔗糖业 | 1 | 陈秀萍 | 广州甘蔗糖业研究所 |
| 温度对糖蜜酒精发酵的影响 | 甘蔗糖业 | 2 | 尚红岩 | 广州甘蔗糖业研究所 |
| 糖蜜酒精发酵杂菌感染防治实践经验体会 | 甘蔗糖业 | 4 | 尚红岩等 | 广州甘蔗糖业研究所 |
| 用分子生物学法提高酵母菌产乙醇的研究 | 工业微生物 | 1 | 史文慧等 | 北京理工大学化工与材料学院 |
| 谈食用酒精的净化处理 | 山东食品与发酵 | 2 | 李振虎等 | 山东省食品质量监督检验站等 |
| 酒精生产蒸煮方法对耗能和成本的影响 | 华夏酒报 | 6月10日 | 李旺军 | 山东兰陵企业集团总公司 |
| 浸出法制取玉米油技术 | 酒精工业 | 2月 | 黄毓铭 | 黑龙江华润酒精公司 |
| 酒精设备进行潜热回收的技术改造 | 酒精工业 | 2月 | 王新山等 | 日照酒业公司 |
| 大型玉米酒精厂副产品综合利用 | 酒精工业 | 2月 | 陈世忠 | 黑龙江华润酒精公司 |
| 糖蜜酒精废液综合利用与治理 | 酿酒 | 1 | 金其荣等 | 无锡市紫丰技术开发公司 |
| 酒精糟液的综合利用 | 酿酒 | 3 | 邹东辉等 | 齐齐哈尔大学食工系 |
| 浅谈国产卧螺离心机的使用和修复 | 酿酒 | 3 | 陈世忠等 | 黑龙江华润酒精公司 |
| 国产化 DDGS 装备使用情况总结 | 酒精 | 2 | | 黑龙江哈尔滨酿酒总厂 |
| 引进 DDGS 生产线在我厂玉米酒精糟液处理过程中的应用 | 酒精 | 2 | 王布衣 | 山东酒精总厂 |
| 浅谈 DDGS 生产工艺及设备国产化的尝试 | 酒精 | 2 | 秦延超 | 蚌埠迎客松酿造公司 |
| DDGS 生产蒸发冷凝液的处理技术 | 酒精 | 2 | 韩景筠等 | 吉林天合农产品开发公司 |
| 利用国产设备处理酒糟工艺模式及设备制造的经验与改进 | 酒精 | 2 | | 肥城金塔机械公司 |
| 酒精糟液脱水用卧螺离心机的研制与技术特点 | 酒精 | 2 | 潘芝涓等 | 中国人民解放军 4819 工厂 |
| D 系列离心机分离酒精糟液 | 酒精 | 2 | | 重庆江北机械厂 |
| 改造通用型离心机使其更适用于酒精行业 | 酒精 | 2 | 李建明 | 苏州优耐特机械制造公司 |
| 高效自动化干燥机新产品开发 | 酒精 | 2 | | 吉林干燥设备公司 |
| 国产 DDGS 设备的实践与应用 | 酒精 | 3 | | 天津冠达实业总公司 |
| 酒精糟液的沼气发酵及沼气的综合利用 | 酒精 | 4 | 余晓军等 | 山东兰陵陈香酒业公司平邑分公司 |

续表

| 题目 | 期刊名 | 期 | 作者 | 单位 |
|---|---|---|---|---|
| 酒精糟液的沼气发酵及沼气用于发电 | 酒精 | 4 | | 四川绵竹鸿志酒业公司 |
| 酵母综合利用产品—提高高级天然生物保存剂海藻糖 | 甘蔗糖业 | 3 | 陈秀平 | 广州甘蔗糖业研究所 |
| 酒精生产无废水排放工艺的研究 | 酿酒 | 1 | 张世军等 | 山东枣庄师范高等专科学校生物系 |
| 薯类酒精糟液综合治理达标排放的实践 | 酒精 | 2 | | 河南天冠企业集团公司 |
| 内循环(IC)厌氧反应器处理酒精糟液的研究 | 酒精 | 2 | 张志敬 | 天津桂月集团星月酒精公司 |
| 抓住根本搞治理，环保达标增效益 | 酒精 | 2 | | 避暑山庄实业集团公司 |
| 废醪液处理技术方案简介 | 酒精 | 2 | | 广东华达实业集团吴川市糖化设备厂 |
| 浅谈酒精工厂废气的治理 | 江苏食品与发酵 | 3 | 张建华 | 江苏省食品学校 |
| 关于微孔曝气器比较与选择的探讨 | 环境保护 | 5月 | 吴敏等 | 同济大学环境工程学院等 |
| 应用RBS污水处理技术处理高浓度有机废水 | 环境保护 | 5月 | 单明军 | 鞍山市环保工程公司 |
| 糖厂酒精废液变废为宝 | 中国食品报 | 3月27日 | 本报讯 | |
| 加强酒精生产工艺管理提高出酒率降低消耗 | 酒精工业 | 2月 | 李建山 | 山东省酒精协会 |
| 关于2001年国际燃料酒精技术会议情况汇报 | 酒精工业 | 2月 | 朱平 | 山东酒精协会 |
| 酒精生产统计程序及计算方法 | 酒精工业 | 2月 | 王传房等 | 山东酒精协会 |
| 酒精厂之梦 | 酿酒科技 | 1 | 黎润钟 | 广东轻工业职业技术学院 |
| 河南省推广使用乙醇汽油及燃料乙醇项目情况介绍 | 酒精 | 3 | | 天冠企业集团公司 |
| 吉林燃料乙醇项目实施情况的介绍 | 酒精 | 3 | | 吉林燃料乙醇公司 |
| 广西凤糖集团无水乙醇生产线正式投产 | 酒精 | 3 | | |
| 蒲庙造纸厂50吨/日酒精废液燃烧炉运行良好 | 酒精 | 3 | | |
| 全俄食品生物技术科学研究所在酒精生产领域的科研工作 | 酒精 | 4 | 黄宇彤等 | 中国食品发酵研究院等 |
| 特级食用酒精生产新型白酒 | 酒精 | 4 | 谢林等 | 安徽安特集团 |
| 食用酒精勾兑新工艺白酒的研讨 | 酒精 | 4 | 薛侠 | 宿州市污水处理厂 |
| 燃料乙醇何去何从 | 中国食品报 | 3月28日 | 刘震东等 | |
| 纯化塔在酒精蒸馏中的应用 | 食品与发酵工业 | 9 | 杨孝奎等 | 安徽安特酒精新技术开发公司 |
| 固态酒精发酵与酒精产业化发展的可行性研究 | 食品与发酵工业 | 12 | 吴天祥等 | 江南大学生物工程学院等 |

续表

| 题目 | 期刊名 | 期 | 作者 | 单位 |
|---|---|---|---|---|
| 原生质体融合构建耐高温酵母菌株 | 食品与发酵工业 | 5 | 孙君杜等 | 中国农业大学食品学院 |
| 混菌发酵提高甘薯渣饲用价值的研究 | 食品与发酵工业 | 6 | 王淑军等 | 淮海工学院食品工程系等 |
| 超声波法提取玉米醇溶蛋白的研究 | 食品与发酵工业 | 10 | 黄国平等 | 华南理工大学食品与生物工程学院 |
| 清液补料酒精发酵工艺研究 | 食品与发酵工业 | 12 | 李永飞等 | 江南大学生物工程学院 |
| 提高干冰得率的研究和装备设计 | 食品与发酵工业 | 2 | 陆国维 | 上海冠生园冷冻食品有限公司 |

恭贺“百年牛栏山”荣获2004年布鲁塞尔
——第五届国际评酒会“特别金奖”
中华老字号
百年牛栏山酒
陈酿

山东兰陵企业集团总公司
蘭陵王
二星兰陵王酒
兰陵陈香
三星兰陵陈香酒
兰陵美酒郁金香，
玉碗盛来琥珀光。
但使主人能醉客，
不知何处是他乡。
——唐 李白《客中行》
五年陈酒
兰陵陈香
二星兰陵陈香酒
LANLING MEIJIU
兰陵美酒
兰陵美酒
“兰陵美酒，清香远达，色复金黄，
饮之至醉，不头痛，不口干，不作泻，
其水称之重于他水，临邑所造俱不然，
皆水土之美也……”
——明 李时珍《本草纲目》
地址：山东省苍山县兰陵镇
邮编：277731
电话：0539-5581308
传真：0539-5597859

# 甘肃皇台酿造(集团)有限责任公司

董事长：

甘肃皇台酿造（集团）有限责任公司是以甘肃皇台实业（集团）有限责任公司为核心，构建的西北大型的以白酒、食用酒精、葡萄酒、养殖、种植、科技开发为主导的跨行业、跨部门的集工、农、商、贸、服务于一体的国有大型企业集团。现拥有总资产6.6亿元，是目前甘肃大型的白酒酿造企业。公司因技术设备先进，检测手段完善，管理体系科学，被国家经贸委等六部委审定认证进入全国大型一档工业生产企业，并被甘肃省人民政府列为甘肃省32家建立现代企业制度试点单位之一，批准组建企业集团授权经营国有资产。

集团公司生产的凉州皇台、凉州牌两大系列的产品全部达到了国家优级品标准，尤其名牌产品凉州皇台牌金皇台以质量上乘，品质卓越，挑战传统口感概念的优势，入榜甘肃省首批陇货精品，甘肃省第一、二届驰名商标，并被党和国家领导人以及白酒专家誉为“南有茅台、北有皇台”而蜚声海内外，并屡次在国内外重大酒类展评会上荣获殊荣，连年列人国家名优酒调拨计划，畅销全国20多个省、市、自治区，还远渡重洋，销往美国、日本、东南亚诸国。

址:甘肃省武威市新建路55号
编:733000
话:0935-6139885
真:0935-6139888

# 古井集团 GUJING GROUP

# 安徽古井酒精公司

ANHUIGUJINGJIUJINGGONGSI

安徽古井酒精公司是中国知名上市公司安徽古井贡酒股份有限公司于2001年斥巨资兴建的一个集酒精（食用酒精、无水酒精）、饲料、玉米油等产品的生产与开发为一体的全资子公司。

公司设备先进，酒精生产采取国内先进的浓醪发酵、五塔差压蒸馏、自动化控制技术；DDGS全套生产线系代表国际先进水平的西欧挪威公司生产；玉米油采用国内先进的半湿法脱胚榨油技术。目前，公司拥有年产3万吨优级食用酒精、1.5万吨无水酒精、2.5万吨DDGS、6000吨玉米胚芽粕饲料、1600吨玉米油的生产能力。

公司技术力量雄厚，现有中、高级专业技术人员18名，其中高级工程师5名。公司高层管理人员整体素质高，3名高层管理人员中有2人达到硕士学历，其中，总经理王德杰先生具有无锡轻工大学工学学士、上海财经大学MBA学位及高级工程师职称。

公司地理位置优越，东临京九铁路，北临105国道，拥有专用的铁路货场及多部、多规格载重罐车和普货车，可通过公路、铁路快捷地将产品运送到全国各地。

在总经理王德杰先生的带领下，公司自投产以来效益良好。面对竞争日益激烈的酒精市场，公司坚持以市场为导向，以质量为生命，以满足客户需求为使命，不断向着一个又一个更高的目标发展、前进！

热忱欢迎海内外各界朋友与公司合作！

王德杰
安徽古井酒精公司　总经理
无锡轻工大学工学学士
上海财经大学工商管理硕士
高级工程师

**地址：安徽省亳州市南外路十八里开发区518号**
**邮编：**236800
**垂询电话：**0558–5587629
**联系人：蔡德文**
**业务电话：**0558–5587790
**联系人：王平　陈玲**
**传真：**0558–5587821
Http://www.gujingalcohol.com.cn

炼油车间

酒精生产车间

中心控制室

# 金川保健啤酒

## ——内蒙古金川保健啤酒高科技股份有限公司

内蒙古金川保健啤酒高科技股份有限公司是目前全国酒类、饮料企业中国家级重点高新技术企业。公司生产的金川保健啤酒是采用河套优质医饮两用矿泉水和专利技术（专利号：ZL 01 1 18888.X）精酿而成。经中国预防医学科学院等三甲以上医学权威单位试验证实和数万名患者亲身体验，具有健胃、活血、降糖、利尿、抗疲劳、抗衰老等10种保健功能，它集食疗、水疗、酒疗、药疗于一身，是纯天然、无公害的上乘绿色保健饮品，并获得了国家卫生部颁发的《保健食品批准证书》（其保健功能为：保护胃粘膜，调节肠胃功能）。曾获国家优质新品啤酒、国家重点新产品等称号，连续两年获内蒙古自治区淡色啤酒质量评比第一名，是国际田联专用酒，它还获得第51届布鲁塞尔国际发明博览会尤里卡金奖。经包头医学院和上海同济大学医学院实验证明，长期足量饮用该啤酒可延长人类寿命10余岁。《金川保健啤酒对实验动物的抗衰老研究》科研成果通过了自治区科技评审鉴定。我国著名心血管医学专家洪昭光教授对金川保健啤酒给予了极高的评价，并题词："养生保健，延寿10年"。由董事长兼总经理赵焕然等人撰写的论文《中国金川保健啤酒的保健功能及机理的研究》，作为中国啤酒业的代表参加了世界啤酒大会，实现了中国啤酒史上零的突破。

2002年公司取得了辉煌业绩：吨啤酒净利润、净利润总额分别居行业第四位和第二十六位。每股税后利润达到0.3元。2003年金川保健啤酒被评为"中国市场产品质量用户满意第一品牌"。2003年11月18日，公司与北京大学医学部合作，用金川保健啤酒进行"微量元素对机体应激反应的调节机理研究"，并正式被国家科技部列为《重大基础研究前期研究专项项目》。这标志着金川保健啤酒对人体保健功能及机理研究进入了一个新的阶段。公司将以此为契机，以"金川保健啤，健康全人类"为己任，力争建成中国大型的保健啤酒开发、生产和出口基地，为全面建设小康社会和人类健康事业做出更大贡献。

董事长兼总经理：赵焕然

啤酒生产线

公司办公楼

地址：内蒙古临河市团结路25号　　电话：0478-8219221　　Http：//www.jhb.com.cn
邮编：015000　　传真：0478-8224014　　E-mail:info@jhb.com.cn

江南 大学

# 中国酿酒工程师的摇篮

报告者为陶文沂校长，坐者（左一）为徐岩院长，右二为耿兆林理事长

生物工程学院科研楼

江南大学是教育部直属，国家“211工程”重点建设高校。

江南大学即原无锡轻工大学（2001年更名）已有百年办学历史，可溯源到1902年在南京创立的三江师范学堂，历经两江师范学堂、南京高等师范学校、东南大学、第四中山大学、国立中央大学、南京大学等历史时期，其前身为南京工学院食品工业系，1952年中国高等教育院系调整时，由南京大学、浙江大学、武汉大学、复旦大学等高校的食品系、农化系等有关学科合并而成，集国内发酵、食品、粮油、制糖等学科为一体，荟萃了当时一批享有盛誉的专家学者。

提起中国酿酒工业，人们往往会与江南大学联系起来，誉称江南大学为“中国酿酒工程师的摇篮”。

早在20世纪五六十年代“酒精与酿酒”已是该校发酵工程主要的教学与科研内容。江南大学生物工程学院是在发酵工程系的基础上，伴随着生物技术的发展而发展成长起来的，在原有学科的基础上，拓展和新增了环境生物技术、酶技术、基因工程、生物工程、生物制药等学科方向，使传统的酒精与酿酒学科通过学科交叉，发展成为现代化生物技术的组成部分。现设有发酵工程、环境工程、微生物学、生物化工、生物化学与分子生物学、微生物与生化药学等硕士、轻工技术与工程一级学科博士学位授予权（含发酵工程博士点）和环境工程博士点以及博士后流动科研工作站。同时拥有国家生命科学技术人才培养基地、国家发酵技术工程研究中心、教育部工业生物技术重点实验室，以充分发挥我校在生物工程技术领域的科研和人才优势。

学校生物工程学院师资力量雄厚，现有中国工程院院士1名，教授23名，一批青年博士成为师资的中坚力量，在国内外的生物科学领域颇有影响。学院始终注重教育教学质量，努力开设和提供基础深厚及以运用为本的优秀课程，同时课程开设齐全，每门课程都是由著名教授领衔，学生获得了较为系统的知识积累和良好的基本训练。生物工程学院教学设备完备，有专业基础实验室，发酵工程实验室和分子克隆实验室等其中包括通过世界银行货款引进的小型啤酒实验装置，电子显微镜，全自动发酵罐、核酸序列分析仪和各种近代分析仪器等，充分保证了学生动手实践能力的培养。

近年来，江南大学教师主编（译）出版了几十部酿酒学科的教科书、工具书和科技书，如《酒精与蒸馏工艺》、《酿造酒工艺》、《工业微生物》、《微生物生理及遗传学》、《生化工程》、《生物工业下游技术》、《环境生物技术》、《酒精工业手册》、《葡萄酒工业手册》、《黄酒工业手册》、《发酵食品微生物学》、《现代食品生物学》、《葡萄酒酿造学》、《食品感官评价原理与技术》等，成为中国高校首选的教科书，也是广大行业内相关科技人员的必读书籍或重要的参考工具书。《中国酒经》也是我国当今酒类

# 江南大学
# 生物工程学院

专著的经典著作。

江南大学生物工程学院的一代又一代毕业生(培训班学员)走上工作岗位,其中相当部分已成为中国各酿酒企业与科研单位的领导和技术骨干,是他们的声誉造就了"酿酒工程师摇篮"的美名。诸如中国茅台酒厂、五粮液酒厂、青岛啤酒厂、北京燕京啤酒集团、张裕葡萄酒公司、绍兴黄酒集团等各大名酒企业以及中外合资酿酒企业都有江南大学校友的足迹,他们活跃在酿酒企业中的科研、生产技术、企业管理、工艺改造等不同的岗位,不断推陈出新,作出新的贡献。

江南大学注重与各酿酒企业的紧密联系,发挥各自科学、技术和资本优势,走产业学研结合的道路,促进企业科技进步,促进学校教学改革的深化。如江南大学—青岛啤酒集团联合研究所、江南大学—黑龙江金玉集团联合研究所(酒精),江南大学—江苏洋河集团联合研究所、江南大学与绍兴黄酒集团联合组建的中国绍兴黄酒技术中心等,进行"啤酒优良酵母选育"、"酒精高浓度发酵及全回流"、"酒中氨基甲酸乙脂研究"、"白酒芳香酯的生物合成"、"酿酒厂的废水处理"等一批合作科研项目,取得一批标志性显著成果,在行业中产生了广泛的影响,部分科研成果获得国家、部省级奖。

学校还与世界上许多国家和地区建立了学术交流与合作的关系,与英国赫里瓦特(Heriot–watt)大学国际酿造酒与蒸馏酒中心(ICBD)合作成立高级酿酒师培训中心,与日本酿酒协会、国税厅酿造研究所建立了友好协作关系。与美国、澳大利亚、加拿大、德国、韩国等大学和酿酒企业建立了友好交流往来。成功举办了"中、日、加、英、美国际制麦研讨会","'97国际酒文化与技术研讨会"等,在国外享有声誉。

随着企业技术的进步,迫切需要提高企业员工的素质与开展继续教育,"中国酿酒工业人才培训部"、"中国酿酒技工技师考核点"等设在江南大学生物工程学院内。从20世纪80年代起举办过各类层次的短期、中长期培训班、委托班20多批,先后为青岛啤酒集团、重庆啤酒集团、张裕酿酒公司、上海三得利酿酒公司、北京燕京啤酒集团等举办研究生班,老师去工厂授课。目前正在举办为企业高层技术人员的学历教育,即工程硕士研究生班,收到明显效果,为"酿酒工程师的摇篮"添花增艳。

江南大学依山傍水、钟灵毓秀,其蕴涵深厚的百年办学传统、严谨求实、海纳百川、有容乃大的办学理念,必将为促进中国及世界酿酒技术的发展开拓创新,作出新的贡献。酒——这一特殊的载体,它有着丰富的内涵,愿酒文化与酒技术完美结合、愿"酿酒工程师摇篮"哺育出更多的艺术花蕾,创造更加美好的明天。


**江南大学生物工程学院**

校　长:陶文沂

院　长:徐　岩

地　址:江苏省无锡市惠河路170号

邮　编:214036

电　话:0510-5806493

中国酿酒工业年鉴

# Yearbook of China Alcoholic Drinks Industry

# 名牌篇

Brand

# 重 点 摘 录

我们现在不少企业不重视自己的信用，不怕倒牌子，只顾暂时的经济利益，缺乏长远的战略眼光。根本原因当然还是企业尚未转入市场机制，不怕破产，不怕失业所致。如不转变，很难出现真正的企业家和真正的名牌。这当然是进行现代企业制度改革所必须解决的问题。

——朱镕基 1994 年 11 月在一个报告上的批示

你们要特别注意培养名牌意识。现在为什么假冒伪劣商品这么多，就是国有企业没有成规模的真正的名牌商品。

——2001 年 7 月 13 日，朱镕基总理、吴邦国副总理、吴仪和王忠禹国务委员到国家质量监督检验检疫总局现场办公时朱镕基总理的讲话

质检总局要把扶持名牌作为一项工作任务，要采取各种宣传手段，大力宣传那些每次检验都合格，可以让人民群众放心的名牌商品。

——2001 年 7 月 13 日，朱镕基总理、吴邦国副总理、吴仪和王忠禹国务委员到国家质量监督检验检疫总局现场办公时朱镕基总理的讲话

去年镕基同志为名牌大会的批示很深刻，现在读来仍有很强的针对性和新意。可喜的是名牌的重要性现在为越来越多的企业和消费者所认识，近年来出现的“名牌热”就是一个证明。希望会议继续贯彻镕基同志批示精神，将创名牌工作与转换企业机制，提高产品质量等工作结合起来，推动我国名牌事业发展。

——吴邦国 1995 年 9 月 19 日在一份报告上的批示

# 实施名牌战略　加强质量管理

## ——在中国名牌暨质量管理先进表彰大会上的讲话

国家质量监督检验检疫总局局长　李长江

（2002年9月1日）

在具有历史意义的党的第十六次代表大会召开的前夕，我们在这里隆重召开中国名牌暨质量管理先进表彰大会，向社会公布获得2002年中国名牌产品称号的产品名单，并对获得2002年中国名牌产品称号的产品生产企业和2002年全国质量管理先进企业及个人进行表彰。首先，我代表国家质检总局对这次受到表彰的中国名牌产品生产企业、全国质量管理先进企业和先进工作者表示热烈的祝贺。

借此机会，我就实施名牌战略，加强质量管理问题，讲几点意见。

### 入世以后企业的竞争最终是质量和品牌的竞争

质量问题不仅关系到企业在激烈的市场竞争中的生存和发展，而且关系到我国改革开放和社会主义现代化建设的全局。提高产品质量，既是满足市场需求、扩大出口、提高经济运行质量和效益的关键，也是增强我国综合国力和国际竞争力，实现经济持续、快速、健康发展的必然要求。党中央、国务院高度重视产品质量，始终把质量问题作为经济发展的重要战略问题。江总书记明确指出："我们要的速度，是实实在在的没有水分的速度，是协调发展、讲求质量效益的速度。"朱总理指出："质量问题始终是我们经济工作的生命线"，"质量管理是兴国之道、治国之策"。

经过20多年的改革开放和经济发展，我国经济取得了举世瞩目的成就。去年，我国实现国民生产总值突破1万亿美元，经济增长速度位居世界前列，国外投资大量涌入，跨国公司纷纷在我国投资办厂。目前，我国很大一部分工业产品产量位居世界第一。但是，我们也要清醒地看到，目前我国产品中存在的产品档次低、品种单一、质量不稳定、附加值低的问题仍很突出，特别是缺乏拥有核心技术、在国际市场上具有竞争力的知名品牌。随着我国加入世界贸易组织，我国将在更大范围和更深程度上参与国际经济竞争与合作，国际市场的竞争将更加深入地与国内市场的竞争结合在一起。在激烈的国内外市场竞争中，我国企业要想立于不败之地，在很大程度上就取决于企业的产品质量，取决于知名品牌的培育和发展。因此，各地区、各部门和广大企业必须从改革和发展的全局出发，正视我国产品质量的现状，充分认识加强质量工作、实施名牌战略的重要性和紧迫性，努力增强做好质量工作、提高产品质量的使命感、责任感和紧迫感，积极实施名牌战略，加快培育和发展一大批名牌产品，努力提高我国产品的国际竞争力。

## 质量振兴的基础在企业，实施名牌战略的关键在企业

提高我国产品质量总体水平，培育和发展我国在国际市场上具有较强竞争力的名牌产品，基础在企业，关键也在企业。希望广大企业面对激烈的国内外市场竞争，进一步增强名牌意识、创新意识和竞争意识，全面加强企业质量管理，努力培育和发展具有国际竞争力的名牌产品。一是要牢固树立“质量第一”的观念，把质量作为企业的生命，将以质取胜的经营战略落实到生产经营活动的全过程。二是企业法人代表对质量要负总责，企业的厂长、经理要高度重视质量工作，一把手要亲自抓质量。三是技术进步和科学管理要一起抓，加快技术创新，加强技术改造，不断提高产品的质量和档次。四是建立和完善企业标准体系、计量检测体系和质量保证体系，加强质量管理，向国际标准看齐，不断提高产品的档次。五是不断开发新产品。企业的活力在于创新，要保持企业在消费者心目中的地位就要不断推出新产品，不断满足消费者的需求。企业要不断根据市场的变化和消费者需求的变化，积极开发新产品，开拓新领域，始终保持旺盛的创造力和生命力。六是做到“五个严格”，即严格原材料、零部件质量进厂把关；严格工艺纪律；严格生产过程关键点控制；严格产品出厂前的检验；严格销售服务，切实做到严格管理。七是增强法制观念，自觉维护市场经济秩序，做依法生产经营的模范。

## 质检部门要以“三个代表”为指导，为企业提高质量，实施名牌战略搞好服务

做好质量监督检验检疫工作，归根结底是为了保护和发展先进生产力，保护和发展先进文化，维护最广大人民群众的根本利益。质检工作是实践“三个代表”的具体体现。质量监督检验检疫部门作为政府综合管理质量工作的职能部门，在促进我国质量总体水平提高方面负有重要责任。各级质检部门要按照“三个代表”的要求，以“忠于职守、勇于负责、严格把关、保国安民”为己任，以服务经济、促进发展为目标，进一步加强对质量工作的宏观指导和监督管理，加快形成引导企业自律、加强政府监管、运用市场机制相结合的工作机制，努力推动我国质量振兴，为国民经济和社会发展做出新贡献。

为了积极推进名牌战略的实施，国家质检总局去年成立了中国名牌战略推进委员会，在10类产品中开展了中国名牌产品的评价工作，今年已经是第二年了，评价的范围扩大到21类产品。名牌战略的实施，推动了企业开展创名牌产品的活动，有力地促进了企业管理水平和产品质量的提高。各级

质检部门今后将继续把推进名牌战略的实施，作为质量工作的重要任务认真抓好。要通过实施名牌战略，带动企业进行技术创新，不断提高我国产品的技术水平和质量水平，创造出属于我们民族的世界名牌，促进我国国际贸易的发展，促进国民经济持续、快速、健康发展。

## 坚持原则，规范操作，认真做好中国名牌产品的评价工作

中国名牌产品的评价工作要不断总结经验，完善制度。要坚持市场取向的原则，让消费者积极参与评价活动，做到科学、公正、公平、公开、提高评价工作有效性。在此我强调五点：

第一，中国名牌产品的评价工作，要坚持以市场评价为基础，以社会中介机构为主体，以政府积极推动、引导、监督为保证，以用户满意度为宗旨的总体推进机制。国家质检总局要积极推动、引导并对评价全过程搞好监督。

第二，中国名牌产品评价工作，要继续坚持企业自愿申请，科学、公正、公平、公开的原则。中国名牌产品评价工作，一定要坚持“三不”，即不搞终身制，不向企业收任何费用，不增加企业负担。开展中国名牌产品评价工作中所需经费，由国家质检总局承担。

第三，参加中国名牌产品评价工作的有关人员，要严格按照有关规定和程序办事，要做到严以律己、公正廉洁，严禁以权谋私。中国名牌战略推进委员会各位委员、中国名牌战略推进委员会秘书处的各位工作人员以及各专业委员会成员，要廉洁奉公，秉公办事，要让企业放心。

第四，在开展名牌战略推进工作的同时，要继续整顿和查处乱评比等违纪违规行为，切实减轻企业负担。近年来，社会上出现了一些以盈利为目的的评价活动，严重干扰了企业正常的生产经营活动，加重了企业的负担，对广大消费者形成了误导。我们要把实施名牌战略，开展中国名牌产品评价活动作为开正门、堵邪门、有效制止社会乱评价活动的重要措施，作为整顿规范市场经济秩序的重要内容，切实减轻企业的负担。对乱评比、强行拉广告、拉赞助，甚至要挟企业等违纪违规违法行为，要坚决查处，绝不姑息迁就。

第五，加强对名牌产品的监督管理，对已经取得中国名牌产品称号的，如果消费者投诉多，市场反馈意见大，监督抽查不合格，企业发生重大质量事故，或者企业质量保证体系运行出现重大问题，经调查属实，将取消企业获得的中国名牌产品称号。因此，希望获得中国名牌产品称号的企业，要加强企业自律，认真做好市场反馈，虚心听取各方面意见，不断改进和提高产品质量。

让我们紧密团结在以江泽民同志为核心的党中央周围，高举邓小平理论的伟大旗帜，深入全面地贯彻“三个代表”重要思想，以更优、更好的产品向党的十六大献礼。

## 附件

### 2002 年中国酒业名牌产品生产企业名单

（按产品注册商标笔划排序）

1. 湖北金龙泉集团股份有限公司

2. 青岛啤酒股份有限公司
3. 深圳金威啤酒有限公司
4. 河南金星啤酒集团有限公司
5. 哈尔滨啤酒有限公司
6. 广州市珠江啤酒集团公司
7. 华润啤酒有限公司
8. 北京燕京啤酒集团公司
9. 北京丰收葡萄酒有限公司
10. 中国长城葡萄酒有限公司
11. 华夏葡萄酿酒有限公司
12. 中法合营王朝葡萄酿酒有限公司
13. 烟台张裕集团有限公司
14. 烟台威龙葡萄酒股份有限公司
15. 通化葡萄酒股份有限公司

# 中国名牌产品标志

## 中国名牌产品标志创意说明

（1）用象征经济发展指标的四个箭头图案，组合成汉字“中国名牌”的“名”字和“品评名牌”的“品”字，简洁、形象、直观地表达了“品评中国名牌”带动企业技术创新，增强企业国际竞争力，推动中国经济发展的评价宗旨。

（2）四个箭头还是四个向上腾飞的阿拉伯数字“1”字，形象、生动、丰富地象征着中国名牌评价的四个第一的品质标准；四大评价指标；四大核心理念和“科学、公平、公开、公正”的四项评价原则。

（3）标志中的一大四小五颗五角星象征着新世纪的“中国名牌”脱颖而出，并带动着中国企业不断创新、争创名牌的含义。五颗五角星正好吻合“五星级”的概念，在表达品质的同时，寓示着通过中国名牌战略的推进必将会带动中国经济的腾飞。

（4）四个箭头还是最好的“Best”和英文商业“Business”缩写字首“B”，直观地寓示着中国名牌的品格属性和商业特质。

（5）整体造型采用具有中国特色的图章样式，形象直观地表达了中国名牌认证的严肃性和权威性。

（6）色彩上采取红、蓝两色为主色块。代表着社会主义特色的红色：象征着热烈、庄重和辉煌。代表着“CHINA”瓷器景泰蓝色调的博大、深远的蓝色：既象征着中国的民族特色，又象征着世界和国际市场一体化的大潮，象征着中国的名牌随着中国经济的腾飞正以稳健的步伐走向世界，走向灿烂辉煌的21世纪。

# 名 牌 企 业

## 青岛啤酒股份有限公司

### 生产经营概况

2001～2002年，青岛啤酒股份有限公司贯彻落实“系统整合，机制创新，提高核心竞争力；结构调整，做强做大，再创新百年辉煌”的工作方针，加快整合创新的步伐，各项经济指标均有大幅度增长。啤酒产量2001年完成251.2万吨，同比增长35%，2002年完成啤酒产量298.7万千升，同比增长20.9%；啤酒销量2001年完成251.6万吨，同比增长36%，2002年完成297.4万千升，同比增长20.1%；实现销售收入2001年为53.5亿元，同比增长34.5%，2002年为68.7亿元，同比增长28.5%；实现利税总额2001年为12.3亿元，同比增长47.8%，2002年为16.7亿元，同比增长35.6%；出口创汇2001年为2092万美元，同比增长8.6%，2002年为4138万美元，同比增长97.8%。2002年公司持续保持利税增长幅度大于收入增长幅度、收入增长幅度大于销量增长幅度的态势。经营模式由国内筹资—国内生产—国外销售、增加了海外融资—海外生产—海外销售以及海外借厂定牌生产—海外销售的模式，三种模式并存，实现了融资、生产、销售的国际化和本土化。青岛啤酒的品牌价值2001年为67.10亿元，2002年上升为75.83亿元。

### 整合创新进展顺利

2001年以来，公司进入了全面的整合、创新阶段，主要包括组织整合、市场整合、品牌整合、财务整合和资本整合五个方面。在市场整合和品牌整合过程中，公司对所有的产品进行了全面细致的普查，并形成了规范品牌商标管理的意见，为净化品牌队伍做好了基础性工作，同时，加大了市场管理力度，对市场违规事件进行了严肃查处。在财务整合过程中，公司推行了全面预算管理，研究资产重组和资产置换，实施了先进的ORACLE管理系统项目，统一公司的财务管理软件，目前青岛本部的财务与库存信息系统已经正式上线运行。此外，公司组织整合的方案和资本整合的思路也已经提出并开始分步实施。

**海外市场拓展**

2001年2月中国台湾宣布烟酒解禁后，该公司精心准备和策划，作为第一个大陆产品进入中国台湾市场，啤酒销量从4月份每月的十几个货柜，到年底每周100个货柜，市场份额迅速扩大，带动全年出口量和创汇额比上年翻了一番。按照“先市场后工厂”的原则，与中国台湾三洋公司签署了协议，双方以合作方式在中国台湾高雄市建设一个年产10万千升规模的啤酒厂。

**企业管理再上台阶**

公司继续坚定不移地推行青啤管理模式，并加强了对事业部和子公司的指导、监督和考核。公司领导与各部室以及推模、贯标、工艺技术小组深入全国各地30多个子公司检查指导工作，为子公司管理的提升和效益的增长做出了重大的贡献。

**组织整合与流程调整**

2002年，该公司聘请美国思滕思特管理咨询公司在法人治理结构、组织架构、人力资源管理、激励机制、财务管理等方面形成系统整合方案，通过近一个月的竞争上岗和双向选择，新部门和新岗位全部到位并正常运转。进一步明确了该公司总部的角色、定位、功能和架构，强化了战略规划、风险控制、人力资源管理、信息管理等职能，精简了岗位和人员，由原来的117个岗位210人减少到83个岗位124人，理顺了公司三级管理平台，使公司的内部组织架构更加适应外部竞争环境。

**企业及产品获奖情况**

2001年，公司获得了“全国质量效益型先进企业”、“2001年度全国用户满意企业”等荣誉称号，实现了ISO9001质量保证体系向2000版标准质量管理体系的升级，并顺利通过了ISO14001环境管理体系的认证工作。

2002年，公司荣获“全国质量管理奖”和最具竞争力企业称号；产品被评为中国名牌产品；一项科研成果获国家科学技术进步二等奖。

## 北京燕京啤酒集团公司

北京燕京啤酒集团公司于1980年建厂，1993年组建集团。在发展中，公司坚持规模扩展和效益增加并举的方针，经过3步大跨越，从起步时投资640万元的小型啤酒企业，发展成为拥有资产72亿元，员工18000人，占地256万平方米，年产销能力超过200万吨的全国最大啤酒企业集团。

目前，燕京啤酒集团是国务院重点支持的520家大型企业之一，下属拥有控股子公司（厂）22个，其中啤酒生产企业16个，相关和附属产品企业6家。产品有八大类五十多个品种。主导产品为啤酒，约占公司总收入的90%以上，主业非常突出。另外，公司还以参股的方式进入了清华紫光科创、泛华协和生物、创业园科技等6家高科技企业。

燕京啤酒集团公司是国有大型一档企业，1994、1996年在同行业分别率先通过了ISO9002产品质量认证和质量体系认证，又于2002年通过ISO14001环境质量认证。1994年被评为北京市首批名牌产品、中国食品行业名牌产品。1995年燕京啤酒被指定为“人民大会堂国宴特供酒”。1997年燕京牌商标被国家工商局认定为“中国驰名商标”。1999年获全国食品工业科技进步优秀企业奖。燕京啤酒先后荣获第31届布鲁塞尔国际金奖、乌兰巴托国际博会金奖、首届全国轻工业博览会金奖、全国啤酒行业优质产品奖、全国啤酒质量检测A级产品、全国轻工业优质产品、首都精神文明标兵单位、全国精神文明建设先进企业、全国轻工系统先进集体等荣誉称号。1999年11月，公司在啤酒行业率先突破了年产销啤酒100万吨大关，利税总额全国再创同行业前列。从1995年起，公司连年被评为全国500家最佳经济效益工业企业，中国行业百强企业，并获得优秀企业管理奖，2002年燕京啤酒获中国名牌产品称号。2002年，的无形资产达到了61.59亿元。1997年5月，公司完成股份制改造，以股权置换方式参加了由北京市人民政府统一运作的、集中北京市8家企业在香港“北京控股”的红筹股上市。而后，由北京燕京啤酒有限公司、北京西单商场股份有限公司、北京市牛栏山酒厂3家企业募集设立的北京燕京啤酒股份有限公司在国内A股上市，具备了“A股身份、红筹股背景”这样一个独特而优秀的股权结构模式。

2002年，公司完成啤酒产销量208万吨。其中燕京牌啤酒产销量突破120万吨、实现销售收入48亿元、实现利税总额11.5亿元，与2001年同比增长22.65%、35.27%、13.1%；燕京牌啤酒产销量连续8年保持全国第一，继续保持了中国啤酒行业的龙头地位。

公司是中国率先进入市场的啤酒企业。明确的市场定位、科学的市场细分、健全的销售网络，促进了公司的飞速发展，增强了企业的市场竞争能力。公司严格按照“以全优的质量取信于民、以独特的风味取悦于民、以诚挚的态度服务于民”的质量宗旨，使公司不断赢得消费者的信赖，不断赢得市场。公司按照“巩固北京市场，扩大华北市场，开发全国市场，进入国际市场”的市场战略，快速稳定发展企业。目前公司已取得了北京市场85%、华北市场45%、全国市场10%的市场占有率。公司特别注重企业文化建设和企业精神的培育，从而大大增强了企业的凝聚力。公司长期培育的“尽心尽力的奉献精神，艰苦奋斗的创业精神，敢打硬仗的拼搏精神，顾全大局的协作精神，为企业分忧的主人翁精神”的五种燕京精神，和“以情做人、以诚办事、以信经商”的经营理念，以及奉献机制与激励机制相结合的分配模式、使企业克服了一个又一个困难。随着中国加入 WTO，公司将瞄准世界先进企业的行列大踏步地前进。公司提出在四个方面做强：一是把工艺装备水平做强，使之达到世界一流标准；二是把市场网络做强，增强市场竞争力；三是把燕京品牌做强，进入世界知名品牌行列；四是把经济实力做强，使企业持续、健康、快速发展。

# 深圳金威啤酒有限公司

作为一家食品行业的大型企业，每年需要数额巨大的物资采购。深圳金威啤酒有限公司首先大刀阔斧地对物资采购全面实施了公开、公平、公正的“阳光工程”，全年对原辅材料、包装物料、建筑装修工程、改造项目等全面招标达 70 多次，与 2001 年相比，为公司节约了 4000 万元，使职工大大地增加了对领导班子的信任度，增强了对金威啤酒公司的信心，创造出鼓舞人心的精神财富。

在管理上，根据层层落实、专人负责的原则，与各分管负责人签订经济责任书，通过劳动竞赛、部门季度的述职进行考核，把指标落实到工作中。

金威啤酒根据生存发展的要求，提出了“细分市场，健全网络，精耕细作，直达终端”的市场营销方针，加强了营销队伍的建设，加强了渠道管理和经销管理，加强终端场所、市场的控制，把握了市场开发管理水平，稳定了价格体系，建立起了经销商对金威啤酒的信心。

金威啤酒虽是传统产业的企业，但对科技的追求一刻也不曾松懈，不惜投入大量资金和精力，开展新产品的研发和新工艺的研究工作。开发了低温高辅料的“新生活”啤酒和 11 度精制白瓶啤酒，此外，还研制了龙舌兰啤酒、可乐啤酒、柠檬啤酒和上发啤酒等，同时，更倾力于啤酒风味物质和风味稳定性的研究，确立“绿色工艺应用研究”，在生产工艺上取消甲醛等添加剂酿造“绿色”的健康啤酒上取得了重大突破（金威啤酒的“绿色工艺”在 2003 年 3 月 28 日通过了国内著名专家、学者的一致鉴定，使金威啤酒成为国内首家全面采用“绿色工艺”的啤酒酿造商）。2002 年，金威啤酒高举“科技金威”的旗帜，在国内啤酒市场中令人耳目一新。

金威啤酒品牌的策划塑造、推动、传播、对管理进行锐意改革及大力进行科技改造，一方面极大地拉动了产品的销售，另一方面也提高了品牌地位和增值无形资产，使金威啤酒在 2002 年 9 月 1 日一举摘到“中国名牌产品”的桂冠，在市场上确立了“科技金威”的形象。2002 年，金威啤酒完成销售比 2001 年增加 30%，实现销售收入增加

11%，实现税后利润增长83%……2002年，是金威啤酒历史性突破的一年。

# 华润啤酒（中国）有限公司

辉煌业绩　有目共瞩

• 占有中国啤酒市场份额超过10%；

• 啤酒销售年均增长38%；

• 2002年，啤酒年销量逾200万千升；

• 2002年，实现净利润两亿多元；

• 累计上缴国家税收高达30多个亿……

• 下属各生产基地均通过ISO认证体系；

• 华润啤酒（中国）有限公司是中国国家酿酒工业啤酒分会副理事长、常务理事单位，下属各省公司为常务理事单位。

• 现旗下拥有雪花、蓝剑、黑狮、零点、莱格、华丹、新三星等30多个啤酒品牌，分布全国的35个生产基地均通过ISO认证体系；整体设备行业领先，科学安排生产，优化资源配置，使啤酒的年生产能力达到390万吨。

雪花啤酒——“中国名牌产品”

1964年，中国啤酒权威云集的产品评比会上，一种新产品击败中国的所有老牌啤酒，夺得第一。同年，这种啤酒被命名为“雪花”并正式投产，先后出口到香港、美国、法国、新西兰、澳大利亚、日本等地，并在每次国家评比都名列前茅。

雪花啤酒历史悠久，目前作为公司的全国性品牌，已经在其下属的黑龙江、吉林、天津、湖北、安徽、四川等地生产，并销往全国各地，受到消费者的喜爱，取得了优秀的市场业绩，并于2002年被国家质量监督检验检疫总局认定为“中国名牌产品”，2002年的年销售量超过60万千升，年收入突破12亿元！

“追求不断创新，做得更专业”，这一经营理念的导入、世界领先技术的支持，推动雪花啤酒的生产走上专业化的道路：全国各厂统一的生产装备、工艺和质量控制标准；众多国际专家的加盟、各地技术人员定期接受国外技术培训，人员素质统一……雪花啤酒的高附加值保证了各地产品的品质如一，不断满足消费者高品位的生活享受！

以质取胜　永创新高

统一的专业人员素质

统一的市场品牌管理

统一的国际装备水平

统一的质量和工艺标准

一根铁链，只有每个环节都坚固，整个链条才会坚不可摧；啤酒生产过程的每个步骤都至关重要，公司深谙此道，完善了一整套的质量保证体系、质量管理体系及消费点质量控制体系，在每个环节都极力“追求不断创新，做得更专业”。

公司在酿造用水及原料选择方面都严格按标准执行，很多标准都远远优于国家规定的标准，而且还在不断向更高标准看齐。统一的CRB酿造、包装、检验；统一的原料采购、检验；标准的啤酒酿造用水、CRB设备配置，以保证不同工厂生产的雪花啤酒口味相同，攻克了长期困扰啤酒业的一大课题。

公司掌握了许多消费者在口味方面的第一手资料，这对新产品的开发起着十分重要的作用，并对接下来的口味调试过程提供了有力的依据。酿制一锅酒需要近一个月的时间，而且出来的酒还要经过专业品酒人员及酿酒专家的品评，并送往SABMiller国际酿酒集团检测、品尝，依照调研结果提出口味调整和工艺改良意见，再酿、再品、再调整……精益求精的态度保证了各地工厂在生产相同品牌时的产品质量一致性。

公司以迎合市场需求，丰富多元产品为己任，目前除向消费者提供传统的LAGER啤酒外，还提供纯生啤酒、黑啤酒、红啤酒、果味啤酒等各种类型啤酒。在科技攻关和产品更新换代方面，更是大力推广使用国产麦芽，对一次抽真空酒机进行改造，使一次性抽真空酒机的使用效果达到一次抽真空的效果，降低投入成本，提高产品质量；同时，还成功达成取消甲醛的生产试验，达到国家相关要求。通过技术改造与工艺的改进，还开发出具有国际先进水平的纯生啤酒，既填补了国内啤酒市场的空白，又实现了自身的又一次完美突破。

# 湖北金龙泉集团股份有限公司

湖北金龙泉集团股份有限公司是以资本为纽带、以品牌为核心、以金龙泉啤酒为龙头，拥有固定资产15亿元，年啤酒生产能力达60万吨的大型企业。近几年来，公司以市场为导向，以效益为中心，始终坚持走以创新赢得竞争优势之路，企业得到快速发展，丰富了金龙泉品牌内涵，提高了品牌形象，品牌经营和市场拓展取得了质的飞跃。主导产品金龙泉、金龙王系列啤酒先后40多次荣获国内外大奖，连续多年被评为“湖北省精品名牌产品”，1997年被北京人民大会堂确定为宴会用酒，并荣登建国50周年庆典国宴。2002年9月，在湖北省率先荣获“中国名牌产品”称号。连续四年，集团取得了啤酒产销量、销售收入，实现利税在湖北省同行业名列第一、在全国名列第八名的良好成绩。其中2002年产销啤酒39.19万吨，实现销售收入6.1亿元，创利税1.5亿元。

公司实现从生产经营、资本营运到品牌营运飞跃的同时，始终着眼于不仅把企业做大，更要把企业做强，尤其对金龙泉品牌始终注意处理好“创、保、扬”的关系。1995年12月，马来西亚金狮集团与金龙泉集团合资经营。但公司反复考虑，金龙泉啤酒曾获得国际国内各项大奖。合资诚可贵，品牌价更高，合资的目的是吸收国际先进技术和管理手段，提高产品质量、拓展更大市场，合资不能改变民族品牌，经过艰苦谈判，马方同意把金龙泉集团的“金龙泉”商标、企业名称、企业组织结构“三不变”纳入协议内容，有效保护了品牌的知识产权。

公司通过狠抓质量争名牌，扩大规模壮名牌，科技创新保名牌，强化营销扬名牌等举措，使金龙泉的品牌价值不断延伸。与此同时，在以名牌带动企业规模经营，以规模化推动名牌产品批量化的同时，十分重视强化名牌的自我保护意识。近年来，公司以低成本扩张的方式对省内11家啤酒企业进行了并购，在壮大企业规模、优化市场资源的同时，我们为有效规避品牌风险，对本部与分公司产品使用金龙泉商标作了明确区分，较好地理顺了品牌主、次关系。

市场营销是创名牌的关键。公司按照“巩固老市场，增强竞争优势；拓展新市场，增强发展后劲”的思路，运用现代营销组合策略，采取了“新、奇、特”的手段和措施，使“金龙泉”在省内外保持和发展了市场领先优势。

（1）强化营销服务意识。公司加强了营销服务窗口的优质服务工作，大力推行首问负责制和限时零缺陷服务。提倡销售人员成为产品政策的宣传员、客户消费者的服务员、公司的信息员、市场的策划员、公司与客户的协调员、销售片区的管理员、决策的调研员、客户的参谋员等“八大员”，在市场的激烈竞争中笑对变化，积极应对，取得成功。

（2）健全和完善市场网络。根据不同市场状况分别推行“一家代理、多家分销”、“一品代理、交叉分销”、“多家代理、分片分销”、“协会统购、多家分销”和“多品种、少批量、买断经销”的营销网络模式。同时，规范和加强了营销管理，分别建立了厂商利益共享制、赊销担保审批制、货款回收制及呆帐回收奖励制，不仅实现了厂商“双赢”，而且构建了强势的网络模式。

（3）坚持品牌宣传，塑造和树立公关形象。宣传促销是创品牌的支柱。企业开发了有畅销可能性的商品，还必须通过种种促销策划，以一系列的宣传、说明、诱导手段来激励顾客的购买欲，实现销售促进。公司坚持信誉促销、广告促销、公共关系促销、价格促销、服务促销、竞赛促销相结合原则，使消费者对金龙泉啤酒有了完整性、连续性的认识。在举办啤酒节树形象方面，公司从1995年开始，先后在武汉、荆门、宜昌、鄂西、孝感举办了六届湖北省（金龙泉）啤酒节，还大力赞助其它文化体育和城市建设事业，企业实力得到了充分的展示，在消费者中的形象更加完善，产品市场也进一步拓展。

（4）准确实施“差异化”策略，推行市场细分。“质量高一档次，价格低一档次”一直是公司开发市场的秘密武器，形成了“人无我有，人有我优，人优我新”的良好局面，弥补了不同品种的市场空缺，满足了不同消费者的个性需求，使金龙泉啤酒的市场占有率稳步提高。

# 河南金星啤酒有限公司

2002年4月30日，投资1.5亿元年生产能力为10万吨的金星集团安阳啤酒有限公司在内黄县正式开工，时隔不足1个月，5月23日，同样投资和规模的金星集团信阳啤酒有限公司在潢川县正式开工，2002年8月6日，金星啤酒集团整体收购郾城县啤酒厂签字仪式在郾城县举行，金星集团漯河啤酒有限公司随之成立。以上三个分公司均在2003年1月份先后建成投产。至此，加上2000年金星集团在河南郸城建设的金星啤酒集团郸城公司，金星啤酒集团已经在河南省内建设了5个外地分公司，尤其是2002年在河南的扩张规模之大、动作之快令业内同行大为惊奇。2003年金星集团在河南省的规模扩张又进一步加快，2003年3月11日金星集团南阳啤酒有限公司在邓州市开工，预计国庆节前建成投产，与省内三家以上的啤酒企业的并购谈判也在紧张的进行之中。种种信息表明，金星集团整合河南啤酒市场行动已经全面展开。

河南是我国啤酒工业大省，截止目前河南省有啤酒企业27家左右，总生产能力超过254万吨，而河南省年啤酒消费总量不超过120万吨，行业50%以上的生产能力闲置。严重的供求矛盾使河南啤酒企业之间低价竞争非常严重，致使行业整体出现了大面积的亏损。据国家统计局统计数字显示，2002年河南啤酒总产量112.19万吨，同比下降5.43%，虽然销售收入达到14.89亿元，同比增长12.43%，但税金却只有2.4亿元，同比下降多达13.49%，行业利润－0.13亿元。企业经济效益低下，企业实现可持续发展的能力不足，已严重威胁到河南啤酒工业的生存和发展。

通过企业行为来整合豫啤是一个浩瀚而充满风险的工程，不但要靠企业强大的经济实力、产品竞争力和品牌影响力，还要靠企业领导者的魄力和能力。金星集团20年来始终坚持实施名牌战略，走质量效益型之路，使企业迅猛发展，实力迅速增强，奠定了今日整合豫啤的坚实之基。金星啤酒继2001年获“钓鱼台国宾馆国宴特供酒”后，2002年又获得“中国名牌”这一国家最高级别的质量荣誉，而成为与青啤、燕啤齐名的中国八大名啤之一。企业已经发展成为生产能力100万吨，2002年产量突破70万吨，位居河南第一，连续四年进入全国四强，是中国食品行业重点企业、河南省工业百强企业、郑州市工业50强，2002年销售收入达11.9亿元，利税达2.7亿元，分别以年40%和50%的速度增长，主导产品“金星”、“蓝马”两大系列啤酒60多个品种畅销全国20多个省市，在河南省市场覆盖率达100%，市场占有率达42.6%，产品优级率达到99.2%以上，处于国内领先水平。金星公司在河南市场不断提升和巩固的同时，外地分公司立足本省正向周边省市进行市场扩张，全国化的市场格局和品牌初步形成。

质量是企业的生命，是实施名牌战略的基石，是企业生存和发展的主题，只有不断提高质量，并保持产品品质的稳定性和持久性，才能为实施名牌战略打下坚实之基。随着消费者消费水平和层次的日益提高，消费者的消费需求越来越多元化和个性化，所以产品不仅质量要好，还要最大限度地满足消费者对产品功能的不同需求，为消费者提供更多的附加值，才能实现消费者的最大满意，所以提高产品质量，新产品开发、服务营销和品牌营销成为实施名牌战略的主要内容。

在实施名牌战略过程中，金星集团认识到实施名牌战略首先要创造一流的产品质量，否则创名牌就是空谈，既是用广告轰出来的“名牌”，也是昙花一现。啤酒作为一种食品饮料，消费者更加注重品质的优劣，名牌是靠全体员工的劳动而创造的，员工的质量意识如何，决定了其对实施名牌战略的态度和责任心，直接关系到名牌战略成功与否。

一流的质量源于一流的人才，提高产品质量必须以人为本。金星集团经过多年的引进和培养，技术人才已经占总人数23%，稳居河南同行业第一。完善的质量保证体系是质量管理工作的根本保障，企业不但要积极通过ISO9002质量体系认证和产品认证，还要积极创造条件通过ISO14000环境保证体系认证以及欧美国家其它方面的国际权威的质量认证体系，一方面保证的产品质量快速提高，一方面为产品进入国际市场创造了条件。

企业的生产、检测等装备科技含量和生产工艺技术水平如何决定了一个企业的质量管理水平，所以提高产品质量必须依靠科技进步。金星不惜重金从克朗斯、克斯米等国际著名公司引进先进的生产、检测设备，每年投入上千万元对现有设备进行技术改造，使公司拥有的25条瓶装生产线和1条易拉罐生产线现代化水平位居国内前列，公司组织技术人员进行技术攻关，不断进行工艺改革，采用小麦啤酒酿造工艺、麦汁加压煮沸工艺、高辅料酿造工艺、高压激泡技术、无氧无菌灌装工艺等新的科研成果，有效地保证了产品质量的稳步提高，产品优级率达到99.2%以上，处于国内领先水平。

# 哈尔滨啤酒集团有限公司

哈尔滨啤酒集团有限公司是以哈尔滨啤酒有限公司为核心企业，以哈尔滨牌啤酒为核心品牌组建的大型啤酒集团，现拥有大中型啤酒生产企业13家，年啤酒产销量达150万吨，是中国大陆地区最大的专业啤酒制造商之一。2002年，公司在香港联交所挂牌上市，其后，连续被香港联交所评为2002、2003年度最佳上市公司，更荣获第一名的殊荣。2003年，产销啤酒117万千升，实现销售净收入18.4亿元，利税6.1亿元，利润2.2亿元。单一品牌居全国前列。

哈尔滨啤酒诞生于1900年，是中国最早的啤酒品牌，2002年，被国家权威机构——中国名牌推荐委员会及中国工商管理总局评为“中国名牌产品”，并成为中国首批通过互联网向海外推介的500家“重合同守信用企业”。哈尔滨啤酒有限公司，其前身乌卢布列夫斯基啤酒厂，始建于1900年，是中国最早的啤酒生产企业。经过100多年的演变和发展，哈啤由小到大、由弱到强，现在已是枝繁叶茂、名扬天下。近年来，哈尔滨啤酒集团通过实施品牌加成本领先战略和逐渐建立起完善的、可伸展的立体营销网络，以及可扩张推广的商业经营模式，使企业始终处于良性的高速发展状态，其强劲发展态势和品牌渗透力一直令业内刮目。在低成本扩张方面，在过去的几年中，公司所购并的12家啤酒企业，无一不是当年并购当年盈利，成分体现出强大的品牌号召力以及超强的管理能力、文化融合能力和资源整合能力，公司实行“五统一”：

实施工艺技术和质量的同一标准　每并购一个企业，都要由公司派出技术代表，统一制定工艺操作规程和原材料、半成品、成品标准，并由集团动态组织第三方质量审核抽样检查，确保产品质量均一稳定。

实施资金的统一调度　公司对所属企业财务流程、成本核算、财会报表和财务分析方法等实行统一管理。各成员企业财务人员由集团公司统一派驻，实行垂直领导；对拆借资金、固定资产投资、转让和租赁等必须由集团公司财务部审批；车间核算人员归财务部门统一管理，严格按成本倒算法对每一道工序、岗位进行考核和奖罚。初步统计，1997年以来，集团公司内调资金过亿元，节省财务费用上千万元。

实施物资的统一采购 哈啤集团公司规定对产品工艺技术质量等有重要影响的大宗物资由公司统一采购，降低采购成本10%；对小量分散的辅助物资，由企业在公司确定的质量和价格标准范围内采购；公司设立物资采购总监，定期审计检查采购情况。松江啤酒公司被购并后，购买吨煤价格下降近20%。初步核算，公司实行物资统一采购，每年可节省支出3000多万元。

实施市场营销的统一管理　公司对所属子（分）公司和产品，在产品包装设计、广告宣传、销售政策、市场规划等重要环节全部实施统一管理。由于能实行集中统一指挥，公司用半年左右时间，即可抢占国内一般中等城市的市场。

实施人力资源的统一开发利用　公司对人力资源管理的核心是达到人尽其才。公司设立了人力资源总监与地区人力资源总监共同负责制，统筹规划各成员企业人力资源的吸收、培训、开发和管理；构造了阶梯式劳动人事管理模式，员工通过技能考核和竞争进入相应阶梯。人才的合理开发利用，使企业真正实现了“减员增效”的目的。统一管理，资源优化整合，使集团各成员企业深感组建集团公司所带来的1＋1＞2的显著成效。在公司资源整合步调加快和资源优化质量提高的同时，公司内部文化整合也取得明显成效。哈啤百年积淀的文化底蕴成为集团公司所属各子（分）公司联结的与聚合的纽带，集团整体实力由此增强。一位业内资深人士称：哈啤集团资源整合、资源优化以及集团运营质量、发展速度，在中国啤酒业众多企业集团中当属首位，堪为集团运作的成功典范。

百年的文化蕴涵打造出了“哈尔滨啤酒”这一成名品牌，百年塑造的文化更让公司始终站在中国啤酒行业发展的前沿，并与世界啤酒酿造业的发展保持同步。公司文化核心理念是：“创造最好的品牌。为顾客提供最满意的产品；为员工构建提升自我价值的最佳环境；为股东带来最合理的收益；为社会做出最真诚的奉献。”优秀文化塑造了更为优秀的“团队”，哈啤人在“否定自我、战胜自我、超越自我”的企业精神磨砺下，在变幻的市场风云中，取得了令人瞩目的骄人业绩。优质的产品来源于对内严格的科学管理、对外高效的全方位服务。“让每一瓶啤酒都使顾客满意”是每一个“哈啤人”心中的质量准绳和服务承诺。几年来，公司斥巨资引进当今世界上最先进的啤酒生产和检测设备，并率先在国内实行生产管理微机化和生产过程全自动化的生产体系，还建立并通过了ISO9000和ISO14000二位一体的复合管理体系，提高了管理标准，实现了绿色和环保型生产。在加强质量管理的同时，公司更加注重对产品市场的全方位服务体系的建立，导入全新的营销理念以及营销方式，通过一系列科学化营销手段，不断对产品推陈出新，以满足不同消费层面的需求。

目前，哈尔滨啤酒不但在东北三省占有绝对的市场份额，而且销往除西藏以外的全国其他省区，更远销英国、美国、俄罗斯、日本、韩国、新加坡等30多个国家和地区，哈尔滨啤酒正以其纯正清爽的口味、干净利落的口感、高品位高档次的形象赢得愈来愈多的消费者的赞誉和喜爱，哈尔滨啤酒集团有限公司也正以其深邃的文化内涵和品牌渗透力迈向更为高远的发展目标。

# 广州市珠江啤酒集团有限公司

广州珠江啤酒集团有限公司于1985年建成投产，是一家以啤酒业为主体，以啤酒配套和相关产业为辅助的大型国有企业。啤酒生产能力100万吨，拥有资产总额50亿元、净资产16.4亿元，是全国520家重点企业、全国三大啤酒集团、省市大型企业集团和广州市国有资产授权经营企业之一，拥有国家级技术中心，在中国啤酒行业中享有“南有珠江”的美誉。

近年来，公司通过深化国企改革，实施创新战略，实现了经济效益的超常规增长，在全国啤酒同行中，珠江啤酒的单一品牌销量居全国同行第二位，企业规模、实现利税、创利润总额排在前三名，人均创利税达到33万元/人，居全国同行首位。2002年5月，公司荣获了全国“五一劳动奖状”。珠江啤酒系列产品质量优越，深受消费者欢迎，珠江啤酒、雪堡啤酒被钓鱼台国宾馆指定为“国宴特供酒”；2002年4月，珠江啤酒被亚洲论坛首届年会指定为唯一用酒；9月，珠江啤酒荣获中国名牌产品称号。

2002年与1998年相比，啤酒产量增长了七成多，净资产将近翻了一番，税利增长了两倍多，利润增长了七倍多。2002年，公司完成工业总产值（不变价）：11.15亿元，增长18.31%；工业总产值（现行价）：23.53亿元，增长9.56%；工业增加值10.18亿元，增长16.75%；销售收入23.39亿元，增长11.43%；利税总额：6.73亿元，增长7.84%；利润总额：2.59亿元，增长7.44%，企业实现了稳步健康发展。

公司创立了“三比（比质量、比价格、比服务）”采购管理制度，使年均节约采购费用达1亿元。实施“标准先行”的设备管理体制，四年来将设备运行效率提高到90%以上，达到全国同行先进水平，使企业在没有进行较大投入、生产工人逐步减少的情况下，实现了啤酒灌装产量增长30多万吨，全员劳动生产率提高100%。创新“二元成本目标管理”办法，加强了对企业成本费用的全面控制，各项消耗指标显著下降，酒损率下降到4.35%的国际先进水平，仅酒损一项年均节约成本超亿元；综合能耗下降到87.458公斤/吨，年节约成本2000万元；各项能耗、物耗指标已跨入世界领先行列，如国际先进水平的每吨酒耗电为100千瓦·时，酒损率为5%～7%，而企业相应指标分别为89.79千瓦·时和4.35%，极大地促进了效益的增长。

公司以“高标准、高起点”为建厂原则，全面引进和消化国际上先进的啤酒生产技术和设备，包括快速发酵工艺、纯生啤酒生产技术等近三十项国际先进技术，填补了国内多项空白，奠定了企业在全国同行技术和装备水平的领先地位。目前珠江纯生啤酒生产能力达到20万吨。

公司组建了具有国际先进水平的技术中心，建立了新的技术中心大楼，投入了2000万元购进世界先进的检测仪器设备，建立了有利于技术创新和科技成果迅速转化的技术中心运行机制，投入巨资用于科研开发，形成了适应市场的产品结构，2002年新产品销售收入达到8亿元，新产品利税总额达2亿多万元，占公司利税总额的40%。2002年12月，技术中心被国家经贸委、国家财政部、国家税务总局、海关总署等国家有关部门认定为国家级技术中心，是全国啤酒行业三家国家级技术中心之一，也是广州市四家国家级技术中心之一。

从2001年底起，公司开始着手进行改制工作，经过资产重组，公司以与啤酒业务相关的经营性资产出资，引进外资、民营企业、战略投资者和技术权威机构等六家发起人，于2003年1月1日设立了广州珠江啤酒股份有限公司。全球著名啤酒制造商比利时英特布鲁啤酒集团作为外资加盟股份公司，以其雄厚的资金实力、先进的行业技术以及丰富的国际市场运作经验，为股份公司加快开拓国际市场的步伐提供便利和支持，将极大推进股份公司的国际化战略，有利于将珠江啤酒培育成为国际名牌；民营企业的加盟，有利于企业实现股权的多元化，建立完善的法人治理结构和有效的监督机制，促进股份公司的持续、稳定、健康发展。在股份公司中，公司国有持股60%，比利时英特布鲁国际投资有限公司外资持股24%，广州华仕投资有限公司等三家民营资本持股13.65%，中国食品发酵工业研究院等两家国有法人持股2.404%。公司通过实现从产品经营向品牌经营和资本经营的战略性转移，争取在“十五”期间形成150万吨的啤酒生产能力，到2010年形成啤酒产量规模400～500万吨、销售值200亿元，努力将珠江啤酒培育成为国际名牌。

# 中国长城葡萄酒有限公司

中国长城葡萄酒有限公司是一家专门生产和销售各种葡萄酒的企业。公司现已进入全国500家最大外商投资企业和520家重点企业行列，并被评为全国500家最佳经济效益工业企业、全国轻工优秀企业，全国食品行业优秀企业，外经贸部先进技术企业和河北省技术先导型企业等，无论是经营规模还是经济效益都名列全国同行业前茅。

公司从成立到现在经过了开业初期的艰难、1988年后的中兴和20世纪90年代以来的繁荣发展。到2000年，公司总资产已开业初期的2300万元发展到70008多万元，增长了29倍，企业呈现出空前喜人的生产和经营形势。以长城干白、干红葡萄酒为代表的系列产品畅销国内32个省市自治区，并远销20多个国家和地区，出口量占全国同类产品的40%以上。到目前公司产品已形成干、半干、半甜、甜、加香、起泡、白兰地等七大系列33个品种，满足了不同层次消费者的需求。龙头产品长城干白葡萄酒连续荣获国家七次金奖，11次国际评酒会、酒类赛会金、银奖，产品质量达到国际先进水平，被欧美专家誉为“典型的东方美酒”。长城牌葡萄酒被中国绿色食品发展中心认定为“绿色食品”。到目前公司产品已远销英国、德国、意大利、日本等20多个国家和中国香港地区，畅销全国各省、市、自治区，备受消费者青睐。

为适应市场的不断扩大和发展，增强企业竞争力，公司首先从1992年进行第一次技改，实现了年生产能力由3000吨增加到6000吨的技改目标；1995年进行的第二次技改，即被国家经贸委列入的“九五”一期“双加”工程，工程历时两年，投资2996万元，实现了由生产能力6000吨增长到10000吨的目标。紧接着，1997年公司的第三次扩产技改工程又被列入国家经贸委二期“双加”项目，并被轻工总会列为全国轻工行业“九五”期间酒类发展的“四个四”工程和河北省四大名饮工程。该工程总投资为人民币1.98亿元。到目前，经过多方协助和公司上下的奋力拼搏，二期“双加”工程已基本完成。通过二期“双加”技改工程的实施，公司年综合生产能力已达5万吨。

# 华夏葡萄酿酒有限公司

华夏公司成立于1988年，是中国首家专业生产干红葡萄酒的出口型企业，现隶属于世界企业五百强之一的中国粮油食品进出口（集团）公司。

自公司建厂以来，率先在国内严格按照“国际葡萄酿酒法规”生产，以“产地、品种、年份”三大模式走高品质路线，总体发展全方位与国际接轨。其产品华夏长城系列干红葡萄酒不仅填补了国产干红葡萄酒出口的空白，还出口欧美等十多个国家和地区，1998年被国家商检局评为“中国出口名牌”，并自1994年起，连续被国家评为“质量效益型先进企业”，先后获国内外大奖30余项。2000年获“中国著名葡萄酒保护品牌”，2002年获“中国名牌”和“中国驰名品牌”称号，同时，昌黎葡萄酒也被国家认命为第一批“原产地域保护”产品。

2002年，完成产量18630吨。企业荣获“国家第一批科技创新型星火龙头企业”和“农业产业化十强龙头企业”等一系列荣誉称号，跨越式实现了经济效益和社会效益的快速增长，“华夏长城”以强大的优势发展成为中国葡萄酒业三大品牌之一。

“绿色·陈酿、高效·创新、务实·诚信、品牌·领先”是公司一贯坚持的质量方针，现已形成三大系列几十个品种。其中有以1992、1994、1995年赤霞珠干红为代表的干红葡萄酒系列；有以1996、1998年霞多丽为代表的干白葡萄酒系列和桃红葡萄酒等长城牌系列葡萄酒，2001年又研制开发出6个新品种。产品继1989年荣获法国“第29届国际葡萄酒评酒会特别奖”和1990年巴黎“第14届国际食品博览会金奖”之后，2001年、2002年连续两年荣获上海“国际葡萄酒及烈酒评酒会”银奖。

2001年分别与西北农林科技大学和中国农业大学、江南大学合作研究葡萄品种的选育与栽培、葡萄酒酿造工艺和“AA级绿色食品基地”、“食品工业示范企业”建设项目。2002年申报了国家级“五万吨高档干红葡萄酒加工扩建工程及葡萄与葡萄酒研发中心建设项目”、“国家级科技创新型星火龙头企业”、“无公害葡萄生产关键技术集成与产业化示范”、“AOC级酿酒葡萄原产地项目研究—赤霞珠”等省级、国家级重大科研项目，并已被列入国家重点开发和扶持项目。2002年3月，被国家质量监督检验检疫总局评为“葡萄酒免检产品”；同年6月，被中国绿色食品发展中心认定为“AA级绿色食品”，成为国内首家达到世界最高标准的葡萄酒品牌。

华夏作为中粮酒业长城葡萄酒的龙头和

中国干红葡萄酒的骨干企业，近年来，不断加大投资力度，以规模化发展迎接全球酒市场竞争的挑战。连续三年投资扩建，新建10栋具有中国传统建筑特色的地下拱形酒窖，成为亚洲最大的地下花岗岩酒窖；从意大利引进10000瓶/小时和15000瓶/小时的两套全自动灌装生产线；进口优质橡木桶达到10000多个；同时引进多台速效冷冻机和国际领先水平的错流过滤机和葡萄酒分析仪等；扩建了一批贮酒罐和冷冻罐。实现了年生产能力3万吨规模。同时，按照国际模式建立了“国际酿酒葡萄示范园”，对葡萄基地规模化发展和新产品开发提供了第一手研究葡萄特性的资料。

一流的产地、一流的技术队伍、一流的设备，面临新的国际竞争，华夏公司将继续发挥强势品牌作用，到2005年年产量达到5万吨，实现生产程序智能化、控制系统自动化、计算机网络化、管理科学化，建成融生态环保、旅游观光与酒文化为一体的葡萄酒工业园，使华夏长城干红葡萄酒成为中国干红的第一品牌。

## 烟台张裕葡萄酿酒股份有限公司

2002年，是百年张裕走过的不平凡的一年。这一年，是张裕创建110周年，也是公司在各个方面取得突破性进展的一年。公司坚持以市场为中心的经营宗旨，以市场发展为主题，以调整产品结构为主线，注重品牌形象提升，注重企业文化建设，推进了人事、分配制度改革，保持了稳定的发展势头。2002年实现销售收入18亿元，利税4.3亿元。

近年来，张裕通过兼并、联合、划拨的形式先后接收了五个相关企业，由单一的葡萄酒生产经营企业发展成为以葡萄酒酿造为主，集保健酒与中成药研制开发、粮食白酒与酒精加工、进出口贸易、包装装潢、机械加工、玻璃制瓶、矿泉水为一体的大型企业集团。

2002年4月8日，张裕（泾阳）葡萄酿酒有限公司投产，公司坐落于陕西省素有八百里秦川之称的泾渭平原的泾阳县，占地2万平方米，固定资产投资1200万元，年生产能力5000吨，具备从原酒到成品全套的生产技术和条件，为张裕开发西部市场搭建了一个新的发展平台。

2002年，通过加大技术改造和固定资产投入，廊坊卡斯特·张裕公司实现了年产葡萄酒5000吨的能力，形成了从配酒到包装一应俱全的葡萄酒生产企业。

在质量管理上，2002年，张裕集团再获“全国质量管理先进企业”称号；张裕干红、干白被国家质量监督检验检疫总局批准为国家免检产品，并荣获产品质量免检证书。8月28日，张裕葡萄酒打上原产地域标志，首批通过国家质检总局“原产地域保护产品”的评审。产品的合格率保持在100%的水平。

另外，公司还开发了10个干红品种，5个干白品种的区域产品，“三星金奖白兰地”、“瓶式、罐式发酵香槟酒”、“特质三鞭酒”和“烟台老浆”也推广上市，“至宝三鞭丸”治疗血管性脑痴呆的研究，通过省科技厅的鉴定。2002年，张裕“解百纳”销售了近2500吨，比2001年增加了476吨；开发的新品种酒推出后，获得了市场的好评。庆典香槟、生日香槟，也为香槟酒的发展奠定了基础。

在技术中心建设上，完善了葡萄酒的小试设备条件，发酵中心二期工程的自动化控制水平填补了国内空白。2002年底，张裕集团技术中心被国家有关部门认定为“国家级企业技术中心”，成为行业内唯一一家国家级企业技术中心。

在葡萄收购和产品结构调整上，2002年共收购酿酒葡萄4.29万吨，采用了高科技电子测糖仪，色度、糖度均好于往年，果农对公司葡萄收购工作的满意度进一步提高。

110年大庆期间，张裕酒文化博物馆落成并正式对外开放。以历史的面貌真实再现的中西合璧的大门、古色古香的影壁、气势恢宏的工作楼和被誉为建筑史上之奇观的百年地下大酒窖，都是张裕历史文化的最好见证。这个省级文物保护单位、烟台市爱国主义教育基地不仅成为了百年历史的最好载体，而且是张裕工业旅游的龙头项目。

“十五”期间，张裕集团将加快发展步伐，积极寻求合资合作，不断壮大企业实力，争取实现销售收入50亿元，利税合计10亿元，进入世界葡萄酒业二十强，成为国际上著名的葡萄酒企业集团。2003年实现销售收入20亿元、利税5亿元的目标将为此提供有力的保障。

## 中法合营王朝葡萄酿酒有限公司

中法合营王朝葡萄酿酒有限公司是全国第二家、天津市第一家中外合资企业，专门从事生产和销售各类葡萄酒。公司创建于1980年，合资方为人头马亚太有限公司和香港国际贸易英得利有限公司。20多年来，企业始终坚持以市场为导向，以销售为龙头，坚持质量第一的方针走品牌发展之路，取得了长足的发展。建厂初期投资总额137.6万元，到2002年投资总额超过2亿元，资产总额已达到7亿元。规模从年产各类葡萄酒10万瓶发展到目前拥有2000万平方米葡萄基地，6个原酒加工厂，年产3000多万瓶的葡萄酒生产企业。近几年公司连续被评为“全国双优外商投资企业”、“中国食品行业质量效益型先进企业”、“全国质量管理先进企业”、“全国精神文明先进单位”、“天津市优秀企业”，2002年被全国总工会授予“五一劳动奖状”荣誉。

2001年累计销售各种葡萄酒2814万瓶，比上年同期增加536万瓶，增长23.5%；实现销售收入63510万元，比上年同期增加9359万元，增长17.3%；利税合计比上年增长14.7%。

2002年累计销售各种葡萄酒3277万瓶，比上年同期增加462万瓶，增长16.4%；实现销售收入73010万元，比上年同期增加9500万元，增长15%；利税合计比上年增长9.2%。

2001～2002年度开发了适销对路的新产品21个，新礼品包装9个。根据市场情况适时调整营销战术。灵活的营销机制使得王朝酒连年畅销在国内30多个省市、自治区，尤其在华东地区有着不俗表现。由于突出的销售业绩，行业权威机构连续3年授予王朝酒“全国市场同类产品销售前10名（第一名)”、“上海同类产品占有率第一名”、“天津市场畅销品牌”、“湖南市场占有率最高品牌”等荣誉。此外，产品出口20多个国家和地区。近两年新开辟了冰岛、阿曼、日本、中国台湾等四个国家的出口业务，并连续将干红、干白两个品种的散装酒出口到瑞士、德国两个国家，开创了行业内原酒出口欧洲的先河。

王朝公司始终如一地视产品质量为根本，视企业品牌为生命，追求优质产品，创造卓越品牌。从原料产地、国际标准认证、引进先进技术设备、规范工艺操作、加强包装研究等5个方面保证王朝酒“高档次、高质量、高服务、高享受”的定位。王朝牌系列葡萄酒被人民大会堂确定为“国宴用酒”并首批通过农业部“无污染、无公害、无病毒、营养丰富”的绿色食品鉴定。其中干红、干白等主要品种先后8次获国家级金奖、14项国际金奖。由于产品连续5年蝉联国际金奖，世界最高规格的布鲁塞尔国际评酒会授予了王朝公司“国际最高质量奖”。1992年王朝公司被获准以观察员身份加入了国际葡萄酒局，王朝酒也被国际葡萄酒局列为世界名酒行列。王朝商标已被国家工商局确认为“中国驰名商标”，品牌价值已达到24.33亿元，王朝系列葡萄酒全部被列为“质量安全国家标准合格产品”并荣获国家级免检证书。

加强设备技改，成功对法国引进的12000瓶/小时生产线安装了前后序自动设备。在原料、工艺、技术上不断求新，2001～2002年多项科技创新成果得到了认可。2002年公司被评为天津市“技术创新先进企业”。

2001～2002年，公司完成了企业内外部网络的扩建整合工作，建立起资源共享的信息平台。完成了白兰地车间改造和木桶车间改造。使高档波尔多干红酒和勃根地酒的年生产能力增加了一倍。合资建立了6000吨的宁夏天宫御马高档红酒原酒加工基地，使原酒加工基地增至6个，原酒处理能力超过3万吨。投入1800万元兴建占地1.8万平方米的五期辅料库工程。2002年王朝公司被列入天津市组织实施的大企业、大集团关键技术赶超国际先进水平计划。

# 烟台威龙葡萄酒股份有限公司

烟台威龙葡萄酒股份有限公司坐落在我国唯一的葡萄与葡萄酒城——烟台市，这里冬无严寒，夏无酷暑，气候宜人，年平均气温12℃，温和的海洋性气候与优良的土壤条件，极适于优质酿酒葡萄的种植，生产的葡萄与世界上最著名的法国波尔多地区葡萄品质相似，是海内外闻名的葡萄之乡，被人们誉为中国的波尔多。1992年，被国际葡萄·葡萄酒组织认定为亚洲唯一的葡萄与葡萄酒城。威龙公司所在地龙口市又是烟台地区优质酿酒葡萄的主要产区，1999年，龙口市成为山东唯一命名的葡萄之乡。

烟台威龙葡萄酒股份有限公司占地面积30万平方米，固定资产总值2.8亿元，工程技术人员146名，公司先后投入上亿元，在当地兴建了3处667公顷葡萄种植基地，葡萄种植基地总面积达到3335公顷，并在基地周围建设了5处发酵站，葡萄酒发酵能力达6万吨。近两年先后投入1亿多元，引进了国外全自动灌装生产线、酒石处理系统、真空过滤机等先进设备30多台套，年灌装生产能力为8万吨。威龙葡萄酒被国家绿色食品发展中心认定为绿色食品；一次性通过了国际ISO9001质量体系认证和ISO14001环境管理体系认证。1998年以来，威龙葡萄酒连续四年产销量位居同行业前两位；威龙干红葡萄酒连续四年荣获国家名牌称号，曾被中国消费者协会认定为国内葡萄酒行业唯一推荐品牌。2000年威龙葡萄酒及“威龙”商标又分别获得山东省名牌产品和山东省著名商标称号，2002年威龙干红、干白葡萄酒又被国家技术监督检验检疫总局授于首批国家质量免检产品称号。

# 通化葡萄酒股份有限公司

通化葡萄酒股份有限公司成立于1937年，地处景色幽雅，山青水秀的长白山脉西麓，是我国葡萄酒行业中的大型企业和对外出口葡萄酒较早的厂家之一。

通化葡萄酒股份有限公司现有职工1300人，其中各类专业技术人员300人，技术力量雄厚，职工素质高、设备精良、工艺先进。有着独特的传统酿酒工艺。现有葡萄酒生产线三条，饮料生产线二条、占地面积90000平方米、建筑面积50000平方米，有近500亩的葡萄栽培试验场，有世界一流的地下贮酒库，面积达10340平方米，可贮藏葡萄原酒18000余吨；在外埠有三处发酵基地，可加工和贮藏葡萄原酒20000余吨，年生产能力30000吨。恪守“质量第一、信誉至上”的生产服务宗旨、产品品种齐全，档次多样。

通化葡萄酒股份有限公司曾荣获轻工部“优秀质量管理企业”称号和吉林省“先进企业”及“质量管理奖企业”称号。

通化葡萄酒是以长白山脉野生山葡萄为主要原料，采用先进的科学技术和独特的传统工艺精制而成，以其醇厚的酒质、山葡萄独特的果香、清澈透明的感观，幽雅和谐的口味深受广大消费者欢迎和认可，被我国酿酒专家誉为世界葡萄酒中的一颗明珠。

通化葡萄酒从1960年开始被评为省、部、国家名酒和优质酒、荣获各种奖50余次，其中：金奖15次、银奖9次及其它奖励和荣誉称号。通化葡萄酒名列葡萄酒之冠，一直畅销国内外。自1954年对外出口以来，远销美国、德国、比利时、澳大利亚、俄罗斯、日本、马来西亚、韩国、中国香港等30多个国家和地区。

2001年1月15日，通化葡萄酒股份有限公司股票正式挂牌上市，强大的经济实力将使通化葡萄酒这一具有悠久历史的古老品牌更加放射出熠熠光彩。企业呈现出更加勃勃的生机，无论是在技术力量上，还是管理上都跃上一个新的台阶，成为国内一流的葡萄酒生产企业。

## 北京丰收葡萄酒有限公司

拥有667公顷绿色葡萄基地和国际一流的酿酒设备的北京丰收葡萄酒有限公司，生产工艺先进，检测手段完备，生产的“丰收”牌干红、干白葡萄酒、中国红葡萄酒、桂花陈酒、桂坊陈系列产品，质量上乘，远销欧美、东南亚各国。公司是“中国名牌产品”“国家产品质量免检”称号得主，连续四次被评为“北京市著名商标”，2002年获得“北京名牌产品”称号；在同行业中率先通过ISO9002质量管理认证体系，并获得“绿色食品证书”。“丰收”牌干红葡萄酒中的保健功效成分——白藜芦醇含量达到国际一流水平。“丰收”驰名中国，享誉海外，力酿国际一流品质葡萄名酒。

金氏
常州神果
Jinshi Group Changz
质量是成功的基石，ISO
是质量的保证。
热烈
欢迎
上级领导
莅临指导
董事长、总裁：金文宗
金氏集团
地址：江苏常州市武进区嘉泽镇闵墅
邮编：213152
联系电话：0519-6592077
传真：0519-6592077　6590778

# 集团
# 酿造有限公司

…enguo Wine Brewing Co.,Ltd

金氏集团是一家融科、工、贸于一体的高科技民营企业，下辖8家子公司。公司共有员工450人，总资产3亿元。常州神果酒酿造有限公司是其下属企业，是国内生产天然无花果系列保健食品的专业化厂家，产品质量可与日本同类产品媲美。工厂占地面积近20万平方米，现有无花果种植基地133万多平方米，年生产无花果系列酒5000吨等系列产品。

金氏神果酒（无花果酒），选用从日本引进的无花果优良品种“麦司依陶芬”，以不施农药、化肥和无污染条件下种植的新鲜熟果为原料，在洁净的食品生产环境下采用精湛的酿酒和灌装工艺酿制而成。产品保留了无花果的芬芳，口感清醇，回味悠久。该产品已获中国绿色食品发展中心颁发的绿色食品证书。

中国酿酒工业年鉴

附录

*Yearbook of China Alcoholic Drinks Industry*

# Appendix

# 国际酒业产、销等市场情况

## 2001～2002 年世界各国及地区啤酒产量

表 1 2001～2002 年世界各国及地区啤酒产量 单位：万千升

| 国家或地区 | 2000 | 2001 |
|---|---|---|
| **欧盟** | | |
| 德国 | 1104.30 | 1046.28 |
| 奥地利 | 87.50 | 98.00 |
| 丹麦 | 74.60 | 81.50 |
| 西班牙 | 264.00 | 250.00 |
| 法国 | 189.20 | 160.00 |
| 希腊 | 40.00 | 38.00 |
| 爱尔兰 | 87.10 | 74.00 |
| 意大利 | 125.75 | 110.00 |
| 荷兰 | 250.70 | 230.00 |
| 葡萄牙 | 64.50 | 70.00 |
| 英国 | 552.80 | 578.54 |
| 比利时 | 147.30 | 150.00 |
| 卢森堡 | 4.50 | |
| 瑞典 | 45.00 | 45.20 |
| 芬兰 | 46.10 | 43.47 |
| 总计 | 3083.35 | 2974.99 |
| **其它欧洲国家** | | |
| 阿尔巴尼亚 | 0.50 | 1.20 |
| 亚美尼亚 | 4.00 | |
| 白俄罗斯 | 23.70 | 18.00 |
| 波黑 | 11.00 | 4.00 |

续表

| 国家或地区 | 2000 | 2001 |
|---|---|---|
| 阿塞拜疆 | 0 | 0.60 |
| 保加利亚 | 41.10 | 53.20 |
| 克罗地亚 | 38.60 | 38.47 |
| 爱沙尼亚 | 9.60 | 10.70 |
| 格鲁吉亚 | 2.50 | 1.26 |
| 匈牙利 | 73.00 | 79.20 |
| 冰岛 | 1.05 | 0.30 |
| 哈萨克斯坦 | 9.00 | 11.50 |
| 吉尔吉斯斯坦 | 0 | 3.25 |
| 拉脱维亚 | 8.50 | 10.96 |
| 立陶宛 | 21.50 | 11.70 |
| 马其顿 | 6.60 | 5.70 |
| 摩尔多瓦 | 0 | 2.20 |
| 挪威 | 22.50 | 23.50 |
| 乌兹别克斯坦 | 8.00 | |
| 波兰 | 240.00 | 230.00 |
| 罗马尼亚 | 121.00 | 129.00 |
| 俄罗斯 | 550.00 | 524.50 |
| 斯洛文尼亚 | 25.00 | 19.00 |
| 斯洛伐克 | 47.60 | 40.00 |
| 瑞士 | 36.30 | 30.00 |
| 捷克 | 170.00 | 179.46 |
| 乌克兰 | 107.00 | 68.25 |
| 南斯拉夫 | 57.50 | 68.25 |
| 总计 | 1635.55 | 1564.47 |
| **海外省** | | |
| 瓜特罗普岛 | 0.30 | |
| 马堤尼克岛 | 0.70 | |

续表

| 国家或地区 | 2000 | 2001 |
| --- | --- | --- |
| 新喀里多尼亚 | 1.25 | 1.40 |
| 法属波利尼西亚 | 1.40 | 1.55 |
| 留尼汪岛 | 2.00 | 1.48 |
| 总计 | 5.65 | 4.43 |
| **非洲** | | |
| 阿尔及利亚 | 4.85 | 0.83 |
| 安哥拉 | 12.30 | 9.10 |
| 贝宁 | 3.90 | 2.55 |
| 博茨瓦纳 | 4.90 | 3.90 |
| 布基纳法索 | 5.00 | 6.00 |
| 布隆迪 | 9.95 | 10.00 |
| 喀麦隆 | 36.75 | 16.00 |
| 佛得角 | 0.50 | 0.06 |
| 刚果 | 5.30 | 3.30 |
| 科特迪瓦 | 10.50 | 13.50 |
| 中非共和国 | 1.80 | 1.10 |
| 埃及 | 10.80 | 4.17 |
| 埃塞俄比亚 | 13.00 | 28.55 |
| 厄立特里亚 | 2.00 | 3.57 |
| 加蓬 | 8.00 | 6.70 |
| 冈比亚 | 0.25 | |
| 加纳 | 9.00 | 11.00 |
| 几内亚 | 1.30 | 1.14 |
| 几内亚比绍 | 0.30 | 0.02 |
| 肯尼亚 | 24.10 | 26.00 |
| 莱索托 | 3.35 | 1.50 |
| 利比里亚 | 0.45 | 0.63 |
| 马达加斯加 | 6.80 | 3.00 |
| 马里 | 0.70 | |
| 马拉维 | 1.90 | 1.56 |
| 摩洛哥 | 7.80 | 10.25 |
| 毛里求斯 | 3.90 | 3.90 |
| 莫桑比克 | 10.25 | 4.80 |
| 纳米比亚 | 10.90 | |
| 尼日尔 | 0.70 | 0.40 |
| 尼日利亚 | 63.00 | 90.50 |
| 乌干达 | 13.75 | 8.50 |

续表

| 国家或地区 | 2000 | 2001 |
| --- | --- | --- |
| 南非 | 245.00 | *120.00 |
| 卢旺达 | 5.20 | 4.00 |
| 圣多美和普林西比 | 0.30 | |
| 塞内加尔 | 1.75 | 2.90 |
| 塞舌尔 | 0.70 | 0.68 |
| 塞拉利昂 | 0.90 | 0.22 |
| 斯威士兰 | 2.00 | 5.42 |
| 坦桑尼亚 | 18.65 | 18.00 |
| 乍得 | 1.30 | 0.80 |
| 多哥 | 2.50 | 2.10 |
| 突尼斯 | 10.70 | 4.70 |
| 刚果（金） | 19.05 | |
| 赞比亚 | 5.50 | 6.50 |
| 津巴布韦 | 12.40 | |
| 其它 | 5.00 | 6.63 |
| 总计 | 618.95 | 444.48 |
| **中东** | | |
| 塞浦路斯 | 4.50 | 3.69 |
| 伊拉克 | 0.50 | 6.83 |
| 以色列 | 6.60 | 6.40 |
| 约旦 | 0.45 | 0.80 |
| 黎巴嫩 | 1.00 | 0.97 |
| 马耳他 | 0.90 | 1.92 |
| 叙利亚 | 1.00 | 1.05 |
| 土耳其 | 69.00 | 67.60 |
| 也门 | 0.05 | 1.38 |
| 总计 | 84.00 | 90.64 |
| **远东** | | |
| 缅甸 | 0.60 | |
| 柬埔寨 | 1.80 | |
| 中国 | 2200.00 | **2447.36 |
| 朝鲜 | 0.50 | 8.84 |
| 韩国 | 185.70 | 148.66 |
| 中国香港 | 4.80 | |
| 印度 | 55.00 | 43.30 |
| 印度尼西亚 | 17.10 | 12.70 |
| 伊朗 | 1.50 | |

续表

| 国家或地区 | 2000 | 2001 |
|---|---|---|
| 日本 | 710.00 | 554.52 |
| 老挝 | 0.50 | 3.18 |
| 马来西亚 | 13.00 | 13.20 |
| 尼泊尔 | 2.00 | 2.10 |
| 巴基斯坦 | 0.30 | 1.30 |
| 菲律宾 | 122.00 | 79.00 |
| 新加坡 | 7.80 | 10.57 |
| 斯里兰卡 | 4.20 | 1.73 |
| 中国台湾 | 39.70 | |
| 泰国 | 115.50 | 116.53 |
| 越南 | 74.30 | 51.40 |
| 其它 | 0 | 1.31 |
| 总计 | 3556.30 | 3495.70 |
| **中美洲** | | |
| 伯利兹 | 0.75 | |
| 哥斯达黎加 | 12.00 | 4.36 |
| 萨尔瓦多 | 9.00 | 9.77 |
| 危地马拉 | 12.00 | 10.30 |
| 洪都拉斯 | 10.00 | 8.70 |
| 尼加拉瓜 | 5.50 | 5.46 |
| 巴拿马 | 13.00 | 14.61 |
| 总计 | 62.25 | 53.20 |
| **加勒比海** | | |
| 荷兰安的列斯群岛 | 1.25 | 0.91 |
| 巴哈马 | 1.40 | |
| 巴巴多斯 | 0.70 | 0.80 |
| 古巴 | 22.00 | 21.00 |
| 多米尼加 | 32.00 | 35.00 |
| 海地 | 2.00 | |
| 牙买加 | 9.00 | 6.80 |
| 圣基茨岛 | 0.20 | 0.26 |
| 圣卢西亚岛 | 0.60 | 1.43 |
| 波多黎各 | 3.50 | |
| 圣文森特岛 | 0.40 | 0.05 |
| 特立尼达和多巴哥 | 3.00 | 0.80 |
| 总计 | 76.05 | 67.05 |
| **南美洲** | | |

续表

| 国家或地区 | 2000 | 2001 |
|---|---|---|
| 阿根廷 | 127.00 | 120.90 |
| 玻利维亚 | 18.00 | 15.00 |
| 巴西 | 850.00 | 650.00 |
| 智利 | 50.00 | 31.00 |
| 哥伦比亚 | 160.00 | 64.00 |
| 厄瓜多尔 | 21.00 | 19.00 |
| 圭亚那 | 4.00 | 1.30 |
| 巴拉圭 | 13.00 | 21.00 |
| 秘鲁 | 60.00 | 85.60 |
| 苏里南 | 1.00 | 1.50 |
| 乌拉圭 | 9.00 | 11.50 |
| 委内瑞拉 | 184.00 | 175.60 |
| 总计 | 1497.00 | 1196.40 |
| **北美洲** | | |
| 加拿大 | 230.00 | 240.00 |
| 美国 | 2325.00 | 2340.00 |
| 墨西哥 | 602.50 | 517.00 |
| 其它 | 0 | 0.52 |
| 总计 | 3157.50 | 3097.52 |
| **大洋洲** | | |
| 澳大利亚 | 171.50 | 176.50 |
| 新西兰 | 29.80 | 29.00 |
| 其它 | 9.50 | 7.04 |
| 总计 | 210.80 | 212.54 |
| **世界总产量** | 13987.40 | 13201.42 |

备注：资料来源FAO（联合国粮农组织）

＊：此数据可能有误。

＊＊：此数据可能含中国香港和中国台湾的产量。

（木　子　摘译自BIOS，2002，No. 6）

## 2001年世界啤酒消费量前二十位国家

据日本啤酒协会公布的数字，2001年世界啤酒总消费量为13934.7万千升，比2000年又增长了2.1%。排位中可看到，大部分国家的位置变化不大，只有韩国由2000年的第十九位上升到2001年的第十五位；另外，乌克兰由2000年的第二十五位晋升到第二十位，2000年的第二十位荷兰列2001年的第二十一位。

表2 2001年世界啤酒消费量前二十位国家

| 2001年排位 | 国家 | 消费总量（万千升） | 构成比（%） | 增长率（%） |
|---|---|---|---|---|
| 1 | 美国 | 2348.5 | 16.9 | 1.3 |
| 2 | 中国 | 2243.9 | 16.1 | 1.8 |
| 3 | 德国 | 1085.0 | 7.8 | 5.3 |
| 4 | 巴西 | 839.0 | 6.0 | 1.6 |
| 5 | 日本 | 711.9 | 5.1 | 0.3 |
| 6 | 俄罗斯 | 634.6 | 4.6 | 14.5 |
| 7 | 英国 | 582.3 | 4.2 | 2.1 |
| 8 | 墨西哥 | 511.0 | 3.7 | 2.1 |
| 9 | 西班牙 | 294.3 | 2.1 | 2.0 |
| 10 | 波兰 | 239.5 | 1.7 | −2.7 |
| 11 | 南非 | 239.4 | 1.7 | 1.1 |
| 12 | 法国 | 213.1 | 1.5 | −0.5 |
| 13 | 加拿大 | 212.1 | 1.5 | −8.1 |
| 14 | 委内瑞拉 | 204.5 | 1.5 | 27.8 |
| 15 | 韩国 | 169.3 | 1.2 | 8.5 |
| 16 | 意大利 | 166.9 | 1.2 | 2.5 |
| 17 | 哥伦比亚 | 163.9 | 1.2 | −3.2 |
| 18 | 澳大利亚 | 162.3 | 1.2 | −4.9 |
| 19 | 捷克 | 159.7 | 1.1 | −1.7 |
| 20 | 乌克兰 | 131.0 | 0.9 | 27.6 |

## 2001年人均啤酒消费量前二十位国家

据日本啤酒协会公布的数字，2001年人均啤酒消费量前三名的位置依然由捷克、爱尔兰和德国保持着。上升较快的是委内瑞拉，由2000年的第十五位上升到2001年的第十一位。其它国的位置变化不大，葡萄牙由2000年的第二十位下降为第二十一位，波兰由2000年的第二十一位晋升到第二十位。

另外，2001年中国的人均啤酒消费量为17.5升，与2000年持平。日本的人均啤酒消费量以55.9升列第二十三位，日本2000年的排位是第二十七位。

表3 2001年人均啤酒消费量前二十位国家

| 2001年排位 | 国家 | 人均消费量（升） |
|---|---|---|
| 1 | 捷克 | 155.5 |
| 2 | 爱尔兰 | 148.3 |
| 3 | 德国 | 123.1 |
| 4 | 奥地利 | 106.2 |
| 5 | 卢森堡 | 104.4 |
| 6 | 丹麦 | 98.6 |
| 7 | 比利时 | 98.0 |
| 8 | 英国 | 97.1 |
| 9 | 斯洛伐克 | 88.4 |
| 10 | 澳大利亚 | 85.6 |
| 11 | 委内瑞拉 | 83.1 |
| 12 | 美国 | 82.4 |
| 13 | 荷兰 | 82.3 |
| 14 | 芬兰 | 80.2 |
| 15 | 新西兰 | 80.0 |
| 16 | 西班牙 | 74.5 |
| 17 | 加蓬 | 71.5 |
| 18 | 匈牙利 | 70.1 |
| 19 | 加拿大 | 68.3 |
| 20 | 波兰 | 62.0 |

## 世界十二大啤酒酿造、麦芽制造公司

据Malteurop报道，截至2002年3月底，世界十二大啤酒酿造公司及十二大麦芽制造公司（麦芽公司和啤酒公司的麦芽厂）排名依次如表4、表5。

**表 4　　世界十二大啤酒酿造公司**

| 啤酒公司 | 产量（万千升） | 发展区域 |
|---|---|---|
| Anheuser－Busch(美国) | 15500 | 欧洲、南美洲、中国 |
| Interbrew(比利时) | 9000 | 世界 |
| Heineken(荷兰) | 8800 | 世界 |
| AmBev(巴西) | 6300 | 南美洲 |
| S. A. B(英国) | 6000 | 非洲、中欧、中国、中美洲 |
| Carlsberg(丹表) | 5400 | 西欧和中欧 |
| Miller(美国) | 5200 | 美国 |
| Scottish & Newcastle(英国) | 3700 | 西欧和中欧 |
| Modelo(墨西哥) | 3600 | 墨西哥 |
| Kirin(日本) | 3500 | 亚一太地区 |
| Foster's(澳大利亚) | 2900 | — |
| Guinness(爱尔兰) | 2700 | — |

**表 5　　世界十二大麦芽制造公司**

| 麦芽公司 | 2000～2001 年产量(估计数)吨 |
|---|---|
| Soufflet(法国) | 1273000 |
| Cargill(美国) | 1250000 |
| Conagra(美国) | 1240000 |
| Malteurop(法国) | 946000 |
| IMC(法国) | 750000 |
| Greencore(爱尔兰) | 660000 |
| Rahr(美国) | 530000 |
| Weissheimer(德国) | 510000 |
| Heineken(荷兰) | 450000 |
| 麦芽公司 | 2000～2001 年产量(估计数)吨 |
| AmBev(巴西) | 410000 |
| Anheuser－Busch(美国) | 400000 |
| GMC/Ningbo(中国) | 400000 |

（木　子　摘译自 BIOS，2002，No. 5）

## 世界啤酒大麦、麦芽产量简介

2001 年世界啤酒大麦主要产区的产量达到了 2000 万吨左右。各主产区的产量依次为：欧洲＞1000 万吨；美国 260 万吨，澳大利亚 210 万吨，加拿大 180 万吨，CEEC150 万吨，南美洲＜100 万吨，中国 70 百万吨。

2001 年世界麦芽主要产区的产量达到了 1700 万吨左右，各主产区所占的百分比依次为：欧洲 55%，NAFTA19%，亚洲 12%，南美洲 8%，大洋洲 4%，非洲 2%。2001 年世界麦芽贸易量大约 500 万吨。

### 1. 啤酒大麦行情

据各种信息分析，世界啤酒大麦市场正进入一次迅猛上涨的行情，2002 年 11～12 月份，中国港口的澳大利亚啤酒大麦价格达到 2000～2100 元/吨的销售价格；2003 年 1～3 月份将达到 2100～2300 元/吨，并且在 2003 年的 9～10 月份前甚至有可能出现 2400～2600 元/吨的价格。而法国和国产大麦的价格也将与澳大利亚大麦之间保持合理的差价，共同达到历史上的相对高点或最高点。据全国麦芽协会提供的法国啤酒大麦报价，法国三个港口的离岸价从 2002 年 11 月 5 日～12 月 3 日分别上浮：春麦＋7.01 美元/吨；6 棱冬麦＋7.34 美元/吨；春麦＋1.82 美元/吨。分别由 12 月 3 日的 168.93 美元、149.95 美元、156.63 美元/吨，至 12 月 10 日增长到 170.68 美元、150.78 美元、160.41 美元/吨。

这一事实的结果将是：啤酒产业 2003 年将面临全球性原料紧缺。目前，跨洲啤酒大麦的交易量为 400 万吨左右。世界上啤酒大麦的供应国主要有 4 个，分别为澳大利亚、加拿大、法国和丹麦。中国是最大的买家，购买量占贸易总量的一半。

由于世界市场啤酒大麦最大的供应国澳大利亚出现罕见的干旱气候，澳大利亚 2002～2003 年度的产量比上一季度（2001～2002）减少了约 40%～50%，即澳大利亚新季度啤酒大麦的数量约为140万～150万吨，除去本国的消耗以外，最多不超过90万吨大麦可以向世界市场出口，比正常年份至少减少了90万～100万吨左右。

加拿大也由于气候反常，今年产量出现大幅度的下降。加拿大小麦局在2002年8～9月间突然宣布加拿大将在2002～2003年季度退出小麦和大麦的出口市场，并已证实，加拿大已经陆续采购了30万吨以上的欧洲啤酒大麦。种种迹象表明，加拿大已经没有能力继续向世界市场出口，由出口国转为进口国。

据Malteurop2002年9月评估，2002～2003年度欧盟的大麦种植面积为1074万公顷，种植面积最大的四国为：西班牙330万公顷，德国198万公顷，法国161万公顷，英国107万公顷。欧盟所产啤酒大麦的供、需及差额见表6。

**表6　啤酒大麦的供、需、余额表**

单位：万吨

| 国家 | 啤酒大麦产量 | 啤酒大麦需求量 | 差额 |
|---|---|---|---|
| 法国 | 356.1 | 163.5 | 192.6 |
| 荷兰 | 17.6 | 30.5 | －12.9 |
| 德国 | 172.3 | 256.2 | －83.9 |
| 意大利 | 6.7 | 7.8 | －1.1 |
| 英国 | 210.0 | 182.1 | 27.9 |
| 爱尔兰 | 20.2 | 20.0 | 0.2 |
| 丹麦 | 122.2 | 30.5 | 91.7 |
| 希腊 | 0 | 5.0 | －5.0 |
| 葡萄牙 | 0 | 9.0 | －9.0 |
| 西班牙 | 55.0 | 52.5 | 2.5 |
| 比利时/卢森堡 | 0.8 | 76.8 | －76.0 |
| 瑞典 | 27.5 | 20.0 | 7.5 |
| 芬兰 | 21.2 | 22.0 | －0.8 |
| 奥地利 | 18.4 | 14.6 | 3.8 |
| 总计 | 1028.4 | 890.5 | 137.5 |

由此表可见，欧盟的啤酒大麦出口基本正常，仍将保持130～140万吨的啤酒大麦出口能力。

综上所述，目前世界大麦市场在需求量基本上没有变化的情况下，实际供应量减少了约160万～180万吨，这是导致啤酒大麦价格从2002年8月以来疯狂上涨的最直接的原因。

**2. 2001年欧盟麦芽产量**

据《Organisations professionnelles》报道，2001年欧盟的麦芽产量达到了749.3673万吨，比2000年减少了7089吨。欧盟中，麦芽产量位于前三位的是：德国207万吨，与上年持平；英国159.9277万吨，比上年增加了31617吨；法国141.2396万吨，比上年减少了40705吨。其它国麦芽产量依次为：比利时80万吨，西班牙39.8万吨，丹麦25.5万吨，荷兰24.8万吨，芬兰18.9万吨，瑞典16.4万吨，爱尔兰16万吨，奥地利12.8万吨，意大利7万吨。

**3. 2001年捷克、斯洛伐克和匈牙利的麦芽出口概况**

2001年捷克、斯洛伐克和匈牙利的麦芽出口量分别达到了140871吨、119197吨、40117吨，三国出口量为300185吨，较上年度减少了92088吨。2001年进口捷克麦芽最多的是波兰84456吨，其次为奥地利10846吨，斯洛文尼亚8464吨，巴西7000吨，德国5748吨，斯洛伐克5391吨。进口斯洛伐克麦芽最多的也是波兰达81081吨，其次为罗马尼亚11012吨，乌克兰5532吨，FYRM3780吨，捷克3525吨，匈牙利3524吨。进口匈牙利麦芽最多的是俄罗斯20682吨，其次为克罗地亚5392吨，格鲁吉亚5058吨，罗马尼亚2877吨。日本曾在1999、2000年度分别进口捷克麦芽6644吨和6589吨，2001年减少到108吨。日本2001年进口匈牙利麦芽18吨。中国曾在1999年进口匈牙利麦芽1吨。

**4. 2001年美国麦芽出口概况**

据法国《Malteurs》报道：美国2001年的麦芽出口量为131473吨，比2000年增长了10084

吨。美国出口到欧盟的麦芽产量为 115 吨，进口量最大国为英国 100 吨。出口到拉丁美洲的为 81274 吨，进口量最大国为墨西哥 79946 吨，略高于上年度 266 吨；其次为加拿大 1908 吨，高于上年度 1414 吨。出口到亚洲的为 48176 吨，高于上年度 8157 吨。进口量最大国为日本 47140 吨，高于上年度 11168 吨；其次为菲律宾 1017 吨，比上年度减少 887 吨。中国近两年未进口美国麦芽，1999 年进口过 926 吨。另外，中国台湾、中国香港在 2001 年分别进口了 17 吨和 2 吨，香港 2000 年进口美国麦芽 553 吨。

## 2001 年世界啤酒花生产概况

2001 年 11 月，英国啤酒花协会在伦敦召开了会议。负责人 James Mackrill 对英国和全球的啤酒花作物的收成作了总结。2001 年两个主要啤酒花生产国和其他生产国的啤酒花种植面积和产量及质量情况如下：

德国啤酒花种植面积增加了 2%。达 19000 公顷。尽管 Tettnang 遭遇冰雹的损害，但德国啤酒花产量和 α一酸含量均稍高于平均值。产量为 604000 公担（上年为 585830 公担）。

美国的啤酒花种植者自觉地尝试减少种植面积，使产量下降了 1%。但因受水灾和冰雹及高温的影响，高 α一酸品种的计划未能实现。总产量为 591000 公担（上年 613046 公担）。

捷克共和国的啤酒花种植面积增加了 2.7%，达 6620 公顷，产量增加了 4.4%，质量属于平均水平。

英国 2001 年的啤酒花种植面积和产量分别从 2000 年的 2014 公顷和 53284 公担下降到 1945 公顷和 52200 公担。由 HRI Wye 的 Peter Darby 博士研究开发的矮品种酒花的种植量约占总面积的 10%。下一步，他将致力于提高啤酒花对霉变、蚜虫及土壤病原菌的抵抗能力。他希望 8 年之内 HRI（国际啤酒花研究所）将培育出更具抗病力的啤酒花新品种，减少农药的使用量。目前，英国对一种具有高抗病力的新啤酒花品种正进行田间试种。

与 2000 年自然灾害条件下的啤酒花收成相比，2001 年斯洛文尼亚的啤酒花产量非常出色。

南非种植的啤酒花品种全都喜获丰收，产量提高，尤其突出的是 Golden Promise 和 Outeniqua。

澳大利亚和其他欧洲国家的啤酒花属正常平均水平。

中国在新疆和甘肃共种植啤酒花 4298 公顷，并在颗粒酒花的加工和萃取设备上进行了大量投资，以保证对收获酒花作物的加工处理，包括全部高 α一酸品种。中国啤酒市场的继续扩大，对全世界的啤酒花种植者提供了很好的机会。

一般来讲，啤酒花市场的发展趋势是：长期固定合同正在萎缩。现实中存在的 α一酸少量过剩和啤酒花的大量库存、提高啤酒花利用率的技术进步以及全球范围内啤酒工业的联合等因素，共同削弱了啤酒花市场。势必造成世界啤花种植量下降。

但是，啤酒花种植者也明白，种植面积的减少需要用高 α一酸品种和富含芳香物质的品种的来平衡，以保持其原来的业务量。一些啤酒酿造商预测，他们所需的啤酒花，无论在类型或品种上，都不会短缺，而且价格也基本可以接受。

HRI 的 Pefer Darby 总结了 20 年来英国啤酒花工业所取得的技术进步。今后对啤酒花的研究重点将继续在育种上：对更耐普通害虫的品种、更高 α一酸含量的品种、适于酿造商要求的高芳香物含量的品种的选育。

（宜 轩 摘译自《The BREWER International》，2002，1 月）

# 世界啤酒市场的新趋势

对于发展极不均一的世界啤酒市场，可概括为：西方国家的啤酒消费量持久停滞，而东方国家的啤酒消费量强劲增长。尤其是在日本、北美和西欧的成熟市场上，都显露出了这些发展趋势。在世界啤酒竞争激烈的市场上，发展的关键是啤酒产品的创新与包装。

## 1. 包装与产品

在啤酒的包装方面，近些年的新事物是PET瓶的出现。最初的PET瓶用于啤酒的灌装要追溯到20世纪70年代，但那时的PET瓶没有获得预期的成功。随后，新型PET瓶的开发，新技术对气体和氧渗透的控制以及良好性能的吹塑设备最终为PET瓶在玻璃瓶和饮料盒的市场上赢得了占有市场份额的机会。近年来，随着新形状、新颜色、新瓶盖系统、新规格……包装产品的层出不穷，使玻璃瓶和饮料盒的市场开发始终没有停止过。

在世界啤酒产品的创新方面，观察到了许多的现象。首先，令人惊奇的是，在过去的一些年里，在一些啤酒酿造的区域里出现了许多新的微型啤酒厂。这一趋势主要表现在欧洲的大部分国家、日本、加拿大和美国的酿造区域。微型啤酒厂在公众方面取得的成功部分取决于其典型的、有特色的和不是很传统化的啤酒的推出。而且，目前的趋势是：当今的消费者非常注重健康和是否有益，他们的消费趋势是喝得少，但要喝好。

## 2. 啤酒的产品

面对市场的竞争，啤酒在产量上的竞争不是很明显，但在产值上的竞争却是非常激烈的。国际上大规模啤酒企业都建议要生产一些以啤酒为基料的新型饮料。

这些已开发的和已商业化的啤酒新产品，其风味不是传统性的。例如，著名的樱桃啤酒Kriek。同样还有很传统方法的混合啤酒，例如Picon啤酒或很传统的Monaco（一种啤酒和石榴汁混合的啤酒）。此种类型的啤酒种类是很多的，但混合啤酒的趋势是很流行的。例如，最近Heineken在法国推出的一种以柠檬皮调味的“33Export demi rondelle”。这种混合啤酒的消费有时是令人惊奇的。例如，在德国销售的啤酒可乐（beer cola）。另外，在一些宗教国家和一些法律要求尊重传统的国家中对所有的新产品进行测试的结果表明，这些混合啤酒的产品极具吸引力。在美国，来自啤酒酿造商的创新是推出了以麦芽为基料的替代传统啤酒和饮料的，尤其是替代软饮料的“麦芽替代饮料”。

投放市场上的新产品有时也要适应一些其它的需要，例如逃避沉重的税收。例如，日本在Happu－Shu上所获得的惊人业绩。在日本，对啤酒的税收不是以酒精度计算，而是以麦芽的使用量计税。这种Happu－Shu的酒精度与传统的啤酒一样，但由于其麦芽用量少（25%以下），从而得以少交税。

在这些新产品中，哪一种产品能够在内容物和包装上有所创新，就越有希望获得成功。实际上，如果在这两个因素上没有创新的话，要想使产品与众不同就越来越困难了。人们还可以设想出未来的一种以啤酒为基料，西瓜口味的即食饮料将出现在机械封盖的瓶装市场上由Fischer所推出的，并获巨大成功的Desperados啤酒（一种风味啤酒）证明了其在啤酒上的创新包装，该啤酒是第一个被灌装于长颈（鹅颈）、丝漆印的白玻璃瓶中的啤酒。

在此形势下，市场营销人员的想象力很难构画出啤酒这种传统饮料的未来。

（木　子　摘译自《BIOS》，2002，No. 6）

## Bud 被命名为世界上最有价值的啤酒

在国际品牌咨询机构对 2002 年全球 100 个最有价值的品牌排名中，BUDWEISER 公司的王牌啤酒 Bud 值 114 亿美元，比上年该品牌的价值提升了 5%，排在第 33 位。入围这 100 个品牌的啤酒一共仅两个，另一个是 Heineken 的 Dutch，排在第八十八位，品牌价值为 24 亿美元，该价值也比上年提升了 5%。

保持在第一位的是可口可乐，品牌价值为 696 亿美元，是 Bud 的 6 倍。排在第 2～10 名的品牌依次是 Microsoft、IBM、GE、Intel、Nokia、Disney、McDonal's、Marlboro 和 Mercedes。

入围 2002 年世界上 100 个最有价值的品牌的其它含酒精的饮料品牌包括：Bacardi（第 78 名，品牌价值 33 亿美元，同比上升 4%）；Smirnff（第 84 名，27 亿美元，5%）；Moet Chandon（第 87 名，24 亿美元，－1%）；Johnnie Walker（第 97 名，17 亿美元，持平）；Jack Daniel's（第 98 名，16 亿美元，持平）。

（宜 轩 摘译自《BREWERS' guadian》，2002，8 月）

## 美国的酒精产销情况

2002 年美国酒精的总生产能力为 875.4 万吨，其中合成酒精 51.4 万吨，发酵酒精 824 万吨。企业和生产能力情况如下表。

**表 7 2002 年美国酒精生产企业和生产能力情况表** 单位：万吨

| 公司 | 地址 | 能力 |
|---|---|---|
| 合成品小计 | | 51.4 |

续表

| 公司 | 地址 | 能力 |
|---|---|---|
| Dow 化学 | 得克萨斯州得克萨斯城 | 36.3 |
| Equistar 化学 | 伊利诺伊州塔斯科拉 | 15.2 |
| 发酵品小计 | | 824 |
| Ace 乙醇 | 威斯康星州斯坦利 | 4.5 |
| Adkins 能源 | 伊利诺伊州利纳 | 12.1 |
| AE Staley 制造 | 田纳西州劳登 | 19.6 |
| Ag 加工 | 内布拉斯加州黑斯廷斯 | 15.7 |
| Agri 能源 | 明尼苏达州 Luveme | 6.4 |
| Alchem | 北达科他州格拉夫顿 | 3.3 |
| Al—com 清洁燃料 | 明尼苏达州克莱尔蒙特 | 10 |
| 美国农业技术 | 蒙大拿州大瀑布 | 9 |
| Archer Daniels Midland | 艾奥瓦州锡达拉皮兹 | |
| | 艾奥瓦州克林顿 | |
| | 内布拉伊加州哥伦布 | |
| | 伊利诺伊州迪凯特 | 303 |
| | 明尼苏达州马歇尔 | |
| | 伊利诺伊州波奥利亚 | |
| | 北达科他州沃尔哈拉 | |
| Badger 州立乙醇 | 密西西比州门罗 | 12.1 |
| BCI 路易斯安那 | 路易斯安那州詹宁斯 | 6 |
| Cargill | 内布拉斯加州布莱尔 | 35.7 |
| | 艾奥瓦州埃迪维尔 | |
| 明尼苏达中央乙醇 | 明尼苏达州小瀑布 | 6 |
| Chief 乙醇燃料 | 内布拉斯加州黑斯廷斯 | 18.7 |
| Chippewa Valley 乙醇 | 明尼苏达州本森 | 6 |
| Com Plus | 明尼苏达州温纳贝戈 | 13.3 |
| Dakota 乙醇 | 南达科他州文特沃斯 | 14.2 |
| Denco | 明尼苏达州莫里斯 | 6 |
| 乙醇 2000 | 明尼苏达州宾厄姆湖 | 9 |
| Exol | 明尼苏达州艾伯特利 | 11.2 |
| Glacial Lalces 能源 | 南达科他州 Watertown | 13.6 |
| Golden Triangle 能源 | 密苏里州克雷格 | 6 |

续表

| 公司 | 地址 | 能力 |
|---|---|---|
| Gopher 州立乙醇 | 明尼苏达州圣保罗 | 4.5 |
| 谷物加工 | 艾奥瓦州马斯卡廷 | 3 |
| Heartiand Com 产品 | 明尼苏达州温斯罗普 | 10.6 |
| Heartiand 谷物燃料 | 南达科他州阿伯丁 | 6.6 |
| | 南达科他州休伦 | |
| High Plains | 堪萨斯州科尔威奇 | |
| | 新墨西哥州波塔利斯 | 25.7 |
| | 内布拉斯加州约克 | |
| 密执安乙醇 | 密执安州卡罗 | 13.6 |
| MGP 中间体 | 勘萨斯州艾奇逊 | 26 |
| | 伊利诺伊州北京(Peikin) | |
| 中西部谷物加工 | 艾奥瓦州拉科塔 | 13.6 |
| 明尼苏达能源 | 明尼苏达州布法罗湖 | 5.4 |
| 新能源 | 印第安纳州南本得 | 28.7 |
| 密苏里东北谷物 | 密苏里州梅肯 | 6.6 |
| 北方轻乙醇 | 南达科他州大石城 | 13.6 |
| Pro—Com | 明尼苏达州普雷斯顿 | 12 |
| Quad 国立谷物加工 | 艾奥瓦州加尔瓦 | 5.4 |
| Reeve Agr—能源 | 堪萨斯州加登城 | 3.6 |
| Siouxland 能源/家畜公司 | 艾奥瓦州苏森特 | 4.2 |
| 萨斯兰协会 | 内布拉斯加州萨斯兰 | 4.5 |
| Tall Com 乙醇 | 艾奥瓦州库恩拉皮兹 | 13.6 |
| Tri—州立乙醇 | 南达科他州罗肖尔特 | 5.4 |
| US 能源伙伴 | 堪萨斯州拉塞尔 | 12 |
| US 液体 | 肯塔基州路易斯维尔 | |
| | 佛罗里达州巴托 | 3.6 |
| | 加利福尼亚州 Cucamonga | |
| Villiams 生物能源 | 伊利诺伊州北京(Pelking) | 40.8 |
| | 内布拉斯加州奥罗拉 | |
| 其他 | | 19 |
| 总计 | | 875.5 |

需求　美国工业用酒精需求量（包括合成品和发酵品）2000年为81.65万吨，2001年为81.3万吨，预计2005年达86.8万吨。燃料、食品和饮料需求量（全部为发酵品）2000年为507.4万吨，2001年为542.8万吨，预计2005年升至843.7万吨。

消费构成　在工业（合成）酒精方面，溶剂用占60%（盥洗品和化妆品33%、涂料和油墨占30%、洗涤剂和家用清洁剂占15%、处理用溶剂占10%、外用药品占7%、其他5%），化学中间体占40%（丙烯酸乙酯占27%、蒸馏醋占25%、乙胺类占13%、醋酸乙酯占10%、乙二醇醚占8%、其他17%）。在发酵、酒精方面燃料占92%，工业溶剂和化学品占4%，饮料占4%。

市场趋势　美国乙醇的经济形势受联邦政府优惠税收政策的影响，税收规定使酒精零售价下降0.52美元/加仑。工业酒精市场稳定，不受燃料领域价格波动的影响。

美国工业酒精大部分应用领域业已成熟，溶剂用乙醇是挥发性有机溶剂，因此其年均增长率仅为0.7%。作为其他化学品衍生物用中间体，乙醇已被低价品所替代。不过目前仍有一些行业使用乙醇（醋酸乙酯、丙烯酸乙脂、乙胺类、乙二醇醚类和蒸馏醋），其增长率为0%～2%，总增长率为1.6%。

展望未来　到2005年美国燃料用酒精需求量预计将达到846.7万吨。酒精需求对政治因素极为敏感，因此市场存在诸多不确定因素。大部分工业酒精用作矿物燃料的替代物。

美国众议院和参议院一旦推出能源法案，酒精的需求预计将攀升，到2012年产能将增加1倍。目前美国（主要是中西部）年消费酒精约635万吨。

（摘自《精细与专用化学品》2003，No. 11）

# 企业名录

## 【青海青稞酒业（集团）有限责任公司】

青海青稞酒业（集团）有限责任公司，在省、地、县各级政府的正确领导和有关部门的大力支持下，圆满完成了全年的工作任务与各项经济指标，其中税金、销售收入、工业总产值等几项指标再度成为被人关注的经济亮点，2002年度位居青海省上缴税收大户企业前列，受到青海省人民政府的表彰。

2002年9月公司取得了ISO9001：2000质量体系认证证书和产品认证证书，为"互助"牌青稞酒产品全面走向国际市场、与国际质量管理接轨奠定了基础。研制开发的养生王酒和青稞基酒项目被省经贸委列入省级重点技术创新项目，该项目立项起点高，具有较高的科技含量和良好的市场前景，使集团综合势力得到进一步增强。

2002年，生产系统依照新的运行机制，以目标成本管理为立足点，以市场需求为导向，密切配合销售公司保证产品如期供应，在改进生产工艺、加大科技投入、调整产品结构、研发新产品等方面做了大量的工作。全年共完成工业总产值1.12亿元，比2001年同期增长8.77%，生产白酒16026.7吨，同比增长9.86%，实现销售收入20654万元，同比增长21.46%，实现税（费）7160万元，同比增长44.78%，上缴税费6143万元，同比增长16.2%，实现利润50.77万元，各项经济指标较去年均有一定幅度的提高。

为了提高生产效率，促进工作进程，不断加强现场管理，完善考核制度，全面引入激励机制。从年初开始，深挖潜力，厉行节约，提高原料利用率。在生产过程中积极地提倡创新管理，实施目标成本管理办法，极大地增强了职工的节约意识，有力地扼制了跑、冒、滴、漏的现象，使粮食、煤、电几项单耗较2001年均有所降低，特别是在流动资金严重不足、银行贷款比2001年大幅度下降的情况下，为确保生产的正常运行，偿还银行贷款2640万元。

改进设备，完善工艺，提高生产率。包装车间、酿造车间、锅炉车间、印刷系统进行较大规模的技术革新，节约粮食、能量、材料、原煤、包装等方面有了新的进展，建立微机监控系统，杜绝发放过程中的作弊现象，车间现场管理纳入科学运行轨道，取得了良好的成绩。

营销系统举措新颖，市场份额稳中有升。

2002年是公司成效显著的一年，也是经历考验的一年。对于营销系统来讲，白酒产品竞争激化，商家纷纷抢占市场，对公司的产品仿冒、假冒程度加重，经销、贸易两个公司经住了更多的考验、应对了严峻的挑战。近年来，事实已经证明，以往形成的市场格局和销售策略已无法适应日益壮大的规模和猛增的酒产量的形势，既要稳定大基地、大市场，又要走出去做终端、抢机遇。第一，努力实现"互助"牌青稞酒进入省外主流市场的目标；第二，营销策略由单一化向多元化转变，要求在实践中培养一批精明强干的销售队伍和建构新的经营方略。

地址：青海省互助县威远镇西街6号
邮编：810500
电话：0972－8323892　8322525
传真：0972－8323892　8322525

## 【河南省宋河酒业股份有限公司】

河南省宋河酒业股份有限公司属国家大型一类企业，全国十七大名酒生产企业之一。主要生产中国名酒“宋河粮液”、河南优质产品“鹿邑大曲”及其系列产品。主导产品“宋河粮液”1979年被评为河南省名优产品，1984年获轻工部银杯奖，1988年在全国第五届名酒评比中，以其稳定的质量，保持了中国名酒的地位和“中国名酒”称号，被列为省重点保护产品，省卫生系统免检产品，省著名商标等荣誉。

公司拥有规模宏大的酿酒工业园区，占地面积80万平方米，建筑面积45万平方米，是年产曲酒4万余吨的大型一类企业。曾跻身于全国工业企业经济效益500强，河南工业企业10强，成为全国明星企业。企业先后荣获：全国“五一”劳动奖状、国家一级计量单位等50余项国家、省级殊荣。建立有完善的现代化生产设施和严密的质量检测体系，2001年率先在河南同行业通过国家环保达标的ISO9001:2000版国际质量管理体系认证。

2002年4月份，按现代企业制度的要求，进一步深化企业体制改制，对股权资本重新整合，国有股退出经营，辅仁集团以占80%以上的股份控股；经营宋河，企业产权关系与体制发生了“质”的变化，实现了由国有国营、国有民营到民有民营的彻底变革。民营一年来，宋河的品牌优势、技术优势和辅仁的机制优势、资本运作优势得到了有机结合，使优势更优，强势更强。全年销售收入同比增长36.6%，产销率达97.6%，同比增长49%，税金同比增长50%，先后荣获市、县级先进单位。

宋河酒业不仅拥有现代化的酿酒生产设备、精密质量检测和完善的计量设备，而且具有配套齐全的白酒科研、实验设备。河南省白酒研究所就坐落在“宋河工业园区”，拥有先进的分析化验、水质处理、白酒固形物处理等高科技设备。技术、科研队伍实力雄厚。专业技术人员中，大专以上文化程度92人，中级以上职称25人，初级以上职称170人，其中国家级评酒员1名，省级评酒员6名，地级评酒员30多名。多年来一直致力于白酒的开发和研究工作，在制曲、发酵、蒸馏、贮存、勾兑等工艺研究方面取得了很大的成绩，先后获省级以上科研成果10多项，在省内外专业杂志上发表学术论文上百篇，这些成果的推广和应用为河南乃至全国白酒的发展起了积极的推动作用。创新白酒的品质，使宋河的口感和独特的浓香型风格更为明显，在广大消费者中，赢得名牌的地位。

地址：河南省鹿邑县枣集镇
邮编：477261
电话：0394－7556357　7556201
传真：0394－7556300

## 【桂林三花股份有限公司】

桂林三花股份有限公司始建于1952年10月，曾名桂林酿酒厂、桂林饮料厂、桂林酿酒总厂。经过50年的艰苦创业，该公司从建厂初期时的17名职工、几十平方米厂房、3500元固定资产，发展为占地37000平方米，总资产1.4亿元，最高年利税突破5000万元广西白酒龙头企业。公司主要产品有白酒、啤酒和果露酒。主导产品桂林三花酒源于唐代，有上千年酿造历史，被誉为“桂林三宝”之首。桂林三花酒是用桂北优质大米酿制，没有任何填充料，酒质极为洁净。1957年桂林三花酒获中国小曲酒评比第一名。1963年第二届全国评酒会起，历届被评为国家优质酒，蝉联银质奖章，被国家权威部门确定为中国白酒五大香型之一——米香型白酒的代表，1992年又获国际食品博览会金奖。

2001～2002年该公司紧紧围绕“规范管理依法治企，质量为本求生存，拓展空间求发展，调整产品结构求效益”的工作方针，面对增加从量消费税和白酒市场不规范的严峻形势，积极拓展市场，加大调整产品结构力度，实现了企业经济效益的持续健康稳步发展。两年共实现工业总产值（现行价）11932万元，销售收入11923万元，利税6462万元，利润1075万元。2001～2002年该公司获“中华老字号”称誉、“桂林市利税超千万元企业”、“桂林市‘诚信纳税人’”称号、“桂林牌”三花酒再次荣获“广西名牌产品”、“桂林牌”桂花酒荣获“广西优质产品”等荣誉。

质量是企业的生命。公司遵循“传统工艺技术创新，科学管理精益求精，上乘品质顾客满意，产品升级保银争金”的质量方针，严格按ISO9002国际质量体系标准进行过程质量控制，对原辅材料、半成品、成品实行质量监控。从原料进厂到成品出厂，每一瓶酒都必须经过43道检验。2001年公司投入10万元研究三花酒安全度过夏天新工艺，使设备利用率提高了15%，创造经济效益50万元以上。2001、2002年公司连续通过了国家质量认证中心的复查，为2003年向ISO9001:2000的转版奠定了坚实的基础。2002年5月份，公司通过了区级、国家级审核组的审核，成为广西第一家全国第63家获得原产地标记注册的单位。

市场是企业生存和发展的基础，国家税收政策的调整和白酒市场不规范竞争使企业面临严峻的挑战。公司加大调整产品结构力度，以市场为导向，积极开发适合市场需求的产品。2001年，该公司投放市场的新产品有26度、32度桂林老陈酒、象山藏酒、百年桂林三花酒、青花梅瓶桂林三花酒等近10个品种。2002年开发了28度山水瓶三花、38度红盖头乳白酒三花、26度三花春、桂林三花福、黑啤和绿啤、100毫升磨砂桂花酒等，特别是挖掘传统古方开发研制“老桂林”酒，一上市便风靡桂林，并得到了中国白酒专家的一致好评。2003年10月，中国白酒专家沈怡方、高景炎、陶家池、毛照显齐聚桂林，对公司技术和生产设备、工艺管理极为惊叹，盛赞为“小曲酒传统工艺和现代科技结构的典范”。对老桂林酒更是赞不绝口，欣然题词：“极品老桂林”。

2003年公司遵循“与时俱进研拓新境界，调整结构增添新力量，科技创新注入新活力，拓展市场开创新局面”的工作方针，继续加大产品结构调整力度，重点发展适应市场需求的中高档产品，形成系列，向做多种香型发展，拓展公司中高档产品在市场的覆盖率和占有率，并向省外发展。进一步完善法人治理机构，健全各项管理制度，完善组织机构人员，使公司的一切运作在法制轨道内稳步进行。

地址：广西省桂林市上海路25号

邮编：541002

电话：0773－3834782

电话：0773－3835289

## 【广东佛山市太吉酒厂有限公司】

广东佛山市太吉酒厂有限公司，是一家通过ISO9001：2000国际质量体系认证的企业。其前身是始于清朝道光年间的“陈太吉老酒庄”，至今已有170多年历史，以善酿纯正米酒饮誉中外。佛山市太吉酒厂有限公司秉承了“陈太吉老酒庄”传统独特的酿造工艺，以100%精选大米为原料，以优质肥肉在陈年酒埕中长期浸酿，再以陶制酒缸陈藏，是最传统、最正宗的“豉香型”白酒的典型代表。“石湾牌”系列米酒是广东省率先获得“国家银质奖”称号的米酒产品。“石湾牌”也是广东省著名商标。

以石湾米酒、特醇米酒为代表的石湾系列米酒具有“玉洁冰清，豉味独特，醇和细腻，余味甘爽”的特色，广为世界各地米酒消费者所喜爱，是较早出口海外的米酒产品。近来推出的“太吉百年”、“太吉博士”酒更是得到全国白酒权威专家的高度评价，称之为“酒海一绝，南国精品”，是中国酿酒工业协会的监制产品。

“说者谓水质佳良、米料充足、酒缸陈旧，三者兼备斯其味独醇……”

——《佛山忠义乡志。道光卷》

清朝道光年间，从小在酒坊内耳濡目染的翰林学士陈太吉先生，谙熟酿酒工艺，以“缸埕陈酿”酿出了豉香独特的“陈太吉”米酒，醇滑甘爽、入口顺喉，深受八方乡里的喜爱，并远销中国香港、中国澳门、东南亚等地。“陈太吉”米酒，就是现在石湾米酒的老祖。

石湾系列米酒有“石湾牌”石湾米酒、特醇米酒、石湾醇酒、石湾双蒸、滴珠糯米酒以及女性保健酒——姜酒、糯米酒等，具有“玉洁冰清、豉香独特、醇和细腻、余味甘爽”的特色。石湾系列米酒继承了陈太吉老酒的传统酿酒工艺：精选100%优质大米为原料，真材实料，以精白肥肉在陈年酒埕内长期酝浸，使米酒的酒香和肥肉的肉香融合而成独特的“豉香”，再以陶制酒缸陈藏而成，豉香浓郁、醇和甘爽。因此留下美名“玉冰烧”，在许多古书都有记载。

太吉酒厂在稳固和提升现有产品质量的基础上，以市场及消费者为导向，加强新产品的开发，使石湾系列米酒更加多元化、系列化、高档化，是太吉酒厂又一经营策略。香醇了170多年的石湾系列米酒，不但畅销广东、广西、福建，还远销中国香港、中国澳门等地，同时出口世界各地：东到美国、加拿大，南到澳大利亚、南非及越南、新加坡、马来西亚等地。

太吉酒厂，致力于醇香美酒事业，追求永无止境！

地址：广东省佛山市石湾镇太平街106号
邮编：528031
电话：0757－82271670　83397895
传真：0757－82266961　82272346

## 【甘肃皇台酿造（集团）有限责任公司】

甘肃皇台酿造集团是以甘肃皇台实业（集团）有限责任公司为核心，构建的西北最大的以白酒、食用酒精、葡萄酒、养殖、种植、科技开发、物业管理为主导的跨行业、跨部门的集工、农、商、贸、服务于一体的国有大型企业集团。现拥有总资产6.6亿元，是目前甘肃最大的白酒酿造企业。公司因技术设备先进，检测手段完善，管理体系科学，被国家经贸委等六部委审定变证进入全国大型一档工业生产企业，并被甘肃省人民政府列为甘肃省30家建立现代企业制度试点单位之一，批准组建企业集团授权经营国有资产。

公司生产的凉州皇台、凉州牌两大系列的产品全部达到了国家优级品标准，尤其名牌产品凉州皇台牌金皇台以质量上乘，品质卓越，挑战传统口感概念的优势，入榜甘肃省首批陇货精品，甘肃省第一、二届驰名商标，并被党和国家领导人以及白酒专家誉为“南有茅台、北有皇台”而蜚声海内外，并屡次在国内外重大酒类展评会上荣获殊荣，连年列入国家名优酒调拨计划，畅销全国 20 多个省、市、自治区，还远渡重洋，销往美国、日本、东南亚诸国及港台地区。

地址：甘肃省武威市西关区新建路 55 号

邮编：733000

电话：0935－6139885

传真：0935－6139888

## 【江苏省丹阳酒厂】

江苏省丹阳酒厂创建于 1958 年，是目前国内甜型黄酒生产厂家之一，厂区占地面积 8.4 万平方米，建筑面积 6 万平方米，固定资产总值 3100 万元，现有职工 350 人，其中专业技术人员 120 人，以生产黄酒类产品为主，主导产品有封缸酒、老陈酒、黄酒。2001、2002 年的销售产值分别达 1790 万元和 1808 万元，同时，南京、上海等大城市销售额有了大幅度提高；2002 年老陈酒还远销日本。

2001 年以来，厂部对黄酒、勾兑、包装三个生产车间实行了全面考核，车间狠抓现场管理，建立了关键工序质量控制点，职工 50％的工资与质量考核挂钩，使职工的质量意识、工作责任性普遍得到了加强，从而确保出厂产品 100％合格。2001 年 11 月企业通过了 ISO9002 国际质量体系认证评审工作，2002 年 4 月该厂封缸酒、老陈酒经江南大学分析测试中心检测均含有 17 种氨基酸，营养价值极高。

2002 年根据营养性、功能型黄酒走俏的信息，该厂适时开发了六年陈天香楼营养黄酒，由于酒味醇正，品味适宜，包装精美，投放市场后，深受消费者喜爱。

**5. 企业荣誉**

①2001 年 11 月本厂通过 ISO9002 国际质量体系认证。

②2001 年被江苏省技术监督局授予“江苏省计量确保合格单位”。

③2001 年“旦阳牌”封缸酒被评为“第七届江苏省食品博览会金奖”。

④2001 年“旦阳牌”老陈酒在第三届中国黄酒节上被评为“保持行业名牌”称号。

⑤2001 年本厂黄酒系列产品作为“江苏省名特优食品”代表镇江市参加首届中国国际农业博览会，深受海内外客商好评。

⑥该厂被丹阳市工商局评为“连续 14 年重合同守信用企业”。

⑦2002 年本厂通过国家出入境检验检疫局“出口食品卫生注册”评审。

⑧2002 年本厂“丹阳黄酒”通过国家质量监督检验检疫总局“原产地地域保护标志”评审。

⑨2002 年本厂“旦阳牌”注册商标被镇江工商行政管理局授予“镇江市知名商标”。

⑩本厂黄酒系列产品被推荐为镇江市“2002 年度安全、卫生、放心食品”。

地址：江苏省丹阳市华阳路 25 号

邮编：212300

电话：0511－6523233　6522074

传真：0511－6521918　6522448

## 【浙江致中和酒业有限责任公司】

浙江致中和酒业有限责任公司是 1998 年 1 月 1 日，由百年老厂——原国营建德市严东关五加皮酒厂进行整体改制而设立的股份制企业。公司主导产品“致中和”五加皮酒，现已经国家卫生部审批为功能型保健酒，还被评为省名牌产品、“致中和”品牌被评为浙江省著名商标等等；到目前“致中和”品牌已初步在市场与消费者中确立地位，尤其在江、浙、沪、赣等地区，已有较为广泛的知名度；五加皮酒等各类保健酒的年生产能力1.5万吨，实际产销量达到1.2万吨，已成为全国大型的五加皮酒生产基地，在全国同行中名列前茅；2001年公司同时还生产具有卫生部批文保健型滋补酒回春酒与香红酒。改制以来，产销量连年攀升，企业所付出的努力不仅使一个原先已陷入困境的企业得以起死回生，而且使建德“致中和”和“严东关”这一具有三百年历史的传统品牌、历史文化在今日得到更好的继承和发扬，“致中和”五加皮酒是中国传统养身实践和生命科学的智慧结晶。

2002年，公司在册职工173人，其中专业技术人员44人；注册资本4068.68万元，拥有固定资产2205万元，资产总额6254万元；全年实现产值5034万元，比上年增长21.62%；销售收入5361万元，比上年增长24.15%；创利税1819万元，比上年增长7.63%；开发新产品4个，实施技术改造项目4个；技术改造投资216万元，基地建设投资95万元。

“致中和”具有深厚的历史文化内涵，是建德的传统产品、著名特产，已有上千年历史，素负盛名。“致中和”牌五加皮酒始创于1763年，由于配方严格，酿制精心，品质优良，风格独特，当时就独领风骚。

公司坚持可持续发展的方针，加强各项管理，对品牌建设进行了大量的研究投入，在保持原有传统品质的基础上加大科研开发，提高产品内在质量，在竞争日趋激烈的环境中，取得了一定的发展，于2002年被国家卫生部正式批准为功能型保健滋补酒。

公司在生产管理方面建立与完善了一系列规章制度，并通过ISO9001：2000认证换版。

经过公司全体员工的辛勤耕耘，已经建立了完善的营销体系，产品生产依托科技进行，大力改善生产条件，生产以传统的工艺辅之现代的技术。公司拥有较强的技术实力、先进的工艺设备、完善的检测系统。2002年公司评为建德市的重点骨干企业和纳税大户，企业现成为工商银行杭州分行AA级信用等级企业、建德市重点骨干企业、杭州市的优强中小企业。2002年公司先后评为重点工业企业和纳税大户、浙江省诚信示范企业、质量管理先进企业，于2002年通过ISO9001：2000质量管理的换版认证。公司在多年评为建德市“重合同守信用”单位的基础上，2001年获浙江省“重合同守信用”单位、2002年被认定为全国“守合同重信用”单位、浙江省“首批诚信示范企业”。

地址：浙江省建德市科技工业园区

邮编：311607

电话：0571－64643793

传真：0571－64643793

## 【天津绞股兰酒业有限公司】

随着市场经济的发展，物质生活水平的提高与保健意识的增强，人们饮酒的目的逐渐发生变化，不仅要求白酒具有其自身的基本作用，而且还希望具有营养保健功能。宴宾牌绞股兰保健白酒是公司为了满足广大饮酒者的需要。从1992年开始的科研项目，它以双轮底发酵的优质大曲酒和绞股兰为原料，对绞股兰白酒的生产工艺进行了深入研究，经反复试验，于1995年一种先进成熟的生产工艺终于研制成功。经查新检索，该工艺填补了国内空白。用该工艺生产的绞股兰白酒微黄透明，无悬浮物，无沉淀，既保留了双轮底窖酒的传统风味和绞股兰特有的甘甜口感，又具有营养保健功能。投放市场后，深受广大消费者的欢迎，并得到营养专家认可。产品产量不断增加，提高了经济效益。1997年10月绞股兰白酒被卫生部审查批准为保健白酒。该酒具有抗疲劳、耐缺氧等保健作用。1997 年 12 月获天津市科技成果鉴定证书。1999、2002、2003 年被评为天津市名牌产品。

天津绞股兰酒业有限公司技术力量雄厚，检测设备齐全，采用科学的管理，年生产能力达 0.6 吨。主要产品有宴宾牌绞股兰保健白酒、宴宾牌白酒、滋补酒、玫瑰露酒、宴宾酒、春酩液等 40 余个品种。

地址：天津市静海县津德路 35 号

邮编：301600

电话：022－68682363　68681253

传真：022－68696348

## 【河北衡水老白干酿酒（集团）有限公司】

河北衡水老白干酿酒（集团）有限公司成立于 1996 年 11 月，其前身河北衡水老白干酒厂，始建于 1946 年，经过五十多年的发展，规模不断扩大，现已是国家大型一档企业，中国白酒行业老白干香型中规模最大的生产企业。拥有员工 4000 人，总资产 5 亿元，占地 11.33 万平方米。主要产品年生产能力：白酒 2 万吨、啤酒 8 万吨。年产值 2.3 亿元、销售收入 3.2 亿元、利税 6800 万元。集团下设一个控股子公司（河北裕丰实业股份有限公司）、五个全资子公司及一个参股公司。

衡水老白干酒有着悠久的酿造历史，据文字记载可追溯到汉代（公元 104 年），知名天下于唐代，正式定名于明代，并以“醇香清雅，甘洌丰柔”著称于世。几十年来，我们把现代化管理与传统的工艺相结合使产品质量不断提高，产品品种不断增加，目前已形成了从 67 度到 38 度几十个品种规格的老白干系列白酒，由国家卫生部批准的卫食健字号（2002）衡水牌松鹤酒；啤酒也相继生产开发出 10 度普啤、干啤，11 度普啤、冰啤，12 度特制啤酒、鲜啤等九州啤酒系列；兴亚饲料形成了肉鸡、蛋鸡和猪的全价料、浓缩料、预混料等 20 多个品种系列。公司产品以优良的质量多次在重大评比中获大奖，衡水老白干酒 1994 年被河北省技术监督局批准为河北省首批质量免检产品，1997 年被省“质量兴省、名牌兴企”战略小组、省经贸委、省技术监督局列为河北省重点名牌产品，居河北“六大名酒”之首。九州啤酒在 1999 年被河北省轻工厅命名为“轻工名牌”产品，兴亚饲料在河北省首届农产品博览会上被评为“河北省农业名优产品”。养元核桃乳是中国大陆率先通过美国 FDA 标准的饮品，并完成在美国 FCE 和 SID 注册。该集团主导产品衡水老白干酒于 1994 年通过国家方圆质量认证委员会的产品质量认证，1995 年通过该委员会的质量体系认证。

河北裕丰实业股份有限公司于 1999 年底由该集团做为主发起人联合京安集团等 6 家发起人以发起方式设立，是全国农业产业化重点龙头企业，于 2002 年 10 月在上海证券交易所上市，成为衡水市第一家上市公司。

公司的总体规划是：以衡水老白干酒为龙头产品，向生物工程、农业产业化方向发展；以裕丰公司上市为契机，以项目建设推动企业发展，大力推进机制创新、技术创新和管理创新，不断增强企业的整体素质和市场竞争力，到 2005 年建成跨地区、跨行业，集科、工、贸为一体的大型企业集团。

地址：河北省衡水市人民东路 39 号

邮编：053000

电话：0318－2120905

传真：0318－2023634

## 【内蒙古巴特罕酒业股份有限公司】

内蒙古巴特罕酒业股份有限公司是于2000年3月在原国有企业莫旗啤酒厂的基础上改组设立的民营股份制企业。1981年企业初创时以30.2万元启动资金开始经营，1983年6月产品投放市场。经过全体员工20年的艰苦创业、滚动发展和高效运作，累计实现利税20999万元，累计实现利润8043万元。现公司为自治区政府给予优惠政策扶持的41家重点企业之一。公司占地面积10.3134万平方米，建筑面积1.2626万平方米。企业总资产1.1亿元，拥有自然人股东450人，员工320人，各类专业技术员78人。企业啤酒总生产能力8万吨（其中普啤能力6万吨，高档纯生啤酒生产能力2万吨），白酒生产能力0.8万吨；饮料、纯净水生产能力各为0.5万吨。“巴特罕”牌啤酒、白酒、饮料，纯净水等系列产品共20多个品种，高中低档规格种类齐全，适应各类消费层次与品位需求。产品销往黑龙江、吉林、辽宁、河北、山西、广西等外埠市场并出口蒙古人民共和国，在国内外建立销售网点达400余处，使区外市场销售率达70%以上。

企业生产设备精良先进，拥有两条每小时1.6万瓶灌装线和一条国际一流水平每小时2万瓶高档纯生啤酒的灌装线（仅该线就投资5000万元），一条年产0.5万吨听装啤酒生产线，年产0.1万吨扎啤、桶装生啤的生产经各一条，年产30万只塑料啤酒包装箱设备一套。锅炉、酿造、制冷、包装为啤酒8万吨、白酒0.8万吨生产能力全部进行现代化装备配套。

企业技术力量雄厚，科技攻关能力较强。企业科研中心配有世界先进的日本岛津公司的气相色谱仪和美国产顶空进样装置及一些国产先进检测设备等一应俱全，全部资产达400多万元。科研人员全部为大专以上学历，其中高级工程师、工程师共30多人，由于企业采用激励机制，使科学成果不断涌现。

巴特罕牌啤、白酒历年来在国内外多次获奖。11度“巴特罕”啤酒1993年在新加坡国际饮料博览会上获“金质奖”；1994年被中国绿色食品发展中心批准使用“绿色食品”标志（1998、2001年复评再次通过）；1995年获内蒙古自治区首批“名牌产品”（1998年复评再次通过）；1997年获全国食品行业“名牌产品”；52度“巴特罕”白酒1994年被中国酒饮品评审委员会评为“中国优质精品金奖”。1998年12月，“巴特罕”被自治区工商局评为自治区著名商标（2001年复评再次通过）；2000年7月公司开始拥有进出口企业经营权；2000年12月公司顺利通过ISO9002国际质量管理体系认证。2001年12月，公司被认定为国家级高新技术企业。公司现已实现了制度创新、管理创新和技术创新，为参与市场竞争奠定了坚实的制度、管理、技术等方面基础。

2002年公司各项经济指标情况：销售啤酒34481吨；实现工业总产值4230万元；工业增加值3196万元；销售收入5597万元；实现利税2444万元；实现利润961万元。

地址：内蒙古莫旗尼尔基啤酒厂路

邮编：162850

电话：0470－4614017

传真：0470－4614017

## 【太原酒厂】

太原酒厂始建于1950年，是太原市唯一专业酿酒的“中华老字号”国有企业。50多年来，企业始终坚持诚信、质量、效益的经营方针，以发展为主题，以调整为主线，以创新为动力，内强素质，外塑形象，走出一条从小到大、由弱到强的成功发展之路。

“口口晋泉酒，品品好生活”。50多年来，公司始终把质量生产作为永恒主题，精心打造诚信晋泉的质量品牌与服务品牌，按照ISO9001:2000国际管理质量体系标准，全面贯彻八项原则。

质量塑造了品牌，赢得了信誉。晋泉牌产品先后多次被评为部优、省优、山西名牌产品、山西著名商标，荣获国际国家食品博览会优质银奖、银杯奖、银爵奖和省城上帝杯等奖项，2001年获国家质量达标食品，2002年被授予中国名优白酒信誉品牌，成为享誉三晋的知名名牌和民牌产品。

近几年来，公司开发生产的山西老酒，以其营养、安全、卫生的特点开辟了饮品新领域，多年来畅销不衰，成为潜力产品；开发生产的晋祠贡酒，以其兼香型的特点，实现了山西白酒开发的新突破。2001年，太原市委市政府将这两大系列产品命名为“太原市酒”和“公务招待用酒”。2002年和2003年，该厂再次对市酒上档次，开发出山西老酒五年陈酿、十年陈酿、二十年陈酿等系列新产品和42度山西老酒新包装，使市酒不断迈上新台阶。

目前公司固定资产由建厂初17.55万元现在发展到3600万元，年产量由建厂初103.3吨现在提高到8000多吨，主导产品由建厂初单一高粱白酒现在发展到八大系列40个品种，累计创利税相当于国家建厂总投资的189倍，1990年被晋升为国家中型一类企业，多年保持山西白酒第二、太原市商贸系统第三利税大户。

太原酒厂做出贡献，赢得荣耀，先后被评为全国商办工业百强、全省商办工业二十强、省级先进企业、科技先导型企业、“九五”食品工业先进企业，多年保持超千万元纳税贡献户、市先进企业、模范企业、文明单位，成为全市50家潜力产品项目企业之一。

地址：山西省太原市大东关街12号
邮编：030013
电话：0351－4424410
传真：0351－4424410

## 【江西赣南果业股份有限公司赣州酒业分公司】

赣南果业赣州酒业分公司，是江西赣南红土地上的上市公司“赣南果业”的骨干企业，是江西省5家重点酿酒企业之一。公司主要从事白酒、黄酒、果酒等产品的生产与销售。公司坐落在国家级历史文化名城赣州市章贡区内，占地面积27177平方米，现有职工309人，各类专业技术人员50人。公司总资产达10085.65万元，生产能力1.5万吨。

赣州酒业公司的前身——赣州酒厂，具有100多年的酿酒历史和辉煌业绩。1989年来连续14年实现税利超千万元。连续4年实现税利总额位居江西省同行业前列，是我国500家最大饮料生产厂家之一，也是江西省“省级先进企业”。1997年10月作为主要发起人之一，组建了江西赣南果业股份有限公司。2000年5月赣州酒业公司啤酒生产性资产与北京燕京合资，成功组建了燕京啤酒（赣州）有限责任公司。

赣州酒业公司始终把创新作为企业的发展动力，坚持以市场为中心，以质量为保证，向管理要效益。在行业竞争极其激烈的形势面前，努力拼搏、不断进取。2002年实现销售收入6738.88万元、净利润1206.57万元。公司各主要产品在赣州市的综合市场占有率为26%。

赣南果业赣州酒业公司的主要产品有：

（1）“章贡”牌章贡王系列酒

公司的章贡王系列酒除39度和53度外，均为浓香型白酒，包括：50度金品章贡王、35度精品章贡王，28度、39度和53度普通章贡王，52度和35度千禧章贡王，42度福星高照章贡王，38度金玉满堂章贡王等。其中，35度精品章贡王是江西省名酒，在1999年5月的贵阳会议上，栗永清等国家评委对她的评价是："入口绵甜、香味较谐调、余味长。"；39度和53度章贡王是全国食品行业名牌产品。

(2)"章贡"牌章贡酒系列

"章贡"牌章贡酒系列，是公司的传统主导产品，长期以来一直受到广大消费者的关爱。该产品分50度、49度、46度、39度普通章贡酒、45度章贡福、章贡大曲、章贡头曲和高粱章贡酒、50度吉祥如意章贡酒、38度杯装章贡、章贡谷烧和章贡大曲（袋装）等。该系列产品具有："透明清亮，芳香馥郁，酒体谐调，醇和绵软"等特点。多年来保持了省优质产品称号，被江西省技术监督局列为"江西省重点保护产品"。

(3)"国儒"牌中国儒酒

该系列产品分为52度、50度、45度、35度和28度五种。"国儒"牌中国儒酒属浓香型白酒。

地址：江西省赣州市张家围路36号

邮编：341000

电话：0797－8138829

销售热线：0797－8115008

## 【湖北浠水天宝酒业有限公司】

湖北浠水天宝酒业有限公司属国内合资股份制企业，现有员工262人，其中营销及管理人员50人，中高级工程技术人员7人。公司本部和灌装分厂地处浠水县城，酿酒分厂设在水陆交通便利的兰溪镇，总占地面积约9.4万平方米，建筑面积2.8万平方米，拥有白酒、饮料生产设备60台（套），年生产能力8000吨，资产总额2600多万元，负债总额1500多万元。厂区内电力装机容量630千伏安，供电、供水、供气设施齐全。公司水源取自无污染的浠水河，水质各项指标均达到饮用水标准。公司质量检测能力较强。有比较完善的管理体系和营销网络。是湖北省十五家重点白酒生产企业之一。

公司生产的产品主要有三大类，40多个品种，以天宝十年陈酿酒为代表的浓香型白酒，以糯米美健酒为代表的糯米滋补酒，以高粱酒为代表的米香型白酒，产品多年来畅销鄂东南地区，深受用户的好评，并且先后获湖北工业精品名牌消费品展销会银奖、省消费者满意杯金奖、省优和楚天地产优质酒等荣誉，糯米封缸酒获国家轻工业部优质产品称号。品牌主要有："天宝"、"状元郎"、"闯爷"、"绿阳桥"等四大系列，其中天宝品牌先后四次获得"湖北省著名商标"称号。

面向新世纪的竞争，天宝酒业公司确定今后的发展战略是：充分利用设备、厂房和区位优势，依托政府的大力支持，寻求挂靠大企业，开拓市场，加快发展。

公司热忱欢迎新老客户光临惠顾。

地址：湖北省浠水县清泉镇宪司坳街18号

邮编：436200

电话：0713－4233585　4230399

董事长、经理：刘新建

## 【四川八百寿酒业有限公司】

四川八百寿酒业有限公司其前身是国营彭山县酒厂，系彭祖家传作坊，于1956年公私合营组建而成。1994年企业进行了股份制改造，2000年资产重组后更名为"四川八百寿酒业有限公司"。公司现有固定资产5000万元。职工300多人，占地面积30000平方米，拥有彭祖、八百寿两大系列20多个产品，年生产能力10000多吨。公司生产、检测、开发、管理、营销体系完善，技术队伍精良，检测分析设备先进，产品销往全国20多个省、市、自治区以及东南亚和俄罗斯等近10个国家和地区，是四川省浓香型优质酒的主要生产基地之一。彭祖老窖特曲、彭祖头曲曾先后荣获中商部优质产品金爵奖、四川省人民政府第三届、第四届“四川省名酒”称号，四川省首届巴蜀食品节金奖，四川省名优特新产品博览会金奖，四川省消费者喜爱产品等荣誉称号。42度八百寿特酿被国务院接待司确定为国务院接待用酒。“彭祖”、“八百寿”商标双被评为四川省著名商标。

公司现有彭祖王、彭祖老窖特曲、彭祖特曲、彭祖头曲、彭祖老酒、彭祖酒；八百寿黄金酒、八百寿特醇、八百寿特酿、八百寿陈窖、八百寿老窖、八百寿福酒、八百寿酒等不同的酒度、容量、包装近二十多个品种。

八百寿酒业坚持以传统工艺结合现代科技精心酿制彭祖、八百寿系列产品，利用品牌优势，打好彭祖牌，唱响长寿戏，努力打造独树一帜的低度优质彭祖、八百寿长寿文化特色品牌。全力实施：让消费者购买饮用彭祖、八百寿称心，让商家经营彭祖、八百寿放心，让与彭祖、八百寿合作的伙伴开心的“三心工程”。全体八百寿人以百分之百的工作质量来不断提高彭祖、八百寿产品的质量，提升彭祖、八百寿酒业美誉度。

彭祖、八百寿系列酒秉承彭祖家传酿造工艺结合现代科技，以优质高粱、糯米、大麦为原料，采集彭祖山名贵中草药制曲，续糟配料，混蒸混烧，采用独特的“窖中窖”复式发酵工艺，着力打造低度优质彭祖、八百寿无色透明养生酒。具有窖香浓郁、绵甜醇和、协调净爽、余味悠长、不上头、醒酒快的独特风格。

公司检测分析仪器设备科学先进，技术力量雄厚，工程技术人员占职工总数的25%，具有中级以上职称的工程技术人员8人，初级职称的技术人员30人，省、市级评酒员5人。公司建立健全了有效完善的产品质量保证体系，从原辅材料购进到生产过程工艺控制，半成品储存，成品包装、出厂都有极其严格的质量标准要求。公司配备了能检测分析白酒中微量成分的气相色谱仪以及国内先进的色谱数据处理等仪器设备，满足白酒理化卫生指标的分析检验和生产工艺控制检测的要求，保证出厂产品合格率100%。

地址：四川省彭山县凤鸣中路108号
邮编：620860
电话：0833－7622222　7621551
传真：0833－7623909

## 【贵州金沙窖酒厂】

金沙窖酒厂始建于1951年，位于金沙县城北八公里处的大水，厂区山清水秀，林泉丰茂，气候宜人。东临历史名城遵义，北倚国酒之乡茅台，赤水河与乌江横贯其间，为酿造金沙美酒提供了得天独厚的自然条件。

金沙回沙酒具有悠久的历史，据《黔西州续志》记载，早在清代年间，金沙所产的白酒就有“村酒留宾不用赊”的赞美诗句，因而大有名气。20世纪30年代茅台酒技师刘开庭传入茅台酒工艺，酿造生产“回沙斗酒”，即为“金沙回沙酒”前身。1951年国家建成了地方国营金沙窖酒厂。

现在金沙窖酒厂是贵州省重点专业酿造厂，中华人民共和国进出口生产企业，名列全省白酒行列前十强，注册商标“金沙牌”。多年来，随着社会经济的不断发展，在政府各级行业管理部门的关心帮助下，经过艰苦创业，企业得到了发展壮大，现已拥有资产总额4543万元，形成年产1500吨生产规模。产品主要销区为贵州省内、东北三省及沿海市场，深受消费者好评。近年以来，该厂在贵阳、毕节、水城、遵义、铜仁等地建立了固定的营销网络，并逐步向省外市场拓展。为促进企业改革发展，切实加强企业管理，规范企业行为，该厂制定了企业各项标准，健全质量保证体系。率先使用气相色谱分析等先进的检测设备，形成了成熟而优良的生产循环过程。在生产过程中，严格执行厂内制定的生产工艺标准和工艺操作规程，努力降低各种消耗，降低生产成本，提高产品质量。同时积极开展全面质量管理，从车间、班组到职工，形成全员全过程的质量管理，并明确规定："不合格的原料不准生产，上道工序不合格的不准转入下道工序，不合格的产品不准出厂"。每批产品进入包装生产前，必须精心勾兑，色香味及各项卫生、理化指标经检测合格后，还需经厂评酒委员会进行综合评比，对照样酒达到标准才能转入包装生产。产品包装必须对计量、商标、外箱内盒等进行检验，合格后才能入库销售。

在产品储存上，厂部拥有100吨容量酒库一栋，50吨成品酒勾兑不锈钢罐两个，源村分厂有250吨容量酒库两栋，30吨不锈钢酒罐三个。对提高产品质量提供了坚实基础和保证。

该厂产品多年来经省、地、县质监部抽查，市场合格率达100%，多次被工商部门授予"消费者信得过企业"称号，金沙回沙酒在1988年获毕节地区首届名特优产品质量金奖；1998年和2002年连续被评为"贵州省名牌产品"，企业获"省级重合同守信用单位"称号。在开展全面质量管理过程中，曾获贵州省标准化四级证书和计量合格三级证书，制酒车间获省优秀QC小组奖。2000年获中国酒文化研究会"中国酒行业二十世纪世纪之星金奖"，并获"环境保护先进单位"称号。

地址：贵州省金沙县大水
邮编：551000
电话：0857－7404729
传真：0857－7404731

## 【云南峨山玉林泉酒业有限公司】

云南峨山玉林泉酒业有限公司始创于清朝中叶，距今已有250多年的历史，民国年间驰名于滇中。1977年正式组建峨山玉林泉酒厂，经过25年的艰苦创业，从一个名不见经传的作坊式小厂逐渐发展成为云南省中（二）型白酒生产企业。

目前，云南峨山玉林泉酒业有限公司拥有总资产5000多万元，占地7.13万平方米，建筑面积3.5万平方米。共有员工250多人，中专以上的技术工程及管理人员45人。年产高粱酒5000吨，销售收入2000多万元，实现利税500多万元。设备装配水平和产品质量位居省内前列。市场分布在云南省内的玉溪、昆明、大理、红河、思茅、西双版纳等地州市，还远销北京、深圳、珠海等地。

玉林泉系列酒曾先后荣获国家、省、市名优产品称号。1999年被评为"国家质量达标食品"河"云南省名牌产品"。2000年被评为云南省"八大小曲"清香型白酒之一，连续四届蝉联"云南省消费者喜爱商品"称号，产品质量誉满云南。

玉林泉酒延续云南古老的小曲小罐发酵工艺，精选优质的北方纯白高粱及天然、环保的玉林泉水精心酿制而成，是云南特有的传统名酒，具有酒液晶莹剔透、香气清香淡雅、口感绵甜醇净、口味怡畅的独特风格。新研制开发的50度玉林泉精品、52度"七彩缘"精品，均选用地下酒库封存20年以上的陈年老酒酿制而成，品质优异，包装华贵，新研制开发的12度"怡人缘”营养型超低度白酒，富含17种氨基酸、7种人体必需的微量元素，集营养、保健、卫生于一体，引导了白酒消费新潮流。

公司具有稳定的消费群体和良好的美誉度，在省内同行业中的知名度越来越高，成为中国酿酒工业协会关注的云南知名白酒企业。公司以市场为导向，实施名牌战略，及时调整营销策略及产品结构，并且针对日益变化的市场需求，加快新产品的开发步伐，提升玉林泉酒的知名度。同时采用多种营销方式，强化市场维护与管理，稳定老市场，拓展新市场，逐步走出了区域性经营的怪圈，市场占有率与日俱增，玉林泉酒也正以崭新的风貌，走遍云南，走出云南。

云南峨山玉林泉有限公司坚持以全优的质量取信于民，以独特的品质取悦于民，以真诚的态度服务于民的质量宗旨。面对白酒市场激烈的竞争大潮，公司在不断进行管理创新、技术创新、理念创新的基础上，坚持走质量效益型可持续发展之路。以求真务实、敢于竞争的姿态，进一步增强玉林泉的品牌、质量和规模优势，有效进行资源整合与优势扩张，顺应市场，扎牢根基，再创辉煌，争做云南省白酒业的龙头企业。

地址：云南省玉溪市峨山县城郊
邮编：653200
电话：0877－4011480
传真：0877－4022199

## 【北京容辰庄园葡萄酒有限公司】

北京容辰庄园葡萄酒有限公司是一家立足发展环保型生态葡萄酒，集种植、酿造、生态旅游和经贸为一体的庄园葡萄酒公司。

容辰葡萄庄园位于八达岭长城以西35公里，河北怀来的官厅湖畔，怀来容辰葡萄酒庄始建于1998年4月。庄园占地200万平方米。

据记载考证和民间传说怀来盆地种植葡萄历史悠久，有800～1200多年历史，是中国古老的葡萄产区之一。

容辰葡萄酒园位于庄园东1公里，与庄园毗邻而居。主体建筑具有欧式风格，包括：

（1）联合车间：主要包括葡萄前加工段、发酵工段、冷冻工段、贮酒工段等。

（2）灌装车间：主要包括一条全自动化3000瓶/小时的灌装线、半成品库、成品库等。

（3）地下酒窖：酒窖为欧式设计，是酒庄最神秘的地方，与贮酒车间相接，建筑面积400平方米，设计有过道、壁灯、通风口、木架、壁画、橡木桶等，可贮1000吨高档酒，气势恢宏，工艺考究。

（4）污水处理站：生产用水、生活用水全部经过净化处理。

（5）办公楼和宿舍楼是两栋欧式风格的别致小楼，办公楼设计有办公室系统、会客厅、葡萄酒展厅、品酒屋等。

随着科学技术发展的突飞猛进，酿造葡萄酒的工艺日新月异，既尊重传统葡萄酒酿造工艺，又积极利用先进的现代化酿酒技术和设备，如使用法国优质活性干酵母和果胶酶等辅料，引入全套意大利先进酿酒罐装设备，并在发酵罐智能控制、酒石稳定表统，地下酒窖方面具有独特的方法和优势。新设备、新技术、新材料的引进，体现了全新的酿酒工艺，实现了与国际接轨。

2001年4月27日容辰庄园葡萄酒开瓶庆典活动在北京长城饭店举行。中国酿酒工业协会、中国食品工业协会、中国农学会葡萄分会、《中外葡萄与葡萄酒》杂志社及在京新闻媒体等行业的领导、同仁参加了这次开瓶仪式，并品尝了容辰酒庄创建以来的首批佳酿。赤霞珠干红葡萄酒呈现宝石红色，清亮透明，具有浓郁的果香和酒香，口感醇厚柔协，酒体完整；霞多丽干白葡萄酒微黄带绿，清亮透明，具有新鲜浓郁的果香及酒香，口感柔软、清新爽口，体现出本品种的典型风格，得到了众人的赞誉。

2001年4月，容辰庄园干白葡萄酒和干红葡萄酒在“第四届北京希尔顿国际葡萄酒与食品展示会”上获得国内干白第一名和干红第二名的好成绩。

2002年在烟台举行的有40余家葡萄酒厂参加、45种葡萄酒参评的活动中，国内60名品酒专家采取盲评方法，容辰庄园干红葡萄酒荣获第一名。

2003年在新疆石河子市由中国食品工业协会组织的品酒会上，容辰庄园干红和干白葡萄酒双双获得大会最高荣誉，优质产品。

容辰葡萄酒庄突出特色、追求创新，在实践中勇于探索，为发展和振兴中国葡萄酒产业做出自己的贡献。

地址：北京市丰台区左安门外分钟寺关家坑48号

邮编：100078

电话：010－67648998　67662070

传真：010－67661215

董事长：段海容

总经理：梁列建

## 【山西怡园酒庄有限公司】

山西怡园酒庄有限公司（Shanxi Grace Vineyard Co., Ltd.）始建于1997年，从进口种条、育苗和葡萄基地的建设开始，并采用世界先进的酿酒工艺和设备，聘请有着40多年酿酒经验的法国酿酒师负责生产和酿造技术，一步一个脚印地打造中国的波尔多葡萄酒。

公司按照葡萄园是公司“第一生产车间”和“七分原料、三分工艺”的酿酒理念，1998年从法国引进赤霞珠、梅鹿辄、霞多丽等5个著名酿酒品种，种植于国内四大葡萄产区之一的山西晋中地区。这里年平均降水量450毫米，日照时间长，昼夜温差大，葡萄着色好、糖度高、酸度适中、多酚物质均衡。再加上基地精心选择在向阳坡地、沙性土质，使得通风、排水良好，并实施全面的限产措施（0.6公斤/平方米），保证葡萄原料的高质量。葡萄园种植半径约2公里，既方便管理，又确保了原料的新鲜度。公司同时建有试验园地，进行品种的优选和科学的病虫害防治试验，为优产、长寿的基地管理目标积累经验。

自2001年公司试产伊始，从葡萄成熟度检验、葡萄人工分选、每户果农葡萄的综合指标监控，到发酵、陈酿、装瓶，均体现一丝不苟和认真负责、诚信为本的精神。此外，公司还特聘法国波尔多著名酿酒师Mr. Colin实地指导酿造，以进口橡木桶陈酿生产优质的珍藏酒为主，酿造出被业内专家广为赞誉的法国典型传统风格的庄园葡萄酒。在2002年和2003年上海国际葡萄酒及烈酒品酒会上，公司所产的“霞多丽干白”和“珍藏品丽珠干红”分别荣获金奖，在2002布鲁塞尔葡萄酒品酒会、2003巴黎品酒会、2003法国品酒会及香港品酒会上又获得3个银奖、3个荣誉大奖的好成绩。

地址：山西省太谷县绿色生态农业示范园区

邮编：030800

电话：0354－6449318　6449188

传真：0354－6449319

## 【赤峰帅威啤酒有限责任公司】

赤峰帅威啤酒有限责任公司原名为赤峰宝山啤酒厂，始建于1985年，设计年生产啤酒0.5万吨。建厂初期，设备非常简陋，洗瓶、杀菌、装箱等工序均为人工操作，仅有4口糖化锅、1条包装线和27个小型发酵罐，发酵工艺采用二次发酵法，成品存储条件也相当落后。那时由于受各种因素的影响，没有为产品起个响亮动听的名字，而仅仅是根据企业所属为产品命名——“矿区啤酒”。虽然设计生产啤酒0.5万吨，实际年产却连0.3万吨也达不到。

从1993年起，公司的生产规模不断扩大，产品质量也稳步提高，同时，不断加大技改力度，购买了洗瓶机、杀菌机、装箱机等设备，结束了人工洗瓶、装箱的历史，实现机械化包装。从1993年到2002年，先后引入了湿法粉碎、一段冷却、一罐发酵、硅藻土过滤、糖化微控和氮气备压等国内领先的技术，又增建了一条包装线，大大提高了啤酒的年生产能力。2002年，销售啤酒2.5万吨，实现产值3000万元，上缴税金600万元。

从1999年起，赤峰地区啤酒市场的竞争日益激烈起来。辽宁的“梅雪”、“松林”、兰州的“黄河”以及来自京都的“燕京”等各种品牌的啤酒纷纷涌入赤峰地区，有奖销售、价格折扣、先卖酒后付款等诱惑力极大的促销手段，也让宝山啤酒厂增加了几多见识。面对严峻的销售形势，帅威人不愠不火，一面加强销售队伍建设，一面狠抓产品质量。为了能使全体员工能充分认识质量的分量，厂领导班子抓住时机，果断撤换了一位犯有质量过失的车间主任，又一次以实际行动向消费者表达了对质量的承诺。

10多年来，公司坚持“以质量求生存，以效益促发展”的经营理念，“质量在我手中，企业在我心中”成为全体员工的共识。“帅威”啤酒先后被元宝山区消费者协会、赤峰市消费者协会、内蒙古自治区消费者协会评为“消费者信得过产品”。2002年9月，“帅威”啤酒系列被内蒙古自治区品牌协会、自治区科技品牌认证中心评为“内蒙古特色品牌”；同期，“帅威”牌11度普通淡色啤酒被内蒙古自治区啤酒行业专家评为“内蒙古名酒”，2003年5月，公司通过ISO9001质量体系认证。公司在狠抓产品质量的同时，也积极组织技术力量大力开发研制新产品，目前，已经生产的种类有9度、10度、11度、10度干啤、11度精制啤酒、12度特制啤酒、11度苦瓜啤酒、11度螺旋藻啤酒、14度暖啤酒、扎啤、纯鲜啤酒等。

为了使企业更具发展后劲，2002年12月，赤峰宝山啤酒厂成功转制，更名为赤峰帅威啤酒有限责任公司。

地址：内蒙古自治区赤峰市元宝山区西露天

邮编：024076

电话：0476－3470371

传真：0476－3471773

## 【江苏华狮啤酒有限公司】

江苏华狮啤酒有限公司坐落在素有“汉唐古郡、淮海名区”之美称的江苏省泰州市境内，地处苏中平原、滨江近海，交通便捷，距上海、南京仅两个小时车程。

江苏华狮啤酒有限公司原为国营江苏三泰啤酒厂，于1996年与马来西亚金狮集团共同投资2990万美元组建成立江苏三泰金狮啤酒有限公司，2000年6月更名为江苏华狮啤酒有限公司。公司总资产3.5亿元，占地面积18万平方米，啤酒年生产能力达到15万吨，产销量一直稳居江苏省同行业前列。主要产品“三泰”系列啤酒以其稳定的质量，卓越的品质在历次质量评比中屡获殊荣。曾先后荣获“江苏名牌产品”、“江苏省重点保护产品”称号，1998年通过ISO9002产品质量体系认证。“三泰”商标被评为“江苏省著名商标”。主要产品银杏、金玉米、银爽、清爽啤酒被江苏省啤酒工业协会评为优秀产品，银杏啤酒以其独特的保健功能被中国酿酒工业协会评为“全国优质新品啤酒”。

面对日益激烈的市场竞争，公司不断加大技改投入，近3年先后斥资1亿多元从美国、德国、意大利等国引进当今世界最先进啤酒生产和检测设备，与德国DAB公司长期技术合作。为迎接加入WTO所带来机遇和挑战，参与国际啤酒行业竞争，2001年公司再次投资3000多万元，从德国全套引进灌装生产线，从而使公司的装备技术达到国内先进水平。

公司秉承“全心投入、正直诚实、团队精神、顾客导向”的企业理念，以踔厉风发的姿态在啤酒行业中不断进取。通过市场调研、市场细分、产品定位等一系列科学化手段，制定准确的行销策略，致力于为不同地区及口味消费提供优良产品及服务。如今，激流勇进的华狮人正向全国啤酒业劲旅的目标迈进，让国人领略“酿造美好生活，品味快乐人生”的企业风采。

地址：江苏省泰州市主港区环溪路19号

邮编：225323

电话：0523－6161129

传真：0523－6161374

销售热线：0523－6166519

## 【安徽龙津集团有限公司】

安徽龙津集团为安徽省啤酒行业的龙头企业，是以啤酒生产销售和生物工程技术研究开发为主业，同时涉及金融、酒店、旅游、体育等相关产业经营管理的综合性企业集团。生产基地坐落于皖西地区国家级旅游风景区万佛湖畔的舒城县县城。

公司创建于1987年，现有资产总额4亿元，啤酒生产能力30万吨以上，拥有2个啤酒生产基地。10多个独立运营的子公司，拥有中国听装纯生啤酒的生产线，并与广轻集团、江南大学联手开发出国内具有自主知识产权的瓶装纯生啤酒生产线，是安徽省率先能够生产纯生啤酒的企业。

2002年，公司被安徽省人民政府确定为十五期间重点扶持发展的全省30家大企业集团之一，省经贸委在全省十五产业规划中提出以公司为龙头企业带动安徽啤酒行业发展，十五期末将公司建成安徽啤酒的航母企业。

地址：安徽省舒城县城龙津大道1号

邮编：231300

电话：0564－8623568　8682019

传真：0564－8627618

## 【广东蓝带集团股份有限公司】

广东蓝带集团从单一的640毫升瓶装、355毫升罐装，发展到如今的：金装蓝带、银装蓝带、普装蓝带、蓝带8度、蓝带男女士啤酒及副品牌肇庆啤酒、双威、蓝力、蓝城等20多个品种，形成了高、中、低档优势互补及多种产品系列的完整架构，为蓝带的发展注入了不竭的活力。企业效益也大幅攀升，10余年来企业累计产量达203万吨，创利税总额20多亿元，销售网点遍布全国30多个省市自治区。

1997年，公司投入3000余万元引进了世界一流的德国克朗斯公司的全自动化啤酒生产线，仅蓝带卢堡公司的年生产能力就一举突破20万吨，达25万吨，产品的包装质量也更上一层楼；用该线包装的蓝带瓶装啤酒以方便的螺旋盖代替了传统的皇冠盖，实现了啤酒包装上的技术革命，成为我国最早也是唯一的一家使用螺旋盖的瓶装啤酒。今日的蓝带啤酒，依然秉承流传了150多年的独特传统酿造工艺，采用大型冷库内卧式啤酒发酵罐的发酵工艺，分前后两次发酵，多次稳定，发酵周期长达4周以上。而更长的发酵周期使得啤酒更加成熟，使得工艺要求的湿度控制更加稳定、质量更有保障；过滤后采用多次稳定，啤酒酒液更加晶莹剔透、保质期更长。

在蓝带纯生的研制过程中，公司经反复摸索与研究，大胆采用无菌膜过滤技术，有效地避免了热损伤，实现了整个酿造、过滤、包装全过程的无污染，确保了滴滴至新鲜、口感至清醇，也真正体现了“纯”和“生”的特点；同时公司充分利用原有的技术和设备，仅投资150万元，走出了一条少投资、低成本生产纯生啤酒的新路子。而在桶装“双威鲜啤”的研制中，则独辟溪径采用硅藻土和纸板过滤的新技术，使其口感更加新鲜、柔和，酒香清醇、持久。为确保产品的高品质，公司选用澳洲、加拿大麦精制而成的麦芽；采用酒花故乡捷克最好的酒花，运用高科技提取的酒花精华素；优化处理的鼎湖山深层泉水；独有的蓝带酵母……每一样优质的材料，完全符合了美国蓝带的高品质要求。

在产品的质量把关上，采用经英国BSI认证的ISO质量保证体系运作，从工艺、原材料、工序控制等各个环节严格按ISO模式操作，并实施质量管理文件化、表格化、程序化、系统化的“四化”要求，大力推行国际标准化。蓝带人对待产品质量的一丝不苟，就连驻公司的美国蓝带专家罗曼兹先生也发出由衷的赞叹：“我们把肇庆生产的蓝带啤酒送回美国总部，化验师称赞是他尝过的最好的啤酒！”

地址：广东省肇庆市端州八路

邮编：526020

电话：0758－2873421

传真：0758－2872440

## 【浙江塔牌绍兴酒厂】

浙江塔牌绍兴酒厂是由浙江省粮油食品进出口股份有限公司投资创办的一家绍兴酒生产出口企业。总资产资金6000万元，占地10万平方米，从建厂至今的短短8年中，在上级领导的大力支持和帮助下，资产2.3亿元，年产传统手工黄酒2万余吨，自动化灌装能力1万余吨的一家现代化绍兴酒生产出口企业。

塔牌绍兴酒之所以成为“东方名酒之冠”，主要得益于其先进的生产工艺和采用的原材料——得天独厚的鉴湖水。公司选址在湖塘，主要是因为那里是鉴湖源头，自然条件较好，水质清冽，污染少，非常适合于酿造。公司所用的原材料，必须经过严格的挑选后才能使用，每批糯米必须经过淀粉含量、水份含量、杂质含量、净白度、互混率以及破碎率六项指标的检测，全部合格后才能入库。采购、检验人员为了保证质量严格按标准执行，不徇私情，不让步，严格把关决不动摇。

良好的水源，优质的糯米，只是生产优质黄酒的基础条件，要生产出优质的黄酒，还必须从生产过程中去严格把握。

为了进一步提高产品质量，拓展企业发展空间，公司引进了ISO14000标准进行环境管理，并于2002年6月通过第三方审核。今后，公司还将继续贯彻ISO9001、ISO14001这两个标准，同时还将贯彻OHSMS18000、HACCP等标准，开拓职业健康安全管理等领域的认证，为提高本厂的质量、环境、职业健康安全管理水平而努力。

通过采用国际先进标准和先进管理经验，逐步与国际贯例接轨。使公司的产品质量在稳定基础上取得显著提高，优等品率从过去的95%上升到100%，质量管理水平实现了质的飞跃。产品在国际市场上的占有率大大提高，目前“塔牌”绍兴酒出口量居全国米酒类产品第一位。

精心酿名酒——这指引着塔牌酒厂走过了八

年的不懈征程，由成长走向成熟，以自身过硬的质量和管理赢得了市场的认可，树立了塔牌的名牌形象。

企业创一流——这将激励着全体塔牌人继续奋斗，奋发图强，以争创“一流人才、一流管理、一流品质、一流效益”为目标，由成熟走向成功，为浙江塔牌绍兴酒厂拥有一个更加美好、灿烂的明天而努力！

地址：浙江省绍兴县湖塘街道
邮编：312032
电话：0575－4383778
传真：0575－4383479

## 【吉林沱牌农产品开发有限公司】

吉林沱牌农产品开发有限公司坐落在美丽的松花江畔，依山傍水，交通便利，是充满朝气和想象力的公司，系国家大型企业——四川沱牌集团下属子公司。公司注册资金3500万元，总资产1.7亿元，占地面积14万平方米。

公司年产优级食用酒精4万吨，蛋白饲料(DDGS) 3.5万吨，二氧化碳5000吨，玉米油2500吨，燃料酒精年生产能力4万吨。

公司生产工艺独特，设备全部进口，采用干法粉碎，清液和余馏水回用拌料，低温蒸煮，全糖化发酵，六塔差压蒸馏。这套工艺的运行与同行业相比，优势在于玉米单耗低，动力消耗少，酒精综合成本低，质量好。食用酒精符合国家优级食用酒精标准，燃料酒精符合相应的国家标准，蛋白饲料符合行业标准，并被吉林省政府授予优质免检产品。

公司严格贯彻“一制三化”的管理理念。即国有民营机制，管理程序化，内控标准化，人力资源结构化。在管理、技术、人才等方面，提高企业的核心竞争力。

为保证产品质量，公司购进了气相色谱仪和基耳特克定氮仪等先进仪器对优级食用酒精和蛋白饲料的质量进行全程跟踪，两大产品指标均符合国家标准，在同行业中处于领先水平。

公司严格按ISO9000系列标准及GB/T 19001—2000《质量管理标准要求》组织企业的质量管理活动。

公司的质量方针：以顾客为中心，确保向顾客提供符合规定要求的产品和服务；以技术求发展，以管理创效益；以程序和标准为依据，持续改进质量管理体系；提高人民的饮食品位，为人民的健康负责。

公司的质量目标：产品质量符合并超越适用标准和法律法规的要求。公司于1995年通过ISO9002：94标准认证，成为酒精行业首家获得金钥匙的企业，证书注册号为0302Q10201R2M。通过对ISO9001标准的运用，提高了公司的管理水平，更新了企业的管理理念。公司领导高度重视贯标工作，把建立、健全并有效运行和持续改进质量管理体系作为公司长期发展战略。

公司连年被吉林省政府评为吉林省名牌，2001年评为全国食品工业科技进步优秀企业，吉林市“重合同，守信用”单位。国家出口免检产品。

地址：吉林省吉林市经济技术开发区新糖路1号
邮编：132101
电话：0432－3057200
传真：0432－3058110

## 【安徽宿州安特集团】

安徽宿州安特集团是一座现代化大型企业，全套酒精设备和技术从法国斯卑西姆公司引进，生产实现自动化，产品检测水平先进，质量位居全国同行业前列。主导产品规模为99.8%各种级别无水乙醇 20000 吨/年，96％特级超中性食用酒精 15000 吨/年，瓶装系列试剂 10000 吨/年，伏特加酒 20000 吨/年，玉米色拉油 5000 吨/年，系列曲酒 15000 吨/年。

安特牌无水乙醇和特级酒精，因品质卓越，在首届全国轻工博览会上获银奖，在第二届北京国际博览会获金奖，特级酒精连获省优、部优和国优最高奖，1999 年获安徽省免检产品。2000 年被中国轻工总会评选为中国酒精十大龙头企业之一，2000 年公司通过了 ISO9002 国际质量体系认证，于 2003 年 4 月顺利通过了 ISO9001：2000 的换版。公司的主要客户为中外合资的化妆品、制药、香料和饮料公司以及国内化工、医药、军工、电子、化试站等。一些国际著名的合资企业如上海可口可乐公司、奇华顿公司、法 IEF（中国）公司、无锡阿斯利康公司、宝洁公司、安利公司、庄臣公司等，因公司可靠的产品质量与完善的服务，而与各公司结成良好的合作伙伴关系。安特牌瓶装乙醇系列试剂，由中国医药总公司经销，国内市场占有率达 75％，占国内同类产品销量的 60％以上。同时，安徽特酒总厂还被国家医药总局确定为瓶装试剂专业生产厂之一。

为了满足广大客户的要求，扩大销售网络，公司分别设立了上海办事处、成都办事处、宁波公司等驻外办事机构，办公效率大大增强，售后服务日趋完善。

鉴于公司在白酒行业的突出表现，还被选为中国酿酒协会理事，荣获企事业酒行业明星企业称号，伏特加酒产品获得首届全国轻工博览会银奖，被有关部门推荐为中华人民共和国国产精品和安徽省质量信得过产品。公司在各边贸口岸设立了绥芬河办事处、密山办事处、二连办事处、满洲里办事处、新疆办事处等十个办事处，使公司的销售网络遍及中国大江南北。

在此基础上，公司不断拓展经营渠道，先后与大专院校、国家名酒厂和国内酒类知名专家等合作，共同开发了“安特头锅”、“曹溪一滴”两大系列曲酒，生产出了高中低档数百个品种，以其质优、精美、独特，赢得了消费者的信赖和赞誉，被授予安徽省质量最佳企业及安徽省白酒质量信得过产品。目前，销售区域扩大到河南、山东、江苏、浙江、湖北、湖南等省市及安徽各地，逐步延伸福建、广东等沿海省市。并在四川、内蒙古等地建立了分厂，使市场占有率和市场地位稳步提高，并首批取得了国家白酒生产许可证。

地址：安徽省宿州市淮海路 10 号

邮编：234000

电话：0557－3600365

传真：0557－3600365

## 【新乡市酒精厂】

新乡市酒精厂（新乡市航海酒业有限公司），位于中原腹地，太行山麓，黄河之滨的豫北名城新乡市的北郊。厂区地域宽阔，绿树成荫，环境幽雅，繁华似锦，道路规划整齐，交通四通八达，西临京广铁路线，北傍市环城路，东靠 107 国道和京深高速，出门即是新乡市主干道和平路，铁路专用线直通厂区、与京广、石太线相连，并有自备罐车 18 部，水电设施，一应俱全，且距新郑国际机场仅 100 公里。

公司始建于 1966 年 8 月，现生产规模：酒精 2 万吨/年；无水乙醇 3000 吨/年；DDG 干蛋白饲料 1.4 万吨/年；二氧化碳 3000 吨/年；白酒 3000 吨/年。公司生产的“航海牌”食用酒精曾获河南省和原轻工业部优质产品称号，无水乙醇曾获国家高新技术产品博览会金奖。企业各类专业技术人员 67 人，其中高级职称 7 人，中级职称13人。2000年10月环保治理投资1064万元，该工程于2001年5月全部竣工。并于2002年11月通过省市两级质量验收，与会专家无不赞扬该项环保工程是新乡市为数不多的样板工程之一。2001年，公司在环保治理的同时，又投资300多万元对老的酒精生产线进行了一系列地技术改造，使企业的整体技术水平基本达到了目前国内同行业先进水平。

公司生产的“航海牌”食用酒精，不仅因产品的各项理化技术指标完全符合国家标准，还因为用它勾兑的白酒口感上乘，质量稳定，赢得了所有用户的一致好评。

公司目前生产的开心系列酒、牧野春系列白酒、八仙系列白酒，均由河南省食品研究所的酿酒专家亲临指导，细心酿制而成，凡是品尝过的，无不赞该酒窑香浓郁，入口绵甜，纯净甘醇，风味独特。正是：浓浓乡亲情，应数牧野春；八仙开心酒，醇香留人间。

新乡市酒精厂仅厂区占地面积就有10余万平方米，发展空间很大，并拥有良好的生产经营基础设施，厂距省会郑州仅80公里。理想的地理位置，完善的水电设施，便利的交通条件构成了企业得天独厚的良好经营投资环境。公司愿以优惠的合作条件，过硬的产品质量，良好的服务宗旨，诚实信用的合作态度，与国内外所有客商互惠互利，共谋发展。

地址：河南省新乡市和平路北段2号

邮编：453002

电话：0373－3387449

传真：0373－3387449

法人代表：任宗珂

## 【河南维雪啤酒有限公司】

河南维雪啤酒有限公司始建于1982年，历经20年，现已由当时年产不足5000吨啤酒的国有小厂发展成为具备年产32万吨啤酒的信阳市最大的民营企业，成为河南省第二大啤酒生产厂家和省轻工行业利税大户及信阳市经济支柱型重点企业。综合经济实力及各项经济指标多年来一直位居河南省同行业前两名。

公司目前所属一座年产14万吨的啤酒制造一部和一座年产8万吨的啤酒制造二部以及于2003年3月份竣工投产的10万吨啤酒的固始分公司、年产3万吨小麦麦芽的制麦公司、宏旺饮料公司、碧水环保公司。公司占地36.663万平方米，拥有资产总额2.7亿元，现有员工1759人，其中：大专以上学历160人，中专206人，各类技术人员618人，其中：中、高级技术职称183人，国家级评酒师2人，省级评酒师4人，技术力量雄厚。通过近几年的技术改造，主要设备和生产工艺，已达国内一流先进水平，部分精滤机、灌装机及检验设备均从德国引进，其他一些主要设备也从国内著名厂家购进。

公司主导产品有鸡公山、维雪两大品牌40多个品种。公司已形成包括雪啤、爽啤、纯生啤酒、金小麦啤酒、金苦瓜啤酒、五纯啤酒、银杏啤酒等多种产品的高、中、低档多层次品种格局。产品先后获国优、部优、省优等数十项大奖。鸡公山系列啤酒被确定为河南省重点保护名优产品，鸡公山啤酒商标被评为河南省著名商标，公司连续10年获得省级“重合同、守信用”企业，鸡公山啤酒连续9年被河南省产品质量监督检验中心检验合格，2001年9月被评为河南首届名牌产品，2002年4月份鸡公山系列啤酒再次荣获河南省优质产品奖。2003年7月在省酿协召开的评酒会上，公司产品全部荣获优质产品奖。

在营销策略的具体操作中，一方面坚持以本地市场为根据地，搞好市场细分，科学地寻求新的目标市场；另一方面，以建立稳固的营销网络为目的积极参与市场竞争，细心甄选经销商，诚对消费者和经销商，以消费者满意为宗旨，向经销商承诺不打价格战，引导和帮助经销商做市场，从市场中赚取利润；同时，加强自身营销队伍建设，健全信息网络，及时从市场搜集消费者和经销商意见，紧紧把握市场脉搏，积极开展模拟市场饮酒试验，主动适应消费者，使鸡公山啤酒系列产品深受消费者的青睐，畅销河南、湖南、湖北、安徽、河北、陕西、山西、江苏、江西等20多个省市的120多个县市。

公司良好的企业商誉、广阔的市场前景和精良的硬件设备引来国内外众多厂家寻求合资、合作。2000年，公司投入600万元进行技术改造，新增脱氧水、精滤、四标机等设备，达到纯生啤酒生产条件，严格按照啤酒生产工艺生产，产品可以通过纯生啤酒的鉴定试验。2001年3月，与印度尼西亚都实达有限公司签订委托加工协议，生产的“绿仙地”牌螺旋藻啤酒经国家商检合格，销往印度尼西亚等地。2001年4月，与湖北神农酒业有限公司达成协议，为其生产“神农”牌啤酒。2001年8月与天津开发区喜相逢实业发展有限公司达成协议为其生产“喜相逢”牌啤酒。2002年5月，与武汉福瑞酒业有限公司达成协议为其生产“福禧来”牌啤酒。

地址：河南省信阳市平桥区狮河南路9号
邮编：464100
电话：0376－3790001
传真：0376－3790059
联系人：韦万根

## 【抚顺天湖啤酒有限公司】

抚顺天湖啤酒有限公司是省内专业化啤酒生产企业，坐落于环境幽雅、风景秀丽的大伙房水库之滨。酿酒用水来自于得天独厚的水库之水，没有任何污染，矿物质丰富，硬度为4.3德国度，是啤酒酿制的最佳水源。现有员工800人，其中专业技术人员150余人，具有高中级职称的42人。年生产能力为10万千升，拥有10多种啤酒产品，尤以天湖鲜啤、天湖纯鲜、天湖干啤、天湖绿啤闻名于省内外，产品多次被国家和省食品工业协会命名为名优产品。目前公司正在进行国际ISO9000质量认证，2002年天湖啤酒被省人大、省政协代表团指定为两会专用礼品酒和饮用酒，被省体育局命名为“亚运会辽宁体育健儿指定产品”。

公司坚持“以人为本、以质求胜、以新求高、务实发展”的方针，在竞争日益激烈的啤酒生产市场中成长壮大。2002年，完成工业总产值7720万元，啤酒产量6.5万吨，实现工业增加值4134万元，实现销售收入9701万元，实现利税2894万元。各项能源材料消耗指标与去年同期相比大幅降低，接近全省同行业先进水平。

根据不断变化的市场形势有计划、有步骤地降低消费重心，由原来的一、二级商划定区域垄断经销逐步过度到终端区域经销，使产品的营销网络日趋完善。同时面向社会招聘了40多名有一定技能、并具有良好敬业精神的终端服务代表。营销队伍由原来的50人增加到105人，业务人员比例达到60%以上，年龄和知识结构有了很大的改善，市场信息反馈更加灵敏。

地址：辽宁省抚顺市东州区
邮编：113007
电话：0413－3799900
传真：0413－3799900
联系人：程岩

## 【广东蓝带集团唐山酒业有限责任公司】

广东蓝带集团唐山酒业有限责任公司是以原

唐山故泉啤酒有限公司为核心发展组建的大型民营企业，始建于1983年，1998年改组重建，自注入新的机制以来公司发展迅猛，短短几年固定资产就增至3.5亿元人民币，占地面积20余万平方米，员工1500人，主导产品“蓝贝”啤酒、“蓝贝”饮料年产量突破12万吨，远销全国25个省、市、自治区，并出口到韩国、蒙古等国，以其纯正的口味、高档的品质、美观的包装在国内外享有很高的知名度。

短短几年公司就由一个名不见经传的小厂跻身进入全国听装啤酒销售前列，蓝贝啤酒一跃成为全国中高档啤酒的一线品牌，与此同时啤酒质量也在稳步提高，自建立和实施与国际接轨的ISO9002质量保证体系以来，产品的整体质量又有了很大程度的提高，产品逐渐向多样化、个性化发展，以满足不同消费水平、不同消费群体的需求。

公司坚持以市场为导向，优化产品结构，加强新产品的开发，将企业得天独厚的自然优势与科学技术相结合，充分利用当地矿泉水资源，采用美国蓝带的传统工艺和国际其他先进酿造工艺相结合研制开发了适销对路的新品种。

公司建立初期，当环保这个话题还没有引起众人足够重视的时候，公司董事长倪春林先生却高瞻远瞩，把环保提到了议事日程。为了防止对陡河水库和周边村庄造成污染，公司投资400多万元，建设一个日处理污水能力为3000吨、达到国家一级排放标准的污水处理厂，通过建设1800米长的地下输水管道，将净化水排放到自建的30万立方米储量的环保生态水库。此外公司还花费大量的人力、物力绿化厂区、硬化道路、净化空气，为可持续发展创造了良好的条件。

公司在全省啤酒行业综合排名中名列前茅，连续3年被评为“消费者信得过产品”，先后被授予“质量无投诉先进单位”、“中国质量万里行全国先进单位”、“重合同、守信用”、“AAA级信用客户”；主导产品蓝贝啤酒荣获“第十二届中国青岛国际啤酒节群众最喜爱的啤酒品牌”，“第十四届亚运会中国体育代表团唯一专用啤酒”，蓝贝饮料被国家体操队确定为专用饮品。

随着公司的健康发展和市场竞争的需求，公司于2003年8月组建成立了河北蓝贝酒业集团，下属广东蓝带集团唐山酒业有限责任公司，唐山蓝贝饮料有限公司、唐山唐厦彩印包装有限公司、唐山蓝贝酒业销售有限公司、唐山蓝贝餐饮有限公司等5个子公司。

地址：河北省唐山市滦县杏山
邮编：564018
电话：0315－7506816
传真：0315－7506816
联系人：倪春林

## 【广州啤酒厂】

广州啤酒厂前身为广东饮料厂。

20世纪70年代是公司稳步地向前发展的时期，1966年建成麦芽车间，实现了麦芽自给，1975年5月工厂冠名为广州啤酒厂，从此，广州啤酒厂驰名中外。在这时，啤酒的产量连续几年增长，并达到年产6000吨，到了20世纪70年代末，产量已达万吨，成为全国啤酒生产的基地之一，公司出品的啤酒还因自己优良的品质，醇和的口味，开创了自己的品牌时代，白云啤酒进入千家万户，双喜啤酒成为喜庆宴席的必备饮料。

改革开放为公司第二次飞跃提供了机遇，注入了生机。20世纪80年代起，对原厂进行了大规模的扩建与改造，率先与外国公司丹麦嘉士伯公司进行了大胆的合作和引进，使得年产量节节上升，达到10万吨。酿酒车间的正式投产，又使啤酒产量从10万吨扩到15万吨，产品的质量也提高到新的水平，成为全国啤酒工业的皎皎者，也开创了广州人喝生啤的时代。

今天，广州啤酒厂向着更深的层次发展，实现更高的目标，参与了合资经营，广州太平洋马口铁有限公司、广州荣鑫容器有限公司等合资企业，在党委书记、厂长黄锦华的带领下，厂领导班子团结一致，继续开拓商标有偿使用业务，保持了广州啤酒厂的商标。双喜啤酒1998～2000年获“布鲁塞尔国际博览会”银奖。2003年获“布鲁塞尔国际博览会”铜奖。2002年在美国“世界啤酒杯”博览会上获铜奖，广氏菠萝啤酒是国内首创的果汁啤酒。在1998～2003年连续几年获比利时“布鲁塞尔国际博览会”金奖，由于连续三届获得金奖，因此在2003年又被授予“国际优质大奖”，该大奖是蒙特博览会最高级别的奖项。2002年在欧洲、东南亚市场参加展销活动，其将果汁饮料与啤酒酿造工艺结合的特色很受市场欢迎。为了公司啤酒产品的发展，2002年采用OEN（委托生产的方式）重新研制开发老品牌，并于2003年4月投放市场。新产品的质量得到了市场的认可，现正进一步对产品外观形象进行完善、包装。另外，公司将加大人力、物力的投入，努力宣传、树立新品牌的形象，策划市场推广，大力展开促销活动。争取在2～3年的时间内把五羊啤酒打造成一个知名品牌。1996年以来公司还成功地兼并了广州市糖业公司、广州市珠江容器厂、广州市珠江五金厂，向着综合性产业化的方向发展，并迈出了坚实的一步。公司成功的事例，为许多国有老企业的出路提供了宝贵的经验，如今，公司现有在职职工200多人，各类专业技术人员50多人，2003年实现工业总产值900万元，销售收入1500万，实现利润400多万元，公司在市场竞争的环境中，将立得更稳，站得更高。

地址：广东省广州市西增路63号

邮编：510160

电话：020－86517457

传真：020－86517457

联系人：傅惠新

## 【贵州茅台啤酒有限责任公司】

贵州茅台啤酒有限责任公司属于中国贵州茅台酒厂有限责任公司控股企业。公司自成立以来，始终不懈地坚持“我爱茅台，为国争光”的企业精神，恪守“人才是根本，质量是生命，管理出效益，诚信出市场”的企业方针，一方面从强化内部管理入手，积极开展ISO9000、ISO14000、OHSAS18000认证工作，强化内部质量、环境、职业健康安全管理，并于2003年1月，在同行业中率先通过三项整合认证，也是贵州省企业界首家一次性通过三项整合认证的企业，实现了内部管理的体系化、程序化和规范化；另一方面按照“茅台啤酒，中国人的口味，啤酒中的茅台”，以市场为中心，以顾客为关注焦点，坚持“顾客至上，服务一流”的经营理念，坚持科技创新，努力开发出适合中国东、西、南、北、中各种口味的系列啤酒，全力打造“茅台啤酒”品牌，实现品牌形象的提升。2000年11月，为了进一步扩大企业生产规模，增强公司自主开发能力和竞争能力，投资2.4亿元新建10万吨茅台啤酒生产线，该生产线是按照高起点、高标准先进技术的要求设计施工。主要设备分别采用德国克朗斯公司、斯坦尼克公司和意大利萨西布公司生产的世界一流啤酒生产设备，实现了从投料、糖化、发酵、过滤全过程的微机控制，为进一步稳定和提高产品质量、增进顾客满意奠定了坚实的基础。

目前，公司拥有3条现代化啤酒生产线、员工580人。公司技术力量雄厚，有国家级酿酒专家，有全国啤酒评酒委员。公司年生产能力总体按50万吨规划，现已达到15万吨/年。公司在20多年的发展历程中，曾先后荣获省、市、区“消费者信得过单位”、红花岗区“连续五年重合同，守信誉先进单位”、遵义市“重合同守信誉单位”、贵州省“重合同守信誉单位”、市级、省级文明单位和全国酒行业优秀企业等称号。

“茅台”牌系列啤酒是公司按照茅台（集团）“一品为主，多品开发”的发展战略，不断开发、研制、创新的结果，也是茅台（集团）公司严谨、科学、精益求精的质量精神在啤酒领域中的再现，是传统工艺与现代科学酿制技术相结合的产物、上等的进口麦芽和颗粒酒花，质地良好的优质糯米和具有喀斯特地貌的深山泉水，独特的配方和酿制工艺，精制而成。酒体清亮透明，色泽呈淡黄带绿色，风味纯正爽口、谐调柔和，酒花芳香突出，泡沫洁白细腻、挂杯持久，口味独特，深受消费者喜爱。在2000年大连国际服装节上被指定为专用产品，2001年还被贵州省消费者协会选为推荐商品。2001年11月在中国酿酒工业协会组织的全国啤酒品评会上，经专家品评，茅台啤酒荣获“中国优质新品啤酒”称号，2003年2月茅台啤酒被中国食品工业协会授予“国家质量检测合格一全国质量信得过食品”称号。

“高原”啤酒是长期以来深受消费者青睐的老牌产品，该产品以其独特的口感和上乘的质量，于1983年荣获“贵州名酒”称号后，自1991年以来先后被评为省、市、区消费者信得过产品，两次被评为农业部优质产品。1997年6月，经国家权威机构检验，在全国啤酒品评会上，该产品被评为“全国食品行业名牌产品”，其商标也于1998年8月被评为“贵州省著名商标”、“高原”牌啤酒曾多次荣获“贵州省名牌产品”称号。

地址：贵州省遵义市开发区渔弯村

邮编：563000

电话：0851－8647999　8651229

传真：0851－8621228

法人代表：赵富良

联系人：杨帆

## 【哈尔滨啤酒（长春银瀑）有限公司】

哈尔滨啤酒（长春银瀑）有限公司始建于1984年，位于中国梅花鹿之乡——长春市新城区双阳。这里景色秀美，人杰地灵，经济发达，交通便捷，素有塞北“鱼米之乡”之美誉，尤其以蕴藏丰富的地下矿泉水资源而闻名于世，具有发展啤酒生产得天独厚的优势。

公司拥有资产4亿元，年生产能力25万吨，职工1000人，厂区面积15万平方米，建筑面积10万平方米。公司集中外啤酒生产工艺之大成，选用位于世界知名的600里伊舒断裂带150米深地下矿泉水，采用当前最为精良的生产设备，实现微机自动化控制，生产的银瀑、冰苑、女皇、爽心、关东雪五个系列三十七个品种独具特色的名牌产品，具有广阔的市场空间，生产的产品通过省级重大科研成果鉴定，在技术上填补了国家啤酒工业的空白，被国家知识产权局确定为专利产品，倍受消费者的青睐和推崇。

公司一贯坚持质量第一、科技兴企、拓展市场、狠抓管理的经营理念，收到了良好的经济效益和社会效益，被长春市科委确认为高新技术企业、吉林省政府命名为先进企业和规模大效益好企业、农业部命名为全国乡镇企业技术创新模范单位、跨入国标大一型企业行列，先后获得100多项殊荣，1998年通过中国方圆委GB/T

9002—ISO9002（94）质量体系和产品质量认证。

公司将以奉献至优产品，提供至诚服务为宗旨，不断强化管理加速发展，产品上档次，企业上规模，经济上台阶，质量上水平。

地址：吉林省长春市双阳区通阳路125号

邮编：130600

电话：0431－4222958

传真：0431－4222955

联系人：程琳

## 【海拉尔啤酒集团有限责任公司】

海拉尔啤酒集团有限责任公司坐落在世界闻名的呼伦贝尔天然大草原、明珠城市海拉尔，滨洲铁路贯穿东西，301国道从东到西连接我国最大的陆路口岸满洲里与俄罗斯、蒙古国接壤，得天独厚的地理位置，广袤丰富的自然资源和旅游资源与人文景观的形姿风貌，使得呼伦贝尔犹如一颗璀灿的明珠，镶嵌在祖国北疆。

海拉尔啤酒（集团）有限责任公司是1997年经内蒙古自治区政府批准设立的多元化经济联合实体，成员企业包括满洲里海威啤酒厂、根河海威果酒厂、北京海啤经贸有限公司、海拉尔啤酒（集团）有限责任公司呼和浩特分公司。公司资产2.4亿元，工程技术人员196人，拥有现代化啤酒生产线四条。矿泉水生产线，果酒生产线和蓝莓野果汁生产线各一条。啤酒年生产能力10万吨、白酒3000吨、果酒3000吨、矿泉水2万吨、蓝莓野果汁1.5万吨。公司是内蒙古自治区级先进企业，自治区学邯钢、抓管理优秀企业，自治区全面质量管理优秀企业，自治区管理创新奖企业，全国酒行业明星企业，地区连续8年的功勋企业。

公司生产有五大系列产品：啤酒、白酒、果酒、矿泉水、蓝莓野果汁等40几个品种。公司与中国食品工业发酵研究所共同研制开发大兴安岭野生浆果——蓝莓野果汁，年产能力3000吨蓝莓浓缩汁和1.2万吨蓝莓野果汁，充分挖掘祖国北疆大兴安岭野生蓝莓资源，变资源优势为经济优势。利用野生资源开发天然蓝莓野果汁，是20世纪绿色环保战略目标。

2002年是公司创建以来，发展速度最快，办的事情最多，办事效率也最高，取得的经济效益也是最好的一年，这一年，全体员工在董事会的领导下，经过努力拼搏、克服困难、发挥优势、开拓创新，胜利地完成了全年的工作计划，工业总产值（不变价）完成8415.7万元，比上年增长10.1%；实现销售收入12260万元，比上年增长2.2%；完成税金3576万元，比上年增长15%；实现利润1206万元，比上年增长4.1%，创下了公司历史最好水平。公司利用呼伦贝尔的资源优势，打造绿色品牌，坚持绿色经营，顺应当前市场的绿色消费，取得了显著的成绩。2002年，公司的白酒，特别是呼伦贝尔豪酒为呼伦贝尔“两会”做出了重要贡献，公司的啤酒进入了人民大会堂，参与了第三届王府井啤酒节，得到了广大消费者的认可，证实了公司的产品已进入了国家名牌产品的行列，同时也标志着海啤集团的企业形象及综合实力都得到了显著提高。

2001年公司成功地实现了民有民营，真正成为自我约束，自主经营、自负盈亏、自我发展的市场竞争主体和法人实体，实现了产权清晰、权责分明、政企分开、管理科学，为企业长足发展奠定了坚实基础。

地址：内蒙古呼伦贝尔市海拉尔区呼伦大街26号

邮编：021008

电话：0470－8211989

传真：0470－8211811

联系人：张家欧

## 【河南省百泉春酒业有限公司】

河南省百泉春酒业有限公司位于风景秀丽的百泉湖畔，始建于1963年，经过近40年的发展，现可年产曲酒1500吨、白酒2万吨、果酒1500吨、酒精3万吨、DDG高蛋白饲料2万吨、沼气300万立方米、二氧化碳2000吨，拥有先进的达标排放环保系统。1991年11月百泉牌食用酒精被轻工部评为优质产品。百泉春酒被评为省宴会食品、优质食品、黄河杯银质奖。百泉春牌百泉春SOD酒经专家论证现已投放市场。1998年通过了ISO9002质量体系认证，是一个集优质白酒、曲酒、果酒、酒精、饲料、沼气、二氧化碳为一体的综合性的有限责任酿酒公司。

**技改纪实**

1. 喷射液化。采用国内兆光公司生产的低压喷射器，降低了焦糖的转化率，提高了液化质量。

2. 连续液化、糖化。提高了设备利用率，稳定了液化、糖化质量。

3. 无载体培养高密度酵母，确保浓醪发酵质量的稳定，实现了高浓度酒精发酵。

4. 半连续浓醪发酵，确保发酵质量和设备利用率的提高。

5. 回收二氧化碳，减少大气污染，增加收入，降低生产成本。

6. 四塔蒸馏，确保酒精质量达到GB 10343—2002普级和优级标准且口味纯净、微甜，具有乙醇固有的香气。

7. 酒精废醪采用箱式压滤机，固液分离，效率高，费用低，机械化高，连续性强，劳动强度低。

8. 滤渣采用列管式烘干机烘干。DDG颜色金黄，香味浓，蛋白含量高（大于35%）。

9. 滤液采用UASB二级厌氧＋好氧、废水排放稳定达到GB 8978—1996二级标准。

10. 沼气民用＋发电，社会、经济效益双丰收。

百泉春人坚持：“以人为本，团结拼搏，自强不息，知难而进、追求卓越”的企业精神。以科技为先导，以质量求生存，昂首阔步。走向辉煌的明天。

地址：河南省辉县市城北街39号
邮编：453600
电话：0373－6256614
传真：0373－6292334
联系人：艾同生

## 【河南省月山啤酒股份有限公司】

河南省月山啤酒股份有限公司是国家农业部命名的国家大型一级企业，是“焦作市十佳私营企业”之一、焦作市18家重点保护企业，连续3年为博爱县第一纳税大户，总资产达3亿元。

公司创建于1981年，1986年改制为股份合作制，1998年建立股份有限公司。经过20多年的发展，由当初年产不足千吨的手工作坊式的小厂发展成为拥有固定资产3亿元、占地13.332万平方米、职工2600余名，各类专业技术人员达580余人的国家农业部命名的大一企业。月啤公司下辖4个啤酒分厂及印刷厂、销售公司和服务公司等，形成了集产、供、销、运一条龙的管理格局，年生产能力达到30万吨。产品行销全国十几个省、市，综合实力位居全省同行业前三强。目前月啤公司已发展成为豫北地区最大的啤酒生产企业，综合实业居河南省食品行业五十强。2002年实现工业总产值1.6亿元、创利税3500余万元，上缴国家税金2000余万元。

公司生产的月山、红象、三姑泉等系列啤酒

品牌，先后获国际和国内大奖50余项。“月山”牌商标2000、2003年连续荣获“河南省著名商标”，月山啤酒被河南省消费者协会评为“消费者满意的产品”。2003年8月，“月山啤酒”被中国质量检验协会评为“国家权威检测达标——国家检测合格食品”。

公司生产研制出月山黑啤、干啤、雪啤、暖啤、爽啤、火锅啤、姜汁啤、苦瓜啤等月山牌系列啤酒，品种达50余种，既有高中档的金月山啤酒、月山小麦啤、月山菊花啤，又有质优价廉、受大众消费者青睐的普通啤酒。公司产品不仅在河南省的市场占有率达到无空白市县，而且远销山西、陕西、河北、湖北、湖南、安徽、内蒙等地区。2002年，公司与德国慕尼黑大学、戈力啤酒公司等进行技术合作，引进德国具有数百年酿酒历史、被冠以“啤酒之王”美称的德国皇家贡品——“戈力啤酒”。月山啤酒采用太行山南麓深层优质矿泉水，精选优质澳洲麦芽、香型酒花酿制，酒体醇厚，酒液清亮透明、色泽淡黄，口味清爽纯正、杀口力强，酒花香气醇和淡雅，泡沫细腻、挂怀持久，苦味爽口，深受省内外广大消费者的喜爱。

2000年3月，公司10万吨啤酒生产线试车成功。企业综合实力跃全省同行业前三强，被焦作市委、市政府确定为焦作市支柱型企业。“月山”牌啤酒，2003年被河南省工商行政管理局评为“河南省著名商标”。

地址：河南省焦作市博爱县月山镇工业区18号

邮编：454450

电话：0391－8051105

传真：0391－8052011

联系人：刘天成

## 【荷兰帝斯曼有限公司上海办事处】

荷兰帝斯曼有限公司是一家综合性的跨国企业，在全世界范围内主要致力于生命科学产品、性能材料、聚合体及工业化学品领域的开发、生产及销售活动。

DSM食品添加剂饮料集团专业为啤酒、果汁、葡萄酒、酒精提供高品质酶制剂、酵母。

地址：上海市重庆中路25号世纪巴士大厦10楼A座

邮编：200020

电话：021－63863080

传真：021－63862928

http：//www.dsm.com

http：//www.dsm－foodspecialities.com

## 【湖北啤酒学校】

湖北啤酒学校是由中国原轻工部与德国汉斯·赛德尔基金会共同创立，为中国一所啤酒专业学校，是教育部较早按照德国“双元制”职业教育模式办学的项目之一。学校位于武汉市内，南临南湖之滨，北眺洪山宝塔，校园面积10.67万平方米，拥有标准田径场地，环境优雅，是理想的学习园地。学校面向全国招生，设有中专（酿造工）和大专（酿造师）层次的职业培训，目前开设有啤酒酿造和机电维修两个专业。另外，还与国内外著名院校合作，开设了本科层次培训。学校毕业生实行毕业证和职业培训证相结合的双证制，学生毕业后一部分可赴德国继续深造或选择专升本教育，其余则由毕业生就业指导处安排。毕业学生以动手能力强，理论知识扎实，综合素质高，与社会磨合期短的特点深受用人单位欢迎。

自1988年成立以来，该校始终以酿造及相关行业培养优秀专业人才为办学宗旨，学校引进德国“双元制”职业教育模式，利用先进的技术设备，创立了有鲜明特色的培训体系，以理论学习和专业实践1：1的培训方式培养出真正适合企业需求的实用型人才。凭借这一培训体系，学生在毕业后无需再次接受实践学习便可立即胜任啤酒企业中的相应工作岗位。目前已有1600多名毕业生在全国各地啤酒厂及相关企业中工作。

该校拥有一流的教学设备，优秀的教师队伍。目前在校的40余名教师绝大多数在德国知名院校接受过专业培训，拥有“双师”资格者近20名，更有多人获得德国酿造及相关行业技术证书。同时，该校还与德国多家专业院校及相关机构保持着密切的合作，以保证学校能够时刻掌握国际酿造行业最新的专业知识及信息，为企业提供最迅捷和完备的人才服务。

该校拥有一座现代化的教学啤酒厂，全部设备由德国进口，可年产200吨啤酒，教学啤酒厂配备有完善的检测中心，除可承担教学啤酒厂自身检测任务外，还能为企业提供原、辅料及成品的检测工作。

该校专门针对酿造及相关行业企业中员工素质及不同岗位提供各类培训。培训时间和培训内容由双方协商确定，一般最短为一周，最长可达半年。此外，该校每年同欧洲不同企业联合举办1～2次大型技术研讨会。至今已为超过3000名企业人员提供了技术培训，加强了企业与学校的合作。该校教师还为众多啤酒厂提供咨询服务，解决他们的实际困难。

通过对德国“双元制”教育的成功探索，该校走出了一条有鲜明特色的办学之路。该校愿意也将努力将该校的经验向更多的学校传递，共同促进中国的职业教育发展。职业教育的大力发展必将为中国经济的持续腾飞奠定坚实基础。

地址：湖北省武汉市武昌石牌岭东二路5号
邮编：430070
电话：027－87884067　87866041
传真：027－87886640

## 【济南啤酒集团总公司】

济南啤酒集团总公司成立于1990年11月，通过股份制改造、兼并联合、合资等多种途径，公司从一个单纯的啤酒生产企业成长为集啤酒、印刷、商贸等多种业务为一体的企业集团。公司现有职工3500人，其中工程技术人员650人，资产总额11亿元，企业整体素质居全国同行业上等水平，全省前列。公司曾连续6年进入全国500家最佳经济效益企业行列，并先后被评为全国质量效益型先进企业、全国轻工系统先进集团等称号、经济效益在济南市属国有工业企业中名列前茅，是济南市重点骨干企业集团之一。1994年，集团所属济南啤酒股份有限公司和香港中国沿海物业发展有限公司共同出资组建了中外合资企业济南卢堡啤酒有限公司，其中外方以现汇投资1.27亿元，中方以资产投资8475万元，中外双方合资比例为40：60。

公司主导产品为“趵突泉”、“北冰洋”牌系列啤酒。自1984年以来，产品年年保持部优、省优称号，并在国内外的各类质量评比中屡获殊荣，曾先后荣获“巴塞罗那国际优质食品最高金奖”、“全国啤酒行业优质产品”、“消费者信得过优质酒”、“中国食品协会名牌产品”、“山东省名牌产品”等称号，取得了省技术监督局颁发的产品免检证书，是山东省啤酒行业首家通过ISO9002质量认证的企业。

近年来，公司十分注重新产品开发工作，建立了企业自己的技术中心，并已通过省级技术中心认证，科技开发能力日益增强，近几年来，相继研制出了小麦、无醇、低醇、超爽、易拉罐啤酒以及复方SOD啤酒、红啤酒、暖啤酒、苦瓜啤酒等系列保健营养型产品，其中的趵突泉无醇、低醇啤酒顺利通过省级鉴定，并成为啤酒行业唯一被列入国家火炬计划的产品；复方SOD啤酒被中国保健食品协会认定为“营养保健产品”，是啤酒行业仅有的三个保健食品之一，并获得国家星火计划奖；2002年推出的新型扎啤桶，因其外形美观、防伪效果好，并确保产品质量，受到经销户及消费者欢迎，投放市场后形成了夏季扎啤市场上一道亮丽的风景线。为了与国际流行趋势接轨，公司投资4000万元新上了5万吨纯生啤项目，关键设备引进丹麦APV公司和美国PALL公司的生产设备，综合技术水平在国际上领先。通过缜密安排、昼夜奋战，自2002年4月28日投放市场以来，深受消费者青睐，成为企业发展新的增长点。目前，公司产品已形成两大系列60多个品种，可满足不同消费者的需求，并以纯正的口味、稳定的质量深得消费者赞誉。

2002年，实现啤酒总销量17.59万吨、啤酒总产量17.58万吨、销售收入4.6亿元、利税总额7201万元，分别比上年同期增长30.4%、29.5%、23.9%和57.2%，增长速度不仅是公司发展历史上前所未有的，在济南市重点企业集团中名列前茅，在全国啤酒行业中也成为一大亮点。

地址：山东省济南市堤口路17号
邮编：250031
电话：0531－5596706
传真：0531－5954658
联系人：杨峰　李先年

## 【江苏大富豪啤酒有限公司】

江苏大富豪啤酒有限公司是以南通富豪酒业有限公司为主体的中外合资企业，目前总资产5.2亿元。公司下辖新品研究所、通州工厂、南通工厂、启东工厂、销售公司、国际贸易公司、广告公司、艺术团等。生产的啤酒品牌有大富豪、通州、长江系列啤酒，国际名牌三宝乐啤酒及定牌加工品种100多个，啤酒产销量、综合经济效益连续8年在江苏啤酒行业名列前茅。

作为江苏省科技示范企业、江苏省设备管理先进企业，公司大量应用高新设备与技术，改造传统啤酒产业，充分发挥装备优势和技术优势，使之转化为先进生产力。公司率先在全省啤酒行业中引用德国的湿式粉碎机、瑞典的冷却设备技术、日本的微生物管理技术，所有物料管道全部采用德国进口的不锈钢薄壁管道和CIP自动清洗系统，引用了意大利的啤酒薄膜裹包机和包装贴标机，对糖化、发酵系统全程采用计算机控制技术，引用国际先进的全自动分析仪器，对啤酒的色、香、味等感官指标和理化指标进行检测。公司已通过了ISO9001国际质量管理体系认证和ISO14001国际环境管理体系认证，同时注重信息化建设，全程实行ERP系统管理。

公司经常派员赴国外研修，并与国内知名院校建立研发基地，跟踪国内外啤酒前沿技术，不断采用新技术、新工艺，研发啤酒新品。由公司承担的“啤酒微生物发酵计算机控制及其应用”项目，获南通市科技进步一等奖、江苏省科技进步三等奖，这是江苏传统产业啤酒行业里有史以来获得的最高科技奖项。公司研发的不加甲醛酿造的大富豪啤酒、高辅料比的大富豪发泡啤酒，于2002年通过江苏省科技厅组织的新产品技术鉴定。三宝乐啤酒于2000年由中国酿酒工业协会抽检评定为“国家级优质产品”。大富豪啤酒还荣获全国啤酒行业优质产品奖、中国优质新品啤酒，并连续7年被评为江苏省名牌产品以及江苏省免检产品、江苏省重点保护产品，“大富豪”连续7年被评为江苏省著名商标，“大富豪”2003年经权威机构评估，其品牌无形资产为1.2亿元。

公司秉承“客户成功，我们才能成功”的营销理念，树立“市场是第一车间”的思想，不断拓展市场体系，在省内地级市及重要县（市）均设有销售办事处，针对不同区域市场，采取稳健、灵活的营销策略，培植、发展客户，市场覆盖率和占有率每年以30%的幅度提升。在江苏境内，每消费5瓶啤酒中，就有1瓶是公司的系列产品。公司产品除了畅销江苏外，还在北京、上海、浙江、安徽、江西、天津、大连等地热销，并批量出口日本、俄罗斯、销往中国香港、中国台湾。

地址：江苏省通州市东市街39号

邮编：226300

电话：0513－6106666

传真：0513－6512192

联系人：何萍

## 【江西省陆羽泉啤酒有限公司】

江西省陆羽泉啤酒有限公司是由江西省食品总公司于2001年2月整体收购原上饶市啤酒厂后成立的股份制企业、其前身上饶市啤酒厂成立于1981年，系国有企业，设计年生产能力为1.5万吨啤酒，是江西省重点啤酒骨干企业，江西省啤酒工业协会会员单位。

公司注册资本3000万元，主要经营啤酒，果露酒，非酒精饮料制造，机械电器设备修理及零件制造，房地产开发、经营、物业管理等。现有固定资产3800万元，职工150人，其中具有各类职称文凭的职工70人，高级职称4名，国家级啤酒评委1名，江西省啤酒评委3名。经过多年的生产实践，企业已培养出一支优秀的啤酒职工队伍。

企业拥有一套组合的糖化设备，32只传统发酵罐和21只露天发酵罐，啤酒包装线三条及配套的供水、供电、供汽和制冷设备，大部分设备均达到国内先进水平，现已拥有年产3万吨啤酒的生产能力。

公司主要品种有：陆羽泉啤酒、三清山啤酒、上饶啤酒、信江啤酒、利贝啤酒等。产品采用优质地下水、进口澳麦、优质大米等精制而成，其特点是：泡沫丰富，口味纯正，清新爽口。陆羽泉系列啤酒自1981年问世以来，就以质量稳定、服务上乘受到广大消费者的好评和青睐连续多年在全省行业质量评比中名列第一，其中陆羽泉啤酒、三清山啤酒曾荣获“江西省优质啤酒”称号，享有很高的市场声誉，同时给企业带来了很大的经济效益和社会效益。企业也连续多年被评为“省优秀企业”和“有突出贡献企业”，为上饶的发展作出了重大的贡献。

啤酒行业自改革开放以来，形成多次发展高潮。根据该行业近期在建设规模上向大型企业发展的特点以及当地市场需求状况等，公司正在新建年产5万吨啤酒项目工程。2003年一期先建成3万吨规模，建成后关键工艺的设备应达到国内先进水平，注重节约能源，环境保护；并结合省情，地方财力，人力资源等情况稳定发展，目标到2005年底形成5万吨年生产能力。生产设备选用国内外先进设备，定型产品，建成具有现代化先进水平的新型啤酒企业，逐步形成规模，降低消耗，增加产品品种，提高产品质量。目前上饶市乃至江西省啤酒市场活跃，销售逐年增加，建成后的销售量可占本地市场需求的45%左右，预计5万吨达产后年平均销售收入7926.9万元，利税总额高达2880万元，具有良好的经济效益和社会效益，提高企业经济实力，增加企业的市场竞争、生存和发展能力，同时带动上饶轻工业发展和扩大就业机会，为上饶乃至江西的经济振兴作出重大贡献。

地址：江西省上饶市信州区中山路344号

邮编：334000
电话：0793－8231464
传真：0793－8223412
董事长：赵子英
总经理：饶绍信

## 【江西宜春台酒业有限公司】

江西宜春台酒业有限公司前身为江西省宜春地区酒厂，位于赣中古镇宜春市城东，坐落在美丽的秀江南岸。贯穿华东东西的浙赣铁路和320国道及沪丽高速公路通过本市，交通十分便利。公司拥有3000多万元的固定资产，占地5.64万平方米，建筑面积2.27万平方米，具备年产啤酒5万吨，黑糯米酒2000吨和其它饮料酒5000吨的生产规模，为江西省中二型骨干酿酒企业和酒类出口重点企业。

公司技术力量雄厚，生产工艺先进，依靠科技进步和现代管理手段，产品质量长期稳定提高。拳头产品珍藏黑糯米酒连续二次获国际博览会银奖，1994年获全国黄酒行业检评名牌产品奖，获江西省优质产品和江西名酒称号。远销中国香港、中国澳门、日本、美国及东南亚地区，为江西同类产品中出口量较大创汇较多的饮料酒。其主导产品珠泉牌系列啤酒深受广大客户欢迎。

地址：江西省宜春市中山东路39号
邮编：336000
电话：0795－3273305
传真：0795－3283223
董事长、总经理、党委书记：赵余华
副董事长、副总经理：曾庆平

## 【九江市啤酒厂】

九江市啤酒厂位于长江中下游南岸、京九铁路中段，赣鄂皖三省交汇处、我国历史上著名“三大茶市”和“四大米市”之一的江西省九江市区，坐落在滨江大道和长虹大道交汇处，北临长江、东衔九江长江大桥，南携昌九、九景高速公路，交通十分便利。著名的世界文化景观、十佳名胜旅游风景地——庐山举目可望，新建成的白水湖公园和即将重建的“琵琶亭”就坐落在厂区旁，环境非常优美。

该厂始建于1958年，其前称为九江油脂化学厂。1982年兴建5000吨/年啤酒工程，1985年啤酒厂建成投产。该厂经过近20年的努力、通过加强质量管理，实施品牌战略、加速技术改造，不断求强做大，生产规模由初建时的5000吨/年啤酒生产规模发展到现在的年产6万吨规模。部分设备已达10万吨/年。2002年又新增一条2万瓶/小时广轻产灌装线，该线投入使用，为提高产品的外包装质量和内在品质奠定坚实基础。

该厂是一家专业生产啤酒的国有大二型企业，全国500家最大食品制造企业，九江市重点骨干企业和重点保护企业。厂占地面积16万多平方米，生产用地10多万平方米，现有职工1097人，各类技术人员116人。生产酿造用水取之80米深的优质地下水。主导产品为“庐山”牌、“三叠泉”牌系列啤酒，有高、中、低档20多个品种。副产品有干化酵母、干化麦糟和纯净水等。

该厂始终坚持以“市场为导向，技术促更新，质量求生存，品牌树形象”的经营理念，使企业的实力得到不断的加强，企业的信誉得到不断的提高，企业的管理得到不断的完善，各项经济技术指标均名列江西省同行业较好水平。产品主要销往赣、鄂、皖三省，开发了闽、苏、沪、滇、粤、豫部分市场，部分产品销往中国台湾，形成省内外多角度销售网络。产品质量进一步巩固和加强。

该厂以优质的原料、精良的工艺、先进的设备、稳定的质量生产出的庐山啤酒获得国家出口食品卫生注册产品，全国质量稳定合格产品、中国食品安全放心品牌产品，江西省优质产品、江西省免检产品等称号。“庐山”牌、“三叠泉”牌注册商标为江西省著名商标。该厂曾获“五一劳动奖状”，列为九江市质量信得过企业、消费者信得过企业、质量管理先进企业、重点保护企业。

地址：江西省九江市滨江路259号

邮编：332000

电话：0792－8584794

传真：0792－8572418

法人代表：卢仕仁

## 【颇尔过滤器（北京）有限公司】

颇尔公司是全世界最大的高性能过滤设备及过滤分离系统的制造者，下属公司、制造厂、实验室遍布全球30余个国家和地区。2002年全球销售额超过16亿美元，比2001年同期增长了25％，继续保持和巩固了全球最大的过滤器专业公司的地位。尤其是颇尔在中国的独资子公司——颇尔过滤器（北京）有限公司的销售额比2001年同期增长了40％，销售额已连续3年保持30％以上的增长，为颇尔子公司中销售额增长最快的公司。

2002年4月，著名的德国赛茨－申克（Seitz－Schenk）过滤器公司并入颇尔公司，正式成为颇尔公司的一员，这意味着颇尔公司可以提供酿酒行业，特别是啤酒厂及葡萄酒厂所需要的全部过滤分离技术和设备，以及更全面、周到和及时的服务。

颇尔公司可为啤酒厂配备所有的具有世界领先水平的过滤分离装置和系统：

—压缩空气/$CO_2$ 除菌过滤器，蒸汽过滤器及系统

—无菌水过滤系统

—纳滤／反渗透酿造用水处理系统

—最新型 Primus III 水平圆盘式硅藻土过滤机

—最经济型 Ecoflux 烛式硅藻土过滤机

—NIRO 纸板精滤机

—PFS 膜式啤酒精滤系统，

—CFS 集束式纯生啤酒除菌过滤系统

—TFF 错流陶瓷膜废酵母中回收啤酒系统，

—VMF 振动式膜分离系统。

可为葡萄酒厂配备所有的过滤系统：

—压缩空气/CO2 除菌过滤器

—无菌水过滤系统及纳滤／反渗透酿造用水处理

—发酵液澄清 OneoFlow 中空纤维错流过滤系统。

—葡萄酒灌装前的膜除菌过滤系统。

可为黄酒厂及白酒厂配备所有的过滤系统：

—酒液澄清除杂预过滤器

—酒液的除菌精过滤器

作为交钥匙工程，颇尔公司从过滤器选型、安装、调试、员工培训到设备维护、备品备件的储存，提供一条龙周到细致的服务。

地址：北京市朝阳区霄云路26号鹏润大厦B座706－709室

邮编：100016

电话：010－84584010

传真：010－84584001

## 【北方绿色食品股份有限公司清河墨尼啤酒分公司】

北绿清河墨尼啤酒分公司是北方绿色食品股

份有限公司的龙头企业，年生产能力10万吨，现有员工400人，厂区占地面积8.338万平方米，建筑面积2.5万平方米，拥有固定资产1.2亿元，年创利税3000多万元，居铁岭市工业企业中利税总额第三位，是清河区重要的财政支柱。

公司坐落在辽宁省铁岭市清河区，位于景色秀丽、风光宜人的清河水库旁。此地得天独厚，拥有富含锶和硅质重碳酸钙的优质矿泉水，为啤酒生产提供了取之不尽的优质天然原料。公司远离工业区，空气清新；厂区绿草成茵，环境优美，为生产优质啤酒提供了必要条件。公司濒临哈大铁路和102国道，交通十分方便。

董事长兼总经理金连武先生是第八、九、十届全国人大代表，全国劳动模范，中国绿协常务理事。在金连武先生的带领下，从1979年起，凭着七个老知青的满腔热情和一口大锅、3000元钱起家经过20多年的奋斗发展到今天。企业从无到有，由小变大，由弱到强，在省内乃至全国创造了一个又一个企业发展的奇迹，经济效益和社会效益不断提高。

公司主要生产“墨尼”、“岛城”两大系列啤酒。其中，“墨尼”系列啤酒曾荣获省优称号；中国公认名牌产品；1995年10月，“墨尼”12度啤酒被中国酿酒工业协会评为国家优质产品；1996年“墨尼”12度啤酒在中国食品工业协会啤酒分会主办的全国评比中获得了国家名牌啤酒称号；1997年，“墨尼”11度、“墨尼”12度啤酒又在中国食品工业协会啤酒分会主办的全国品评中双双获得了国家名牌啤酒的称号；2001年11月，10.5度清爽型墨尼新品啤酒，被中国食品工业协会啤酒分会授予“中国优质新品啤酒”称号；公司现已通过ISO9001：2000标准的产品质量和质量体系认证。

公司能够生产出品质上乘的啤酒得宜于优质的水源、先进的技术、先进的生产设备和一流的企业管理手段。

墨尼分公司距清河水库仅5公里，这里远离市区、远离工厂、地下水源清冽、而且清河上游无任何工业污染，1988年由国家地质、地矿部等十几家权威机构勘测表明，清河水系是含有多种矿物质的优质矿泉水，其中富含有锶、偏硅酸等生物活性微量元素。优质的地下矿泉为本公司生产出优质的啤酒奠定了坚实的基础。

地址：辽宁省铁岭市清河区张相镇
邮编：112003
电话：0410－2131560
传真：0410－2131046
联系人：张武顺

## 【赛多利斯公司】

德国赛多利斯公司成立于1873年，是世界上最知名的膜过滤专业生产厂商，总部在德国的文化名城哥亭根，在全球30多个国家和地区设有自己的公司、工厂及研究机构，其员工近3000人。从现代化生产线到质量控制的实验室，赛多利斯的优质技术融入了整个运营操作。赛多利斯的质量管理严格而规范，从研究开发到生产，从库房管理、材料管理到客户的服务完全达到了ISO9001标准、GMP/FD认证和ISO14001环保认证标准。公司以其先进的理念、高质量的产品、优质的售后服务，为客户提供全方位的热诚、周到、经济、安全可靠的服务。

公司的产品著称于世，其产品广泛应用于工业天平、称重、生物制药、食品饮料、啤酒等各个领域。作为第一家研制出膜过滤产品并投入商业化运行的公司，赛多利斯实现了过滤领域史无前例的革命。其产品应用于食品饮料工业包括：

—BSF无菌过滤系统，采用模组化最现代的无菌设计、CIP 再生、生产过程全自动操作、全自动完整性测试、连续在线控制、屏幕直观显示运行过程，从而为您实现了清洁、安全、可靠的生产。

—全自动错流过滤系统 CROSS－FLOW，葡萄酒、啤酒行业的新革命，取代硅藻土、过滤纸板及圆盘过滤；

—各种无菌水，包括：酿造用水、CIP 水、高浓度稀释水、酒机高压激泡水及酒罐清洗用水的过滤；

—压缩空气/CO2 除菌过滤；

—大规模过滤芯系列，目前世界上过滤面积最大的 JUMBO 过滤芯；

—高效、可靠的微生物检测系统。

北京代表处：

地址：北京市朝阳区望京工业园区东湖渠 216 室

邮编：100102

电话：010－64391688/89/90

传真：010－64391685

广州代表处：

地址：广东省广州市东风西路 233－234 号华联百老汇 704 室

邮编：510180

电话：020－83557369　83517645

传真：020－83517931

上海代表处：

地址：上海市娄山关路 83 号新虹桥中心大厦 3212 室

邮编：200336

电话：021－62369788/9799/9976

传真：021－52573205

## 【山东中德设备有限（总）公司】

山东中德设备有限（总）公司是一家原由山东省经委组建，与国外先进技术合资合作，集科研、生产、销售、服务于一体，以啤酒发酵、食品饮料、环保、生化、制药工程技术为主导的综合性企业，系省科委认定的“高新技术生长点”、外商合资合作“重合同守信用”单位。是山东省乃至国内较早涉及小型自酿啤酒设备项目的公司之一，公司凭借着技术优势在本行业前几年市场进入最低潮时期依然得到快速发展，使之已经成为小型啤酒设备项目规模较大的公司之一，自酿啤酒项目技术的带头人，其业务涉及啤酒设备、轻工设备、环保设备等项目的开发、设计、制造。主导产品小型啤酒设备广泛应用于酒店、宾馆等娱乐场所；中小型酒厂及科研、教学、生物工程等领域。公司拥有中外合资济南华德啤酒设备有限公司，中德啤酒设备公司、中德生化设备公司、中德啤酒厂、中德生化制药设备厂、中德物流等企业。

企业宗旨：诚信、高效、以人为本。

企业精神：诚信、奉献、继承、创新。

企业口号：中德企业，奉献真诚。

管理目标：安全、质量、效率；贯彻执行 5S 方针。

质量方针：中德容器，能容天下。

质量管理体系：按照 ISO9001:2000 执行。

主导方针：秉承德国啤酒酿造精髓，发展中国中小啤酒行业。

经营理念：以顾客为关注焦点，以市场为导向，以质量为根本，以技术为基础，诚信、宽容。

地址：山东省济南市历城区清河北路 18 号

邮编：250108

电话：0531－8266856　8266679　6641739

传真：0531－8271226

## 【上海东海啤酒有限公司】

上海东海啤酒有限公司位于杭州湾畔，坐落

在上海市金山区张堰镇，是一家具有 20 多年生产历史的知名企业。公司占地面积 13 万多平方米，拥有固定资产 1 亿多元，流动资金 8000 多万元。月生产能力超过 2 万吨，年生产能力达到 12 万多吨，在上海啤酒行业中，具有一定的影响力和知名度。

近几年来，为了扩大企业生产规模，提高企业的竞争力，公司进行了大量的技术改造和设备更新，公司从国内外购置了先进的生产设备和检测仪器，使生产水平和检测水平达到国内先进水平，确保了产品的质量。公司生产的啤酒原料全部选用澳大利亚进口大麦和优质的酒花，采用 180 米深的地下深井水酿造，从原料进厂到成品出厂进行全程监控，道道检测，层层把关，运用先进的工艺技术，加上严格的科学管理，使生产出的“东海啤酒”、“鹰氏啤酒”、“金色麦田啤酒”口味纯正、清爽，泡沫细腻、洁白，挂杯持久，能长时间保持啤酒的新鲜度、均匀度和各种稳定性。

20 多年来，公司以其优质的产品、优异的服务荣获了“全国啤酒行业金奖”、“农业部优质产品”、“全国营养食品研评金奖”、“中国科技精品博览会金奖”、“上海市名牌产品”、“上海市沪郊百宝”，集体荣获了“上海市模范集体”、“上海市爱国卫生运动先进集体”，1994 年还荣获了“150 立方米啤酒露天发酵大罐技术优秀成果奖”，2000 年 10 月在大连啤酒产品质量检评中，新东海全麦芽啤酒在同类产品中排名前三位。

公司的产品在华东地区占有相当的市场。现在公司生产有“新东海”全麦芽啤酒，“鹰氏”低、浓醇、纯鲜啤酒以及“金色麦田啤酒”等三大系列产品，公司提出了“实实惠惠喝东海”的经营原则，以高档的包装，高档的质量，中、低档的售价，优质的服务面向市场，让消费者真正得到实惠，公司的产品越来越受到广大消费者的青睐，以人为本、以诚为信、依托科技、开拓未来是贯穿公司每一位员工的企业精神。她正抓住上海现在的发展机遇，开创上海东海啤酒有限公司新的未来。

地址：上海市金山区张堰镇

邮编：201514

电话：021－57213701

传真：021－57213702

联系人：孙仁云

## 【天冠酒业南阳啤酒有限公司】

天冠酒业南阳啤酒有限公司位于风景秀丽的历史文化名城——南阳，是 1997 年成立的全面引进国内外先进技术和设备建成的一个以啤酒和矿泉水为主营的现代化饮料企业。公司占地面积 11.3 万平方米，隶属于全国五百二十强和河南省五强重点企业之一的河南天冠企业集团有限公司。在当今啤酒行业的规模化和集团化过程加速，市场竞争加剧，行业重组步伐加快，为保持企业的发展动力，公司以现代化的管理为依托，积极深化内部改革，勇于创新，逐步建立了适应市场经济发展的现代化企业制度，全面提高了企业的核心竞争力，迅速壮大了企业的实力。目前公司已达到年产啤酒 10 万吨、矿泉水 100 万桶箱的生产能力，销售收入 1.1 亿元，税利 2200 万元，为地方经济的发展做出了卓越的贡献。

公司视质量为企业生存和发展的基础，公司自上而下，加强质量意识教育，牢固树立品牌意识，明确质量责任，健全质量管理网络。公司按照 ISO9001:2000 标准要求建立了质量管理体系，为质量管理工作的提高奠定了基础、严把质量关，努力提高产品质量，公司从原材料入库、工艺技术的采用、酵母菌种的筛选和使用、产成品理化和卫生指标的控制、包装物的设计定位和产品外观质量检验与方面全方位着手，严格控制，杜绝不合格品进入下一道工序，在公司范围内形成了齐抓共管的质量管理格局。产品质量的提高，为天冠啤酒以质取胜、以质量赢得市场的营销策略的顺利实施打下了坚实的基础。品牌意识的树立，使天冠啤酒的品牌知名度和市场占有率不断提高，使天冠啤酒在激烈的市场竞争中永立潮头。

为提高天冠品牌的技术含量，满足多元化的市场需求，降低成本，充分发挥科学技术效益，依靠科学技术提高企业的核心竞争力。公司积极引进国内外先进技术和设备，节能挖潜、降低成本，加大新产品开发力度，优化产品结构，先后开发了具有保健功能的天冠暖啤、天冠银杏啤酒、天冠螺旋藻啤酒、天冠苦瓜啤酒等深受消费者喜爱的特色啤酒，提高了市场占有率，取得了良好的经济效益。

地址：河南省南阳市长江路一号

邮编：473125

电话：0377－3121931

传真：0377－3127005

联系人：宋峰

## 【吉林克菲尔饮品股份有限公司通化啤酒有限责任公司】

在21世纪的今天，饮料生产技术的高、精、新已渗透到各行各业中，然而在食品行业新技术、新设备诞生的今天，饮料品种与规格亦愈发多样化，各种新型饮料以其独特的定位，吸引着不同的消费者，各种低醇型、保健型饮料已日渐成为市场的新宠，开发出一些高附加值、具有保健功能的绿色食品，已成为食品行业的发展趋势。正是基于此种观点，公司聘请天津科技大学数位博士与单位工程技术人员经过反复研究、多次试验，采用生产啤酒的酵母菌与生产酸奶的乳酸菌共同发酵等一系列先进生物技术，酿制而成的一种高附加值、低醇及含有人体所需的多种氨基酸、蛋白质及维生素的高级饮品——“克菲尔”奶啤，“克菲尔”发音为［keiff eair］，起源于土耳其语，“美好的感觉”之意，它是一种醒神、清爽的生物制品，风味独特，营养丰富。通过研究发现，“克菲尔”是一种有着神奇色彩的有机物，“克菲尔”菌种包含多种微生物，并且每种微生物都通过进行自己的新陈代谢产生各自的营养物质，由此菌种发酵制得的食品还有很强的治疗功效，它能够对肠内发生的毒素加以解毒，增强身体抵抗力，提高体内免疫功能；美化肌肤等功效。在原苏联曾经小批量生产，未形成大生产规模，在我国尚无此类产品，该产品与其他奶制品相比具有如下特点：外观乳白、色纯味正、集奶香、麦香及碳酸饮料爽口感于一体，含有人体所需的多种氨基酸、蛋白质及维生素，2003年“克菲尔”奶啤被省政府命名为“吉林省名牌”产品，且该产品已通过CB/T19001－2000idt ISO9001：2000标准质量体系认证及HACCP安全体系认证。

通化啤酒有限责任公司坐落在素有“山城”美称的吉林省通化市，地处长白山脚下，绵绵浑江水缓缓流过，四周群山环绕，每逢春夏到来之际，山青水秀、景色怡人；进入冬季，白雪皑皑、银装素裹，好一派北国风光。

公司创建于1958年，占地面积2.8万平方米，建筑面积1.3万平方米，现有职工898人，其中各类专业技术人员72人。固定资产4100万元，年生产能力3万吨，主要品种有：“天池湖”牌通化9度、10度、11度、12度啤酒；“雪狼”牌10、10.5度超级干啤，11度小冰麦冰啤酒；“雪狼”牌10、12度冰啤酒，11度易拉罐冰啤酒和“克菲尔”奶啤等系列产品。

通化啤酒系选用优质原料，采用先进工艺精心酿制而成。通化啤酒素以清澈透明、酒体醇厚、泡沫洁白细腻、持久挂杯、甘洌杀口而著称，其理化指标完全达到国家优级标准。各种产品均通过 GB/T 19001－2000idt ISO90001：2000 标准质量体系认证，1997 年 10 度、12 度啤酒双双被评为省优质产品，12 度啤酒被评为国家食品行业名牌产品称号。1998～2002 年分别被评为省食品行业的优质产品、中国名优食品企业并荣获国家医药保健品博览会金奖。

地址：吉林省通化市前兴路 28 号
邮编：134002
电话：0435－3948770
传真：0435－3948770
董事长、总经理：方新阳

## 【无锡狮王太湖水啤酒有限公司】

无锡狮王太湖水啤酒有限公司其前身是于 1984 年建成投产的无锡市啤酒厂，1993 年 1 月与新加坡鸿贸国际私人有限公司合资，成立无锡太湖水啤酒有限公司。1995 年 4 月与新西兰狮王有限公司合资，成立无锡狮王太湖水啤酒有限公司，总投资 4300 万美元，注册资金 2550 万美元，其中外资占 90％。

自 1995 年以来，公司进行了大规模的技术改造，如引进了德国酿造设备和 KHS 包装线、意大利 SMI 纸箱机等世界先进的啤酒制造设备，并借鉴和采用了狮王集团 160 余年享誉国际的酿造和管理经验，使品质、产能和管理水平上了一个新的台阶，年生产能力由原来的 6 万吨扩大到 12 万吨，并先后通过了 ISO9001 质量管理体系和 ISO14001 环境管理体系的认证。公司已成为长江三角洲地区最具竞争实力的啤酒企业之一。

公司现有正式员工 400 余人，其中各类专业技术人员占 20％。生产太湖水啤酒系列产品，主要产品有：太湖水清爽型啤酒、太湖水全麦啤酒、太湖水特爽啤酒、太湖水爽啤、美湖啤酒、莱克银爽型啤酒、卡尔黑啤等等。其中太湖水清爽型啤酒、莱克银爽型啤酒口味清爽、泡沫细腻、入口顺畅、回味柔和，深受广大消费者欢迎，也是狮王太湖水啤酒有限公司根据消费者的需求推出的最成功品牌之一。卡尔黑啤是引进的澳洲著名的高档品牌，是理想的冬令啤酒。

公司的质量方针是“选料精良、酿制精心、服务精细，使狮王太湖水啤酒成为消费者首选品牌”。公司每年对供应商进行评审，选择具有良好信誉的供应商作为麦芽等各种原料的合格供应商。对酿造用水采用多道工序进行处理以确保酿造出的啤酒口味纯正。太湖水啤酒酿造所用的 Lager 酵母是由狮王啤酒集团在澳大利亚专门培育而成，菌种的性能优良、品质纯正。为保证生产中所用菌种的纯正，公司定期从澳大利亚酵母银行获取菌株用于扩培、生产。选料的精良保证了太湖水啤酒的品质就像澳洲的金色阳光一样清纯。

狮王太湖水啤酒的酿制从投料到灌装的生产全过程都得到严格的控制，通过 CITEC 系统自动监控发酵状况，采用双重过滤系统确保清酒的质量，配备空瓶检测仪、液位检测仪等进口设备进行包装质量监控，使产品质量得到充分的保证，并且在最关键的灌装过程中通过两次抽真空使成品酒中的溶解氧控制在 $0.1\times10^{-6}$ 以下，从而使啤酒能在更长的时间内依然保持新鲜。

先进的管理、卓越的品质、精细的服务，使公司的产品屡获殊荣。在 1996～1998 年期间，连续三次荣获国际酿酒权威布鲁塞尔国际食品博览会金奖；自 1998 年以来，被江苏省质量技术监督局评为“重点保护产品”。公司生产的清爽型太湖水啤酒被指定为 2001 年度 APEC 财长会议专供酒，并于2002年10月被指定为“江苏省第15届运动会唯一指定啤酒”。

地址：江苏省无锡市滨湖区马山五号桥

邮编：214092

电话：0510－5998315

传真：0510－5998315

联系人：马进军

## 【新疆啤酒集团】

新疆啤酒集团（原新疆啤酒厂），是1973年由新疆维吾尔自治区计委批准成立的啤酒企业，1978年成功出酒，填补了新疆啤酒工业的空白。此后，通过边技改，边扩建，1996年达到年产啤酒6万吨的规模，从1997年开始，新疆啤酒厂积极走低成本扩张之路，先后收购了昌吉、霍城两家啤酒企业，盘活国有资产一亿多元；1998年12月，经新疆维吾尔自治区批准，新疆啤酒厂对自身及下属企业进行改制，组建了跨地区、跨行业的大型啤酒集团——新疆新啤集团（国有独资企业）。2002年，在自治区党委、政府的直接领导下，在自治区财政厅、经贸委等有关部门的大力支持下，新疆新啤集团与新疆啤酒花股份有限公司牵手结盟，以实现强强联合、优势整合。通过对新啤集团整体改制，由新疆啤酒花股份有限公司以现金出资，新疆国有资产投资经营有限责任公司以原新疆新啤（集团）有限责任公司的净资产为出资，共同设立的跨地区、跨行业的大型啤酒生产企业集团。新疆啤酒花股份有限公司持有公司55％的股权，新疆国有资产投资经营有限责任公司持有45％的股权，实现了公司投资主体的多元化，使新疆啤酒的品牌优势、管理优势与啤酒花公司的机制优势、融资优势得以充分结合。现公司员工从建厂初期的100多人，增加到现在的1970人，大专以上人员789人，占总人数的40％，其中高级职称49人，占总人数的2.5％。

公司总资产5.1亿元，注册资本1.23亿元。公司现拥有母公司新疆啤酒（集团）有限责任公司及昌吉啤酒有限公司、霍城啤酒有限公司、阿克苏啤酒有限公司、喀什啤酒有限公司、奇台制麦有限公司和吐鲁番玻璃制品有限公司6家子公司。公司年啤酒生产能力15万吨，优级品麦芽生产能力4万吨，玻璃制品2.1万吨。新疆啤酒有健全的产品线，已开发生产了12度银杯啤酒、11度高发酵度啤酒、10度超爽啤酒、精品啤酒、黑啤酒、冰啤、全麦芽、菊花啤酒、果啤、螺旋藻啤酒、雪莲啤酒、阿魏菇啤酒等20多个品种的高中低档系列产品，在国内各类质量评比中多次获奖，产品遍及新疆境内，在北京、上海、广州、深圳、成都等地都有新疆啤酒各类产品的销售。公司1999年通过了ISO9000国际质量认证、2002年通过了转版ISO9002的复审，企业技术中心通过自治区主管部门认定；环保工作通过了环保局的验收，成为乌鲁木齐首家环保达标生产企业；通过了自治区级精神文明单位验收，荣获自治区级精神文明单位称号，并连续多年被乌鲁木齐市评为“突出贡献企业”。新疆啤酒是自治区的名牌产品，新疆啤酒商标是自治区首届著名商标，也是全国知名品牌，公司各类啤酒产品均符合国家绿色食品A级标准，被“中国绿色食品发展中心”获准使用“绿色食品”标志，是新疆唯一通过中国“绿色食品发展中心A级认证”的啤酒企业。为确保产品品质，从2001年10月公司即开始逐步加大技改力度，相继投入2000多万元，取得良好效果。

地址：新疆乌鲁木齐新华南路122号

邮编：830049

电话：0991－2866442

传真：0991－2866442

联系人：姜晓红

## 【燕京啤酒（赣州）有限责任公司】

燕京啤酒（赣州）有限责任公司坐落在风景秀丽的江西赣南政治、经济、文化中心——赣州市，是全国啤酒企业单一品牌产销量最大的北京燕京啤酒集团公司控股的江西省中型骨干企业，公司占地面积3.6383万平方米、固定资产净值达1.02亿元，设备年生产能力达10万吨，现有固定职工500人，专业技术人员近百人。

燕京啤酒（赣州）有限责任公司是2000年5月成立的按现代企业管理要求生产经营啤酒的专业厂家，具有江西省一流的先进设备和生产工艺，部分引进德国先进酿造生产设备，全面消化吸收北京燕京啤酒集团公司的先进工艺、技术和管理，生产的“燕京啤酒”、“赣江啤酒”质量稳定、口味纯正，系江西省重点保护产品，在赣州市市场占有率达90%以上。公司被赣州市人民政府授予“最佳企业”，江西省消协“维护消费者权益先进单位”，赣州市消协“消费者信得过单位”。

地址：江西省赣州市张家围路58号

邮编：341000

电话：0797－8122787

传真：0797－8126247

联系人：黄会荣

## 【燕京啤酒（莱州）有限公司】

燕京啤酒（莱州）有限公司是北京燕京啤酒集团下设的子公司，是一个以啤酒生产为主，饮料、瓶盖、颗粒饲料、酵母粉等多业并举的国家大（一）型企业。公司占地21万平方米，总资产1.8亿元，员工1300人，啤酒年生产能力为15万吨，年创利税3000万元。

公司积极优化产品结构，不断开发适销对路的新产品，做到市场需要什么，就生产什么，公司组织技术人员开展技术攻关，引进先进生产工艺并结合目标市场对传统产品进行改造，成功地开发出了8度清爽型五环啤酒和6度超低醇啤酒等新产品，受到消费者普遍欢迎。按照“消费者的需求是第一要务”的原则，每年都对产品结构进行调整，使中高档酒比例占到20%，营业利润达到利润总额的51.5%，是普通啤酒的4.5倍。

公司根据市场行情和产品销售趋势确定技改项目，对啤酒生产设备进行系统化改造，使企业总体技术装备水平达到国内领先水平。几年来，已累计投入1.1亿元用于技术改造，新上了一条120桶/小时灌装线、一条2万瓶/小时灌装线和两台塑包机，完成了污水处理设施改造。目前，公司已拥有4条国际先进水平的全自动瓶啤生产线，一条易拉罐生产线和两条全自动扎啤生产线，啤酒生产和酿造全部实现微机自动化控制和检测。

为强化质量管理，按照ISO9002标准修订完善了管理标准和各种工作标准，建立起行之有效的质量保证体系，并顺利通过ISO9001：2000标准转版和国际认证联盟IQNet认证，获得了进军国际市场的“通行证”。

面对日趋激烈的市场竞争，公司积极转变经营思路，理顺销售渠道，将省内市场划分为四个部，分片负责，协同作战，牢牢控制着市场竞争主动权；省外市场销售以高档啤酒为主，形成了以大饭店、宾馆为主的独特营销网络。公司建立完善了销售责任制，实行了“分片包干，在完成销售任务的基础上，依据销售额提成奖励制度”，认真加强对营销人员的业务考核，激发了业务人员的责任感和主动性，有效地促进了产品的销售。公司产品有光州啤酒、燕京啤酒、五环啤酒、德国皇家HB啤酒等四大类几十个品种，其中光州啤酒曾荣获“中国消费者信得过优质酒”、“山东省优级产品”等称号，并被命名为“山东名牌”产品；五环啤酒曾先后被中国啤酒工业协会、中国食品工业协会评为“中国优质新品啤酒”、“全国质量信得过食品”；德国皇家HB啤酒曾被评为“中国国际酒类商品博览会金奖产品”。

地址：山东省莱州市城港南路118号
邮编：261411
电话：0535－2480736
传真：0535－2480717

## 【浙江钱啤集团股份有限公司】

浙江钱啤集团股份有限公司前身是萧山啤酒厂，创建于1979年9月23日，2003年转制为民营股份制企业。公司坐落在钱塘江南岸、杭州市萧山区北郊新街镇。厂区离杭州市区30公里，紧临沪、杭、甬高速公路和杭州萧山国际机场，水陆交通便利。公司总资产8.8多亿元，员工1500人，是国家大型一档企业、浙江省最大啤酒生产企业。多年被列入全国500家最大经营规模和最佳经济效益企业之一。年产量从建厂初期的196吨猛增到23万多吨。到2002年止，已生产啤酒291.68万吨；累计缴纳税金9亿多。通过技术改造，已达到45万吨的总体规模。

公司以澳大利亚进口的啤酒大麦、新疆啤酒花和优质水为主要原料，采用中西结合的先进工艺酿制生产的“钱江”、“中华”系列啤酒，以其优良的品质及其适宜的流行风味，畅销国内10多个省市。中华啤酒一度被指定为人民大会堂国宴用酒，外销美国、加拿大、日本、意大利、法国、瑞士、西班牙、澳大利亚、马来西亚、新加坡、佛得角等10多个国家以及中国香港、中国澳门、中国台湾。1992年，中华啤酒在巴黎国际名酒展评会上从1200多种名酒中脱颖而出，荣获国际特别金奖；钱江啤酒在1993年举行的法国第65届鲁昂国际博览会上荣获国际金奖。

公司采用全不锈钢制作的糖化锅和发酵罐、硅藻土过滤机和PVPP稳定系统、自动灌装线和从国外引进的自动检测仪，以及与之相配套的从丹麦引进的污水处理工程及一次成型的商标印刷机等，都是当今国际一流的先进设备。

公司十分重视把先进的管理方法应用于生产实际，以提高产品质量。1988年，通过农业部TQC质量验收；1990年，被批准为国家二级企业。1996年，被评为全国执行食品卫生先进企业。同年，通过ISO9002质量体系认证。1997年，公司被评为浙江省首批“四星级企业”之一。2001年通过ISO14001体系的认证，成为中国啤酒行业第二家通过ISO14001体系认证的企业，2003年9月在省内率先通过HACCP体系认证。

中华啤酒于1989年首批由浙江省粮油进出口公司代理出口美国，至今出口市场逐年扩大，深受消费者信赖。1989年被浙江省外经贸厅批准为自营进出口企业。公司首次自行进行商检报验时间为1989年5月10日，数量550箱中华啤酒，规格660毫升×24瓶/纸箱，出口意大利。1991年公司检测中心被浙江省进出口商品检验局（浙检认字（91）614号）授予认可实验室。

地址：浙江省杭州市萧山区新街镇
邮编：311217
电话：0571－82614888
传真：0571－82610008

## 【湖北劲牌酒业有限公司】

湖北劲牌有限公司是一家专业化的保健（健

康）食品公司。公司始建于1953年，现已发展成拥有劲牌保健酒业有限公司、劲牌皇宫酒业有限公司和劲牌酿造有限公司等多个实体的集团企业。公司是国家税务总局评定为全国“诚信纳税会员企业”，湖北省人民政府评定的“重合同守信用企业”，“劲·JING”被国家工商局认定为“国家重点保护商标”，企业也跻身中国保健食品企业二十强，并以坚实的步伐向现代化、国际化大型企业集团迈进。其以中国劲酒为主导的保健酒类产品以优良的品质、醇厚的口感和显著的功效受到消费者的好评，畅销国内外及东南亚等多个国家和地区。

近两年，公司对企业的战略发展进行新的规划，把劲牌公司定位为一个专业的保健健康食品生产企业，树立以消费者为中心的经营新理念，以市场需求为指导，根据新的竞争要求，加快企业的信息化建设和物流规划设计，增强和培育劲牌公司的核心竞争力和生存力。五年来，企业在保持两位数发展速度的同时，累计上缴国家税金1.8亿元，每年用于捐资助学、扶贫救灾数百万元，取得了良好的社会经济效益。2002年，整个公司实现销售4.8亿元，上缴税金7000万元。

公司坚持“设计最好的形象，调集最好的资源，开发最好的产品，提供最好的服务”，在实施名牌战略中，针对不同时期不同消费群体的需求，研究开发多样化、系列化的“劲牌产品”，注重提高产品的科技含量。先后开发出金眠酒、追风八珍酒、半壶酒等数种保健、高档陈酿新产品。

地址：湖北省大冶市大冶大道169号

邮编：435100

电话：0714－8768096　8761988

## 【山东即墨市妙府老酒有限公司】

山东即墨市妙府老酒有限公司位于青岛市即墨烟青路166号，距青岛市区30公里，距青岛国际机场8公里。公司创建于1993年3月，占地面积6600平方米，建筑面积3900平方米，固定资产360万元，有员工110人，年产老酒能力1000吨，清酒1000吨，保健酒500吨。公司主要品牌：

·即墨妙府牌老酒连续多次获即墨市名牌产品称号，并荣获中国第三届黄酒节优质产品称号。

·梅霞牌特制清酒荣获全国科技进步奖，全国食品行业名牌。

公司通过ISO9001国际质量体系认证，并被评为青岛市民营科技企业，青岛市知名企业打假维权重点保护单位，连续多年被评为消费者满意单位。公司创始人于秦峰先生是全国评酒委员，酿酒高级工程师，原山东即墨黄酒厂技术厂长，全国有突出贡献的黄酒青年专家，青岛市、即墨市科技拔尖人才。

即墨妙府老酒据考证在明代就已奠定了工艺基础，该产品按照已有4000多年历史的“古遗六法”酿造工艺，并加以科学规范和提炼，以100％的纯黄米和陈伏麦曲为原料，酿造出醇厚的原汁老酒，斤米斤酒，受到全国酿酒专家的高度赞扬和消费者的喜爱，被公认为北方黄酒的优秀代表。2002年10月26日，我国著名食品营养专家于若木同志在即墨市亲切接见了于秦峰先生，并品尝妙府老酒，对妙府老酒给予高度评价，并题字：“即墨妙府老酒老树新枝绽放光华”。妙府老酒使即墨传统老酒得以继承和发扬，其天然的营养品质，浓厚的民族风格，定会有广阔的发展前景。

地址：山东省即墨市烟青路166号

邮编：266000

电话：0532－8563309

传真：0532－8563309

联系人：于秦峰

## 【贵州鸭溪酒业有限公司】

贵州鸭溪酒业有限公司系中国长城资产管理公司控股、江苏威尔顿印务公司、贵阳永吉印务公司参股的有限责任公司。

公司现有总资产7100万元，注册资本3115万元，拥有制曲、酿酒、调制、包装完备生产线，年半成品酒生产能力2500吨，年包装生产能力5000吨。

公司坚持“质量第一，用户至上”的宗旨。以独特的生产工艺，雄厚的专业技术力量，现代化的检测手段以及科学的企业管理促进企业不断发展。生产的浓香型鸭溪牌系列产品的窖香浓郁、绵甜爽净、幽雅细腻、余味悠长的独特风格，赢得广大的市场，受到消费者的青睐，有“酒中美人”雅称。产品还远销到美国、日本、德国、荷兰、东南亚和中国香港、中国澳门等10多个国家和地区。

产品质量上乘，蝉联历届贵州名酒称号，先后荣获轻工部优质产品，轻工部出口产品金质奖、普罗夫迪夫国际博览会金奖、中国驰名白酒精品、中国文化名酒等数十项荣誉。

现有鸭溪牌产品鸭溪酒王系列、鸭溪窖酒系列以及黔酒王系列等不同酒度数10个品种。鸭溪窖酒的前身“荣华窖酒”20世纪30年代就名噪黔北，以地方名产载入《遵义新志》。

中国名优白酒多产于黔北川南、长江中上游的赤水河流与乌江流域之间，这里汇集了茅台、五粮液、泸州老窖、董酒、郎酒以及鸭溪窖酒、习酒、湄窖酒、珍酒等众多名优酒。

史料记载鸭溪镇有300年的酿酒历史。清代乾隆年间、著名史学家，诗人洪亮吉任贵州学政，在《鸭溪行馆》和《白腊坎道中》两首诗中，就咏赞出“酒边人去住，花里径纵横”和“客醉边宵雨，花残昨夜风”的佳句。光绪十一年，镇上赖性商人开办“广兴祥”酒坊，以茅酒工艺，生产出色、香、味俱佳的“雷泉大曲”。《遵义新志》记载：“酒为贵州名产，尤以‘茅台’为最驰名……遵义西之鸭溪场，亦深得茅台酿造之法，产酒有‘次茅台’之称，又以‘雷泉’驰名”。1933年，镇上何氏兄弟又酿出别具特色的“荣华窖酒”，远销江浙、两广和香港，名噪黔北。

建国后，组建鸭溪窖酒厂，以“雷泉大曲”和“荣华窖酒”为基础，开发鸭溪窖酒。产品以优质高粱、糯谷、小麦、优质矿泉水酿制，既秉承鸭溪镇酿酒历史渊源，又推陈出新，酒体风格逐步从茅酒香型向浓香型过渡。质量更有提高，以浓中带酱的独特风格在中国名酒业独树一帜。全国著名评酒家周恒刚先生给予很高赞誉：“老窖澄清夺月色，鸭溪味美借梅香”。近年，新开发的鸭溪酒王等系列产品，兼收显著，又博采众长，使产品内涵更加丰富，风格更加突出，质量又有提高。

地址：贵州省遵义县鸭溪镇振兴路80号

邮编：563108

电话：0852－7561888　7561152

传真：0852－7561889　7561899

## 【河南奥克啤酒公司】

经过近一年的努力，奥克啤酒公司于多家科研院所合作，成功研制了绿色啤酒工艺，并开发了奥克绿色啤酒。由此，奥克绿色啤酒将填补我省目前无绿色啤酒的空白。

奥克啤酒公司是以河南省商业科研所为技术依托的大型股份制啤酒企业，于1989年建厂，历经14年的稳步发展。年产啤酒能力30万吨，作为子公司的漯河奥克啤酒有限公司，是我省啤酒行业装备水平最高的企业。奥克公司的产品已形成五大啤酒系列，80多个系列产品，产品行销全省各地，并覆盖全国10多个省区。在河南啤酒行业中具有较强的管理优势，科技实力，人力资源和产品质量的优势。为“郑州市五十家重点企业”；“农业产业化优秀龙头企业”；产品曾获得第二届曼谷国际博览会金奖；第38届布鲁塞尔国际啤酒评比金奖等130多项国内外大奖。10多年来，累计创利税3个亿；为我省经济发展作出了积极贡献。同时奥克啤酒公司在河南啤酒行业中创造了几个第一，连续四年保持郑州市场占有率第一，第一个采用啤酒的生产的纯生化保鲜技术，第一个通过ISO9002国际质量体系认证；连续多年保持人均劳动生产率第一。

奥克啤酒公司从源头抓质量，严格质量标准，完善质量体系，建立质量监控检测点30多个，生产过程所有环节都实行计算机控制，保证了生产过程管理的科学性，生产现场严格推行“5S”管理，以严格的卫生管理保证产品质量。

企业生产过程严格按ISO9001质量体系标准进行，以国际先进水平为目标，完善技术升级标准体系，对啤酒口味有直接危害的菌类按零标准控制，为生产高水平质量的产品提供了保证，为了缩小与国际著名啤酒品质的差距，企业先后投入巨资引进一流的生产、检测设备。为提高产品质量奠定了设备基础。

奥克啤酒采用优质矿泉水酿造，在原料的供应地建立了“绿色车间”，采用生产过程中不使用化学合成的生产资料和其它有害于环境和身体健康的原料和物质，符合绿色食品的原料标准，使用的大米均为3日内脱壳的新鲜大米，并且建立了一套从原料到成品的一套全过程的无污染新鲜度管理，保证了产品的安全，优质和新鲜。

同时，在我省首家研究成功并运用了“绿色无污染啤酒工艺”。在啤酒酿造过程中完全不添加包括甲醛在内的任何有毒、有害物质，使用绿色天然原料来取代传统工艺上的甲醛，从而确保产品完全符合国家绿色食品的标准。

地址：河南省郑州市北环路中段

邮编：450045

电话：0371－5717372

传真：0371－5721348

## 【武汉佳成生物制品有限公司】

武汉佳成生物制品有限公司，是经国家有关部门认定的国家高新技术企业，中国酿酒工业协会会员单位。

公司坚持以市场为导向，以科技为先导，以质量求生存，以信誉求发展。成立以来，已开发用于酿酒、食品和肉制品行业的产品系列有：

微生态活性因子系列产品：

1）超浓缩复合己酸菌液：适用于白酒发酵中粮糟制作、窖泥培养、养窖护窖，是由多种有益生物组成，代谢产物丰富，己酸产出率高、酯化力强，可明显增己降乳，使白酒中四酸四酯比例协调增加，大幅提高浓香型白酒的优质率。

2）酯化液：适用于串蒸酒精、香醅、优质新工艺白酒生产、蒸馏高酯调味酒，是生物技术液态发酵制成，富含己酸乙酯为主要成分的多种浓香型大曲酒所需的香味成分，使所产酒香味浓郁，无“浮香”感，可使各种白酒的产品质量显著提高。

酒类专用净化系列产品：

1）复合净化酶：适用于酒类净化、水处理、环保，由多种立体、多微孔、大表面积高分子活性物质特殊加工制成，具有净化酒体，催熟陈化酒体，除杂去害吸附甲醇、甲酸、杂醇油、硫化物、糠醛等有害成分，提高酒类质量，操作使用简单方便，消除净化工艺对环境的污染和对贮酒罐的腐蚀。

2）酒类专用净化器：适用于白酒、黄酒净化处理，全不锈钢结构，耐腐蚀，易清洗，使用寿命长；设计独特新颖，进出料操作方便，不需要整体拆卸即可填充、排出净化介质；中心圆筒式过滤器有效过滤面积增大，极大提高净化效率。

天然复配甜味汁系列产品：

适用于各种香型酒类勾兑、食品、饮料、医药的复配甜味汁：由多种天然甜味提取物组成，不含糖精钠、蛋白糖等，安全、健康，不含蔗糖，无能量，适宜特殊人群（糖尿病，心、脑血管疾病，肥胖症等），甜度高，是蔗糖的35倍以上，口感绵甜，后味净爽，不产生货架期后苦味，易于混合调配。

红曲系列产品：

1）酯化酶（酯化红曲）：适用于白酒酿造，制曲，由红曲霉等多种微生物产酯功能菌混合培养制成，菌株酶活力高，稳定性强，可迅速加快酯化速度，缩短白酒发酵周期，增加己酸乙酯合成能力，提高白酒优质品率。

2）红曲色素：适用于食品、肉制品、饮料、保健酒、调味品、化妆品、医药，具有防腐、抗氧化功能，热稳定性好，色调自然鲜艳，纯天然，安全无毒副作用，色价高、着色稳定，pH适用范围广。

3）酿造用红曲（发酵红曲）：适用黄酒酿造、白酒增香、红醋酿造、酱制品生产，具有极高的保健功能，糖化力强、出酒率高，发酵力强、酒香好，色泽鲜艳、着色稳定。

公司与中科院生物所、微生物所、武汉大学生命科学院、华中农业大学食品学院、无锡轻工大学等科研院校建立了多个合作研究试验室。2001年公司与武汉工业学院共同完成了国家九五攻关课题“功能性红曲色素技术研究”（科技部项目编号99－022－02－03），已通过湖北省科技厅验收鉴定，成果达到国内领先水平。公司人员中60%以上为专业技术人员，技术中心完善的检测设备与技术人员丰富的专业经验确保佳成产品百分之百合格。

地址：武汉市青山区临江大道866号

电话：027－86358856　86358837

传真：027－86358856

## 【金氏集团常州神果酒酿造有限公司】

金氏集团是一家融科、工、贸于一体的高科技民营企业，下辖8家子公司。公司共有员工450人，总资产3亿元。常州神果酒酿造有限公司、常州市长寿保健食品厂是其下属企业，是国内较早生产天然无花果系列保健食品的专业化厂家，产品质量可与日本同类产品媲美。工厂占地面积近20万平方米，现有无花果种植基地133.3万平方米，年生产无花果系列酒5000吨，无花果瓶装茶3000吨，无花果袋泡茶500吨等系列产品。

无花果项目的开发和利用，早就得到了国家领导人的关爱和支持，它的营养价值和药用价值在《本草纲目》、《中药大词典》等经典著作上均有记载。特别是进入20世纪80年代以来，许多欧美、日本等发达国家与我国的科研机构，经过不断的科研证明：无花果具有人体必须的10种氨基酸，它的营养价值和药用价值极高，特别是对抑制恶性肿瘤有显著疗效。本公司（厂）以无花果为原料，采用科学方法，取其精华，配制而成高档保健营养饮品。欧美、日本等发达国家的科学家预言：无花果是21世纪人类健康的“守护神”！

无花果含有丰富的维生素A、维生素B、维

生素C，尤其是维生素C的含量是葡萄的20倍，还有铁、磷、钾等有效微量元素和人体必须的10种氨基酸；其中抗疲劳的天门冬氨基酸和抗氧化物歧化酶（SOD）等生命活性物含量很高，对中老年人舒心活血，滋阴润肺有明显效果，同时含有大量对人体有益的粘多糖、食物纤维，可提高人体免疫功能，增强抗病能力，抗衰老。无花果还含有一种苯醛物质，能抑制、破坏癌细胞蛋白酶的生成，使癌细胞失去营养而死亡，但又不伤害正常细胞的生存，故对防治癌症疾病有重要作用。

金氏神果酒（无花果酒），选用从日本引进的无花果优良品种“麦司依陶芬”，以不施农药、化肥和无污染条件下种植的新鲜熟果为原料，在洁净的食品生产环境下采用精湛的酿酒和灌装工艺酿制而成。产品保留了无花果的芬芳，口感清醇，回味悠长。该产品已荣获中国绿色食品发展中心颁发的绿色食品证书。

金氏神果茶（无花果茶），选用从日本引进的无花果优良品种“麦司依陶芬”，以不施农药、化肥和无污染条件下种植的新鲜青果为原料，在洁净的食品生产环境中加工精制而成。产品既保留了无花果的芳香、色泽和营养成分，又赋予其特殊的茶清香。长期饮用，对人体有意想不到的效果！

地址：江苏省常州市武进区嘉泽镇闵墅
邮编：213152
电话：0519－6592077　13706129291
董事长、总裁：金文宗

## 【广东省五华县长乐烧酒厂】

广东省五华县长乐烧酒厂原是五华县国有工业的骨干企业之一，是广东省唯一获得“全国29家名优白酒厂”称号的企业。于2000年4月1日，由广州瑞华房地产开发有限公司总体转让并接管经营。现有员工230多人。目前拥有国内先进水平的机械化酿酒生产线，年产饮料酒5000吨。主要产品有白酒、黄酒、滋补酒3个系列。其中长乐烧酒1979年评为国家优质酒，1998年又荣获中国首届食品博览会金奖；客家老酒1989年度评为省优产品；滋补酒巴戟蛤蚧酒获省行业优秀新产品奖，长乐醇等产品2000年荣获“中国白酒知名品牌”，2001年荣获“中国名优食品和国家质量达标食品”称号。

五华县“长乐烧酒”是五华民间的传统产品，素有“南粤佳酿”美称，其酿造技术发轫于晋，成熟于明，纯青于今，因公元1071年宋朝时县名为长乐县而得名。用得天独厚的粤东名山玳瑁山穿石而出之甘泉，融客家先民今人智慧，用精湛酿技，酒质具有“蜜香幽雅、醇厚绵柔、舒适引口、回味怡畅、醉不上头”的独特风格，闻名遐迩，向来在嘉应五属、潮汕地区乃至南洋及港澳享有盛名。

五华长乐烧酒厂转制二年半以来，新公司致力扩大规模，争创品牌，拓展市场，使新机制引出深刻变化：一是厂房厂貌焕然一新，生产规模不断扩大，转制以来投入800多万元改造了原有两条生产线，2000年11月28日新建一条年产180吨老窖酒生产线投入运营。老窖酒储酒量比改制前增加三分之二。二是新产品、新品种不断投放市场，新开发了长乐烧酒，新包装长乐老窖，还有品位较高的长乐玉液、梅州市政府接待专用酒等新产品，成为全国“九运会”大都市接待专用酒之一，获得“中国名优产品企业”和“中国白酒知名品牌称号”。三是注意打好品牌战略，积极采取措施，严格按照质量标准组织生产经营，不断提升长乐烧的质量水平。2001年3月通过了ISO9002质量体系认证。四是生产发展，效益提高，职工情绪稳定，工作积极性高涨。转制前的230多名职工全部转入新公司无一下岗，收入稳定，2001年员工月平收入968元，今年员工月平收入超过1000元。转制二年多来，完成产值、产量、销售收入、税收逐年增长。今年1～10月份完成产值、销售收入、税收同比分别增长12%、13%和10%。为进一步做大做强企业，目前该企业拟与梅州烟厂、雁南飞茶场实行强强联合，共同打造“客家三宝”即：国喜烟、英帅茶、长乐酒，弘扬客家文化，作为旅游名优特色产品，推向市场，向更高的目标迈进，再创新的辉煌。

地址：广东省五华县岐岭镇

邮编：514469

电话：0753－4802788

传真：0753－4802788

## 【迁安市贯头山酒业有限公司】

迁安市贯头山酒业有限公司是一家专门秉承传统固态泥池发酵工艺，融现代高科技成果于一体在全国排位属中型的酿酒企业、河北省明星企业和食品行业优秀企业。

公司年生产固态泥池发酵红粮优质大曲原酒能力1000吨，设计生产安梨干酒能力6000吨，优质饮用纯净水5000吨。公司总占地面积66700平方米，分为办公区、酿造区和文化展示区。

贯头山酒业有限公司坐落在京东腹地万里长城脚下的贯头山风景旅游开发区内，毗邻京、津、唐、秦和避暑山庄承德等大中城市。周围群山环抱，层峦叠障，林密草茂，溪水潺潺，原始的风貌，自然的情趣都是北方酿酒企业绝无仅有的，无愧于古人选择的最佳酿酒胜境。

贯头山酿酒历史悠久，早在魏晋一代酿酒名师狄戎为酿名酒，慕黄帝故都，补天遗迹，千里迢迢，踏遍燕山，访微探幽，于贯头山灵泉寺边慧眼识泉，酿酒兴肆，代代相传。宋末元初，采用老五甑水固态泥池发酵法，承先人遗方，酿传世琼浆，清乾隆年间，誉满京城，红遍北国，有“酒气冲天，飞鸟闻香变凤；糟粕落水，游鱼得味成龙”之赞誉。斗转星移，昔日贯头山下林立的烧锅已变成今日现代而又富有古老深厚文化底蕴的酿酒产业。

公司历代不忘古训，秉承千年酿酒传统工艺，传承中华悠久酒文化，在市场经济的竞争中诚信立业，恪守行业道德，保持千年品质。所酿的“贯头山”牌系列白酒具有窖香浓郁、绵软爽净、回味悠长之特点，公司所有系列产品的各项卫生理化指标一直达到国家规定标准。在1993年国际名酒香港博览会上获银奖，多年来贯头山系列白酒已获国际大奖3项，国家级大奖5项，省市级奖励及证书32项。公司已经通过ISO9001：2000国际质量管理体系认证。进入新世纪，贯头山系列白酒又被评为“唐山市放心食品”“河北省名牌产品”、和“河北省第六届消费者信得过产品”，贯头山酒业公司以其良好的公司形象被评为“唐山市质量管理先进企业”和“河北省食品行业优秀企业”。目前，贯头山酒已成为地方接待外宾，结识朋友共谋发展的桥梁和纽带。贯头山悠久的酿酒历史，精湛的酿酒工艺和诚实守信的经营宗旨弘扬和光大了中国酒文化。

地址：河北省迁安市城西贯头山

邮编：064402

电话：0315－7988152

传真：0315－7980996

Pabst
Blue Ribbon
BEER
蓝带啤酒
激情释放
蓝带啤酒

# 云南峨山玉林泉酒业有限公司

青山环绕的“玉林泉”酒厂厂区

云南峨山玉林泉酒业有限公司拥有总资产5000多万元，占地7.13万平方米，建筑面积3.5万平方米。共有员工250多人，中专以上的技术工程及管理人员45人。年产高粱酒5000吨，销售收入2000多万元，实现利税500多万元。其设备装配水平和产品质量位居省内前列。市场分布在云南省内的玉溪、昆明、大理、红河、思茅、西双版纳等地州市，还远销北京、深圳、珠海等地。

玉林泉系列酒曾先后荣获国家、省、市名优产品称号。1999年被评为“国家质量达标食品”和“云南省名牌产品”。2000年被评为云南省“八大小曲”清香型白酒之一，连续四届蝉联“云南省消费者喜爱商品”称号，产品质量誉满云南。

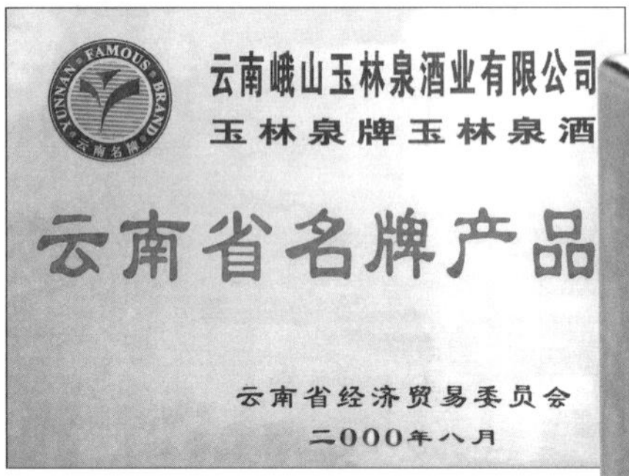

云南峨山玉林泉酒业有限公司

玉林泉牌玉林泉酒

云南省名牌产品

云南省经济贸易委员会

二○○○年八月

“玉林泉酒”被评为“云南省名牌产品”

“玉林泉酒”系列产品

**地址**：云南省玉溪市峨山县城郊
**邮编**：653200
**电话**：0877-4011480　4022068
**传真**：0877-4022199
http：//www.esylq.com

12度“怡人缘”超低度白酒新品鉴评会

传统的生产工艺

陈年酿酒

# 湖北浠水天宝酒业有限公司

董事长兼总经理：刘新建

湖北浠水天宝酒业有限公司属国内合资股份制企业，现有员工262人，其中营销及管理人员50人，中高级工程技术人员7人。公司本部和灌装分厂地处浠水县城，酿酒分厂设在水陆交通便利的兰溪镇，总占地面积9.4万平方米，建筑面积2.8万平方米，拥有白酒、饮料生产设备60台（套），年生产能力8000吨，资产总额2600多万元，负债总额1500多万元。厂区内电力装机总容量630千伏安，供电、供水、供气设施齐全。公司水源取自无污染的浠水河，水质各项指标均达到饮用水标准。该公司质量检测能力较强，有比较完善的管理体系和营销网络。是湖北省15家重点白酒生产企业之一。

公司生产的产品主要有三大类，40多个品种，以天宝十年陈酿酒为代表的浓香型白酒，以糯米美健酒为代表的糯米滋补酒，以高粱酒为代表的米香型白酒，产品多年来行销鄂东南地区，深受用户的好评，并且先后获湖北工业精品名牌消费品展销会银奖、省消费者满意杯金奖、省优和楚天地产优质酒等荣誉，糯米封缸酒获优质产品称号。品牌主要有："天宝"、"状元郎"、"闯爷"、"绿阳桥"等四大系列，其中天宝品牌先后4次获得"湖北省著名商标"称号。

面向新世纪的竞争，天宝酒业公司确定今后的发展战略是：充分利用设备、厂房和区位优势，依托政府的大力支持，寻求挂靠大企业，开拓市场，加快发展。

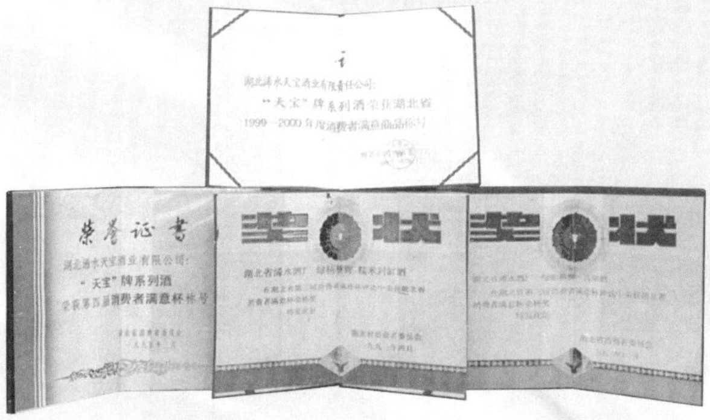

**地址：湖北省浠水县清泉镇宪司坳街18号**
**邮编：436200**
**电话：0713-4233585　4230399**

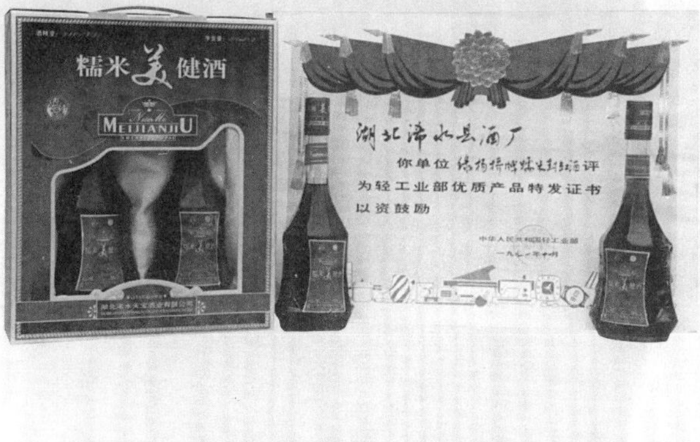

## 江西赣南果业股份有限公司

# 赣州酒业分公司

赣南果业赣州酒业分公司（以下简称公司），是江西赣南红土地上的上市公司“赣南果业”的骨干企业，是江西省五家重点酿酒企业之一。公司主要从事白酒、黄酒、果酒等产品的生产与销售。公司坐落在国家级历史文化名城赣州市章贡区内，占地面积2.72万平方米，现有职工309人，各类专业技术人员50人。公司总资产至2002年底达7499.95万元，年生产能力1.5万吨。

公司的前身——赣州酒厂，具有100多年的酿酒历史和辉煌业绩。1989年来连续14年实现利税超千万元。连续4年实现利税总额位居江西省同行业前列，是我国500家大型饮料厂家之一，也是江西省“省级先进企业”。1997年10月作为主要发起人之一，组建了江西赣南果业股份有限公司。2000年5月赣州酒业分公司啤酒生产性资产与北京燕京合资，成功组建了燕京啤酒（赣州）有限责任公司。

公司始终把创新作为企业的发展动力，坚持以市场为中心，以质量为保证，向管理要效益。 在行业竞争极其激烈的形势面前，努力拼搏，不断进取，2002年实现销售收入6738.88万元、净利润1206.57万元。公司各主要产品在赣州市的综合市场占有率为26%。

**地　　址：江西省赣州市张家围路36号**
**邮　　编：341000**
**电　　话：0797-8138829**
**销售热线：0797-8115008**

# 广告索引

# 索　　引

**使用说明**

本索引基本上按汉语拼音音序排列。具体排列如下：以英文字母打头的，排在索引前面；汉字标目则按首字的音序、音调依次排列，首字相同时，则以第二个字排序，并依此类推。

索引标目后的数字，表示检索内容所在的年鉴页码；数字后面的英文字母 a、b、c，表示年鉴正文中的栏别，合在一起即指页码及左右两个版面区域。年鉴中以图表形式反映的内容，则在索引标目后面用括号注明（表）、（图）字，以区别于文字标目。

## A～Z



## A



## B

## C



## D



## E

## F



## G

## H

## J

## T



## W



## X



## Y

## Z

**图书在版编目(CIP)数据**

中国酿酒工业年鉴 . 2003/中国酿酒工业协会编著 . —北京:中国轻工业出版社,2004. 3
ISBN 7 - 5019 - 4038 - X

Ⅰ. 中… Ⅱ. 中… Ⅲ. 酿酒工业 - 中国 - 2003 - 年鉴
Ⅳ. F426. 82 - 54

中国版本图书馆 CIP 数据核字(2004)第 025790 号

策划编辑:赵振昌　　　　　　　责任终审:滕炎福
责任编辑:赵振昌　程　石

出版发行:中国轻工业出版社 (北京东长安街 6 号,邮编:100740)
印　　刷:人民美术印刷厂
经　　销:各地新华书店
版　　次:2004 年 3 月第 1 版　2004 年 3 月第 1 次印刷
开　　本:889 × 1194　1/16　　印张:42. 5
字　　数:800 千字
书　　号:ISBN 7 - 5019 - 4038 - X/TS · 2397　定　　价:360. 00 元
广告许可证:京工商广临字 20040003 号
读者服务部邮购热线电话:010 - 65241695　85111729　传真:85111730
网　　址:http: //www. chlip. com. cn
Email: club@ chlip. com. cn
如发现图书残缺请直接与我社读者服务部(邮购)联系调换
40231K1X101ZBW